The Changes of the Legal System
in the Forty Years of
Reform and Opening-up

国家出版基金项目
NATIONAL PUBLICATION FOUNDATION
GZC 高校主题出版
GAOXIAO ZHUTI CHUBAN

改革开放 *40* 年
法律制度变迁

总 主 编　　张文显
执行主编　　柳经纬

民法卷

Civil Law

柳经纬　于飞　等◎著

厦门大学出版社
XIAMEN UNIVERSITY PRESS | 国家一级出版社
全国百佳图书出版单位

图书在版编目(CIP)数据

改革开放 40 年法律制度变迁.民法卷/柳经纬,于飞等著.—厦门:厦门大学出版社,
2019.12
ISBN 978-7-5615-7155-2

Ⅰ.①改… Ⅱ.①柳…②于…Ⅲ.①民法—法制史—研究—中国—现代 Ⅳ.①D929.7

中国版本图书馆 CIP 数据核字(2018)第 268638 号

出 版 人	郑文礼
策 划	施高翔
责任编辑	施高翔
装帧设计	李夏凌

出版发行	厦门大学出版社
社 址	厦门市软件园二期望海路 39 号
邮政编码	361008
总 编 办	0592-2182177 0592-2181406(传真)
营销中心	0592-2184458 0592-2181365
网 址	http://www.xmupress.com
邮 箱	xmupress@126.com
印 刷	厦门集大印刷厂

开本	787 mm×1 092 mm 1/16
印张	25.75
字数	518 千字
版次	2019 年 12 月第 1 版
印次	2019 年 12 月第 1 次印刷
定价	145.00 元

厦门大学出版社
微信二维码

厦门大学出版社
微博二维码

The Changes of the Legal System
in the Forty Years of
Reform and Opening-up

《改革开放40年法律制度变迁》丛书编委会

编委会主任

张文显（中国法学会副会长、学术委员会主任）

张　彦（厦门大学党委书记）

编委会成员 （按姓氏拼音排序）

卞建林（中国政法大学教授，诉讼法学研究院院长）

韩大元（中国人民大学教授）

黄　进（中国政法大学教授、校长）

孔庆江（中国政法大学教授、国际法学院院长）

李建发（厦门大学教授、副校长）

林　嘉（中国人民大学教授、法学院党委书记）

林秀芹（厦门大学教授、知识产权研究院院长）

柳经纬（中国政法大学教授）

卢代富（西南政法大学教授、经济法学院院长）

齐树洁（厦门大学教授）

曲新久（中国政法大学教授、刑事司法学院院长）

宋方青（厦门大学教授、法学院院长）

宋文艳（厦门大学出版社总编辑）

王树义（武汉大学教授）

薛刚凌（华南师范大学教授）

张卫平（清华大学教授）

赵旭东（中国政法大学教授、民商经济法学院副院长）

郑文礼（厦门大学出版社社长）

秘　书

甘世恒（厦门大学出版社法律编辑室主任）

总　序

改革开放 40 年
中国法治的历程、轨迹和经验

今年是中国改革开放 40 年,也是中国厉行法治 40 年。厦门大学出版社立意高远地策划了"改革开放 40 年法律制度变迁"这一重大选题,旨在通过聚合我国当今知名法学家,全面回顾总结改革开放 40 年来我国法律制度变迁和依法治国事业取得的伟大成就,系统梳理改革开放 40 年来中国特色社会主义法律体系在中国特色社会主义事业波澜壮阔的发展进程中的变迁逻辑、生成规律和实现路径,启迪、展望和探索新时代我国法律制度的建构与发展,以唱响我国法学界献礼改革开放 40 周年主旋律和最强音,为庆祝改革开放 40 周年营造良好社会舆论环境,为我国学术界和实务界在新时代更好推动中国特色社会主义法律体系发展完善,推进全面依法治国、建设法治中国新征程,开创法治发展新时代贡献力量。

值此本套丛书出版之际,我以"改革开放 40 年中国法治的历程、轨迹和经验"为主题作序,与各位作者和编辑一道,豪情满怀地纪念改革开放 40 年,抒发中国特色社会主义法治的理论自信、制度自信和实践自信。

一、中国法治 40 年的历程

1978 年,中国共产党召开了十一届三中全会,结束了长达十年的"文化大革命"。这次全会做出了"加强社会主义法制"的决定并提出了"有法可依、有法必依、执法必严、违法必究"的法制工作方针。以十一届三中全会为起点,中国特色社会主义法治经历了三大历史阶段,实现了三次历史性飞跃。

(一)法制创建新时期(1978—1997)

这一时期,我国的法制建设以恢复重建、全面修宪和大规模立法为引领,主要有以下重要历史节点和重大事件:

1."一日七法"。中共十一届三中全会召开时,虽然"文化大革命"从形式上已经结束,但中国仍处于"无法可依"的状态,国家法律几乎是空白。因此,当务之急是制定一批法律,迅速恢复法律秩序和以法律秩序为支撑的社会秩序。在党中央的领导下,1979 年 7 月 1 日,五届全国人大二次会议一天之内通过了 7 部法律,即《刑法》《刑事诉讼法》《地方各级人民代表大会和地方各级人民政府组织法》《全国人民代表大会和地方各级人民代表大会选举法》《人民法院组织法》《人民检察院组织法》《中外合资经营企业法》,被法学界称为中国法治史上著名的"一日七法"。以"一日七法"为先导,我国陆续制定了《民法通则》《行政诉讼法》等一大批重要法律,形成了中国特色社会主义法律体系框架。

2."九九指示"。有了刑法、刑事诉讼法等法律,能否确保法律实施,在当时的情况下却是一个大大的问号。为此,中共中央于 1979 年 9 月 9 日发出了《关于坚决保证刑法、刑事诉讼法切实实施的指示》。该《指示》要求各级党委要保证法律的切实实施,充分发挥司法机关的作用,切实保证人民检察院独立行使检察权,人民法院独立行使审判权,使之不受其他行政机关、团体和个人的干涉。这是改革开放初期,我们党着手清除法律虚无主义,纠正以党代政、以言代法、有法不依等错误习惯的重要文献,意志坚定、观点鲜明、有的放矢、意义重大。

3.世纪审判。在社会主义法制恢复重建初期,发生了中国现代历史上最重大的法律事件,即对林彪、江青反革命集团的大审判。1980 年 11 月 22 日,《人民日报》发表特约评论员文章,指出:"对林彪、江青反革命集团的审判,是我国民主和法制发展道路上的一个引人注目的里程碑,它充分体现了以法治国的精神,坚决维护了法律的权威,认真贯彻了社会主义民主和法制的各项原则。"

4.全面修宪。新中国成立之初,党中央和中央人民政府就启动了制定宪法的程序。1954 年 9 月 20 日,第一届全国人民代表大会通过《中华人民共和国宪法》。这部《宪法》以"根本法""总章程"的定位,以人民民主原则和社会主义原则为支点,构建了中国历史新纪元的宪法框架,构筑了中国社会主义制度的"四梁八柱"。在"文化大革命"中制定的 1975 年《宪法》和 1978 年《宪法》是带有严重错误和缺点的宪法。1980 年,中共中央决定全面修改"七八宪法"。经过 29 个月的艰苦努力,1982 年 12 月 4 日,五届全国人大五次会议通过了全面修订后的《中华人民共和国宪法》。30 多年来的发展历程充分证明,现行宪法及其修正案有力地坚持了中国共产党领导,有力地保障了人民当家做主,有力地促进了改革开放和社会主义现代化建设,有力地推动了社会主义法治国家建设进程,有力地维护了国家统一、民族团结、社会稳定,具有显著优势、坚实基础、强大生命力。

5.全民普法。在法制恢复重建之初,党和政府启动了全民法制宣传教育活动。1985年11月22日,六届全国人大常委会第四次会议通过《全国人民代表大会常务委员会关于在公民中基本普及法律常识的决议》。至今,我国已经先后制定和实施了七个"五年普法规划"。中国的全民普法运动既是中国历史上、也是人类历史上规模空前和影响深远的法治启蒙运动,是一场先进的思想观念和文明的生活方式的宣传教育运动。

(二)依法治国新阶段(1997—2012)

在中国法治的历史上,1997年是一个难忘的国家记忆。1997年召开的中共十五大划时代地提出"依法治国,建设社会主义法治国家",开启了依法治国新阶段。在这个阶段,主要有以下历史节点和重大事件。

1.确立依法治国基本方略。1997年9月,中共十五大召开。江泽民同志在十五大报告中明确提出,要"进一步扩大社会主义民主,健全社会主义法制,依法治国,建设社会主义法治国家"。这是中共首次将依法治国作为治国理政的基本方略。1999年3月15日,九届全国人大二次会议通过《中华人民共和国宪法》修正案,将"依法治国,建设社会主义法治国家"纳入宪法,使依法治国成为党领导人民治理国家的基本方略,建设社会主义法治国家成为国家建设和发展的重要目标之一。这标志着我国迈向了法治建设新阶段。

2.确立依法执政基本方式。2002年10月,中共十六大召开。江泽民同志在十六大报告正式提出"依法执政"概念。2004年9月19日,党的十六届四中全会通过了《中共中央关于加强党的执政能力建设的决定》,把加强依法执政的能力作为加强党的执政能力建设的总体目标之一,并就依法执政的内涵作出科学规定。依法执政基本方式的确立,表明我们党开启了依法治国基本方略与依法执政基本方式有机结合的治国理政的新境界。

3.形成中国特色社会主义法律体系。2011年3月10日,在十一届全国人大四次会议上,全国人大常委会工作报告庄严宣布:一个立足中国国情和实际、适应改革开放和社会主义现代化建设需要、集中体现党和人民意志的,以宪法为统帅,以宪法相关法、民商法等多个法律部门的法律为主干,由法律、行政法规、地方性法规等多个层次的法律规范构成的中国特色社会主义法律体系已经形成,国家经济建设、政治建设、文化建设、社会建设以及生态文明建设的各个方面均实现有法可依。中国特色社会主义法律体系的形成,是我国依法治国、建设社会主义法治国家历史进程的重要里程碑,也是世界现代法制史上最具标志性事件,其意义重大而深远，其影响广泛而深刻。

（三）全面依法治国新时代（2012 —）

以中共十八大为历史节点，中国特色社会主义进入新时代，中国法治也跨入新时代。党的十八大以来，以习近平同志为核心的党中央在全面推进依法治国、加快建设中国特色社会主义法治体系和社会主义法治国家的伟大实践中，创造性地发展了中国特色社会主义法治理论，提出了全面依法治国新理念新思想新战略为坚持和开拓中国特色社会主义法治道路奠定了思想基础，为推进法治中国建设提供了理论指引。

1. 明确定位"法治小康"。中共十八大提出全面建成小康社会。十八届三中全会、四中全会、五中全会、六中全会不断明晰和丰富全面建成小康社会的目标和各项要求。全面建成小康社会，在法治领域就是要达到依法治国基本方略全面落实，中国特色社会主义法律体系更加完善，法治政府基本建成，司法公信力明显提高，人权得到切实保障，产权得到有效保护，国家各项工作法治化。这是对我国法治建设目标的首次精准而全面的定位。

2. 提出法治新十六字方针。2012 年，由习近平同志主持起草的中共十八大报告提出："加快建设社会主义法治国家，必须全面推进科学立法、严格执法、公正司法、全民守法进程。"法学界称之为"新十六字方针"。"新十六字方针"体现依法治国新布局，为全面依法治国基本方略的形成奠定了理论和实践基础。

3. 建设法治中国。"建设法治中国"是习近平总书记在十八大之后不久发出的伟大号召。2013 年，中共十八届三中全会通过的《中共中央关于全面深化改革若干重大问题的决定》提出要推进法治中国建设。2014 年，十八届四中全会进一步向全党和全国各族人民发出"向着建设法治中国不断前进""为建设法治中国而奋斗"的号召。"法治中国"概念是我们党在法治理论上的重大创新，也是对新时代中国法治建设的科学定位。在实践上，"建设法治中国"，其要义是依法治国、依法执政、依法行政共同推进，法治国家、法治政府、法治社会一体建设。

4. 全面依法治国。十八大之后，以习近平同志为核心的党中央在完善"五位一体"总体布局之后提出了"四个全面"的战略布局，并把全面依法治国放在总体战略布局之中统筹安排。在这个布局中，全面建成小康社会是战略目标，全面深化改革、全面依法治国、全面从严治党是三大战略举措，对实现全面建成小康社会战略目标一个都不能缺，要努力做到"四个全面"相辅相成、相互促进、相得益彰。根据习近平总书记的这一战略思想，2014 年 10 月，中共十八届四中全会通过了《中共中央关于全面推进依法治国若干重大问题的决定》，标志着我国法治建设站在了新的历史起点上。

5. 建设中国特色社会主义法治体系。中共十八届四中全会是中国共产党执政历史上首次以法治为主题的中央全会,全会通过的《决定》原创性地提出全面依法治国的总目标是建设中国特色社会主义法治体系,建设社会主义法治国家。提出这个总目标,既明确了全面推进依法治国的性质和方向,又突出了全面推进依法治国的工作重点和总抓手。全面依法治国各项工作都要围绕这个总抓手来谋划、来推进。

6.开启全面依法治国新征程。中国共产党第十九次全国代表大会是中国特色社会主义进入新时代之后中国共产党召开的最为重要的会议。十九大明确了从现在到2020年、从2020年到2035年、从2035年到21世纪中叶一个时段、两个阶段的法治建设目标,为依法治国和法治中国建设指明了前进方向、基本任务、实践路径。十九大把坚持全面依法治国上升为新时代坚持和发展中国特色社会主义的基本方略,凸显了法治在“五位一体”总体布局和“四个全面”战略布局中的地位,提升了法治在推进国家治理现代化和建设社会主义现代化强国中的基础性、支撑性、引领性作用。

二、中国法治 40 年的轨迹

以中共十一届三中全会做出的“加强社会主义法制”历史性决策为起点,在40年发展历程中,中国法治留下了辉煌的历史轨迹,显现出中国特色社会主义法治发展的鲜明特征和规律。

(一)从“法制”到“法治”

“法制”,望文思义,就是国家的法律和制度。改革开放初期,面对法律几乎“荡然无存”的局面,法制建设的重心是加快立法,健全法制,做到有法可依。之后,在法律体系基本形成的情况下,法治建设经历了从法制到法治的发展。主要体现为:

从“法制”概念到“法治”概念。十一届三中全会之后,在法制领域和法学体系中,最正式最流行的概念就是“法制”“法制建设”。中共十五大之后,最正式最流行的概念演进为“法治”“依法治国”“全面依法治国”等。虽然“法治”与“法制”这两个概念表面上只有一字之差,其内涵和意义却大不相同:第一,“法治”突出了实行法治、摒弃人治的坚强意志和决心,针对性、目标性更强。第二,“法治”“法治国家”意味着法律至上,依法而治、依法治权。第三,与“法制”比较,“法治”意味着不仅要有完备的法律体系和制度,而且要树立法律的权威,保证认真实施法律,切实依照法律治理国家和社会。第四,法治包容了法制,涵盖面更广泛,更丰富。

从“方针”到“方略”。改革开放初期,中共十一届三中全会把社会主义法制建设作为党和国家坚定不移的基本方针。中共十五大在社会主义法制基本方针的基础上提出依法治国基本方略。从建设法制的方针到依法治国的方略,显现出中国法治理论和实践发生了深刻变化。

从"法制国家"到"法治国家"。1996 年 2 月 8 日,在中共中央第三次法制讲座上,江泽民同志在总结讲话中明确提出要依法治国,建设社会主义"法制国家",并对依法治国和建设法制国家的重大意义进行了阐述。1997 年 9 月,党的十五大报告根据各方面的建议、特别是依法治国的实践逻辑,把此前的提法修改为"依法治国,建设社会主义法治国家。"用"法治国家"代替"法制国家",是一次新的思想解放,标志着中央领导集体和全党认识上的飞跃。

从"健全社会主义法制"到"健全社会主义法治"。改革开放初期,面对无法可依、制度残缺的局面,党中央作出"健全社会主义法制"的决策,1982 年宪法沿用了"健全社会主义法制"的提法。2018 年,现行宪法第五次修改将原序言中的"发扬社会主义民主,健全社会主义法制"修改为"发扬社会主义民主,健全社会主义法治"。这一字"千金"的修改,从宪法上完成了从法制到法治的根本转型,反映出我国社会主义法治建设历史性的跨越和进步。

(二)从"依法治国"到"全面依法治国"

党的十五大将"依法治国"作为党领导人民治理国家的基本方略。十八大提出"全面推进依法治国"。十八届四中全会后,习近平总书记提出了内涵更为丰富、表述更为精致的"全面依法治国"概念。从"依法治国"到"全面推进依法治国"再到"全面依法治国",提法的变化表明我们党依法治国的思路越来越清晰、越来越精准。

(三)从建设"法治国家"到建设"法治中国"

十八大以后,习近平总书记明确提出"法治中国"的科学命题和建设法治中国的重大历史任务。"法治中国"比"法治国家"的内涵更加丰富,思想更加深刻,形态更加生动,意义更具时代性。从"法治国家"到"法治中国"的转型,意味着我国法治建设的拓展、深化和跨越。

(四)从建设"法律体系"到建设"法治体系"

在全国人大常委会宣布中国特色社会主义法律体系已经形成之后,法治建设如何推进?这是摆在全党和全国人民面前的重大课题。习近平总书记经过深入调研和科学论证,提出"建设中国特色社会主义法治体系"。十八届四中全会正式将"建设中国特色社会主义法治体系"作为全面推进依法治国的总目标、总抓手、牛鼻子。从建设"法律体系"到建设"法治体系",体现了我们党对法治建设规律认识的重大突破。

（五）从"以经济为中心"到"以人民为中心"

中共十一届三中全会果断地、历史性地把党和国家的工作重心从以阶级斗争为纲转向以经济建设为中心，与此同步，中国的法制建设也转向了以经济建设为中心，为经济发展"保驾护航"成为法制的核心价值。中共十八大之后，党中央明确地提出"以人民为中心"的思想，这是统揽全局、指导全面的思想。在法治领域，树立"以人民为中心"的思想，就是要倍加关注人民对民主法治、公平正义、人权保障、产权保护、安定有序、环境良好的美好向往，以满足人民对美好法治生活的向往为宗旨；坚持法治为了人民、依靠人民、造福人民、保护人民，把体现人民利益、反映人民意愿、维护人民权益、增进人民福祉、促进人的全面发展作为法治建设的出发点和落脚点，落实到依法治国全过程各方面。

（六）从"法律之治"到"良法善治"

从 1978 年至 1997 年间，我国法制建设的基本方针是"有法可依、有法必依、执法必严、违法必究"，总体而言，这是一种形式法治意义的"法律之治"。十八大提出"科学立法、严格执法、公正司法、全民守法"，从理论和实践上都向形式法治与实质法治的结合前进一大步。十八大以后，我们党明确提出"法律是治国之重器，良法是善治之前提"。十九大报告进一步提出"以良法促进发展、保障善治"。这是对新时代中国特色社会主义法治作为形式法治与实质法治相统一的法治模式的精辟定型。从"法律之治"到"良法善治"是法治理念的根本性飞跃。

（七）从"法制建设"到"法治改革"

从 1978 年到 21 世纪第一个十年，在法治领域，总的提法是法制建设，而且总体上也是按照"建设"来规划部署的。中共十八大以来，习近平总书记多次指出，"全面依法治国是国家治理的一场深刻革命"，并以革命的勇气和革命的思维，大刀阔斧地推进法治领域的改革，出台了数百项重大法治改革举措，大力解决立法不良、有法不依、执法不严、司法不公、监督疲软、权力腐败、人权保障不力等突出问题。实践充分证明，法治改革是加快推进法治中国建设的强大动力和必由之路。

（八）从常规建设到加快推进

改革开放以来，我国法制建设有序推进，取得了很大成就。但是，常规的、按部就班的法制建设难以适应全面深化改革、全面依法治国、全面从严治党的迫切要求，难以适应人民群众日益增长的多样化、高质量法治需要，难以跟进国家治理现代化的前进步伐。为此，党中央以时不我待、只争朝夕的姿态加快推进法治改革和法治建设，提出一系列"加快"各领域法治建设和改革的重大措施。

(九)法学教育从恢复重建到繁荣发展

中国的法学教育历史悠久,源远流长。但从 20 世纪 50 年代末,我国的法学教育随着法治的衰败而全面衰败。改革开放 40 年来,伴随着中国法治和中国高等教育前进的步伐,我国法学教育历经恢复重建、快速发展、改革创新,已经形成了具有一定规模、结构比较合理、整体质量稳步提高的教育体系。中国的法学教育已经跻身世界法学教育之林,法学教育的中国模式与法学教育的美国模式、欧洲模式呈三足鼎立态势。一个基本适应我国法治人才需要和法治中国建设需要、具有中国特色的法学体系初步形成。

(十)从人治到法治

40 年的中国法治轨迹,总括而言,就是从人治到法治。法治与人治是两种互相对立的治国方略。在这个问题上,我们有经验也有教训。改革开放初期,邓小平同志针对"要人治不要法治"的错误观念以及人治导致"文革"悲剧的沉痛教训,强调指出:"要通过改革,处理好法治和人治的关系"。后来,他又尖锐地指出:要保持党和国家长治久安,避免"文化大革命"那样的历史悲剧重演,必须从法制上解决问题。中共十八大以来,习近平总书记深刻地阐述了厉行法治、摒弃人治的历史规律和深远意义。他指出:"法治和人治问题是人类政治文明史上的一个基本问题,也是各国在实现现代化过程中必须面对和解决的一个重大问题。综观世界近现代史,凡是顺利实现现代化的国家,没有一个不是较好解决了法治和人治问题的。""经验和教训使我们党深刻认识到,法治是治国理政不可或缺的重要手段。法治兴则国家兴,法治衰则国家乱。什么时候重视法治、法治昌明,什么时候就国泰民安;什么时候忽视法治、法治松弛,什么时候就国乱民怨。"基于对人治教训的深刻分析和对治国理政规律的深刻把握,以习近平同志为核心的党中央采取一系列重大举措,推动党、国家和社会告别人治传统而步入法治的光明大道。

三、中国法治 40 年的基本经验

40 年的法治建设不仅取得了历史性成就,而且积累了一系列宝贵经验,形成了一整套科学理论。

(一)坚持和拓展中国特色社会主义法治道路

习近平总书记指出:"中国特色社会主义法治道路,是社会主义法治建设成就和经验的集中体现,是建设社会主义法治国家的唯一正确道路。""具体讲我国法治建设的成就,大大小小可以列举出十几条、几十条,但归结起来就是开辟了中国特色社会主义法治道路这一条。"坚持中国特色社会主义法治道路,"核心要义"是坚持党的领导,把党的领导贯彻到依法治国各方面和全过程,坚持中国特色社会主义制度,贯彻中国特色社会主义法治理论。改革开放 40 年来,我国的法治建设、法治改革和全面依法治国之所以能够取得历史性成就,根本原因在于我们坚定不移地走中国特色社会主义法治道路。

(二)坚持依法治国与以德治国相结合

法治与德治的关系问题,历来是治国理政的基本问题,是法学和政治学的基本论题。中共十五大以来,党中央总结古今中外治国理政的成功经验,明确提出了坚持依法治国与以德治国相结合的思想。中共十八届四中全会《决定》和习近平总书记在十八届四中全会上的讲话进一步明确提出依法治国与以德治国相结合是中国特色社会主义法治的基本原则,强调"必须坚持一手抓法治、一手抓德治";既重视发挥法律的规范作用,又重视发挥道德的教化作用,实现法律和道德相辅相成、法治和德治相得益彰。党中央关于依法治国与以德治国相结合的深刻论述,突破了法治、德治水火不容的僵化思维定式,阐明了一种现代法治和新型德治相结合的治国理政新思路。正是遵循了依法治国与以德治国相结合的思想路线和决策部署,我国的法治建设和道德建设才能呈现出相得益彰的良好局面。

(三)坚持依法治国与依规治党有机统一

坚持依法治国与依规治党有机统一,是以习近平同志为核心的党中央在治国理政新实践中探索出来的新经验、概括出来的新理论。依法治国与依规治党有着内在联系,治党与治国相辅相成,依法执政与依规执政高度契合,缺一不可。基于对依法治国与依规治党有机统一关系的深刻认识,我们党采取了一系列措施统筹推进依法治国和依规治党。一是把党内法规制度体系纳入到中国特色社会主义法治体系之中,加快形成完善的党内法规制度体系。二是注重党内法规同国家法律的衔接和协调,共同发挥在治党治国中相辅相成的作用。三是提出思想建党和制度治党紧密结合、同向发力。四是同步推进国家治理体系现代化和中国共产党治理体系现代化,提高党科学执政、民主执政和依法执政的本领。五是探索职能相近的党政机关合并设立或合署办公,推进党和国家治理体制改革,推进国家治理体系和治理能力现代化。

(四)坚持法治与自治良性互动

在一个现代化国家,国家法治与社会自治始终是国家治理的根基所在。依法自治为公民、社会组织等各类社会主体通过自我协商、平等对话、参与社会治理、依法解决社会问题留出了广阔空间。中共十八届三中全会《决定》提出,正确处理政府和社会关系,加快实施政社分开,推进社会组织明确权责、依法自治、发挥作用,并要求放宽社会组织准入门槛,实现依法自治管理。四中全会《决定》进一步提出鼓励和支持基层组织和部门、行业依法治理,支持各类社会主体自我约束、自我管理。两个《决定》开辟了社会依法自治的崭新局面。中共十九大报告进一步提出"打造共建共治共享的社会治理格局";发挥社会组织作用,实现政府治理和社会调节、居民自治良性互动;健全自治、法治、德治相结合的乡村治理体系。这些思想和方略,必将使法治、德治、自治更为有效衔接,推动国家治理和社会治理、国家法治与社会自治良性互动。

(五)坚持以依宪执政和依宪治国统领依法治国和法治中国建设

宪法是国家的根本法、总章程,是"治国理政的总依据""全面依法治国的总依据""国家各种制度和法律法规的总依据"。所以,依法治国首先要坚持依宪治国,依法执政首先要坚持依宪执政。1982 年宪法即现行宪法公布施行后,根据我国改革开放和社会主义现代化建设的实践和发展,在党中央领导下,全国人大先后 5 次对其个别条款和部分内容作出必要的、也是十分重要的修正,共通过了 52 条宪法修正案。现行宪法及其历次修改,为法的立改废释提供了宪法依据,使我国宪法以其科学理论、制度优势和强大权威,统领和引领着全面依法治国和法治中国建设的航程。

(六)坚持法治与改革双轮驱动

1978 年以来,中国特色社会主义事业有两大主题,一是改革开放,一是法治建设。两大主题有着内在的、相辅相成的必然联系。改革与法治如"鸟之两翼、车之双轮",共同推动小康社会建设,是小康社会必不可少的动力支持与保障力量。同时,坚持在法治下推进改革,在改革中完善法治,使改革因法治而得到有效推进,使法治因改革而得到不断完善。

(七)坚持统筹推进国内法治与国际法治

统筹国内国际两个大局是我们党治国理政的基本理念和基本经验。十八大以来,以习近平同志为核心的党中央审时度势,统筹推进"两个法治",使国内法治和国际法治相得益彰。我国以构建人类命运共同体为目标,以推动全球治理体系和治理规则变革为动力,秉持共商共建共享的全球治理观,建设国际法治,推进国际关系法治化,积极开展法律外交,主动参与国际立法,参与和支持国际执法、国际司法、国际仲裁,使国内法治与国际法治的契合达到前所未有的程度。

（八）坚持全面推进与重点突破相协调

全面推进依法治国是一项庞大的系统工程，必须统筹兼顾、把握重点、整体谋划，在共同推进上着力，在一体建设上用劲。在全面推进依法治国过程中，以习近平同志为核心的党中央注重统筹推进、协调发展。同时，善于牵住"牛鼻子"形成"纲举目张"的态势，如强调以中国特色社会主义法治体系为总目标、总抓手、"牛鼻子"；始终把"关键少数"作为依法治国的重中之重；注重重点突破瓶颈问题，如倾力推进司法体制改革、破解制约司法公正和司法公信的瓶颈问题，仅中央全面深化改革领导小组就先后42次审议司法改革方案，出台涉及司法体制改革的文件多达53件。。

（九）坚持顶层设计、科学布局与试点探索、先行先试相结合

改革开放初期，无论是经济改革，还是法制建设，几乎都是"摸着石头过河"。十八大以来，以习近平同志为核心的党中央加强了对法治改革和法治建设的统一领导和顶层设计，提出全面推进依法治国的总目标、法治中国建设的总路径。把依法治国纳入"四个全面"战略布局，并与"两个一百年"的奋斗目标对接，把中国特色社会主义法治体系建设与国家治理体系和治理能力现代化紧密连接，彰显出顶层设计的政治引领、理论导航、行动指南作用。在加强统一领导和顶层设计的同时，注重调动地方、部门改革积极性，激励和支持地方、行业先行先试。各地在先行先试中创造了经验，积累了可复制可推广的经验。这些经验又为党中央顶层设计和推进全面改革提供了实践基础和科学依据。

（十）坚持遵循法治规律与秉持中国法理相一致

改革开放40年来，中国法治建设和法治改革的一个十分鲜明的特点就是既重视规律又重视法理，遵循法治规律，秉持法理精神。中共十八大以来，在全面推进依法治国的整个过程中，习近平总书记反复要求解放思想，实事求是，不断深化对法治规律的认识，按照依法治国、依法执政、依法行政、依法自治的客观规律办事，充分发挥法治在治国理政中的基本方式作用。正是由于注重探索法治规律、总结法治经验、凝练法治理论，保证了中国特色社会主义法治始终沿着法治规律科学发展，从胜利走向胜利。

在尊重和遵循规律的同时，也秉持了法理精神。十八大以来，习近平总书记不仅反复强调要学会运用法治思维和法治方式治国理政，而且善于运用法理思维和法理话语提升中国特色社会主义法治理论的解释力、感召力，夯实全面依法治国重大部署和改革方案的法理基础。在他关于法治的讲话和论著中，可以说各篇都有法理金句，通卷闪耀法理珠玑。如法治兴则国泰民安，法治衰则国乱民怨；法安天

下,德润民心;法律的权威源自人民的内心拥护和真诚信仰;自由是秩序的目的,秩序是自由的保障;发展是安全的基础,安全是发展的条件;党的政策是国家法律的先导和指引;依法设定权力、规范权力、制约权力、监督权力,把权力关进制度的笼子;和平、发展、公平、正义、民主、自由,是全人类的共同价值;等等。习近平总书记提炼出来的一系列法理命题为法律体系和法治体系注入了强大生命力,对全党和全国人民保持法治定力、拓展法治道路、深化法治改革、建设社会主义现代化法治强国产生了强大的感染力和推动力。

张文显

2018 年 11 月 10 日

目 录

第一章

综 述

第一节 引 言

民法是调整平等主体的自然人、法人和非法人组织之间人身关系和财产关系的法律(《民法总则》第 2 条)。在中国特色社会主义法律体系里,民法与商法并称,是构成国家法律体系的法律部门之一。[①] 基于前者,民法这一概念可以包括商法,因为商法调整的商事关系也属于平等主体之间的社会关系,商法遵循民法的基本原则,商事法律制度源于民法,商法本质上属于民法的范畴。基于后者,民法与商法并称,表明在民商法这一法律部门内存在相对独立的商法。[②]

在大陆法系的传统里,法律被划分为公法和私法,私法包括民法和商法,民法是私法的核心。在法律发展史上,商法的内容不断为民法所吸收,民法因此而日益

---

① 国务院新闻办公室:《中国特色社会主义法律体系(白皮书)》,2011 年 10 月 27 日。

② 柳经纬:《当代中国私法进程中的商事立法》,载《暨南学报》2012 年第 11 期。鉴于"改革开放 40 年法律制度变迁"丛书中,商法单独成卷,本卷以简要介绍商事立法的沿革为限。

丰富,商法则因此而逐渐削弱,民法成为私法的"同义词"。① 民法作为法的概念,可以代替私法。②

在立法的层面上,各国关于民法与商法关系的处理存在着民商合一与民商分立两种体制。前者如瑞士、意大利,只有民法典而无商法典,有关商法的内容多被纳入民法典;后者如法国、德国和日本,民法典之外另有商法典。我国采取民商合一制,③只有编纂民法典的计划,而无编纂商法典的计划。然而,在民法典编纂计划中,公司、票据、海商、保险、信托、证券等商事法律仍保持单行法的地位,而没有被编入民法典,编入民法典分则的只有物权、合同、侵权责任、婚姻家庭与继承等制度。④ 因此,如果以传统的民商体制作为参照,我国在民商关系的问题上采取的是折中的民商合一制,⑤而非典型的民商合一制。

在传统的民法学知识体系里,民法一般包括民事主体(自然人、法人)、法律行为、民事客体、时效和物权、债权(合同、侵权行为、不当得利、无因管理)、亲属(婚姻家庭)和继承等制度,不包括知识产权(专利、商标、著作权)制度在内。但在我国,一直以来都将知识产权制度纳入民法的知识体系,1986 年颁布的《民法通则》第五章规定的民事权利包括知识产权(第三节),2017 年颁行的《民法总则》也规定了知识产权(第 126 条)。在中国特色社会主义法律体系里,知识产权法也被归入民法商法。⑥

---

① [美]约翰·亨利·梅利曼:《大陆法系》,顾培东、禄正平译,法律出版社 2004 年第 2 版,第 104～105 页。

② [美]格伦顿、戈登、奥萨奎:《比较法律传统》,米键、贺卫方、高鸿钧译,中国政法大学出版社 1993 年版,第 68 页。

③ 2017 年 3 月 8 日,十二届全国人大常委会李建国副委员长在十二届全国人大五次会议上作《关于〈中华人民共和国民法总则(草案)〉的说明》,指出:"我国民事立法秉持民商合一的传统,通过编纂民法典,完善我国民商事领域的基本规则,为民商事活动提供基本遵循⋯⋯"[李建国:《关于〈中华人民共和国民法总则(草案)〉的说明》(2017 年 3 月 8 日),载《全国人民代表大会常务委员会公报》2017 年第 2 期]实际上,早在 2016 年 6 月 27 日,《中华人民共和国民法总则(草案)》初次提交十二届全国人大常委会审议时,时任全国人大常委会法制工作委员会主任李适时在关于《民法总则(草案)》的说明中,就表达了这一观点。参见李适时:《关于〈中华人民共和国民法总则(草案)〉的说明》,http://www.npc.gov.cn/npc/lfzt/rlyw/2016-07/05/content_1993422.htm,下载日期:2016 年 7 月 6 日。

④ 2018 年 3 月 15 日,全国人大常委会法制工作委员会提出的《中华人民共和国民法典各分编(草案)》(征求意见稿)包括:物权编、合同编、人格权编、婚姻家庭编、继承编和侵权责任编。

⑤ 我国民国时期的民商立法采取的即是折中的民商合一制,民法典之外没有商法典,但公司、票据、海商、保险均单独立法。参见李景禧、林光祖:《台湾民商事法研究》,法律出版社 1996 年版,第 8 页。

⑥ 国务院新闻办公室:《中国特色社会主义法律体系(白皮书)》,2011 年 10 月 27 日。鉴于"改革开放 40 年法律制度变迁"丛书中,知识产权法单独成卷,本卷以简要介绍知识产权法的沿革为限。

民法本质上是私法而非公法。民法不仅是一套调整平等主体之间社会关系的规范体系,而且应当是一套彰显私权保障和意思自治(合同自由)等私法精神的制度体系。梅利曼指出,在民法典中,"占统治地位的观念则是个人的私有财产权和个人的契约自由"。[①] 在近代以来的法律发展史上,这种私法性质的民法只存在于市场经济社会,而不存在于计划经济国家。在苏联等社会主义国家,由于实行的是高度集中的计划经济体制,私权保障、意思自治(合同自由)等私法理念与生产资料公有制、计划经济体制格格不入,私法及私法理念均被贴上"资产阶级"的标签而遭到批判和否定。[②] 因此,在苏联等一些社会主义国家,虽然也制定了民法典,但其民法典仅有"民法"之名却无民法(私法)之实。

我国改革开放之前,经济上学习苏联实行高度集中的计划经济而否定市场经济,政治上实行人治而否定法治,理论上推崇民法公法观否定民法的私法属性,[③] 使民法失去了必要的经济基础和政治条件,因此不只是无民法(私法)之实,甚至也无民法之名。从 1949 年到 1978 年的近 30 年间,除了 1950 年颁布的《婚姻法》硕果仅存外,民事法律制度几近空白;公共财产神圣不可侵犯、消灭私有制、保证实现国民经济计划等被确定为民法的基本原则,[④] 私权保障、意思自治(合同自由)等私法观念更是无从谈起。

1978 年,中共十一届三中全会召开,标志着改革开放新时代的开启,也迎来了民法恢复与发展的新时代。从十一届三中全会提出的"按经济规律办事,重视价值规律的作用",到十二届三中全会提出的"建立自觉应用价值规律的计划体制,发展社会主义商品经济",再到十四大提出的建立"社会主义市场经济体制"、十八届三中全会提出的"加快完善现代市场体系",市场化的改革为民法的发展奠定了必要的经济基础。从十一届三中全会提出的"加强社会主义法制",到十五大提出的"依法治国,建设社会主义法治国家",再到十八届四中全会提出的全面依法治国,法治的实行为民法的发展提供了政治保障。[⑤]

纵观我国改革开放 40 年来民法的制度变迁,大体可以发现两条基本的发展脉

---

① [美]约翰·亨利·梅利曼:《大陆法系》,顾培东、禄正平译,法律出版社 2004 年第 2 版,第 97 页。

② [苏联]坚金、布拉图斯主编:《苏维埃民法》(第一册),中国人民大学民法教研室译,法律出版社 1956 年版,第 51~59 页。

③ 关于民法公法观问题,参见柳经纬:《当代中国民法学的理论转型》,中国法制出版社 2009 年版,第 34~35 页。

④ 中央政法干部学校民法教研室:《中华人民共和国民法基本问题》,法律出版社 1958 年版,第 22~30 页。

⑤ 本章所引中国共产党历次全国代表大会的文献,均来自中国共产党新闻网"中国共产党历次全国代表大会数据库"(http://cpc.people.com.cn/GB/64162/64168/index.html),恕不一一标注。

络:一是民事立法得以恢复,民事法律制度从无到有,逐渐健全,民事领域制度空白的状况得到根本改变,基本解决了民事领域"无法可依"的问题,实现了十一届三中全会提出的"有法可依"的法制建设目标;二是私权保障、意思自治(合同自由)等私法理念,逐渐从被批判的地位演变为社会主流的观念。2013 年,十八届三中全会通过的《中共中央关于全面深化改革若干重大问题的决定》提出要"完善产权保护制度",并明确"公有制经济财产权不可侵犯,非公有制经济财产权同样不可侵犯"。2014 年,十八届四中全会通过的《中共中央关于全面推进依法治国若干重大问题的决定》提出要"保护产权、维护契约",民法的观念发生了巨大的变化。这两条发展脉络相互交融,互相促进,构成了改革开放 40 年来我国民法制度变迁的基本状况。

我国民法的发展没有采取许多后法典化国家(地区)直接移植外国法的做法,①而是从我国的实际出发,以解决实际问题为导向,根据改革开放不断发展的要求,逐渐推进民事立法。对外国法,我国的态度是积极借鉴但不照搬照抄。早在 1980 年 10 月,时任全国人大常委会副委员长彭真在一个立法座谈会上指出,外国的合理经验要吸收,但不能照抄。② 1981 年 5 月,彭真在民法座谈会上重点阐述了"立法必须从中国的实际出发"的原则,他指出"只有从我国实际情况出发,按照社会主义法制原则,制定我国的民法,才能行得通"。③从实际出发,借鉴外国法而不照搬照抄,已成为我国改革开放 40 年来包括民事立法在内法制建设的基本做法和基本经验。④

需要特别指出的是,在我国民法的发展过程中,最高人民法院的司法解释扮演着十分重要的角色。我国改革开放以来社会变革的一个基本特点是循序渐进,而非一蹴而就,法律常常跟不上改革的步伐而无法及时适应社会变革的需要,这就为最高人民法院的司法解释提供了巨大的空间。在过去的 40 年里,最高人民法院所作的民商事司法解释在推进民法观念变革与民法制度构建方面,均发挥了积极的作用,民商事司法解释与民事立法相得益彰,时而还扮演着"先行者"的角色。⑤ 总

---

① 《法国民法典》《德国民法典》颁行后,均有不少国家采取"拿来主义"的策略,或直接采用,或作为参照制定本国的民法典。参见陈卫佐:《法国民法典的影响——与德国民法典的比较》,载《清华法学》2006 年第 2 期。

② 《彭真传》编写组:《彭真传》第四卷,中央文献出版社 2012 年版,第 1543 页。

③ 《彭真文选》(1941—1990),人民出版社 1991 年版,第 422 页。

④ 2011 年 10 月,国务院新闻办公室发布的《中国特色社会主义法律体系(白皮书)》在总结中国特色社会主义法律体系的基本特征时特别指出:"中国特色社会主义法律体系的形成,始终立足于中国国情,坚持将传承历史传统、借鉴人类文明成果和进行制度创新有机结合起来。……注意研究借鉴国外立法有益经验,吸收国外法制文明先进成果,但又不简单照搬照抄,使法律制度既符合中国国情和实际,又顺应当代世界法制文明时代潮流。"

⑤ 柳经纬:《当代中国私法进程中的民商事司法解释》,载《法学家》2012 年第 2 期。

结我国民法制度的变迁,最高人民法院的民商事司法解释不能缺位。

回顾改革开放 40 年来我国民法的发展历程,大致可以分为四个阶段:(1)从 1978 年十一届三中全会提出改革开放和恢复法治到 1984 年十二届三中全会召开之前,是民法的恢复阶段;(2)从 1984 年十二届三中全会确立有计划的商品经济体制目标到 1992 年十四大召开之前,是民法体系化的探索阶段;(3)从 1992 年十四大确立市场经济体制的目标到 2012 年十八大召开之前,是民法的转型与升级阶段,也是民法全面发展的阶段;(4)2012 年十八大召开,2014 年十八届四中全会作出"编纂民法典"的政治决定,2015 年全国人大调整立法规划,增列民法典编纂,标志着我国民法进入了法典化的阶段。

第二节　民法恢复阶段(1978—1984)

1978 年 12 月,十一届三中全会召开,提出要"把全党工作的着重点和全国人民的注意力转移到社会主义现代化建设上来"。为此,会议在总结我国经济建设的历史经验与教训的基础上,提出了一系列改革的措施。这些措施包括:鉴于我国经济管理体制存在的权力过于集中的问题,提出"应该有领导地大胆下放,让地方和工农业企业在国家统一计划的指导下有更多的经营管理自主权";鉴于计划经济体制下否定商品经济的问题,提出"应该坚决实行按经济规律办事,重视价值规律的作用";鉴于国有企业党政不分的问题,提出要"认真解决党政企不分、以党代政、以政代企的现象";鉴于现代化建设的需要,提出"在自力更生的基础上积极发展同世界各国平等互利的经济合作,努力采用世界先进技术和先进设备"。全会还总结了我国民主法制建设的历史教训,提出"为了保障人民民主,必须加强社会主义法制,使民主制度化、法律化,使这种制度和法律具有稳定性、连续性和极大的权威,做到有法可依,有法必依,执法必严,违法必究"。并提出"从现在起,应当把立法工作摆到全国人民代表大会及其常务委员会的重要议程上来"。在改革开放的背景下,我国民事立法得以恢复。

改革开放之初,我国民事立法面临制定一部完整的民法典还是制定单行法的选择。1979 年,全国人大常委会法制委员会成立了民法起草小组,重启民法典起草工作,[①]到 1982 年 5 月民法起草小组解散,先后完成了《中华人民共和国民法(草

---

① 1949 年以后,我国曾经于 1954 年、1962 年两次组织过民法典起草工作,1979 年是第三次组织民法典起草工作,因而是"重启"。

案)》四稿。① 与此同时,根据民事单行法与民法典并行的立法思路,制定单行法的工作也在进行,并在企业、经济合同、知识产权、婚姻家庭、继承等领域制(修)定了一批急需的法律。其时,由于改革开放刚刚开始,改革的目标方向尚不明确,立法面临着许多新的问题,人们认为民法典的立法条件不成熟,制定一部完整的民法典有困难,而制定民事单行法则容易把握得多,②因此立法机关最终放弃了编纂民法典的计划而采取制定民事单行法的思路。此后,直到十八届四中全会作出"编纂民法典"的政治决定之前,单行法的立法思路在我国民事立法中一直占据着主导地位,深深地影响着我国民法的发展。

一、企业法律制度

1.国有工业法律制度。根据十一届三中全会提出的"让地方和工农业企业在国家统一计划的指导下有更多的经营管理自主权"的改革精神,1979 年,国务院发布了《关于扩大企业自主权的规定》。1983 年 4 月,国务院制定了《国营工业企业暂行条例》。该条例最主要的内容:一是确认企业的法人地位,明确企业对其经营管理的国有财产依法享有占有、使用和处分的权利(第 8 条);二是规定企业实行"党委领导下的厂长(经理)负责制"和"职工代表大会制",实行党委集体领导、职工民主管理、厂长行政指挥的管理体制(第 4 条);三是规定企业在生产计划、物资选购、产品自销、产品定价、产品出口、资产处置、机构设置、员工录用、职工奖惩等方面享有一定的自主权。例如该条例第 25 条规定:"企业在法律、法规和国家政策许可的范围内,有权自行选购计划分配以外的物资。"第 26 条规定:"企业按计划完成国家订购任务后,有权在国家规定范围内自销产品。"这些规定直接反映了当时改革的政策要求。

2.外资企业法律制度。根据十一届三中全会确定的"在自力更生的基础上积极发展同世界各国平等互利的经济合作"的对外开放精神,1979 年 7 月 1 日,第五届全国人大第二次会议通过了《中华人民共和国中外合资经营企业法》(以下简称

---

① 这四稿民法草案分别是 1980 年 8 月 15 日的《中华人民共和国民法(草案)》(征求意见稿)、1981 年 4 月 10 日的《中华人民共和国民法(草案)》(征求意见二稿)、1981 年 7 月 31 日的《中华人民共和国民法(草案)》(第三稿)和 1982 年 5 月 1 日的《中华人民共和国民法(草案)》(第四稿)。何勤华、李秀清、陈颐编:《新中国民法典草案总览(增订本)》中卷,北京大学出版社 2017 年版,第 1151~1342 页。

② 早在 1979 年民事立法起步之时,彭真就提出民法典和民事单行法并行的主张,他说:"我们的经济体制处于改革中,制定完整的民法典恐怕还有困难,条件不成熟。恐怕需要采取'零售'的方法,根据实际需要,成熟一个制定一个。"他还说:"单行民事法律调整的范围相对明确、有限,问题容易看得清楚,无论从实践上还是从立法技术上,都能够主动把握。"《彭真传》编写组:《彭真传》第四卷,中央文献出版社 2012 年版,第 1539~1540 页。

《中外合资经营企业法》)。1983年,国务院颁布了《中外合资经营企业法实施条例》。《中外合资经营企业法》虽然仅有15条,但对于我国民法制度的发展却意义重大:一是明确规定保护外国投资者"在合营企业的投资、应分得的利润和其他合法权益"(第2条),率先确立了依法保护私有财产的观念;二是明确规定企业按照注册资本比例分配利润(第4条第2款、第7条),确认了"按资分配"原则,突破了"按劳分配"的单一分配制度;三是规定中外合资经营企业的组织形式是有限公司(第4条第1款),采取董事会制(第6条),为后来的公司制奠定了制度基础;四是规定场地使用权可以作为出资或提供企业有偿使用(第5条),开启了公有制下土地有偿使用的先声;五是规定合营企业的职工实行雇佣合同制(第6条第4款),开创了我国雇佣合同的先例,也为后来劳动合同制的推行,奠定了制度基础。

二、财产法律制度

经过20世纪50年代中期的"社会主义改造"运动,我国基本消灭了生产资料私有制,建立了社会主义的生产资料公有制。[①] 经过历次政治运动,尤其是"文化大革命"期间的"抄家""破四旧"等对私人财产的肆意侵害,全社会的财产权观念严重缺失。十一届三中全会以后,伴随着法制的恢复,确立财产权保护的观念成为一项重要任务。1982年《宪法》在宣布"公共财产神圣不可侵犯"(第12条)的同时,明确规定"国家保护公民的合法的收入、储蓄、房屋和其他合法财产的所有权"(第13条),保护华侨、归侨和侨眷的合法权益(第50条)。与此同时,国家积极推行落实房产政策,将私有房屋社会主义改造中不适当加以改造以及"文化大革命"期间错误接管、侵占的私有房屋归还业主。[②] 1983年,国务院颁布了《城市私有房屋管理条例》、1982年城乡建设环境保护部发布《关于城市(镇)房地产权、产籍管理暂行规定》,1984年城乡建设环境保护部还发布了《关于外国人私有房屋管理的若干规定》,为保护私有房产提供了基本的法律依据,也构成了改革开放初期财产法律制度的主要内容。

---

① "社会主义改造"始于1953年,于1956年完成,包括对农业的社会主义改造、对手工业的社会主义改造和对资本主义工商业的社会主义改革。当代中国研究所:《中华人民共和国史稿》第1卷,人民出版社、当代中国出版社2012年版,第189~210页。

② 这个时期有关落实私有房产政策的文件有:1982年10月城乡建设环境保护部发出的《关于进一步抓好落实私房政策工作的意见》,1985年2月发出的《关于城市私有出租房屋社会主义改造遗留问题的处理意见》,1982年6月国务院侨务办公室、城乡建设环境保护部联合发出的《关于落实"文革"期间被挤占的华侨私房政策的若干规定》,1984年12月中共中央办公厅、国务院办公厅转发国务院侨务办公室的《加快落实华侨私房政策的意见》,1983年9月国务院批转城乡建设环境保护部的《关于对国民党军政人员出走弃留的代管房产的处理意见》,1980年国务院批转宗教事务管理局等《关于落实宗教团体房产政策等问题的报告》等。

三、合同法律制度

合同是商品交换的法律形式。[①] 但在我国改革开放之初,计划经济体制仍占统治地位,合同制度主要被赋予规范企业间经济关系、管理经济活动的功能。1979年,国家基本建设委员会发布《建筑安装合同试行条例》《勘察设计合同试行条例》;同年,国家经济贸易委员会发布《关于管理经济合同若干问题的联合通知》;1980年,国家工商行政管理总局发布《关于工商、农商企业经济合同基本条款的试行规定》;1981年,国家经济贸易委员会发布《工矿产品合同试行条例》。在这些经济合同规范的基础上,1981年12月13日,第五届全国人大第四次会议审议通过了《中华人民共和国经济合同法》。这是我国第一部合同法。此后,国务院先后颁布或批准了《工矿产品购销合同条例》《农副产品购销合同条例》《加工承揽合同条例》《建设工程勘察设计合同条例》《建设安装工程承包合同条例》《借款合同条例》《技术引进合同管理条例》《仓储保管合同实施细则》等合同法规,形成了较为系统的经济合同法律体系。

《经济合同法》虽然还带有较为浓厚的计划经济色彩,但却是民法制度恢复时期具有重要意义的一部法律。一是它确立了合同法的基本观念,如合同的订立必须贯彻平等互利、协商一致、等价有偿的原则,任何一方不得把自己的意志强加给对方,任何单位或个人不得非法干预(第5条);依法成立的合同具有法律约束力,当事人必须全面履行合同规定的义务,任何一方不得擅自变更或解除合同(第6条);当事人由于过错不履行合同义务或不能完全履行合同义务,应承担违约责任(第32条)。二是它规定了若干具体合同的基本规范,加上国务院先后发布的购销、承揽、工程承包等条例,建立了较为完整的合同法律制度,为企业生产经营活动和国家管理经济活动提供了法律规范。

四、知识产权制度

在商标制度方面,1978年9月,国务院成立国家工商行政管理总局,决定恢复商标管理工作;1982年8月23日,第五届全国人大常委会第二十四次会议审议通过《中华人民共和国商标法》。在专利制度方面,1980年1月,国务院批准国家科委《关于在我国建立专利制度的请示报告》,决定实行专利制度,并批准成立中国专利局;1984年3月12日,第六届全国人大常委会第四次会议审议通过《中华人民

[①] 马克思在《评阿·瓦格纳的政治经济学教科书》一文中说"先有交易,后来才由交易发展为法制……这种经过交换和在交换中产生的实际关系,后来获得了契约这样的法律形式"。《马克思恩格斯全集》第19卷,人民出版社1963年版,第423页。

共和国专利法》。专利制度的首要意义在于突破了发明只能归国家所有的限制[1]，承认发明创造具有财产属性和商品属性，可以归发明者个人所有。[2] 在著作权制度方面，早在 1977 年 10 月，国家出版事业管理局发出《关于试行新闻出版稿酬及补贴办法的通知》，部分恢复了因"文革"而中断的作品稿酬制度。此后，国家有关部门先后颁布了《关于书籍稿酬的暂行规定》(1980 年)、《美术出版物的稿酬暂行办法》(1980 年)、《关于故事片各类稿酬的规定》(1984 年)、《书籍稿酬试行规定》(1984 年)等文件，全面恢复了作品稿酬制度。1984 年 6 月，文化部颁布了《图书、期刊版权保护试行条例》，对作者和出版者的权利以及表演者的权利作了规定，为后来制定《著作权法》奠定了良好的基础。

五、婚姻家庭制度

从中华人民共和国成立到改革开放之初，我国社会经济生活各个方面发生了巨大的变化，婚姻家庭领域也呈现出一些新的问题。1950 年颁行的《婚姻法》面临着修改。在全面恢复法制工作以后，立法机关即着手婚姻法的修订工作。1980 年 9 月 10 日，第五届全国人大第三次会议通过了新修订的《婚姻法》。新的《婚姻法》除重申 1950 年婚姻法的基本原则和行之有效的规定外，根据新时期婚姻家庭关系的变化，作了必要的补充，从而丰富了婚姻家庭制度，具体内容包括：增加了保护老人权益和实行计划生育原则(第 2 条)；提高法定婚龄，规定男 22 周岁、女 20 周岁，并提倡"晚婚、晚育"(第 5 条)；废止中表婚，明令禁止三代以内旁系血亲结婚(第 6 条)；将婚姻法调整的婚姻家庭关系范围扩大到祖父母、外祖父母和孙子女、外孙子女之间的关系以及兄弟姐妹之间的关系(第 22 条、第 23 条)；增加了离婚标准的规定，将"感情破裂"定为离婚的标准(第 25 条)；确立了夫妻财产制的原则，即除特别约定外，夫妻在婚姻关系存续期间所得的财产归双方共同所有(第 13 条)。

六、民事司法解释

改革开放之初，立法刚刚恢复，司法实践中许多纠纷处在无法可依的状态，为了解决司法实践中法律依据不足的问题，最高人民法院先后发布了《关于贯彻执行民事政策法律的意见》(1979 年)和《关于贯彻执行民事政策法律若干问题的意见》(1984 年)。这两部司法意见内容涉及当时存在的各种婚姻家庭纠纷和财产权益纠纷，为人民法院处理这些民事纠纷提供了法律依据，弥补了立法的不足，也为当

---

[1] 1963 年国务院发布的《发明奖励条例》第 23 条规定："发明属于国家所有，任何个人或单位都不得垄断，全国各单位(包括集体所有制单位)都可利用它所必需的发明。"1978 年国务院修订发布新的《发明奖励条例》，第 9 条仍规定"发明属于国家所有"。

[2] 汤宗舜：《论我国专利法的六个主要原则》，载《中国法学》1984 年第 2 期。

时以及后来的民事立法提供了经验。例如,1985年颁布的《中华人民共和国继承法》很大程度上吸收了1984年《关于贯彻执行民事政策法律若干问题的意见》中有关继承部分的内容。

改革开放之初的短短几年时间里,《婚姻法》的修订,《经济合同法》《商标法》《专利法》《中外合资经营企业法》《国营工业企业暂行条例》《城市私有房屋管理条例》等一批民事法律、法规和司法解释的颁行,初步解决了民事领域"无法可依"的问题,为后来民法的发展奠定了基础。而且,在上述民事法律、法规以及司法解释中,主体平等、权利保护、自愿原则等民法的理念得到初步的确立,为公民、法人进行民事活动和人民法院处理民事纠纷提供了基本的准则。

但是,改革之初,经济体制改革的目标尚未明确,计划经济体制仍占据着统治地位,商品经济的发展很有限。这一时期的民事立法虽然也有反映商品经济要求的内容,但总体上并没有摆脱计划经济的影响。其典型莫过于《经济合同法》。该法明确规定其宗旨是"保证国家计划的执行"(第1条),规定经济合同的订立必须符合国家计划的要求(第4条),违反国家计划的合同被认定为无效合同(第7条),国家计划的修改或取消构成经济合同变更或解除的法定事由(第27条),禁止经济合同的转让(第53条)。① 此外,《经济合同法》还确立了经济合同行政管理制度,赋予工商行政管理部门等行政机关对经济合同的监督检查职能(第51条),赋予银行通过信贷和结算管理监督经济合同履行的职责(第52条),反映了计划经济体制下政府对经济活动的管制,具有浓厚的计划经济色彩。至于合同自由和私有财产保护的理念,不仅尚未被立法所确认,而且在当时主流的法学理论看来,它们被认为是"资产阶级民法的原则"而遭到否定。②

同时,由于经济体制改革是前无古人的事业,没有任何经验可以借鉴,我国的民事立法基本上是在一个空白的基础上展开,亦无成例可循;而且,又由于经济体制改革本身存在着诸多不确定的因素,因此在改革之初的民事立法问题上,形成了"条件成熟论"和"单行法"的立法思路。所谓"条件成熟论",是指由于改革本身具有不确定的因素,因此立法上应当考虑条件是否成熟,成熟的先规定,不成熟的不规定。所谓"单行法"的立法思路,是指由于制定民法典的条件不成熟,因而不再坚持制定完整的民法典,而根据需要制定单行法。正如时任全国人大常委会秘书长、

---

① 1981年,顾明(时任全国人大常委会法制委员会副主任)在关于经济合同法的立法说明中阐释了经济合同与计划的关系:"我国实行的是计划经济。经济合同既是使国家计划具体化和得到贯彻执行的重要形式,又是制定计划的重要依据和必要的补充。经济合同应当确保国家计划的贯彻执行。"顾明:《关于〈中华人民共和国经济合同法(草案)〉的说明》,载《全国人民代表大会常务委员会公报》1981年第5期。

② 佟柔主编:《民法原理》,法律出版社1983年版,第14~15页;王作堂、魏振瀛、李志敏等:《民法教程》,北京大学出版社1983年版,第35~37页。

法制工作委员会主任王汉斌先生于 1986 年在关于《民法通则》的立法说明中所指出的:"由于民法牵涉范围很广泛,很复杂,经济体制改革刚开始,我们还缺乏经验,制定民法典的条件还不成熟,只好先将那些急需的、比较成熟的部分,制定单行法。"[①]受这种立法的指导思想的影响,改革开放之初的民事立法存在两点明显的不足:

第一,民事立法松散,未能形成一个相对健全的法律体系。虽然在企业法、合同法、财产法、婚姻法、继承法以及知识产权法等民事领域,制定了单行法,但其他诸多的民事领域仍处于立法空白的状态。而且,已经颁布的各单行法所涉及的公民、法人、法律行为、民事权利、民事责任等民法基本法律制度,立法上也欠缺基本的规定。

第二,所颁行的法律,内容大多过于原则,有的明显存在缺漏现象,这就大大影响了法律的规范作用。例如《中外合资经营企业法》总计 15 条,内容极为原则。又如《经济合同法》共计 57 条,有关各种具体合同的规定仅有 2 个条文,经济合同的规范不得不依靠国务院以及有关部门制定的相关合同的条例、细则。而且,《经济合同法》以及有关合同的条例、细则,对于合同订立(要约与承诺)规则、缔约过失、合同的履行、合同的担保等基本制度均缺乏必要的规定。

第三节　民法体系化探索阶段(1984—1992)

1984 年 10 月,十二届三中全会召开,全会通过了《中共中央关于经济体制改革的决定》(以下简称《决定》)。《决定》对改革开放之前将商品经济等同于资本主义的错误做法进行了反思,指出"商品经济的充分发展,是社会主义发展的不可逾越的阶段",提出要"发展社会主义商品经济"。在市场和计划问题上,《决定》在 1982 年十二大提出的"计划经济为主、市场调节为辅"的基础上,提出要"突破把计划经济同商品经济对立起来的传统观念",实行"有计划的商品经济"。商品经济地位的确立,推动了经济体制改革的发展,也为民法的发展提供了更大的空间。这个时期的一些民事立法反映了在计划商品经济条件下企业管理体制改革、土地制度改革等改革的要求。首先,按照十一届三中全会提出的"有法可依"的既定目标,这一时期的民事立法继续得到发展,填补了民事诸多领域的立法空白,在民法体系化方面进行了有益的探索:一是形成了与当时经济体制改革相适应的企业法和合同法体系;二是形成了一个以《民法通则》为核心的初具形式的民事法律体系。其次,

---

① 王汉斌:《关于〈中华人民共和国民法通则(草案)〉的说明》,载《全国人民代表大会常务委员会公报》1986 年第 4 期。

这个时期的民事立法在促进民法观念转变方面也取得一定的效果,民事权益平等保护和当事人自治的观念得到初步的确立。

一、企业法律制度

在国有企业管理体制改革问题上,十二届三中全会通过的《中共中央关于经济体制改革的决定》提出了"两权分离"(所有权与经营权分离)、"政企分开","建立承包制为主的多种形式经济责任制"的改革思路,提出"要使企业真正成为相对独立的经济实体,成为自主经营、自负盈亏的社会主义商品生产者和经营者,具有自我改造和自我发展的能力,成为具有一定权利和义务的法人"。根据这一改革精神,1988 年 4 月 13 日,第七届全国人大第一次会议通过了《中华人民共和国全民所有制工业企业法》。该法第 2 条第 2 款规定:"企业的财产属于全民所有,国家依照所有权和经营权分离的原则授予企业经营管理。企业对国家授予其经营管理的财产享有占有、使用和依法处分的权利。"该法第三章"企业的权利和义务",进而对企业在生产计划、产品自销、产品价格、对外合作等方面的经营自主权作了规定,以法的形式对经营权作了界定。第四章规定了厂长的责权利,明确了厂长在企业生产经营组织中的中心地位。为了落实企业经营权,国务院于 1992 年颁布了《全民所有制工业企业转换经营机制条例》,进一步规定了国有企业享有的 14 项经营权。在建立经济责任制方面,1988 年国务院颁布了《全民所有制工业企业承包经营责任制暂行条例》《全民所有制小型工业企业租赁经营暂行条例》,1992 年国家经济体制改革委员会发布了《股份有限公司规范意见》和《有限责任公司规范意见》,为承包制、租赁制、股份制等经济责任制提供了法律规范。

除了上述国有企业立法外,集体企业、私营企业、外资企业的立法也相继完成。1986 年 4 月 12 日,第六届全国人大第四次会议通过了《中华人民共和国外资企业法》;1988 年 4 月 13 日,第七届全国人大第一次会议通过了《中华人民共和国中外合作经营企业法》,形成了富有特色的"三资企业法"。此外,在这个时期,国务院先后发布了《私营企业暂行条例》(1988 年)、《乡村集体所有制企业条例》(1990 年)、《城镇集体所有制企业条例》(1991 年)。至此,一个以所有制为标准的覆盖各种所有制企业的企业法体系基本形成。

二、财产法律制度

这一时期有关财产的民事立法主要是围绕着土地使用权制度改革而展开,逐渐承认一般民事主体可以与国家和集体分享土地的权利,土地财产制度得以确立。

经过 20 世纪 50 年代的"社会主义改造"后,我国建立了国家所有和集体所有的二元土地公有制。这种土地制度的特点:一是法律上只承认国家和集体的土地所有权,而不承认一般民事主体对土地的权利;二是将土地排除在商品之外,^①禁止任何形式的土地交易行为。^② 然而,在改革的层面上,土地的商品化利用已经在悄然进行,土地上除了所有权外新的权利已开始出现。1979 年,《中外合资经营企业法》第 5 条关于"场地使用权"的规定,使得土地具有了商品的意义。1987 年,深圳经济特区率先试行国有土地使用有偿出让,揭开了国有土地商品化改革的序幕。1988 年《宪法修正案》规定"土地的使用权可以依照法律的规定转让",为土地商品化利用提供了宪法依据。同年 12 月,通过了修改后的《中华人民共和国土地管理法》,规定"国有土地和集体土地使用权可以依法转让"和"国家依法实行国有土地有偿使用制度"。1990 年,国务院颁布《中华人民共和国城镇国有土地使用权出让和转让暂行条例》,对国有土地使用权的出让和转让作了具体的制度安排。国有土地使用权出让是我国土地制度的重大变革,它创立了以市场手段配置土地资源的土地利用制度,同时也创立了一项独立于国家土地所有权的国有土地使用权,形成了国有土地上所有权和使用权并存的全新的土地权利结构。这一改革也使得一般民事主体前所未有地能够与国家分享国有土地的权利,土地使用权成为一项独立的财产权。

在农村集体土地上,自 1978 年以来,以安徽凤阳小岗村"大包干"为标志的农民自发兴起的土地承包逐渐得到中央高层的肯定,^③农村土地承包制迅速在全国推广开来,至 1982 年前后,全国农村 90% 以上的生产队建立了不同形式的农业生产责任制。^④ 从 1982 年到 1986 年,中央连续发出 5 个"一号文件"^⑤对土地承包制给与了高度的评价和肯定。虽然在这个时期,农民对承包地的权利主要依据合同调整,但是作为一项独立于集体土地所有权的土地权利,也在法律上开始得到确认。1986 年制定的《民法通则》和《土地管理法》均对"土地承包经营权"作了规定。

---

① 直至 1984 年,十二届三中全会通过的《中共中央关于经济体制改革的决定》仍认为,在我国社会主义条件下,土地不是商品。

② 1982 年《宪法》第 10 条第 4 款规定:"任何组织或者个人不得侵占、买卖、出租或者以其他形式非法转让土地。"1986 年《民法通则》第 80 条第 3 款和《土地管理法》第 2 条重申了这一原则。

③ 1980 年 5 月 31 日,邓小平在谈到农村政策问题时,肯定了包产到户的做法。他说:"农村政策放宽以后,一些适宜搞包产到户的地方搞了包产到户,效果很好,变化很快。……有的同志担心,这样搞会不会影响集体经济。我看这种担心是不必要的。"邓小平:《邓小平文选》第 2 卷,人民出版社 1994 年版,第 315 页。

④ 郑有贵、李成贵主编:《一号文件与中国农村改革》,安徽人民出版社 2008 年版,第 52 页。

⑤ "中央一号文件",原指中共中央每年发的第一份文件。由于 1982 年至 1986 年和 2004 年至 2018 年,中共中央先后连续发出 20 份(5+15)关于"三农"(农村、农业、农民)问题的一号文件,对农村社会经济发展作出具体部署,现已经成为中共中央重视农村问题的专有名词。

三、合同法律制度

这一时期合同立法的主要成果是《涉外经济合同法》和《技术合同法》的颁行，与 1981 年的《经济合同法》形成了"三法鼎立"的合同法律体系。

1981 年的《经济合同法》的立法宗旨在于"保证国家计划的执行"（第 1 条），并强调合同的订立"必须符合国家政策和计划的要求"（第 4 条），具有浓厚的计划经济色彩，因而不适用于涉外经济合同。为了规范涉外合同的订立和履行，1985 年 3月 21 日，第六届全国人大常委会第九次会议通过了《中华人民共和国涉外经济合同法》。该法由于调整的是我国对外经济贸易往来的经济关系，受国家计划的影响较之《经济合同法》要小些，因此其内容更多地反映了商品经济的内在要求，反映了国际经济贸易交往的惯例。

技术合同原作为经济合同的一种类型而规定于《经济合同法》，但《经济合同法》关于技术合同的规定很笼统。1985 年，中共中央发布《关于科学技术体制改革的决定》，决定加快技术市场的发展，因此《经济合同法》关于技术合同的规定已经不能满足社会经济发展的要求。在这种背景下，1987 年 6 月 23 日，第六届全国人大常委会第二十一次会议通过了《中华人民共和国技术合同法》，对技术合同的订立、履行、变更、解除、违约责任、纠纷的解决以及技术开发、技术转让、技术咨询、技术服务等具体合同作了较为详细的规定。1989 年，国务院批准、国家科委发布《技术合同法实施条例》，计 134 条，对技术合同的有关问题作了更具体的规定。

四、知识产权制度

这一时期知识产权立法的主要成果是 1990 年《著作权法》的颁行。民事立法恢复时期，我国有关著作权的立法主要是关于作者稿酬或者出版管理的一些规定，而没有形成完整的著作权制度。1986 年《民法通则》第 94 条规定："公民、法人享有著作权（版权），依法有署名、发表、出版、获得报酬等权利。"将著作权作为一项基本的民事权利。1990 年 9 月 7 日，第七届全国人大常委会第十五次会议通过了《中华人民共和国著作权法》。1991 年，国家版权局发布《著作权法实施条例》，对著作权的相关问题作了进一步的规定。

五、继承法律制度

直至改革开放之初，我国仅有《婚姻法》对夫妻之间和父母子女之间相互有遗产继承权进行简单规定，[1]有关财产继承纠纷的处理主要依靠最高人民法院的司法解释。最高人民法院先后发布的《关于贯彻执行民事政策法律的意见》（1979

---

① 1950 年《婚姻法》第 12 条、第 14 条，1980 年《婚姻法》第 18 条。

年）和《关于贯彻执行民事政策法律若干问题的意见》（1984 年），都对财产继承问题作了较为具体的规定。在司法解释的基础上，1985 年 4 月 10 日，第六届全国人大第三次会议通过了《中华人民共和国继承法》。《继承法》规定了财产继承的原则、法定继承人的范围和顺序、遗产分配的原则、代位继承、遗嘱、遗赠等内容。1985 年 9 月，最高人民法院发布《关于贯彻执行继承法若干问题的意见》。至此，我国财产继承制度得以建立。

六、婚姻家庭制度

这一时期，婚姻家庭法也得到发展，《中华人民共和国未成年人保护法》（1991 年），《中华人民共和国收养法》（1991 年）、《中华人民共和国妇女权益保护法》（1992 年）先后颁行，丰富了我国婚姻家庭法律制度。

七、《民法通则》

随着《经济合同法》《专利法》《商标法》《继承法》等单行法的颁行，民事单行法所涉及的一些民事活动的共同性问题的制度缺失日益凸显，这些制度包括公民和法人的民事主体地位、民事法律行为、民事代理、民事权利、民事责任、时效等。为了解决这一问题，1986 年 4 月 12 日，六届全国人大第四次会议审议通过了《中华人民共和国民法通则》。[①]

《民法通则》共计 9 章、156 条，内容包括民法的调整对象、基本原则以及公民（自然人）、法人、民事法律行为、代理、民事权利（财产权、债权、知识产权、人身权）、民事责任、诉讼时效等民事基本制度。为了更好地实施《民法通则》，最高人民法院于 1988 年发布了《关于贯彻执行〈中华人民共和国民法通则〉若干问题的意见》，计200 条。

《民法通则》是我国民法发展史上一部具有里程碑意义的法律，被誉为“中国的权利宣言”。[②]　一是它首次在我国法律中规定了民事主体制度（第二章“公民〔自然人〕”、第三章“法人”），并规定当事人在民事活动中的地位平等（第 3 条），为实现人的平等性提供了制度支持。二是它集中规定了民事权利（第五章“民事权利”），将公民、法人的民事权利保护列为民法的基本原则（第 5 条），初步确立了不同主体民事权益平等保护的观念。三是它规定了民事法律行为制度（第四章），为当事人从事民事活动提供了基本的法律准则，初步确立了当事人意思自治的观念。四是它对民法的调整对象作了规定（第 2 条），解决了长期以来困扰我国立法的民法调整

---

① 关于民法通则的立法背景，参见王汉斌：《关于〈中华人民共和国民法通则（草案）〉的说明》，载《全国人民代表大会常务委员会公报》1986 年第 4 期。

② 《彭真传》编写组：《彭真传》第 4 卷，中央文献出版社 2012 年版，第 1561 页。

对象问题,^①为解决当时民法与经济法的划分,也为构建民商合一的民商法律体系,实现婚姻家庭法回归民法和劳动关系调整回归民法奠定了坚实的基础。^②《民法通则》颁行后,初步形成了以《民法通则》为核心包括《经济合同法》《婚姻法》《继承法》《涉外经济合同法》《中外合资经营企业法》等单行法的相对完整的民商事法律体系。

这一阶段,我国民事立法获得进一步的发展。首先,制定了一批法律、法规,填补了一些民事法律的空白。《民法通则》的颁行标志着一个以《民法通则》为核心的包括各单行法的民事法律体系的初步形成。其次,经济体制改革的目标初步明确,商品经济得到肯定,并渗透到改革的各个领域,随着包括土地、技术市场在内的市场体系的逐步建立,生产要素商品化的程度逐渐提高,促进了相关领域的立法。例如,以土地使用权出让为主要内容的土地商品化改革,促进了我国地产市场的形成与发展。《城镇国有土地使用权出让和转让暂行条例》就是地产市场发展的产物。又如,技术市场的培育,科学技术的商品化,成为制定《技术合同法》《著作权法》的社会经济原因。商品经济的发展,促进了平等、自愿、私权保护、诚实信用等民法理念的形成,并最终在民事基本法(《民法通则》)上得以确立。

这一阶段民事立法的不足表现在两个方面。首先,在经济体制改革问题上,有计划商品经济的改革目标试图糅合计划和市场,本质上还是计划经济体制。因此,这一时期的民事立法仍带有较为浓厚的计划经济色彩。例如,在《民法通则》中,国家计划仍然是判定民事法律行为(经济合同)效力的一个重要依据(第 58 条);法律虽不禁止合同转让,但禁止通过转让合同牟取利益(第 91 条);对保护国有财产、集体财产和个人财产采取不同的态度,对国家财产,规定"神圣不可侵犯"(第 73 条),对集体财产和个人财产,只是规定"受法律保护"(第 74 条、第 75 条)。在企业法中,按照所有制标准分别对全民所有制企业、集体企业、私营企业、外资企业,制定不同的法律,使得企业具有鲜明的身份特点,有违民法上主体平等的理念。其次,由于改革的目标未最终确定,社会经济生活中存在着诸多不确定因素,因此民事立法中存在的过于原则、简单、法律规范性不强等问题,没有得到根本的解决。例如,《民法通则》是规定民事主体制度、法律行为制度、代理制度、诉讼时效制度、民事权利类型、民事责任制度和涉外民事关系法律使用等民法基本制度的民事基本法,依其立法意图,主要是解决民事单行法共同涉及的一些基本问题,但仅有 156 个条文,内容相对简单,以至在司法实践中,不得不依靠最高人民法院为贯彻执行《民法通则》所作的司法解释(主要是《关于贯彻执行〈中华人民共和国民法通则〉若干问

---

① 关于民法调整对象的争论,参见柳经纬:《民法调整对象之争》,载柳经纬主编:《共和国六十年法学论证实录:民商法卷》,厦门大学出版社 2009 年版,第 1~19 页。

② 柳经纬:《当代中国私法进程》,中国法制出版社 2013 年版,第 28~30 页。

题的意见》,总计 200 条)。

第四节　民法转型与升级阶段(1992—2012)

　　改革开放以来,我国一直存在着关于社会主义经济的本质是"计划"还是"市场"的争论。十二届三中全会提出"有计划的商品经济"试图调和"计划"与"市场"的关系,但未能从根本上解决这一问题。1990 年 2 月 22 日,《人民日报》发表《关于反对资产阶级自由化》一文,指责改革是"取消公有制为主体,实行私有化""取消计划经济,实行市场化"。一时间引起社会对改革"姓资"还是"姓社"的讨论。[①]1990 年 12 月 24 日,邓小平在同几位中央领导谈话时指出:"我们必须从理论上搞懂,资本主义和社会主义的区分不在于是计划还是市场这样的问题。社会主义也有市场经济,资本主义也有计划控制。""不要以为搞点市场经济就是资本主义,没有那么回事。计划和市场都得要。"[②]1992 年年初,邓小平在著名的"南方谈话"[③]中进一步阐述了这一观点,他说:"计划多一点还是市场多一点,不是社会主义与资本主义的本质区别。计划经济不等于社会主义,资本主义也有计划;市场经济不等于资本主义,社会主义也有市场。计划和市场都是经济手段。社会主义的本质,是解放生产力,发展生产力,消灭剥削,消除两极分化,最终达到共同富裕。"[④]邓小平关于社会主义经济本质的论述为改革指明了方向,也为市场经济体制的确立扫清了障碍。1992 年 10 月,中共十四大召开,明确提出经济体制改革的目标是"建立和完善社会主义市场经济体制"。1993 年 3 月 29 日,第八届全国人大第一次会议通过《宪法修正案》,将"社会主义市场经济"写进宪法。

　　1993 年 11 月,十四届三中全会召开,会议通过的《中共中央关于建立社会主义市场经济体制若干问题的决定》对社会主义市场经济体制的内涵以及体制改革的重大问题,进行了全面系统的阐述。《决定》还指出"社会主义市场经济体制的建立和完善,必须有完备的法制来规范和保障",要"遵循宪法规定的原则,加快经济立法,进一步完善民商法律……本世纪末初步建立适应社会主义市场经济的法律

---

　　①　张旭东:《改革开放以来关于私营经济发展的五次大争论》,载《党史纵横》2008 年第 5 期。

　　②　《邓小平文选》第 3 卷,人民出版社 1993 年版,第 364 页。

　　③　邓小平"南方谈话"是指 1992 年 1 月 18 日至 2 月 21 日,邓小平到武昌、深圳、珠海、上海等地所发表的重要讲话。邓小平"南方谈话"对中国 20 世纪 90 年代的经济体制改革与社会进步起到了关键的推动作用。1992 年 10 月,江泽民在中共十四大报告中说:"今年初邓小平同志视察南方发表重要谈话,精辟地分析了当前国际国内形势,科学地总结了十一届三中全会以来党的基本实践和基本经验,明确地回答了这些年来经常困扰和束缚我们思想的许多重大认识问题。"

　　④　《邓小平文选》第 3 卷,人民出版社 1993 年版,第 373 页。

体系"。

社会主义市场经济体制的确立,市场经济法律体系的提出,为民法开辟了前所未有的前景。从十四大开始到 2012 年十八大之前,我国民事立法取得了巨大的成就,制定(修订)了一大批直接反映市场经济要求的民商事法律,实现了十一届三中全会提出的"有法可依"的法制目标;同时,私权保障、意思自治(合同自由)等私法理念在立法中得到较为充分的体现,成为法的主流观念。这个时期的民商事司法解释十分活跃,为民法的转型与升级作出了贡献。

一、企业法律制度

这一时期的企业法律制度仍然围绕国有企业改革而展开。《中共中央关于建立社会主义市场经济体制若干问题的决定》提出要建立现代企业制度,并指出"以公有制为主体的现代企业制度是社会主义市场经济体制的基础"。《决定》概括了现代企业制度的基本特征:一是产权关系明晰,企业中的国有资产所有权属于国家,企业拥有出资者投资形成的全部法人财产权;二是企业以其全部法人财产,依法自主经营、自负盈亏,对出资者承担保值增值的责任;三是出资者按投入企业的资本额享有所有者的权益;四是企业自主经营,政府不直接干预企业的经营活动;五是企业建立科学的领导体制和组织管理制度。这样一种现代企业制度的法律形式实际上是公司制。《决定》指出:"规范的公司,能够有效地实现出资者所有权与企业法人财产权的分离,有利于政企分开、转换经营机制……"《决定》提出,要对国有企业进行公司制改制,"具备条件的国有大中型企业,单一投资主体的可依法改组为独资公司,多个投资主体的可依法改组为有限责任公司或股份有限公司"。

1993 年 12 月 29 日,第八届全国人大常委会第五次会议通过了《中华人民共和国公司法》。《公司法》共 11 章、230 条,它规定了有限责任公司(包括国有独资公司)和股份有限公司两种基本的公司形式,规定了公司的设立、变更、终止以及公司的组织机构、股份公司股份和公司债券的发行与转让等内容。《公司法》充分体现了《决定》关于国有企业改革和建立现代企业制度的精神。《公司法》后经 1999年、2004 年、2005 年、2013 年多次修订,删改了直接反映国有企业改革要求的内容,完善了公司治理机制,改公司资本的实缴制为认缴制,适应了现代企业制度建设和市场经济发展的要求。

《公司法》的颁布,标志着我国企业立法发生了从所有制标准向企业组织形式标准的重大转变。改革开放以来,我国企业立法采取的是所有制标准,形成了全民所有制企业、外资企业、集体企业、私营企业分别立法的局面。从《公司法》开始,民事立法摈弃了旧有的立法标准,转而采取企业组织形式标准。企业的组织形式可分为公司制企业、合伙企业和独资企业。《公司法》颁行后,我国又制定了《中华人民共和国合伙企业法》(1997 年颁布,2006 年修订)和《中华人民共和国个人独资企业法》(1999年),形成了公司法、合伙企业法、独资企业法的新的企业法格局,成为社会主义市场经济法律体系的重要组成部分。同时,《公司法》《合伙企业法》《个人独资企业法》的颁行,对确立市场主体的平等性具有重要的意义。

二、财产法律制度

这一时期财产立法最重要的成果是《物权法》。1994年7月5日,第八届全国人大常委会第八次会议通过了《中华人民共和国城市房地产管理法》,对土地使用权的出让、划拨、房地产的转让、抵押等作了规定,进一步完善了国有土地使用权制度。2002年8月29日,第九届全国人大常委会第二十九次会议通过《中华人民共和国农村土地承包法》(2009年修订),对农村土地承包经营权以及土地承包经营权的流转和保护作了详细的规定,突显了土地承包权的物权属性。1995年6月30日,第八届全国人大常委会第十四次会议通过了《中华人民共和国担保法》,规定了抵押、质押、留置以及保证等担保方式。2004年,《宪法修正案》修改了《宪法》第13条,①规定:"公民的合法的私有财产不受侵犯。""国家依照法律规定保护公民的私有财产权和继承权。""国家为了公共利益的需要,可以依照法律规定对公民的私有财产实行征收或者征用并给予补偿。"在此基础上,2007年3月19日,第十届全国人大第五次会议审议通过了《中华人民共和国物权法》。

《物权法》计5编19章247条,规定了物权的原则、物权变动规则、物权保护、所有权(建筑物区分所有、相邻关系、共有)、用益物权(土地承包经营权、建设用地使用权、宅基地使用权、地役权)、担保物权(抵押权、质押权、留置权)和占有。物权法民法的基本制度,也是规范财产关系的基本法,它的颁行对于民法体系的构建具有重要的制度价值。同时,它继《民法通则》规定"公民、法人的合法的民事权益受法律保护"(第5条)之后,规定"国家、集体、私人的物权和其他权利人的物权受法律保护"(第4条),并且不再照搬《宪法》第12条关于"社会主义公共财产神圣不可侵犯"的规定,②贯彻了公私财产权平等保护的原则,对于确立私权保障的理念,具

---

① 《宪法》第13条原规定:"国家保护公民的合法的收入、储蓄、房屋和其他合法财产的所有权。""国家依照法律规定保护公民的私有财产的继承权。"

② 《民法通则》虽然在第一章"基本原则"中规定了保护公民法人的民事权益(第5条)而没有对不同主体的民事权益采取不同的态度,但在第五章"民事权利"中仍对不同主体的财产采取不同的态度,规定"国家财产神圣不可侵犯"(第73条第2款),没有彻底贯彻财产权平等保护的原则。

有重要的时代意义。①

三、合同法律制度

　　市场经济体制的目标确立后,改革开放以来形成的合同法律制度的缺陷就突显了出来。首先,"三法鼎立"的合同法格局不能适应统一市场的要求。其次,计划体制下形成的"经济合同"观念以及有关的规定不能适应市场经济观念的要求。再次,原有合同法律中存在的规定过于原则、规范性不强的缺陷,也不能满足市场经济条件下合同活动规范的需求。因此,制定新的统一的合同法,势在必行。1993年,立法机关对《经济合同法》进行了大幅的修订,删去了直接反映计划体制的内容,以为应急之需。1999 年 3 月 25 日,第九届全国人大第二次会议通过了《中华人民共和国合同法》。

　　《合同法》的颁行,其意义是多方面的。首先,《合同法》分总则、分则和附则,共23 章 428 条,规定了合同的订立、效力、履行、变更、转让、终止、违约责任等合同基本制度和买卖合同等 15 种合同,对合同法律制度作了较为完备的规定,强化了合同法的规范作用。其次,《合同法》结束了"三法鼎立"的局面(第 428 条),将其他法律关于合同的规定以及"无名合同"纳入合同法的范畴(第 123 条、第 124 条),形成了体系化的合同法律制度,被称为"统一合同法"。② 再次,更为突出的是,《合同法》规定当事人"依法享有自愿订立合同的权利"(第 4 条),规定"合同的内容由当事人约定"(第 12 条),确立了合同只要不违反"法律、法规的强制性规定"即为有效的效力判定规则(第 52 条第 5 项),充分彰显了意思自治(合同自由)的私法理念。

　　除《合同法》外,这个时期制定的《海商法》(1992 年)、《民用航空法》(1995 年)、《票据法》(1995 年颁布,2004 年修订)、《保险法》(1995 年颁布,2002 年、2009 年、2014 年、2015 年修订)、《拍卖法》(1996 年颁布,2004 年、2015 年修订)、《证券法》(1998 年颁布,2004 年、2005 年、2014 年修订)、《招标投标法》(1999 年)、《信托法》(2001 年)、《电子签名法》(2004 年颁布,2015 年修订)和《期货交易管理暂行条例》(1999 年)等,均有关于合同的规定,这些法律关于合同的规定,构成了合同法的特别法。

---

　　① 在《物权法》制定过程中,北京大学教授巩献田发表了一封致吴邦国委员长的公开信,指责当时公开征求意见的物权法草案没有规定"社会主义公共财产神圣不可侵犯"而规定财产平等保护原则,违反了宪法的规定,由此引起了一场被称之为"姓资姓社"的争论。因此,《物权法》坚持财产权平等保护原则,更加难能可贵。关于这场争论,参见邓君:《〈物权法(草案)〉"违宪"之争》,载柳经纬主编:《共和国六十年法学论证实录:民商法卷》,厦门大学出版社 2009 年版,第 113~140 页。
　　② 顾昂然:《新中国民事法律概述》,法律出版社 2000 年版,第 81~82 页。但是,《合同法》第 2条第 2 款规定:"婚姻、收养、监护等有关身份关系的协议,适用其他法律的规定。"因此,《合同法》只能说是规范财产关系的统一合同法,而不是真正意义的统一合同法。

四、知识产权制度

为了适应市场经济发展的需要，尤其是加入世界贸易组织（WTO）的需要，我国先后对《专利法》（2000 年）、《商标法》（2001 年）和《著作权法》（2001 年）进行了修订，国务院颁布了新的《专利法实施细则》、《商标法实施条例》和《著作权法实施条例》和《商标法实施条例》。这次全面修订知识产权法，主要内容是修改与市场经济体制不相适应的行政管理体制，拓宽对专利、商标和作品的保护范围，加大对知识产权的保护力度。除了法律修订外，国务院颁布了《植物新品种保护条例》（1997年）、《集成电路布图设计保护条例》（2001 年）、《计算机软件保护条例》（2001 年）。至此，我国的知识产权法律制度已经达到知识产权国际保护的同步水平。[①]

五、婚姻家庭制度

市场经济的发展，也给婚恋观念和婚姻家庭关系带来新的变化，1980 年修订的《婚姻法》已经明显地带有局限性和滞后性。2001 年 4 月 28 日，第九届全国人大常委会第二十一次会议通过了《婚姻法》修正案。修订后的《婚姻法》增设了"禁止家庭暴力"（第 3 条）、"婚姻的无效与撤销"（第 10 条至第 12 条）、"离婚后探望权"（第 38 条）、"离婚损害赔偿"（第 46 条）等规定；在坚持"感情破裂"离婚标准的前提下，将离婚法定条件具体化（第 32 条），使之具有可操作性；对夫妻财产制作了较为具体的规定（第 17 条至第 19 条），进一步完善了婚姻家庭制度。

六、侵权责任制度

最高人民法院 1979 年发布的《关于贯彻执行民事政策法律的意见》和 1984 年发布的《关于贯彻执行民事政策法律若干问题的意见》已有关于侵权责任的零星规定。1986 年，《民法通则》在"债权"之外设"民事责任"为独立一章，其中第三节规定了"侵权民事责任"，形成了较为完整的侵权责任法律制度。同时，也突破了侵权责任属于债的传统民法体例，创立了侵权法与债法分离的体例。2009 年 12 月 26日，第十一届全国人大常委会第十二次会议通过了《中华人民共和国侵权责任法》，开了大陆法国家侵权法单独立法的先例。

《侵权责任法》共 12 章 92 条，规定了侵权责任的归责原则、责任承担方式以及产品责任、机动车交通事故责任、医疗损害责任、环境污染责任、高度危险责任、饲养动物损害责任、物件损害责任。根据我国侵权纠纷的实际情况，《侵权责任法》还

---

① 丁丽瑛：《知识产权法》，厦门大学出版社 2002 年版，第 39 页。

规定了侵权民事责任优先(第 4 条)①、"同命同价"(第 17 条)②、高空坠物"连坐"担责(第 87 条)③等颇具特色的制度。

七、民事司法解释

这个时期,最高人民法院的司法解释十分活跃,并且呈现出从填补法律的空白逐渐向指导各级法院准确适用法律转变的发展趋势,出现了司法解释体系化现象。例如,《合同法》的司法解释有《关于适用〈中华人民共和国合同法〉若干问题的解释(一)》(1999 年)、《关于适用〈中华人民共和国合同法〉若干问题的解释(二)》(2009 年)、《关于审理商品房买卖合同纠纷案件适用法律若干问题的解释》(2003 年)、《关于审理建设工程施工合同纠纷案件适用法律问题的解释》(2004 年)、《关于审理涉及国有土地使用权合同纠纷案件适用法律问题的解释》(2004 年)、《关于当前形势下审理民商事合同纠纷案件若干问题的指导意见》(2009 年)和《关于审理融资租赁合同纠纷案件适用法律问题的解释》(2013 年)等;④《物权法》的司法解释有《关于审理建筑物区分所有权纠纷案件具体应用法律若干问题的解释》(2009 年)、《关于适用〈中华人民共和国物权法〉若干问题的解释(一)》(2015 年);《婚姻法》的司法解释有《关于适用〈中华人民共和国婚姻法〉若干问题的解释(一)》(2001 年)、《关于适用〈中华人民共和国婚姻法〉若干问题的解释(二)》(2003 年)和《关于适用〈中华人民共和国婚姻法〉若干问题的解释(三)》(2011 年);《保险法》的司法解释有《关于适用〈中华人民共和国保险法〉若干问题的解释(一)》(2003 年)和《关于适用〈中华人民共和国保险法〉若干问题的解释(二)》(2013 年);《公司法》的司法解释有《关于适用〈中华人民共和国公司法〉若干问题的规定(一)》(2006 年)、《关于适用〈中华人民共和国公司法〉若干问题的规定(二)》(2008 年)和《关于适用〈中华

---

① 《侵权责任法》第 4 条:"侵权人因同一行为应当承担行政责任或者刑事责任的,不影响依法承担侵权责任。因同一行为应当承担侵权责任和行政责任、刑事责任,侵权人的财产不足以支付的,先承担侵权责任。"

② 《侵权责任法》第 17 条:"因同一侵权行为造成多人死亡的,可以以相同数额确定死亡赔偿金。"此前,最高人民法院 2003 年发布的《关于审理人身损害赔偿案件适用法律若干问题的解释》第 29 条规定:"死亡赔偿金按照受诉法院所在地上一年度城镇居民人均可支配收入或者农村居民人均纯收入标准,按二十年计算。"确立了按照受害人户籍不同的赔偿原则,即"同命不同价",备受诟病。《侵权责任法》第 17 条即针对这一司法解释而定。

③ 《侵权责任法》第 87 条:"从建筑物中抛掷物品或者从建筑物上坠落的物品造成他人损害,难以确定具体侵权人的,除能够证明自己不是侵权人的外,由可能加害的建筑物使用人给予补偿。"

④ 这以后,最高人民法院还发布了《关于审理民间借贷案件适用法律若干问题的规定》(2015)、《关于审理独立保函纠纷案件若干问题的规定》(2016 年)。

人民共和国公司法〉若干问题的规定（三）》（2011 年）等。①

最高人民法院的司法解释不仅对于各级法院在司法过程中准确适用法律具有指导意义，而且对于司法观念的转变和私法理念的形成也具有重要的意义。1992年中共十四大确立市场经济体制的目标之后，1993 年 1 月最高人民法院召开全国经济审判工作座谈会，5 月发布《全国经济审判工作座谈会纪要》。《纪要》提出经济审判工作"要解放思想，转变观念"，"树立平等保护各经济主体的合法权益的观念"，"进一步增强合同观念"。关于合同效力，《纪要》明确指出："人民法院在审理经济合同纠纷案件时，要尊重当事人的意思表示。当事人在合同中的约定只要不违反法律的规定，不损害国家利益和社会公共利益，对当事人各方即具有约束力，人民法院应根据合同的约定判定当事人各方的权利义务。合同约定仅一般违反行政管理性规定的，例如一般地超范围经营、违反经营方式等，而不是违反专营、专卖及法律禁止性规定，合同标的物也不属于限制流通的物品的，可按照违反有关行政管理规定进行处理，而不因此确认合同无效。"1999 年《合同法》颁行后，最高人民法院《关于适用〈中华人民共和国合同法〉若干问题的解释（一）》第 4 条规定："合同法实施以后，人民法院确认合同无效，应当以全国人大及其常委会制定的法律和国务院制定的行政法规为依据，不得以地方性法规、行政规章为依据。"明确了判定合同效力的法律依据。最高人民法院《关于适用〈中华人民共和国合同法〉若干问题的解释（二）》第 14 条则对《合同法》第 52 条第 5 项的"强制性规定"作了限定解释，指出："合同法第五十二条第（五）项规定的'强制性规定'，是指效力性强制性规定。"上述司法解释在贯彻合同自由问题上，较之《合同法》更进了一步。②

社会主义市场经济体制的确立，促进了我国民事立法的转型与升级，一个适应市场经济要求的民商事法律体系已经初步形成。2011 年 10 月，国务院新闻办发布《中国特色社会主义法律体系（白皮书）》，宣布中国特色社会主义法律体系已经形成，其中民商事法律 33 部，③基本涵盖了所有的民商事领域，实现了"有法可依"的目标，也为民法法典化奠定了基础。而且，这一时期制定或修订的民商事法律，

---

① 2016 年，最高人民法院继续发布了《关于适用〈中华人民共和国公司法〉若干问题的规定（四）》。

② 柳经纬：《当代中国私法进程中的民商事司法解释》，载《法学家》2012 年第 2 期。

③ 根据中国人大网"中国法律法规信息库"（http://law. npc. gov. cn：8081/FLFG/ksjsCateGroup.action）"民法商法"栏收录的法律，这 33 部法律分别为：《民法通则》《物权法》《合同法》《侵权责任法》《婚姻法》《继承法》《收养法》《专利法》《商标法》《著作权法》《担保法》《电子签名法》《公司法》《合伙企业法》《个人独资企业法》《破产法》《证券投资基金法》《中外合资经营企业法》《中外合作经营企业法》《外资企业法》《全民所有制工业企业法》《商业银行法》《证券法》《票据法》《保险法》《信托法》《海商法》《农村土地承包法》《农业合作社法》《招投标法》《拍卖法》《消费者权益保护法》《涉外民事法律关系适用法》。

注重法律的规范性,许多法律规定的内容相当完备,以往民事立法中存在的法律规定过于原则、简单甚至缺漏的现象得到较明显的改变。这个时期的民事立法因应市场经济发展的要求,较为充分地体现了私权保护、意思自治(合同自由)等私法理念。

尽管我国民事立法已经取得了巨大的成就,但是仍不能说我国的民商事法律制度已臻于完善。由于受改革不同时期社会经济条件的制约,且受"条件成熟论"的影响,改革开放以来不同时期制定的民商事法律无论在观念上还是在制度上都存在着不协调甚至冲突等体系性缺陷。[①] 例如,在企业法方面,既有以企业组织形式为标准的公司法、合伙企业法和独资企业法,又有按照所有制标准的外资企业、国有企业、集体企业等各种企业法。在民事主体的称谓上,《民法通则》用的是"公民(自然人)""法人",《合同法》用的是"自然人""法人""其他组织",《物权法》用的是"个人""集体""国家",很不统一。在内容上,《物权法》与《担保法》、《农村土地承包法》、《侵权责任法》与其之前制定的许多法律有关侵权责任的规定,存在着大量的重复。在具体规定上,关于欺诈胁迫的效力,《民法通则》采取"无效说"(第58条),《合同法》则采取"可撤销说"(第54条);关于合同的转让,《民法通则》规定"不得牟利"(第91条),《合同法》则无此类限制。诸如此类的问题表明民商事法律体系还有待完善。这期间的主要问题在于,1986年的《民法通则》无论是在观念上还是制度上,都无法支撑步入21世纪的民商事法律体系。如果说在20世纪80年代,《民法通则》还能大体满足其时民事法律体系的基本需要,但是随着市场经济体制的确立,大量反映市场经济发展要求的法律的颁行,《民法通则》已经明显落伍。此外,随着大量民商事单行法的颁行,民商事法律"碎片化"问题也日趋严重。[②]

第五节　民法法典化阶段(2012—　　)

改革开放之初,我国民事立法放弃法典化的思路而采取单行法的思路,只是由于当时制定民法典的主客观条件不具备,而不是不要民法典,编纂民法典始终是民事立法的目标。继1979年组织民法典的起草工作之后,2001年立法机关又一次组织民法典的起草工作。这说明,立法机关始终没有放弃编纂一部民法典的想法,而是在等待编纂民法典的时机。2009年《侵权责任法》的颁行,民商事领域的立法(单行法)基本完成,具备了编纂民法典的立法条件;2012年中共十八大召开,提出

---

① 柳经纬:《民商事法律体系化及其路径选择》,载《河南财经政法大学学报》2014年第6期。

② 孙宪忠:《防止立法碎片化、尽快出台民法典》,载《中国政法大学学报》2013年第1期;柳经纬:《民商事法律体系化及其路径选择》,载《河南财经政法大学学报》2014年第6期。

全面依法治国,编纂民法典的时机终于到来。

一、民法典编纂列入立法规划

2012 年 11 月,中共十八大召开,提出"全面推进法治建设"的战略目标。2014 年 10 月,十八届四中全会通过了《中共中央关于全面推进依法治国若干重大问题的决定》,对全面依法治国作了总体部署,并作出"编纂民法典"的政治决定。2015 年 6 月,全国人大常委会调整立法规划,民法典编纂被增列入《十二届全国人大常委会立法规划》。我国民法由此进入了法典化的阶段。在历经了 1954 年、1962 年、1979 年和 2001 年先后 4 次民法起草①均未能如愿的艰难曲折之后,民法典编纂终于进入了快车道。

2016 年 6 月 27 日,《中华人民共和国民法总则(草案)》首次提交十二届全国人大常委会审议,时任全国人大常委会法制工作委员会主任的李适时先生做《关于〈中华人民共和国民法(草案)〉的说明》。2017 年 3 月 8 日,《中华人民共和国民法总则(草案)》提交十二届全国人大五次会议审议,时任全国人大常委会副委员长的李建国先生做《关于〈中华人民共和国民法(草案)〉的说明》。他们关于民法总则的立法说明对民法典编纂的目标任务、意义、指导思想、工作原则和工作思路(方案)都作了具体的说明。以下根据李适时主任所作的立法说明,陈述如下:

(1)民法典编纂的目标任务:对现行民事法律规范进行系统、全面整合,编纂一部内容协调一致、结构严谨科学的法典。

(2)民法典编纂的意义:一是实现国家治理体系和治理能力现代化的重大举措。民法被称为社会生活的百科全书,民法典是民族精神、时代精神的立法表达。民法与国家其他领域的法律规范一起,支撑着国家治理体系。通过法典编纂,进一步完善我国民事法律规范,对提高国家治理能力具有重要意义;二是维护最广大人民根本利益的客观需要。民法规范人身关系和财产关系,与人民群众关系极其密切。通过编纂民法典,健全民事法律秩序,加强对民事主体合法权益的保护,有利于维护广大人民群众的切身利益;三是形成完备的社会主义市场经济制度体系的必然要求。通过编纂民法典,完善我国民商事领域的基本规则,亦为商事活动提供基本遵循,有利于健全市场秩序,维护交易安全,促进社会主义市场经济健康发展。

(3)民法典编纂的指导思想:高举中国特色社会主义伟大旗帜,全面贯彻党的十八大和十八届三中、四中、五中全会精神,以马克思列宁主义、毛泽东思想、邓小平理论、"三个代表"重要思想、科学发展观为指导,深入贯彻习近平总书记系列重要讲话精神,贯彻"四个全面"战略布局要求,体现新发展理念和我们党执政为民的宗旨,编纂一部体例科学、结构严谨、规范合理、具有中国特色、体现时代精神的民

---

① 1949 年以来历次民法起草,见本书第二章。

法典,更好地保护民事主体的合法权益,调整民事关系,维护社会和经济秩序,适应中国特色社会主义发展要求,为实现"两个一百年"奋斗目标、实现中华民族伟大复兴的中国梦提供有力的法治保障。

(4)民法典编纂工作基本原则:一是坚持正确的政治方向,坚持党对编纂民法典工作的领导,走中国特色社会主义法治道路,将编纂工作放在党中央工作大局和协调推进"四个全面"战略布局下思考、谋划和落实,推进国家治理体系和治理能力现代化;二是发挥立法的引领和推动作用,体现鲜明的时代特征,与时俱进,在总结继承的基础上,发展和完善我国民事法律规范,更好地平衡社会利益、调节社会关系、规范社会行为,兼顾法律的稳定性和前瞻性,为改革发展稳定提供法律支撑;三是体现社会主义核心价值观,将社会主义核心价值观融入民法典编纂全过程,弘扬中华民族传统美德,强化规则意识,增强道德约束,倡导契约精神,维护公序良俗;四是坚持人民主体地位,立足我国国情,健全民事生活领域基本秩序,充分保障民事主体的人身和财产权利。

(5)民法典编纂的工作思路(方案):民法典由总则编和各分编(合同编、物权编、侵权责任编、婚姻家庭编和继承编等)组成。民法典编纂工作按照"两步走"的工作思路进行:第一步,编纂民法典总则编(即《中华人民共和国民法总则》),争取提请 2017 年 3 月召开的第十二届全国人大第五次会议审议通过;第二步,编纂民法典各分编,争取于 2020 年 3 月将民法典各分编一并提请全国人民代表大会会议审议通过,从而形成统一的民法典。

二、民法典编纂初见成效

按照民法典编纂"两步走"的思路(方案),2017 年 3 月 15 日,《中华人民共和国民法总则》(即民法典总则编)如期在第十二届全国人大第五次会议上获得通过,完成了民法典编纂的"第一步"。2018 年 3 月 15 日,全国人大常委会法制工作委员会提出《中华人民共和国民法典各分编(草案)》(征求意见稿),分别为《物权编(草案)》《合同编(草案)》《人格权编(草案)》《婚姻家庭编(草案)》《继承编(草案)》《侵权责任编(草案)》,[①]这表明民法典编纂的"第二步"正在迈出。因此,如不出意

---

① 在李适时主任和李建国副委员长关于《民法总则》的立法说明中,关于分则编的表述是"目前考虑分为物权编、合同编、侵权责任编、婚姻家庭编和继承编等",未明确包括人格权。2017 年 11 月,全国人大常委会法律工作委员会民法室提出《人格权编(草案)》(室内稿);2018 年 3 月 15 日,全国人大常委会法制工作委员会下发征求意见的《中华人民共和国民法典各分编(草案)》(征求意见稿)包括《人格权编(草案)》(征求意见稿),引起学者强烈的反映与不满。梁慧星:《民法典编纂中的重大争论——兼评法工委两个人格权编草案》,http://www.iolaw.org.cn/showArticle.aspx? id=5570,下载日期:2018 年 5 月 21 日。中国社会科学院民法典工作项目组:《民法典分则编纂中的人格权立法争议问题》,载《法治研究》2018 年第 3 期。

外,民法典编纂将于 2020 年完成,《中华人民共和国民法》将正式登台。

《民法总则》共 11 章、206 条,规定了民法的调整对象、基本原则、自然人、法人、非法人组织、民事权利、民事法律行为、代理、民事责任、诉讼时效、期间计算、附则。总体来看,《民法总则》的结构、内容与 1986 年的《民法通则》相近,后者也包括调整对象、基本原则、公民(自然人)、法人、民事法律行为、代理、民事权利、民事责任、诉讼时效。但与《民法通则》比较,《民法总则》在制度和理念的层面上也有许多亮点:(1)首次确立了习惯的法源地位(第 10 条);(2)规定了胎儿的民事主体地位(第 16 条),为胎儿权益保护提供了法律依据;(3)规定了成年人为自己将来设立监督的制度(第 33 条);(4)在法人之外增设"非法人组织"主体(第 4 章),解决了合伙企业、个人独资企业等不具备法人资格的组织的主体地位问题;(5)规定了个人信息保护(第 111 条);(6)明文规定财产权平等保护原则(第 113 条);(7)规定了虚拟财产保护(第 127 条);(8)规定了权利不得滥用原则(第 132 条);(9)放弃了民事法律行为"合法性"的定位(第 133 条);(10)规定了职务代理(第 170 条);(11)规定了"英烈"人格保护(第 185 条);(12)规定了特殊债的时效起算规则(第 189 条至第 191 条);(13)关于诉讼时效的效力,采用"抗辩权发生说"(第 192 条);(14)规定法院不得主动援引时效规定(第 193 条);(15)规定了时效规范的强制性(第 197 条)等。

《民法总则》是民法典的总则,是民法典的组成部分,在实现民商事法律体系化方面取得了一定的效果。[①]

(1)确立了折中的民商合一的体制。编纂民法典首先涉及民商关系的处理。前引全国人大常委会法工委原主任李适时和全国人大常委会原副委员长李建国关于《民法总则》的立法说明,都明确表示"我国民事立法秉持民商合一的传统,通过编纂民法典,完善我国民商事领域的基本规则,为民商事活动提供基本遵循……"。这既是对我国以往在民商关系问题的处理上采取的实际做法的确认,又是对正在进行的民法典编纂活动在民商关系的处理问题上的表态。《民法总则》也较充分体现了民商合一的观念。①《民法总则》第 2 条关于民法调整对象的规定,涵盖了民事关系和商事关系,为构建统一的民商事法律体系奠定了基础。②《民法总则》第 3 条至第 9 条关于基本原则的规定,第 10 条关于习惯的法源地位的规定,第六章关于民事法律行为的规定,第七章关于代理的规定,第九章关于诉讼时效的规定等,不仅适用于民事活动,也适用于商事活动。③《民法总则》第三章关于"营利法人"的规定,第四章关于"非法人组织"的规定,第 125 条关于股权和其他投资性权利保护的规定,第 134 条关于"决议行为"的规定,则主要适用于商事主体和商事活动。

---

① 柳经纬:《民法典编纂的体系性困境及其出路》,载《甘肃社会科学》2018 年第 2 期。

（2）确立了"总分"结构的法典体例。作为近代以来法典化运动的两座高峰，《法国民法典》和《德国民法典》最显著的区别是法典的编制体例，《法国民法典》没有总则编，而《德国民法典》则设有总则编。美国比较法学者艾伦·沃森将这种区别归结于法学理论传统的不同。① 我国自清末法律变革以来，一直受到德国民法的影响。1986 年的《民法通则》包含了传统民法总则的内容（自然人、法人、法律行为、时效），只是由于其有些内容（民事权利、违约责任、侵权责任）超出了传统民法总则的范畴而被命名为"通则"。② 然而，这些均不足以构成对我国民法典体例的最终定案。对民法典体例构成定案的是《民法总则》的制定。按照民法典编纂"两步走"的计划，第一步是编纂总则编，第二步是编纂分则各编。《民法总则》的通过，使得德国式的"总分"结构成为我国民法典体例的最终定案。

（3）维护了民法债的体系。在传统民法里，债的发生根据包括合同、无因管理、不当得利和侵权行为，合同之债、无因管理之债、不当得利之债和侵权行为之债构成统一的债的体系。然而，在我国民法学界，始终存在着否定传统债的体系甚至债的概念的主张。③受这种理论的影响，1986 年的《民法通则》没有坚持传统债的体系。具体表现在，《民法通则》第五章第二节"债权"规定了债的概念（第 84 条）、合同（第 85 条）、不当得利（第 92 条）和无因管理（第 93 条），没有规定侵权行为；侵权行为被安排在第六章"民事责任"，形成了侵权行为与债分离的状态。《民法总则》没有延续《民法通则》的成例。《民法总则》第 118 条第 2 款以定义债权的方式，确认了侵权行为与合同、无因管理、不当得利同为债的发生根据，并于第 119 条至第122 条分别规定了合同、侵权行为、无因管理和不当得利 4 种类型的债。这就改变了《民法通则》将侵权行为从债的体系中剥离出去的做法，为建立统一的债法体系奠定了基础。

（4）解决了民事法律行为与合同、遗嘱的概念体系不协调问题。20 世纪 80 年代，我国民法学界的主流观点认为，法律行为本质上是一种合法行为，无效法律行为不具备法律行为的本质特征（合法性），因此不是法律行为；④甚至认为，无效法律行为是一个自相矛盾的概念。⑤ 受这种理论的影响，《民法通则》将民事法律行为定性为"合法行为"（第 54 条），并创设了一套不同于传统民法的法律行为概念体系。具体表现在：以"无效的民事行为"替代"无效法律行为"（第 58 条），以"可变更

---

① ［美］艾伦·沃森：《民法法系的演变与形成》，李静冰、姚新华译，中国法制出版社 2005 年版，第 159、177、178 页。

② 关于"民法通则"名称的由来，参见顾昂然：《新中国民事法律概述》，法律出版社 2003 年版，第 11 页；江平：《沉浮与枯荣——八十自述》，法律出版社 2010 年版，第 287 页。

③ 王作堂、魏振瀛、李志敏、朱启超等编：《民法教程》，北京大学出版社 1983 年版，第 14 页。

④ 佟柔主编：《民法原理》，法律出版社 1983 年版，第 77、90 页。

⑤ 顾昂然：《新中国民事法律概述》，法律出版社 2000 年版，第 35 页。

可撤销的民事行为"替代"可撤销的法律行为"(第 59 条)。然而,法律生活中本无法律行为,法律行为不过是合同、遗嘱、收养等行为的理论抽象。如果无效法律行为不是法律行为,不能称之为法律行为;那么,依此类推,无效的合同也不是合同,不能称之为合同;无效的遗嘱也不是遗嘱,也不能称之为遗嘱。但是,如果无效的合同不能称之为合同,无效的遗嘱不能称之为遗嘱,那么它们应该如何称呼?《民法通则》并没有给出答案。于是,在法律实践中,无效的合同还叫合同,无效的遗嘱仍然叫遗嘱。由此可见,《民法通则》创设的法律行为概念体系与合同、遗嘱的概念体系之间不协调。《民法总则》在民事法律行为的定性上放弃了"合法性"的观点(第 133 条),也恢复了传统的法律行为概念体系。具体表现在:无效、可撤销的行为,均不再使用"民事行为"的概念,而使用"民事法律行为"的概念(第 144 条、第 146 条、第 147 条、第 148 条)。《民法总则》所使用的法律行为的概念体系,与《合同法》《继承法》所使用的概念体系保持一致,具有重要的体系性价值。

三、民法典编纂存在的问题

日本近代著名法学家穗积陈重在《法典论》中指出"法律有实质以及形体的两种要素"。[①] 实质指的是法典的内在精神,形式指的是法典的外在体系。一部优秀的法典应当是内在精神和外在体系的统一体。就内在精神而言,民法本质上是私法,是市场经济的法,应充分彰显财产权和契约精神。美国比较法学家梅利曼指出,在民法典中"占统治地位的观念则是个人的私有财产权和个人的契约自由","法典中所突出的个人财产权和契约权,保证了个人权利不受国家侵犯"。[②] 十八届四中全会提出要"保护产权""维护契约",强调的也是法典的内在精神。就外在体系而言,法典是成文法发展的最高形式,是"有序的立法整体"。[③] 我国最高立法机关提出的编纂一部"内容协调一致、结构严谨科学"的法典,强调的也是法典的体系性。

如果以上述法典的标准来审视当下的民法典编纂工作,应该说还是存在一定问题的,尤其是法典的体系缺陷问题更为突出。

首先,从民法典的内在精神而言,存在的问题有二:

(1)权利救济的制度构建不足。有权利必有救济,无救济则无权利,揭示了救济与权利的内在关系。在我国法治实践中,权利救济始终是一块短板,加强权利救济制度建设不仅必要而且紧迫。十八届四中全会特别提出要"健全公民权利救济

---

① [日]穗积陈重:《法典论》,李求轶译,商务印书馆 2014 年版,第 5 页。

② [美]约翰·亨利·梅利曼:《大陆法系》,顾培东、禄正平译,法律出版社 2004 年第 2 版,第 97 页。

③ [法]罗贝尔·巴丹戴尔:"伟大的财产",罗结珍译:《法国民法典》,法律出版社 2005 年版,中译本代序第 3 页。

渠道和方式",对民法典的制度安排具有重要的指导意义。民法以权利为本位,理应将权利救济作为民事基本制度加以规定。然而,长期以来,我国民事立法存在重"责任"而轻"救济"的问题。1986 年《民法通则》设"民事责任"章,而未设"权利救济"章,《民法总则》也是如此。虽然民事责任也具有权利救济的功能作用,但是就二者之间的关系而言,使行为人承担民事责任并不是法律的目的,为权利人提供救济才是法的目的,民事责任只是实现权利救济的手段。《民法总则》选手段而弃目的,实不可取。而且,总则编"民事责任"章内容单薄,不成体系,也不足以担负担任权利救济的重任。例如,该章关于自力救济的规定不仅不全,缺了自助行为;而且正当防卫和紧急避险只是作为侵权责任的免责事由来规定(第 180 条、第 181条①),而不是作为合法性的行为来规定,②正当防卫之"正当性"完全被抹杀。这也是导致我国司法实践中正当防卫很难得到司法认定的制度原因。③

(2)意思自治原则的法律表述不当。当事人意思自治原则,旨在强调当事人有对涉及自己的法律事务的决定权,故而意思自治本质上是权利而非义务。1999 年《合同法》第 4 条规定:"当事人依法享有自愿订立合同的权利,任何单位和个人不得非法干涉。"这是对当事人意思自治的准确表述。然而,《民法总则》关于意思自治原则的表述并没有采取《合同法》的表达方式,而采取了《民法通则》的表达方式,将意思自治原则表达为义务。《民法通则》专门规定意思自治的条文是第 4 条,该条规定"民事活动应当遵守自愿……的原则"。该条使用"应当"一词,这是义务的一种表达方式。《民法总则》不仅继承了《民法通则》的表达方式,而且有过之而无不及,其第 4 条规定"民事主体从事民事活动,应当遵守自愿原则",突出了"民事主体",进一步强调了自愿原则的义务性质。这种义务式的表达方式与意思自治的权利本质呈"南辕北辙"之势,亦不足取。

其次,从民法典的外在体系而言,存在的主要问题有四:

(1)《民法总则》许多内容不属于"普遍适用性"的规范。按照"总分"结构的法典体例,总则编是按照"提取公因式"的法典编纂技术,从具体民事法律制度中抽象

---

① 《民法总则》第八章"民事责任"将正当防卫和紧急避险列于不可抗力(第 180 条)之后,分别规定"因正当防卫造成损害的,不承担民事责任"(第 181 条第 1 款)、"因紧急避险造成损害的,由引起险情发生的人承担民事责任"(第 182 条第 1 款),正当防卫和紧急避险与不可抗力均为民事责任的免责事由。

② 《德国民法典》第 127 条、第 128 条分别规定正当防卫和紧急避险,均明确其不不属于违法行为。

③ 2016 年 4 月 14 日,于欢因其母亲遭受债权人的凌辱而采取防卫措施致 1 死 3 伤。2017 年2 月 17 日,山东省聊城市中级人民法院一审未认定于欢的正当防卫行为,以故意伤害罪判处于欢无期徒刑。2017 年 6 月 23 日,山东省高级人民法院二审认定于欢属于正当防卫,以防卫过当判处于欢有期徒刑 5 年。《山东省高级人民法院刑事附带民事判决书》〔(2017)鲁刑终 151 号〕,http://www.pkulaw.cn/,下载日期:2017 年 6 月 30 日。

出来的对具体民事法律制度具有"普遍适用性"的规范体系。此所谓"普遍适用性"首先是对民法典分则编具有适用性,其次是对民商事单行法具有适用性。按照这一标准,《民法总则》第二章第二节"监护"、第五章关于具体类型民事权利的规定、第八章关于侵权行为的规定,均不属于对分则编和民商事单行法具有"普遍适用性"的规范。

(2)法人分类不科学。《民法总则》采用三分法,将法人分为营利法人、非营利法人和特别法人,分类标准不具有科学性。营利法人对应的是非营利法人,其间的划分标准是法人是否以营利为目的,特别法人对应的是"一般法人",与是否营利没有关系。如果按照营利与否的标准,《民法总则》第96条规定的特别法人(机关法人、农村集体经济组织法人、城镇农村的合作经济组织法人和基层群众性自治组织法人)应归属于非营利法人。

(3)债的规范"碎片化"。《民法总则》第118条将合同、侵权行为、无因管理和不当得利均规定为债的发生根据,恢复了传统债的体系,但并没有以此为基础建立统一的债的规范体系。一是债法的内容被切割为三部分,分别安排在《民法总则》(第五章"民事权利"、第六章"民事责任")、《合同编(草案)》和《侵权责任编(草案)》;二是关于合同,除了《合同编(草案)》外,《物权编(草案)》也有规定(如建设用地使用权出让合同、地役权合同、抵押合同、质押合同);三是关于无因管理和不当得利,《民法总则》(第121条、第122条)和《合同编(草案)》(第二十八章)各有规定;四是关于侵权责任,《民法总则》(第六章"民事责任")和《侵权责任编(草案)》也各有规定;五是多数人之债,《民法总则》(第177条、第178条)和《合同编(草案)》(第57条至第62条)也各有规定。由此可见,关于债法规范的安排,比以往任何法律都更加凌乱。

(4)法律条文设置无序。法典是"有序"的立法整体。这不仅指制度编排"有序",也指法律条文编排"有序"。法律条文如存在缺漏、不合逻辑或者重复,则不能说是"有序"。一部法典总是由一个一个的法律条文构成的,如果法律条文编排"无序",法典的体系性也将不存在。《民法总则》和分则编草案在法律条文设置上存在着"无序"的现象。例如,关于民事法律行为(意思表示)的形式,《民法总则》第135条(民事法律行为的形式)、第140条(意思表示的形式),《合同编(草案)》第6条第1款(合同的形式)重复,其中《民法总则》第135条前半段和《合同编(草案)》第6条第1款内容完全一致。关于法律行为的生效问题,《民法总则》第136条(民事法律行为的生效)和《合同编(草案)》第44条(合同的生效)基本一致,《物权编(草案)》第11条又重复了上述两条"合同成立时生效"的内容。关于财产权保护原则,《民法总则》第3条(民事权益保护)、第113条(财产平等保护),《物权编(草案)》第3条(物权保护)、第53条(国有财产保护)、第60条(集体财产保护)、第61条和第62条(私人财产保护)、第66条(社会团体法人、捐助法人财产保护),《继承编(草案)》第 2 条(继承权保护),反反复复,可谓不厌其烦。此外,交叉重复的还有英烈人格保护(《民法总则》第 85 条和《人格权编(草案)》第 6 条)、征收征用补偿(《民法总则》第 117 条和《物权编(草案)》第 39 条、第 41 条),等等。如此大面积条文内容的重复,必将严重影响民法典的体系。

从上述情况来看,民法典编纂虽然已经取得一定成效,但法典的基本要求,离立法机关确定的民法典编纂的目标任务,仍有一定的差距,整体效果并不十分理想。

四、解决民法典编纂问题的基本思路

根据我国民法典编纂的实际情况,笔者认为,要解决民法典编纂中存在的问题,最重要的是要尊重民法的知识体系,完善民法典的体系设计,正确处理民法典编纂与现行民事法律的关系。

所谓民法的知识体系,主要是指大陆法系国家围绕民法典形成的一套私法的知识体系。它由民法的概念、原理、制度、法典体例和民商体制以及私法的理念构成。虽然不同的国家因其私法的发展和法学理论的传统不同,其民法知识体系有所区别,但是均存在自己的民法知识体系。在我国,历经清末民初对大陆法系私法的继受和改革开放后民法学的理论转型,[①]也基本形成了自己的民法知识体系。在民法的理念上,主体平等、权利保障和意思自治等私法理念获得普遍的认同;在民商关系上形成了折中的民商合一制,在民法典之外不再谋求编纂商法典,但保留公司、票据、保险、海商等单行法的地位;在法典体例上,采取德国式的"总分"结构的法典体例,将主体制度、法律行为制度、时效制度、物权制度、债权制度(合同、侵权行为、不当得利、无因管理)、婚姻家庭制度和继承制度纳入民法典的体系;在概念上,基本沿用德国民法的概念体系,以奠定民法知识体系的基础。在民法典编纂中,强调尊重民法的知识体系,意在将法典的体例安排、制度设计、条文编排以及法条的表达纳入民法的知识体系,强化民法知识体系的刚性约束,防止立法的任意性和随意性,确保法典化目标的实现。我国民法典编纂存在的重"责任"轻"救济"、意思自治的错误表达、债的规范"碎片化"等,都与缺乏对民法的知识体系必要的尊重有关,反映的是立法的任意性和随意性。

客观地说,此次编纂民法典,并非没有体系设计。采取折中的民商合一制、"总分"结构的法典体例,均属于体系设计。然而,这种体系设计十分粗糙,只是一个大概的框架。按照"两步走"的思路,民法典编纂采取的是总则编和分则编分步起草、分步审议的做法,而不是整体起草、分步审议的做法。这也就说明,无论是在《民法总则》通过之前还是在分则编草案提出之前,都不存在一部完整的民法典草案。由

---

① 柳经纬:《当代中国民法学的理论转型》,中国法制出版社 2009 年版。

于缺乏一部完整的民法典草案,每一项制度、每个条文在法典中的位置并不十分清楚,制度与制度之间的关系、法条与法条之间的联系不是十分清晰,因此尽管立法机关提出要编纂一部"内容协调一致、结构严谨科学"的法典,但实际效果却是"南辕北辙"。可以设想,如果民法典的体系设计是完善的,不是粗糙的、模糊的,在这个体系内,每一项制度、每一个法条均按照法的内在逻辑来安排,都有其确定的位置,那么上述存在的问题均可以得到避免。因此,有必要在民商合一制、"总分"结构的法典体例的既定框架下,重新进行民法典的体系设计,各项制度、各个条文各归其位,做到制度有序、法条有序,进而按照新设计的法典体系调整总则编和分则各编草案。①

关于民法典编纂与现行民事法律的关系,李建国副委员长在《民法总则》的立法说明中说"编纂民法典是对现行民事法律规范进行系统整合……"他还说"编纂民法典不是制定全新的民事法律,而是对现行的民事法律规范进行科学整理;也不是简单的法律汇编……"此所谓"系统整合""科学整理"究竟何指?"不是简单的法律汇编"又该如何理解?在实际层面上应当如何操作?这些都涉及如何对待现行民事法律的问题。如果只是将现行民事法律进行修修补补,整体上不作改变地编入民法典,肯定不符合"系统整合""科学整理"的精神,反而会落入"简单的法律汇编"的套路。在对待现行民事法律的问题上,应当将现行民事法律作为编纂民法典的素材之一。② 编纂民法典的素材,可以是现行民事法律及其司法解释,也可以是域外法,还可以是民法的法理(教科书)。为了编纂一部科学的民法典,必须广泛采用各种法律素材,法律素材的取舍应服从民法典的体系安排。作为一种法律素材,现行民事法律反映了我国民事立法的成就,在法律实践中得到了检验,因此在编纂民法典时应当尽可能予以采用,使得编纂的民法典在规范社会关系服务社会方面具有延续性。但是,采用现行民事法律应以服从民法典的体系为准则,否则就会背离法典化的目标。

---

① 关于总则编的调整方案,参见柳经纬:《论民法典形成之时总则编的调整》,载《政治与法律》2018 年第 6 期。

② 苏永钦教授在《民法总则》颁行之后,提出"以五法为主要素材,潘德克顿模式的体系逻辑为指引,就其内容做一定程度的筛滤与重新分编,以达到德国民法水平",也不失为一种选择。此所谓"五法",指《物权法》《合同法》《侵权责任法》《婚姻法》《继承法》。苏永钦:《中国民法典编纂的理由、最佳模式与基本功能》,载《北京航空航天大学学报(社会科学版)》2018 年第 1 期。

第六节　民法之展望

一、新兴科技发展与民法新问题

民法是调整平等主体之间社会关系的法律,即调整人民之间关系的法律,是社会生活的"百科全书",民法必须因应社会的变革而不断发展。我国自改革开放以来,处在急剧的社会变革之中,社会生活发生了巨大的变化。一是体制变革给社会经济生活带来的变化,从公有制一统天下到公有制和非公有制(私有制)并存,从计划经济到市场经济,彻底改变了人们的生活方式,颠覆了社会的观念,推动着我国民法的变革。二是新兴科技的发展给社会生活带来的变化,互联网、大数据、人工智能、人类辅助生殖等技术的开发与运用,正在改变着人们的生活方式,冲击着社会的观念,给民法提出了前所未有的新问题。

改革开放以来,我国民法的发展主要反映了体制变革的要求,从否定私有财产权和合同自由到强调公私财产权平等保护和意思自治,民事立法日渐活跃,民法制度建设逐渐健全,均与体制改革、改革开放有着密切的联系。而且,无论是民法观念的变化还是民法制度建设,实质上是对传统民法即私法的观念和制度的回归。即便是极具特色的农村土地承包制改革、国有土地使用制度改革和国有企业改革,相应的法律制度建设仍然是回到传统民法的物权制度和法人(公司)制度。这就表明,我国民法因应体制改革的要求,所利用的是传统民法的知识,传统的民法知识基本能够满足体制变革对民法制度构建的需求。

与民法因应体制改革的要求不同,新兴科技发展带来的新问题,却难以在传统的民法知识体系里找到现成的答案。然而,新兴科技发展首先改变着我们的生活方式,在国家的法律体系内,首先必须将其纳入民法的知识体系,在民法的框架内给出答案。所谓新兴科技发展给民法带来前所未有的问题,或者说民法面临着新兴科技发展的挑战,也就是指传统的民法知识无法为新兴科技发展提出的新问题提供答案。

在我们当前所能够认知的范围内,新兴科技发展给民法带来的新问题,至少包括如下几个方面:

(1)人类辅助生殖技术带来的民法新问题。人类辅助生殖技术(assisted reproductive technology,ART),是指采用医疗辅助手段使不孕夫妇妊娠的技术,包括人工授精和体外受精—胚胎移植及其衍生技术。人工授精技术根据精子来源分为夫精人工授精和供精人工授精技术。体外受精—胚胎移植及其衍生技术主要包括体外受精—胚胎移植、配子或合子输卵管内移植、卵胞浆内单精子显微注射、胚胎冻融、植入前胚胎遗传学诊断等。① 人类辅助生殖技术在给不孕夫妇带来福音的同时,也给道德、伦理和法律带来了新的问题。就法律而言,人类辅助生殖技术涉及民法的诸多领域:一是人类辅助生殖合同如何规范? 二是冷冻生殖细胞和冷冻胚胎的法律地位如何? 冷冻胚胎是物还是人(胎儿)抑或其他? 三是冷冻生殖细胞、冷冻胚胎在提供者离婚、一方或双方死亡时应如何处置? 在一方或双方死亡时可否依继承法而被继承? 四是在供精人工授精情况下,亲子关系如何确定? 在采用线粒体置换技术产下的具有三人基因(一个父亲、两个母亲)的"三亲婴儿",②其亲子关系又如何确定? 五是由于人类辅助生殖技术的缺陷或医疗机构的疏忽导致不当出生的权利受害如何救济? 这些问题涉及民事主体、客体、所有权、合同、侵权责任、婚姻家庭和继承等,几乎涵盖了民法的全部领域。因人类辅助生殖技术而引发的民法问题,已经引起人们广泛的关注,但问题的解决还远远不够。2014 年,无锡市中级人民法院审结的"沈新南、邵玉妹诉刘金法、胡幸仙胚胎继承纠纷案",③二审法院改判的结果无疑是得到广泛认同的,但是法官的改判理由却只有"情理"而无"法理",这就充分说明了人们无法从传统的民法知识里获得解决人类辅助生殖技术引发的法律问题的答案,充分凸显了法律的空白点。

(2)人工智能发展带来的民法新问题。人工智能(artificial intelligence,AI),旨在应用计算机技术,构造具有一定智能的人工系统,去完成以往只有人类才能胜任的工作。人工智能的技术成果是各种各样能够替代人类完成一定行为的机器人(包括智能设备、智能系统)。科学家根据机器人的智能程度将其分为三类或分则级别:无智能机器人(1.0 机器人)、智能机器人(2.0 机器人)和生物机器人(3.0 机器人)。④ 随着人工智能技术的发展,机器人的智能化程度也将逐渐升级,从无智能机器人向智能机器人和生物机器人发展。人工智能技术的发展在诸多方面逐渐替代了人类的工作,给我们的生活方式带来了变化,但也带来了前所未有的风险,对传统的法律制度提出了挑战。它不仅与现已有的法律秩序行程冲突,凸显出法

---

① 参见卫生部 2003 年发布的《人类辅助生殖技术规范》。

② 线粒体置换技术的基本原理是用一位健康女性的卵子线粒体替换存在缺陷的母亲卵子线粒体,以防止母亲将存在缺陷的线粒体所引发的代谢疾病遗传给后代。采用线粒体置换技术产下的婴儿具有一个父亲、两个母亲的基因。2016 年,世界上首例"三亲婴儿"在墨西哥诞生。王树玉:《人类辅助生殖技术的研究进展》,载《北京医学》2017 年第 11 期。

③ 该案案情是:原告之子与被告子女生前留有 4 枚冷冻胚胎。原告向宜兴市人民法院提起诉讼,请求由其行使胚胎的监管权和处置权。宜兴市人民法院一审以冷冻胚胎属于特殊之物不能任意转让或继承为由,驳回原告的请求;无锡市中级人民法院二审法院则依据"情理"改判冷冻胚胎由上诉人(原告)和被上诉人(被告)共同监管和处置。《江苏省无锡市中级人民法院民事判决书》〔(2014)锡民终字第 01235 号〕,http://wenshu.court.gov.cn,下载日期:2018 年 6 月 3 日。

④ 封锡盛:《机器人不是人,是机器,但须当人看》,载《科学与社会》2015 年第 2 期。

律制度供给的缺陷,甚至会颠覆我们业已形成的法律认知。[1] 首先的问题是机器人是机器还是人,能否具有民事主体地位。2017 年 10 月,沙特阿拉伯授予"女性"机器人索菲亚以公民身份,[2]无疑对民法具有颠覆性的意义。其次,机器人已经被广泛用于从事人类的各种工作,包括工业生产、家政服务、外科手术、排除危险、科学探索、艺术创作乃至参加会议。[3] 机器人从事人类的工作,将改变传统的人与机器(物)之间支配与被支配的关系,给法律带来新的问题,如机器人创作的作品是否能够获得著作权? 机器人受到攻击时可否进行"正当防卫"? 机器人致人损害如何承担责任? 尤其是非人类授意的"不道德机器人""坏机器人"的出现,法律如何规制其"行为",如何使其承担民事责任? 此外,智能机器人可以模仿人类的相貌、表情和行为,被模仿者的人格利益如何保护? 诸如此类的法律问题,涉及民事主体、人格权、侵权责任、知识产权等领域,大多需要民法予以回应。

(3)互联网发展带来的民法新问题。互联网(Internet)对人类的贡献主要在于它为人类的社会活动创造了一个全新的空间,即网络空间或虚拟空间。人们在网络空间从事民事活动,虽然与在现实空间没有根本的区别,但由于网络空间的开放性、虚拟性、数字化、技术化,人们在网络空间的民事活动也就具有了不同于现实空间的特点,从而带来新的民法问题。例如,存在于网络空间的财产即虚拟财产表现为具有非物质化、数字化、空间和时间的有限性等不同于传统民法物的特点,它虽然可以纳入"无体物"或"无形物"的范畴,但又与传统的"无体物"(权利)、"无形物"(智力成果)不同,它只存在于计算机系统里,必须通过计算机技术才能加以确定。因此,如何界定和保护虚拟财产,虚拟财产如何取得、如何继承,如何分割(虚拟财产如被认定为夫妻共有财产,夫妻离婚势必涉及分割问题)等,都成了民法的新问题。又如,人们在网络空间进行的交易活动采取"点击成交"的缔约方式,完全不同于传统的以书面或口头为意思表示的缔约方式,这种交易方式改变了法律对当事人行为主体资格(民事行为能力)的要求,也使得网络消费者权益保护问题更加突出,如何规范网络交易行为,如何保护网络消费者的权益,也成了民法的新课题。再如,网络空间具有信息传播速度迅速的特点,网络空间发生的侵权行为影响大、范围广,信息传播链长,侵权行为查处难度大、举证困难,对侵权行为法提出新的课题。互联网对现代生活的影响是全方位的,对民法的影响也是全方位的,民事权利体系、民事权利客体、民事法律行为、合同、侵权责任、婚姻家庭、财产继承等民法制

---

① 吴汉东:《人工智能时代的制度安排与法律规制》,载《法律科学》2017 年第 5 期。

② 《世界第一个授予公民身份的机器人》,https://item.btime.com/m_91f7b84d0ca1a350a,下载日期:2018 年 5 月 24 日。

③ 据报道,2018 年 3 月 21 日,机器人索菲亚参加了在尼泊尔加德满都举行的联合国可持续发展目标亚洲和太平洋地区创新大会,并发表演讲。《机器人公民索菲亚参加联合国会议》,http://smart.huanqiu.com/prospect/2018-03/11684545.html,下载日期:2018 年 5 月 24 日。

度,都将受到影响,受到冲击。

(4)大数据应用带来的民法新问题。大数据(big data)是以容量大、类型多、存取速度快、应用价值高为主要特征的数据集合,正快速发展为对数量巨大、来源分散、格式多样的数据进行采集、存储和关联分析,从中发现新知识、创造新价值、提升新能力的新一代信息技术和服务业态。^① 大数据已经被广泛运用于工业、农业、服务业和公共管理,成为推动社会经济转型发展的新动力,成为重塑国家竞争优势的新机遇和提升政府治理能力的新途径。大数据给民法带来的新问题主要表现在两个方面:一是伴随着数据交易而产生的数据财产权冲突问题,如强调产生数据的本人对数据的支配权,将对企业的数据交易构成间接的限制;如强调企业对数据完全的绝对的所有权,则妨碍产生数据的本人对数据的权利,如何在二者之间取得平衡,是民法面临的新问题。^② 二是大数据的获取、存储、保持和利用与公民个人隐私权的冲突,强调个人隐私保护则妨碍信息的利用和共享,强调信息的利用与共享则可能损害公民个人隐私,如何二者兼顾并取得合理的平衡,也是民法面临的新问题。^③

新兴科技发展仍在进行之中,其未来将可能出现许多不可知的问题。因此上述民法新问题很可能远不是新兴科技发展带来的民法新问题的全部,许多未知的法律问题将随着新兴科技的发展而不断展现出来,需要我们去研究。

二、积极应对,推进民法制度创新

尽管我国民事立法一直强调要从改革开放的实际出发、解决实际问题,对外国法采取借鉴但不照抄照搬的态度,但是作为市场经济后发展国家,我国民法制度建设显然落后于西方市场经济发达国家,因而不得不借鉴西方发达国家的民法制度,以构建我国的民法制度。从民法的概念、制度到民法典的体例安排和民商体制,除少部分则借鉴了英美法(如预期违约制度^④、间接代理^⑤)外,均借鉴了大陆法系国家的民法。这种借鉴不同于"照搬照抄"的直接移植外国法,而是根据我国改革开放的需要将源自于外国法的民法知识用于解决我国经济改革提出的问题,为改革

---

① 国务院《促进大数据发展行动纲要》【国发〔2015〕50号】,http://www.gov.cn/zhengce/content/2015-09/05/content_10137.htm,下载日期:2018年6月3日。

② 王融:《关于大数据交易核心法律问题——数据所有权的探讨》,载《大数据》2015年第2期。

③ 倪光南:《大数据的发展与应用》,载《信息技术与标准化》2013年第9期。

④ 《合同法》第108条:"当事人一方明确表示或者以自己的行为表明不履行合同义务的,对方可以在履行期限届满之前要求其承担违约责任。"

⑤ 《合同法》第402条:"受托人以自己的名义,在委托人的授权范围内与第三人订立的合同,第三人在订立合同时知道受托人与委托人之间的代理关系的,该合同直接约束委托人和第三人,但有确切证据证明该合同只约束受托人和第三人的除外。"

提供法制保障。例如,在国有企业改革问题上,按照建立现代企业制度的要求,对国有企业实行公司制改造,使有企业成为独立的法人,成为市场的主体。又如,在农村土地承包制改革和国有土地使用权改革问题上,将农村土地承包权和国有土地使用权纳入传统民法的物权体系,以稳定农村土地承包关系、维护城镇国有土地使用权人的合法权益。总体来看,改革开放 40 年来,我国民法制度建设主要是借鉴西方发达国家民法的结果,并无成功的制度创新,1986 年《民法通则》基于法律行为"合法性"的规定而创设的法律行为概念体系和将侵权行为从债的体系中剥离出去以构建统一民事责任制度,曾经被认为是我国民法的制度创新,实则为法学不成熟性的表现。① 这种情形并不难理解,因为我国与西方发达国家在市场经济法制制度建设问题上,并不是站在同一起跑线上,西方国家民法制度建设源自古代罗马法,从公元前 5 世纪的《十二铜表法》算起已有 2500 多年,而我国的民法制度建设仅仅 40 年,历史留给我们制度创新的机遇和空间微乎其微。②

然而,与传统的民法制度比较,新兴科技发展带来的民法新问题,却可能使我国与其他科技发达国家处在同一个起跑线上。因为,我国在新兴科技领域,虽然起步晚于发达国家,但差距并不太大。例如,在人类辅助生殖技术方面,世界首例"试管婴儿"诞生于 1978 年,我国首例试管婴儿诞生于 1988 年;世界首例"三冻"试管婴儿(冻卵、冻精、冻胚胎)诞生于 2004 年,我国首例"三冻"试管婴儿诞生于 2006 年。而且,新兴科技发展带来的法律问题,即便是在发达国家,大多并无定论。在我国法律制度处于大规模重构和调整的背景之下,历史或许还可能为我国提供了法律制度创新的机遇。

我国民事立法和民事司法对新兴科技发展带来的民法新问题,已经作出了一定的反映。例如,2017 年通过的《民法总则》第 111 条(个人信息保护)、第 127 条(数据、虚拟财产保护),为个人信息、数据、虚拟财产保护提供了法律依据,也奠定了制度基础。2001 年,卫生部发布的《人类辅助生殖技术管理办法》《人类精子库管理办法》等,对人类辅助生殖技术的应用进行了规范。在司法实践中,2003 年北京市朝阳区人民法院审理的"李宏晨诉北京北极冰科技发展有限公司娱乐服务纠纷案"(网络虚拟财产纠纷案)、③2014 年无锡市中级人民法院审结的"沈新南、邵玉

---

① 柳经纬:《当代中国民法学的理论转型》,中国法制出版社 2010 年版,第 126～131 页。

② 柳经纬:《当代中国民法学的理论转型》,中国法制出版社 2010 年版,第 131 页。

③ 原告系被告经营的在线收费网络游戏的玩家。原告在该游戏里积累和购买了各种虚拟"生化武器"几十种。2003 年 2 月的一天,原告再次进入游戏时,却发现自己在服务器的虚拟装备丢失。原告经交涉无果后,向北京市朝阳区人民法院提起诉讼。朝阳区人民法院 2003 年 12 月 18 日对这起虚拟财产纠纷案作出一审判决,判令被告将原告丢失的虚拟装备予以恢复。《北京市朝阳区人民法院民事判决书》[(2003)朝民初字第 17848 号],http://www.pkulaw.cn,下载日期:2018 年 6 月 5 日。

妹诉刘金法、胡幸仙胚胎继承纠纷案",在探索新兴科技发展带来的民法新问题方面,均具有积极的意义。

当前,我国民事立法对新兴科技发展带来的民法新问题的反映尚处于起步阶段,理论研究也刚刚兴起,尚无定论可言,一切都将随着科技发展不断提出新问题而逐步向前推进。笔者认为,在应对新兴科技发展带来的民法新问题时,我国民事立法应从以下方面着手:

(1)跟进国家战略,推动新兴科技发展带来的民法新问题研究。近年来,国务院连续发布了《中国制造 2025》(国发〔2015〕28 号)、《促进大数据发展行动纲要》(国发〔2015〕50 号)、《关于深化制造业与互联网融合发展的指导意见》(国发〔2016〕28 号)、《关于积极推进"互联网＋"行动的指导意见》(国发〔2016〕55 号)、《新一代人工智能发展规划》(国发〔2017〕35 号)等文件,互联网、大数据、人工智能已经上升为国家战略。我们应跟进国家战略,推进和加强新兴科技发展带来的民法新问题研究,为立法和司法提供理论支持。

(2)积极吸收发达国家在应对新兴科技发展带来的民法新问题所取得的立法成果。新兴科技发展带来的民法新问题并不属于某个国家特有的法律问题,我们面临的民法新问题也是其他国家所面临的法律问题。西方发达国家在应对新兴科技发展带来的民法新问题方面进行了探索,取得了一定的法律效果,值得我们借鉴。例如,在个人信息保护方面,日本有《个人信息保护法》,美国有《消费者网上隐私法》《儿童网上隐私法》《电子通讯隐私法案》等。欧盟新近生效的《通用数据保护条例》(2018 年 5 月 25 日生效)管辖范围之广、处罚力度之大,为欧盟史上最严的个人信息保护法。在人类辅助生殖方面,美国有《统一亲子法》,英国有《人类受精与胚胎法案》,瑞典有《人工授精法》,德国有《胚胎保护法》,意大利有《人工辅助生殖法》。虽然这些法律在日新月异的科学技术面前常常捉襟见肘,但是都为应对新兴科技发展带来的民法新问题的法律制度构建奠定了基础,积累了经验,值得我们借鉴和吸收。

(3)采取积极的态度应对新兴科技发展带来的民法新问题。上述两个典型案例表现出的司法态度值得提倡。在朝阳区人民法院审理的"李宏晨诉北京北极冰科技发展有限公司娱乐服务纠纷案"中,法院没有因为当时的法律没有关于虚拟财产的规定而驳回原告的请求,而是对虚拟财产给予了认可,法院认为"虽然虚拟装备是无形的,且存在于特殊的网络游戏环境中,但并不影响虚拟物品作为无形财产的一种获得法律上的适当评价和救济"。这就为保护网络虚拟财产奠定了基础。在无锡市中级人民法院审结的"沈新南、邵玉妹诉刘金法、胡幸仙胚胎继承纠纷案"中,原审宜兴市人民法院虽然没有支持原告的请求,但明确认定"施行体外受精-胚胎移植手术过程中产生的受精胚胎为具有发展为生命的潜能,含有未来生命特征的特殊之物";二审无锡市人民法院继而认定"胚胎是介于人与物之间的过渡存在,具有孕育成生命的潜质,比非生命体具有更高的道德地位,应受到特殊尊重与保护",并依情理支持了原告(上述人)的请求。虽然两级法院的判决结果不同,但对胚胎的法律属性的认定却都是积极的。尽管新兴科技发展带来的民法新问题远比固有民法问题复杂得多,但只要我们采取积极应对的态度,一定能够探索出一条法律制度构建的路子,也一定能够为适应新兴科技发展的民法制度建设贡献出中国人的智慧。

第二章

民法典编纂

民法典编纂是改革开放40年来法治变迁的重要内容之一。1949年以来,曾多次展开过民法典的编纂工作,但因各种原因而终止。2014年,十八届四中全会通过的《中共中央关于全面推进依法治国若干重大问题的决定》中明确提出"编纂民法典",这一决定重启了中国民法典编纂。2017年3月15日,《民法总则》颁布;目前民法典分则各编正在编纂过程中,计划于2020年全部编纂完成。

第一节 概　述

一、法典化的含义

从法律的外在形式上看,法律可以分为成文法与习惯法两种类型,也即通常所称的大陆法系和英美法系、实证法与判例法之别。对于成文法而言,其最高表现形式即以法典形式所表现出来的实证法。"法典化"是成文法在外在形式上的最高发展阶段。

(一)法典化的类型

从世界范围来看,法典化包含两种不同的含义:其一,实质意义上的法典化,即制定体系性的、逻辑一致性的成文规则,典型如大陆法系国家的法典编纂活动;其二,形式意义上的法典化,即以"汇编"或"重述"的方式,对既有法律规则加以整理,典型如普通法系中的法律重述。① 而在实质意义上的法典化中,也存在不同的法典化模式。从大陆法系来看,德国潘德克顿式的法典与法国法学阶梯式的法典是实质法典化中的代表性体例,前者以总则式的"五编制"抽象立法闻名于世,后者则延续法学阶梯中"人—物—诉讼"的三编体例,将优帝法典发扬光大。从比较法上看,各国实质意义上的民法典,在立法体例的选择上,均未脱离法、德两种模式。

立法体例的确定,更多的是法律技术的产物。而法律技术的选择,多与各国历史的发展有着密切关系;更确切地说,具有一定的历史偶然性。就法、德民法典而言,在立法模式上,二者各具特色,很难说有优劣之分。在思考民法典编纂的意义时,必须跳出具体立法模式的框架,挖掘法典化背后所折射出来的历史背景。

(二)法典与单行法的互动

法典与单行法是成文法国家最重要的法律表现形式。法典虽为成文法发展的最高形式,但其产生并不会使得单行法的地位下降。事实上,法典作为特定部门法的基本纲领,"法典化"本身即包含了相应的体系及逻辑要求,无法包含法令之全部;内容越丰富、越具体,将使得法典自身的体系化努力愈发受挫。② 1794 年生效的《普鲁士普通邦法》拉开了法典化的序幕,立法者试图将宪法以外的所有法律部门都囊括在内,在法典中规定了刑法、行政法、商法、宗教法、税法以及私法等诸多法律条文,使得法典体系异常庞大,最终为后世所抛弃。③ 此外,法典一旦成型,对稳定性有着较高的要求;而社会发展并不会因此而驻足,新生事物依然层出不穷,仅仅依靠法典将难以应对。此时,单行法之轻便,在处理新生事物时具有极大优势,对于整体法律秩序的完善而言,具有不可或缺性。④

同时,单行法的存在,对于法典本身的发展而言也起到了重要的补充作用。在法典化的法律部门中,单行法往往是针对特殊情形或新现象的规定;而随着社会的发展,某一单行法的地位提高,从而可能被法典所吸收,成为法典的一部分。法典与单行法的这种良性互动关系,推动着成文法法律体系的不断发展。

---

① 易继明:《历史视域中的私法统一与民法典的未来》,载《中国社会科学》2014 年第 5 期,第 137 页。

② [日]穗积陈重:《法典论》,刘求轶译,商务印书馆 2013 年版,第 20 页。

③ [德]罗尔夫·克尼佩尔:《法律与历史——论〈德国民法典〉的形成与变迁》,朱岩译,法律出版社 2003 年版,第 17 页。

④ [日]穗积陈重:《法典论》,刘求轶译,商务印书馆 2013 年版,第 21 页。

二、民法法典化的意义

法、德民法典的出台，直接触发因素是政治上的需要，但从根本上看，民法典的制定与出台，具有深刻的社会经济变迁背景：二者民法典的编纂都出现在封建领主制经济或农业经济向资本主义经济过渡的历史时期，处在社会变革的重要阶段；民法典的颁布，为这些国家的社会经济变革提供了强有力的法律保障，从而进一步确立了社会变革的成果。因此，民法典编纂最根本的意义，在于作为上层建筑的完善，为经济基础的变迁及发展提供强大的推力。

从立法角度上看，民事立法承载着构建私法基本制度和张扬私法理念的使命。这两者分别体现出民法的外在体系与内在体系（精神）的内涵。法典化本身也是对这两方面体系的完善。

从法律技术的层面上看，民法典的编纂，具有强烈的现实意义。法典化并非是法律人的一种情结，而是对民事立法科学化的追求。民法调整的是平等主体间的人身及财产关系，指向的是社会经济发展中利益冲突的密集区。如何协调不同的利益关系，形成一个逻辑严密、价值自洽的私法体系，对于法律调整社会功能之发挥有着重要的意义。要达成这一目标，必须着眼于民法典的编纂，设定合理的体系架构，厘清不同制度的功能，最终使民法典所表达的价值得以贯彻。

（一）民法外在体系的完善

法典的外在体系，指的是法律经过学术化抽象呈现的外观，体现为不同法律概念与法律规则共同组成的法律整体。[①] 民法外在体系的完善，主要是从立法技术的层面构建具体的民事法律制度，从而为民法学学术共同体的养成提供制度基础，最终实现民法理论发展与实践需求的契合。

就我国民事立法的现状而言，虽然各单行法基本涵盖了全部民事领域，但由于制定的背景、具体的立法目的以及不同时期的立法技术均存在很大的不同，不同部门法在法律的外在体系上存在诸多重叠乃至冲突之处，在法律理论与司法实践中造成许多不必要的困境，为了尽可能降低这一现象的负面效应，民法理论界与实务界均作出不同程度的努力；这不仅耗费了大量的智力，而且往往难以达成令各方满意的结果。这一局面的改善，必须追溯到立法层面，通过提高立法技术，实现民法外在体系的完善。

民法典的编纂，为此提供了难得的契机。民法法典化，并非简单的对既有民法规定加以汇编，而是从整个民法体系出发，按照民法自身所具有的逻辑，科学的、体系性的对各项民法制度加以重塑，以实现民法自身的逻辑，为民法在司法实践中的

---

① Vgl. Canaris, Systemdenken und Systembegriff in der Jurisprudenz, 2.Aufl., Berlin 1983, S.19.

妥善适用提供实证法前提。

(二)民法内在精神的塑造

法律的内在体系或精神,指的是外部体系的内在关联性,即不同法律概念与法律制度基于彼此相互协调的价值和原则,形成法律评价的价值共同体。[①] 内在体系的法学,是利益法学派的重要创见。在利益法学派看来,法律是对不同利益冲突的调和,法典化本质上追求的是对不同利益诉求评价上的一致性。[②] 对于民法而言,其最重要的内在精神即在于对意思自治的尊重以及权利的保护。

黑格尔曾说过:"(法的命令是)成为一个人,并尊重他人为人。"[③]"成为一个人"的本质在于,有自己独立之人格、自我意识能够得以贯彻、权利能够得以保障;同样,"尊重他人为人"的本质也在于尊重他人独立之人格、尊重他人自由之意识、保护其合法之权利。因此,从法哲学上看,法的命令本质上即在于对他人人格的尊重:这恰恰是民法内在精神的真实对照。

中国历史上长期缺乏"权利"意识。中华人民共和国的成立,打破了旧社会的"臣民"观念;但对于个体权利尊重的意识,却仍未能在社会大众心中真正生根发芽。因此,法典化虽然在外在体系上表达的是立法技术与法律体系的完善,但究其实质而言,法典化所带来最深远的影响,乃在于民法内在精神的塑造,也即让意思自治的民法基本理念得以贯彻,并使私人权利得以保护。唯此,才能使市民社会得以形成;而只有通过社会中间阶层的壮大,才能使社会结构更加稳固,避免历史上曾经发生过的灾难。这不仅是"法的命令",更是法之使命所在。

就此而言,如果说外在体系是民法的"壳",外在体系的不完备性将给司法实践带来不必要的困扰;那么,内在精神可以说是民法的"核",是民法赖以生存的思想根基。而法典化的意义也正在于此:从技术层面而言,一部优秀的法典能够尽可能消除具体法律制度之间的矛盾,在具体规范层面上贯彻法律自身的逻辑与体系,为司法实践提供必要的便利;而在价值层面,一部优秀的法典应该使法典所代表的价值得以固守,并通过法典的适用将这一价值得以贯彻,使之融入社会基本秩序,成为社会基本之品质。

---

① Vgl. Heck, Begriffsbildung und Interessenjurispendenz, Tübingen 1932, S.142ff.

② 胡坚明:《请求权基础规则与法典化立法》,载《华东政法大学学报》2016 年第 6 期。

③ [德]黑格尔:《法哲学原理》,范扬、张企泰译,商务印书馆 1982 年版,第 46 页。

三、民法典编纂的中国语境

(一)中国民法典编纂的时代背景

改革开放以来,我国经济结构发生了巨大的变化,中国在由计划经济体制走向市场经济体制的改革道路上取得了长足的进展。经济体制的不同,对交易规则的需求也存在极大的差异;经济基础的深刻变化必然会导致法律规则的调整。民法作为市场交易规则的核心,在经济体制转型的过程中发挥了不可替代的作用。中华人民共和国成立后民法典的编纂历史,在一定程度上可对此予以佐证。

1949 年后民法典的编纂历史,大致可以区分为 3 个阶段:改革开放前、改革开放后、中共十八大以来。从 3 个阶段的民法典编纂工作来看,中华人民共和国的民法典编纂之路可以说并不平顺。尤其是第一阶段的两次民法典编纂工作,直接终止于政治运动。从表面上看,民法典编纂工作的停滞与政治环境有着莫大的关联,但更深层的原因仍然要回到经济制度这一基础性因素。

改革开放以前,我国实行的是计划经济体制。在这种体制下,包括经济活动在内的一切社会生活都纳入行政权力的支配之下,经济活动的开展主要基于行政指令而非意思自治,各经济活动主体之间也主要是命令与服从的上下级关系;既缺乏平等的主体资格,更没有意思自治的可能与空间。这使得民法赖以生存的土壤——平等主体与意思自治——根本不存在。[1] 因此,改革开放前的两次民法典编纂工作的中断与停滞,具有时代的必然性。

改革开放以来,随着社会经济制度的改革与发展,民事立法的土壤也逐渐得以养成。对商品交易的重新重视与市场经济体制的引入,促使我国社会经济关系发生剧烈变动,行政权力对社会的控制不断放松;与此同时,社会公共空间得以生成并不断壮大,经济活动的开展主要发生在平等主体之间。这一方面为民法典的诞生孕育了经济土壤,另一方面也展现出对民法典的强烈呼唤。在这一社会变迁的背景之下,民法典的编纂工作才呈现出实质性的进展。但在改革开放初期,由于经济体制的改革工作刚刚拉开帷幕,彼时的社会经济环境仍然处在与计划经济体制进行分离的开端,计划经济体制的影响依然巨大,民法典的制定仍然缺乏牢固稳定的社会经济基础。因此,在第三次、第四次制定民法典的尝试中,最终不免还是回到了制定单行法的"零售式"立法。[2] 这些单行法的颁布,一方面及时回应了我国社会变化的需求,另一方面也锤炼了我国立法机关的立法技术、推动民法学界的基础理论研究,为民法典的制定提供了必要的智力积淀。

中共十八大以来,民法典编纂工作得到了中共中央的高度重视。这是对新时

---

[1]　孙宪忠:《中国民法典制定现状及主要问题》,载《吉林大学社会科学报》2005 年第 4 期。

[2]　江平:《〈民法总则〉评议》,载《浙江工商大学学报》2017 年第 3 期。

代下社会经济发展状况的及时回应,反映出社会主义市场经济深入发展背景下对社会治理提出的新要求。新时代呼唤中国民法典,中国民法典也必将推进新时代的进一步发展变迁。

民法典在我国的波折命运,与我国社会经济发展状况息息相关。每一次民法典的编纂,都面临着特殊的历史背景;在具体的时代背景中,已经暗含了民法典能否编纂成功的因子。从这个角度上看,民法典的历次编纂过程与结果,是对我国社会经济变迁的一个宝贵见证。

(二)中国民法典编纂的现实意义

中共十八届四中全会提出"编纂民法典"的目标,其历史背景同样是处在改革开放的关键时期。经过 30 多年的探索,我国社会发生了巨大的变化,改革开放已经进入深水区。在此背景下,对改革开放"顶层设计"的呼唤越来越强烈。[①] 民法典的编纂,是我国社会经济活动中的重大顶层设计;民法典既要对已有的改革开放经验加以总结,也要确保改革开放的成果得以巩固,还要为已经到来的"深水区"改革提供法律上的支持。[②]

中国民法典的出台,昭示着中国继续走市场经济改革之路的决心,也是继续迈向成熟市场经济体制目标的坚定一步。改革开放 40 年来的民法典编纂过程的坎坷,也是我们在市场经济体制改革之路上披荆斩棘、艰辛前进的一个缩影。但中国民法典终将颁布,这是战略方向性的胜利,也是战略阶段性的胜利,意义重大。中国民法典既要继往,又要开来;可谓使命重大,也因此备受国家与人民的期待。

第二节　第一、二次民法典编纂

中国民法典编纂肇始于改革开放之前,是一条不间断的脉络。因此,若要认识中国民法典编纂之全貌,须从中华人民共和国建立之时开始。本书顾及中国民法典编纂的整体脉络,故将述及第一、二次民法典编纂,但以改革开放后的三次民法典编纂为重点。

发生于改革开放前的两次民法典编纂所面临的政治与经济背景,具有许多相似之处;其最终结局也具有高度的雷同性。从历史发展的脉络上去回顾,这两次民法典的编纂实质上都应归入同一历史时期,均反映出中华人民共和国成立初期在法治道路上的曲折与坎坷。

[①] 《人民日报》:《改革进入'深水区'和攻坚期,'顶层设计'呼唤政府改革》,http://politics. people.com.cn/GB/17600936.html,下载日期:2018 年 4 月 26 日。

[②] 王利明:《全面深化改革中的民法典编纂》,载《中国法学》2015 年第 4 期。

一、第一次民法典编纂

(一)第一次民法典编纂的背景

第一次民法典编纂所面临的特殊时代背景是：新政权刚刚成立，在废除国民党"六法全书"后，①急需为中国共产党政策的落实与贯彻提供法律依据与保障，从而为新政权的巩固提供法律基础。虽然早在新中国成立初期，国家已经开始出台涉及不同层面的民事单行法律规范文件，但主要是以"办法""指示"的方式，②就某一具体问题提供解决方法，难以胜任普遍性的要求。许多社会上的经济活动无法通过统一的民事基本法来调整，而只能以行政手段予以干预。③有鉴于此，从1954年下半年开始，全国人大常委会成立民法起草小组，开始着手我国民法典的起草工作，拉开了中华人民共和国民法典编纂的序幕。此外，1956年召开的中共八大中，刘少奇明确提出健全法制的要求，④表明中共领导阶层认识到完善法制工作的重要性，民法典的编纂工作由此进入快车道。

(二)第一次民法典编纂的过程

中共八大以来，民法典起草小组先后共起草出45个文稿，占全部62个文稿的大约73%，而且文稿修改的间隔时间一般都较短，例如，债法分则承揽章第一稿和第二稿之间仅间隔6天时间。至1956年，已拟出500多个条文，整个民法典的框

---

① 中共中央于1949年2月发布《关于废除国民党的六法全书与确定解放区的司法原则的指示》，使得《中华民国民法》在中国大陆被废除，而在中国台湾地区继续生效。

② 例如，涉及民事主体的有《中央金库条例》《社会团体登记暂行办法》《社会团体登记暂行办法施行细则》《私营企业暂行条例》《私营企业暂行条例施行办法》《城市户口管理暂行条例》等；涉及物权方面的有《中央人民政府内务部关于填发土地房屋所有证的指示》《遗失、漂流、埋藏物暂行管理办法》《东北区国营企业固定资产暂行管理规程》《中央人民政府政务院关于没收战犯、汉奸、官僚资本家及反革命分子财产的指示》《中央人民政府政务院关于适当的处理林权明确管理保护责任的指示》《国营企业资金核定暂行办法》等；涉及债法的有《中央人民政府最高人民法院、司法部关于保护国家银行债权的通报》《中央人民政府最高人民法院、司法部关于保护国家银行债权，在债权关系上国家银行与其他机关团体或私人，均应同等清偿的通报》等。张玉敏主编：《新中国民法典起草五十年回顾与展望》，法律出版社2010年版，第34～35页。

③ 彭万林：《民法学》，中国政法大学出版社1999年版，第8～10页。

④ "为了巩固我们的人民民主专政，为了保卫社会主义的秩序和保障人民的民主权利，为了惩治反革命分子和其他犯罪分子，目前在国家工作中的迫切任务之一，是着手系统地制定比较完备的法律，健全我们国家的法制。""革命的暴风雨时期已经过去了，新的生产关系已经建立起来，斗争的任务已经变为保护社会生产力的顺利发展，因此，斗争的方法也就必须跟着改变，完备的法制就是完全必要的了。"刘少奇：《在中国共产党第八次全国代表大会上的政治报告（一九五六年九月十五日）》，载《刘少奇选集》下卷，陕西人民出版社1985年版。

架已初步搭建起来。① 最终于同年 12 月初步形成民法草案,该草案共包含总则、所有权、债以及继承 4 编,总计 525 条。

随着反右运动的扩大化,本次民法典的起草工作无疾而终。

(三)第一次民法典编纂的效果

从具体制度层面上看,我国 1956 年民法典草案的整体框架源于 1922 年《苏俄民法典》。1922 年《苏俄民法典》由总则、物权、债权、继承 4 编组成,共 436 条,②而我国 1956 年民法典草案由总则、所有权、债权、继承 4 个部分组成;尤其是总则部分,在结构上几乎是一模一样,都由基本原则、权利主体、权利客体、法律行为、诉讼时效 5 章构成。③ 在《苏俄民法典》立法体例的影响下,中国民法第一次起草时,就缺少了土地、劳动、婚姻等部分。此外,同样受 1922 年《苏俄民法典》的影响,本次民法典草案只规定了诉讼时效没有规定取得时效,而且此种立法体例的影响一直延续至今。

从法律意识的启蒙上看,1957 年 5 月 1 日《人民日报》发布《中国共产党中央委员会关于整风运动的指示》,法学界积极响应,5 月 9 日,杨兆龙教授在《新闻日报》发表了《我国重要法典为何迟迟还不颁布?——社会主义建设中的立法问题》一文,其中指出:"我们过去在立法方面的努力实在跟不上实际的要求,例如,平常与人民的基本权利的保障及一般社会关系的调整最有密切关系的刑法典、民法典等至今还没有颁布。这就使得我国法律制度的建设在整个的社会主义建设中,变成了最薄弱的一环。"④这引起了普通民众和高层领导对民法典编纂的重视。

(四)第一次民法典编纂的评价

中华人民共和国成立初期,奉行"一边倒"的外交政策,这对我国民法典的编纂工作也产生了重大影响,向苏联"老大哥"学习成为彼时的社会潮流。但即使是在这样的氛围下,彭真同志仍然经常告诫大家说:"即使是苏联的东西,也不能照抄照搬,还是必须要从中国实际出发。"⑤从我国实际出发,向社会及人民群众广泛地征求意见,成为我国民事立法的重要立法经验。

董必武在中共八大会议上指出:"我们人民民主法制之所以有力量,是由于它实事求是地总结了人民斗争的经验和贯彻了群众路线。我国许多重要法律、法令,

① 张玉敏主编:《新中国民法典起草五十年回顾与展望》,法律出版社 2010 年版,第 24 页。

② 《苏俄民法典》,王增润译,新华书店 1950 年版。

③ 何勤华、李秀清、陈颐主编:《新中国民法典草案总览》上卷,北京大学出版社 2017 年版,第 1 页。

④ 杨兆龙:《我国重要法典为何迟迟还不颁布?》,载艾永明、陆锦璧主编:《杨兆龙法学文集》,法律出版社 2005 年版,第 623~630 页。

⑤ 张玉敏主编:《新中国民法典起草五十年回顾与展望》,法律出版社 2010 年版,第 39 页。

都是我们党在实际工作中经过调查研究,提出初稿,同民主党派商谈,逐渐形成草案,经过国家机关讨论修改以后,有的仍以草案形式发交地方国家机关、人民团体一直到县乡,发动广泛的群众讨论;有的还经过一定时期的试行,再由国家立法机关审议通过,才成为正式的法律、法令。正由于我们的法制是这样地贯彻'从群众中来,到群众中去'的原则,所以它也就无隔阂地反映了人民的意见。"①

例如,《苏俄民法典》第二编名称为"物权",我国民法典草案则称为"所有权",且未规定建筑权、财产质权、流通中及加工中货物之质权。原因在于,苏俄制定民法典时,其由战时共产主义政策改行新经济政策,部分恢复私营经济,允许自由贸易,恢复商品流通和商品交换;既然有私有制经济和商品交换,就容易承认物权。而中国起草第一部民法典时,恰巧是正在进行农业、手工业和工商业的生产资料的三大社会主义改造,实行公有制,消灭私有制和实行计划经济之时,而公有制基础上不会派生出来使用、处分、收益等物权内容,民法典草案就不会有物权。又如,在债编中,我国并未效仿苏联有关公司的规定;并且我们将因不当得利所生的债和因造成他人损害所生的债作为债的发生根据,规定在债权篇通则中,而未像苏联那样使之单独成章。这些不同体现了我国民法学者的独立思考以及对我国实际情况的深刻把握,使得我国第一部民法典草案既有传统民法典的完整性,又一定程度上符合我国具体国情。

值得注意的是,虽然这一草案是以苏俄民法典为蓝本,但由于苏俄民法典本身乃是参考德国民法典制定的,这就决定了中华人民共和国第一个民法典草案及此后的民事立法和民法理论仍旧与大陆法系民法,尤其是德国民法相通,有着相同的基本概念、基本原则、基本制度和编纂体例。② 实际上,大陆法系是一个超越国界的抽象规则体系和理论体系,其意识形态淡泊,不同政治制度的国家均可采用,故而我国在推翻"民国六法",继受苏联影响后,仍会源源不断地受到德国法影响。

总体而言,虽然中华人民共和国成立初期百废待兴,立法经验也十分匮乏,但我国民法学者不懈努力,克服重重困难,形成了我国第一部民法典草案。在当时特定的历史环境下,这部草案虽然没有最终颁布实施,但作为中华人民共和国成立后的首次民法典编纂,仍对今后的民事立法具有重要影响。

二、第二次民法典编纂

(一)第二次民法典编纂的背景

第二次民法典编纂,发生在三年困难时期之后。1961 年 1 月中共八届九中全会通过了"调整、巩固、充实、提高"的八字方针,国民经济进入了调整阶段。在这种

① 《董必武法学文集》,法律出版社 2001 年版,第 340 页。
② 梁慧星:《民法总论》,法律出版社 2017 年第 5 版,第 19 页。

背景下,民法典的编纂工作再次得到领导层的重视,开启了第二次民法典的编纂。

(二)第二次民法典编纂的过程

据李静堂教授的回忆:"经济开始好转,国家就提出起草民法,毛主席接见越南代表团时说的几句话也起了作用。"①根据毛泽东的指示,全国人大常委会于 1962 年 9 月重新成立了民法研究小组,恢复了民法的起草工作。

但很快,中共中央 1964 年起在全国范围内开展的"社会主义教育运动"(简称"四清运动"),本次民法典的编纂工作再次受到严重干扰。第二部民法典草案最后一稿明确说明:"这个稿子改出以后,经赵伯平看过,没有付印,也没有经党组讨论,以后因参加社教运动,起草工作就停止了。"②至此,第二次民法典编纂也即告终。

(三)第二次民法典编纂的效果

由于我国第一部民法典并未很好地突出公有制的特点,故第二部民法典着重对公有制予以强调。甚至有起草单位认为,民法典的核心问题是所有制问题,应以所有制为纲来建立新的民法体系,也即以所有制作为一条红线把许许多多错综复杂的民事关系和制度有系统地串联起来。旧的民法体系是以私有制为中心,以个人为本位,以国家不干预民事活动为原则,具有资产阶级性质,极不符合我国社会主义民法内容的要求,因此必须抛弃,并应对建立符合我国社会主义革命和建设实际情况的民法体系做大胆的尝试。③

因此,在第二部民法典中,第二编"财产的所有"着重规定了"国家财产"和"集体财产",对于"个人财产"仅在个别情形下予以认可,如第 68 条规定:"个人财产主要包括:(一)满足个人和家庭物质文化生活需要的一切生活资料;(二)法律允许集体所有制单位成员个人所有的生产资料;(三)法律允许个体劳动者所有的生产资料。"④由于缺乏个人财产的规定,个人间的商品流转难以进行,商品的分配主要依靠国家行政命令,这使得整个民法典都笼罩在计划经济之下。

在制定第二部民法典时,起草者有意规避了传统民法概念,以此凸显自己的独立性。如在总则中使用"单位"和"个人",而不采用法人、自然人、债权、物权、法律

---

① 张玉敏主编:《新中国民法典起草五十年回顾与展望》,法律出版社 2010 年版,第 58 页。此处所说,是指 1962 年 3 月 22 日毛泽东在接见越南代表团时指出的:"不仅刑法要搞,民法也需要,现在是无法无天。没有法律不行,刑法、民法一定要搞。不仅要制定法律,还要编案例。"参见赵苍璧:"在法制建设问题座谈会上的讲话(1978 年 10 月 13 日)",载《人民日报》1978 年 10 月 29 日第 2 版。

② 何勤华、李秀清、陈颐主编:《新中国民法典草案总览》中卷,北京大学出版社 2017 年版,第 957 页。

③ 何勤华、李秀清、陈颐主编:《新中国民法典草案总览》中卷,北京大学出版社 2017 年版,第 1000 页。

④ 何勤华、李秀清、陈颐主编:《新中国民法典草案总览》中卷,北京大学出版社 2017 年版,第 967 页。

行为、合同这些传统概念；此外，还独创了很多"关系"，如买卖合同变成买卖关系，基本建设合同变成基本建设关系，运输合同变成运输关系。① 在体例上，由于我国对个人所有制持否定态度，不允许个人财产的传承，故进一步将继承关系排除在外。以上也有当时的历史背景因素的原因：1956年波匈事件发生后，中国批评苏联的大国沙文主义，两国关系逐渐走向破裂。② 在这样的历史背景下，我们既"反帝"、又"反修"，这样一来，我们只有一条路，就是制定一部百分之百的我们自己的民法典。③

从实际情况来看，虽然起草者当时既否定苏联，也否定资本主义，但由于德国法的概念、原则、制度和理论体系等已经成为中国法律文化的有机组成部分，第二次民法典起草在体系上并未摆脱德国法传统的影响。草案虽在语言表述、内容构成上自成一家，但是在体系上仍保留有总则编，并区分了实质上的物权和债权，这表明草案在体系和结构上仍承继了德国民法的基本传统。

(四)第二次民法典编纂的评价

1964年11月1日的《中华人民共和国民法草案(试拟稿)》是第二次民法典起草的最后一稿，其第2条规定："本法是调整我国经济关系的基本准则。"④这实际上将民法典的调整对象由民事主体间的民事关系转变为经济关系，至于为什么这么做，中国人民大学民法教研室的《关于建立新的民法体系的一些想法》指出，为了确定民法所解决的问题的范围和它的体系，必须首先明确民法的基本任务，民法的基本任务应该是"保护和发展社会主义所有制，调动一切积极因素促进生产力稳步迅速地发展，保障社会主义建设事业的顺利完成"。在上述任务要求下，我国民法解决问题的范围应包括我国国民经济生活中国家、集体和个人之间的全部经济关系和经济活动，即我国社会主义所有制以及为它所决定的生产、分配、交换、消费过程中的全部经济关系。⑤

受此影响，我国第二部民法典草案实际上成为民法与经济法的混合体，本质上是将经济政策加以提炼得出的结果。⑥ 无论是从法典的外在体系上看，还是就其内在精神而言，这都与现代民法格格不入：我们今天所谓的民法，是以平等主体之

---

① 江平口述、陈夏红整理：《沉浮与枯荣——八十自述》，法律出版社2010年版，第281页。
② 郑惠等编：《中华人民共和国国史全鉴》(第2卷)，团结出版社1996年版，第90页。
③ 江平口述、陈夏红整理：《沉浮与枯荣——八十自述》，法律出版社2010年版，第280页。
④ 何勤华、李秀清、陈颐主编：《新中国民法典草案总览》中卷，北京大学出版社2017年版，第958页。
⑤ 何勤华、李秀清、陈颐主编：《新中国民法典草案总览》中卷，北京大学出版社2017年版，第1000页。
⑥ 江平口述、陈夏红整理：《沉浮与枯荣——八十自述》，法律出版社2010年版，第280页。

间的人身关系与财产关系作为调整对象、以意思自治作为核心的私法。[1] 对此,魏振瀛教授指明确出:"我认为这个法确切说是经济法(即有关经济领域的法,非现在的经济法),它实质是民法和经济法的混合。而且,它实际上是我们多年经济工作的总结,它总结了在计划经济条件下,民事、行政关系怎么处理。"[2]可见,第二部民法典草案具有浓郁的经济法色彩,实际上脱离了传统民法的轨道。

第一次、第二次民法典编纂,发生在中华人民共和国成立初期,这两次民法典编纂工作的开展,表明领导阶层对法制工作的重视,体现出中国共产党由革命党转向执政党的努力,反映出当时领导人对法治的追求,在中华人民共和国法治变迁史上具有重要意义。当然,由于历史条件的局限性,这两次民法典的编纂工作均未能成功。

诚如前文所言,一部成功的民法典,应该具备相应的内在精神的品质以及外在体系的完备。前两次民法典编纂中断的表面原因是政治运动,但根本原因仍然在于民法典内在精神的缺位与外在体系的缺失。

从内在精神品质上看,在计划经济时代,公有制经济占据主导地位,个人经济多为小农经济,仍处于自给自足状况,商品交换发生的情形极其罕见。尤其在农村人民公社化运动中,按劳分配和等价交换原则受到严重破坏,甚至出现了废除商品、货币的主张,否定商品、价值、货币、价格的积极作用。[3] 而民法正是以商品交换为基础、以意思自治为核心,尤其强调对权利的保护和对私人意思的尊重。无论就其经济基础而言,还是从当时政治环境下所具有的权利意识上看,由于缺乏自由交换的市场环境、商品流转完全取决于行政指令与计划、而非市场主体的自发性,民法典所应具备的内在精神,根本不存在发展的土壤与空间。

而从外在体系的完备来看,当时的社会政治环境下,也难以实现。一方面,中华人民共和国成立初期,急于摆脱旧秩序的束缚,对既存法律规则有着强烈的破除情绪;另一方面,由于意识形态上的障碍,当时的立法者对西方既有立法成果与法律理论也有着同样的排斥心态。在这种情况下,无法从传统民法理论中汲取必要的养分,期待能在立法技术与立法体系上有所进步,当然不现实。就此而言,前两次民法典的编纂工作无疾而终,具有一定的必然性。

第三节　第三次民法典编纂

第三次民法典编纂是在改革开放的背景下着手进行的,伴随着这一时期经济

---

[1] 梁慧星:《为了中国民法》,中国社会科学出版社 2013 年版,第 324 页。

[2] 张玉敏主编:《新中国民法典起草五十年回顾与展望》,法律出版社 2010 年版,第 63 页。

[3] 顾昂然:《新中国民事法律概述》,法律出版社 1999 年版,第 2 页。

体制、政治制度、意识形态等各个层面的转型，这次民法典的编纂，从背景、过程、内容及特点各方面，都与前两次民法典编纂有显著的不同。尤其值得一提的是，在这次民法典的编纂过程中，民法典编纂的思路也悄然发生了变化，单行法的立法思路开始形成。这对中国民事立法产生了深远影响。

一、第三次民法典编纂的背景

1978 年 12 月召开的中共十一届三中全会，标志着中国对内改革、对外开放新时代的开启。改革开放带给中国社会的是全方位的历史性变革，不仅经济体制与法律制度在变，人们的意识形态和思想观念也在变。随着改革开放的不断深入，中国民法学也在发生着巨大的变化。第三次民法典的编纂，正是在这样的时代背景下展开。

（一）政治背景

十一届三中全会重新确立了解放思想、实事求是指导思想，实现了思想上的拨乱反正。全会提出停止使用"阶级斗争为纲"的口号，作出了把全党工作的重点转移到社会主义现代化建设上来和加强社会主义民主法制建设的伟大决策。

在民主法制建设方面，中共十一届三中全会专门作出决议："为了保障人民民主，必须加强社会主义法制，使民主制度化、法律化，使这种制度具有稳定性、连续性和极大的权威，做到有法可依，有法必依，执法必严，违法必究。从现在起，应当把立法工作摆到全国人民代表大会及其常务委员会的重要议程上来。检察机关和司法机关要保持应有的独立性；要忠实于法律和制度，忠实于人民利益，忠实于事实真相；要保证人民在自己的法律面前人人平等，不允许任何人有超于法律之上的特权。"[①]邓小平同志指出："现在的问题是法律很不完备，很多法律还没有制定出来，应当集中力量制定刑法、民法、诉讼法和其他各种必要的法律，例如工厂法、人民公社法、森林法、草原法、环境保护法、劳动法、外国人投资法等等，经过一定的民主程序讨论通过，并且加强检察机关和司法机关的职能，真正做到有法可依，有法必依，执法必严，违法必究。"[②]他还指出："国家和企业、企业和企业、企业和个人等等之间的关系，也要用法律的形式来确定；它们之间的矛盾，也有不少要通过法律来解决。现在立法的工作量很大，人力很不够，因此法律条文开始可以粗一点，逐步完善，有的法规地方可以先试搞，然后经过总结提高，制定全国通行的法律。修改补充法律，成熟一条就修改补充一条，不要等待'成套设备'。总之，有比没有好，

---

① 中共中央文献研究室编：《三中全会以来重要文献选编（上）》，人民出版社 1982 年版，第 11 页。

② 邓小平：《解放思想，实事求是，团结一致向前看》，载《邓小平文选》第 2 卷，人民出版社 1994 年版，第 146～147 页。

快搞比慢搞好。"①

(二)经济背景

十一届三中全会确立了以经济建设为中心的工作重心移转,经济改革的基本方向就是要改变过去主要靠行政组织和用行政手段来管理经济的办法,代之以主要靠经济组织和采取经济手段来管理经济的办法。换言之,就是要改变以计划为主的经济发展模式,引入市场经济的积极因素。在这一工作重心的转变下,社会经济活动空前活跃,但与此同时,我国法制建设却远远不能跟上需求,经济活动依旧还是大量靠政策和计划调整。为了有效地推行新的经济管理方法,巩固新的管理体制,就必须通过实践总结经验,把好的经验用法律形式确定下来,这个法律的主要形式就是民法。② 制定民法,用法律的手段来调整经济关系,成为改革时代的迫切需要。

(三)理论背景

改革开放的春风给民法的发展带来了前所未有的机遇,同时也带来了前所未有的挑战,核心表现即民法与经济法两个学科之间的大论战。③ 论战刚开始时,经济法占据一定优势,④但是经过佟柔、王家福、江平等老一辈民法学者的努力,民法逐渐扭转形势。⑤ 直至《民法通则》颁布,其第 2 条关于民法调整对象的规定完全采纳了大民法的主张,标志着这一论争的结束。

这次大论战大大促进了民法学科的发展,积累了比前两次民法典编纂更为丰富的理论知识储备,视野也极大地开阔。一批重要的典籍也在这个时期进入学界,法典方面如《拿破仑法典(法国民法典)》(李浩培译,商务印书馆 1979 年版)、《德国民法典》(上海社会科学院法学研究所译,法律出版社 1984 年版)、《日本民法》(曹为、王书江译,法律出版社 1986 年版);著作方面如英国学者 P. S. 阿蒂亚的《合同法概论》(程正康等译,法律出版社 1982 年版)等先后翻译出版,《罗马法》(谢邦宇主编,法律出版社 1983 年版)、《罗马法概要》(江平、米健著,中国政法大学出版社

---

① 邓小平:《解放思想,实事求是,团结一致向前看》,载《邓小平文选》第 2 卷,人民出版社 1994 年版,第 146~147 页。

② 陶希晋:《关于民法起草工作的几个问题——陶希晋同志在中央政法干校法律师资班上的讲话》,载《民法学论文选》1983 年第 1 辑。

③ 关于民法与经济法的论战的过程描述,梁慧星教授有较为精彩详尽的描述。梁慧星:《中国民法学的历史回顾与展望》,《难忘的 1979—1986——为祝贺导师王家福先生八十大寿而作》,载《为了中国民法》,中国社会科学出版社 2013 年版,第 323~417 页。铃木贤:《中国民法经济法论争的展开及其意义》,载《北大法学论集》第 39 卷第 4 号,第 1013~1015 页。

④ 《谢怀栻法学文集》,中国法制出版社 2002 年版,第 79 页。

⑤ 梁慧星:《佟柔先生与民法经济法论争》,载《佟柔文集》,中国政法大学出版社 1996 年版,第 414 页。

1987 年版)先后出版。尤其重要的是,一些台湾学者的重要民法学论著也在民法学界开始流传,其中最为重要的是史尚宽先生的民法系列著作;诸多高校或研究机构图书馆馆藏的民国时期大量的民商法著作——如胡长清先生的民法系列——得以重新开放借阅。以上都在理论上为第三次民法典编纂作出了更充分的准备。

(四)实践背景

此外,第三次民法典编纂还有一个重要的背景,就是司法实践的需要。1949 年以来,在民事立法领域仅有一部婚姻法,大量的民事纠纷均依靠民事政策和传统的习惯来解决。改革开放以后,随着经济的发展,民事领域出现了大量经济纠纷,仅依靠政策和习惯已经远远不能满足司法审判的需要。正如魏振瀛、张佩霖先生指出的:"广大司法工作者迫切期盼早日颁布民法,解放已经三十一年,还没有一部完整的民法,是个很大的缺陷,使得民事审判工作无法可依,或者法出多门,或者以言代法,造成混乱状态,产生不良后果。"①

二、第三次民法典编纂的过程

在十一届三中全会以及邓小平同志的系列讲话以后,制定民法典重新提上议程。② 1978 年 10 月 30 日,在中央政法小组召开的法制问题座谈会上,政法小组成员陶希晋作了修改、起草法规的说明,将民法作为急需制定的法规之一。③

1979 年 11 月,第五届全国人大常委会法制委员会成立了由杨秀峰同志任组长、陶希晋同志为副组长的民法起草中心小组,并且从全国调集了一批民法学者和实务部门的民法专家,开始了 1949 年后第三次民法起草。根据余能斌教授的回忆,这些组成人员主要有:全国人大法制委员会的领导成员杨秀峰、陶希晋、孙亚民、林衡元、赵国平、吴克坚、佟柔、史越;同时还有来自学界的中国社科院法学所的王家福、苏庆、陈汉章和余能斌;北京大学的魏振瀛、王作堂;中国人民大学的赵中孚;西南政法学院的金平;北京政法学院的杨振山;实务界的主要有最高人民法院的马原、龙世荣、艾伟、费宗祎;北京高级人民法院的吕家林等;天津高级人民法院的石秀珍、李世荣等。总计起来,参加起草的人员的有 40 多人。

在成立了民法起草小组以后,随即召开了两次全体会议,讨论民法典的起草工作。在起草的过程中采用了并驾齐驱的方式,一方面,实地调查、了解中国实际,力图制定出来的民法典切合中国实际;另一方面,加强理论研究,组织人手翻译国外的民法典。在具体执行上,把民法典的各个部分分配至各个小组,然后再将各个小

---

① 魏振瀛、张佩霖:《要尽快制定颁布民法》,载《北京政法学院学报》1981 年第 3 期,第 68 页。
② 此处参见余能斌同志的回忆。王卫国主编:《中国民法典论坛(2002—2005)》,中国政法大学出版社 2006 年版,第 112 页。
③ 易清:《新中国民法法典化历程考论》,知识产权出版社 2010 年版,第 133 页。

组的稿子进行讨论、修改,最终于 1980 年 5 月形成了第三次民法典起草的第一稿。1980 年 8 月 15 日,《中华人民共和国民法草案(征求意见稿)》向全国征求意见。在第一稿的基础上,民法起草小组认真吸取各方面的意见,继续调查研究和理论探讨,于 1981 年 4 月 10 日推出了《中华人民共和国民法草案(征求意见二稿)》,再次向全国征求意见。之后,1981 年 7 月 31 日推出了《中华人民共和国民法草案(第三稿)》,1982 年 5 月 1 日推出了《中华人民共和国民法草案(第四稿)》。①

在本次民法典起草初期,即有两种不同的制定思路。一种意见认为,中华人民共和国成立 30 多年以来,已经积累了丰富的实践经验,有了制定民法典的基础;同时中国经济建设的实践,也要求我们有一部民法典,因此制定民法典的工作刻不容缓。另一种意见认为,民法涉及面广,情况复杂,经济体制改革又刚刚开始,整个社会经济状况尚未定型,并且民事立法缺乏经验,一时难以制定一部完善的法典,如果仓促制定民法典,其效用、稳定性以及权威性都会受到影响,因此应该先制定单行法规,成熟一个制定一个,然后再编纂一个统一的民法典。②

刚开始,前一种意见得到了人大常委会的认同,但是随着"同时并进"的立法方针的施行,③民法典编纂工作逐渐转向单行法的制定。在这种指导思想之下,民法典草案第四稿尚未提交讨论,起草小组即行解散,第三次民法典起草又告中断,中国的民事立法进入"零售"阶段。④

三、第三次民法典编纂的效果

在本次民法典编纂中,先后形成了 4 个不同的草案,其中,前两稿、后两稿分别在内容上较为接近,第二稿到第三稿的变化较大。具体如下:

《民法草案》第一稿由总则、财产所有权、合同、劳动的报酬和奖励、损害责任、财产继承 6 编组成,共计 501 条。⑤

第二稿与第一稿在体例上变化不大,主要包括:①第一编"总则"中增加了"期限与计算"一章;②第三编"合同"中增加了"借用"一章,并将合同各分则的顺序重

---

① 此部分文献的主要来源是佘能斌、金平、魏振瀛、江平等老一辈民法学者的回忆。王卫国主编:《中国民法典论坛 2002—2005》,中国政法大学出版社 2006 年版,第 112 页。张玉敏主编:《新中国五十年民法典起草回顾与展望》,法律出版社 2010 年版,第 73 页。

② 易清:《新中国民法法典化历程考论》,知识产权出版社 2010 年版,第 137～138 页。

③ 梁慧星:《难忘的 1979—1986——为祝贺导师王家福先生八十大寿而作》,载《为了中国民法》,中国社会科学出版社 2013 年版,第 380 页。

④ 杨振山:《一部历史性的基本法——纪念〈民法通则〉实施十周年》,载《中国法学》1997 年第 1 期,第 3 页。

⑤ 何勤华、李秀清、陈颐编:《新中国民法草案总览》中卷,北京大学出版社 2017 年版,第 1151～1200 页。

新加以调整;③原第四编"劳动的报酬和奖励"改为第五编"智力成果权",并删去了"工资、工分、奖金"一章;④原第五编"损害责任"改为第四编"侵权损害的责任",并删去原第一章"损害的预防"。

第三稿相对于第二稿,在体例上发生了重大变化:①将原第一编"总则"拆分为三部分,即第一编"任务和基本原则"、第二编"民事主体"及第八编"其他规定";②原第二编"财产所有权"成为第三编,并增加了"相邻关系"一章;③"合同"编分则中增加了"联营、合伙"一章;④原第六编"财产继承"变为"亲属、继承",并相应增加了"亲属"及"遗赠"两章。

第四稿基本延续了第三稿的体例,只是在第六编中,将"亲属、继承"改为"财产继承权",删去了亲属相关的内容,回到了前两稿的基本立场。

关于第一稿至第四稿内容的对比及变化,详见表 2-1:

表 2-1　第三次民法典编纂形成《民法草案》四稿变化比较

第一稿		第二稿		第三稿		第四稿	
编	章	编	章	编	章	编	章
1—总则	1—指导思想、任务和基本原则	1—总则	1—任务和基本原则	1—任务和基本原则		1—民法的任务和基本原则	
	2—公民		2—公民	2—民事主体	1—通则	2—民事主体	1—通则
	3—法人		3—法人		2—公民		2—公民
	4—法律行为		4—法律行为		3—法人		3—法人
	5—代理		5—代理		4—作为民事主体的国家		4—国家
	6—诉讼时效		6—期限和计算		5—代理		5—代理
	7—民事制裁		7—诉讼时效				
	8—适用范围		8—民事制裁				
			9—适用范围				

续表

第一稿		第二稿		第三稿		第四稿	
编	章	编	章	编	章	编	章
2—财产所有权	1—通则	2—财产所有权	1—通则	3—财产所有权	1—通则	3—财产所有权	1—通则
	2—国家所有权		2—国家财产所有权		2—国家财产所有权		2—国家财产所有权
	3—集体财产所有权		3—集体财产所有权		3—集体组织财产所有权		3—集体组织财产所有权
	4—公民个人财产所有权		4—个人财产所有权		4—个人财产所有权		4—个人财产所有权
	5—共有		5—共有		5—共有		5—共有
					6—相邻关系		6—相邻关系
3—合同	1—一般规定	3—合同	1—通则	4—合同	1—通则	4—合同	1—通则
	2—买卖		2—买卖		2—买卖		2—买卖
	3—供应		3—供应		3—供应		3—供应
	4—农副产品收购		4—农副产品收购		4—农副产品收购		4—农副产品收购
	5—基本建设包工		5—赠与		5—赠与		5—赠与
	6—承揽		6—信贷		6—借贷		6—借贷
	7—社会服务		7—民间借贷		7—信贷、结算		7—信贷、结算
	8—运输		8—借用		8—借用		8—借用
	9—保管		9—租赁		9—租赁		9—租赁
	10—信贷、结算		10—承揽		10—承揽		10—承揽
	11—借贷		11—基本建设		11—基本建设包工		11—基本建设包工
	12—租赁		12—运输		12—运输		12—运输
	13—赠与		13—保管		13—保管		13—保管
	14—委托、信贷		14—委托、信贷、居间		14—委托、信托、居间		14—委托、信托、居间
			15—社会服务		15—社会服务		15—社会服务
			16—保险		16—联营、合伙		16—联营、合伙
					17—保险		17—保险

续表

第一稿 编	第一稿 章	第二稿 编	第二稿 章	第三稿 编	第三稿 章	第四稿 编	第四稿 章
4—劳动的报酬和奖励	1—通则	5—智力成果权	1—通则	5—智力成果	1—通则	5—智力成果	1—通则
	2—工资、工分、奖金						
	3—著作的报酬和奖励		2—著作权		2—著作权		2—著作权
	4—发现、发明的奖励		3—发现权、发明权		3—发现权、发明权		3—发现权、发明权
5—损害责任	1—损害的预防	4—侵权损害的责任		7—民事责任	1—通则	7—民事责任	1—通则
	2——般规定		1——般规定		2—确定责任的规定		2—确定责任的规定
	3—特殊规定		2—特殊规定		3—承担责任的范围和方法		3—承担责任的范围和方法
	4—赔偿的范围和方法		3—赔偿的范围和方法				
6—财产继承	1—通则	6—财产继承	1—通则	6—亲属、继承	1—亲属	6—财产继承权	1—通则
	2—法定继承		2—法定继承		2—继承的一般规定		2—法定继承
	3—遗嘱继承		3—遗嘱继承		3—法定继承		3—遗嘱继承
	4—五保户遗产和无人继承遗产的处理		4—五保户遗产和无人继承遗产的处理		4—遗嘱继承		4—无人继承遗产的处理

续表

第一稿		第二稿		第三稿		第四稿	
编	章	编	章	编	章	编	章
6—财产继承	5—债务的清偿	6—财产继承	5—债务的清偿	6—亲属、继承	5—遗赠	6—财产继承权	5—债务的清偿
	6—其他规定		6—其他规定		6—五保户遗产和无人继承遗产的处理		6—继承的特别规定
					7—债务的清偿		
					8—继承的特别规定		
				8—其他规定	1—期限	8—其他规定	1—期限
					2—诉讼时效		2—诉讼时效
					3—适用范围		3—适用范围

四、第三次民法典编纂的评价

第三次民法典起草发生在改革开放初期,起草人尝试提炼了社会主义初级阶段的现代化建设所需要的民法规范体系,不仅影响了后续中国民法学的研究及民事立法、司法实践,而且对于第四次、第五次民法典编纂都具有深远的影响。

(一)对嗣后立法工作的重要指导

对于中国的民事立法而言,《民法草案》(一至四稿)为中国的民事立法提供了四个具有深远意义的草稿。这些草稿基本上对民事领域的各种关系,包括财产所有关系、合同关系、智力成果关系、继承关系,以及公民、法人、国家等民事主体,法律行为,代理,时效,期间,民事责任等民法基本制度都作出了规定。1986 年《民法通则》从条文到体例无疑都是这次民法典草案的翻版,接下来相继制定的《经济合同法》《技术合同法》,以及 1999 年统一《合同法》、2011 年《侵权责任法》等,均在很大程度上承继了这次草案的内容以及体例。

(二)"批发"转"零售":单行立法思路的形成

第三次民法典编纂虽然没有最终使得民法典顺利出台,但在此过程中形成的单行立法思路,对中国民法的编纂思路产生了重大影响。单行立法思路的产生,经历了"民法典与单行法并行"和"民法典终结、完全转向单行立法"2个阶段。

1.民法典与单行法并行

单行法立法思路的形成,在起草民法典之时就已见端倪。在1981年5月27日,第五届全国人大常委会副委员长彭真同志说了三个问题。一是"立法必须从中国的实际和历史的实际出发";二是"要认真考虑各种不同意见";三是"制定民法典可以同制定单行法同时并进"。关于第三个问题,实际上是提出了"制定民法与制定单行法同时并进"的立法方针。彭真同志指出:"民法不是短时间可以制定的。这不是我们不努力,而是问题本身就十分复杂,加上体制正在改革,还没有完全解决,实际上有困难。因此,一方面要搞民法,另一方面要搞单行法,民法和单行法可以同时进行。单行法各部门都可以搞,还可以先搞条例、规章、制度或者其他行政法规。也可以把民法草案中比较成熟的部分,作为单行法规先提出审议、公布。单行法比较容易搞些,比较灵活,错了也比较好改。民法就要比较慎重,制定不久就得改,那就不大好。先搞单行法,成熟了,再吸收到民法中来。刑法搞了三十多稿,民法虽然不一定搞那么多稿,但是要准备多搞几稿。要积极搞,又不要急躁,不要草率。"[1]当时有学者从彭真同志的讲话已经估计到,中国民法典不可能很快出台,民法典起草工作可能变成持久战。[2]

对此,时任全国人大常委会法制工作委员会副主任的顾昂然在回顾第三次起草民法时也说道:"七九年一月,彭真同志就说要两条腿并行。他说:你们的任务(指起草小组)是搞个总的民法,单行法规也可以搞。当时,杨老(杨秀峰——引者注)、陶老(陶希晋——引者注)主持这项工作,他们集中了有关部门的同志,包括法院的同志,实际部门的同志,还有些专家,做了大量的调查研究。到一九八二年就起草了民法四稿,很有成绩。但是,由于民法涉及各个方面,情况很复杂;我国的经济体制改革正在发展,当时要制定一个完整的'民法典'有困难。所以,彭真同志、习仲勋同志(当时是法制工作委员会主任)决定,采取'零售'的方针,即先行制定单行法,根据需要,哪个成熟了,就先制定哪个。"[3]

1980年10月,全国人大常委会法制委员会在已有的民法典起草小组之外,另行成立了经济合同法起草小组,正式启动了经济合同法起草工作,形成了民法起草和作为单行法的经济合同法起草"同时并进"的局面。经济合同法起草小组成立

---

① 彭真:《在民法座谈会上讲话要点》(1981年5月27日),载《彭真文选(一九四一——一九九○年)》,人民出版社1992年版,第424页。

② 梁慧星:《难忘的1979—1986——为祝贺导师王家福先生八十大寿而作》,载《为了中国民法》,中国社会科学出版社2013年版,第381页。

③ 最高人民法院《民法通则》培训班:《民法通则讲座》,最高人民法院1986年版,第9~10页。

后，全国人大成立会法制工作委员会，于 1980 年组织了 154 名干部参加调查组，分赴 16 个省市自治区进行了为期 1 个月的立法调查，召开各类型的座谈会 600 多次，2500 多个单位共 6000 多人参加。调查结束后向全国人大常委会法制工作委员会做了汇报。①

2. "批发"转"零售"：民法典编纂的终结与单行法的出台

经过近两年的讨论酝酿，1981 年五届全国人大四次会议于 12 月 13 日审议通过了《经济合同法》，自 1982 年 7 月 1 日施行。立法机关决定同时起草经济合同法，难免刺激了民法起草小组加快工作进度。民法典草案先后完成四稿。② 但在此时，彭真副委员长在 1981 年 5 月民法座谈会上宣布的"制定民法与制定单行法同时并进"的方针，已经改变为"先制定单行法"的立法方针，全国人大常委会决定暂停民法起草，6 月 3 日全国人大常委会法制委员会解散民法起草小组。理由是中国在改革开放初期，经济体制改革刚刚开始，各种社会关系、经济关系处于急速变动中，不可能制定一部完善的民法典。③

1982 年 5 月民法起草小组的解散，标志着第四次法典化思路的终结，立法思路转向"零售式"单行法的制定。正是在这种立法思路的指导下，1980 年制定了新的《婚姻法》，1981 年制定了《经济合同法》，1984 年制定了《专利法》和《商标法》，1985 年制定了《继承法》和《涉外经济合同法》；在此基础上，1986 年通过了《民法通则》。该立法思路一直影响之后近 30 年的民事立法规划，影响不可谓不深远。

（三）重大成果：《民法通则》的出台

遵循立法机关的"单行立法"的立法思路，在《经济合同法》之外，相继颁布了《继承法》(1985)、《涉外经济合同法》(1985)、《技术合同法》(1987)等。但是随着经济的发展以及单行法的增多，不同法律之间的矛盾凸显，在这种情况下，对这种单行法立法模式的缺点引起了普遍的关注。《民法通则》正是在这种背景下产生的。

1.《民法通则》起草的背景

(1) 民法与经济法的"论战"

第三次民法典编纂过程中，民法学者内部对于制定一部什么样的民法、④关于

① 王家福：《合同法》，中国社会科学出版社 1986 年版，第 149 页。
② 梁慧星：《难忘的 1979—1986——为祝贺导师王家福先生八十大寿而作》，载《为了中国民法》，中国社会科学出版社 2013 年版，第 393～415 页。
③ 彭真：《在民法座谈会上讲话要点》(1981 年 5 月 27 日)，载《彭真文选（一九四一——一九九〇）》，人民出版社 1992 年版，第 424 页。
④ 金立琪：《关于〈民法通则（草案）〉讨论的几个问题》，载《法学》1986 年第 3 期。

民法的调整和对象范围是什么、①关于民法的基本原则、②法律行为是不是合法行为、③公法与私法的划分④等问题难以形成统一的意见。除此之外,《民法通则》还受到经济法学者的质疑,民法与经济法的"论战",是《民法通则》制定过程中的重要时代背景。⑤

"经济法"概念的提出,与"文革"结束后工作重心的转移有密切关系。1978年,胡乔木、叶剑英等同志先后在讲话中提及"经济立法与经济司法"或"经济法"的概念。但这里所称的"经济法",指的是包含民法、民诉法、计划法、工厂法、能源法以及环境保护法等与经济活动相关的法律法规总称,而不是将其作为独立的法律部门。⑥

1979年8月社科院法学所召开的"民法与经济法学术座谈会"上,形成了"大经济法"与"大民法"相互对立的两派理论观点,并随后演化成民法与经济法两学科之间长达7年的学术争论。

"大经济法"的观点主张经济法是调整国家机关、企业、事业单位和其他社会组织内部及其相互之间,以及它们与公民之间,在经济活动中所发生的社会关系的法律规范的总称。经济法是国家领导、组织和管理经济的重要工具,是社会主义法律体系中的一个崭新的独立法律部门。而民法则只调整公民个人之间的财产关系和人身非财产关系。而"大民法"的观点则主张,凡是横向的经济关系包括社会主义组织之间、社会主义组织与个人之间以及个人与个人之间的财产关系,均由民法调整。经济法仅调整纵向的经济管理关系,并认为经济法不构成独立的法律部门。⑦随后,在1984—1985年期间,先后成立了中国经济法研究会与中国法学会民法学经济法学研究会,两种观点的对抗与论战愈演愈烈。

第三次民法典起草过程中,由于立法思路的转变,《经济合同法》的出台、民法典的起草工作中断,使民法在这一场论战中短暂地处于劣势地位。1984年,社科院法学研究所王家福教授以民法经济法研究室的名义,向中央建议"从速制定并颁

---

① 金平等:《论我国民法的调整对象》,载《法学研究》1985年第1期。

② 江平:《〈中华人民共和国民法通则〉剖析》,载《政法论坛》1986年第1期。

③ 朱庆育:《法律行为概念疏证》,载《中外法学》2008年第3期。

④ 陶希晋:《论民法研究》,载《青海社会科学》1983年第5期;王家福:《我们应该制定一部什么样的民法》,载《法学研究》1980年第1期。

⑤ 关于在起草《民法通则》过程中,经济法法学界是如何否定《民法通则》的,梁慧星教授进行最为详细的考证。梁慧星:《难忘的1979—1986——为祝贺导师王家福先生八十大寿而作》,载《为了中国民法》,中国社会科学出版社2013年版,第393~415页。

⑥ 梁慧星:《难忘的1979—1986——为祝贺导师王家福先生八十大寿而作》,载《为了中国民法》,中国社会科学出版社2013年版,第393页。

⑦ 铃木贤:《中国民法经济法论争的展开及其意义》,载《北大法学论集》第39卷第4号,第1017页。

行民法典",立法机关也意识到客观上要求制定一部全面调整各种民事关系的基本法律,《民法通则》便在这样的理论背景下诞生了。

(2)立法者面临的实际需要

时任全国人大法工委主任王汉斌在《关于〈中华人民共和国民法通则(草案)〉的说明》中明确指出:"由于民法牵涉范围很广泛,很复杂,经济体制改革刚开始,我们还缺乏经验,制定完整的民法典的条件还不成熟,只好先将那些急需的、比较成熟的部分,制定单行法。几年来,陆续制定了一批民事的或者与调整民事关系有关的经济合同法、涉外经济合同法、专利法、商标法、婚姻法、继承法等。但是,民事活动中的一些共同性的问题,如公民和法人的法律地位、民事法律行为、民事代理、民事权利、民事责任、时效等,还缺乏法律规定。同时,这几年民事纠纷、特别是经济纠纷大量增加,迫切需要制定共同遵循的规范,使民事活动可以有所遵循,调整民事关系有法可依。"[1]时任全国人大法制工作委员会副主任的顾昂然同志也回忆道:"这几年制定了一批单行的民事法律,但还缺少民事关系、民事活动方面需要遵守的规范。因此民法通则的制定就提到议程上来了。彭真同志讲,现在制定民法通则是有需要又有可能。"[2]

1986 年 4 月 12 日,第六届全国人大第四次会议通过了《民法通则》,于 1987 年 1 月 1 日实施。《民法通则》的诞生,意味着第三次民法典起草工作的终结。《民法通则》被称为中国历史上第一部正式颁行的民事基本法,被誉为"中国的权利宣言",[3]在中国民事立法史上具有划时代、里程碑式的意义。

2.《民法通则》起草的过程

在民法与经济法大论战的背景下,《民法通则》的制定过程难免受到这一争论的影响。

(1)来自经济法的阻击

《民法通则》的起草,重新提振了民法学界的士气,告别了因为民法典起草工作中断带来的消沉和悲观;但同时,经济法学者对《民法通则》的制定提出了强烈的质疑。在 1985 年 12 月 4 日"全国民法通则(草案)座谈会"后不久,国务院经济法规研究中心、中国经济法研究会于 12 月 10 日至 15 日召开"全国第二次经济法理论工作会议",针锋相对地对《民法通则》草案加以批判。[4]

经济法学者对《民法通则》的批评,主要针对的是民法的调整范围、民法在社会

---

[1] 王汉斌:《关于〈中华人民共和国民法通则(草案)〉的说明》,http://www.npc.gov.cn/npc/lfzt/rlys/2014—10/24/content_1882694.htm,下载日期:2018 年 7 月 17 日。

[2] 最高人民法院民法通则培训班:《民法通则讲座》,1986 年 9 月印刷,第 11 页。

[3] 《彭真传》编写组:《彭真传》第 4 卷,中央文献出版社 2012 年版,第 1561 页。

[4] 梁慧星:《难忘的 1979—1986——为祝贺导师王家福先生八十大寿而作》,载《为了中国民法》,中国社会科学出版社 2013 年版,第 400~405 页。

经济活动中的地位与作用等。从根本上看,"大经济法"核心观点立足于公有制基础上的计划经济体制(或者是"有计划的商品经济"),强调国家对经济活动的管控,与当时改革开放的整体思路与方向存在差异。因此,虽然经济法学界对《民法通则(草案)》进行了猛烈的批判,最终仍无法阻止《民法通则》的顺利出台。

(2)《民法通则》的出台

《民法通则》是第三次民法典起草的重要成果。[①] 1985年6月全国人大法制工作委员会召开的一系列名为"民法总则"的座谈会,由于当时确定的民法总则的内容既包括传统民法总则的内容,也包括民法分则中的一些原则性的规定,[②]这样一来,实际上已经突破了民法总则的范畴,故对于其名称有不同的意见,有人主张称为"民事基本原则",还有的称"民法纲要"或者"民法大纲"等等,最终彭真委员长定下基调,称之为"通则"。[③] 江平教授对于这个"通"字解析如下:首先,其不仅包括总则的一般规定,而且还包括分则的一部分内容;其次,它是民事立法的原则性规定,虽然有些部分规定的详细,有些部分简单,但总体来说,只是原则性的规定;最后,它是调整横向财产关系的基本法。[④]

立法机关启动《民法通则》起草工作,得到了民法学界的积极拥护和鼎力支持。佟柔、江平、王家福、魏振瀛四位先生担任由彭真委员长提议成立的民法通则起草专家咨询小组成员,对于《民法通则》的制定有重要贡献。[⑤]《民法通则》草案经立法机关以及学界的反复酝酿及讨论,先后有26稿之多。[⑥] 终于在1986年4月12日,该法由第六届全国人民代表大会第四次会议审议后通过,于1987年1月1日正式实施。

3.《民法通则》的主要内容

《民法通则》共9章,共计156条,主要内容包括:基本原则、民事主体、民事法律行为和代理、民事权利、民事责任、诉讼时效以及涉外民事法律关系适用。

《民法通则》的主要特点:从结构上来讲,《民法通则》类似于《德国民法典》的总则,但又与典型的民法总则有所不同。主要区别是《民法通则》增加了民事权利、民事责任以及涉外民事法律关系的适用等章节,此外还规定了婚姻家庭、财产继承的一些基本规则。从这个意义上说,《民法通则》是一个民法大纲,是一部浓缩的民法典。《民法通则》的内容反映了当时经济发展的背景,即公有制基础上有计划的商

① 赵中孚、刘运红:《〈民法通则〉的制定及其对现今民法典编纂的启示——纪念〈民法通则〉颁布20周年》,载《法学杂志》2006年第6期,第18页。

② 何勤华、李秀清、陈颐编:《新中国民法草案总览》中卷,北京大学出版社2017年版,第1343页。

③ 江平口述、陈夏红整理:《沉浮与枯荣——八十自述》,法律出版社2010年版,第287页。

④ 江平:《〈中华人民共和国民法通则〉剖析》,载《政法论坛》1986年第3期,第2页。

⑤ 柴春元:《中国的民事权利宣言》,载《检察日报》2009年8月31日第4版。

⑥ 顾昂然:《立法札记(1982—2004)》,法律出版社2006年版,第217页。

品经济,同时还体现了多种经济形式和经营方式的并存与发展的需求。《民法通则》还大量规定了人格权和身份权,并在民事责任章中规定了权利的具体保护措施。[1] 虽然《民法通则》在内容上较为单薄,在编制体例、逻辑结构等方面也存在可商榷之处,但是它填补了我国法律体系中长期存在的民事基本法的空白,是一部历史性的基本法律。[2]

4.《民法通则》的历史意义

从今天看来,《民法通则》从立法理念到具体规定、从编纂体例到术语选择均存在一定的时代局限性,后世对《民法通则》的批评意见也不鲜见。金平教授指出,《民法通则》是在制定民法典的历史条件还不成熟的情况下,我国民事立法被迫由"批发"改"零售"的产物。这就注定了它作为过渡性立法的各种局限性。《民法通则》的部分规定带有旧的计划经济体制的烙印,不符合市场经济体制的要求,已经过时。《民法通则》的许多规定过分原则、简单,导致立法意旨不明,不具有可操作性,给审判实践中的法律适用带来困难。《民法通则》存在大量法律漏洞,不能满足审判实践的需要,使人民法院对诸多案件无法审理,不能追究当事人的责任,从而导致严重的社会后果。《民法通则》的一些规定欠缺谨慎的思考,其科学性值得探讨。[3] 但我们对于《民法通则》还是应当有历史的、正确的认识。正如江平教授所说,虽然有些缺陷,但对《民法通则》无论评价多高都不为过。江平教授甚至用"承前启后,功不可没"八个字来评价《民法通则》。[4] 以下分几个层面具体阐释:[5]

---

① 《民法通则讲话》编写组:《民法通则讲话》,经济科学出版社 1986 年版,第 10~13 页;李龙:《新中国法制建设的回顾与反思》,中国社会科学出版社 2004 年版,第 278 页。

② 杨振山:《一部历史性的基本法律——纪念〈民法通则〉实施十周年》,载《杨振山文集》,中国政法大学出版社 2004 年版,第 147 页。

③ 金平:《〈民法通则〉的历史功绩与历史局限》,http://old.civillaw.com.cn/article/default.asp?id=7859,下载日期:2018 年 5 月 11 日。

④ 江平:《空前启后,功不可没——〈民法通则〉颁布十周年记》,载《研究生法学》1996 年第 2 期。

⑤ 此部分历史功绩的评价主要参考江平:《空前启后,功不可没——〈民法通则〉颁布十周年记》,载《研究生法学》1996 年第 2 期;杨振山:《一部历史性的基本法律——纪念〈民法通则〉实施十周年》,载《杨振山文集》,中国政法大学出版社 2004 年版,第 147 页;金平:《〈民法通则〉的历史功绩与历史局限》,http://old.civillaw.com.cn/article/default.asp?id=7859,下载日期:2018 年 6 月 11 日;马俊驹、杨琴:《论社会主义市场经济与民法的完善》,载《法学评论》1996 年第 4 期;王利明:《光荣与梦想:纪念中华人民共和国民法通则颁布二十周》,http://old.civillaw.com.cn/article/default.asp?id=25774,下载日期:2018 年 6 月 11 日;杨立新:《民法的梦想与老一代民法学家的光荣——纪念〈中华人民共和国民法通则〉颁布二十周年》,http://old.civillaw.com.cn/article/default.asp?id=25771,下载日期:2018 年 6 月 11 日。

（1）明确了民法的调整对象

《民法通则》第2条明确规定，民法的调整对象是"平等主体的公民之间、法人之间、公民和法人之间的财产关系和人身关系"。这一调整对象的确定，标志着民法作为民事基本法律地位的确立，从立法上结束了这一关于民法经济法调整对象的论争。

民法经济法论争的实质，是对社会主义经济性质的不同认识。私法的核心理念是意思自治，法律行为制度则是意思自治的工具和手段。[①] 在计划经济体制下，社会生活被统摄在国家的计划之下，企业的生产活动、人民的日常生活，都被纳入计划管理，法律上自无意思自治之可能。大经济法观点倾向于传统的社会主义经济，即计划经济体制；大民法观点重视社会主义经济的商品经济性质，认为在社会主义商品经济条件下，民法能够继续承担基本财产法的任务。改革开放和商品经济的发展，及非公有制经济的承认，这些经济环境的变化，增强了大民法观点的说服力，从而被立法机关所采用。[②] 因此，民法调整对象的明确以及民法独立地位的确定，其意义不仅在于民法学科本身，更重要的是反映出立法者对商品经济（市场经济）改革方向的确认，其历史意义不言自明。

（2）构建了基本的民事制度

《民法通则》为改革开放与市场经济的发展提供了民事法律的基本框架。作为中华人民共和国第一部民事基本法，《民法通则》虽然不是传统民法典的总则，更不是一部民法典，但它是一部基本的民事法律。所谓"通则"，顾名思义，就是把要那些贯通总则和分则、渗透基本法和特别法的共同原则及规范集中起来，自成一体。《民法通则》既是民事活动的基本准则，同时也为我国民事审判工作提供了基本的法律依据。《民法通则》为中国特色社会主义市场经济法律体系奠定了制度的基础，为我国民事法律体系的逐步完善提供了基本框架。因此，尽管《民法通则》还不是一部完整的民法典，从条文来说也仅仅有156条，但是它已经构建了民法典的总体结构，奠定了民法典宏伟建筑的基石，以至于我们在今天起草民法典的时候，在体系和结构上都难以逃脱它的魅力和影响。

《民法通则》第一次规定了民法的基本制度，对于民法的基本原则、民事主体制度、民事法律行为、民事法律关系、民事责任、诉讼时效等民法基本制度，都作出了具有远见卓识的规定。如《民法通则》虽未使用"物权"概念，但仍第一次规定了物权制度的基本内容。又如，《民法通则》第一次规定了债权制度的基本内容和基本

---

① 关于法律行为制度与意思自治的关系，法律行为制度如何充当意思自治之工具，如何发挥着工具之作用，参见柳经纬：《意思自治与法律行为制度》，载《华东政法学院学报》2006年第5期。

② 铃木贤：《中国民法经济法论争的展开及其意义》，载《北大法学论集》第39卷第4号，第1097～1099页。

规则,对合同之债、不当得利之债、无因管理之债都作出了原则的规定,特别是对生活急需的合同之债的基本规则,以及连带债权、连带债务、债的担保以及违反合同的民事责任等基本制度,都作出了简洁、实用的规定。再如,《民法通则》还第一次以基本法律的形式确立了民事责任制度,包括比较完备的违约责任制度和侵权行为的民事责任制度。以上都是我国民事法律制度的重大发展。

(2)完善了民法的外在体系

《民法通则》对于我国民法体系的构建,具有重要意义。其一,《民法通则》第 2 条比较合理地界定了民法的调整对象,区分了民法与经济法的关系。《彭真传》也指出,《民法通则》"从制度上把民事活动尤其是经济方面的民事活动,从国家行政活动中划分出来,确立了独立的民事法律关系。这就以法律形式确认并保障平等主体之间的民事活动,改变了计划经济体制下由政府包揽经济活动的局面,为推进有计划的商品经济进而实行市场经济,奠定了重要的法制基础。"[1]其二,《民法通则》确定了民法的平等、自愿、公平、诚信、权益保护等基本原则,从而确定了民法调整社会关系的基本方法。正如江平先生所言,《民法通则》的颁行"标志着以政治手段调整平等主体之间关系为主的时代的结束"。[2]

总体而言,《民法通则》的出台勾勒出民商合一的私法体系,为婚姻家庭法、劳动关系法"回归"民法奠定了必要的前提。这些内容的明确,有力地促成我国民法外在体系的构建,为将来民法典的诞生奠定了坚实的基础。

(3)奠定了民法的内在精神

之所以将《民法通则》称作是"中国的权利宣言",主要在于它不仅集中规定了各种民事权利,而且以民事权利为核心,全面确立了私权(民事权利)保障的理念和构建了一个较为完整的私权(民事权利)体系。

《民法通则》第五章"民事权利"分为四节:第一节"财产所有权和与财产所有权有关的财产权"内容包括所有权、国家财产所有权与保护、集体财产所有权与保护、公民个人财产所有权与保护、财产继承权、共有制度、相邻关系、土地使用权、土地承包经营权、采矿权、森林山岭草原荒地滩涂水面等自然资源承包经营权、企业对国有资产的经营权;第二节"债权",内容包括合同、不当得利、无因管理以及合同的履行、担保等;第三节"知识产权",内容包括著作权(版权)、商标权、专利权、发现权、发明权;第四节"人身权",内容包括生命健康权、姓名权、名称权、肖像权、名誉权、荣誉权、婚姻自主权等。《民法通则》第五章所规定的具体权利基本涵盖了社会生活的各个领域。

《民法通则》第五章第四节详列自然人的人身权利,这在大陆法系的传统民法

---

① 《彭真传》编写组:《彭真传》第 4 卷,中央文献出版社 2012 年版,第 1561 页。
② 江平:《江平文集》,中国法制出版社 2000 年版,第 589 页。

典中未曾有过,堪称我国民事立法最伟大的"杰作"。① 当然,这与我们对 1949 年之后政治运动不断、一段时间内公民人格尊严遭受严重践踏的特定历史的反思有直接的关系。1987 年,王家福先生在最高人民法院举办的《民法通则》培训班上讲授人身权时强调指出:"应该看到一点,在'左'的思想影响下,有一段时间我们国家对人身权的保护是做得不好的。特别是在'文化大革命'中,公民的人身权是谈不上的。抄家、批斗、随便给你戴上各式各样的侮辱性的帽子,把公民的人身权践踏殆尽,给人民带来了深重的灾难。这点跟社会主义国家的本质是不相容的。这个深刻教训值得我们很好地吸取。党的十一届三中全会以后,我们总结了这个教训。除了宪法、②刑法的明确规定外,《民法通则》又从民事的角度对于人身权作了比较完备的规定,这是我们社会主义法制的进步。"③

如果从历史的角度来看,我们不难发现,《民法通则》不仅仅是"权利宣言",更起到了"权利启蒙"的作用:通过立法的形式直接突出权利的地位,对于民众权利意识的养成,具有重要的启蒙意义;这种普遍性权利意识的形成,将成为构造私法秩序最坚固的基石,有力地塑造了民法内在精神的"内核"。

(4)回应了司法实践的需求

《民法通则》的颁行发生在改革开放的浪潮席卷全国之际,为我国民事主体的民事活动和我国司法机关的民事司法活动提供了基本准则,使我国的民事生活进入了有法可依的新阶段。我国《民法通则》就其内容,实际上是一个民法总则加民事权利宣言书的结合体。因此,《民法通则》的颁行也就为我国民事生活提供了基本法律准则,使我国民事主体在进行民事活动时有所遵循、有所趋避,使我国各级人民法院在处理有关民事纠纷案件和经济纠纷案件时有了相应的法律依据,从而填补了我国民法裁判规范上以往欠缺共同性民事规范的空白。对于改革开放的进程而言,具有不可估量的实践意义。

(四)推进民法基础理论的研究

本次民法典的编纂工作,对民法学研究影响深远。这些草稿以及起草过程中进行的广泛的调查研究和讨论,极大地推动了当时民法理论的研究和发展,为以后中国的民事立法和民法学研究奠定了基础。1979 年之前,中国没有自己的民法教材;法科院系大多也没有开设民法课,更多的是对民事政策的介绍。在本次民法典起草的推动下,民法学成为法科学生的必修课,民法学的研究生机勃勃,在此期间

---

① 柳经纬:《当代中国私法进程》,中国法制出版社 2013 年版,第 26 页。
② "75 宪法"第 28 条只规定"公民的人身自由不受侵犯","82 宪法"第 38 条增加了"公民的人格尊严不受侵犯。禁止用任何方法对公民进行侮辱、诽谤和诬告陷害。"
③ 最高人民法院《民法通则》培训班编辑组、全国法院干部业余大学:《民法通则讲座》,北京市文化局出版处 1986 年版,第 220~221 页。

编写出版的民法教材在体系和内容上都不同程度地以这几个草稿为蓝本。① 民法典第三次起草对中华人民共和国民法观念的传播、民法学理论研究和民法教学发挥了重要的推动作用,居功至伟。

依柳经纬教授的观点,这一时期中国民法学的变化呈现出一种较为明显的具有"回归"色彩的理论转型,即中国民法学者在因应市场化改革的过程中,积极探索市场化改革过程中提出的实践和理论问题,逐渐摆脱了苏联民法学的理论影响,摆脱了阶级斗争和意识形态的理论桎梏,重新审视西方民法学理论并积极借鉴和吸收(主要是大陆法系的民法学理论,也包括某些英美法的理论),与传统民法学保持着理论上的渊源联系。②

当然,由于改革之初体制改革目标尚未确定和旧体制的影响,以及民法理论研究总体水平的局限,这部法律也存在着许多问题。例如,通则关于计划的规定(第 7 条、第 58 条第 6 项),关于土地不得以任何形式转让的规定(第 80 条),关于合同转让不得牟利的规定(第 91 条),表明它仍带有一定的计划经济色彩。通则关于民事法律行为的合法性本质的规定(第 54 条)以及由此构建的民事法律行为制度,仍不足以充分彰显意思自治的原则。③ 通则所创设的民事法律行为、无效民事行为等概念体系;设民事责任为独立一章,将违约责任和侵权责任统摄其中;把国家机关归入法人(民

---

① 这一时期涌现出诸多的阐释民法的教材。如佟柔主编:《民法原理》,法律出版社 1983 年版;佟柔等主编:《民法概论》,中国人民大学出版社 1982 年版;法学教材编辑部编:《民法原理》,法律出版社 1983 年版;王作堂等:《民法教程》,北京大学出版社 1983 年版;杨振山,王遂起:《中华人民共和国民法讲义函授教材》,中国政法大学 1983 年版;法学教材编辑部编:《民法讲义》,法律出版社 1983 年版;中国人民大学法律系民法教研室编:《中华人民共和国民法原理(上下)》,中国人民大学出版社 1981 年版;杨振山、王遂起:《民法教程》,中国政法大学出版社 1987 年版;江平,张佩霖编:《民法教程》,中国政法大学出版社 1986 年版;郭明瑞:《民法学概论》,光明日报出版社 1988 年版;李由义主编:《民法学》,北京大学出版社 1988 年版;李由义主编:《民法学教学大纲》,北京大学出版社 1985 年版;王利明等:《民法新论(上下册)》,中国政法大学出版社 1988 年版;寇志新:《民法总论》,中国政法大学出版社 2000 年版;寇志新:《民法学(上下)》陕西科学技术出版社 1989 年版;金平主编:《民法学教程》,内蒙古大学出版社 1987 年版;马原主编:《中国民法教程》,人民法院出版社 1989 年版;中央政法干部学校民法教研室编:《中华人民共和国民法基本问题》,法律出版社 1958 年版。

② 柳经纬教授将这种民法理论转型的现象归纳为"罗马法在中国的复兴"。柳经纬:《改革开放以来民法学理论的转型——百年中国民法学之考察二》,载《中国政法大学学报》2010 年第 3 期。

③ 对《民法通则》民事法律行为制度的批评,可参考以下论文的相关分析:高在敏、陈涛:《对民事法律行为本质合法说的质疑》,载《法律科学》1996 年第 1 期;高在敏、陈涛:《论法律行为的合法与本质——对民事法律行为本质合法说质疑之二》,载《法律科学》1998 年第 5 期;高在敏:《法律行为本质合法说观点源头考——对民事法律行为本质合法说质疑之三》,载《法律科学》1999 年第 6 期;高在敏、陈涛:《论"质、剂、契、券"不等于法律行为——对民事法律行为本质合法说质疑之四》,载《法律科学》2002 年第 6 期;高在敏、陈涛:《法律行为在近代欧洲率先出现的原因辨析——对民事法律行为本质合法说质疑之五》,载《法律科学》2005 年第 5 期。

事主体），均欠缺科学性。通则总共 156 条，多数规定过于原则、简单，导致其立法旨意不明，规范性不足，给法律适用带来困难。但是，从历史发展的眼光来看，这些不足并不影响《民法通则》在当代中国私法进程中所具有的重要意义。

回顾历史，第三次民法典起草对中国民法而言，不啻为一场启蒙运动。虽然最终未能使民法典出台，但与前两次民法起草截然不同的是，第三次民法起草是在改革开放的历史背景下进行的，人民选择了改革之路、法治之路，因此这次民法起草并非无疾而终，而是对当代中国私法的发展产生了积极的作用。某种意义上说，当代中国私法进程始于第三次民法起草。

从民法自身角度上看，它明确了民法的独立法律部门地位，极大地推动了中国民法学研究的发展；民法的观念也开始在全社会萌生，对个体的尊重得到了重视，意思自治、权利保护成为民事领域的基本纲领。从社会经济的角度上看，各单行法的出台顺应了经济改革的需求，为经济改革提供了强有力的法律支持。中国民法随着经济体制改革的深入发展而茁壮成长，反过来成为推动改革和建设法治社会的主要力量之一。

第四节　第四次民法典编纂

第四次民法典编纂是在社会主义经济体制已经确立、我国已加入 WTO 的背景下开始编纂的，这一时期除了有经济发展的因素之外，民法学理论研究也取得了长足的发展。虽然从结果上看，本次民法典编纂工作依然未使得民法典顺利出台，但在编纂的过程中，无论是立法机构还是学界，都投入了大量精力，在立法程序的完善以及学界参与等方面，为今后民法典的编纂积累了重要的经验，在我国民法典编纂历史上具有重要地位。

一、第四次民法典编纂的背景

（一）社会主义市场经济体制的确立

1986 年《民法通则》颁行之后，我国的经济体制改革向纵深推进。邓小平同志在"南方谈话"中提出，"资本主义也有计划，社会主义也有市场"，"计划和市场都是经济手段，并非社会主义与资本主义的本质区别"，从此形成了社会主义市场经济理论。[①] 之后中共十四大、十五大相继提出要建立社会主义市场经济体制。1997年十五大明确提出"依法治国，建设社会主义法治国家"的治国方略。经济的繁荣

---

① 《邓小平文选》第 3 卷，人民出版社 1993 年版，第 370～383 页。

发展、市场经济体制的确立以及依法治国方略的提出,为本次民法典的编纂提供了良好的经济和政治基础。尤其是加入世界贸易组织以后,面临着国内法与国际法接轨的现实需要,国内法的完善成为摆在立法者面前的迫切问题。

(二)大量民事单行法规的制定

随着经济体制改革的深入,特别是 2001 年加入 WTO,我国的民商事立法也取得了长足的进步,《收养法》(1991 年)、《海商法》(1992 年)、《公司法》(1993 年)、《城市房地产管理法》(1994 年)、《担保法》(1995 年)、《票据法》(1995 年)、《保险法》(1995 年)、《合伙企业法》(1997 年),以及 1999 年的统一的《合同法》的制定,不仅极大地丰富了民事法律法规的规范体系,而且相应的立法技术也得到了进一步提升。自《民法通则》颁布以来,随着经济社会的发展,大量的单行法或修改,或废除了《民法通则》的既有规定,并且各单行法规彼此之间也存在许多不协调甚至矛盾之处。因此,进行民法典编纂,从而对现行大量的民事单行法进行整理以及体系化,也是现实之需。

(三)民法理论的长足进步

进入 20 世纪 90 年代以来,法学院在各大院校中纷纷设立,民法学科在各院校中都处于基础学科位置。中国民法学界产生了一批优秀的民法学者,也产生了一批优秀的学术成果。[①] 在学术论著方面,出版了许多学者独著的具有教科书知识体系的著作和专题著作。在连续出版物方面,法律出版社推出的"民商法论丛"和"中国民商法专题研究丛书",中国政法大学出版社推出的"中青年法律文库",北京大学出版社出版的"民商法论丛",人民法院出版社推出的"民商事法律科学研究文丛"等,均推出了一批具有较高理论水平的学术作品。同时,一批台湾地区民法学者的优秀论著在大陆公开出版,其中尤以王泽鉴先生的判例研究及教科书的影响为最。

中国民法学理论发展的另一个重要表现是法学方法的自觉运用,从而使民法学彻底摆脱了以马克思主义学说尤其是阶级分析方法作为唯一方法而导致的民法学"无学"的理论贫乏境况。法解释学、比较法学、法经济学、法社会学、实证法学、规范法学等法学方法被运用于民法理论研究,不重视研究方法的现象开始改变。由于德国、日本及台湾地区民法学的影响,法解释学方法尤其受到重视,影响最大。

(四)第三次法典化的浪潮

20 世纪 90 年代以来,世界范围内掀起了第三次民法典编纂的浪潮。《荷兰民法典》(1992 年)、《俄罗斯民法典》(1994 年)、《蒙古国民法典》(1994 年)、《越南民法典》(1996 年)、《哈萨克斯坦民法典》(1996 年)、《吉尔吉斯斯坦民法典》(1996

---

① 梁慧星:《中国民法学的历史回顾与展望》,载《为了中国民法》,中国社会科学出版社 2013 年版,第 323~417 页。

年)、《土库曼斯坦民法典》(1998 年)相继问世。在国际上,《欧洲民法典》的制定也在酝酿中;就国内来看,《宪法》《刑法》《刑事诉讼法》《民事诉讼法》等其他基本法律均已实现法典化。内外多重因素给人启示,编纂一部"引领 21 世纪的中国民法典"成为中国民法人的梦想。

二、第四次民法典编纂的过程

十五大报告提出了"依法治国,建设社会主义法治国家"的战略目标,并提出要在 2010 年形成有中国特色的法律体系。基于民法典在一国的法律体系中的重要地位,第八届全国人大常委会于 1998 年 1 月 13 日邀请中国政法大学江平教授、中国社科院法学研究所王家福和梁慧星教授、清华大学王保树教授、中国人民大学王利明教授五位学者座谈民法典起草。5 位学者一致认为起草民法典的时机已经成熟,王汉斌副委员长遂决定恢复民法典起草,并委托中国政法大学江平教授、中国社科院法学研究所王家福和梁慧星教授、清华大学王保树教授、中国人民大学王利明教授、全国人大法制工作委员原民法室副主任肖峋先生、全国人大法制工作委员原经济法室主任魏耀荣先生、最高人民法院退休法官费宗祎先生等 9 人组成民法起草工作小组,负责民法典起草的编纂和草案的准备工作。

1998 年 3 月,民法典起草工作召开第一次会议,讨论了梁慧星教授提出的《物权法立法法案草案》,决议委托梁慧星教授负责起草物权法草案。这次会议还决议议定了"三步走"的规划:第一步,完成同一合同法的制定,实现市场交易规则的完善、统一并与国际接轨;第二步,从 1998 年起,用 4~5 年的时间制定物权法,实现财产归属关系基本规则的完善、统一并与国际的接轨;第三步,在 2010 年制定民法典,最终建立完善的法律体系。

1998 年 9 月 3 日,民法起草工作召开第二次会议,分别讨论了中国政法大学杨振山教授、中国人民大学王利明教授、中国社科院法学所梁慧星教授所设计的 3 个民法典方案,并决议委托梁慧星教授起草民法典大纲草案。1999 年 10 月梁慧星教授负责起草的《中国物权法草案建议稿》和《中国民法典大纲草案》完成。2000 年 12 月 28 日、29 日,全国人大法制工作委员会组织有关专家在北京召开物权法研讨会,就中国人民大学王利明教授提出的有关国家所有权和集体所有权制度方面的专家建议稿进行了讨论,在此基础上,王利明教授也完成了《中国物权法建议草案稿》。至 2001 年 5 月,全国人大法制工作员整合梁慧星教授与王利明教授二位学者的建议草案稿,形成了官方的《物权法草案(征求意见稿)》,按照原计划草案将在 2002 年提交全国人大常委会审议,2003 年由全国人大表决通过。

由于 2001 年中国加入了 WTO,李鹏委员长在第九届全国人大第三次会议上提出,"要加快物权法的起草和民法典的编纂工作,起草民法典把物权法的内容包括进去,争取提交本届人大常委会进行一审,留给下届人大完成",①这是高层领导对于民法典制定所定的基调。为了落实李鹏委员长的要求,2002 年 1 月 11 日,全国人大常委会法制工作委员会召开会议,正式启动民法典编纂工作。在这次会议上,法制工作委员会副主任胡康生委托 6 位专家学者起草民法典各编条文草案,具体分工为:梁慧星教授负责起草总则编、债权总则编、合同编;王利明教授负责人格权编和侵权行为编;中国社科院法学研究所郑成思教授负责知识产权编;最高人民法院唐德华副院长负责民事责任编;中国政法大学巫昌桢教授负责亲属和继承编;最高人民法院退休法官费宗祎先生负责涉外民事关系的法律适用编。

2002 年 4 月,6 位受托人相继完成了各编条文草案。同月 16—19 日,法制工作委员会召开民法典草案专家研讨会,在对受托人起草的条文草案进行讨论后,于19 日上午讨论了民法典的几种体例结构。王家福教授建议民法典设十编:第一编总则;第二编人格权;第三编物权;第四编知识产权;第五编债权总则;第六编合同;第七编侵权行为;第八编亲属;第九编继承;第十编涉外民事关系的法律适用。在讨论过程中,梁慧星教授与郑成思教授不赞成设知识产权编,此外,梁慧星教授还不赞成设人格权编,其他八编基本形成了一致的意见。②

在 6 位受托人起草的各编草案的基础上,法制工作委员会用 5 个月的时间进行增删整理,形成了《2002 年的民法典草案(一稿)》,包括总则、人格权、物权、知识产权、合同、侵权行为、亲属、继承、涉外民事关系的法律适用 9 编。2002 年 9 月16—25 日,法制工作委员会召开专家讨论会讨论了该草案。但是,会后法制工作委员会并没有在该草案上进行修改完善,而是将草案的合同、亲属、继承、知识产权废弃,同时将现行的《合同法》《婚姻法》《继承法》原封不动地纳入,形成了彻底的"松散式、汇编式、邦联式"③的民法草案,该草案包括总则、物权法、合同法、人格权法、婚姻法、收养法、继承法、侵权责任法、涉外民事法律关系适用法 9 编,共计1209 条,于 2002 年 12 月 23 日提交第九届全国人大第三十一次常委会审议,随后发布征求意见。

显然,这是一部"松散式、汇编式、邦联式"民法典草案,不是民法典"编纂",而是民法典"汇编"。民法学界对该草案多有批评。④ 之后,2003 年 6 月召开的全国人大常委会会议讨论立法计划时未再提民法典草案。2004 年 1 月拟就的"委员长会议审议稿"后附的《中华人民共和国物权法(草案)修改说明》,对此有所提及:"不

---

① 李鹏:《立法与监督——李鹏人大日记》,新华出版社 2006 年版,第 736~737 页。

② 梁慧星:《中国民法典编纂的几个问题》,载《山西大学学报(哲学社会科学版)》2003 年第 5期。

③ 梁慧星:《松散式、汇编的民法典不适合中国国情》,载《政法论坛》2003 年第 1 期。

④ 潘申明:《中国民法典走向何方——梁慧星访谈录》,载《华东政法学院学报》2003 年第 6 期;孙宪忠:《中国民法典制定的现状及主要问题》,载《吉林大学社会科学学报》2005 年第 4 期。

少常委会组成人员以及有关方面认为,民法涉及面广、内容复杂,一并研究修改历时较长,以分编审议通过为宜,当前应该抓紧制定物权法。"①至此,立法机关再次回到单行立法的思路,第四次民法典编纂工作终止。

三、第四次民法典编纂的效果

2002年《民法典草案》是在现有的民事法律及物权法草案基础上形成的。该草案的标志性效果,是在我国历次民法典编纂中,第一次将立法草案推进到审议程序。此次草案在中华人民共和国立法史上堪称条文最多、规模最大,有许多鲜明的特点:

在体系上,该方案基本遵循潘德克顿法学的体系模式,是五编制的变形。不同之处首先是形式上取消了债法总则部分,并增加了人格权和侵权责任两个独立的编。其次,在内容上,除增加物权、人格权和侵权责任部分外,其他部分基本上是现行民事法律的聚合或者合并,在立法内容上缺乏积极创新。最后,第九编国际私法部分的内容相当丰富,与其他部分的简易立法相比,显得不太协调。②

另外,该草案的出台过程还有一个突出特点——速度快。尽管1998年立法机关就成立了民法起草工作小组,但最初的思路是渐进式的,即先行通过合同法,再用4~5年的时间通过物权法,大约在2010年完成民法典的制定。然而到了2002年,仅用一年时间就提出了民法典草案并提交全国人大常委会审议。这样的速度也必然使得实质内容难以得到周全考虑,从而遭受相当的批评。学者称:"草案出台后,引起很大的反响,可以看出,这是一部彻底的松散式和汇编式的民法典,与大多数学者和人民的期望相距甚远。"③

四、第四次民法典编纂的评价

在第四次民法典的编纂过程当中,存在相当多的争议问题。如民法典是采取汇编式的(即松散式)还是沿用德日的五编制或是采取其他体例?人格权是否应该独立成编?要不设立债法总则?侵权法是否应该独立成编?是制定财产法还是物权法?知识产权与民法典如何连接?在民法典制定问题上的民商关系如何安排?以及民法典总则编的结构如何设置?民法典编纂体例安排中"人"在前还是"物"在前(即所谓"人文主义"与"物文主义"之争)等等。

虽然上述问题并没有全部在本次民法典编纂过程中得到解决,但本次民法典

① 全国人民代表大会常务委员会法制工作委员会民法室:《物权法立法背景与观点全集》,法律出版社2007年版,第16页。
② 孙宪忠:《中国民法典制定的现状及主要问题》,载《吉林大学社会科学学报》2005年第4期。
③ 李龙:《新中国法制建设的回顾与反思》,中国社会科学出版社2004年版,第289页。

编纂过程中,对前述问题的争论本身,进一步推进了学界关于民法基础理论的认识与研究,这为将来民法典的制定提供了必要的理论积累。另外,从民法典编纂的历史而言,本次民法典编纂工作具有重要意义。

(一)民法典草案正式进入立法程序

第四次民法典编纂中最大的亮点在于,民法草案被正式提交到最高立法机关,进入正式立法程序。根据李鹏委员长的指示,全国人大法工委在现有单行法的基础之上,于 2002 年将民法典草案汇编稿形成正式法律草案,并在 2002 年 12 月提交到第九届全国人大常委会进行第一次审议。这是 1949 年以来,首次将民法草案提交到立法机关并进入正式立法程序。这无疑是我国民法典的编纂历史上的一个标志性事件,堪称一个里程碑。

(二)催生了重要的单行立法

全国人大常委会在第一次审议民法典草案后,仍然继续走在制定、完善我国单行民事法律的道路上。在此基础上,全国人大常委会先后通过《物权法》(2007 年)、《侵权责任法》(2009 年)以及《涉外民事关系法律适用法》(2010 年)等重要法律,以上法律均成为我国民事法律的重要组成部分,构成我国将来正式民法典的基本内容与框架。这些重要单行民事法律的出台,也是第四次民法典编纂工作的产物。

(三)强化了民商合一的立法体例

对于民商立法的体例,历来存在民商合一与民商分离的两种基本思路。[①] 从第四次民法典的编纂情况来看,立法者在起草时并未刻意对民事与商事加以区分,另行制定商法典的可能性极微。以民法典为基础、通过制定商事单行法的方式解决商法特殊领域问题的民商合一格局,已然形成。

(四)学术界积极参与民法典编纂

在 2002 年中华人民共和国第四次民法典起草之际,民法学界表现出了极大的热情,以各种形式积极献言献策,组织研讨、起草建议稿。其中最有影响的是梁慧星教授领衔起草的《中国民法典草案建议稿》、王利明教授领衔起草的《中国民法典草案建议稿》以及徐国栋教授领衔起草的《绿色民法典草案》。

2000 年中国社科院法学研究所梁慧星教授以"中国民法典立法研究"为题,成

---

① 持民商合一观点的代表性学者主要是梁慧星教授、王利明教授,具体论述参见徐国栋主编:《当前中国民法典编纂的三条思路》,载《中国民法典起草思路论战》,中国政法大学出版社 2001 年版,第 11~12 页;王利明:《我国民法典重大疑难问题之研究》,法律出版社 2006 年版,第 41~43 页。持民商分立观点的学者主要有刘凯湘教授、米健教授等。刘凯湘:《论商法的性质、依据和特征》,载《现代法学》1997 年第 5 期;米健:《现今中国民法典编纂借鉴德国民法典的几点思考》,载《政法论坛》2000 年第 5 期。

立了由 25 人组成的课题组,按照其拟定的《中国民法典大纲草案》起草民法典。该草案于 2003 年第一次出版,此后又进一步完善。2013 年 11 月再次经由法律出版社发行"中国民法典草案建议稿附理由"丛书,共分为 8 卷 9 册。与 2002 年民法典草案相比,这一草案具有典型大陆法系特征,学界对其评价颇高,认为"是一部体现理性主义,一部严谨的大陆法系民法典草案"①。

以王利明教授为首的中国人民大学民商事法律科学研究中心进行该建议稿的起草,最终于 2004 年 11 月起草完成。王利明教授认为,21 世纪的中国应当立足于本国国情制定一部具有中国特色,符合我国人民群众实践需要的民法典。其主要特点在于突出人格权的地位,将调整人身关系的规范置于调整财产关系的规范之前。②

《绿色民法典草案》由厦门大学徐国栋教授领衔,起草工作开始于 1998 年,最终草案于 2004 年对外公布,共计 4 编和 1 个尾题,8 个分编 48 题 262 章 5267 条。这一草案,将潘德克顿体系总则编中的主体部分分离出来,将其与亲属法、继承法合并,构成了一个庞大的人身关系法,采取了人身关系法与财产关系法的两编制的法学阶梯体例,具有鲜明的学术个性。③

以上 3 个学者建议稿,代表了我国民法学界所能达到的立法技术水平,产生了广泛的学术影响。

第五节 第五次民法典编纂

第五次民法典的编纂工作正在如火如荼地进行当中。目前,《民法总则》已经顺利出台,进入了各分则编的制定阶段。可以预见,本次民法典的编纂,将在预定计划时间内完成。历经多次反复,民法典的编纂终能克成,与本次民法典编纂所处的特殊时代背景息息相关。

一、第五次民法典编纂的背景

比较法的经验告诉我们,一部民法典的出台,通常需要满足如下要求:政治意愿、市场经济、权利文化和理论支撑等。④ 第五次民法典的编纂,正是在这样的时代背景下展开的。

---

① 孙宪忠、易继明:《梁氏民草:一部严谨的大陆法民法典草案》,载《私法》第 13 辑第 1 卷,华中科技大学出版社 2016 年版,第 378～381 页。

② 王利明主编:《中国民法典草案建议稿及说明》,中国法制出版社 2004 年版,第 271 页。

③ 徐国栋:《"三根棒棒"还是雄伟大厦——这是一个问题》,载《福建法学》2004 年第 1 期。

④ 谢鸿飞:《〈民法总则〉的时代特征、价值理念与制度变革》,载《贵州省党校学报》2017 年第 3 期。

从政治层面看,本次民法典的编纂得到了中共中央的大力支持,从而具备了充分的政治意愿。改革开放以来的立法与司法实践,已经在我国社会经济领域创设了一套较为完整的法律规范。① 第五次民法典的编纂,其目的并非为社会经济生活提供一整套紧缺的法律规范,毋宁是对既有法律规范的体系整合。② 在缺乏迫切的现实需要情形下,政治层面的支持显得尤为难得。

从经济层面上看,市场经济的深入发展不仅持续呼唤民法典的出台,也为民法典的实践可行性提供了坚实的社会土壤。财产流转是民法的主要调整对象之一,在发达的市场交易中,财产流转的法律规制尤为必要。改革开放以来,我国市场经济的活跃程度不断深入,商品交易、财产流转的丰富形式为民法典的生成提供了充足的实践前提。

从权利观念上看,民法是关于权利的法律。民法是私法,调整的是私人(平等主体)之间权利义务关系。中华人民共和国成立以来民法的编纂历史,也是一部私人权利觉醒的历史。改革开放以来行政权力对社会管控的松绑,培育、壮大了市民社会的公共空间,唤醒了广大人民的权利观念。民法典的编纂,正是对这种权利观念的立法确认;权利观念的形成及权利文化的接受,是民法典编纂的重要理念背景。

在学术理论层面上,民法学界就民法基础理论进行了较为充分的研究,为民法典的编纂提供了必要的理论支撑。民法典的编纂并非将既有的单行法汇编成一部法典,而是基于民法自身的知识逻辑,在法技术上对民法规范加以规范化、体系化。因此,对民法体系的深入认识、对民法内在逻辑的把握,是编纂一部高水平民法典的学术前提。民法典的编纂工作虽然断断续续,但民法学界关于民法理论的研究却一以往之,并积累了相当成果,可以为民法典的编纂提供必要的智力支持。

二、第五次民法典编纂的过程

中共中央十八届四中全会《关于全面推进依法治国的决定》明确提出"编纂民法典"的目标后,对于如何实施民法典的编纂工作,民法学界主要有两种思路。③

① 早在 2011 年 3 月 10 日,时任全国人大常委会委员长吴邦国在十一届全国人大四次会议上的讲话中明确指出,中国特色的社会主义法律体系已经基本形成。全国人大网:http://www.npc.gov.cn/npc/sjb/2011-03/12/content_1643718.htm,下载日期:2018 年 4 月 20 日。
② 薛军:《民法总则:背景、问题与展望》,载《华东政法大学学报》2017 年第 3 期。
③ 在此之外,也存在其他的思考。如薛军教授主张一次性颁布民法典,当然,鉴于民法典各编内容相对独立,在第一阶段可以分别开展,完成各编草案后,再从整体角度加以审查,最终将其作为一个整体一次性予以颁布。薛军:《中国民法典编纂:观念、愿景与思路》,载《中国法学》2015 年第 4 期。再如易继明教授基于九编制的民法典设想,主张分"四步走"制定民法典。具体而言:第一步,在合并《婚姻法》和《收养法》的基础之上《统一婚姻家庭法》;第二步,完善《合同法》,只要是将《劳动合同法》"回归"至《合同法》;第三步,将《知识产权法》纳入民法典体系;第四步,以《民法通则》统合民法典。易继明:《历史视域中的私法统一与民法典的未来》,载《中国社会科学》2014 年第 5 期。

王利明教授认为应该分"三步走":第一,制定民法总则;第二,制定人格权法;第三,编纂民法典。孙宪忠教授则建议分"两步走":第一,制定民法总则,第二,编纂民法典。① 全国人大常委会经过反复研究,最后决定民法典编纂工作按照"两步走"的思路进行。具体来说,第一步是在现行《民法通则》的基础之上,制定出《民法总则》;第二步,在各民事单行法基础之上,编纂民法典各分则。②

目前,《民法总则》已经由第十二届全国人大第五次会议审议通过。根据立法机关的时间安排,各分则编拟于 2018 年提交全国人大常委会审议,在 2020 年 3 月将民法典分则各编提请十三届全国人大审议,最终完成民法典的编纂工作。正如孙宪忠教授所言:"(分两步走的编纂思路)既符合法理也符合我国民事法律发展的实际情况。获得了普遍的认同,保障了立法的成功。"③

三、各民法总则草案专家建议稿

民法学界对民法典的编纂倾注了大量心血,为提高民法典编纂的水平提供了方方面面的建议。除了在具体法律问题上的深入研究,民法学者或研究机构就民法总则拟定了不同的建议稿。如中国社会科学院民法典立法研究课题组④、中国法学会民法典编纂项目领导小组⑤、中国政法大学民商经济法学院民法研究所⑥、北京航空航天大学法学院⑦、中国人民大学民商事法律科学研究中心⑧等分别公布了不同的专家建议稿。其中,比较具有代表性、影响较大的分别是由梁慧星教授和中国法学会起草的专家建议稿(下文分别简称为"社科院建议稿"与"法学会建议稿"),下文主要对二者加以简要介绍。

(一)社科院建议稿

社科院建议稿共计 233 条,分为 8 章,分别是:一般规定;自然人;法人、非法人

---

① 梁慧星:《民法总则立法的若干理论问题》,载《暨南学报(哲学社会科学版)》2016 年第 1 期。

② 梁慧星:《中国民法总则的制定》,载《北方法学》2017 年第 1 期。

③ 孙宪忠:《如何理解民法典编纂的"两步走"》,载《中国人大》2017 年第 7 期。

④ 中国社会科学院民法典立法研究课题组(梁慧星教授主持):《中国民法典草案建议稿·总则编》,http://www.iolaw.org.cn/web/special/2015/new.aspx? id=44839,下载日期:2018 年 4 月 20 日。

⑤ 中国法学会民法典编纂项目领导小组、中国民法学研究会:《中华人民共和国民法典·民法总则(专家建议稿)》,北大法宝。

⑥ 中国政法大学民商经济法学院民法研究所"中国民法典研究小组":《中华人民共和国民法总则(专家建议稿)》,载《比较法研究》2016 年第 3 期。

⑦ 北航法学院课题组(龙卫球教授主持):《〈中华人民共和国民法典·通则编〉草案建议稿》,http://www.fxcxw.org/index.php/Home/Xuejie/artIndex/id/9597/tid/1.html,下载日期:2018 年 4 月 20 日。

⑧ 中国人民大学民商事法律科学研究中心"民法典编纂研究"课题组(杨立新教授主持):《〈中华人民共和国民法总则(草案)〉建议稿》,载《河南财经大学学报》2015 年第 2 期。

团体;权利客体;法律行为;代理;诉讼时效;期日、期间。其具体章节结构如下:

第一章　一般规定(第 1 条至第 10 条)
　　第一节　立法目的与调整范围
　　第二节　基本原则
　　第三节　民法的适用

第二章　自然人(第 11 条至第 59 条)
　　第一节　民事权利能力
　　第二节　人格权
　　第三节　民事行为能力
　　第四节　宣告失踪
　　第五节　宣告死亡
　　第六节　住所

第三章　法人、非法人团体(第 60 条至第 98 条)
　　第一节　法人的一般规定
　　第二节　法人的设立
　　第三节　法人机关
　　第四节　法人的变更
　　第五节　法人的解散与清算
　　第六节　非法人团体

第四章　权利客体(第 99 条至第 115 条)

第五章　法律行为(第 116 条至第 157 条)
　　第一节　一般规定
　　第二节　意思表示
　　第三节　意思表示的无效和撤销
　　第四节　法律行为附条件和附期限
　　第五节　法律行为的解释

第六章　代理(第 158 条至第 196 条)
　　第一节　一般规定
　　第二节　直接代理
　　第三节　间接代理

第七章　诉讼时效(第 197 条至第 227 条)
　　第一节　一般规定
　　第二节　时效的中止和不完成
　　第三节　时效中断

第八章　期日、期间(第 228 条至第 233 条)

从体例上看,社科院建议稿遵循以"人"、"物"及"行为"为中心,形成"人—物—行为"这样一个三位一体的结构。与《民法通则》相比,既吸收了我国民事立法实践的经验,如第一章基本原则的规定、自然人与法人的分章规定等,也展现出对传统民法理论体系的借鉴,如权利客体的规定以及法律行为部分对《民法通则》的纠正。

(二)法学会建议稿

法学会建议稿共计213条,分为10章,分别是:一般规定;自然人;法人;其他组织;民事权利客体;法律行为;代理;时效和期间;民事权利的行使和保护;附则。

第一章　一般规定(第1条至第14条)

　　第一节　基本原则

　　第二节　法律适用的一般规则

第二章　自然人(第15条至第55条)

　　第一节　民事权利能力和民事行为能力

　　第二节　监护

　　第三节　宣告失踪和宣告死亡

　　第四节　住所和居民身份证

　　第五节　个体工商户和农村承包经营户

第三章　法人(第56条至第90条)

　　第一节　一般规定

　　第二节　机关法人

　　第三节　社团法人

　　第四节　财团法人

第四章　其他组织(第91条至第99条)

第五章　民事权利客体(第100条至第115条)

　　第一节　物

　　第二节　有价证券

　　第三节　其他民事权利客体

第六章　法律行为(第116条至第150条)

　　第一节　一般规定

　　第二节　意思表示

　　第三节　意思表示的解释

　　第四节　法律行为的效力

　　第五节　条件和期限

第七章　代理(第151条至第173条)

　　第一节　一般规定

　　第二节　委托代理

就体例而言，法学会建议稿与社科院建议稿大体相似，不同之处在于：其一，将法人与非法人组织分置；其二，将时效与期间合并为一章；其三，增加"民事权利的行使和保护"及"附则"两章。当然，在各章内容的具体撰写方面，二者也存在显著的差异，此处不予具体展开。

值得注意的是，法学会建议稿共计 10 章，但在条文总数上却低于社科院建议稿，究其原因，主要在于自然人章节中，社科院建议稿将人格权内容加以规定，而法学会建议稿则无此内容。这一现象的根源在于二者对人格权是否独立成编存在不同理解。

各位学者建议稿反映了民法学界对民法典及民法总则立法的积极参与态度，也反映了当时中国民法学界所能为立法提供的技术水平，各学者建议稿对民法总则也产生了一定影响。

四、《民法总则》的形成过程、基本特点及总体评价

（一）《民法总则》的形成过程

1.《民法总则》形成的时间轴

第五次民法典的编纂工作得到了中共中央的高度重视，在中共中央《关于全面推进依法治国若干重大问题的决定》中明确提出要"编纂民法典"以后，按照全国人大及其常委会的立法计划，拟定"两步走"的工作思路，《民法总则》的立法工作很快提上日程，并取得积极进展。

2015 年 3 月以来，全国人大常委会法制工作委员会牵头成立了由最高人民法院、最高人民检察院、国务院法制办、中国社会科学院、中国法学会 5 家单位参加的民法典编纂工作协调小组，并组织了工作专班开展民法典编纂工作。

2016 年 6 月 14 日，习近平总书记主持召开中央政治局常委会会议，听取并原则同意全国人大常委会党组关于民法典编纂工作和民法总则草案几个主要问题的

汇报。民法典立法加速。

2016 年 6 月 27 日,第十二届全国人大常委会第二十一次会议初次审议了民法总则草案,标志着民法典编纂工作进入立法程序。

2016 年 7 月 5 日,民法总则草案在中国人大网公布并向社会公开征求意见,为期一个月。共有 13802 人参与,提出 65093 条修改意见。

2016 年 10 月 31 日,民法总则草案提请全国人大常委会二次审议。

2016 年 11 月 18 日至 12 月 17 日,民法总则草案(二次审议稿)公布并向社会公开征求意见。共有 960 人参与,提出 3038 条修改意见。

2016 年 12 月 19 日,民法总则草案提请全国人大常委会三次审议。

2016 年 12 月 27 日至 2017 年 1 月 26 日,民法总则草案(三次审议稿)公布并向社会公开征求意见。共有 660 人参与,提出 2096 条修改意见。

2017 年 3 月 8 日,民法总则草案提请十二届全国人大五次会议审议。

2017 年 3 月 15 日第十二届全国人民代表大会第五次会议通过。①

2.《民法总则》制定过程中各草案之变迁

一审稿一共 11 章,包括基本原则、自然人、法人、非法人组织、民事权利、民事法律行为、代理、民事责任、诉讼时效和除斥期间、期间的计算、附则,共计 186 条。虽然在体例上,一审稿基本继承了《民法通则》的思路,但是在具体制度层面,作出很大的改进。第一,关于自然人部分:①在称谓上将"公民"改为自然人;②对自然人的行为能力标准作出重大改变,将无行为能力人的年龄从十周岁下降至六周岁;③进一步完善了监护制度,增加强调家庭责任的有关规定、扩大被监护人范围、调整监护人范围、完善撤销监护制度等,有力体现出对被监护人的照顾。第二,在法人制度中,①增加了"非法人组织"一章,回应了社会发展的需求;②关于法人分类的标准,明确了营利性与非营利性的区分方法。第三,关于民事权利部分,对人身权利、财产权利、知识产权等作出明确规定,并为其他新型民事权利的保护留出了空间。第四,在法律行为部分,对《民法通则》作出重大改进,增加了关于意思表示的规定,完善了法律行为效力的认定,吸纳了学界关于法律行为理论的研究成果。第五,在诉讼时效方面,从两年延长为三年,顺应了社会发展的需要。

二审稿基本上未改变一审稿的基本体例,而是聚焦于具体制度的完善。与一审稿相比,草案二审稿在遗嘱监护、监护人的范围、临时监护措施、监护人资格的恢复等监护制度方面予以进一步修改和完善,对农村集体经济组织的法人地位予以明确,对法人合并、分立后的权利义务承担,以及营利法人的成员滥用其权利的后果等法人制度方面的规定予以完善。此外,还强化了对公民个人信息的保护,将个

---

① 民法典编纂时间表与民法总则大事记,http://www.npc.gov.cn/npc/lfzt/rlyw/2017－03/09/content_2013895.htm,下载日期:2018 年 4 月 20 日。

人信息权规定为基本民事权利;规定了未成年人受到性侵害的诉讼时效起算的特别规则等。总体而言,草案二审稿的变化调整吸纳了理论界、实务部门和民众的声音,回应了不同群体的期待,更加尊重民事主体的意愿。

三审稿在二审稿的基础上,对相关制度继续加以完善:首先,在监护制度方面,对未成年人父母恢复监护权增设了一道门槛,提出对被监护人实施故意犯罪的不可恢复,并强化了民政部门的监护职责;其次,在法人一章中增设了特别法人一节,纳入机关、村委会居委会等四类机构;再次,对民事权利的取得、行使等作出原则性规定,并明确实施紧急救助造成受助人损害的,除有重大过失外,救助人不承担民事责任("见义勇为"条款)。

在三审稿基础之上,民法草案最终提请至第十二届全国人大第五次会议审议;最终通过的《民法总则》最终章节结构如表 2-2 所示(兼与《民法通则》比较):

表 2-2 《民法总则》与《民法通则》章节结构比较

章序	民法总则		民法通则	
第一章	基本规定(第 1 条至第 12 条)		基本原则(第 1 条至第 8 条)	
第二章	自然人 (第 13 条至第 56 条)	第一节 民事权利能力和民事行为能力	公民 (自然人) (第 9 条至第 35 条)	第一节 民事权利能力和行为能力
		第二节 监护		第二节 监护
		第三节 宣告失踪和宣告死亡		第三节 宣告失踪和宣告死亡
		第四节 个体工商户和农村承包经营户		第四节 个体工商户和农村承包经营户
第三章	法人 (第 57 条至第 101 条)	第一节 一般规定	法人 (第 36 条至第 53 条)	第一节 一般规定
		第二节 营利法人		第二节 企业法人
		第三节 非营利法人		第三节 机关、事业单位和社会团体法人
		第四节 特别法人		
第四章	非法人组织(第 102 条至第 108 条)			第四节 联营
第五章	民事权利 (第 109 条至第 132 条)		民事权利 (第 71 条至第 105 条)	第一节 财产所有权和与财产所有权相关的财产权
				第二节 债权
				第三节 知识产权
				第四节 人身权

续表

章序	民法总则		民法通则	
第六章	民事 法律行为 (第133条至第 160条)	第一节 一般规定	原第四章 民事法律 行为和代理 (第54条至第 70条)	第一节 民事法律行为
		第二节 意思表示		
		第三节 民事法律 行为的效力		
		第四节 民事法律行为的 附条件和附期限		
第七章	代理 (第161条至第 175条)	第一节 一般规定		第二节 代理
		第二节 委托代理		
		第三节 代理终止		
第八章	民事责任 (第176条至第 187条)		原第六章 民事责任 (第106条至第 134条)	第一节 一般规定
				第二节 违反合同的 民事责任
				第三节 侵权的民事责任
				第四节 承担民事 责任的方式
第九章	诉讼时效(第188条至第199条)		原第七章 诉讼时效(第135条至第141条)	
			原第八章 涉外民事关系的法律适用 (第142条至第150条)	
第十章	期间计算(第200条至第204条)		原第九章 附则(第151条至第156条)	
第十一章	附则(第205条至第206条)			

3.《民法总则》中具体法律制度的完善

《民法通则》颁布以来,我国民法理论有了长足发展,民事法律实践也积累了丰富的经验,这为本次民法典的编纂奠定了必要的理论与实践基础。尽管如此,《民法总则》在制定过程中,许多问题仍然存在较大的争议。

(1)一般规定中"基本原则"的取舍

在法律中明文规定基本原则是中国立法过程中形成的惯例,这种立法例的形成,具有一定的时代背景,尤其是与长期实行计划经济体制、缺乏民法理论与基本思想等密切相关。[①]

但事实上,所谓的"基本原则"实际上包含两种不同性质的条文:一般法律思想以及概括条款,前者如平等、自愿、公平、权益受保护等;后者指的是诚实信用及公序良俗。将二者等同视之,均作为基本原则规定在一般规定中,将产生法律理解与适用上的误解,如将一般法律思想广泛适用于具体个案的裁判(如公平原则或公平责任),或者把概括条款视为"效力贯彻民法始终"的一般法律思想,从而不适当地扩大其适用范围(如以违反诚实信用原则为由否定合同效力)。[②]

(2)自然人制度的完善

如果说《民法通则》关于自然人(公民)制度的规定,在于确立平等主体的法律地位,唤醒人们在民事活动中的平等与自由意识,建立其抽象的"人"格;那么《民法总则》则是在这一基础之上,从技术层面对自然人制度继续加以完善,进一步彰显《民法通则》所表达的这一基本价值理念。

在关于自然人的规定中,对于诸多议题,如强化胎儿利益保护、降低限制行为能力人与无行为能力人年龄、引入成年监护制度等,学者之间存在共识,差异在于具体内容层面。例如,在降低行为能力年龄问题上,学者主要提供了"上三分法"与"二分法"两个方案,前者主张维持目前《民法通则》及相关司法解释确立的"三分法",但适当降低限制行为能力人的年龄;后者主张应改为完全行为能力与限制行为能力的区分标准。[③]

《民法总则》吸纳了学界关于自然人制度的讨论,进一步完善了自然人相关的制度。这主要包括:①明确了胎儿的民事主体地位,规定在涉及遗产、接受赠与等胎儿利益保护情形,胎儿视为具有民事权利能力;②将限制民事行为能力人的年龄下限从十周岁下调至八周岁;③增设了监护相关的条文,将《民法通则》中仅有的 2

①　梁慧星:《〈中华人民共和国民法总则(草案)〉:解读、评论和修改建议》,载《华东政法大学学报》2016 年第 5 期。

②　于飞:《民法基本原则:理论反思与法典表达》,载《法学研究》2016 年第 3 期。

③　梁慧星:《〈中华人民共和国民法总则(草案)〉:解读、评论和修改建议》,载《华东政法大学学报》2016 年第 5 期。

条扩充为 12 条,大大丰富了监护制度的内涵与可操作性。①

(3)法人分类标准的确立

传统民法理论将法人区分为社团法人与财团法人。② 但《民法通则》并没有采纳这一区分方法,而是将法人区分为企业法人与非企业法人,非企业法人再分为机关法人、事业单位法人、社会团体法人以及法人型民办非企业单位。③ 应该说,在当时的背景下,《民法通则》所确立的法人分类具有重要的积极意义;在随后的相关立法中,相关法律规定在这一基本分类基础之上,细化了法人的相关制度,丰富了《民法通则》中的法人分类及其具体内容。④

随着我国经济的不断发展、经济体制的深入改革,本次民法典编纂所处的经济环境已经发生了巨大的变化,已有关于法人的分类方法已经难以适应社会经济发展的需要,学界对于法人制度的修改达成共识。对于《民法总则》中应如何处理法人分类的问题,学者主要提供了两种方案:其一,遵循传统民法理论,采纳财团法人与社团法人的区分标准,其中,财团法人包括非营利性法人,社团法人区分为营利性社团法人与公益性社团法人;⑤其二,延续《民法通则》关于企业法人与非企业法人的分类理念,突出法人的目的属性,区分为营利性法人与非营利性法人。⑥

第一种观点认为,营利性与非营利性的分类方式不可取,理由主要在于:其一,违反我国"民商合一"的立法体例。以营利性与否作为界定法人的类型依据,是以

---

① 当然,有学者指出,从体系上看,监护应属于婚姻家庭法或亲属法内容,在《民法总则》中规定并不妥当,应待分则编制时移至相应体系位置。金可可:《对草案体系等若干重大问题的修改意见》,载《东方法学》2016 年第 5 期;李永军:《我国未来民法典中主体制度的设计思考》,载《法学论坛》2016 年第 2 期。

② 梁慧星:《民法总论》,法律出版社 2017 年第 5 版,第 120~121 页;王利明:《民法总则研究》,中国人民大学出版社 2003 年版,第 386 页;朱庆育:《民法总论》,北京大学出版社 2016 年版,第 428 页。

③ 梁慧星:《民法总论》,法律出版社 2017 年第 5 版,第 121 页;朱庆育:《民法总论》,北京大学出版社 2013 年第 2 版,第 432~434 页。

④ 张新宝:《从〈民法通则〉到〈民法总则〉:基于功能主义的法人分类》,载《比较法研究》2017 年第 4 期。

⑤ 孙宪忠、宋江涛:《民法总则制定需处理好的若干重大问题》,载《河北法学》2017 年第 1 期;金可可:《对草案体系等若干重大问题的修改意见》,载《东方法学》2016 年第 5 期;谢鸿飞:《〈民法总则〉法人分类的层次与标准》,载《交大法学》2016 年第 4 期;李永军:《以"社团法人与财团法人"的基本分类标准构建法人制度》,载《华东政法大学学报》2016 年第 5 期;谭启平:《民法总则中的法人分类》,载《法学家》2016 年第 5 期;罗昆:《我国民法典法人基本类型模式选择》,载《法学研究》2016 年第 4 期。

⑥ 张新宝:《从〈民法通则〉到〈民法总则〉:基于功能主义的法人分类》,载《比较法研究》2017 年第 4 期;尹田:《民法典总则之理论与立法研究》,法律出版社 2010 年版,第 357 页;仲崇玉:《耶林法人学说的内涵、旨趣及其对我国法人分类的启示》,载《法学评论》2016 年第 5 期。

民商分离为理论前提,且对于营利性的界定,仍然存在重大困难。其二,无法妥善提取法人"公因式"。财团与社团法人在设立基础、设立原则、组织原理、解散事由及剩余财产处置等方面,均有不同,故在此基础上提取二者间的一般规则,作为法人"公因式";而营利与非营利仅以目的为区分依据,并未反映法人其他特征。其三,营利性与非营利性法人之分类,并不周延,难以将传统民法上中间社团法人纳入在内。①

在民法典编纂的过程当中,曾经考虑过采纳第一种方案,即将法人分为社团法人与财团法人;另外规定机关和事业单位法人。但在此次《民法总则》制定过程中,虽然面临诸多质疑和反对,立法者仍然采纳了第二种方案,放弃社团法人与财团法人的分类方法,依法人目的是否具有营利性的不同,区分为营利性法人与非营利性法人。② 对此,立法者指出,其主要考量的因素在于:其一,延续《民法通则》关于企业与非企业法人的分类方法,符合我国立法习惯;其二,非营利性法人能够涵盖事业单位法人、社会团体法人、基金会法人以及社会服务机构法人,这种分类方法符合我国国情;其三,创设非营利性法人类别能适应改革社会组织管理制度、促进社会组织健康有序发展。③

(4)民事权利、权利客体的规定

《民法总则》关于民事权利的规定,延续了《民法通则》的做法。对这一内容批评最为严厉的学者认为,本章内容要么仅属于宣示性规定,不具有规范意义;要么应规定在分则各编当中。据此,应将其从《民法总则》中删去,相应条文分别作为各分则编内容。④ 更多学者关注的着眼点在于对具体内容的评述。其中,关于自然人权利的规定(第 109 条至第 112 条)涉及对人格权是否独立成编的理解;关于债权的规定(第 118 条至第 122 条)涉及对债法编(包括债法总则的有无及债法分则如何设置)的理解。⑤ 对此,下文关于分则编的争议中再予详述。

另一存在较大争议的问题是,应否设置"权利客体"这一内容。对此,持"否定说"的学者认为,客体作为对权利的界定,在民法上具有形式逻辑的价值;随着民事

① 李永军:《以"社团法人与财团法人"的基本分类标准构建法人制度》,载《华东政法大学学报》2016 年第 5 期;金可可:《对草案体系等若干重大问题的修改意见》,载《东方法学》2016 年第 5 期。

② 梁慧星:《〈中华人民共和国民法总则(草案)〉:解读、评论和修改建议》,载《华东政法大学学报》2016 年第 5 期。

③ 李适时:《关于〈中华人民共和国民法总则(草案)〉的说明》,载《民法总则立法背景与观点全集》,法律出版社 2017 年版,第 16~17 页。

④ 金可可:《对草案体系等若干重大问题的修改意见》,载《东方法学》2016 年第 5 期。

⑤ 梁慧星:《〈中华人民共和国民法总则(草案)〉:解读、评论和修改建议》,载《华东政法大学学报》2016 年第 5 期。

关系的日益开放和复杂,权利客体理论面临着客体的不确定性、不周延性以及功能缺乏性等困境,只有"物"具有单独规定的价值;在立法层面,客体制度的功能已经日渐式微,故而不应在《民法总则》中保留。[1]

更多学者认为,应该在《民法总则》中规定权利客体这一内容。完整的法律关系应该包含主体、客体和内容三要素,如果不对客体加以规定,将造成法律关系逻辑结构的残缺。规定权利客体的意义在于对不同类型民事权利客体的抽象化、类型化,而非"归纳和抽象出权利客体的一般规则"。就物作为客体而言,涉及物权法、债法、婚姻家庭关系中的一切财产关系,具有普遍性,应当在《民法总则》中加以规定。[2]

遗憾的是,立法者对多数学者的观点并未重视,《民法总则》中并未有关于权利客体的规定,关于本章内容,在基本思路上延续了《民法通则》的规定。

(5)无因管理、不当得利的规定

《民法总则》关于无因管理及不当得利的规定(第 121 条至第 122 条),几乎照搬《民法通则》第 92 条至第 93 条的内容。对此,存在体系设置与内容规定两方面的问题。

从体系上看,无因管理与不当得利是与合同、侵权等并列的债之发生原因,在体系上应属于债法分则内容。如果说《民法通则》时代由于立法几近空白,将其置于民事权利部分而发挥分编的实质作用,属于无奈之举,尚情有可原;在现今民法典编纂的背景下,仍然固守这一错误体系设置,并不妥当。从内容上看,对于这两项重大债法制度,《民法总则》几乎照搬《民法通则》,在条文设计上极为简略。从学说发展的角度上看,自《民法通则》颁布以来,无因管理与不当得利的理论研究取得长足进展,我们面临的社会生活现实也愈加复杂。这种简略的规定既未能反映学说发展的成果,也无法适应社会现实的需要。[3]

应该看到的是,对于无因管理与不当得利的处置,既有历史的原因,也有现实的因素。前者主要指的是《民法通则》的历史影响,后者主要指的是对债法体系的认识,尤其是债法总则存废。由于立法者对债法总则持否定性立场,而无因管理及

---

[1] 梅夏英:《民法权利客体制度的体系价值及当代反思》,载《法学家》2016 年第 6 期;尹田:《论中国民法典总则的内容结构》,载《比较法研究》2007 年第 2 期。

[2] 李永军:《民法总则民事权利章评述》,载《法学家》2016 年第 5 期;温世扬:《民法总则中"权利客体"的立法考量——以特别"物"为重点》,载《法学》2016 年第 4 期;金可可:《对草案体系等若干重大问题的修改意见》,载《东方法学》2016 年第 5 期;杨立新:《我国民事权利客体立法的检讨与展望》,载《法商研究》2015 年第 4 期。

[3] 孙宪忠、宋江涛:《民法总则制定需处理好的若干重大问题》,载《河北法学》2017 年第 1 期;金可可:《对草案体系等若干重大问题的修改意见》,载《东方法学》2016 年第 5 期;薛军:《民法总则:背景、问题与展望》,载《华东政法大学学报》2017 年第 3 期。

不当得利从内容上看显然不具备合同编或侵权编的体系地位,不可能作为债法分编单独存在。因此,鉴于其在债法中无处藏身,出现在《民法总则》关于"民事权利"这一内容,似乎成为不二选择。① 而一旦在体系上将其置于此处,则在内容上也不可能将其扩充、丰富,否则将使得相关部分过于臃肿。这或许是立法者如此对待这两项制度的内在逻辑。

(6)民事责任的存废

《民法通则》严格区分民事义务与民事责任,以专章规定了民事责任,使之成为民法上的一项独特制度,这种立法例在比较法上属于首创。② 对于《民法总则》是否应坚持这一立场,学者提出了严厉的批评。

支持废除"民事责任"章节的学者指出,本章关于民事责任承担方式的列举(第179条),仅指向法律效果,并非独立的请求权基础;对于各种责任承担方式,也并非任何请求权基础都能适用,且各种责任承担方式之间本身存在重叠、错误。其他诸多关于债务(第177条、第178条,第185条至第187条)或债务免责(第180条)、自力救济(第181条至第184条)规定,在体系上应归入债法或总则部分。③

而肯定"民事责任"独立成章的理由就显得相对简单:其一,民事责任的性质与民事义务不同,无法用"债"的概念包含在内;其二,民事责任与债经常是分离的,义务与责任之间没有必然联系;其三,民事责任形式的多样化、复杂化和民事责任的理论发展,要求建立独立的民事责任制度。④

"肯定说"的立场极大地影响了《民法通则》对待民事责任的立场,在此背景下,《民法总则》继续这一立场,依然保留民事责任并使其作为单独章节。⑤

(7)(民事)法律行为制度的完善

法律行为是民法总则的核心章节,对于"总—分"式的立法体例而言,法律行为是其中最为重要的"公因式"。相较于《民法通则》的规定,《民法总则》中关于法律行为的内容有了长足的进步,吸纳了《民法通则》颁布以来学界关于法律行为制度的研究成果。

首先,全面、明确引入了意思表示规则,在这一章节中单设一节规定意思表示,

---

① 杨立新:《论民法典中债法总则之存废》,载《清华法学》2014 年第 6 期。

② 梁慧星:《民法总论》,法律出版社 2017 年第 5 版,第 86 页。

③ 金可可:《对草案体系等若干重大问题的修改意见》,载《东方法学》2016 年第 5 期。类似立场,可参见李永军:《论我国民法上"民事责任"与诉讼时效的脱节》,载《政治与法律》2018 年第 2 期;薛军:《民法总则:背景、问题与展望》,载《华东政法大学学报》2017 年第 3 期。

④ 魏振瀛:《民事责任与债分离研究》,北京大学出版社 2013 年版,第 36~38 页。

⑤ 李建国:《关于〈中华人民共和国民法总则(草案)〉的说明——2017 年 3 月 8 日在第十二届全国人民代表大会第五次会议上》,http://www.npc.gov.cn/npc/xinwen/2017−03/09/content_2013899.htm,下载日期:2018 年 4 月 25 日。

进一步体现出对意思自治的尊重与贯彻,凸显民法作为私法的基本属性。其次,删除了民事法律行为的"合法性"要件,抛弃了所谓的"民事行为"这一概念。所谓民事法律行为的"合法性"要件以及"民事行为"概念,一度被认为是"形成了具有中国特色的,理论上更加完善的概念体系",是"世界民法立法史上的一个独创",[①]但这一"独创性发明"受到学界越来越多的质疑,所谓的"合法性"以及"法域区分"疑问,已经被证明是伪命题,是对法律行为这一概念的误解。[②] 最后,本章关于通谋虚伪表示、欺诈胁迫法律行为及法律行为无效规则等具体制度,也作出较大的改进。

当然,在作出重大改进的同时,关于法律行为内容的规定仍然存在不同程度的缺陷,例如,在称谓上依然冠以"民事法律行为",未能彻底贯彻吸纳学界关于法律行为的研究成果;此外,从体系上看,代理及行为能力相关规定应纳入法律行为章节,立法者仍坚守《民法通则》的既有体例,未作出改变。[③]

(8)诉讼时效制度的完善

相较于《民法通则》,《民法总则》关于诉讼时效最显著的变化是将普通诉讼时效从两年延长至三年(第188条),并且明确了法官不得主动适用诉讼时效的规定(第193条)。此外,还增加了诉讼时效中断的事由以及中断后重新起算点(第195条),明确了不适用诉讼时效的请求权类型(第196条)以及诉讼时效的强制性(第197条)。对于诉讼时效的法律性质,采纳了"抗辩权发生说",取代了旧有的"胜诉权消灭说"。

总体而言,《民法总则》关于诉讼时效的改动,增强了诉讼时效制度的可操作性、顺应了新时期民事活动的需求、吸纳了学界关于诉讼时效制度的研究成果,进一步完善了我国民法上的诉讼时效制度。

(二)《民法总则》的基本特点

《民法总则》的主要特点包括:其一,体系上确立了德国式的民法典编纂方式;其二,立法模式上巩固了民商合一的立法体例;其三,呼应了信息技术时代的需求。

1.确立了德国式的法典体系

我国民法理论与立法技术深受欧陆法系尤其是德国法的影响。但是对于是否要采取德国式的"总—分"立法结构,学界一直不乏疑义。[④] 德国民法典最为典型之处在于:将"法律行为"这一最为核心的"公因式"提取出来、置于民法总论部分,

---

① 佟柔主编:《中国民法学·民法总则》,中国人民公安大学出版社1990年版,第207~208页。

② 朱庆育:《法律行为概念疏证》,载《中外法学》2008年第3期。

③ 陈华彬:《论我国民法总则法律行为制度的构建——兼议〈民法总则草案〉(征求意见稿)的相关规定》,载《政治与法律》2016年第7期。

④ 张谷:《对当前民法典编纂的反思》,载《华东政法大学学报》2016年第1期;苏永钦:《民事立法与公私法的接轨》,北京大学出版社2005年版,第15页。

统摄民法分则各编,在体系上构成逻辑严密的"总—分"式体例。《民法通则》中虽然已经就(民事)法律行为作出规定,但具体法律行为制度仍然被肢解在各单行法中,对法律行为这一"公因式"的抽取并不彻底。《民法总则》的制定,标志着我国民法在立法体系上明确采纳了德国式的立法技术。[①] 这一立场的确定将对中国民法的发展产生深远的影响,对民法立法技术、法律理论甚至法学教育的基本发展方向有着至关重要的意义。

2.巩固了民商合一的立法模式

如何对待民法与商法的关系,是民法典制定之初必须回答的一个前置性问题。对此,比较法上主要存在两种基本的立法模式:民商分立与民商合一。中国立法上向来坚持民商合一的立法模式。国内不乏学者(主要是商法学者)对此存在些许质疑,主张制定商法典或商事通则。[②]

民商分离的基础建立在民事关系与商事关系的区分之上,在市场经济快速发展的今天,交易关系普遍存在商法化的趋势,在此背景之下,仍然强调民商事法律关系的区分,已被学者认为不合时宜。[③]《民法总则》坚持了民商合一的基本理念,在立法模式上对此予以再次确认。[④]

3.展现出鲜明的时代特征

民法的法典化所反映的是经济社会发展的变迁,回应的是时代的需求。从比较法及法律史的角度上看,人类历史上历次民法典的编纂,无不是对特定时代中经济社会发展现状的反射。[⑤] 当前我国制定民法典所面临的基本社会现实是:市场经济发展迅速、个人权利意识逐渐觉醒、技术变革日新月异。本次民法典的编纂,切实反映了这种社会现实的变迁。

快速发展的市场经济对交易规则提出了更高的要求。法律行为作为民商事交易的"元规则",在本次民法典的编纂中得到了高度重视,是民法总则最为核心的组成部分。其中关于意思表示的规则、法律行为效力形态的调整以及代理制度的完善等,吸收了民法学界近年来在法律行为制度方面的理论成果,为具体民商事交易

---

① 薛军:《民法总则:背景、问题与展望》,载《华东政法大学学报》2017 年第 3 期。

② 赵旭东:《民法典的编纂与商事立法》,载《中国法学》2016 年第 4 期;王涌:《中国需要一部具有商法品格的民法典》,载《中国法律评论》2015 年第 4 期;李建伟:《民法总则设置商法规范的限度及其理论解释》,载《中国法学》2016 年第 4 期;蒋大兴:《论民法典(民法总则)对商行为之调整——透视法观念、法技术与商行为之特殊性》,载《比较法研究》2015 年第 4 期。

③ 谢鸿飞:《〈民法总则〉的时代特征、价值理念与制度变革》,载《贵州省党校学习报》2017 年第 3 期。

④ 王利明:《民商合一体例下我国民法典总则的制定》,载《法商研究》2015 年第 4 期;江平:《〈民法总则〉评议》,载《浙江工商大学学报》2017 年第 3 期。

⑤ 郭锋:《〈民法总则〉的时代精神和特色》,载《财经法学》2017 年第 3 期。

规则的改进与完善提供了基础。①

我国民法典的历次编纂过程,伴随着国民个人权利意识的逐渐觉醒。在计划经济体制下,个人优先服从于集体,集体利益相较于个体具有超然地位。市场经济是以公平竞争为导向的经济发展模式,其前提是经济参与各方的平等地位;国民权利意识的觉醒,正是在这种制度背景下才成为可能。民法总则将对民事权利(权益)的保护上升为基本立法指导思想(《民法总则》第1条、第3条),并在专章中将各类民事权利予以明确化,这既是权利意识逐渐觉醒的体现,也是对权利加以保护的坚定立场。

以互联网技术为核心的科技革命是当代社会发展最为显著的特征。互联网技术的发展给我们的生活带来巨大的变革,从根本上重塑了社会生活,同时也给法律制度带来巨大的调整。一方面,互联网时代的交易模式呈现出虚拟化的特征,传统法律理论在应对基于互联网技术产生的各种交易模式中,面临巨大的难题;另一方面,互联网技术的发展对民事权利的保护带来新的挑战,尤其是对个人信息、数据的保护提出了新的课题。《民法总则》关于个人信息的保护性规定(第111条)、网络数据及虚拟财产的保护(第127条)等,及时回应了这一时代需求,具有鲜明的时代特征。②

(三)《民法总则》的总体评价

《民法总则》的顺利出台,表明本次民法典编纂工作取得决定性进展。在《民法总则》的起草过程中,民法学界与实务界投入了大量的智力支持,对相关问题进行了充分的讨论、论证。《民法总则》当然无法做到尽善尽美。但总体而言,《民法总则》是对前一阶段我国民事立法的总结与概括,及时回应了我国民事司法实践的需求,奠定了我国民法未来的发展脉络。

对《民法总则》的评价,既要看到立法者对"守成"的坚持,也应看到其对"发展"的担当。具体来说,可以从两方面加以说明:对既有民事立法经验的继承以及对时代发展需求的必要回应。

1."守成":对既有民事立法经验的继承

《民法总则》的出台,立足于我国既有的民事立法经验,这主要体现在《民法通则》颁布以来对立法经验的总结。首先,分"两步走"的编纂思路反映的是《民法通则》颁布以来"成熟一个制定一个"的稳健立法策略。③ 总则编是对各分则编中"公因式"的抽取,无论是在基本价值理念上还是具体制度构建方面,均对分则编的编

---

① 薛军:《民法总则:背景、问题与展望》,载《华东政法大学学报》2017年第3期。

② 崔建远:《我国〈民法总则〉的制度创新及历史意义》,载《比较法研究》2017年第3期。

③ 朱广新:《〈民法总则〉的特色及其对民法各分编的影响》,载《中国海商法研究》2017年12月。

纂有着直接影响。在"总—分"式法典体例下,"两步走"的编纂思路具有逻辑上的必然,也是我国民事立法实践的总结。其次,《民法总则》体现出对最高人民法院颁布的司法解释采取了相当尊重的态度,如在关于诉讼时效等制度的革新上,吸收了相关司法解释的内容。这一立场将对民法典分则的编纂产生积极的示范意义:分则各编相关领域内,都存在大量司法解释。如何将其加以整合,是分则各编在编纂过程中面临的较大考验,《民法总则》编纂过程可为此提供有益参照。①

从外在体系的角度上看,《民法总则》的出台,在相当程度上吸收了近年来我国民事立法积累的经验以及民法理论的研究成果,提高了立法的科学性与逻辑性,消除了一些法律制度之间的冲突。可以预见到的是,《民法总则》的顺利出台,为接下来民法分编的编纂奠定了相当基础,制定一部优秀民法典的梦想,可兹期待。

2."发展":对新时代需求的必要回应

《民法总则》在"守成"的前提下,也因应时代发展的需求,在具体法律制度层面作出许多突破。

(1)具体法律制度的发展

首先,完善了一些基本的法律制度。最典型的是法律行为制度,虽然在表述上依然沿用"民事法律行为"这一旧有称谓,但在具体内容上作出了重要修正,对意思表示的生效(第 137 条至第 139 条)、意思表示解释(第 142 条)及意思表示瑕疵(第 146 条至第 151 条)等作出明确规定,对法律行为的效力形态(第 143 条至第 157 条)作出必要调整,并完善了代理制度等。

其次,引入了一些重要的制度,如规定了成年监护制度(第 33 条),对法人的类型重新进行分类,此外,还在强化胎儿利益的保护(第 16 条)、限制行为能力人的保护(第 19 条)等问题上作出修正。此外,还在关于民法法源问题上,《民法总则》作出明确规定,将习惯纳入民法法源的范畴,增强了成文法的灵活性。②

最后,《民法总则》最显著的发展在于对新时代需求的直接回应,包括对个人信息保护的肯定(第 111 条)、对数据与虚拟财产的保护(第 127 条)以及对所谓"绿色原则"(第 9 条)的确认。这些具有鲜明时代特征的条文,体现出立法者在因应新时代背景下的法律挑战。③

(2)民法内在精神的塑造

法律制度的改进与革新,即时对法典外在体系的完善,更体现出立法者对民法内在精神塑造的期待。本次《民法总则》的制定过程中,关于主体以及意思表示(法律行为)的规定占据重要讨论空间,立法者及学界在此内容上着墨甚多,这在相当

---

① 薛军:《民法总则:背景、问题与展望》,载《华东政法大学学报》2017 年第 3 期。
② 于飞:《民法总则法源条款的缺失与补充》,载《法学研究》2018 年第 1 期。
③ 崔建远:《我国〈民法总则〉的制度创新及历史意义》,载《比较法研究》2017 年第 3 期。

程度上反映出《民法总则》对"人"的重视。这种立场的转变，深刻表明中华人民共和国成立以来尤其是改革开放以来，随着桎梏的松绑、经济结构的变化以及思想的解放，民法所表达的意思自治与权利保护理念逐渐得到了广泛的认可；对个体人格的承认、对私人意思自治的尊重越来越成为社会秩序理念的重要组成部分。

正如前述一再表明的，民法典编纂的意义绝非条文结构、法律体系的变动所能涵盖；从根本上看，内在精神的塑造才是最值得我们反思与肯定之处。本次民法典的编纂、《民法总则》的出台，深刻展示出经过 40 年的改革开放，中国经济结构、社会秩序以及人民观念所发生的巨大变化。这种变化最本质的特征在于"人"的地位得到提升、人格得以尊重。民法典既是对这一变化的确认，也是推动其进一步发展的必要保障。我们当然不应该苛求民法重塑社会秩序，但必须指出的是，民法所代表理念的普及，将有力地壮大社会中间阶层；我们相信，这种自下而上的、自发性的社会结构变化，将对包括政治秩序在内的中国社会秩序重塑带来深远的影响。而这将成为本次民法典编纂所具有的最根本性意义。

五、民法典分则编纂过程中的关注焦点

民法典分则编纂中的争议问题，早在《民法总则》的制定过程中已经显露出来。总则与分则编之间的关系不仅是形式上的一体性，在实质内容上也直接关联。许多条文在总则编中的设计，其实已经考虑到分则各编的体例安排问题。关于民法典分则编纂过程中的争议，主要包括两方面：其一，是从立法体例上考虑各分则编的设置；其二，各分则编在制定中涉及对具体制度、条款内容的争议。对于第二项内容，在分则编的相关讨论中另有详述，此处仅就立法体例上关于分则编设置的争议予以论述。

具体来说，关于民法典分则编纂的体例安排，出现的重大争论焦点主要包括：其一，如何设计人格权相关条款，人格权是否应该独立成编；其二，如何对待债法总则，在合同编与侵权编之外，是否需要设置独立的债法总则。

（一）人格权规范的设置

人格权规范如何设置，涉及的主要争议是人格权是否应独立成编，这在我国民法学界存在重大分歧。虽然涉及的是作为分则编的独立与否，但这一问题的回答直接影响到《民法总则》中关于自然人人身权利的规定。因此，在《民法总则》制定阶段，这种观点的对立就显露无遗。梁慧星教授与王利明教授分别代表了"否定说"与"肯定说"的两种立场。[①] 必须指出的是，无论是否支持人格权独立成编，在

---

① 梁慧星教授与王利明教授分别代表了"否定说"与"肯定说"的两种基本立场。关于二者的基本见解与主要争议内容，参见梁慧星：《中国民法典中不能设置人格权编》，载《中州学刊》2016 年第 2 期；王利明：《人文关怀与人格权独立成编》，载《重庆大学学报（社会科学版）》2016 年第 1 期。

强调人格权的重要性、强化对人格权的保护这一基本价值层面,学者认识之间并无差异;争论的核心主要在于法律体系的设置与法律技术的处理。

早在第四次民法典编纂时期,民法草案即把人格权相关内容单独列为一编,并相应丰富了人格权的内容,强化了对公民权利的保护。本次民法典制定过程中,关于人格权规范设置的争论,反映出我国学者对人格权规范的重视,是民法典对时代发展新要求的回应。无论将来如何设置人格权规范,人格权保护的重要性早已不言而喻;强化对人格权的保护,将成为我国民法典的一大创举。

(二)是否应单独规定债法总则

债法总则是否设置的问题,关系债法的整个体系构建。从第四次民法典编纂以来,学者之间对于这一问题的认识存在尖锐分歧。除了少数学者外,[①]主流观点认为,应该在将来的民法典中制定"债法总则",这是"总—分"式法典模式的逻辑结构所决定的,无论如何强调"中国特色",此种逻辑结构属于体系性及框架性问题,具有不可替代性。[②]

由于受到《合同法》《侵权责任法》单独成编的影响,我国民法上关于债法体系的认识处于相当混乱的状态。由于债法总则的缺失,使得许多本属于债法总则的内容发生体系错乱,进而造成法律适用层面的困难。这在损害赔偿法方面体现的尤其突出。[③] 事实上,正是因为看到这一点,力主《合同法》《侵权责任法》单独成编的学者,也回到了债法总则的基本立场。[④]

从当下立法规划来看,民法典分则中并无债法总则,而是用"参照适用"合同法总则的方法来替代债总功能。"参照适用"在法学方法论上的性质是"授权式类推适用",这会导致法官在实践中就个案反复考虑其所面临的非合同之债与合同之债是否类似,从而可以类推,以及两者之间的不同又是否导致类推的限制乃至否定。以上不仅增加了司法成本,更重要的是会导致裁判不统一。债法总则的缺失,需要

---

① 许中缘:《合同的概念与我国债法总则的存废——兼论我国民法典的体系》,载《清华法学》2010 年第 1 期;章有土、麻昌华:《我国民法典中债法总则的存废》,载《法学》2003 年第 5 期;王胜明:《制定民法典需要研究的部分问题》,载《法学家》2003 年第 4 期。

② 梁慧星:《我国民法典制定中的几个问题》,载公丕祥主编:《法制现代化研究》第 9 卷,南京师范大学出版社 2004 年版,第 359 页;崔建远:《中国债法的现状与未来》,载《法律科学(西北政法大学学报)》2013 年第 1 期;李永军:《民法总则民事权利章评述》,载《法学家》2016 年第 5 期;柳经纬:《我国民法典应设立债法总则的几个问题》,载《中国法学》2007 年第 4 期;陈华彬:《中国制定民法典的若干问题》,载《法律科学(西北政法大学学报)》2003 年第 5 期;程啸:《论未来我国民法典中损害赔偿法的体系建构与完善》,载《法律科学(西北政法大学学报)》2015 年第 5 期。

③ 程啸:《论未来我国民法典中损害赔偿法的体系建构与完善》,载《法律科学(西北政法大学学报)》2015 年第 5 期。

④ 王利明:《债权总则在我国民法典中的地位及其体系》,载《社会科学战线》2009 年第 7 期;杨立新:《论民法典中债法总则之存废》,载《清华法学》2014 年第 6 期。

在立法上采取有效措施进行弥补。[①]

第六节　民法典未来之展望

民法典的编纂,是中国几代民法学家的梦想。[②] 从目前立法的进展来看,现在也许到了"比历史上任何时期都更接近"这个梦想实现的时候。民法是具有高度实践性的法律,与其说民法学者把民法典的编纂看作是兹兹在望的梦想,毋宁说我们期待的是民法典所表达的理念与价值在这片古老的土地上落地生根。要实现这样的期待,除了需要一部在内容与体系上值得称道的法典,更需要掌握对这样一部法典的使用方法。这既涉及民法典的形成,也关乎民法典的解释与适用。

一、民法典的形成

(一)民法典形成所必要的背景因素

民法典的编纂直接来源于政治决定,按照立法者的说法,"编纂民法典是十八届四中全会提出的重大立法任务"。[③] 从比较法与法律史的角度上看,欧洲大陆民法法典的编纂运动,也与当时的政治环境息息相关;民法典的编纂都被赋予重要的政治意义,如促进(民族)国家的统一。[④] 因此,政治因素在促成民法典的形成上,具有重大导向意义。

但同时应该清醒地看到,从根本上说,民法典的形成并非政治的产物,而是长期社会经济发展与充分学术理论准备的产物。18、19 世纪是欧洲民法典编纂的高潮,先后出现了法国民法典、德国民法典这两部在世界法律史上产生深远影响的民法典。虽然二者在具体的法典体系上存在明显差异,但从历史背景上看,二者有着很大的相似之处。从经济上看,传统的封建领主制经济或农业经济急剧衰落,经济生产方式面临向资本主义转型的重要关头,需要一部法典来推进这种经济体制的转型,并为资本主义经济的进一步发展提供法律支持。从法律思想与法律理论的角度上看,欧洲大陆的法律学者经过思想启蒙的长期熏陶,在对罗马法的研习中积

---

　　① 于飞:《合同法总则替代债法总则立法思路的问题及弥补——从"参照适用"的方法论性质切入》,载《苏州大学学报(法学版)》2018 年第 2 期。

　　② 孙宪忠:《中国民法典制定现状及主要问题》,载《吉林大学社会科学学报》2005 年第 4 期。

　　③ 李建国:《关于〈中华人民共和国民法总则(草案)〉的说明——2017 年 3 月 8 日在第十二届全国人民代表大会第五次会议上》,http://www.npc.gov.cn/npc/xinwen/2017 - 03/09/content_2013899.htm,下载日期:2018 年 4 月 25 日。

　　④ 陈卫佐:《现代民法典编纂的沿革》,载《中国法学》2014 年第 5 期。

累了大量的法律理论与立法技术,为民法典的制定提供了必要的智力支持。这些才是使民法典成为可能,并取得重大成功的深层次因素。

因此,民法典的形成虽然在触发因素上直接依赖政治环境的变化,但从根本上看,决定一部民法典成败的关键性因素,仍然在于经济基础的支撑和学术理论的准备。从经济的角度上看,这是由民法作为私法的本质属性所决定的;民法是关于平等主体间的交易规则,越是在交易发达的经济体制下,对民法的需求越高。近 40 年来的改革开放,我国经济体制一直处在持续的变革当中,新的经济体制的方向已然十分明确,十八届三中全会通过的《中共中央关于全面深化改革若干重大问题的决定》中明确指出,要"使市场在资源配置中起决定性作用"。① 市场经济的确立是经济改革的方向,市场经济最核心的特征在于自由、平等的竞争环境。因此,随着经济体制改革的深入,市场经济体制的确立在经济生活的领域内全面展开,将成为出台民法典的经济基础层面的根本前提。从这个意义上说,我国民法典的编纂所面临的经济环境,与法、德民法典具有某种程度的相似性。

(二)民法典形成对民法理论提出的要求

尽管学者之间对于如何编纂中国的民法典有许多不同甚至对立的观点,但是对于是否应当制定一部民法典这个前置性议题,学者之间存在高度共识。对民法法典化的这种执着,恐怕不能简单地用民法学者对部门法的"情结"来解释。②

要回答这个问题,首先需要理解民法典编纂本身的含义。国内有学者结合中外法典编纂的经验,认为法典编纂是"立法主体依据一定的职权并依照一定的程序,运用一定的立法技术,在整理、改造和完善现有规范法律文件的基础上,以法典的制定或产生为直接目的的国家最高级别的立法活动。"③对此,立法者在民法典编纂工作中也明确指出,"编纂民法典不是制定全新的民事法律,而是对现行的民事法律规范进行科学整理;也不是简单的法律汇编,而是对已经不适应现实情况的规定进行修改完善。"④因此,民法典编纂作为"(成文法)最高级别的立法活动",是建立在既有民事法律规范的基础之上;但同时,这也绝非单单是对现行民事单行法的汇编。

民法典编纂所表达的实质含义,是民法理论的体系化、民事立法的科学化以及

① 《中共中央关于全面深化改革若干重大问题的决定》,http://www.gov.cn/jrzg/2013-11/15/content_2528179.htm,下载日期:2018 年 4 月 26 日。
② 苏亦工:《得形忘意:从唐律情结到民法典情结》,载《中国社会科学》2005 年第 1 期。
③ 封丽霞:《法典编纂论——一个比较法的视角》,清华大学出版社 2002 年版,第 23 页。
④ 李建国:《关于〈中华人民共和国民法总则(草案)〉的说明——2017 年 3 月 8 日在第十二届全国人民代表大会第五次会议上》,http://www.npc.gov.cn/npc/xinwen/2017-03/09/content_2013899.htm,下载日期:2018 年 4 月 25 日。

建立在此基础之上的法律适用的规范化。① 在这个过程中,民法理论的发展起到了关键的作用。尤其在德国"总—分"式立法模式下,对法典的抽象性、内在逻辑性以及体系性提出了更高的要求;所谓的法典化,归根到底可以总结为"体系化"。②

民法典的形成既对民法理论提出了更高的要求,同时也将对民法理论的发展提供新的历史机遇。民法典编纂完成后,对民法典的解释适用将推动民法理论的进一步发展。

二、民法典解释适用之展望

民法典编纂工作完成后,民法学界的研究重点即应转向实证法层面的法律解释与适用,民法典的解释与适用将成为未来中国民法学界研究的"主旋律"。对此,笔者将从宏观与微观两个层面分别予以论述:从宏观层面上看,民法典的存在将为法律人共同体的构建提供必要的平台;从技术层面上看,民法典的出台将为教义学的发展带来新的机遇。

(一)宏观层面:民法典作为构筑法律人共同体的平台

中国民法典在编纂体系上采纳了德国"总—分"式的抽象立法模式,这决定了民法典的受众主要是法律专业人士,尤其是以法律为研习对象的学者、法官及律师等专业团体。③ 在这个意义上看,民法典主要起到的是裁判作用,即作为民众法律纠纷的裁决依据。如何更好地发挥这种裁判功能,既取决于专业团体对专业的熟练程度,也取决于民法典本身的立法质量;这二者是相辅相成、互为必要而存在的。

民法典的出台为更好发挥民法的裁判功能提供了技术上的前提。当然,这并不是说没有民法典的国家就必然会存在民法裁判功能缺失的问题;这个命题隐含的前提是:作为成文法国家,法典是其最高立法水平的体现,法典化本身代表着立法的体系化与科学化。从立法论的角度上看,单行法律的存在纵然也可以有效应对纠纷裁判的需要,但各单行法之间潜在的冲突与矛盾,最终需要通过法典化来予以解决(至少在形式上需要如此);这在继受德国式抽象立法体例的国家而言,更是

---

① 薛军:《当我们说民法典,我们是在说什么》,载《中外法学》2014年第6期。

② 茅少伟:《寻找新民法典:"三思"而后行——民法典的价值、格局与体系再思考》,载《中外法学》2013年第6期。

③ 从立法技术上看,对法律目标受众的期望,对法典的编纂体例会产生重要影响。如果以普通民众为目标读者,通常不会采纳"总—分"的抽象式立法体例,因为这种立法体例过于抽象,没有经过专业训练,难以对法典内容作出正确解读。乍看之下,通俗易懂的法律是否更能够"使人懂得如何去行使自己的权利";但事实上,抽象式的立法恰恰是对意思自治理念的充分尊重:私法自治理念下,法律关系的形成取决于行为人的自由意志;法典存在的目的并非在于改变民众生活,而只是作为居中的裁判法。因此,舍弃通俗性而代之以抽象的立法技术,是为了尽可能提高裁判的效率。参见朱庆育:《民法总论》,北京大学出版社2013年第2版,第23页。

如此。民法典的存在,为不同法律专业群体之间的对话提供了必要的平台。

从法律的解释与适用层面上看,如何将民法典准确、妥当地适用于司法实践,离不开法律专业群体的努力,尤其是学者、法官及律师。由于立场与出发点上的差异,学者、法官与律师在一定程度上分别代表着不同的利益诉求,例如,学者更多侧重于理论体系的构建、注重体系化,法官更关注个案的公平,而律师则对司法效率有着更高的要求。不同利益诉求之间的调和需要有共同的对话平台与机制,就民法领域而言,民法典的存在为这种沟通提供了平台基础。

(二)技术层面:民法典作为教义学发展的纽带

民法典作为法律人共同体平台的功能,只有在具体的法律适用过程中才能实现,就此而言,法律的适用方法在不同专业群体的沟通之中有着重要的作用。法教义学是部门法专业群体之间进行对话的方法。

尽管在对待法教义学的态度上,国内学者或许存在不同程度的争议;但作为一种法律解释与适用的方法,法教义学已经逐渐获得国内包括学者、法官等专业群体越来越多的认可。[①] 法教义学为成文法的解释与适用提供了逻辑上的思考框架,教义学本身所推崇的体系建构与法典的体系化是密切相关的。法教义学所构建的体系本身具有极大的包容性,其依赖于实证法并以实证法为基础,但却也并不会局限于成文法;尤其在面临成文法的滞后性这一常为人诟病的缺点上,教义学可以通过对概括条款以及法律基本原则的演绎,提供相对妥当的解决方法,并能够在成文法的稳定性以及必要的弹性之间达成基本协调。

1.法律评注的角色:以德国经验为例

从具体路径上看,法律评注是以法教义学为核心的法律解释适用之集大成者,这点在德国法上尤为显著。德国有着极其发达的法律评注,不仅在民法领域,在几乎所有领域内都能发现法律评注的存在。从德国法的经验来看,法律评注的直接指向是对现行法的解释与适用,对接的是司法实践的需求。[②] 但同时,法律评注作为法教义学展开的主要形式,也十分注重体系化的构建,在涉及重大疑难或争议问题时,对于各种学说也有详细的归纳。[③] 有些法律评注更新速度非常快,能够在第一时间对新问题、新观点、新判决进行整理,及时反映司法实践以及学界的动态。

---

① 许德风:《法教义学的应用》,载《中外法学》2013 年第 5 期。

② 贺剑:《法教义学的巅峰——德国法律评注文化及其中国前景考察》,载《中外法学》2017 年第 2 期。

③ 当然,这也取决于法律评注的规模与偏向性。以民法为例,德国既有像 Münchener Kommentar、Staudinger Kommentar 这样的大型评注,也有像 Ermann Kommentar、Palandt Kommentar 等这样的中型法律评注,还有 Jauernig Kommentar、Handkommentar(Schulze、Nomos 等)这样的小型法律评注。通常来说,大型法律评注对学说的归纳、梳理更为详细。此外,还有像 Historisch-kritischer Kommentar 这样的历史评注,主要侧重对法律条文或法律制度的历史演变梳理。

法律评注不仅是发挥法律解释与适用功能的重要载体,其本身也是法律人共同体交流的平台。首先,法律评注以法律的解释与适用作为首要导向,十分注重对司法实践判例的整理与归纳,能够准确反映司法实践对具体法律条文的适用情况以及对相关争议问题的不同立场,能够充分表达法官这一群体的立场。其次,法律评注是法教义学功能下的产物,对学者观点的反映也非常及时和充分;事实上,大部分法律评注的撰写者也以教授这一学者群体为主。最后,律师群体对法律评注也有着极高的重视程度。在德国的两次法学国家考试中,法律评注是考试的重要辅助资料,学生在准备考试的过程中十分重视法律评注的作用,尤其是 Palandt 评注是必备的参考资料。①

2.法律评注的实现:中国民法学人的探索

在第五次民法典编纂工作开始以前,法律评注现象已经引起了中国学者的关注。如 2015 年 12 月 4 日至 12 月 5 日,在华东政法大学召开了"第一期中德民法评注会议:民法典总则的编纂与合同法法律评注"研讨会,与会者包括德国柏林自由大学、波鸿大学、明斯特大学、弗赖堡大学的多位教授,就民法典评注编纂的德国经验进行介绍。② 在此之后,国内学者开始有组织的进行法律评注的尝试工作,首先针对《合同法》《物权法》的部分条款,以论文的形式将法律评注的成果发表在《法学家》杂志上,取得初步成果。③ 2017 年 6 月 27 日,中国社会科学院法学研究所也召开了"法律评注研讨会暨《民法总则评注》新书发布会",主要以推介《民法总则评注》为契机,围绕中国民法的法律评注进行研讨。④ 2018 年 4 月 12 日,中国政法大学中欧法学院也举办了"法律评注的理念与技术"研讨会,邀请了包括德国《Nomos

① 德国法院经常在判决中直接指明法律评注的重要性,"律师在上诉时,至少负有借助通行法律评注了解现行法状况之义务""律师有义务依据相应专业文献,尤其是专业期刊和法律评注,对判例现状予以了解",甚至有学者指出,"如今,很多下级法院的法官相信,Palandt 评注所言即为法律。"法律评注之于法律实践的作用,由此可见一斑。贺剑:《法教义学的巅峰——德国法律评注文化及其中国前景考察》,载《中外法学》2017 年第 2 期。

② 《"华政民商法论坛之高峰论坛第四期:第一期中德民法评注会议"顺利召开》,http://news.ecupl.edu.cn/95/6b/c672a38251/page.htm,下载日期:2018 年 4 月 26 日。

③ 朱庆育:《〈合同法〉第 52 条第 5 项评注》,载《法学家》2016 年第 3 期;吴香香:《〈物权法〉第 245 条评注》,载《法学家》2016 年第 4 期;贺剑:《〈合同法〉第 54 条第 1 款第 2 项(显失公平制度)评注》,载《法学家》2017 年第 1 期;王洪亮:《〈合同法〉第 66 条(同时履行抗辩权)评注》,载《法学家》2017 年第 2 期;庄加园:《〈合同法〉第 79 条(债权让与)评注》,载《法学家》2017 年第 3 期;纪海龙:《〈合同法〉第 48 条(无权代理)评注》,载《法学家》2017 年第 4 期;姚明斌:《〈合同法〉第 114 条(约定违约金)评注》,载《法学家》2017 年第 5 期;杨芳:《〈合同法〉第 49 条(表见代理规则)评注》,载《法学家》2017 年第 6 期;孙维飞:《〈合同法〉第 42 条(缔约过失责任)评注》,载《法学家》2018 年第 1 期;肖俊:《〈合同法〉第 84 条(债务承担规则)评注》,载《法学家》2018 年第 2 期。

④ 《法律评注研讨会暨〈民法总则评注〉新书发布会》,http://www.iolaw.org.cn/showNews.aspx? id=58789,下载日期:2018 年 4 月 26 日。

刑法评注》主编 Neumann 教授在内的学者,就法律评注的理念与技术进行交流。[1]在《民法总则》通过后不久,就已经出现了专门针对《民法总则》的法律评注。[2] 总体而言,法律评注已经引起了中国学者的重视,中国民法评注正处在"从无到有"的阶段;随着民法典编纂工作的完成,相信这项工作的深入开展将获得更大的推力、得到更大的发展。

(三)展望

也许通过后的民法典会存在方方面面的问题与不足,但对于中国民法而言,制定并通过民法典本身就是一件极具意义的里程碑事件,将对中国民法的发展产生深远影响。其中,最重大的影响是:"总—分"结构的抽象式立法体例,将在根本上塑造中国民法的发展脉络,建立在基本概念基础之上的民法体系化、科学化将成为中国民法学发展的主要内务。从法学方法上看,法教义学的法律解释与适用方法将占据更为重要的地位;如何让民法典所确立的规则与基本精神、理念在中国落地生根,将成为民法学人所面临的共同使命。

同时,我们也应该看到的是,我国社会经济仍然处在剧烈的变化当中,尤其在互联网高度融入人们日常生活的信息时代,新兴的交易与商业模式大量涌现,并随时发生着剧烈的变化,尤其是以电子支付、网络购物为代表的新兴交易方式,深刻地塑造了社会交往的方式。与此同时,法教义学提供的法律解释与适用方法立足于传统社会交易模式,如何将其妥善地运用于新兴交易模式,仍然存在巨大的挑战。

三、后民法典时代民商事单行法之完善

民法典编纂顺利完成后,我国民商事立法将进入新的阶段,后民法典时代的立法重点,将着重围绕单行民商事立法的修订与完善来展开。如何将民法典所确立的立法目的、理念、宗旨及法律技术,融贯于民商事单行立法,将成为后民法典时代的立法重心。

(一)内在法律体系的重构:现有单行法的修订

《民法总则》奠定了民商事立法的基本格局。后民法典时代,民商事单行立法完善的首要任务,是在《民法总则》所奠定的基本格局下,将既有的各单行法融贯于民法典之中,构筑逻辑通顺、价值一致的内在法律体系。

事实上,民法典编纂本身也面临着内在法律体系的完善问题。民法典的编纂,并

---

[1] 《中欧法学院学术研讨会:〈法律评注的理念和技术〉》,http://www.cesl.edu.cn/info/1104/2902.htm,下载日期:2018 年 4 月 28 日。

[2] 陈甦编著:《民法总则评注》,法律出版社 2017 年版;李宇:《民法总则要义:规范释论与判解集注》,法律出版社 2017 年版。

非对既有民事法律规范的简单汇编,而是对民法本身的价值体系加以梳理和重构。我国现行民商事立法伴随着社会经济改革的历程,在较短时期内经历了经济体制与结构的快速发展与变迁,各单行法产生于不同的历史时期、执行的是不同的经济政策,这导致相互之间存在许多冲突、矛盾之处,给司法实践造成不同程度的困境。在《民法总则》及民法分则各编通过后,如何处理民法典与其他单行民商事单行法之间的关系,成为摆在我们面前的问题。就目前而言,《民法总则》通过后,《民法通则》并未同时废止,如何处理二者关系,成为迫切需要解决的问题。如果说二者可以勉强以"新法优先于旧法"的原则来处理,那么涉及其他特别法律领域的单行法,如《物权法》《合同法》《保险法》等,还面临"特别法与普通法"之间适用次序的疑问。这些都将是民法典编纂过程中以及后民法典时代所需要认真对待的问题。

(二)外在法律体系的完善:民商事单行立法的涵摄

即使在民商合一的立法体例下,民法典对商事立法的涵摄,也只能在基本法理与法律价值层面,而不是对具体商事规范的统一。商事立法直接产生于商事交易的需求,具有极强的实践性与技术性,不能简单地将商法归入民法的特别法之中。民法典对商事立法的涵摄,应着眼于宏观、抽象层面,如关于民商事法律关系的分析方法、权利义务的基本结构、平等主体关系的法律适用方法等。[①] 最为根本的,是保障平等主体之间从事法律行为时的意思自治,并为效率与公平的平衡提供必要的价值沟通管道。这些基本价值的存在及完备,也是商法能得以发展的根基。从这个意义上来看,体系完备、相对稳定的民法法典化,对于商事规范的完善与发展,具有相当程度上的不可或缺性。

中华人民共和国成立以来,尤其是改革开放近 40 年以来,对民法典的呼唤与追求始终萦绕在民法学人的心中。对民法典的这种期盼,不仅是民法学人的一种情结,而且是对民法典对于社会经济秩序重构所具有的重大价值,以及对市民社会培育所具有的启蒙意义的深刻认识。在改革开放的时代背景下,民法典的出台不仅是对现有改革成果的法律确认,更是推动改革进一步深入的利器。在此意义下,民法典出台的意义,无论如何评价均不为过。

---

① 彭真明:《论现代民商合一体制下民法典对商事规范的统摄》,载《社会科学》2017 年第 3 期。

第三章

法人与非法人组织制度

第一节　概　　述

　　民事主体除自然人之外还有法人和非法人组织。法人是具有民事权利能力和民事行为能力，依法独立享有民事权利和承担民事义务的组织（《民法总则》第 57 条）。非法人组织是不具有法人资格，但是能够依法以自己的名义从事民事活动的组织（《民法总则》第 102 条）。法人和非法人组织均为组织体，它们具有民事主体的资格，属于团体人格。

　　《民法总则》颁布之前，我国法律使用"其他组织"一词而不使用"非法人组织"一词（如《合同法》第 2 条）。[①] 在我国，法人与非法人组织的主要区别在于责任承担不同，法人以其全部财产独立承担民事责任，法人的设立人或出资人对法人的债

---

　　① 我国法律文本中的"其他组织"除了指代"非法人组织"之外，还有其他含义。柳经纬：《"其他组织"及其主体地位问题——以民法总则的制定为视角》，载《法制与社会发展》2016 年第 4 期。

务不承担责任或者在出资范围内承担有限责任(《民法总则》第 60 条);非法人组织的财产如不足以清偿债务,其设立人或出资人应承担无限责任(《民法总则》第 104 条)。

在社会生活中,参加民事活动的不只是自然人,还存在着大量的社会组织,这些组织参加民事活动,享有民事权利和承担民事义务,是名副其实的民事主体。在现代社会,从产品的生产到服务的提供,从科教文卫事业到公益事业,无不是有组织地进行,法人和非法人组织发挥着组织者的作用,社会生产与生活离不开这些组织。

改革开放 40 年来,我国团体人格制度的变革主要表现在以下三个方面。

一、从"单位"到民事主体

1949 年后,随着社会主义改造的完成,建立起了生产资料公有制和计划经济体制,我国进入了一个国家统合社会的高度一体化时代,或称"总体性社会"。[1] 在这种高度一体化的社会里,社会组织在城市是"单位",包括企业和事业单位,在农村是"人民公社"。"单位"是国家实现政治动员、组织社会生产和社会管理的工具,具有浓厚的行政性。[2] "人民公社"实行"政社合一",既是社会的基层单位又是政权的基层单位。[3] 无论是"单位"还是"人民公社",都不具有独立的民事主体资格,因此它们都不是法人。例如,在计划经济体制下,不仅事业单位,即便是企业,也只是国家实现经济计划的工具。企业的生产活动完全受制于政府,它们必须按照政府下达的指令性计划组织生产,将产品按照政府的定价销给政府指定的商业部门,

① 贾西津:《民间组织与政府的关系》,载王名主编:《中国民间组织 30 年——走向公民社会》,社会科学文献出版社 2009 年版,第 189～190 页。
② 有关"单位"的行政性分析,参见杨晓明、周翼虎:《中国单位制度》,中国经济出版社 2000 年版,第 60～71 页。
③ 1962 年 9 月 27 日中共八届十中全会通过的《农村人民公社工作条例修正草案》("人民公社六十条")第 1 条规定:"农村人民公社是政社合一的组织,是我国社会主义社会在农村中的基层单位,又是我国社会主义政权在农村中的基层单位。"

企业的人财物和产供销都由政府直接控制,企业并无自主组织生产经营的权利。[①]这样的企业实际上只是政府"大工厂"的车间或班组,而不是具有独立的民事主体资格的法人。

中共十一届三中全会以后,随着市场化改革的深入和政府职能的转变,国家(政府)逐渐退出部分经济领域和社会领域,前者归还市场,后者归还社会,国家统合社会的高度一体化时代逐渐消解,取而代之的是国家、市场和社会的三元格局。这种变革给法人组织提供了发展的机遇,市场为企业法人提供了空间,社会为社会团体法人等非营利性法人提供了空间。完全可以说,我国法人制度是改革的产物。[②]

1986 年《民法通则》对"法人"进行了规定,赋予企业、机关、事业单位和社会团体以法人地位。从此,社会组织走出了"单位"时代,而步入了"法人"时代。除了《民法通则》关于法人制度的规定外,1988 年《全民所有制工业企业法》(2009 年修订)、1993 年《公司法》(1999 年、2004 年、2005 年、2013 年、2018 年修订)、1989 年《社会团体登记管理条例》(1998 年被新《社会团体登记管理条例》取代,新《社会团体登记管理条例》2016 年修订)、1988 年《基金会管理办法》(2004 年被《基金会管理条例》替代)、2006 年《农民专业合作社法》(2017 年修订)以及三部外资企业法等法律法规的颁行,为各类法人提供了具体的制度规范。2017 年《民法总则》第四章"法人"在《民法通则》关于法人规定的基础上,将基金会(捐助法人)、社会服务机构、合作社、基层群众性自治组织(村民委员会、居民委员会)也纳入法人的范畴,形成了较为健全的法人制度体系。

二、从法人一元到法人和非法人组织二元

1986 年《民法通则》关于法人的规定,要求法人应具备"能够独立承担民事责任"这一条件(《民法通则》第 37 条),如不能独立承担民事责任则不能取得法人资

---

① 1961 年《国营工业企业工作条例(草案)》(即"工业七十条")规定:"国营工业企业是社会主义的全民所有制的经济组织。它的生产活动,服从国家的统一计划。它的产品,由国家统一调拨。它按照国家的规定,上缴利润和缴纳税款。""国营工业企业的根本任务,是全面完成和超额完成国家计划,增加社会产品,扩大社会主义积累。""为了加强整个工业生产的计划性,保证企业生产正常的进行,为了在计划管理工作中正确处理国家和企业的关系,在计划方法上真正实现自下而上和自上而下的结合,国家对企业必须实行'五定',企业对国家必须实行'五保'。'五定'是国家对企业规定的生产要求,和提供的生产条件,'五保'是企业对国家必须承担的责任。国家对企业实行'五定',就是:(1)定产品方案和生产规模;(2)定人员和机构;(3)定主要的原料、材料、燃料、动力、工具的消耗定额和供应来源;(4)定固定资产和流动资金;(5)定协作关系。企业对国家实行'五保',就是:(1)保证产品的品种、质量、数量;(2)保证不超过工资总额;(3)保证完成成本计划,并且力求降低成本;(4)保证完成上缴利润;(5)保证主要设备的使用期限。"

② 柳经纬:《当代中国私法进程》,中国法制出版社 2013 年版,第 189 页。

格。由此导致了合伙企业、个人独资企业等虽然也是依法设立但不能独立承担民事责任的社会组织的主体地位无所归属。然而,这些不具有法人资格的社会组织已作为民事主体参加了民事活动,对社会经济的发展做出了贡献,并且它们的主体地位也得到有关立法的确认。例如,1989 年《行政诉讼法》第 2 条规定:"公民、法人或者其他组织认为行政机关和行政机关工作人员的具体行政行为侵犯其合法权益,有权依照本法向人民法院提起诉讼。"1999 年《合同法》第 2 条第 1 款规定:"本法所称合同是平等主体的自然人、法人、其他组织之间设立、变更、终止民事权利义务关系的协议。"这里的"其他组织",均指不具备法人资格的组织,即非法人组织。

1997 年《合伙企业法》(2006 年修订)和 1999 年《个人独资企业法》则专门对合伙企业和个人独资企业作了规定,确认了合伙企业和个人独资企业的法律地位。此外,1998 年国务院发布的《民办非企业单位登记管理暂行条例》规定了三种组织形式:法人、合伙、个人,其中合伙形式、个人经营的民办非企业单位均不具有法人资格。

为了解决合伙企业、个人独资企业等依法设立但不具备法人资格的组织的民事主体地位问题,2017 年《民法总则》在坚持《民法通则》所确立的法人独立责任的原则的同时,在法人之外专设一章规定了非法人组织,将合伙企业、个人独资企业等并不具有法人资格的组织纳入其中,由此形成了法人和非法人组织的二元团体人格体制。

三、法人、非法人组织设立自主性增大

法人、非法人组织制度具有经济和政治的功能。在经济上,法人和非法人组织是市场经济的主体,法人和非法人组织制度是市场经济法律体系的重要组成部分。在政治上,法人和非法人组织是公民结社的结果,法人和非法人组织制度是实现公民结社自由的工具。①

然而,在计划经济体制下,无论是企业的设立还是社会团体的设立,都受到严格的限制。例如,1982 年国务院发布的《工商企业登记管理条例》规定,设立工商企业应根据情况提交主管部门的批准文件、县以上计划部门或人民政府的批准文件及其他有关文件;1985 年国务院批准国家工商总局发布的《公司登记管理暂行规定》除要求提交"政府、政府授权部门或主管部门的批准文件"外,还明确规定"个体经营者不得单独申请成立公司";1988 年,国务院颁布的《企业法人登记管理条例》规定需经登记的企业包括全民所有制企业、集体所有制企业、私营企业、外商投

---

① 法人制度具有实现公民结社自由的功能,也得到我国法律的确认。1998 年《社会团体登记管理条例》第 1 条明确规定,制定本条例的目的是"为了保障公民的结社自由,维护社会团体的合法权益,加强对社会团体的登记管理,促进社会主义物质文明、精神文明建设"。

资企业、联营企业,设立企业须向企业登记机关提交的文件包括"主管部门或者审批机关的批准文件"。这也就是说,不仅公有制企业、外资企业,私营企业的设立也须经有关部门的批准,否则不得设立。在社会团体方面,1950 年,政务院制定了《社会团体登记暂行办法》,严格限定社会团体的范围,①该办法第 4 条还明确规定:"凡危害国家和人民利益的反动团体应禁止设立;其已登记而发现有反动行为者,应撤销其登记并解散之。"1989 年,国务院发布《社会团体登记管理条例》,规定申请成立社会团体应当经其业务主管单位审查同意,向登记机关提交"业务主管单位的批准文件"。1998 年,国务院发布新的《社会团体登记管理条例》,仍然坚持设立社会团体须经批准的原则。因此,社会团体更谈不上自主设立。

1992 年,中共十四大确立了市场经济体制的改革目标,1993 年《公司法》颁布。《公司法》在公司设立上采取了准则主义。依据该法第 8 条规定,除了法律、行政法规规定必须报经批准的以外,设立公司可直接向登记机关提出申请,符合有限责任公司或股份有限公司条件的,登记为有限责任公司或股份有限公司。1994 年国务院发布的《公司登记管理条例》规定,除法律、行政法规规定须报经审批的公司应当提交有关的批准文件外,一般公司的设立无须提交批准文件。2013 年十二届全国人大一次会议通过的《国务院机构改革和职能转变方案》对工商企业登记实行改革,将"先证后照"改为"先照后证",将"注册资本实缴登记制"改为"认缴登记制"。这一改革大大降低了公司设立的门槛,为人民自主创业提供了便捷。

在社会团体方面,2013 年十二届全国人大一次会议通过的《国务院机构改革和职能转变方案》提出要"重点培育、优先发展行业协会商会类、科技类、公益慈善类、城乡社区服务类社会组织。成立这些社会组织,直接向民政部门依法申请登记,不再需要业务主管单位审查同意",在实现公民结社自由方面向前迈出了重要的一步。虽然在企业设立和社会团体设立的自主性方面,仍存在着较大的差别,但是改革开放 40 年来,我国在法人和非法人组织的设立自主性方面的进步是明显的。

第二节　法人基本制度

我国立法上首次使用"法人"这一概念的是 1981 年的《经济合同法》(1993 年修订,现已失效)。该法第 2 条规定"经济合同是法人之间为实现一定经济目的,明确相互权利义务关系的协议";第 54 条规定"个体经营户、农村社员同法人之间签

---

① 《社会团体登记暂行办法》第 3 条规定,登记的社会团体包括:(1)人民群众团体;(2)社会公益团体;(3)文艺工作团体;(4)学术研究团体;(5)宗教团体;(6)其他合于人民政府法律组成的组织。

订经济合同,应参照本法执行"。然而,《经济合同法》并没有对法人的概念进行定义,而且在《经济合同法》使用"法人"这一概念时,我国并无关于法人的规定,什么样的组织是法人？法人应具备哪些条件？组织如何才能取得法人资格？均无法律规定。虽然在1986年《民法通则》规定法人制度之前,国务院先后发布或批准发布了《中外合资经营企业登记管理办法》(1980年)、《工商企业登记管理条例》(1982年)和《公司登记管理暂行规定》(1985年),但这三部工商企业登记法规均未使用法人的概念。也就是说,按照这三部工商企业登记法规登记的工商企业,尽管也有有限责任公司(如中外合资经营企业),但法律没有明确规定它们是否具有法人资格。为了解决司法实践中合同主体资格的认定问题,1984年最高人民法院发布了《关于贯彻执行〈经济合同法〉若干问题的意见》,对合同主体是否具有法人资格提出了指导意见。根据该意见,法人有三种情况:一是依法成立的机关、团体具有法人资格;二是依照《关于开展工业企业普查登记的通知》[①]已登记的全民和集体所有制工业企业和依照《工商企业登记管理条例》[②]已登记的工商企业具有法人资格;三是成立在上述《通知》或《条例》前,虽不符合规定手续,但确经上一级主管部门同意成立的经济组织,具有法人资格。该意见还进一步指出,"法人至少应是由国家批准并按照有关规定成立的独立经济核算组织"。

一、《民法通则》关于法人制度的规定

1984年,中共十二届三中全会提出了有计划的商品经济的改革目标,对国有企业改革作了部署,通过了《中共中央关于经济体制改革的决定》。该决定提出了"两权分离"(即所有权与经营权分离)的改革思路,提出要"使企业真正成为相对独立的经济实体,成为自主经营、自负盈亏的社会主义商品生产者和经营者,具有自我改造和自我发展的能力,成为具有一定权利和义务的法人"。1986年《民法通则》关于法人制度的规定,很大程度上是为了国有企业改革的需要。1986年4月2日,时任全国人大常委会秘书长、法制工作委员会主任的王汉斌先生在六届全国人大第四次会议上作《关于〈中华人民共和国民法通则(草案)〉的说明》的报告,关于法人制度,他说:"中共十二届三中全会决定,要使国营企业'成为具有一定权利和义务的法人'。建立法人制度,对于经济体制改革和对外开放,具有重要作用。"[③]

① 1979年,国家经委、农委、工商总局发布的《关于开展工业企业普查登记的通知》明确规定,全民和集体所有制工业企业必须全面登记。按照这个规定,凡在当地开展全面普查登记后,仍不按照规定办理登记,或者虽已申请登记但工商行政管理部门不予认可的组织,应视为不具备法人资格。

② 1982年8月9日国务院发布的《工商企业登记管理条例》规定,工商企业必须向工商行政管理局办理登记,否则不准筹建或者开业,不得刻制公章、签订合同等。

③ 王汉斌:《关于〈中华人民共和国民法通则(草案)〉的说明》,载《全国人民代表大会常务委员会公报》1986年第3期。

《民法通则》第三章规定了法人制度。第一节"一般规定"的内容包括法人的概念、法人的条件、法定代表人、法人的终止与清算,形成了法人基本制度的框架;第二节"企业法人"的内容包括企业法人的类型、企业法人的经营范围、企业法人的分离和合并、企业法人的终止与解散、企业法人的责任等,较为详细地规定了企业法人制度,为各种企业法人制度和公司法制度奠定了基础;第三节"机关、事业单位和社会团体法人"确认了国家机关法人、事业单位法人和社会团体法人的民事主体地位,解决了它们参加民事活动的主体资格问题;第四节"联营"规定了法人型联营、合伙型联营和合同型联营三种联营方式,为企业之间以及企业、事业单位之间的联合经营、活跃经济活动提供了法律依据。《民法通则》关于法人制度的规定,具有以下特点,这些特点深深影响着有关具体法人制度的立法,也为《民法总则》关于法人制度的规定奠定了基础。

(一)法人独立财产与独立责任

《民法通则》第 36 条第 1 款规定:"法人是具有民事权利能力和民事行为能力,依法独立享有民事权利和承担民事义务的组织。"第 37 条规定了法人的四项条件,即:依法成立,有自己必要的财产或者经费,有自己的名称、组织机构和场所,能够独立承担民事责任。其中,法人的独立财产和独立责任相互联系,构成了我国法人制度的重要特征。

所谓独立财产,是指法人有可供其支配的财产,这些财产是法人设立的基础,也是法人对外承担责任的基础。所谓独立责任,是指法人以其独立财产对自己的债务承担责任,法人的成员或设立者(如出资人)对法人的债务不承担责任或者只在其出资范围内承担有限责任,对超过其出资的法人债务,法人的成员或设立者不承担责任。关于法人的独立财产和独立责任,《民法通则》第 48 条进而规定:"全民所有制企业法人以国家授予它经营管理的财产承担民事责任。集体所有制企业法人以企业所有的财产承担民事责任。中外合资经营企业法人、中外合作经营企业法人和外资企业法人以企业所有的财产承担民事责任,法律另有规定的除外。"

《民法通则》关于法人独立财产和独立责任的规定,为当时采取的"两权分离"的国有企业改革,为实现政企分开,为政府摆脱对企业的无限责任提供了法律依据,也为后来的《公司法》奠定了基础。1993 年《公司法》规定公司是企业法人,公司的组织形式只有有限责任公司和股份有限公司而没有无限公司和两合公司,就与法人独立财产和独立责任(即出资人有限责任)有直接关系。

(二)采取企业法人和非企业法人的分类

《民法通则》没有采取传统民法的社团法人和财团法人的基本分类,而是根据当时经济体制改革的需要,重点规定了企业法人制度,以此为基础采取了企业法人和非企业法人(即机关、事业单位和社会团体法人)的分类。非企业法人中,机关法人是指有独立经费的国家机关,包括立法、行政、司法以及军事机关,这些组织虽然不同于企业,但在民事活动中属于法人,与企业同为平等的民事主体;事业单位是指国家设立的科学、教育、文化、卫生等机构,社会团体是指国家承认或依法设立的工会、妇联、共青团等群众性组织,赋予它们以法人地位,与企业同为平等的民事主体。虽然《民法通则》关于法人的分类存在着公法人和私法人不分的问题,但是赋予国家机关、事业单位和社会团体以法人地位,对于确立民事活动的主体平等地位,对于平等保护各类民事主体的合法权益,具有重要的意义。

法人的分类是法人制度构建的基础,《民法通则》关于法人的分类直接影响到后来具体法人制度的立法。这些立法都自觉或不自觉地将所规定的社会组织纳入《民法通则》规定的法人类型之中。例如,1988 年《全民所有制工业企业法》第 2 条规定"企业依法取得法人资格",1993 年《公司法》第 3 条规定"有限责任公司和股份有限公司是企业法人",1994 年《仲裁法》第 15 条规定"中国仲裁协会是社会团体法人",1996 年《律师法》第 43 条规定"律师协会是社会团体法人",1998 年的《社会团体登记管理条例》第 3 条规定"社会团体应当具备法人条件",《基金会管理办法》第 2 条规定基金会是"社会团体法人",均表明了其在法人类型中的归属。

(三)法定代表人制度

法人是社会组织,法人作为民事主体,其权利能力和行为能力需要通过法人机关来实现。它们对内管理法人事务,对外代表法人从事民事活动。通常,法人机关由自然人组成,可以是一人,也可以是数人。代表人是一人还是数人,由法人组织自己决定,法律并无特别限制。例如,《德国民法典》第 26 条和第 30 条规定,社团法人必须有董事会,董事会具有法定代表人的地位;章程可以对董事会的代表权作出限制,还可以就特定事项选任除董事会以外的特别代表人。由此可见,在德国民法上,代表法人的可以是董事会也可以是其他人,董事会的全体董事均有代表权,并非只有一个董事(如董事长)才有代表权。

我国《民法通则》也规定了代表人制度,第 38 条规定:"依照法律或者法人组织章程规定,代表法人行使职权的负责人,是法人的法定代表人。"但与德国民法不同的是,我国的代表人制度具有唯一性和法定性。一是法人的法定代表人只能是一人,而不能是多人,在公司的董事会中,通常只有董事长一人是法定代表人,其他董事不具有代表权;二是法人的法定代表人由法律规定,不由法人章程约定。例如,1993 年《公司法》第 54 条、第 113 条规定,有限责任公司和股份有限公司的董事长是法定代表人。因此,公司章程可以约定谁担任董事长,但不能约定谁是法定代表人,法定代表人只能由法律规定。2005 年《公司法》修订,第 13 条规定公司法定代表人可以"依照公司章程的规定,由董事长、执行董事或者经理担任",但仍然维持了唯一性,公司的法定代表人要么是董事长要么是执行董事要么是经理,而董事长和经理不能同时都是法定代表人。

二、《民法总则》关于法人制度的规定

2017 年《民法总则》是我国未来民法典的一编,即总则编。《民法总则》也规定了法人制度。与《民法通则》比较,《民法总则》关于法人的规定内容详细得多。《民法通则》关于法人的规定总计 18 条(第 36 条至第 53 条),《民法总则》关于法人的规定总计 45 条(第 57 条至第 101 条)。《民法总则》第一节"一般规定"内容包括法人的概念、法人的设立、法人独立责任、法定代表人、法人住所、法人登记事项及其效力、法人的解散与清算、法人分支机构、法人设立的责任;第二节"营利法人"内容包括营利法人的概念、类型、营利法人的设立、组织机构、法人人格滥用禁止及人格否认、关联关系、法人决议的无效与撤销、法人的社会责任;第三节"非营利法人"内容包括非营利法人的概念、类型、事业单位法人、社会团体法人、捐助法人;第四节"特别法人"则规定了机关法人、农村集体经济组织法人、合作经济组织法人、基层群众性自治组织法人。

《民法总则》在法人独立财产和独立责任、法定代表人制度以及法人的分类等方面,基本延续了《民法通则》的规定。但是,在具体制度上,《民法总则》根据改革开放以来社会经济发展和民事立法发展的情况,新增了许多规定,对《民法通则》的规定作了合理的安排,健全了法人制度。

首先,《民法总则》虽然坚持法人独立责任原则,但对法人独立责任的制度安排作了调整,使之合理。《民法通则》第 37 条将法人独立责任规定为法人的条件,《民法总则》将法人独立责任与法人条件分开,第 58 条关于法人条件的规定是:依法设立,有自己的名称、组织机构、住所、财产或者经费,没有独立承担责任的要求。关于独立责任,规定在第 60 条,该条规定:"法人以其全部财产独立承担民事责任。"这种安排的合理性在于,法人应先设立成为法人才能进而承担独立责任,而将能够独立承担民事责任设为法人的成立条件,则是本末倒置;在实践中,将法人独立承担民事责任作为法人的成立条件,缺乏可操作性。

其次,在法人分类问题上,《民法总则》以《民法通则》按照企业法人和非企业法人分类为基础,采取了营利法人、非营利法人和特别法人的分类法。一方面,将有限责任公司、股份有限公司和其他企业法人划归营利法人,这与《民法通则》对于企业法人的分类基本一致,由于以所有制形式为代表的企业法人体系已经淡出了历史的舞台,新的《民法总则》对企业法人以公司制的形式加以列举。另一方面,将事业单位、社会团体、基金会和社会服务机构划分为非营利法人,这里的事业单位和社会团体保持了和《民法通则》的一致性,并在此基础上新增了基金会和社会服务机构两类法人。最后,设立了特别法人的章节,将机关法人、农村集体经济组织法人、城镇农村的合作社经济组织法人、基层群众性自治组织法人划归为特别法人。比较《民法通则》和《民法总则》的法人分类,《民法通则》的企业法人也就是《民法总

则》的营利法人，《民法通则》中的机关法人、事业单位法人和社会团体法人均为《民法总则》的非营利法人，由此可见《民法总则》关于法人的分类与《民法通则》关于法人的分类的延续性。只不过，《民法总则》增设了"特别法人"，将《民法通则》原规定的机关法人归入其中。《民法总则》关于"特别法人"的规定，则导致法人的分类标准不统一。"特别法人"中的机关法人、农村集体经济组织法人、合作经济组织法人、基层群众性自治组织法人，就其营利与否而言，均应属于非营利法人。

再次，《民法总则》建立了较为健全的法人治理机构。《民法通则》关于法人治理机构的规定只有法定代表人一项，而且内容简单。《民法总则》除规定法定代表人外，于"营利法人"一节规定了法人的权力机构（第 80 条）、执行机构（第 81 条）、监督机构（第 82 条）以及出资人滥用权力和滥用法人独立地位的责任（第 83 条）、实际控制人和关联关系（第 84 条）、法人决议无效和可撤销（第 85 条），于"非营利法人"一节规定了社会团体法人的组织机构（第 91 条）、捐助法人的组织机构（第 93 条）。关于法定代表人的规定，《民法总则》也比《民法通则》的内容丰富。《民法总则》第 61 条第 1 款规定："依照法律或者法人章程的规定，代表法人从事民事活动的负责人，为法人的法定代表人。"这是对《民法通则》规定的法定代表人制度的维护，第 2 款规定"法定代表人以法人名义从事的民事活动，其法律后果由法人承受"，第 3 款规定"法人章程或者法人权力机构对法定代表人代表权的限制，不得对抗善意相对人"，第 62 条规定"法定代表人因执行职务造成他人损害的，由法人承担民事责任"，"法人承担民事责任后，依照法律或者法人章程的规定，可以向有过错的法定代表人追偿"，则丰富了法定代表人制度。

最后，《民法总则》关于法人的规定，吸收了其他民事法律的相关规定，健全了法人制度。例如，第 74 条关于法人分支机构的规定，第 75 条关于设立中法人及责任的规定，第 83 条关于出资人滥用权力和滥用法人独立地位的责任的规定，第 84 条关于实际控制人和关联关系的规定，第 85 条关于法人决议无效和可撤销的规定，第 86 条关于法人社会责任的规定，直接源自《公司法》第 14 条（分公司）、第 94 条（股份公司设立人及其责任）、第 20 条（滥用股东权利和公司法人独立地位）、第 21 条（公司实际控制人和关联关系）、第 22 条（公司股东会、董事会决定的无效和可撤销）、第 5 条（公司社会责任）。此外，上述《民法总则》关于营利法人、社会团体法人、捐助法人组织机构的规定，也大体来自《公司法》《社会团体登记管理条例》《基金会条例》的相关规定。

第三节　营利法人

《民法总则》第 76 条规定："以取得利润并分配给股东等出资人为目的成立的法人，为营利法人。营利法人包括有限责任公司、股份有限公司和其他企业法人等。"《民法总则》关于营利法人的规定设置于第三章法人的第二节,共计11条,从第76条开始到第86条,分别对营利法人的定义和类型、营利法人登记、营业执照、法人章程、权力机构、执行机构、监督机构、出资人依法行使的权利、关联交易、决议的撤销以及营利法人应履行的义务等事宜作了规定。

一、公司法人制度

中华人民共和国成立之初,中央人民政府政务院于1950年颁布了《私营企业暂行条例》(以下简称《暂行条例》)。《暂行条例》第3条规定,企业的组织方式分为两类,甲类是独资及合伙,乙类是公司;公司的类型包括无限公司、有限公司、两合公司、股份有限公司和股份两合公司。1951年,政务院财政经济委员会发布《私营企业暂行条例实施办法》,对无限公司、有限公司、两合公司、股份有限公司和股份两合公司的设立条件、公司章程等作了具体的规定。由于《暂行条例》适用于私营企业,随着社会主义三大改造的完成,建立了生产资料的社会主义公有制,《暂行条例》及其实施办法早已名存实亡,1986年国务院发布《关于废止部分财贸法规的通知》,明确予以废止。

改革开放后,最早对公司作出规定的是1979年制定的《中外合资经营企业法》。该法第4条规定合营企业的组织形式为有限责任公司以及注册资本制度,"合营企业的形式为有限责任公司。在合营企业的注册资本中,外国合营者的投资比例一般不低于百分之二十五。合营各方按注册资本比例分享利润和分担风险及亏损。合营者的注册资本如果转让必须经合营各方同意"。还规定了公司的董事会、利润分配等公司制度的内容。此后出台的相关法律法规也有关于公司的规定,如:1988年的《私营企业条例》第6条也规定了私营企业分为三种形式,即独资企业、合伙企业和有限责任公司。这些法律都只是对公司制度的简单提及,尚不足以构成公司法律制度,但也从另一方面反映出改革开放后,我国的各种经济发展急需一个现代企业制度,这就是公司制。1993年《公司法》的颁布,标志着我国公司制度的全面确立。

(一)《公司法》的制定

早在1983年,国家经委、国家体改委就开始组织公司法的起草工作。1985年,国家经委成立公司条例起草小组,于1986年1月完成《有限责任公司和股份有限公司条例草案》(征求意见稿)。1992年,国家体改委制定了《有限责任公司规范意见》和《股份有限公司规范意见》,为当时国有企业实行公司制试点改革提供了具体的规范。1993年12月29日,八届全国人大常委会第五次会议通过了《公司法》。1994年6月,国务院颁布了《公司登记管理条例》。

1993年《公司法》共计11章230条,内容包括总则、有限责任公司的设立和组织机构、股份有限公司的设立和组织机构、股份有限公司的股份发行和转让、公司债券、公司财务会计、公司合并分立、公司破产解散和清算、外国公司的分支机构等,全面系统地规定了公司法人制度。

（二）公司的类型

1993 年《公司法》规定,公司类型包括有限责任公司和股份有限公司（第 2 条）,公司是企业法人（第 3 条）;有限责任公司由 2 个以上 50 个以下股东共同出资设立,国家授权投资的机构或者国家授权的部门可以单独投资设立国有独资的有限责任公司（第 20 条）;股份有限公司无股东上限,但要有 5 人以上为发起人,其中须有过半数的发起人在中国境内有住所;国有企业改建为股份有限公司的,发起人可以少于 5 人（第 75 条）。有限责任公司的股东以其出资额为限对公司的债务承担责任,公司以其全部资产对公司的债务承担责任;股份有限公司的股东以其所持股份为限对公司承担责任,公司以其全部资产对公司的债务承担责任。

（三）公司财产关系

公司的财产来自股东的出资。1993 年《公司法》实行注册资本实缴制,要求公司的注册资本要达到最低资本限额。其中,有限责任公司的注册资本不得少于下列最低限额:以生产经营、商品批发为主的公司注册资本最低限额为人民币 50 万元,以商业零售为主的公司注册资本最低限额为人民币 30 万元;科技开发、咨询、服务性公司注册资本最低限额为人民币 10 万元（第 23 条）;股份有限公司注册资本最低限额为人民币 1000 万元（第 78 条）。公司对由股东投资形成的资产享有法人财产权,依法自主经营,自负盈亏;公司股东作为出资者按投入公司的资本额享有所有者的资产受益、重大决策和选择管理者等权利。1993 年《公司法》第 4 条还规定"公司中的国有资产所有权属于国家"。

（四）公司治理机构

1993 年《公司法》第 6 条规定:"公司实行权责分明、管理科学、激励和约束相结合的内部管理体制。"公司的治理机构包括股东会、董事会（执行董事）和监事会（监事）。1993 年《公司法》对有限责任公司和股份有限公司的股东会、董事会和监事会的职责作了具体的规定,明确了各自的权限范围。公司是法人,是独立的民事主体,公司治理应体现法人自治原则。为此,1993 年《公司法》对公司章程及其内容和效力等作了具体的规定,要求设立公司必须依法制定公司章程,公司章程对公司、股东、董事、监事、经理具有约束力（第 11 条第 1 款）。为了规范董事、监事、经理的行为,1993 年《公司法》对董事、监事、经理的任职资格及其职责和义务与责任作了具体规定。上述这些规定形成了较为健全的公司治理机制。

（五）公司设立准则主义

1993 年《公司法》对公司设立实行准则主义。依据 1993 年《公司法》第 8 条规定,除了法律、行政法规规定设立公司必须报经审批的以外,"符合本法规定的条件的,登记为有限责任公司或者股份有限公司"。关于公司设立的条件,第 19 条规定了有限责任公司的设立条件:（1）股东符合法定人数;（2）股东出资达到法定资本最低限额;（3）股东共同制定公司章程;（4）有公司名称,建立符合有限责任公司要求的组织机构;(5)有固定的生产经营场所和必要的生产经营条件。第 73 条规定了设立股份有限公司的条件:(1)发起人符合法定人数;(2)发起人认缴和社会公开募集的股本达到法定资产最低限额;(3)股份发行、筹办事项符合法律规定;(4)发起人制订公司章程,并经创立大会通过;(5)有公司名称,建立符合股份有限公司要求的组织机构;(6)有固定的生产经营场所和必要的生产经营条件。准则主义的实行,有利于鼓励投资,促进市场经济的发展。

1993 年《公司法》的立法背景是中共十四届三中全会提出的以建立现代企业制度为目标的国有企业改革。1993 年 11 月 14 日,中共十四届三中全会通过的《中共中央关于建立社会主义市场经济体制若干问题的决定》(以下简称《决定》)提出了建立现代企业制度的国有企业改革目标,《决定》指出:"建立现代企业制度,是发展社会化大生产和市场经济的必然要求,是我国国有企业改革的方向。"关于现代企业制度的组织形式,《决定》指出"国有企业实行公司制,是建立现代企业制度的有益探索","公司可以有不同的类型。具备条件的国有大中型企业,单一投资主体的可依法改组为独资公司,多个投资主体的可依法改组为有限责任公司或股份有限公司"。因此,1993 年《公司法》也反映了以建立现代企业制度为目标的国有企业改革的要求,许多条文直接规定了国有企业改制的问题。例如,《公司法》专门规定了国有独资公司,对国有独资公司的设立、内部治理以及公司财产管理权等问题作了具体的规定。又如,1993 年《公司法》第 7 条规定:"国有企业改建为公司,必须依照法律、行政法规规定的条件和要求,转换经营机制,有步骤地清产核资、界定产权,清理债权债务,评估资产,建立规范的内部管理机构。"第 16 条规定:"国有独资公司和两个以上的国有企业或者其他两个以上的国有投资主体投资设立的有限责任公司,依照宪法和有关法律的规定,通过职工代表大会和其他形式,实行民主管理。"第 21 条规定:"本法施行前已设立的国有企业,符合本法规定设立有限责任公司条件的,单一投资主体的,可以依照本法改建为国有独资的有限责任公司;多个投资主体的,可以改建为前条第一款规定的有限责任公司。"第 75 条规定:"国有企业改建为股份有限公司的,发起人可以少于五人,但应当采取募集设立方式。"

(六)《公司法》的修订

1993 年《公司法》颁行之后历经了五次修订,分别为 1999 年、2004 年、2005 年、2013 年、2018 年。其中,1999 年和 2004 年的修订是对《公司法》的小范围微调,而 2005 年和 2013 年的修订则是在分别总结公司实践经验的基础上进行了较大制度调整的修改。

1.《公司法》第一次修订

1999 年中共十五届四中全会提出,"要确保出资人到位"和"健全和规范监事会制度,过渡到从体制上、机制上加强对国有企业的监督,确保国有资产及其权益不受侵犯",将国有企业的监事会制度提上了立法日程。同年 8 月,中共中央、国务院在《关于加强技术创新,发展高科技,实现产业化的决定》中提出,"要培育有利于高新技术产业发展的资本市场"和"优先支持有条件的高新技术企业进入国内和国际资本市场。在做好准备的基础上,适当时候在现有的上海、深圳证券交易所专门设立高新技术企业板块"。

根据上述改革的精神,第九届全国人大常委会第十三次会议于 1999 年 12 月 25 日作出修改公司法的决定。一是增设了国有独资公司监事会,将《公司法》第 67 条修改为:"国有独资公司监事会主要由国务院或者国务院授权的机构、部门委派的人员组成,并有公司职工代表参加。监事会的成员不得少于三人。监事会行使本法第 54 条第 1 款第(一)、(二)项规定的职权和国务院规定的其他职权。""监事列席董事会会议。""董事、经理及财务负责人不得兼任监事。"二是支持高科技股份有限公司进入证券市场直接融资,促进高新技术产业的发展,《公司法》第 229 条增加第 2 款规定:"属于高新技术的股份有限公司,发起人以工业产权和非专利技术作价出资的金额占公司注册资本的比例,公司发行新股、申请股票上市的条件,由国务院另行规定。"

2.《公司法》第二次和第三次修订

2004 年和 2005 年的两次《公司法》修订,是在同一改革背景下进行的。2004 年《公司法》修订只是删去第 131 条第 2 款关于"以超过票面金额为股票发行价格的,须经国务院证券管理部门批准"的规定。2005 年《公司法》修订幅度较大,新增加 44 条,修改 91 条,删除 13 条,结构也从原来的 11 章调整为 13 章,条文由原来的 230 条减少为 219 条。2005 年《公司法》修订主要特点如下:

(1)淡化国有企业改革的色彩。随着国有企业公司制改革的完成,《公司法》关于国有企业改革的规定已无存在的必要,《公司法》应回归其市场主体法的本色。2005 年《公司法》修订,删去了直接反映以建立现代企业制度为目标取向的国有企业改革要求的条文,这包括第 1 条中的"适应建立现代企业制度的需要"、第 4 条第 3 款"公司中的国有资产所有权属于国家"。

(2)降低公司设立门槛。为了鼓励投资,2005 年《公司法》大幅降低了公司设立的门槛,包括降低了有限责任公司和股份有限公司的最低注册资本限额(一般有限责任公司为 3 万元,一人有限责任公司为 10 万元,股份有限公司为 500 万元);允许设立一人有限责任公司,允许公司设立全资子公司;扩大了股东出资的方式,除了货币出资之外,还可以用实物、知识产权、土地使用权等可以用货币估价并可以依法转让的非货币资产作价出资,同时删去了关于工业产权、非专利技术作价出资的金额不得超过股份有限公司注册资本的 20% 的限制性规定。

(3)进一步突出公司自治。例如,《公司法》第 12 条第 2 款原规定"公司向其他有限责任公司、股份有限公司投资的,除国务院规定的投资公司和控股公司外,所累计投资额不得超过本公司净资产的百分之五十,在投资后,接受被投资公司以利润转增的资本,其增加额不包括在内"。2005 年《公司法》第 15 条规定,公司对外投资,除"不得成为对所投资企业的债务承担连带责任的出资人"外,并无上述比例的限制。又如,《公司法》原规定,法定代表人只能由董事长(执行董事)担任。2005年《公司法》第13条规定,公司的法定代表人既可以由董事长、执行董事担任,也可以依章程规定由经理担任。

(4)填补了公司法的制度空白。2005年《公司法》规定公司人格否认制度(第20条)、股东诉讼制度(第152条、第153条)、独立董事制度(第123条),增加了公司社会责任的规定(第5条)。这些规定对健全公司法人制度具有重要的意义。

3.《公司法》第四次修订

2012年,中共十八大明确指出我国经济体制改革成败的核心问题是"处理好政府和市场的关系,提高宏观调控水平,不失时机地推进政府职能转变"。2013年3月,十二届全国人大一次会议审议通过的《国务院机构改革和职能转变方案》提出"改革工商登记制度",具体内容是:对按照法律、行政法规和国务院决定需要取得前置许可的事项,除涉及国家安全、公民生命财产安全等外,不再实行先主管部门审批再工商登记的制度,商事主体向工商部门申请登记,取得营业执照后即可从事一般生产经营活动;对从事需要许可的生产经营活动,持营业执照和有关材料向主管部门申请许可。将注册资本实缴登记制改为认缴登记制,并放宽工商登记其他条件。2013年12月28日,十二届全国人民代表大会常务委员会第六次会议通过了《公司法》修正案。新修订的《公司法》进一步完善了公司设立制度,放宽了注册资本的登记条件,简化登记事项和登记文件,降低公司设立的门槛,鼓励个人创业,刺激个体经济的发展,为完善和加快发展市场经济提供了制度上的保障。

(1)实行注册资本认缴登记制度。2013年《公司法》在2005年《公司法》的基础上,对注册资本进一步修订,规定除募集设立的股份有限公司实行注册资本实缴之外,其他有限责任公司、一人有限公司和发起设立的股份有限公司则实行注册资本认缴制,并且,不再强制限制首期缴纳资本的比例,对于注册资本的缴纳期限也予以放宽,公司可以通过章程进行约定。

(2)取消公司注册资本的最低限额。2013年《公司法》规定,除了法律、行政法规等对有限责任公司或股份有限公司有注册资本最低限额的限制规定之外,公司的设立不再有最低注册资本的限制,公司的出资只要符合公司章程约定的认缴的出资额即可。这就意味着,我国明确通过法律向全社会放开设立公司的条件,将极大地刺激市场主体参与市场经济。

(3)公司登记不再需要提交验资证明。2013年《公司法》取消了公司登记时必须提交由依法设立的验资机构出具的验资证明的要求,并且赋予了公司董事会或股东自行检验评估股东出资的权力,降低公司设立的验资成本。

(4)取消公司货币出资的比例限制。2013年《公司法》不再限制有限责任公司货币出资比例不得低于公司注册资本30%,同时将公司的出资方式交给公司董事会或股东会决定,这使得股东参与公司设立的方式更为灵活简便。

4.《公司法》第五次修订

2018年10月26日，全国人大常委会通过了修改《公司法》的决定，仅对《公司法》第142条公司回购股本条款进行了修订，修改及新增了公司回购股份的除外规定，以及程序性事项。

原《公司法》规定，"将股份奖励给本公司职工"为公司回购股份的除外情形之一，现修改表述为"将股份用于员工持股计划或者股权激励"，并且新增"将股份用于转换上市公司发行的可转换为股票的公司债券"和"上市公司为维护公司价值和股东权益所必需"两项为公司可以回购股份的情形。公司因前述三种情形收购本公司股份的，可以依照公司章程的规定或者股东大会的授权，经2/3以上董事出席的董事会会议决议。并且，因前述三种情形回购股份的，公司合计持有的本公司股份数不得超过本公司已发行股份总额的10%，并应当在三年内转让或者注销。上市公司收购本公司股份的，应当依照《中华人民共和国证券法》的规定履行信息披露义务。上市公司因前述三种情形收购本公司股份的，应当通过公开的集中交易方式进行。①

（七）《公司法》司法解释

最高人民法院分别于2006年、2008年、2011年和2017年发布了四部关于公司法的司法解释，2014年对前三部司法解释进行了修订。2006年，最高人民法院发布的《关于适用〈中华人民共和国公司法〉若干问题的规定（一）》，主要解决2005年《公司法》修订后，如何适用公司法的问题。2008年最高人民法院发布的《关于适用〈中华人民共和国公司法〉若干问题的规定（二）》重点解决公司解散和清算的

---

① 《公司法》（2018年修订）第142条规定：公司不得收购本公司股份。但是，有下列情形之一的除外：

（一）减少公司注册资本；

（二）与持有本公司股份的其他公司合并；

（三）将股份用于员工持股计划或者股权激励；

（四）股东因对股东大会作出的公司合并、分立决议持异议，要求公司收购其股份；

（五）将股份用于转换上市公司发行的可转换为股票的公司债券；

（六）上市公司为维护公司价值及股东权益所必需。

公司因前款第（一）项、第（二）项规定的情形收购本公司股份的，应当经股东大会决议；公司因前款第（三）项、第（五）项、第（六）项规定的情形收购本公司股份的，可以依照公司章程的规定或者股东大会的授权，经三分之二以上董事出席的董事会会议决议。

公司依照本条第一款规定收购本公司股份后，属于第（一）项情形的，应当自收购之日起十日内注销；属于第（二）项、第（四）项情形的，应当在六个月内转让或者注销；属于第（三）项、第（五）项、第（六）项情形的，公司合计持有的本公司股份数不得超本公司已发行股份总额的百分之十，并应当在三年内转让或者注销。

上市公司收购本公司股份的，应当依照《中华人民共和国证券法》的规定履行信息披露义务。上市公司因本条第一款第（三）项、第（五）项、第（六）项规定的情形收购本公司股份的，应当通过公开的集中交易方式进行。

公司不得接受本公司的股票作为质押权的标的。

具体法律适用和程序性法律问题。2011 年最高人民法院发布的《关于适用〈中华人民共和国公司法〉若干问题的规定（三）》，主要解决公司设立、出资、股权确认等纠纷案件的适用法律问题。2017 年最高人民法院发布《关于适用〈中华人民共和国公司法〉若干问题的规定（四）》，重点解决公司决议的效力、股东知情权、利润分配权、优先购买权和股东代表诉讼等纠纷案件的法律适用问题。上述公司法的司法解释，不仅对指导公司法的司法实践，而且对于完善公司法人制度，均具有重要的意义。

二、国有企业法人

国有企业即全民所有制企业，在我国经济结构中具有举足轻重的地位。在计划经济体制下，国有企业（当时称"国营企业"）存在着突出的体制问题。中共十一届三中全会为此提出了"扩大企业自主权"的改革思路。中共十一届三中全会公报指出，"我国经济管理体制的一个严重缺点是权力过于集中，应该有领导地大胆下放，让地方和工农业企业在国家统一计划的指导下有更多的经营管理自主权；应该着手大力精简各级经济行政机构，把它们的大部分职权转交给企业性的专业公司或联合公司；应该坚决实行按经济规律办事，重视价值规律的作用，注意把思想政治工作和经济手段结合起来，充分调动干部和劳动者的生产积极性；应该在党的一元化领导之下，认真解决党政企不分、以党代政、以政代企的现象"。在"扩大企业自主权"的改革思路指导下，1983 年 4 月国务院发布了《国营工业企业暂行条例》（以下简称《条例》）。《条例》第 2 条规定，国营企业"是在国家计划指导下，实行独立经济核算、从事工业生产经营的基本单位"。"企业的根本任务是：在不断提高技术、劳动生产率和经济效益的基础上，全面完成国家计划，为社会生产工业产品，为国家积累资金，为满足人民日益增长的物质和文化生活需要作出贡献。"第 4 条规定："企业实行党委领导下的厂长负责制。"第 11 条规定："企业要实行经济责任制，改善经营管理，正确处理国家、企业和职工个人利益的关系。"

为了进一步扩大企业自主权，增强企业的活力，1984 年十二届三中全会通过的《中共中央关于经济体制改革的决定》（以下简称《决定》）提出了"两权分离"的国有企业改革思路。所谓"两权分离"，是指在国有企业财产问题上，国家对国有企业的财产享有所有权，企业则对国家授权其经营的财产享有经营权。《决定》指出："过去国家对企业管得太多太死的一个重要原因，就是把全民所有同国家机构直接经营企业混为一谈。根据马克思主义的理论和社会主义的实践，所有权同经营权是可以适当分开的。""两权分离"的改革重点在确认企业的经营权。《决定》明确提出"在服从国家计划和管理的前提下，企业有权选择灵活多样的经营方式，有权安排自己的产供销活动，有权拥有和支配自留资金，有权依照规定自行任免、聘用和选举本企业的工作人员，有权自行决定用工办法和工资奖励方式，有权在国家允许的范围内确定本企业产品的价格,等等"。按照"两权分离"的改革思路,目标是"要使企业真正成为相对独立的经济实体,成为自主经营、自负盈亏的社会主义商品生产者和经营者,具有自我改造和自我发展的能力,成为具有一定权利和义务的法人"。根据"两权分离"的改革思路和目标任务,1988年4月13日七届全国人大一次会议通过了《全民所有制工业企业法》。该部法律充分体现了"两权分离"的改革精神,反映了国有企业改革的要求。

《全民所有制工业企业法》第2条第1款规定:"全民所有制工业企业是依法自主经营、自负盈亏、独立核算的社会主义商品生产和经营单位。"第2款规定:"企业的财产属于全民所有,国家依照所有权和经营权分离的原则授予企业经营管理。企业对国家授予其经营管理的财产享有占有、使用和依法处分的权利。企业依法取得法人资格,以国家授予其经营管理的财产承担民事责任。"第7条规定:"企业实行厂长(经理)负责制。"这些规定确认了国有企业的法人主体地位。

为了明确企业经营权的具体内容,1988年《全民所有制工业企业法》(2009年修订)第22条到第34条规定了企业具体享有的权利,包括在国家计划指导下自行安排生产社会需要的产品或者为社会提供服务的权利(第22条),调整没有必需的计划供应物资或者产品销售安排的指令性计划的权利和接受或者拒绝任何部门和单位在指令性计划外安排的生产任务的权利(第23条),自行销售本企业的产品的权利和自行销售计划外超产的产品和计划内分成产品的权利(第24条),自行选择供货单位购进生产物资的权利(第25条),除国务院规定由物价部门和有关主管部门控制价格的以外自行确定产品价格、劳务价格的权利(第26条),依照国务院规定与外商谈判并签订合同和提取使用分成的外汇收入的权利(第27条),依照国务院规定支配使用留用资金的权利(第28条),依照国务院规定出租或者有偿转让国家授予其经营管理的固定资产、所得的收入用于设备更新和技术改造的权利(第29条),确定适合本企业情况的工资形式和奖金分配办法的权利(第30条),依照法律和国务院规定录用、辞退职工的权利(第31条),决定机构设置及其人员编制的权利(第32条),拒绝任何机关和单位向企业摊派人力、物力、财力的权利(第33条)和依照法律和国务院规定与其他企事业单位联营、向其他企事业单位投资、持有其他企业股份的权利和发行债券的权利(第34条)。该法第15条还规定"企业的合法权益受法律保护,不受侵犯"。1992年7月,国务院发布《全民所有制工业企业转换经营机制条例》对国有企业经营权的内容作了进一步的规定。

为了实现"两权分离"的改革,1988年《全民所有制工业企业法》第2条规定:"企业根据政府主管部门的决定,可以采取承包、租赁等经营责任制形式。"在《全民所有制工业企业法》颁布之前,1988年2月,国务院就发布了《全民所有制工业企业承包经营暂行条例》,之后又发布了《全民所有制小型工业企业租赁经营暂行条例》,为国有企业承包经营和租赁经营作了具体的规定。

中共十四大确立市场经济体制的目标后,按照 1993 年中共十四届三中全会提出的"建立现代企业制度"的改革要求,绝大多数国有企业实行了公司制改制而转变为公司,后续设立的国有企业也基本上依据《公司法》设立,采取了公司形式,《全民所有制工业企业法》仅适用于那些未实行公司制的企业。

三、外资企业法人

(一)三部外资企业法的制定

1979 年 7 月 1 日,五届全国人大二次会议通过了《中外合资经营企业法》。这是我国第一部外商投资企业法,也是我国第一部规定公司制度的法律。1978 年,中共十一届三中全会提出要"在自力更生的基础上积极发展同世界各国平等互利的经济合作,努力采用世界先进技术和先进设备"。在改革开放和积极开展国际经济合作的时代背景下,积极吸引外商来华投资成为重要的经济合作形式之一。彭真在关于《中外合资经营企业法》的立法说明中指出:"从 1979 年开始,全国工作的着重点转移到社会主义现代化建设方面来。……国务院为了在平等互利的基础上,吸收外国投资,扩大国际经济合作和技术交流,决定与外交合营某些双方认为有利的企业,这就需要有相应的法律。"[①]1979 年《中外合资经营企业法》颁布后,国务院 1983 年发布了《中外合作经营企业法实施条例》,对中外合资经营企业的设立登记、组织形式、注册资本、出资形式、董事会和经营管理机构等作了具体的规定。

1979 年《中外合资经营企业法》总计 15 条,虽然内容简单,但许多规定在改革开放之初公有制和计划经济仍占统治地位的背景下却具有开创性的意义。从法人制度的角度看,依据 1979 年《中外合资经营企业法》的规定,合营各方签订的合营协议、合同和章程并报经外国投资管理委员会批准,并向国家工商总局登记,领取营业执照(第 3 条),从而确定了合同、章程在企业设立中的基础地位,这与当时的国有企业设立完全不同;合营公司的形式为有限责任公司,合营各方按照注册资本比例分享利润和分担风险及亏损(第 4 条),这与国有企业的组织形式、盈亏均由国家承担的体制也完全不同;合营企业设董事会,由合营各方委派的董事组成,按照合营企业章程行使职权,管理合营企业事务(第 6 条),这与国有企业的管理体制也不同;合营企业的职工实行雇佣制,可以解雇(第 6 条),也与国有企业的用工制度截然不同。

随着我国对外开放事业的发展,中外合资经营企业已经不能满足外商投资组织形式的要求。1986 年 4 月 12 日,六届全国人大第四次会议通过了《外资企业

---

① 彭真:《关于〈中华人民共和国中外合资经营企业法(草案)〉的说明》,1979 年 6 月 26 日在第五届全国人民代表大会第二次会议上,http://www.people.com.cn/zgrdxw/zlk/rd/5jie/newfiles/b1070.html,下载日期:2018 年 7 月 26 日。

法》。1990年,国务院批准发布了《外资企业法实施细则》,对外资企业的设立、组织形式、注册资本、出资方式、组织机构等作了具体规定。外资企业是全部资本由外国投资者投入创办的企业。根据《外资企业法实施细则》第19条的规定,外资企业的组织形式可以采取有限责任公司形式,也可以采取其他责任形式。采取有限责任公司形式的,属于《外资企业法》第8条规定的"符合中国法律关于法人条件的规定"的情形,依法取得中国法人资格。《外资企业法》最重要的内容之一是第5条,该条明确规定:"国家对外资企业不实行国有化和征收;在特殊情况下,根据社会公共利益的需要,对外资企业可以依照法律程序实行征收,并给予相应的补偿。"这对于保护外商投资企业的权益具有重要的意义。

1988年4月13日,七届全国人大第一次会议通过了《中外合作经营企业法》。1995年,国务院批准发布了《中外合作经营企业法实施细则》(以下简称《实施细则》)。《实施细则》规定,中外合作经营企业包括依法取得中国法人资格的合作企业和不具有法人资格的合作企业(第4条),依法取得中国法人资格的中外合作经营企业的组织形式为有限责任公司,合作各方以其投资或者提供的合作条件为限对合作企业承担责任,合作企业是以其全部资产对合作企业的债务承担责任(第14条)。

(二)三部外资企业法的修订

外资企业法在我国对外开放、参与国际经济合作与贸易往来中具有重要的地位和作用。随着我国对外开放的深入发展,三部外资企业法历经了三个阶段的修订,每部法律分别经历了2~4次重要修订。第一阶段,是我国实行改革开放,为了贯彻对外开放方针,改善投资环境,对《中外合资经营企业法》进行修订,这一阶段的修订是对改革开放30年来外资企业初实践的反馈。第二阶段,是我国加入世界贸易组织,对三部外资企业法中与世界贸易组织规则不协调的条款作出修订。第三阶段,是十八大提出"建设开放型经济新体制"后实施行政审批制度改革,对三部外资企业法有关审批和监管条款的修订。

1.第一阶段(对外开放政策初实践),修订《中外合资经营企业法》

《中外合资经营企业法》自1979年颁布施行以来,对贯彻我国的对外开放政策和利用外资工作起了巨大的推动作用,但是,随着我国对外开放政策的进一步贯彻和利用外资工作的发展,《中外合资经营企业法》的一些条款已不再适合,需要进行修改。1990年4月14日,全国人大常委会发布了关于修改《中外合资经营企业法》的决定,明确了合营企业的审批期限为三个月(第3条);合营企业董事会的董事长及副董事长由法定修改为由各方协商或董事会选举产生(第6条);外国合营者投资获取的资金、外籍员工的收入可按外汇管理条例汇往国外,并且不再限制只能通过中国银行汇出(第10条);对合营企业的合同期限,允许约定期限,也允许不约定期限(第12条)。

在《中外合资经营企业法》第一次修订之时,《中外合作经营企业法》和《外资企业法》才颁布施行 2~4 年,尚不需要修订。

2.第二阶段(我国加入世贸组织),修订三部外资企业法

2001 年 12 月 11 日开始,我国正式加入世界贸易组织(WTO),为履行我国对世界贸易组织规则的承诺,根据乌拉圭回合达成的《与贸易有关的投资措施协议》,我国在 2000 年和 2001 年先后对三部外资企业法及其实施条例(细则)作了修订。此次修订并不涉及外资企业法人制度及内部治理等方面的内容,其目的在于修改与《TRIMs 协议》的禁止性规定相关的法条,主要包括取消当地成分要求,出口实绩要求以及外汇平衡要求的相关规定。例如,此次修订,删除了《外资企业法》和《中外合作经营企业法》中关于由外资企业、合作企业自行解决外汇收支平衡的条款;修改了《外资企业法》和《中外合资经营企业法》规定应当优先在国内市场采购原材料的条款,修改为"可以在国内市场购买,也可以在国际市场购买";修改了《外资企业法》规定的产品出口义务,修改为"国家鼓励举办产品出口或者技术先进的外资企业"。

3.第三阶段(中共十八届三中全会后,构建开放型经济新体制),修订三部外资企业法

中共十八届三中全会提出"构建开放型经济新体制","统一内外资法律法规,保持外资政策稳定、透明、可预期","改革涉外投资审批体制","探索对外商投资实行准入前国民待遇加负面清单的管理模式";中共十八届四中全会要求"适应对外开放不断深化,完善涉外法律法规体系,促进构建开放型经济新体制"。2013 年 8 月 30 日,全国人大常委会通过了《关于授权国务院在中国(上海)自由贸易试验区暂时调整有关法律规定的行政审批的决定》(以下简称《决定》),规定,"在三年内试行,对实践证明可行的,应当修改完善有关法律",该《决定》授权国务院在中国(上海)自由贸易试验区暂停实施《外资企业法》《中外合资经营企业法》《中外合作经营企业法》规定的部分行政审批事项,改为备案管理。在上海自由贸易试验区试行备案制管理的同时,2015 年 1 月 19 日商务部颁布《外国投资法(草案)》的公开征求意见稿,并在通知中指出:"《外国投资法》应定位为一部深化体制改革的法,扩大对外开放的法,促进外商投资的法,规范外资管理的法。草案征求意见稿适应构建开放型经济新体制和实施高水平对外开放的要求,以统一内外资法律法规和创新外国投资法律制度为目标,实行准入前国民待遇加负面清单的管理模式,确立'有限许可加全面报告'的管理制度,完善外资国家安全审查制度,加强事中事后监管,加

强投资促进和保护，为外国投资者来华投资创造稳定、透明和可预期的法律环境。"①

2016 年 9 月 30 日，是国务院被授权在上海自由贸易试验区暂停三部外资企业法中部分行政审批事项的到期日。商务部在 2016 年 8 月 29 日将外资企业法等四部法律的修正案草案提交审议，并在草案说明中指出："经有关方面评估，两年多来，在自由贸易试验区进行的有关试点取得了显著成效，具备了复制推广的条件。为此，需要按照全国人大常委会授权决定对'外资三法'作出修改，将在自由贸易试验区试点的改革措施上升为法律。修正案草案严格落实全国人大常委会授权决定的要求，内容与授权决定的规定保持一致，拟在三部法律中分别增加一条规定：对不涉及国家规定实施准入特别管理措施的，将相关审批事项改为备案管理；国家规定的准入特别管理措施由国务院发布或者批准发布。"②2016 年 9 月 3 日商务部颁布了《中外合资经营企业法》《中外合作经营企业法》《外资企业法》的修订。2016 年 11 月，《中外合作经营企业法》进行了 2016 年的第二次修订，也是《中外合作经营企业法》的第三次修订，2017 年进行了第四次修订。《中外合作经营企业法》最近的两次修订对外资企业的设立无明显变化，仅对于管理上的约束有些许放开，删除了"合作企业合同约定外国合作者在缴纳所得税前回收投资的，必须向财政税务机关提出申请，由财政税务机关依照国家有关税收的规定审查批准"及合作企业成立后改为委托中外合作者以外的他人经营管理情形下的"报审查批准机关批准"的要求。自 1978 年改革开放以来的外资行政审批许可制度，改为有条件的备案制，即在国务院规定的准入特别管理措施之外的企业全部实行备案制。包括外资企业的设立、分立、合并或其他重要事项变革，以及经营期限到期后延长等事项；中外合资企业签订合营合同、合同期限和到期后延长，以及合营合同终止等事项；中外合作企业签订合作合同、合同重大事项变更、合同期限以及合同转让或委托中外合作者以外的第三方经营等事宜；在不属于国务院规定的准入特别管理措施范围内的，均改审批制为备案制。2016 年以来外资三法的统一修改，是在政府行政职能转变，实行负面清单改革的要求下，根据上海自由贸易试验区的经验而作出的，仅是在单一法规层面对外资企业法人内部治理上的行政审批放权。但正如《外国投资法（草案）》说明中所指出的，我国的外资三法需要从根本上合二为一。

---

① 商务部条约法律司：《商务部就〈中华人民共和国外国投资法（草案征求意见稿）〉公开征求意见》，http://tfs.mofcom.gov.cn/article/as/201501/20150100871010.shtml，下载日期：2018 年 7 月 26 日。

② 高虎城：《关于〈中华人民共和国外资企业法〉等 4 部法律的修正案（草案）的说明》，载《全国人民代表大会常务委员会公报》2016 年第 5 期。

四、其他企业法人

除了国有企业法人、外资企业法人外,我国关于企业法人的法律还有《乡村集体所有制企业条例》《城镇集体所有制企业条例》《乡镇企业法》《发展城市股份合作制企业的指导意见》等。

(一)集体企业法人

集体企业法人,即集体所有制企业法人。集体企业法人依据《乡村集体所有制企业条例》和《城镇集体所有制企业条例》设立并受其调整。

为了保障乡村集体所有制企业的合法权益,引导其健康发展,1990 年 6 月 3 日,国务院发布了《乡村集体所有制企业条例》(以下简称《条例》),该《条例》适用于由乡(含镇)村(含村民小组)农民集体举办的企业。《条例》第 3 条规定:乡村集体所有制企业是我国社会主义公有制经济的组成部分。国家对乡村集体所有制企业实行积极扶持,合理规划,正确引导,加强管理的方针。第 4 条规定:乡村集体所有制企业的主要任务是:发展商品生产和服务业,满足社会日益增长的物质和文化生活的需要;调整农村产业结构,合理利用农村劳动力;支援农业生产和农村建设,增加国家财政和农民的收入;积极发展出口创汇生产;为大工业配套和服务。第 10 条规定:乡村集体所有制企业经依法审查,具备法人条件的,登记后取得法人资格,厂长(经理)为企业的法定代表人。2011 年 1 月 8 日,为使《条例》适应社会主义市场经济和社会发展的要求,国务院对《乡村集体所有制企业条例》作出了修订,将《条例》第 36 条第(一)项"对企业所需的能源、原材料、资金等,计划、物资、金融等部门应当积极帮助解决;生产纳入国家指令性计划的产品所需的能源、原材料等,由安排生产任务的部门和单位组织供应"予以删除。

为了保障城镇集体所有制经济的巩固和发展,明确城镇集体所有制企业的权利和义务,维护其合法权益,1991 年 9 月 9 日,国务院发布了《城镇集体所有制企业条例》(以下简称《条例》)。该《条例》适用于城镇的各种行业、各种组织形式的集体所有制企业,但乡村农民集体举办的企业除外。《条例》第 3 条规定:城镇集体所有制经济是我国社会主义公有制经济的一个基本组成部分,国家鼓励和扶持城镇集体所有制经济的发展。第 4 条规定:城镇集体所有制企业(以下简称集体企业)是财产属于劳动群众集体所有、实行共同劳动、在分配方式上以按劳分配为主体的社会主义经济组织。第 6 条规定:集体企业依法取得法人资格,以其全部财产独立承担民事责任。

(二)乡镇企业法人

乡镇企业是我国农民的伟大创举。改革开放以来,乡镇企业蓬勃发展。据农业部统计,1995 年全国乡镇企业完成国内生产总值 14595 亿元,比上年增长

33.7％,占全国国内生产总值的 25.3％;上缴税金 2058 亿元,比上年增长 29.27％。
"八五"期间,全国乡镇企业上缴税金 5733 亿元,年平均增长 43.01％。乡镇企业已
成为我国农村经济的主要支柱和国民经济的重要组成部分。但是,乡镇企业要持
续健康发展,还存在着不少困难和问题:一是党中央、国务院扶持乡镇企业发展的
一系列政策措施,还没有通过法律的形式稳定下来,特别是中西部地区的乡镇企业
和一些新办企业如不加以扶持很难发展。二是乡镇企业支援农业和农村经济发展
的义务没有在法律中作出规定,执行中缺乏法律依据。三是长期以来随意向乡镇
企业摊派、无偿平调占用乡镇企业资产的问题严重,乡镇企业的合法权益得不到切
实保护,农村集体财产的安全缺乏保障。四是部分乡镇企业存在着不依法纳税、浪
费资源、污染环境、忽视安全生产、制售假冒伪劣商品等严重问题,亟须通过立法加
以引导、规范和制约。五是乡镇企业组织形式多样,所有制也不相同,现行的和将
要制定的有关法律对乡镇企业的扶持、支农、权益保护等特殊问题不可能作出具体
规定;有的法律虽有一般性的规定,但很难有针对性地解决乡镇企业的特殊问题。
因此,只有制定一部乡镇企业法,才能解决乡镇企业发展中存在的上述困难和问
题,更好地贯彻落实中央关于发展乡镇企业的方针政策,同时使广大农民思想
稳定。[①]

　　1996 年 10 月 29 日,为了扶持和引导乡镇企业持续健康发展,保护乡镇企业
的合法权益,规范乡镇企业的行为,繁荣农村经济,促进社会主义现代化建设,全国
人大常委会颁布了《中华人民共和国乡镇企业法》,第 2 条规定:"本法所称乡镇企
业,是指农村集体经济组织或者农民投资为主,在乡镇(包括所辖村)举办的承担支
援农业义务的各类企业。前款所称投资为主,是指农村集体经济组织或者农民投
资超过百分之五十,或者虽不足百分之五十,但能起到控股或者实际支配作用。乡
镇企业符合企业法人条件的,依法取得企业法人资格。"第 3 条规定:"乡镇企业是
农村经济的重要支柱和国民经济的重要组成部分。乡镇企业的主要任务是,根据
市场需要发展商品生产,提供社会服务,增加社会有效供给,吸收农村剩余劳动力,
提高农民收入,支援农业,推进农业和农村现代化,促进国民经济和社会事业发
展。"第 8 条规定:"经依法登记设立的乡镇企业,应当向当地乡镇企业行政管理部
门办理登记备案手续。乡镇企业改变名称,住所或者分立、合并、停业、终止等,依
法办理变更登记、设立登记或者注销登记后,应当报乡镇企业行政管理部门备案。"
第 11 条规定:"乡镇企业依法实行独立核算,自主经营,自负盈亏。具有企业法人
资格的乡镇企业,依法享有法人财产权。"

---

　　① 柳随年:《关于〈中华人民共和国乡镇企业法(草案)〉的说明》,载《全国人民代表大会常务委
员会公报》1996 年第 8 期。

(三)股份合作制企业法人

我国第一个关于股份合作制的法规是由当时的轻工业部于 1993 年 3 月 1 日发布的《轻工集体企业股份合作制试行办法》(以下简称《试行办法》),《试行办法》是依据《城镇集体所有制企业条例》制定的,至今仍现行有效。《试行办法》对于什么是股份合作制和什么是股份合作制企业作出了明确规定。《试行办法》第 2 条明确规定:"股份合作制是按照合作制原则,吸引股份制形式,兼有劳动联合和资金联合的一种企业经营组织形式。"第 3 条规定:"股份合作制企业是劳动群众自愿组合,自筹资金,并以股份形式投入,财产属于举办该企业的劳动群众集体所有与按股所有相结合,实行集体占有,共同劳动,民主管理,按劳分配,按股分红的社会主义集体所有制经济组织。"

截至目前,明确有法律法规规定的股份合作制企业有如下几种:

1.轻工集体企业

1993 年 3 月 1 日,由当时的轻工业部发布的《试行办法》(现行有效)适用于改组为股份合作制的轻工集体企业和新组合的股份合作制企业,《试行办法》对股份合作制的轻工集体企业的企业设立、企业股权设置、企业管理体制、企业受益分配、企业变更与清算作出了规范。《试行办法》第 6 条规定:"企业依法取得法人资格,以其全部财产独立承担民事责任。企业的财产和合法权益及经营活动,受国家法律保护,任何机关、团体和个人不得侵犯或非法干涉。"

2.劳动就业服务企业

1994 年 10 月 7 日,当时的劳动和社会保障部、国家经济体制改革委员会、国家税务总局、国家国有资产管理局联合发布了《劳动就业服务企业实行股份合作制规定》(以下简称《规定》)(现行有效),该规定适用于实行股份合作制试点的劳动就业服务企业(以下简称劳服企业),《规定》对股份合作制劳服企业的企业设立、产权界定、股权设置、收益分配、管理体制、变更与清算等作出规范,其第 2 条规定:"股份合作制劳服企业,是借鉴股份制的做法,实行劳动合作与资本合作的一种企业组织形式。"第 12 条规定:"股份合作制劳服企业依法取得法人资格后,其财产和正常经营活动受国家法律保护,任何单位和个人不得侵犯和非法干涉。"

3.煤炭行业

1997 年 5 月 7 日,当时的煤炭工业部发布了《关于煤炭行业发展股份合作制企业的若干意见》(以下简称《意见》),旨在为进一步加快煤炭企业的改革和发展,增强企业活力,更好地适应煤炭工业向社会主义市场经济体制转变的需要。《意见》阐述了煤炭行业发展股份合作制企业的意义以及煤炭行业发展股份合作制企业的途径和条件,规定了煤炭行业股份合作制企业的设立程序、现有企业实行股份合作制改组时的产权处理、股份合作制企业的股权设置、股份合作制企业的治理结构以及组织领导与有关政策。《意见》指出,煤炭行业发展股份合作制的小型企业,一般指煤炭产量规模不超过 45 万吨的煤矿企业,以及生产用固定资产原值不超过 2000 万元的多种经营企业。此外,1997 年 6 月 16 日,当时的国家经济体制改革委员会发布了《关于发展城市股份合作制企业的指导意见》(以下简称《意见》),该《意见》于 2016 年 1 月 1 日废止。《意见》指出,股份合作制是采取了股份制一些做法的合作经济,是社会主义市场经济中集体经济的一种新的组织形式。股份合作制企业是独立法人,以企业全部资产承担民事责任,主要由本企业职工个人出资,出资人以出资额为限对企业的债务承担责任。

第四节　非营利法人

我国《民法总则》第 87 条规定:"为公益目的或者其他非营利目的成立,不向出资人、设立人或者会员分配所取得利润的法人,为非营利法人。非营利法人包括事业单位、社会团体、基金会、社会服务机构等。"《民法总则》关于非营利法人的规定设置于第三章法人的第三节,共计 9 条,从第 87 条到第 95 条,分别对非营利法人的概念与类型,事业单位法人资格取得,事业单位法人组织机构,社会团体法人资格取得,社会团体法人章程和组织机构,捐助法人的资格取得,捐助法人章程和组织机构,捐助人的监督权以及非营利法人终止时剩余财产处置等事宜作了规定。

我国的非营利法人的概念,曾历经"非营利性组织""非营利性团体""不以营利为目的""以公益事业为目的"等称谓或描述。非营利法人的概念最早可见于 1988 年的《基金会管理办法》(以下简称《办法》),该《办法》的第 2 条规定,"本办法所称的基金会,是指对国内外社会团体和其他组织以及个人自愿捐赠资金进行管理的民间非营利性组织,是社会团体法人",首次使用了非营利性组织的概念,将基金会定性为非营利性组织和社会团体法人。1989 年《外国商会管理暂行条例》第 2 条规定:"外国商会是指外国在中国境内的商业机构及人员依照本规定在中国境内成立,不从事任何商业活动的非营利性团体。"1989 年《社会团体登记管理条例》第 4 条规定,"社会团体不得从事以营利为目的的经营性活动",以立法的形式确立了社会团体的非营利性质,社会团体不得从事以营利为目的的经营活动。2002 年《民办教育促进法》第 3 条规定,"民办教育事业属于公益性事业,是社会主义教育事业的组成部分",将民办学校等教育机构界定为公益性事业。2004 年《基金会管理条例》第 2 条规定,"本条例所称基金会,是指利用自然人、法人或者其他组织捐赠的财产,以从事公益事业为目的,按照本条例的规定成立的非营利性法人",首次使用了非营利性法人的概念,将基金会定性为以捐赠财产为基础并以公益为目的的非营利性法人。

虽然在改革开放之初的法人制度设立过程中,营利性法人(主要指各类企业法人）在法人制度的发展过程中起到了主要推动作用，但随着改革开放的深入发展，非营利法人的社会作用日益被国家所重视。改革开放以来，我国对于非营利法人的定性也是在逐渐改变的，这与党和国家改革开放过程中的指导思想也是密不可分的。从 1988 年的《基金会管理办法》中对非营利法人非营利性质的单纯认识，到之后《民办教育促进法》和《基金会管理条例》中开始注意到了非营利性团体的公益性质以及公益目的，再到 2012 年中共十八大报告中将全面建设小康社会，作为党和国家到 2020 年的奋斗目标。2014 年《国务院关于促进慈善事业健康发展的指导意见》提出，鼓励社会各界以各类社会救助对象为重点，广泛开展扶贫济困、赈灾救孤、扶老助残、助学助医等慈善活动。党政机关、事业单位要广泛动员干部职工积极参与各类慈善活动，发挥带头示范作用。工会、共青团、妇联等人民团体要充分发挥密切联系群众的优势，动员社会公众为慈善事业捐赠资金、物资和提供志愿服务等，提倡在单位内部、城乡社区开展群众性互助互济活动，充分发挥家庭、个人、志愿者在慈善活动中的积极作用。2015 年，中共十八届五中全会和中央扶贫开发工作会议把农村贫困人口脱贫作为全面建成小康社会的基本标志，强调要广泛动员全社会力量，努力形成大扶贫格局。慈善事业是脱贫攻坚不可或缺的重要力量。改革开放以来特别是近 20 年来，我国慈善事业发展较快，社会捐赠额从 2006 年的不足 100 亿元发展到目前的 1000 亿元左右。[①] 进一步深化对非营利法人慈善性质的认识，将非营利法人公益性的定位扩展到互益性，通过慈善事业大力开展各自然人、法人和其他组织的互助性慈善活动。这为两者找到了最佳的切合点，将社会广泛捐赠的慈善财产成功引流到广大贫困地区，做到精准扶贫，以实现中共十八大以来的奋斗目标，也是打赢脱贫攻坚战的实际措施。2016 年，《慈善法》出台，进一步确立了非营利法人的互助性目的以及多种形式，并且根据《慈善法》第 8 条规定："本法所称慈善组织，是指依法成立、符合本法规定，以面向社会开展慈善活动为宗旨的非营利性组织。慈善组织可以采取基金会、社会团体、社会服务机构等组织形式。"

首先，非营利法人并非指不得营利，即不得从事经营活动或者是赚取利润，而是不得以营利为目的，不向出资人、设立人或者会员分配利润。例如我国 2004 年《基金会管理条例》第 28 条规定"基金会应当按照合法、安全、有效的原则实现基金的保值、增值"。2016 年《社会团体登记管理条例》第 26 条规定："社会团体的资产来源必须合法，任何单位和个人不得侵占、私分或者挪用社会团体的资产。社会团体的经费，以及开展章程规定的活动按照国家有关规定所取得的合法收入，必须用于章程规定的业务活动，不得在会员中分配。社会团体接受捐赠、资助，必须符合

---

① 李建国：《关于〈中华人民共和国慈善法（草案）〉的说明》，载《全国人民代表大会常务委员会公报》2016 年第 2 期。

章程规定的宗旨和业务范围,必须根据与捐赠人、资助人约定的期限、方式和合法用途使用。社会团体应当向业务主管单位报告接受、使用捐赠、资助的有关情况,并应当将有关情况以适当方式向社会公布。社会团体专职工作人员的工资和保险福利待遇,参照国家对事业单位的有关规定执行。"2016年《慈善法》第54条规定:"慈善组织为实现财产保值、增值进行投资的,应当遵循合法、安全、有效的原则,投资取得的收益应当全部用于慈善目的。慈善组织的重大投资方案应当经决策机构组成人员三分之二以上同意。政府资助的财产和捐赠协议约定不得投资的财产,不得用于投资。慈善组织的负责人和工作人员不得在慈善组织投资的企业兼职或者领取报酬。"由此,非营利法人有义务妥善保管财产,并合理实现财产的保值增值,以最大限度地实现非营利法人的目的。

其次,从非营利法人的目的性来讲,非营利法人以非营利为目的的,这与市场类主体法人即企业类法人的营利性目的相区隔,但非营利性目的是否指公益目的,也不尽然。这里又分为两个不同的方面:一方面,从事社会公共事业服务组织,即提供的服务具有社会公共服务职能的组织,并非都是非营利性质的,亦即并非都是非营利法人,比如从事社会生活用水、用电以及电信通信等供水公司、供热公司、供电公司以及各类电信公司等,其所从事的也是服务于社会公共事务的服务,但仍然以营利为目的,因此属于营利性法人。另一方面,非营利法人也并非只从事社会公共服务性质的公益事业,根据1999年《公益事业捐赠法》第3条规定①以及2016年《慈善法》第3条的规定②,公益活动除包括促进教育、科学、文化、卫生、体育事业、促进社会发展、防止污染、改善生态和其他社会公共福利事业外,还包括扶贫、济困、扶老、救孤、助残等针对社会特定人群和需要帮助者的互助性慈善活动。

一、事业单位法人

《民法总则》第88条规定:"具备法人条件,为适应经济社会发展需要,提供公益服务设立的事业单位,经依法登记成立,取得事业单位法人资格;依法不需要办理法人登记的,从成立之日起,具有事业单位法人资格。"

---

① 《公益事业捐赠法》第3条:"本法所称公益事业是指非营利的下列事项:(一)救助灾害、救济贫困、扶助残疾人等困难的社会群体和个人的活动;(二)教育、科学、文化、卫生、体育事业;(三)环境保护、社会公共设施建设;(四)促进社会发展和进步的其他社会公共和福利事业。"

② 《慈善法》第3条:"本法所称慈善活动,是指自然人、法人和其他组织以捐赠财产或者提供服务等方式,自愿开展的下列公益活动:(一)扶贫、济困;(二)扶老、救孤、恤病、助残、优抚;(三)救助自然灾害、事故灾难和公共卫生事件等突发事件造成的损害;(四)促进教育、科学、文化、卫生、体育等事业的发展;(五)防治污染和其他公害,保护和改善生态环境;(六)符合本法规定的其他公益活动。"

(一)事业单位

在我国，事业单位的名称最早出现于 1952 年的政务院《关于全国各级人民政府、党派、团体及所属事业单位的国家工作人员实行公费医疗预防的指示》(以下简称《指示》)，规定"使全国各级人民政府、党派、工青妇等团体、各种工作队以及文化、教育、卫生、经济建设等事业单位的国家工作人员和革命残废军人，得享受公费医疗预防的待遇"，《指示》首次将"文化、教育、卫生、经济建设等"组织统称为事业单位，并定性为国家工作人员。1963 年国务院《关于编制管理的暂行规定》中将单位分为企业单位、事业单位和行政单位三类。1965 年《关于划分国家机关、事业、企业编制界限的意见》划定了国家事业单位编制的界限，规定"凡是直接从事为工农生产和人民文化生活等服务活动，产生的价值不能用货币表现，不属于全民所有制单位的编制，列为国家事业单位编制"。事业单位的名称也是我国所特有的，是在特殊的历史时期所形成的。从中华人民共和国的社会主义改造完成后到改革开放前夕，我国一直实行的是社会主义公有制经济，在公有制经济下，各项社会服务职能和社会公益事业，如文化、教育、卫生等均由国家统一领导和提供，因此除了直接创造产值的各类企业单位和国家机关、社会团体外，在提供公益服务的各个领域，广泛存在着事业单位法人机构，承担着行政管理、行政监督和直接提供公益服务等各项职能。城市的"单位"(包括企业和事业单位)是国家实现政治动员、社会生产和社会管理的工具，具有浓厚的行政性。[1]

(二)事业单位的法人地位

改革开放以来，我国的事业单位经历了膨胀发展时期，并且确立了事业单位的民事主体法人地位。1986 年《民法通则》第 50 条规定，"有独立经费的机关从成立之日起，具有法人资格。具备法人条件的事业单位、社会团体，依法不需要办理法人登记的，从成立之日起，具有法人资格；依法需要办理法人登记的，经核准登记，取得法人资格"，确立了事业单位的民事主体法律地位，并首次使用"事业单位法人"的名称，将事业单位确立为法人。事业单位作为民法学上的法人，是我国特有的一项制度，域外法上找不到相应的制度与之匹配。《民法通则》第 50 条的分类完全沿袭的是国务院 1963 年的《关于编制管理的暂行规定》中对单位的分类，事业单位由于产生于行政机构，并且在很长一段时间内一直承担着各种行政管理和行政监督的职能，因此，将事业单位组织法人化，赋予其民事主体地位是否合适，在我国法学界一直颇受争议。官办事业一律作为民法"法人"登记，这在全世界是独一无二的创举，也是违反常理的做法。公立机构的组织形式历来是民法不涉足的范围。

---

[1] 有关"单位"的行政性分析，参见杨晓明、周翼虎：《中国单位制度》，中国经济出版社 2002 年版，第 60~71 页。

将政府机关、政府设立的公共服务机构、政府创设的政治团体分别纳入机关法人、事业单位法人和社会团体法人，这是中国民法学的教条主义和形而上学在立法中的反映。[①] 事业单位是公权力的产物，其组织和治理仍应遵循公权力的运行机制，而非私法的机制，[②]随着改革开放的深入，政企分开后国家推出了一系列精简政府机构的措施，控制计划经济体制下膨胀冗余的政府机构设置和岗位人员配置。在政府机构精简的改革背景下，很多行政监督、行政许可的职能，被事业单位法人所承接，如 20 世纪 90 年代以来成立的中国证券监督管理委员会、中国银行业监督管理委员会、中国保险业监督管理委员会、国家电力监管委员会等。还有一些则以委托执法的形式，将执法权授予事业单位执行，如 1993 年《船舶和海上设施检验条例》第 3 条规定，"中华人民共和国船舶检验局（以下简称船检局）是依照本条例规定实施各项检验工作的主管机构。经国务院交通主管部门批准，船检局可以在主要港口和工业区设置船舶检验机构"，将船舶检验权授予船检局行使。事业单位虽然不具备行政机关的资格，但却依然行使着一定的行政管理的职能，如 1998 年《高等教育法》第 28 条规定"学校及其他教育机构行使下列权利"，其中第（四）项规定，"对受教育者进行学籍管理，实施奖励或者处分"。1998 年《事业单位登记管理暂行条例》（以下简称《暂行条例》）出台，《暂行条例》第 2 条规定："本条例所称事业单位，是指国家为了社会公益目的，由国家机关举办或者其他组织利用国有资产举办的，从事教育、科技、文化、卫生等活动的社会服务组织。事业单位依法举办的营利性经营组织，必须实行独立核算，依照国家有关公司、企业等经营组织的法律、法规登记管理。"根据《暂行条例》的规定，事业单位法人应依法登记，自批准之日起即取得法人资格，不需要登记的事业单位法人应当备案。进一步加强了对事业单位法人的管理，并且明确了事业单位法人的社会服务性，将事业单位法人定性为社会服务组织，但由于历史原因和营利性事业单位法人的存在，《暂行条例》并未否定事业单位法人的营利性。

（三）事业单位改革

中共十六大以来，我国开始清理整顿各种形式的事业单位，并思考事业单位的社会定位，一直在探索事业单位改革的各项措施。在"转变政府职能，建设服务型政府"的指导思想下，为贯彻中共十七大和中共十七届二中、三中、四中、五中全会精神，推动公益事业更好更快发展，不断满足人民群众日益增长的公益服务需求，2011 年《中共中央、国务院关于分类推进事业单位改革的指导意见》（以下简称《指导意见》）出台，奠定了我国事业单位改革的指导方向。《指导意见》中指出，"事业

---

① 方流芳：《从法律视角看中国事业单位的改革——事业单位"法人化"批判》，载《比较法研究》2017 年第 3 期。

② 柳经纬：《当代中国私法进程》，中国法制出版社 2013 年版，第 189 页。

单位是经济社会发展中提供公益服务的主要载体,是我国社会主义现代化建设的重要力量","事业单位提供公益服务总量不断扩大,服务水平逐步提高,在促进经济社会发展、改善人民群众生活方面发挥了重要作用"。《指导意见》清晰地认识到,"当前,我国正处于全面建设小康社会的关键时期,加快发展社会事业,满足人民群众公益服务需求的任务更加艰巨。面对新形势新要求,我国社会事业发展相对滞后,一些事业单位功能定位不清,政事不分、事企不分,机制不活;公益服务供给总量不足,供给方式单一,资源配置不合理,质量和效率不高;支持公益服务的政策措施还不够完善,监督管理薄弱"。并在此基础上,对我国现存的事业单位进行了科学的划分,首先从大类别上,将事业单位划分为三类,"按照社会功能将现有事业单位划分为承担行政职能、从事生产经营活动和从事公益服务三个类别。对承担行政职能的,逐步将其行政职能划归行政机构或转为行政机构;对从事生产经营活动的,逐步将其转为企业;对从事公益服务的,继续将其保留在事业单位序列、强化其公益属性"。明确指出,"今后,不再批准设立承担行政职能的事业单位和从事生产经营活动的事业单位"。其次,又细分了从事公益服务的事业单位,"根据职责任务、服务对象和资源配置方式等情况,将从事公益服务的事业单位细分为两类:承担义务教育、基础性科研、公共文化、公共卫生及基层的基本医疗服务等基本公益服务,不能或不宜由市场配置资源的,划入公益一类;承担高等教育、非营利医疗等公益服务,可部分由市场配置资源的,划入公益二类"。此次《指导意见》的出台,旨在"满足人民群众日益增长的公益服务需求","加快转变发展方式、促进经济更好更快发展","完善我国改革开放总体布局","更好的实现政府的公共服务目标"。在重点重视事业单位的公益事业服务职能的同时,将"承担行政职能事业单位改革主要是政事分开,改革的方向是逐步将这类事业单位的行政职能划归行政机构或转为行政机构;从事生产经营活动事业单位改革主要是事企分开,改革的方向是转企改制。这两类改革是整个改革的'小头',都有过渡期,逐步改革到位"。[①]

此外,在我国的事业单位改革,将逐步摆脱行政监督、行政管理职能,具有营利性的事业单位也逐步划归企业法人,事业单位法人将以公益事业职能为主要发展方向的同时,进一步强调了事业单位法人的内部治理机构改革。例如1998年《高等教育法》第30条规定:"高等学校自批准设立之日起取得法人资格。高等学校的校长为高等学校的法定代表人。高等学校在民事活动中依法享有民事权利,承担民事责任。"2000年《关于非营利性科研机构管理的若干意见》,规定了理事会制度。2009年《关于深化医药卫生体制改革的意见》,规定了医院法人的治理结构。

---

① 中央政府门户网站:《中央编办、财政部、人力资源社会保障部负责人就分类推进事业单位改革答记者问》,http://www.gov.cn/jrzg/2012-04/17/content-2115815.htm,下载日期:2012年4月17日。

2011 年《关于分类推进事业单位改革的指导意见》将健全法人治理结构列为重要改革内容。《关于建立和完善事业单位法人治理结构的意见》出台后,各地纷纷制定方案加强事业单位法人的治理结构。2013 年中共十八届三中全会《中共中央关于全面深化改革若干重大问题的决定》规定"明确不同文化事业单位功能定位,建立法人治理结构,完善绩效考核机制。推动公共图书馆、博物馆、文化馆、科技馆等组建理事会,吸纳有关方面代表、专业人士、各界群众参与管理"。2017 年,在我国《民法总则》的制定过程中,有意见认为不应再将事业单位法人的概念写入《民法总则》,但经研究认为,我国的事业单位数量庞大,现阶段发挥着不同的社会功能,并且随着事业单位分类改革的不断推进和改革目标的实现,从事社会公益事业服务的事业单位法人还将长期存在。因此《民法总则》第 88 条依然保留事业单位法人的规定,并且明确指出事业单位法人是"为适应经济社会发展需要,提供公益服务设立的事业单位",并在总结改革开放以来事业单位法人改革成果的基础上,在第 89 条进一步规定了事业单位法人的治理结构,"事业单位法人设理事会,除法律另有规定外,理事会为其决策机构。事业单位法人的法定代表人依照法律、行政法规或者法人章程的规定产生"。

(四)《事业单位登记管理暂行条例》

1998 年 10 月 25 日,国务院发布了《事业单位登记管理暂行条例》(以下简称《暂行条例》),《暂行条例》规定,事业单位,是指国家为了社会公益目的,由国家机关举办或者其他组织利用国有资产举办的,从事教育、科技、文化、卫生等活动的社会服务组织。事业单位依法举办的营利性经营组织,必须实行独立核算,依照国家有关公司、企业等经营组织的法律、法规登记管理。事业单位经县级以上各级人民政府及其有关主管部门(以下统称审批机关)批准成立后,应当依照本条例的规定登记或者备案。事业单位应当具备法人条件。《暂行条例》第 5 条规定:"国务院机构编制管理机关和县级以上地方各级人民政府机构编制管理机关是本级人民政府的事业单位登记管理机关。事业单位实行分级登记管理。分级登记管理的具体办法由国务院机构编制管理机关规定。法律、行政法规对事业单位的监督管理另有规定的,依照有关法律、行政法规的规定执行。"《暂行条例》对事业单位的登记、监督管理等作出了规定。

2004 年 6 月 27 日,国务院修订了《事业单位登记管理暂行条例》,仅将第 5 条修改为:"县级以上各级人民政府机构编制管理机关所属的事业单位登记管理机构(以下简称登记管理机关)负责实施事业单位的登记管理工作。县级以上各级人民政府机构编制管理机关应当加强对登记管理机关的事业单位登记管理工作的监督检查。事业单位实行分级登记管理。分级登记管理的具体办法由国务院机构编制管理机关规定。法律、行政法规对事业单位的监督管理另有规定的,依照有关法律、行政法规的规定执行。"

(1)事业单位的登记条件。申请事业单位法人登记,应当具备下列条件:经审批机关批准设立;有自己的名称、组织机构和场所;有与其业务活动相适应的从业人员;有与其业务活动相适应的经费来源;能够独立承担民事责任。

(2)事业单位的法人资格。事业单位经县级以上各级人民政府及其有关主管部门(以下统称审批机关)批准成立后,应当依照本条例的规定登记或者备案。事业单位应当具备法人条件。法律规定具备法人条件、自批准设立之日起即取得法人资格的事业单位,或者法律、其他行政法规规定具备法人条件、经有关主管部门依法审核或者登记,已经取得相应的执业许可证书的事业单位,不再办理事业单位法人登记,由有关主管部门按照分级登记管理的规定向登记管理机关备案。县级以上各级人民政府设立的直属事业单位直接向登记管理机关备案。

(3)事业单位活动的监督管理。事业单位开展活动,按照国家有关规定取得的合法收入,必须用于符合其宗旨和业务范围的活动。事业单位接受捐赠、资助,必须符合事业单位的宗旨和业务范围,必须根据与捐赠人、资助人约定的期限、方式和合法用途使用。事业单位必须执行国家有关财务、价格等管理制度,接受财税、审计部门的监督。事业单位应当于每年 3 月 31 日前分别向登记管理机关和审批机关报送上一年度执行《暂行条例》情况的报告。

(4)事业单位的解散撤销。事业单位被撤销、解散的,应当向登记管理机关办理注销登记或者注销备案。事业单位办理注销登记前,应当在审批机关指导下成立清算组织,完成清算工作。事业单位应当自清算结束之日起 15 日内,向登记管理机关办理注销登记。事业单位办理注销登记,应当提交撤销或者解散该事业单位的文件和清算报告;登记管理机关收缴"事业单位法人证书"和印章。

二、社会团体法人

《民法总则》第 90 条规定:"具备法人条件,基于会员共同意愿,为公益目的或者会员共同利益等非营利目的设立的社会团体,经依法登记成立,取得社会团体法人资格;依法不需要办理法人登记的,从成立之日起,具有社会团体法人资格。"第 91 条规定:"设立社会团体法人应当依法制定法人章程。社会团体法人应当设会员大会或者会员代表大会等权力机构。"

1950 年,政务院发布《社会团体登记暂行办法》(以下简称《暂行办法》),对社会团体的登记范围、社会团体的种类、社会团体的登记程序作了规定。《暂行办法》第 3 条规定,社会团体的范围包括人民群众团体、社会公益团体、文艺工作团体、学术研究团体、宗教团体等 6 种类型。《暂行办法》第 4 条同时规定"凡危害国家和人民利益的反动团体,应禁止成立;其已登记而发现有反动行为者,应撤销其登记并解散之"。该办法因 1989 年《社会团体登记管理条例》的发布而废止。

1989 年,国务院发布《社会团体登记管理条例》对社会团体的管辖、登记和监督管理作了规定。1998年,国务院颁布了新《社会团体登记管理条例》,同时废止了1989年的《社会团体登记管理条例》。新《条例》在1989年《条例》的基础上,增加了"罚则"一章,加强了对社会团体的管理和约束。2016年2月,为了推进简政放权、放管结合、优化服务改革,国务院对1998年的《社会团体登记管理条例》进行了修订,例如,将条例中的"筹备"字样改为"登记",删除了"备案"的规定,简化了社会团体的设立程序。

1. 社会团体的主体地位

1989年《社会团体登记管理条例》第14条规定,经核准登记的社会团体,发给社会团体登记证书;对具备法人条件的,发给社会团体法人登记证;对不具备法人条件的,发给社会团体登记证。第20条规定,社会团体具备法人条件的,经核准登记后,取得法人资格。可以看出,1989年的《社会团体登记管理条例》允许不具备法人资格的社会团体存在。1998年的《社会团体登记管理条例》第3条第2款明确规定:"社会团体应当具备法人条件。"据此,不具备法人资格的社会团体不复存在。

2. 社会团体的类型

《民法通则》第50条、《民法总则》第90条均将社会团体法人分为须经登记和免于登记两种。1989年的《社会团体登记管理条例》第2条规定,除法律、行政法规另有规定外,"在中华人民共和国境内组织的协会、学会、联合会、研究会、基金会、联谊会、促进会、商会等社会团体,均应依照本条例的规定申请登记。社会团体经核准登记后,方可进行活动"。未对免于登记的社会团体作出明确的规定。1998年《社会团体登记管理条例》第3条对免于登记的社会团体作了明确的规定,免于登记的团体包括参加中国人民政治协商会议的人民团体,由国务院机构编制管理机关核定并经国务院批准免于登记的团体和机关,团体、企业事业单位内部经本单位批准成立在本单位内部活动的团体。2000年12月1日,民政部《关于对部分团体免于社团登记有关问题的通知》,明确了免于登记的参加中国人民政治协商会议的人民团体和经国务院批准免于登记的团体的具体组织。[①] 此外,一些单行法对某些特定的社会团体也规定直接赋予其法人资格,如《工会法》第14条第1款规定,中华全国总工会、地方总工会、产业工会具有社会团体法人资格;《红十字会法》第11条规定,中国红十字会总会具有社会团体法人资格。《律师法》《公证法》《仲

---

① 参加中国人民政治协商会议的人民团体有:中华全国总工会、中国共产主义青年团、中华全国妇女联合会、中国科学技术协会、中华全国归国华侨联合会、中华全国台湾同胞联谊会、中华全国青年联合会、中华全国工商业联合会;经国务院批准免于登记的团体有:中国文学艺术界联合会、中国作家协会、中华全国新闻工作者协会、中国人民对外友好协会、中国人民外交学会、中国国际贸易促进会、中国残疾人联合会、宋庆龄基金会、中国法学会、中国红十字总会、中国职工思想政治工作研究会、欧美同学会、黄埔军校同学会、中华职业教育社。

裁法》则分别规定各级律师协会、各级公证协会、中国仲裁协会依法取得社会团体法人资格。这些团体也属于免于登记的社会团体法人。除了法律规定免于登记的社会团体外，社会团体须经登记方可取得法人资格。

3.社会团体的批准与登记

除依法免于登记的社会团体外，设立社会团体应经其业务主管单位审查同意，并进行登记。1998 年《社会团体登记管理条例》第 10 条规定，成立社会团体，应当具备下列条件：(1)有 50 个以上的个人会员或者 30 个以上的单位会员；个人会员、单位会员混合组成的，会员总数不得少于 50 个。(2)有规范的名称和相应的组织机构。(3)有固定的住所。(4)有与其业务活动相适应的专职工作人员。(5)有合法的资产和经费来源，全国性的社会团体有 10 万元以上活动资金，地方性的社会团体和跨行政区域的社会团体有 3 万元以上活动资金。(6)有独立承担民事责任的能力。成立社会团体经业务主管单位批准后，应当向登记管理机关(民政部门)申请登记，准予登记的，发给"社会团体法人登记证书"。其中，全国性的社会团体，由国务院的登记管理机关负责登记管理；地方性的社会团体，由所在地人民政府的登记管理机关负责登记管理；跨行政区域的社会团体，由所跨行政区域的共同上一级人民政府的登记管理机关负责登记管理。

4.社会团体的章程

社会团体法人应制定章程。1998 年《社会团体登记管理条例》第 15 条规定，社会团体的章程应当包括下列事项：(1)名称、住所；(2)宗旨、业务范围和活动地域；(3)会员资格及其权利、义务；(4)民主的组织管理制度，执行机构的产生程序；(5)负责人的条件和产生、罢免的程序；(6)资产管理和使用的原则；(7)章程的修改程序；(8)终止程序和终止后资产的处理；(9)应当由章程规定的其他事项。

5.社会团体的监督管理

我国对社会团体实行业务管理和登记管理的双重管理体制。1998 年《社会团体登记管理条例》第 27 条规定，登记管理机关履行下列监督管理职责：(1)负责社会团体的成立、变更、注销的登记或者备案；(2)对社会团体实施年度检查；(3)对社会团体违反本条例的问题进行监督检查，对社会团体违反本条例的行为给予行政处罚。第 28 条规定，业务主管单位履行下列监督管理职责：(1)负责社会团体筹备申请、成立登记、变更登记、注销登记前的审查；(2)监督、指导社会团体遵守宪法、法律、法规和国家政策，依据其章程开展活动；(3)负责社会团体年度检查的初审；(4)协助登记管理机关和其他有关部门查处社会团体的违法行为；(5)会同有关机关指导社会团体的清算事宜。

6.社会团体的解散和清算

1998 年《社会团体登记管理条例》第 21 条规定，社会团体有下列情形之一的，应当在业务主管单位审查同意后，向登记管理机关申请注销登记：(1)完成社会团体章程规定的宗旨的;(2)自行解散的;(3)分立、合并的;(4)由于其他原因终止的。第22条规定,社会团体在办理注销登记前,应当在业务主管单位及其他有关机关的指导下,成立清算组织,完成清算工作。社会团体清算结束后,向登记管理机关办理注销登记,并公告。

在我国的社会生活中,社会组织在推进公益和慈善事业发展,提升社会治理水平方面发挥着越来越重要的作用,并日益受到政府的重视。但是,社会团体的双重管理体制,却严重制约着社会团体的发展。2013年,十二届全国人大一次会议通过的《国务院机构改革和职能转变方案》提出要"重点培育、优先发展行业协会商会类、科技类、公益慈善类、城乡社区服务类社会组织。成立这些社会组织,直接向民政部门依法申请登记,不再需要业务主管单位审查同意"。2015年,李克强总理在政府工作报告中也提出了要对行业协会商会等四类社会组织实现直接登记。为贯彻落实2013年十二届全国人大一次会议通过的《国务院机构改革和职能转变方案》提出的社会组织管理体制改革方案,2016年8月1日,民政部提出了《社会团体登记管理条例》(修订草案征求意见稿)。按照修订草案征求意见稿的规定,行业协会商会、在自然科学和工程技术领域内从事学术研究和交流活动的科技类社会团体、提供扶贫济困、扶老救孤、恤病助残、救灾助医、助学服务的公益慈善类社会团体以及为满足城乡社区居民生活需求在社区内活动的城乡社区服务类社会团体等四类社会组织,无须经批准可直接申请登记。

社会团体法人除了依据《社会团体登记管理条例》经登记取得法人资格的团体外,还有依据其他法律规定经登记而取得法人资格的团体。例如,《工会法》第14条规定:"中华全国总工会、地方总工会、产业工会具有社会团体法人资格。基层工会组织具备民法通则规定的法人条件的,依法取得社会团体法人资格。"2008年,全国总工会发布《基层工会法人资格登记办法》,规定基层工会由市以上总工会审查、核准、登记、发证。①

三、捐助法人

《民法总则》引入了捐助法人的概念,第92条规定:"具备法人条件,为公益目

---

① 《基层工会法人资格登记办法》第5条:"基层工会法人资格的审查、核准、登记、发证机关(以下简称审查登记机关),按属地原则及组织隶属关系确定:(一)隶属于县级(县、市、区、旗)总工会的基层工会,由县级工会审查,并报市(地)级总工会核准、登记、发证;(二)隶属于市(地)级(市、区、州、盟)总工会的基层工会,由市(地)级总工会审查、核准、登记、发证;(三)隶属于省级(省、自治区、直辖市)总工会的基层工会,由省级总工会审查、核准、登记、发证;(四)隶属于铁路、民航、金融等产业工会的基层工会,由所在地相应的省级、市(地)级总工会审查、核准、登记、发证后,报相应的上一级产业工会备案;(五)中央企业工会组织由所在地相应的省级、市(地)级总工会审查、核准、登记、发证。""县级总工会经上级工会授权,可以履行审查登记机关的职责。"

的以捐助财产设立的基金会、社会服务机构等,经依法登记成立,取得捐助法人资格。""依法设立的宗教活动场所,具备法人条件的,可以申请法人登记,取得捐助法人资格。"依据第 93 条规定,捐助法人应当依法制定法人章程;设理事会,并设执行机构;理事长等负责人为法定代表人;捐助法人应当设监事会。

捐助法人包括基金会法人、社会服务机构法人及宗教活动场所法人。

(一)基金会法人

基金会是指利用自然人、法人或者其他组织捐赠的财产,以从事公益事业为目的,按照本条例的规定成立的非营利性法人。1988 年,国务院制定了《基金会管理办法》,将基金会定位为非营利性组织,归类于社会团体法人(第 2 条)。这主要是受当时《民法则》的影响,因为《民法通则》只规定了企业法人,国家机关、事业单位和社会团体法人。2004 年,国务院发布《基金会管理条例》,废止了《基金会管理办法》。《基金会管理条例》规定基金会为非营利性法人(第 2 条)。

1.基金会的设立

《基金会管理条例》第 8 条规定,设立基金会,应当具备下列条件:(1)为特定的公益目的而设立。(2)全国性公募基金会的原始基金不低于 800 万元人民币,地方性公募基金会的原始基金不低于 400 万元人民币,非公募基金会的原始基金不低于 200 万元人民币;原始基金必须为到账货币资金。(3)有规范的名称、章程、组织机构以及与其开展活动相适应的专职工作人员。(4)有固定的住所。(5)能够独立承担民事责任。设立基金会应向省、自治区、直辖市人民政府民政部门申请登记;设立全国性公募基金会、由非内地居民担任法定代表人的基金会、原始基金超过 2000 万元的非公募基金会以及境外基金会在中国内地设立的代表机构,需向国务院民政部门申请登记。民政部门准予登记的,发给"基金会法人登记证书",基金会分支机构则发给"基金会分支(代表)机构登记证书"。

2.基金会的组织结构

基金会应当设立理事会和监事。基金会理事会由 5 人至 25 人组成,理事任期由章程规定,但每届任期不得超过 5 年。用私人财产设立的非公募基金会,相互间有近亲属关系的基金会理事,总数不得超过理事总人数的 1/3;其他基金会,具有近亲属关系的不得同时在理事会任职。理事会设理事长、副理事长和秘书长,从理事中选举产生,理事长是基金会的法定代表人。基金会监事任期与理事任期相同,理事、理事的近亲属和基金会财会人员不得兼任监事。监事依照章程规定的程序检查基金会财务和会计资料,监督理事会遵守法律和章程的情况。监事列席理事会会议,有权向理事会提出质询和建议,并应当向登记管理机关、业务主管单位以及税务、会计主管部门反映情况。

3.基金会的财产

基金会的财产来自捐赠。基金会组织募捐、接受捐赠,应当符合章程规定的宗

旨和公益活动的业务范围。公募基金会组织募捐，应当向社会公布募得资金后拟
开展的公益活动和资金的详细使用计划。基金会应当根据章程规定的宗旨和公益
活动的业务范围使用其财产；捐赠协议中明确了具体使用方式的捐赠，根据捐赠协
议的约定使用。接受捐赠的物资无法用于符合其宗旨的用途时，基金会可以依法
拍卖或者变卖，所得收入用于捐赠目的。

4.基金会的注销和清算

基金会有按照章程规定终止、无法按照章程规定的宗旨继续从事公益活动等
原因而终止的，应当向登记机关申请注销。基金会在办理注销登记前，应当在登记
管理机关、业务主管单位的指导下成立清算组织，完成清算工作，在清算结束后向
登记管理机关办理注销登记，并公告。

(二)社会服务机构(民办非企业单位)法人

首先使用"社会服务机构"概念的是2016年的《慈善法》。《慈善法》第8条第2
款规定："慈善组织可以采取基金会、社会团体、社会服务机构等组织形式。"在此之
前，我国法律使用的概念是"民办非企业单位"(《民办非企业单位登记管理暂行条
例》)。

"民办非企业单位"是我国立法创设的一个概念。[1] 这一概念的提出与事业单
位体制改革有关。1996年7月，中共中央办公厅、国务院办公厅印发的《中共中央
机构编制委员会关于事业单位机构改革若干问题的意见》(中办发〔1996〕17号)提
出，要推进事业单位的社会化，要加强对民办事业单位的管理，制定有关政策、法
规，有领导、有计划、有步骤地发展适宜民办的事业单位。这里的"民办事业单位"
即"民办非企业单位"。据说，之所以改成"民办非企业单位"，是因为"事业单位"有
着特定的含义，后者是指国家为了社会公益目的，国家机关举办或者其他组织利用
国有资产举办的，从事教育、科学、文化、卫生等活动的社会服务组织(《事业单位登
记管理暂行条例》第2条)，既然事业单位是"国办"的，那么称"民办事业单位"就不
合逻辑了。[2] 由此可见，民办事业单位实际上是事业单位改革的产物，所谓"民
办"，也就是指教科文卫等社会服务不再由国家全部包办，允许其他组织或个人参
与。此所谓"民办"，相对于"国办"而言，主要指"利用非国有资产举办"。《民办非
企业单位登记管理暂行条例》第2条规定："本条例所称民办非企业单位，是指企业
事业单位、社会团体和其他社会力量以及公民个人利用非国有资产举办的，从事非
营利性社会服务活动的社会组织。"因此，民办非企业单位与事业单位的区别在于
"是否利用国有资产"，至于其非营利性和社会服务领域则大体相同。

---

① 柳经纬:《当代中国私法进程》,中国法制出版社2013年版,第159页。
② 王名主编:《中国民间组织30年——走向公民社会》,社会科学文献出版社2008年版,第
111页。

1998年10月25日,国务院发布了《民办非企业单位登记管理暂行条例》(以下简称《暂行条例》)。依据《暂行条例》第12条规定,准予登记的民办非企业单位,根据其依法承担民事责任的不同方式,分别发给"民办非企业单位(法人)登记证书""民办非企业单位(合伙)登记证书""民办非企业单位(个体)登记证书"。其中取得"民办非企业单位(法人)登记证书"的,即为民办非企业单位法人。①

1.社会服务机构(民办非企业单位)的设立

设立民办非企业单位,应当具备下列条件:(1)经业务主管单位审查同意;(2)有规范的名称、必要的组织机构;(3)有与其业务活动相适应的从业人员;(4)有与其业务活动相适应的合法财产;(5)有必要的场所。民办非企业单位依照规定向民政部门申请登记。

2.社会服务机构(民办非企业单位)的管理

民办非企业单位实行双重管理。民办非企业单位的登记管理机关履行下列监督管理职责:(1)负责民办非企业单位的成立、变更、注销登记;(2)对民办非企业单位实施年度检查;(3)对民办非企业单位违反本条例的问题进行监督检查,对民办非企业单位违反本条例的行为给予行政处罚。民办非企业单位的业务主管单位履行下列监督管理职责:(1)负责民办非企业单位成立、变更、注销登记前的审查;(2)监督、指导民办非企业单位遵守宪法、法律、法规和国家政策,按照章程开展活动;(3)负责民办非企业单位年度检查的初审;(4)协助登记管理机关和其他有关部门查处民办非企业单位的违法行为;(5)会同有关机关指导民办非企业单位的清算事宜。

3.社会服务机构(民办非企业单位)的解散和清算

民办非企业单位自行解散的,分立、合并的,或者由于其他原因需要注销登记的,应当向登记管理机关办理注销登记。民办非企业单位在办理注销登记前,应当在业务主管单位和其他有关机关的指导下,成立清算组织进行清算,完成清算之后向登记管理机关办理注销登记。

(三)宗教活动场所法人

宗教活动场所是指寺、观、教堂和其他固定宗教活动的处所。《民法总则》第92条第2款规定:"依法设立的宗教活动场所,具备法人条件的,可以申请法人登记,取得捐助法人资格。"

加强宗教活动场所的管理,保护宗教活动场所的合法权益,维护宗教场所的正

---

① 2016年5月,民政部公布《社会服务机构登记管理条例》(《民办非企业单位登记管理暂行条例》修订草案征求意见稿),向社会公开征求意见。目前,该条例尚未颁行。依据该条例草案征求意见稿,"民办非企业单位"将更名为"社会服务机构",其主体资格为"非营利性法人"(第2条),合伙、个体形式的民办非企业单位(社会服务机构)将不复存在。

常活动,是落实《宪法》关于宗教信仰自由、保护正常宗教活动的规定(第36条)的必要。1982年,《中共中央关于我国社会主义时期宗教问题的基本观点和基本政策的通知》对宗教活动场所的管理提出了要求。1994年国务院发布了《宗教活动场所管理条例》,对宗教活动场所的界定、宗教活动场所的管理、宗教活动场所的财产及其保护作了规定。同年,国务院宗教事务管理局制定了《宗教活动场所登记办法》,对宗教活动场所的设立条件和登记事项作了规定。2004年,国务院发布《宗教事务条例》,同时1994年《宗教活动场所管理条例》废止。2005年国务院宗教事务管理局制定了《宗教活动场所设立审批和登记办法》,同时1994年《宗教活动场所登记办法》废止。2017年,国务院修订发布了新的《宗教事务条例》。当前,宗教活动场所法人适用《宗教事务条例》和《宗教活动场所设立审批和登记办法》。

《宗教事务条例》第四章规定了宗教活动场所。根据《宗教事务条例》的规定,设立宗教活动场所,应当具备下列条件:(1)设立宗旨不违背本条例第4条、第5条的规定;①(2)当地信教公民有经常进行集体宗教活动的需要;(3)有拟主持宗教活动的宗教教职人员或者符合本宗教规定的其他人员;(4)有必要的资金,资金来源渠道合法;(5)布局合理,符合城乡规划要求,不妨碍周围单位和居民的正常生产、生活。筹备设立宗教活动场所,由宗教团体向拟设立的宗教活动场所所在地的县级人民政府宗教事务部门提出申请,报经省、自治区、直辖市人民政府宗教事务部门批准。宗教活动场所经批准筹备并建设完工后,应当向所在地的县级人民政府宗教事务部门申请登记,取得“宗教活动场所登记证”。宗教活动场所符合法人条件的,经所在地宗教团体同意,并报县级人民政府宗教事务部门审查同意后,可以到民政部门办理法人登记,取得法人资格。宗教活动场所应当成立管理组织,实行民主管理。宗教活动场所管理组织的成员,经民主协商推选,并报该场所的登记管理机关备案。宗教活动场所应当加强内部管理,依照有关法律、法规、规章的规定,建立健全人员、财务、资产、会计、治安、消防、文物保护、卫生防疫等管理制度,接受当地人民政府有关部门的指导、监督、检查。宗教活动场所举办宗教活动和涉外活动等应当接受宗教事务部门的监督检查。宗教活动场所合法权益受法律保护。

---

① 《宗教事务条例》第4条第2款:“宗教团体、宗教院校、宗教活动场所和信教公民应当遵守宪法、法律、法规和规章,践行社会主义核心价值观,维护国家统一、民族团结、宗教和睦与社会稳定。”第5条:“各宗教坚持独立自主自办的原则,宗教团体、宗教院校、宗教活动场所和宗教事务不受外国势力的支配。”“宗教团体、宗教院校、宗教活动场所、宗教教职人员在相互尊重、平等、友好的基础上开展对外交往;其他组织或者个人在对外经济、文化等合作、交流活动中不得接受附加的宗教条件。”

第五节　特别法人制度

《民法总则》规定了特别法人。依据《民法总则》第 96 条规定,特别法人包括机关法人、农村集体经济组织法人、城镇农村的合作经济组织法人和基层群众性自治组织法人。

一、机关法人

机关法人的"机关"是指国家机关,包括立法机关、政府机关、监察机关、审判机关、检察机关和军事机关。国家机关依据宪法而设立,履行宪法赋予的职责,并非一般民事主体。赋予国家机关以法人资格,是指国家机关在民事活动中与其他民事主体一样,属于平等的民事主体,应当遵守平等自愿的原则,从事民事活动。

最早关于机关法人的规定是 1986 年《民法通则》。《民法通则》第 50 条第 1 款规定:"有独立经费的机关从成立之日起,具有法人资格。"《民法总则》关于机关法人的规定与《民法通则》有所不同。《民法总则》第 97 条规定:"有独立经费的机关和承担行政职能的法定机构从成立之日起,具有机关法人资格,可以从事为履行职能所需要的民事活动。"因此,除了独立经费的机关法人外,"承担行政职能"的法定机构也具有机关法人资格。

根据《民法总则》第 97 条规定,机关法人"可以从事为履行职能所需要的民事活动"。这既是对机关法人从事民事活动的确认,也是对其从事民事活动的限制。国家机关由于其履行公权力的特殊性,并不能如同一般民事主体一样从事法律所不禁止的民事活动,它们从事民事活动的范围应受到限制,以"履行职能所需"为必要。例如,《担保法》第 8 条规定,除经国务院批准为使用外国政府或者国际经济组织贷款进行转贷的以外,国家机关不得为保证人,为他人的债务提供担保。

《民法总则》增加了有关机关法人终止后权利义务归属的规定,《民法总则》第 98 条规定:"机关法人被撤销的,法人终止,其民事权利和义务由继任的机关法人享有和承担,没有继任的机关法人的,由作出撤销决定的机关法人享有和承担。"

二、农村集体经济组织法人

《民法总则》第 99 条规定:"农村集体经济组织依法取得法人资格。""法律、行政法规对农村集体经济组织有规定的,依照其规定。"在我国《宪法》《民法通则》《物权法》《农村土地承包法》《乡镇企业法》①等法律中,均有关于"农村集体经济组织"的规定,但具体哪些组织是农村集体经济组织,法律并无明确规定。一些地方法规规章对农村集体经济组织作了专门的规定。例如北京市农村工作委员会 2003 年制定了《北京市乡村集体经济组织登记办法》,广东省人民政府 2006 年制定了《广东省农村集体经济组织管理规定》。《河北省农村集体资产管理条例》(1998 年制定,2013 年修订)则规定了农村集体经济组织的财产及其保护。以下根据《广东省农村集体经济组织管理规定》的规定,介绍农村集体经济组织法人。

1.农村集体经济组织的概念与形式

《广东省农村集体经济组织管理规定》第 3 条规定:"本规定所称农村集体经济组织,是指原人民公社、生产大队、生产队建制经过改革、改造、改组形成的合作经济组织,包括经济联合总社、经济联合社、经济合作社和股份合作经济联合总社、股份合作经济联合社、股份合作经济社等。"第 4 条规定:"农村集体经济组织在乡(镇)、村中国共产党组织的领导下,依法享有独立进行经济活动的自主权,接受各级人民政府、村民委员会的监督。农村集体经济组织实行民主管理,依法选举和罢免管理人员,决定经营管理的重大事项。"第 7 条规定:"农村集体经济组织以原人民公社、生产大队、生产队为基础,按照集体土地所有权归属和集体资产产权归属设置。"农村集体经济组织名称统一为:广东省县(市、区)镇(街、乡)经济联合总社;广东省县(市、区)镇(街、乡)经济联合社;广东省县(市、区)镇(街、乡)村经济合作社。实行股份合作制的农村集体经济组织,其名称统一为:广东省县(市、区)镇(街、乡)股份合作经济联合总社、广东省县(市、区)镇(街、乡)股份合作经济联合社、广东省县(市、区)镇(街、乡)股份合作经济社。

2.农村集体经济组织的章程与组织机构

《广东省农村集体经济组织管理规定》第 8 条规定,农村集体经济组织章程由本组织成员大会表决通过,应当载明下列事项:(1)名称和住所;(2)宗旨;(3)组织的资产;(4)成员资格及其权利、义务;(5)管理人员的产生与罢免;(6)民主决策、民主管理及其议事、办事、表决规则(包括应当通过召开成员大会表决的重大事项、可

---

① 《宪法》第 8 条第 1 款:"农村集体经济组织实行家庭承包经营为基础、统分结合的双层经营体制。农村中的生产、供销、信用、消费等各种形式的合作经济,是社会主义劳动群众集体所有制经济。参加农村集体经济组织的劳动者,有权在法律规定的范围内经营自留地、自留山、家庭副业和饲养自留畜。"《民法通则》第 27 条:"农村集体经济组织的成员,在法律允许的范围内,按照承包合同规定从事商品经营的,为农村承包经营户。"《物权法》第 124 条:"农村集体经济组织实行家庭承包经营为基础、统分结合的双层经营体制。"《农村土地承包法》第 8 条第 2 款:"国家鼓励农民和农村集体经济组织增加对土地的投入,培肥地力,提高农业生产能力。"《乡镇企业法》第 2 条第 1 款:"本法所称乡镇企业,是指农村集体经济组织或者农民投资为主,在乡镇(包括所辖村)举办的承担支援农业义务的各类企业。"

以通过召开成员代表会议表决的具体事项、成员代表会议代表的人数及其产生办法等);(7)收益分配制度;(8)监督管理与财务公开制度;(9)组织章程修改程序;(10)其他有关事项。第9条规定:"农村集体经济组织的最高权力机构是成员大会。凡涉及成员切身利益的重大事项,必须提交成员大会讨论决定。""农村集体经济组织对具体事项的表决,可以通过召开成员代表会议的形式进行。""成员大会或者成员代表会议实行'一人一票制'或者'一户一票制'等表决方式,具体由组织章程确定。"第11条规定:"农村集体经济组织设立3~7人的社委会或者理事会和3~5人的民主理财监督小组或者监事会。每届任期3年至6年,具体任期由县级以上人民政府决定,可连选连任,但不得交叉任职。""社委会或者理事会、民主理财监督小组或者监事会的组成人员,由本集体经济组织成员大会或者成员代表会议选举产生,并选出社长和副社长、理事长和副理事长、组长和副组长、监事长和副监事长。"第20条规定,农村集体经济组织社委会或者理事会负责起草集体经济发展规划、财务收支计划草案等,提名所属经济实体负责人,经成员大会或者成员代表会议表决通过;社委会或者理事会负责集体资产经营、资源开发、协调服务等日常管理,并定期向成员大会或者成员代表会议报告工作。

3.农村集体经济组织的职责、权利与义务

《广东省农村集体经济组织管理规定》第12条规定,农村集体经济组织应当履行以下职责:(1)经营管理属于本组织成员集体所有的土地和其他资产;(2)经营管理依法确定由本组织使用的国家所有的资源性资产及其他资产;(3)管理乡(镇)以上人民政府拨给的补助资金以及公民、法人和其他组织捐赠的资产和资金;(4)办理集体土地承包、流转及其他集体资产经营管理事项;(5)为本组织成员提供服务;(6)法律、法规、规章和本组织章程规定的其他职责。第13条规定,农村集体经济组织享有以下权利:(1)集体土地和其他集体资产的所有权;(2)由本组织经营管理的国家所有的资产的使用权、经营权和收益权;(3)独立进行经济活动,管理内部事务;(4)拒绝不合法的收费、摊派或者集资;(5)法律、法规、规章规定的其他权利。第14条规定,农村集体经济组织应当履行以下义务:(1)遵守法律、法规、规章和组织章程;(2)保护集体所有的和依法确定由集体使用的国家所有的资产;(3)接受各级人民政府农业行政主管部门的指导和监督;(4)实行资产与财务公开制度,接受农村集体经济审计部门的审计,接受组织成员的监督;(5)法律、法规、规章规定的其他义务。

4.农村集体经济组织成员的权利义务

《广东省农村集体经济组织管理规定》第15条规定,农村集体经济组织的成员包括:原人民公社、生产大队、生产队的成员,户口保留在农村集体经济组织所在地,履行法律法规和组织章程规定义务的;实行以家庭承包经营为基础、统分结合的双层经营体制时起集体经济组织成员所生的子女,户口在集体经济组织所在地,并履行法律法规和组织章程规定义务的;实行以家庭承包经营为基础、统分结合的双层经营体制时起,户口迁入集体经济组织所在地的公民,按照组织章程规定经社委会或者理事会审查和成员大会表决确定其成员资格的。农村集体经济组织成员户口注销的,其成员资格随之取消。第16条规定,农村集体经济组织成员享有以下权利:(1)依法行使选举权、被选举权和表决权;(2)享有集体资产产权、获得集体资产和依法确定由集体使用的国家所有的资产的经营收益;(3)承包集体经济组织的土地及其他资产;(4)对集体经济组织公开招标的项目,在同等条件下有优先权;(5)监督集体经济组织的经营管理活动,提出意见和建议,查阅成员大会或者成员代表会议的会议记录、财务会计报告等;(6)法律、法规、规章和组织章程规定的其他权利。第27条规定,农村集体经济组织成员应当履行以下义务:(1)遵守法律、法规、规章和组织章程;(2)维护集体经济组织的合法权益;(3)依法开展家庭承包经营;(4)法律、法规、规章和组织章程规定的其他义务。

5.农村集体经济组织证明书

《广东省农村集体经济组织管理规定》第18条规定:"农村集体经济组织证明书是农村集体经济组织的身份证明,县级人民政府或者不设区的市人民政府免费向农村集体经济组织颁发组织证明书,具体工作由农业行政主管部门负责。"

6.农村集体经济组织的合并、分立和解散

《广东省农村集体经济组织管理规定》第22条规定,农村集体经济组织合并、分立、解散,应当由成员大会表决通过,经乡(镇)人民政府审核,报县级或者不设区的市人民政府农业行政主管部门备案;农村集体经济组织合并、分立、解散,应当依法清理债权债务,涉及集体资产的处置,应当经原集体经济组织成员大会表决通过。

7.关于农村集体经济组织的财产

《广东省农村集体经济组织管理规定》只在第6条规定了农村集体经济组织财产的管理和保护,未规定农村集体经济组织财产的具体内容。农村集体经济组织财产的具体内容可依《物权法》的规定。《物权法》第58条规定,集体所有的财产包括:(1)法律规定属于集体所有的土地和森林、山岭、草原、荒地、滩涂;(2)集体所有的建筑物、生产设施、农田水利设施;(3)集体所有的教育、科学、文化、卫生、体育等设施;(4)集体所有的其他不动产和动产。

三、合作社法人

《民法总则》第100条规定:"城镇农村的合作经济组织依法取得法人资格。""法律、行政法规对城镇农村的合作经济组织有规定的,依照其规定。"在我国农村,合作经济组织的形式主要是农民专业合作社。

农民专业合作社是在农村家庭承包经营基础上,农产品的生产经营者或者农业生产经营服务的提供者、利用者,自愿联合、民主管理的互助性经济组织(《农民专业合作社法》第 2 条)。① 2004 年 11 月,浙江省人大常委会通过了全国第一个农民专业合作社的地方性法规——《浙江省农民专业合作社条例》。该《条例》明确规定农民专业合作社是"互助经济组织",依法登记取得法人资格。2006 年 10 月 31 日,十届全国人大常委会第二十四次会议通过了《农民专业合作社法》,对农民专业合作社的法律地位、成员及其权利、组织机构、设立、变更、解散以及政府的扶植政策等做了系统的规定;2007 年国务院发布《农民专业合作社登记管理条例》,对登记程序和登记事项作了规定。2017 年 12 月 27 日,十二届全国人大常委会第三十一次会议通过了修订的《农民专业合作社法》。

1.农民专业合作社的宗旨和原则

《农民专业合作社法》第 3 条规定,农民专业合作社以其成员为主要服务对象,开展以下一种或者多种业务:(1)农业生产资料的购买、使用;(2)农产品的生产、销售、加工、运输、贮藏及其他相关服务;(3)农村民间工艺及制品、休闲农业和乡村旅游资源的开发经营等;(4)与农业生产经营有关的技术、信息、设施建设运营等服务。第 4 条规定,农民专业合作社应当遵循下列原则:(1)成员以农民为主体;(2)以服务成员为宗旨,谋求全体成员的共同利益;(3)入社自愿、退社自由;(4)成员地位平等,实行民主管理;(5)盈余主要按照成员与农民专业合作社的交易量(额)比例返还。

2.农民专业合作社的设立

《农民专业合作社法》第 12 条规定,设立农民专业合作社,应当具备下列条件:(1)有五名以上成员;(2)有符合本法规定的章程;(3)有符合本法规定的组织机构;(4)有符合法律、行政法规规定的名称和章程确定的住所;(5)有符合章程规定的成员出资。第 14 条规定,设立农民专业合作社,应当召开由全体设立人参加的设立大会。设立大会行使下列职权:(1)通过本社章程,章程应当由全体设立人一致通过;(2)选举产生理事长、理事、执行监事或者监事会成员;(3)审议其他重大事项。第 16 条规定,设立农民专业合作社应向工商行政管理部门申请登记,经登记取得法人资格。

3.农民专业合作社的成员

《农民专业合作社法》第 19 条规定,具有民事行为能力的公民,以及从事与农民专业合作社业务直接有关的生产经营活动的企业、事业单位或者社会组织,能够

---

① 我国农民专业合作社经历了农民自发起步阶段(20 世纪 80 年代中期至 20 世纪 90 年代中期)、政府引导发展阶段(20 世纪 90 年代中后期至 2006 年)和依法规范发展阶段(2006 年 10 月 31 日《农民专业合作社法》颁布以后)三个阶段。鞠传莲:《农民专业合作组织发展回顾》,http://www.cfc.agri.gov.cn/cfc/html,下载日期:2012 年 6 月 5 日。

利用农民专业合作社提供的服务,承认并遵守农民专业合作社章程,履行章程规定的入社手续的,可以成为农民专业合作社的成员。第 20 条规定,农民专业合作社的成员中,农民至少应当占成员总数的百分之八十。第 21 条规定,农民专业合作社成员享有下列权利:(1)参加成员大会,并享有表决权、选举权和被选举权,按照章程规定对本社实行民主管理;(2)利用本社提供的服务和生产经营设施;(3)按照章程规定或者成员大会决议分享盈余;(4)查阅本社的章程、成员名册、成员大会或者成员代表大会记录、理事会会议决议、监事会会议决议、财务会计报告、会计账簿和财务审计报告;(5)章程规定的其他权利。第 23 条规定,农民专业合作社成员承担下列义务:(1)执行成员大会、成员代表大会和理事会的决议;(2)按照章程规定向本社出资;(3)按照章程规定与本社进行交易;(4)按照章程规定承担亏损;(5)章程规定的其他义务。第 26 条规定,农民专业合作社成员不遵守农民专业合作社的章程、成员大会或者成员代表大会的决议,或者严重危害其他成员及农民专业合作社利益的,可以予以除名;成员的除名,应当经成员大会或者成员代表大会表决通过。

4.农民专业合作社的组织机构

农民专业合作社设成员大会(成员代表大会)和理事会。《农民专业合作社法》第 29 条规定,农民专业合作社成员大会由全体成员组成,是本社的权力机构,行使下列职权:(1)修改章程;(2)选举和罢免理事长、理事、执行监事或者监事会成员;(3)决定重大财产处置、对外投资、对外担保和生产经营活动中的其他重大事项;(4)批准年度业务报告、盈余分配方案、亏损处理方案;(5)对合并、分立、解散、清算,以及设立、加入联合社等作出决议;(6)决定聘用经营管理人员和专业技术人员的数量、资格和任期;(7)听取理事长或者理事会关于成员变动情况的报告,对成员的入社、除名等作出决议;(8)公积金的提取及使用;(9)章程规定的其他职权。第 32 条规定,农民专业合作社成员超过 150 人的,可以按照章程规定设立成员代表大会。成员代表大会按照章程规定可以行使成员大会的部分或者全部职权。依法设立成员代表大会的,成员代表人数一般为成员总人数的百分之十,最低人数为 51 人。第 33 条规定,农民专业合作社设理事长一名,理事长为本社的法定代表人;农民专业合作社可以设执行监事或者监事会。理事长、理事、执行监事或者监事会成员,由成员大会从本社成员中选举产生,依照本法和章程的规定行使职权,对成员大会负责。第 35 条规定,农民专业合作社的理事长或者理事会可以按照成员大会的决定聘任经理和财务会计人员,理事长或者理事可以兼任经理;经理按照章程规定和理事长或者理事会授权,负责具体生产经营活动。

5.农民专业合作社的解散与清算

《农民专业合作社法》第 48 条规定,农民专业合作社因下列原因解散:(1)章程规定的解散事由出现;(2)成员大会决议解散;(3)因合并或者分立需要解散;(4)依法被吊销营业执照或者被撤销。因第(1)项、第(2)项、第(4)项原因解散的,应当按照规定组织清算。第 52 条规定,清算组发现农民专业合作社的财产不足以清偿债务的,应当依法向人民法院申请破产。

6.农民专业合作社联合社

《农民专业合作社法》第七章规定了农民专业合作社联合社,联合社经登记取得法人资格。设立联合社须有三个以上的农民专业合作社,在自愿的基础上出资设立联合社。联合社应当有自己的名称、组织机构和住所,由联合社全体成员制定并承认的章程,依照规定申请登记领取营业执照。联合社以其全部财产对该社的债务承担责任,联合社的成员以其出资额为限对联合社承担责任。联合社应当设立由全体成员参加的成员大会,其职权包括修改联合社章程,选举和罢免农民专业合作社联合社理事长、理事和监事,决定联合社的经营方案及盈余分配,决定对外投资和担保方案等重大事项。联合社不设成员代表大会,可以根据需要设立理事会、监事会或者执行监事。理事长、理事应当由成员社选派的人员担任。

四、基层群众性自治组织法人

基层群众性自治组织,是指城市和农村按照居民居住区设立的居民委员会和村民委员会(《宪法》第 111 条),俗称"两委会"。《民法总则》第 96 条规定,基层群众性自治组织具有法人地位,属于特别法人。第 101 条明确规定,"居民委员会、村民委员会具有基层群众性自治组织法人资格,可以从事为履行职能所需要的民事活动。未设立村集体经济组织的,村民委员会可以依法代行村集体经济组织的职能。"作为改革开放以来我国政治体制改革的重要成果,居民委员会和村民委员会得到了稳健发展,根据民政部发布的 2018 年第 1 季度民政统计季报,我国的居民委员会数量为 10.7 万个,街道办事处数量为 8266 个,村民委员会数量为 55.3 万个。①

(一)居民委员会

早在 1954 年,全国人大常委会通过的《城市居民委员会组织条例》即明确居民委员会是群众性的居民自治组织,并对居民委员会的任务、组成、任期作了规定。在《城市居民委员会组织条例》的基础上,1989 年 12 月 26 日七届全国人大常委会第十一次会议通过了《居民委员会组织法》,对居民委员会的性质、设立与撤销、居民委员会的职责、居民委员会的组成、居民会议、居民委员会的经费财产等作了更加具体的规定。

(1)居民委员会的性质。居民委员会是居民自我管理、自我教育、自我服务的

---

① 民政统计季报:http://www.mca.gov.cn/article/sj/tjjb/qgsj/2018/201806041601.html,下载日期:2018 年 6 月 15 日。

基层群众性自治组织。

(2)居民委员会的设立与撤销。居民委员会根据居民居住状况,按照便于居民自治的原则,一般在 100 户至 700 户的范围内设立,居民委员会的设立、撤销、规模调整,由不设区的市、市辖区的人民政府决定。不设区的市、市辖区的人民政府或者它的派出机关对居民委员会的工作给予指导、支持和帮助。

(3)居民委员会的职责。居民委员会的主要任务是:宣传宪法、法律、法规和国家的政策,维护居民的合法权益,教育居民履行依法应尽的义务,爱护公共财产,开展多种形式的社会主义精神文明建设活动;办理本居住地区居民的公共事务和公益事业;调解民间纠纷;协助维护社会治安;协助人民政府或者它的派出机关做好与居民利益有关的公共卫生、计划生育、优抚救济、青少年教育等项工作;向人民政府或者它的派出机关反映居民的意见、要求和提出建议;开展便民利民的社区服务活动。多民族居住地区的居民委员会,还负有教育居民互相帮助,互相尊重,加强民族团结的职责。居民委员会可以根据需要设人民调解、治安保卫、公共卫生等委员会。居民委员会成员可以兼任下属的委员会的成员。居民较少的居民委员会可以不设下属的委员会,由居民委员会的成员分工负责有关工作。居民委员会可以兴办有关的服务事业。

(4)居民委员会的组成。《居民委员会组织法》规定,居民委员会由主任、副主任和委员共五至九人组成;多民族居住地区,居民委员会中应当有人数较少的民族的成员。居民委员会主任、副主任和委员,由居民会议选举产生。居民委员会每届任期三年,其成员可以连选连任。除了依法被剥夺政治权利的人以外,年满十八周岁的本居住地区居民,不分民族、种族、性别、职业、家庭出身、宗教信仰、教育程度、财产状况、居住期限,都有选举权和被选举权。居民委员会成员应当遵守宪法、法律、法规和国家的政策,办事公道,热心为居民服务。

(5)居民会议。居民会议由十八周岁以上的居民组成;居民会议可以由全体十八周岁以上的居民或者每户派代表参加,也可以由每个居民小组选举代表二至三人参加。居民会议必须有全体十八周岁以上的居民、户的代表或者居民小组选举的代表的过半数出席,才能举行。会议的决定,由出席人的过半数通过。居民委员会向居民会议负责并报告工作。居民会议由居民委员会召集和主持。有五分之一以上的十八周岁以上的居民、五分之一以上的户或者三分之一以上的居民小组提议,应当召集居民会议。涉及全本居民利益的重要问题,居民委员会必须提请居民会议讨论决定。居民会议有权撤换和补选居民委员会成员。居民会议可以制定居民公约,报不设区的市、市辖区的人民政府或者它的派出机关备案,由居民委员会监督执行;居民应当遵守居民会议的决议和居民公约;居民公约的内容不得与宪法、法律、法规和国家的政策相抵触。

(6)居民委员会的经费与财产。居民委员会办理本居住地区公益事业所需的费用,经居民会议讨论决定,可以根据自愿原则向居民筹集,也可以向本居住地区的受益单位筹集,但是必须经受益单位同意;收支账目应当及时公布,接受居民监督。居民委员会的工作经费和来源,居民委员会成员的生活补贴费的范围、标准和来源,由不设区的市、市辖区的人民政府或者上级人民政府规定并拨付;经居民会议同意,可以从居民委员会的经济收入中给予适当补助。居民委员会的办公用房,由当地人民政府统筹解决。居民委员会管理本居民委员会的财产,其财产所有权受法律保护,任何部门和单位不得侵犯居民委员会的财产所有权。

(二)村民委员会

1982 年《宪法》之前,我国农村实行的是以队为基础三级所有(以生产队为基本核算单位的公社、生产大队和生产队三级所有)的人民公社制,人民公社是政社合一的组织(1975 年《宪法》第 7 条),既是一级政权组织,又是集体所有制经济组织。1982 年《宪法》颁布以后,各地按照宪法的规定,在人民公社实行政社分开、建立乡政府的同时,有领导、有计划、有步骤地开展了建立村民委员会的工作。民政部在参照一些地方制定的《村民委员会工作简则》的基础上,着手起草《村民委员会组织条例(草案)》,之后更名为《村民委员会组织法》。1987 年 11 月 24 日,六届全国人大常委会第二十三次会议通过了《村民委员会组织法(试行)》。1998 年 11 月 4 日,在总结《村民委员会组织法(试行)》实施的经验基础上,九届全国人大常委会第五次会议通过了《村民委员会组织法》。2010 年 10 月 28 日十一届全国人大常委会第十七次会议通过了《村民委员会组织法》的修订。

《村民委员会组织法》对村民委员会的性质、设立、组成、职责、村民委员会的选举、村民会议和村民代表会议以及村民委员会的民主管理和民主监督等作了规定。

(1)村民委员会的性质。村民委员会是村民自我管理、自我教育、自我服务的基层群众性自治组织,实行民主选举、民主决策、民主管理、民主监督。乡、民族乡、镇的人民政府对村民委员会的工作给予指导、支持和帮助,但是不得干预依法属于村民自治范围内的事项,村民委员会协助乡、民族乡、镇的人民政府开展工作。

(2)村民委员会的设立。村民委员会根据村民居住状况、人口多少,按照便于群众自治,有利于经济发展和社会管理的原则设立。村民委员会的设立、撤销、范围调整,由乡、民族乡、镇的人民政府提出,经村民会议讨论同意,报县级人民政府批准。村民委员会可以根据村民居住状况、集体土地所有权关系等分设若干村民小组。

(3)村民委员会的职责。村民委员会办理本村的公共事务和公益事业,调解民间纠纷,协助维护社会治安,向人民政府反映村民的意见、要求和提出建议,具体包括:支持和组织村民依法发展各种形式的合作经济和其他经济,承担本村生产的服务和协调工作,促进农村生产建设和经济发展;依照法律规定,管理本村属于村农民集体所有的土地和其他财产,引导村民合理利用自然资源,保护和改善生态环境;尊重并支持集体经济组织依法独立进行经济活动的自主权,维护以家庭承包经营为基础、统分结合的双层经营体制,保障集体经济组织和村民、承包经营户、联户或者合伙的合法财产权和其他合法权益;宣传宪法、法律、法规和国家的政策,教育和推动村民履行法律规定的义务、爱护公共财产,维护村民的合法权益,发展文化教育,普及科技知识,促进男女平等,做好计划生育工作,促进村与村之间的团结、互助,开展多种形式的社会主义精神文明建设活动;支持服务性、公益性、互助性社会组织依法开展活动,推动农村社区建设多民族村民居住的村,教育和引导各民族村民增进团结、互相尊重、互相帮助。

(4)村民委员会的组成。村民委员会由主任、副主任和委员共三至七人组成,村民委员会成员中,应当有妇女成员,多民族村民居住的村应当有人数较少的民族的成员。村民委员会根据需要设人民调解、治安保卫、公共卫生与计划生育等委员会。村民委员会成员可以兼任下属委员会的成员。人口少的村的村民委员会可以不设下属委员会,由村民委员会成员分工负责人民调解、治安保卫、公共卫生与计划生育等工作。村民委员会主任、副主任和委员,由村民直接选举产生;村民委员会每届任期三年,村民委员会成员可以连选连任。除依法被剥夺政治权利的人外,年满十八周岁的村民,不分民族、种族、性别、职业、家庭出身、宗教信仰、教育程度、财产状况、居住期限,都有选举权和被选举权。

(5)村民会议和村民代表会议。村民会议由本村十八周岁以上的村民组成。人数较多或者居住分散的村可以设立村民代表会议,村民代表会议由村民委员会成员和村民代表组成,村民代表应当占村民代表会议组成人员的五分之四以上,妇女村民代表应当占村民代表会议组成人员的三分之一以上。村民会议审议村民委员会的年度工作报告,评议村民委员会成员的工作;有权撤销或者变更村民委员会不适当的决定;有权撤销或者变更村民代表会议不适当的决定。村民会议可以授权村民代表会议审议村民委员会的年度工作报告,评议村民委员会成员的工作,撤销或者变更村民委员会不适当的决定。村民会议可以制定和修改村民自治章程、村规民约,并报乡、民族乡、镇的人民政府备案;但村民自治章程、村规民约以及村民会议或者村民代表会议的决定不得与宪法、法律、法规和国家的政策相抵触,不得有侵犯村民的人身权利、民主权利和合法财产权利的内容。

(6)村民委员会的经费。村民委员会办理本村公益事业所需的经费由村民会议通过筹资筹劳解决;经费确有困难的,由地方人民政府给予适当支持。人民政府有关部门委托村民委员会开展工作需要经费的,由委托部门承担。

第六节　非法人组织

一、非法人组织概述

非法人组织,是指不具有法人资格,但是能够依法以自己的名义从事民事活动的组织;非法人组织包括个人独资企业、合伙企业、不具有法人资格的专业服务机构等(《民法总则》第 102 条)。

《民法总则》规定了法人和非法人组织,非法人组织与法人一样,须经登记才能取得民事主体资格(《民法通则》第 103 条)。二者的主要区别在于:法人能够独立承担责任,即法人的出资人或设立人承担有限责任;非法人组织不能独立承担责任,其出资人或设立人对非法人组织的债务承担无限责任。

非法人组织并非我国法律特有的概念,域外法也有非法人组织的相关概念。例如,德国法上的"无权利能力的社团"(《德国民法典》第 54 条)、瑞士法上的"无法律人格的社团"(《瑞士民法典》第 62 条)、意大利法上的"非法人社团和委员会"(《意大利民法典》第一编第二章"法人"第三节"非法人社团和委员会")、我国澳门特区民法上的"无法律人格之社团"(《澳门民法典》第 186 条)。然而,域外法上的非法人组织与我国《民法总则》规定的非法人组织,不是等同的意义。在域外法上,非法人组织大多是指因未经设立登记而无法人资格的团体。[1] 但是,依据我国法律规定,未经依法登记的组织不具有任何法律地位,它们不属于《民法总则》规定的非法人组织。

《民法总则》第四章"非法人组织"共计 7 条(第 102 条至第 108 条),内容包括非法人组织的概念、类型、非法人组织的登记与批准、非法人组织的财产责任、非法人组织的代表人、非法人组织的解散与清算,非法人组织的法律适用。《民法总则》第 103 条规定,设立非法人组织应当依照法律的规定进行登记;如果法律、行政法规规定非法人组织须经有关机关批准的,须经批准才能进行登记。第 104 条规定,除法律另有规定外,非法人组织的财产不足以清偿债务的,其出资人或者设立人承担无限责任。这意味着,非法人组织的财产足以清偿其债务的,应当以其财产清偿债务,此时其出资人或设立人不承担责任;只有在非法人组织的财产不足以清偿债务时,其出资人或设立人才对非法人组织的债务承担无限责任。该条中的"法律另有规定",主要是指在有限合伙中,有限合伙人依据《合伙企业法》的规定对合伙企业的债务承担有限责任,而不承担无限责任。第 105 条规定,非法人组织可以确定

---

[1]　柳经纬、亓琳:《比较法视野下的非法人组织主体地位问题》,载《暨南学报》2017 年第 4 期。

一人或者数人代表该组织从事民事活动。第106条和第107条规定了非法人组织的解散和清算,非法人组织解散的事由有:(1)章程规定的存续期间届满或者章程规定的其他解散事由出现;(2)出资人或者设立人决定解散;(3)法律规定的其他情形。非法人组织解散的,应当依法进行清算。

《民法总则》关于非法人组织的规定,较为简单。由于非法人组织与法人组织的区别主要在于能否独立承担责任,而在组织体方面却有许多相似之处。因此,《民法总则》第108条对非法人组织的其他法律适用问题作了原则规定,即非法人组织除适用《民法总则》第四章规定外,参照适用本法第三章第一节的有关规定。

除《民法总则》的规定外,有关非法人组织的法律包括《合伙企业法》《个人独资企业法》以及《民办非企业单位登记管理条例》等。它们与《民法总则》的规定构成特别法与普通法的关系。依据《民法总则》第11条关于"其他法律对民事关系有特别规定的,依照其规定"的规定,有关非法人组织的专门法具有优先适用的效力。

二、合伙企业

(一)合伙企业的立法

早在1950年的《私营企业暂行条例》就规定了合伙企业。1988年,国务院颁布的《私营企业暂行条例》,私营企业的类型确立为独资企业、合伙企业和有限责任公司。《条例》第8条规定:"合伙企业是指二人以上按照协议投资、共同经营、共负盈亏的企业。""合伙企业应当有书面协议。""合伙人对企业债务负连带无限责任。"1986年《民法通则》未赋予合伙企业以民事主体资格,但在"公民(自然人)"一章内专设一节规定了个人合伙(第五节),虽然条文不多,但从内容来看,这一节规定的个人合伙不完全是契约型的合伙,它具备了合伙组织的基本要素,尤其是关于合伙字号、合伙登记的规定。《民法通则》第30条规定,个人合伙是指两个以上公民按照协议,各自提供资金、实物、技术等,合伙经营、共同劳动;第31条规定,合伙人应当对出资数额、盈余分配、债务承担、入伙、退伙、合伙终止等事项,订立书面协议;第32条规定,合伙人投入的财产由合伙人统一管理和使用,合伙经营积累的财产归合伙人共有;第33条规定,个人合伙可以起字号,依法经核准登记,在核准登记的经营范围内从事经营;第34条规定,人合伙的经营活动由合伙人共同决定,合伙人有执行和监督的权利;合伙人可以推举负责人,合伙负责人和其他人员的经营活动,由全体合伙人承担民事责任;第35条规定,合伙的债务由合伙人按照出资比例或者协议的约定以各自的财产承担清偿责任,合伙人对合伙的债务承担连带责任。

1994年5月,全国人大财经委员会成立了合伙企业法起草小组,经过近三年的调研和起草工作,1997年2月23日,《中华人民共和国合伙企业法》经八届全国人大常委会第二十四次会议审议通过。为了规范合伙企业的登记,国务院于1997年11月19日发布了《合伙企业登记管理办法》。

（二）《合伙企业法》的内容

1997 年《合伙企业法》共 9 章 78 条，内容包括总则、合伙企业的设立、合伙企业财产、合伙企业事务的执行、合伙企业与第三人关系、入伙与退伙、合伙企业的解散与清算等。

（1）合伙企业的概念。1997 年《合伙企业法》第 2 条规定："本法所称合伙企业，是指依照本法在中国境内设立的由各合伙人订立合伙协议，共同出资、合伙经营、共享收益、共担风险，并对合伙企业债务承担无限连带责任的营利性组织。"依据这一规定，合伙人对合伙企业的债务承担无限连带责任，法律并无特别规定；而且第 6 条进而规定"合伙企业在其名称中不得使用'有限'或者'有限责任'字样。"因此，1997 年《合伙企业法》规定的合伙企业只是普通合伙，而不包括有限合伙。

（2）合伙企业的设立。1997 年《合伙企业法》第二章规定了合伙企业的设立，内容包括合伙企业设立的条件、合伙人的法律资格、合伙人的出资、合伙协议、合伙企业的设立登记。要求合伙人必须具有完全行为能力，且不属于法律禁止从事营利性活动的人；合伙协议应包括合伙企业的名称、主要经营场所、合伙企业的经营范围、合伙人的姓名及其住所、合伙人出资的方式、数额和缴付出资的期限、利润分配和亏损分担办法、合伙企业事务的执行、入伙与退伙、合伙企业的解散与清算等内容，经全体合伙人签章生效；合伙人可以用货币、实物、土地使用权、知识产权或者其他财产权利出资，经全体合伙人协商一致，合伙人也可以用劳务出资；合伙企业应当向企业登记机关申请登记，法律、行政法规规定须报经有关部门审批的，应当在申请设立登记之前获得批准。

（3）合伙企业财产。1997 年《合伙企业法》第三章规定了合伙企业财产，内容包括合伙企业财产的构成、合伙企业财产的管理、合伙企业财产分割的限制等。合伙企业的财产包括合伙人的出资和以合伙企业名义取得的所有收益。合伙企业的财产由全体合伙人依照本法共同管理和使用。合伙企业进行清算前，合伙人不得请求分割合伙企业的财产。合伙人在合伙企业清算前私自转移或者处分合伙企业财产的，合伙企业不得以此对抗善意第三人。合伙企业存续期间，合伙人向合伙人以外的人转让其在合伙企业中的全部或者部分财产份额时，须经其他合伙人一致同意；在同等条件下，其他合伙人有优先受让的权利。合伙人之间转让在合伙企业中的全部或者部分财产份额时，应当通知其他合伙人。合伙人以其在合伙企业中的财产份额出质的，须经其他合伙人一致同意；未经其他合伙人一致同意，合伙人以其在合伙企业中的财产份额出质的，其行为无效，或者作为退伙处理；由此给其他合伙人造成损失的，依法承担赔偿责任。

（4）合伙企业事务的执行。1997 年《合伙企业法》第四章规定了合伙企业事务的执行，内容包括合伙企业事务执行的原则、合伙企业代表人、竞业禁止、利润分配和亏损的处理等。在合伙企业中，各合伙人对执行合伙企业事务享有同等的权利，可以由全体合伙人共同执行合伙企业事务,也可以由合伙协议约定或者全体合伙人决定,委托一名或者数名合伙人执行合伙企业事务。执行合伙企业事务的合伙人,对外代表合伙企业。不参加执行事务的合伙人有权监督执行事务的合伙人,检查其执行合伙企业事务的情况。合伙协议约定或者经全体合伙人决定,合伙人分别执行合伙企业事务时,合伙人可以对其他合伙人执行的事务提出异议;提出异议时,应暂停该项事务的执行;如果发生争议,可由全体合伙人共同决定。被委托执行合伙企业事务的合伙人不按照合伙协议或者全体合伙人的决定执行事务的,其他合伙人可以决定撤销该委托。合伙人不得自营或者同他人合作经营与本合伙企业相竞争的业务,合伙人除合伙协议另有约定或者经全体合伙人同意外不得同本合伙企业进行交易,合伙人不得从事损害本合伙企业利益的活动。合伙企业的利润和亏损,由合伙人依照合伙协议约定的比例分配和分担;合伙协议未约定利润分配和亏损分担比例的,由各合伙人平均分配和分担;合伙协议不得约定将全部利润分配给部分合伙人或者由部分合伙人承担全部亏损。

(5)合伙企业与第三人的关系。1997年《合伙企业法》第五章规定了合伙企业与第三人的关系,内容包括不得对抗善意第三人、合伙企业债务的清偿、债权人抵销的限制、代位权的限制等。合伙企业对合伙人执行合伙企业事务以及对外代表合伙企业权利的限制,不得对抗善意第三人。合伙企业对其债务,应先以其全部财产进行清偿;合伙企业财产不足清偿到期债务的,各合伙人应当承担无限连带清偿责任。合伙企业中某一合伙人的债权人,不得以该债权抵销其对合伙企业的债务,也不得代位行使该合伙人在合伙企业中的权利。

(6)入伙和退伙。1997年《合伙企业法》第六章规定了入伙和退伙。新合伙人入伙时,应当经全体合伙人同意,并依法订立书面入伙协议。入伙的新合伙人对入伙前合伙企业的债务承担连带责任。在合伙期间,如有合伙协议约定的退伙事由出现或经全体合伙人同意退伙以及法定的情形,合伙人可以退伙;合伙人有不履行出资义务等情形时,经其他合伙人一致同意,可以决议将其除名,被除名人退伙。合伙人退伙的,其他合伙人应当与该退伙人按照退伙时的合伙企业的财产状况进行结算,退还退伙人的财产份额,退伙人对其退伙前已发生的合伙企业债务,与其他合伙人承担连带责任。

(7)合伙企业的解散和清算。1997年《合伙企业法》第七章规定了合伙企业的解散和清算。合伙企业有合伙协议约定的经营期限届满且合伙人不愿继续经营、合伙协议约定的解散事由出现、全体合伙人决定解散、合伙人已不具备法定人数等情形时,应解散。合伙企业解散后应当进行清算,并通知和公告债权人。合伙企业解散,清算人由全体合伙人担任;未能由全体合伙人担任清算人的,经全体合伙人过半数同意,可以自合伙企业解散后十五日内指定一名或者数名合伙人,或者委托第三人,担任清算人。清算人的职责包括清理合伙企业财产、分别编制资产负债表和财产清单,处理与清算有关的合伙企业未了结的事务,清缴所欠税款、债权、债务,处理合伙企业清偿债务后的剩余财产,代表合伙企业参与民事诉讼活动。合伙企业清算时,其全部财产不足清偿其债务的,合伙人应当承担无限连带清偿责任。合伙企业解散后,原合伙人对合伙企业存续期间的债务仍应承担连带责任,但债权人在五年内未向债务人提出偿债请求的,该责任消灭。

(三)《合伙企业法》的修订

随着我国市场经济的发展,1997 年《合伙企业法》的局限性日益凸显。一是《合伙企业法》规定的合伙企业仅限于全体合伙人承担无限责任的普通合伙,没有规定有限合伙,难以适应风险投资的需要,制约了投资市场的发展;二是《合伙企业法》第 8 条规定,合伙人必须是依法承担无限责任者,导致有限责任的公司、企业无法参与合伙,合伙企业的规模无法做大。发展风险投资,促进市场经济的发展,迫切需要突破公司企业参与风险投资的法律瓶颈,承认有限合伙制度。

2006 年 8 月 27 日,第十届全国人大常委会第二十三次会议通过了《合伙企业法》的修订。修订后的《合伙企业法》重新定义了合伙企业,明确规定法人可以参加合伙,增加了有限合伙及特殊的普通合伙制度。2007 年 5 月 9 日,国务院相应修订了《合伙企业登记管理办法》。《合伙企业法》修订的主要内容如下:

(1)合伙企业的概念与类型。修订后的《合伙企业法》第 2 条规定:"本法所称合伙企业,是指自然人、法人和其他组织依照本法在中国境内设立的普通合伙企业和有限合伙企业。""普通合伙企业由普通合伙人组成,合伙人对合伙企业债务承担无限连带责任。本法对普通合伙人承担责任的形式有特别规定的,从其规定。""有限合伙企业由普通合伙人和有限合伙人组成,普通合伙人对合伙企业债务承担无限连带责任,有限合伙人以其认缴的出资额为限对合伙企业债务承担责任。"根据上述规定,法人可以成为合伙人,这就突破了原《合伙企业法》关于合伙人须为"依法承担无限责任者"的限制,为公司企业参与合伙提供了法律依据;同时,合伙企业不再限于全体合伙人承担无限责任的普通合伙,部分合伙人承担有限责任的有限合伙也得到法律的确认。另根据修订后的《合伙企业法》第 3 条规定,国有独资公司、国有企业、上市公司以及公益性的事业单位、社会团体不得成为普通合伙人,但可以成为有限合伙的有限合伙人。这一制度变革为做大做强合伙企业提供了制度支持。

(2)有限合伙企业的特别规范。修订后的《合伙企业法》第三章规定了有限合伙企业特别规范,内容包括有限合伙合伙人的构成、有限合伙合伙协议的特别事项、有限合伙人出资方式的限制、有限合伙人执行合伙事务的限制等。《合伙企业法》规定,有限合伙企业由二个以上五十个以下合伙人设立,其中至少应当有一个普通合伙人;有限合伙企业名称中应当标明"有限合伙"字样;有限合伙的合伙协议应当特别载明下列事项:普通合伙人和有限合伙人的姓名或者名称、住所,执行事务合伙人应具备的条件和选择程序,执行事务合伙人权限与违约处理办法,执行事务合伙人的除名条件和更换程序,有限合伙人入伙、退伙的条件、程序以及相关责任,有限合伙人和普通合伙人相互转变程序;有限合伙人不得以劳务出资;有限合伙企业由普通合伙人执行合伙事务,有限合伙人不执行合伙事务,不得对外代表有限合伙企业;除非合伙协议另有约定,有限合伙人可以同本有限合伙企业进行交易,可以自营或者同他人合作经营与本有限合伙企业相竞争的业务,可以将其在有限合伙企业中的财产份额出质;有限合伙企业仅剩有限合伙人的,应当解散;有限合伙企业仅剩普通合伙人的,转为普通合伙企业;第三人有理由相信有限合伙人为普通合伙人并与其交易的,该有限合伙人对该笔交易承担与普通合伙人同样的责任;新入伙的有限合伙人对入伙前有限合伙企业的债务,以其认缴的出资额为限承担责任;有限合伙人退伙后,对基于其退伙前的原因发生的有限合伙企业债务,以其退伙时从有限合伙企业中取回的财产承担责任。

(3)特殊的普通合伙企业。修订后的《合伙企业法》第二章"普通合伙企业"第六节规定了特殊的普通合伙企业。特殊的普通合伙企业,是指以专业知识和专门技能为客户提供有偿服务的专业服务机构。特殊的普通合伙企业属于普通合伙企业,法律上适用《合伙企业法》关于普通合伙企业的规定,但在设立目的、合伙人资格以及责任承担方面有一定的特殊性。在设立目的上,特殊的普通合伙企业是以其合伙人的专业知识和专门技能为客户提供有偿服务,例如律师事务所、会计师事务所等。在合伙人资格上,根据修订后的《合伙企业登记管理办法》第15条规定,设立特殊的普通合伙企业,须提交合伙人的职业资格证明。在责任承担上,特殊的普通合伙企业的合伙人一人或者数人在执业活动中因故意或者重大过失造成合伙企业债务的,应当承担无限责任或者无限连带责任,其他合伙人以其在合伙企业中的财产份额为限承担责任;合伙人在执业活动中非因故意或者重大过失造成的合伙企业债务以及合伙企业的其他债务,由全体合伙人承担无限连带责任。在行业管理上,特殊的普通合伙企业应当建立执业风险基金、办理职业保险;执业风险基金用于偿付合伙人执业活动造成的债务;执业风险基金应当单独立户管理。

(四)外国企业或者个人在中国境内设立合伙企业的特别规范

2009年11月25日,为了规范外国企业或者个人在中国境内设立合伙企业的行为,便于外国企业或者个人以设立合伙企业的方式在中国境内投资,扩大对外经济合作和技术交流,根据《合伙企业法》,国务院颁布了《外国企业或者个人在中国境内设立合伙企业管理办法》。《办法》第2条规定,外国企业或者个人在中国境内设立合伙企业,是指2个以上外国企业或者个人在中国境内设立合伙企业,以及外国企业或者个人与中国的自然人、法人和其他组织在中国境内设立合伙企业。第5条规定,外国企业或者个人在中国境内设立合伙企业,可以直接向企业登记机关申请设立登记,按照《合伙企业登记管理办法》要求提交有关文件以及符合外商投资产业政策的说明,并不需要提供外商投资主管部门的批准文件。第 13 条规定,外国企业或者个人在中国境内设立合伙企业涉及须经政府核准的投资项目的,应当依照国家有关规定办理投资项目核准手续。

三、个人独资企业

1988 年《私营企业暂行条例》规定了独资企业,独资企业由一人投资,投资者对企业债务负无限责任(第 7 条)。独资企业的出资人为自然人,因而也就是个人独资企业。比私营独资企业更早的是个体工商户。改革开放之初,个体工商户就已经得到法律的确认。1982 年《宪法》第 11 条规定:"在法律规定范围内的城乡劳动者个体经济,是社会主义公有制经济的补充。国家保护个体经济的合法的权利和利益。"1986 年《民法通则》第 26 条:"公民在法律允许的范围内,依法经核准登记,从事工商业经营的,为个体工商户。个体工商户可以起字号。"在庞大的个体工商户群体中,许多也具有个人独资企业的性质。

个人独资企业是非公有制经济发展的产物,它们在安置下岗职工、促进就业、保持社会稳定、发展经济等方面发挥了重要的作用。据国家工商行政管理部门统计,到 1998 年底,全国注册登记私营企业中的独资企业已达 44.2 万户,个体工商户 3120 万户,其中有相当一部分具有独资企业的性质。[①] 然而,《私营企业暂行条例》关于独资企业的规定内容简单,并不能满足个人独资企业发展的需要,有必要制定专门的个人独资企业法,以规范和保护个人独资企业,促进个人独资企业的发展。同时,在《私营企业暂行条例》所规定的公司、合伙和独资三种企业形式中,公司和合伙均已制定了专门的法律,即 1993 年的《公司法》和 1997 年的《合伙企业法》,从健全企业立法的层面来看,制定专门的《个人独资企业法》也势在必行。

1999 年 8 月 30 日,第九届全国人大常委会第十一次会议通过《中华人民共和国个人独资企业法》。2000 年 1 月,国家工商总局发布了《个人独资企业登记管理办法》(2014 年修订),对个人独资企业登记提供了规范。

《个人独资企业法》共 6 章 48 条,内容包括总则、个人独资企业的设立、个人独资企业的投资人及事务管理、个人独资企业的解散和清算、法律责任等。

(1)个人独资企业的概念。《个人独资企业法》第 2 条规定:"本法所称个人独资企业,是指依照本法在中国境内设立,由一个自然人投资,财产为投资人个人所有,投资人以其个人财产对企业债务承担无限责任的经营实体。"根据该法第 47 条关于"外商独资企业不适用本法"的规定,上述第 2 条所说的自然人当指我国大陆的自然人,不包括外国人以及港澳台地区的自然人。

[①] 姚振炎:《关于〈中华人民共和国独资企业法(草案)〉的说明》,载《全国人民代表大会常务委员会公报》1999 年第 5 期。

（2）个人独资企业的设立。设立个人独资企业应具备的条件：投资人为一个自然人，有合法的企业名称，有投资人申报的出资，有固定的生产经营场所和必要的生产经营条件，有必要的从业人员。根据《个人独资企业法》第16条规定，个人独资企业的投资人须为法律不禁止共识经营性活动的自然人，法律禁止从事营利性活动的人不得作为投资人申请设立个人独资企业。个人独资企业如从事法律、行政法规规定须报经有关部门审批的业务，须获得有关部门的批准。个人独资企业经工商登记机关核准登记后，取得非法人组织资格。

（3）个人独资企业的财产、责任和事务管理。个人独资企业的财产包括出资的财产和经营所得财产，均属投资人个人所有，可以依法进行转让或继承。投资人以其个人财产对个人独资企业的债务承担无限责任。《个人独资企业法》第18条规定，投资人在申请企业设立登记时明确以其家庭共有财产作为个人出资的，应以家庭共有财产对企业债务承担无限责任。个人独资企业投资人可以自行管理企业事务，也可以委托或者聘用其他具有民事行为能力的人负责企业的事务管理。投资人委托或者聘用他人管理个人独资企业事务；受托人或者被聘用的人员应当履行诚信、勤勉义务，按照与投资人签订的合同负责个人独资企业的事务管理。

（4）个人独资企业的解散与清算。个人独资企业因投资人决定解散、投资人死亡（含宣告死亡）无继承人或者继承人决定放弃继承、被依法吊销营业执照以及法律规定的其他情形而解散。个人独资企业解散，由投资人自行清算或者由债权人申请人民法院指定清算人进行清算。根据《个人独资企业法》第31条规定，个人独资企业财产不足以清偿债务的，投资人应当以其个人的其他财产予以清偿。

四、其他非法人组织

根据《民法总则》第102条第2款的规定，非法人组织除了个人独资企业、合伙企业外，还有不具有法人资格的专业服务机构。"不具有法人资格的专业服务机构"主要指不具有法人资格的律师事务所、会计师事务所等。在2006年《合伙企业法》修订时，采取合伙形式的专业服务机构中已经被纳入"特殊的普通合伙企业"，采取个人独资形式的专业服务机构则属于《民法总则》第102条第2款所说的"不具有法人资格的专业服务机构"，如个人律师事务所。《律师法》规定，律师事务所可以是合伙律师事务所也可以是个人律师事务所，设立个人律师事务所，除应当符合一般律师事务所需条件外，设立人应当是具有五年以上执业经历的律师，设立人对律师事务所的债务承担无限责任。

除《民法总则》第102条列举的非法人组织外，还有其他类型的非法人组织。根据2015年最高人民法院发布的《关于适用〈中华人民共和国民事诉讼法〉的解释》第52条规定，"其他组织"（即非法人组织）包括：（1）依法登记领取营业执照的个人独资企业；（2）依法登记领取营业执照的合伙企业；（3）依法登记领取我国营业执照的中外合作经营企业、外资企业；(4)依法成立的社会团体的分支机构、代表机构；(5)依法设立并领取营业执照的法人的分支机构；(6)依法设立并领取营业执照的商业银行、政策性银行和非银行金融机构的分支机构；(7)经依法登记领取营业执照的乡镇企业、街道企业；(8)其他符合本条规定条件的组织。这些"其他组织"大体可以分为两种类型：一是独立性的非法人组织，包括个人独资企业、合伙企业、不具备法人资格的乡镇企业、街道企业以及不具备法人资格的中外合资企业和外资企业；①二是法人的分支机构，包括社会团体法人的分支机构和代表处、企业法人的分支机构、金融机构(法人)的分支机构，法人分支机构不具有法人资格。"其他符合条件的组织"如合伙型和个体型的民办非企业单位，则属于独立性的非法人组织。上述"其他组织"中，除了合伙企业、个人独资企业为《民法总则》第 102 条规定的非法人组织外，其他的"其他组织"应为其他非法人组织。

另外，根据《民办非企业单位登记管理暂行条例》第 12 条规定，准予登记的民办非企业单位，由登记管理机关分别发给"民办非企业单位(法人)登记证书""民办非企业单位(合伙)登记证书""民办非企业单位(个体)登记证书"。其中合伙、个体形式的民办非企业单位，也属于其他类型非法人组织。

第七节　法人与非法人制度之展望

我国法人和非法人制度是随着改革开放的进程而逐渐建立起来的，带有鲜明的时代特点，也难免具有时代的局限性。其局限性主要表现在三个方面：一是法人与非法人组织的区分标准是能否独立承担责任，不具有科学性；法人和非法人组织均以登记为必要，没有给非经登记但实际从事民事活动的组织留下必要的制度空间，需要进行制度重构；二是法人分类标准多元，不利于法人制度的构建，需对法人进行重新分类，以新的分类为基础构建法人规范体系。三是非营利法人(社会团体法人、捐助法人)与营利法人的法律位阶不同等，非营利法人的法律位阶有待提升。因此，法人与非法人组织制度仍有较大的健全和完善的空间。

一、放弃法人独立责任观念，重构法人与非法人组织制度

我国现行法(《民法通则》《民法总则》)关于法人与非法人组织的划分是以能否

---

①　根据《中外合作经营企业法》和《外资企业法》的规定，中外合作经营企业、外资企业只有符合中国法律关于法人条件规定的才能依法取得中国法人资格，不具备法人条件的则属于非法人组织。又如，根据《乡镇企业法》的规定，乡镇企业只有符合企业法人条件的，才能依法取得企业法人资格，不具备法人条件的乡镇企业也属于非法人组织。

独立承担责任为标准,法人能够独立承担民事责任,非法人组织则不能独立承担民事责任,非法人的出资人或设立人承担无限责任。这种划分并不科学。一是在传统民法里,法人并不以独立承担责任为必要,不能独立承担责任或出资人承担无限责任的组织体也可以是法人。例如,我国台湾地区《公司法》规定,公司是社团法人(第1条),但公司的类型包括无限公司、有限公司、两合公司和股份有限公司(第2条),其中无限公司的股东、两合公司中的无限责任股东都承担无限责任,但不影响其法人地位。二是在我国现行法中,法人独立承担责任和非法人组织不能独立承担责任并不是绝对的。根据《公司法》第20条第3款和《民法总则》第83条第2款的规定,股东或出资人滥用公司或法人独立人格损害债权人利益,应对公司或法人的债务承担连带责任,对股东和出资人而言,这即是无限责任。另根据《民法总则》第104条以及《合伙企业法》《个人独资企业法》的相关规定,非法人组织的财产不足以清偿债务的,其出资人或者设立人承担无限责任。这就意味着,如果非法人组织的财产足以清偿债务的,其出资人或者设立人无须承担责任。因此,法人的独立责任和非法人组织的出资人无限责任并没有绝对的区分,法人也会出现不能独立承担责任、其出资人或设立人承担无限责任的情形;非法人组织也会出现独立承担责任、其出资人或设立人无须承担无限责任的情形。独立责任或出资人的有限责任不是法人和非法人组织的根本区别,更不应是划分法人和非法人组织的法律标准。有必要在未来的法律中,废弃以独立责任区分法人和非法人组织的做法,采取多数国家通用的做法,以是否登记为标准划分法人和非法人组织,法人是指经登记而获得主体资格的组织,非法人是指那些非经登记而没有取得法人资格但实际从事民事活动的组织。

采取上述做法的一个好处是,可以给未经登记的组织留下必要的制度空间。按照《民法总则》以及各种组织体的法律的规定,法人和非法人组织均需登记才能取得主体资格,那些未经登记的组织则无主体资格。这种法律规定导致了我国现实中诸多从事有益于社会的组织(如志愿者组织)因未申请登记或无法获得登记而处在法律上不利的地位。如果将登记的组织(包括合伙企业、个人独资企业)均归入法人的范畴,则可将非法人组织这一概念留给那些未经登记而从事有益于社会活动的组织,给它们留下制度的空间,也为公民实现结社自由的基本权利提供必要的制度支持。①

二、以社团法人和财团法人为基本分类,重建法人规范体系

《民法总则》将法人分为营利法人、非营利法人和特别法人,存在标准多元问题。营利法人与非营利法人划分的标准是法人是否以营利为目的,特别法人对应

---

① 柳经纬、亓琳:《比较法视野下的非法人组织主体地位问题》,载《暨南学报》2017年第4期。

的是"一般法人",其划分的标准并不是营利。这就存在标准不统一的问题。如果以营利与否为标准,《民法总则》规定的特别法人(机关法人、农村集体经济组织法人、城镇农村的合作经济组织法人、基层群众性自治组织法人)(第 96 条)应属于非营利法人,而不能构成独立的法人类型。在法人规范体系构建上,以营利与否为标准划分法人,除了出资人或设立人可从法人获得收益一条外,难以分别抽象出营利法人和非营利法人各自特有的规范体系。《民法总则》第三章"法人"第二节"营利法人"共计 11 个条文(第 76 条至第 86 条),除了第 76 条定义外,都不是营利法人特有的规范,其中规定的章程、权力机构、执行机构、监督机构,也是社会团体法人(非营利法人)和合作社人(特别法人)应当具备的。第三节"非营利法人"规定了事业单位法人、社会团体法人和捐助法人,除不得分配利润外,三者在组织机构等方面并无共性,《民法总则》也只能是分别罗列三种法人,而没有抽象出适用于三种法人的具有共性的规范。因此,《民法总则》所采取的法人分类不具有科学性,难以构建法人的规范体系。

在法人分类问题上,传统民法采取社团法人和财团法人的分类,并以此为基础构建法人的规范体系,比较而言是可取的。社团法人以成员为基础而设立,财团法人以财产的捐助行为为基础而设立,二者在设立条件、组织机构等方面有着明显的不同,可以分别构建不同的法人规范体系。采取这种分类,可以避免《民法总则》将同属于以成员为基础的公司、社会团体、合作社分别规定的问题。按照社团法人和财团法人的划分,《民法总则》规定的各种法人,公司、社会团体、合作社和农村集体经济组织法人可归入社团法人;基金会、宗教组织、以公益为目的的社会服务机构可归入财团法人,依此分别建立社团法人和财团法人的规范体系。至于《民法总则》规定的事业单位法人、机关法人、基层自治组织法人,它们或属于公权力机构,或属于国家出资设立的科教文卫组织,均非依据民法而是依据特别法设立的法人,可作为"特别法人"对待,它们的规范体系由特别法规定,民法不作规定。

三、提升非营利法人(社会团体法人、基金会法人)的法律位阶,健全相关立法

按照《民法总则》的法人分类,营利法人的立法较为健全,既有组织法又有登记程序法。如公司法人,组织法有《公司法》,登记程序法有《公司登记管理条例》,前者保障公司的主体地位,后者规范公司的设立变更和终止。而且,法律对营利法人采取准则主义,除非法律特别规定,只要符合规定的条件,即可申请登记为公司。然而,非营利法人中的社会团体法人和基金会法人,只有登记程序法而无组织法,前者为《社会团体登记管理条例》,后者为《基金会管理条例》,而且法律位阶为行政法规而非法律。对于社会团体法人和基金会法人,法律规定需经主管部门批准方可设立(《社会团体登记管理条例》第 11 条、《基金会管理条例》第 9 条)。这种情

形,与我国经济体制改革和政治体制改革的不平衡有关。①

然而,随着我国社会经济的发展,政治体制改革的深入,这种情况应该得到改变,社会团体法人和基金会法人的法律位阶与公司法人不平衡的问题应当得到解决。因此,在将来合适的时候,应制定《社会团体法》(或《结社法》)、《基金会法》,提升社会团体法人和基金会法人的法律位阶,同时另行制定社会团体法人和基金会法人的登记程序法,前者以保障其主体性,后者以规范其设立变更和终止。同时,应当在 2013 年第十二届全国人大第一次会议通过的《国务院机构改革和职能转变方案》提出的"改革社会组织管理制度",即"重点培育、优先发展行业协会商会类、科技类、公益慈善类、城乡社区服务类社会组织。成立这些社会组织,直接向民政部门依法申请登记,不再需要业务主管单位审查同意"的基础上,根据我国政治体制改革的进程,逐步废除社会团体、基金会的审批制,实行直接申请登记制,为实现公民结社自由提供法律支持。

---

① 柳经纬:《当代中国私法进程》,中国法制出版社 2013 年版,第 163 页。

第四章

物权与财产权制度

第一节 概 述

　　物权是权利人依法对特定的物享有直接支配和排他的权利,包括所有权、用益物权和担保物权(《民法总则》第 114 条、《物权法》第 2 条)。其中用益物权包括建设用地使用权、土地承包权、宅基地使用权和地役权,担保物权包括抵押权、质权和留置权。在我国财产制度中,物权是最重要的财产权。除物权外,财产权还包括知识产权(专利权、商标权、著作权等)、股权等投资性权利、网络虚拟财产权利等。

　　中华人民共和国成立后,经历了 20 世纪 50 年代国家有组织地对生产资料的社会主义改造之后,基本消灭了生产资料私有制,建立了生产资料的社会主义公有制。在法律上,生产资料归国家所有(即全民所有)或集体所有,公民则享有生活资料的所有权,以此为基础强调对国家财产和集体财产的特殊保护。1975 年《宪法》和 1978 年《宪法》均规定"社会主义的公共财产不可侵犯",对公民个人财产则规定"国家保护公民的合法收入、储蓄、房屋和其他生活资料的所有权"。尽管这个时期的宪法规定对公共财产和公民个人财产给予法律保护,但是在十年"文革"中,"打砸抢"盛行,"抄家"成了家常便饭,不仅公民个人财产得不到法律保护,国家财产和集体财产也得不到应有的保护。

十一届三中全会以后,随着国家法治的恢复,财产权保护受到重视。1982年《宪法》重申了"社会主义的公共财产神圣不可侵犯"和"国家保护公民的合法的收入、储蓄、房屋和其他合法财产的所有权"的规定(第12条、第13条),财产权保护被重新纳入法治的轨道。此外,最高人民法院先后发布《关于贯彻执行民事政策法律的意见》(1979年)、《关于贯彻执行民事政策法律若干问题的意见》(1984年),对处理宅基地纠纷、房产纠纷提出了指导意见。1980年国务院批转宗教事务管理局等《关于落实宗教团体房产政策等问题的报告》,1982年6月国务院侨务办公室、城乡建设环境保护部联合发出的《关于落实"文革"期间被挤占的华侨私房政策的若干规定》,1982年10月城乡建设环境保护部发布《关于进一步抓好落实私房政策工作的意见》,1983年9月国务院批转城乡建设环境保护部的《关于对国民党军政人员出走弃留的代管房产的处理意见》,1984年城乡建设环境保护部发布了《关于外国人私有房屋管理的若干规定》,提出了具体处理历史遗留私有房屋产权问题的意见。1983年,国务院颁布了《城市私有房屋管理条例》、1982年城乡建设环境保护部发布《关于城市(镇)房地产产权、产籍管理暂行规定》,为私有房屋产权的确认和保护提供了基本的法律依据。

随着改革开放的不断深入,尤其是农村土地承包制和城镇国有土地使用权制度改革,我国财产权法律制度逐步得到建立。1986年《民法通则》第五章"民事权利"规定了"财产所有权和与财产所有权有关的财产权"(第一节)和知识产权(第三节)。1990年国务院发布了《城镇国有土地使用权出让和转让暂行条例》,对国有土地用地使用权出让和转让作了规定,形成了建设用地使用权制度。1995年6月30日,第八届全国人大常委会第十四次会议通过了《担保法》,规定了抵押、质押(动产质押、权利质押)和留置。2002年8月29日第九届全国人大常委会第二十九次会议通过了《农村土地承包法》,对土地承包双方的权利义务、土地承包权的流转与保护作了规定,形成了土地承包权制度。2007年3月16日第十届全国人大第五次会议通过了《物权法》,将建设用地使用权、土地承包权、抵押权、质权和留置权纳入其中,建立了系统的物权法律制度。

此外,《商标法》(1982年)、《专利法》(1984年)、《著作权法》(1990年)先后颁行,建立了系统的知识产权制度;1993年《公司法》确认了投资者的权利,即股权。2017年《民法总则》除规定物权(第114条)、知识产权(第123条)、投资者权益(股权)(第125条)外,还规定了网络虚拟财产的保护(第127条),后者为确认和保护网络虚拟财产权利提供了法律依据。

总结我国改革开放以来物权与财产权制度的变化,最为主要的是,生产资料私有逐步得到法律的承认,个人财产的范围不断扩大,财产权制度不断健全,财产权平等保护原则逐渐得到确立。根据 1975 年《宪法》和 1978 年《宪法》的规定,生产资料只能归国家所有和集体所有,公民个人不能拥有生产资料。对于当时存在的个体经营,宪法规定"国家允许非农业的个体劳动者在城镇或者农村的基层组织统一安排和管理下,从事法律许可范围内的、不剥削他人的个体劳动。同时,引导他们逐步走上社会主义集体化的道路。"改革开放后,1979 年制定的《中外合资经营企业法》明确规定"中国政府依法保护外国合营者按照中国政府批准的协议、合同、章程在合营企业的投资、应分得的利润和其他合法权益。"(第 2 条)。这是我国第一部突破生产资料公有制的限制、宣布保护私有财产(外国投资者权益)的法律。1982 年《宪法》在保护公共财产和公民个人财产之外,增加了关于外国投资者合法权益保护的规定(第 18 条);对于个体经营,《宪法》规定"在法律规定范围内的城乡劳动者个体经济,是社会主义公有制经济的补充。国家保护个体经济的合法的权利和利益。"(第 11 条)。1984 年制定的《专利法》突破了当时《发明奖励条例》(1978 年)关于发明归国家所有的规定,承认发明创造是财产可以归发明人所有。1986 年《民法通则》第 5 条规定"公民、法人的合法的民事权益受法律保护,任何组织和个人不得侵犯",初步确立了财产权平等保护的原则。1988 年,《宪法修正案》增加了关于私营经济是社会公有制经济的补充的规定,随后国务院颁布《私营企业暂行条例》,明确保护私营企业的合法权益。1988 年《宪法修正案》还规定"土地使用权可以依照法律的规定转让",为国有土地使用权出让制度改革提供了宪法依据,也为公民个人可以与国家分享土地权利提供了法律依据。市场经济体制确立后,1999 年《宪法修正案》提升了非公有制经济的法律地位,规定"在法律规定范围内的个体经济、私营经济等非公有制经济,是社会主义市场经济的重要组成部分。"2004 年,《宪法修正案》将宪法第 13 条修改为"公民的合法的私有财产不受侵犯。""国家依照法律规定保护公民的私有财产权和继承权。""国家为了公共利益的需要,可以依照法律规定对公民的私有财产实行征收或者征用并给予补偿。"私有财产的宪法地位最终得到确认。2007 年《物权法》虽然仍区分国家财产、集体财产和个人财产,但均规定"受法律保护",不再强调国家财产、集体财产的特殊保护,体现了财产权平等保护原则。2017 年《民法总则》第 113 条规定"民事主体的财产权利受法律平等保护",明文确立了财产权平等保护原则。

上述我国财产权法律制度的变化,是在改革的推动下逐步完成的。这不仅是法律的进步,也是社会的进步。改革开放 40 年来,我国人民的物质文化生活得到不断改善,人民摆脱了普遍贫穷的日子,而走上逐渐富裕的道路,财产权法律制度的适时跟进,为人民生活的改善和提升提供了法律的保障。

第二节 财产基本法律制度

财产法律制度是一国经济制度和政治制度的基础。在财产法律制度中，最重要的是要回答谁能拥有财产以及拥有什么样的财产问题，即财产所有的问题。在法律上，财产所有的概念并不完全等同于以物（动产、不动产）为客体的所有权，一切形式的财产都存在着法律上的归属问题，均可称之为"所有"。例如，《物权法》第50条规定的属于国家所有的"无线电频谱资源"显然不属于物的范畴，此所谓"所有"不能等同于以物为客体的所有权。

在我国，财产因其权利主体不同被分为国有财产、集体财产和私人财产三种基本类型，国有财产和集体财产统称为公共财产。如此区分财产所有的意义在于国家、集体和私人拥有财产的范围不同，并非所有的财产都可以归私人所有，土地、矿产等资源性的财产依法只能归国家所有或集体所有而不能归私人所有。

改革开放以来，公共财产与私人财产的法律制度变化有所不同。由于历史的原因，国有财产和集体财产的法律地位一直以来没有变化。从1954年《宪法》到1975年《宪法》、1978年《宪法》和1982年《宪法》，均规定社会主义公共财产神圣不可侵犯，资源性的财产只能归国家所有和集体所有的情况也没有变化，国有财产和集体财产的主要变化表现在财产权的行使尤其是国有财产权的行使方面，逐渐实现了制度化、规范化。私人财产法律制度的变化主要在于法律地位的变化，其法律地位不断提升，范围不断扩大。私人财产法律地位的变化，集中体现了改革开放40年来财产法律制度的变迁。

一、国有财产法律制度

（一）国有财产的来源

国家所有即全民所有，是全民所有制的法律形式。国家所有的财产范围广泛，来源也广泛。根据我国法律规定，国有财产的来源主要有三种情形：

1.直接根据法律规定取得特定的财产。这部分财产主要是土地、矿产等资源性财产。1982年《宪法》第9条规定："矿藏、水流、森林、山岭、草原、荒地、滩涂等自然资源，都属于国家所有，即全民所有；由法律规定属于集体所有的森林和山岭、草原、荒地、滩涂除外。"第10条规定："城市的土地属于国家所有。"《物权法》第46条规定："矿藏、水流、海域属于国家所有。"第47条规定："城市的土地，属于国家所有。法律规定属于国家所有的农村和城市郊区的土地，属于国家所有。"第48条规定："森林、山岭、草原、荒地、滩涂等自然资源，属于国家所有，但法律规定属于集体所有的除外。"第49条规定："法律规定属于国家所有的野生动植物资源，属于国家所有。"第 50 条规定:"无线电频谱资源属于国家所有。"第 51 条规定:"法律规定属于国家所有的文物,属于国家所有。"第 52 条规定:"国防资产属于国家所有。""铁路、公路、电力设施、电信设施和油气管道等基础设施,依照法律规定为国家所有的,属于国家所有。"《继承法》第 32 条:"无人继承又无人受遗赠的遗产,归国家所有"。

2.国家机关作为公权力机关,可依据法律规定向纳税人征收税款、对违法者实行罚没、征收他人财产。税收、罚没财产、征收的财产均为国有财产。例如,《物权法》第 42 条规定:"为了公共利益的需要,依照法律规定的权限和程序可以征收集体所有的土地和单位、个人的房屋及其他不动产。"又如《刑法》第 64 条规定:"犯罪分子违法所得的一切财物,应当予以追缴或者责令退赔;对被害人的合法财产,应当及时返还;违禁品和供犯罪所用的本人财物,应当予以没收。没收的财物和罚金,一律上缴国库,不得挪用和自行处理。"

3.我国《民法通则》《民法总则》均规定国家机关具有法人地位,作为特殊的法人,国家机关可以民事主体的身份参加一定的民事活动,从而取得财产,如接受赠予、进行投资获得收益等。例如,2008 年《企业国有资产法》规定,国家对其投资的企业享有"出资人权益",出资人所获得的财产权益属于国有财产。

(二)国有财产权的行使

国家所有即全民所有,国家所有的财产无法由全民共同来行使权利,只能由代表国家利益的组织来行使权利。1982 年《宪法》和 1986 年《民法通则》均规定了国家财产,但未规定国有财产权利的行使。2007 年《物权法》第 45 条第 2 款对国有财产所有权的行使作了原则性的规定,即"国有财产由国务院代表国家行使所有权"。第 53 条、第 54 条、第 55 条进而分别对不同类型的国有财产所有权的行使作了规定,即"国家机关对其直接支配的不动产和动产,享有占有、使用以及依照法律和国务院的有关规定处分的权利"(第 53 条)、"国家举办的事业单位对其直接支配的不动产和动产,享有占有、使用以及依照法律和国务院的有关规定收益、处分的权利"(第 54 条)、"国家出资的企业,由国务院、地方人民政府依照法律、行政法规规定分别代表国家履行出资人职责,享有出资人权益"(第 55 条)。

在国有财产权行使规范化和制度化方面,我国自改革开放以后陆续制定了一些单行法,如《文物保护法》(1982 年制定,1991 年、2002 年、2007 年、2013 年、2015 年、2017 年修订)、《草原法》(1985 年制定,2002 年、2009 年、2013 年修订)、《土地管理法》(1986 年制定,1988 年、1998 年、2004 年修订)、《矿产资源法》(1986 年制定,1996 年、2009 年修订)、《渔业法》(1986 年制定,2000 年、2004 年、2009 年、2013 年修订)、《水法》(1988 年制定,2002 年、2009 年、2016 年修订)、《煤炭法》(1996 年制定,2009 年、2011 年、2013 年、2016 年修订)、《海域使用管理法》(2001 年)、《企业国有资产法》(2008 年)、《海岛保护法》(2009 年)等。这些法律对各类国有财产权的行使作了规定。例如,《矿产资源法》第 3 条规定:"矿产资源属于国家所有,由国务院行使国家对矿产资源的所有权。""勘查、开采矿产资源,必须依法分别申请、经批准取得探矿权、采矿权,并办理登记"。《水法》第 3 条规定:"水资源属于国家所有。水资源的所有权由国务院代表国家行使。"第 4 条规定:"开发、利用、节约、保护水资源和防治水害,应当全面规划、统筹兼顾、标本兼治、综合利用、讲求效益,发挥水资源的多种功能,协调好生活、生产经营和生态环境用水。"第 7 条规定:"国家对水资源依法实行取水许可制度和有偿使用制度。""国务院水行政主管部门负责全国取水许可制度和水资源有偿使用制度的组织实施。"

国家机关作为依法行使国有财产权的主体,同时也对国有财产负有监督管理和保护的职责。例如,《矿产资源法》第 11 条规定:"国务院地质矿产主管部门主管全国矿产资源勘查、开采的监督管理工作。国务院有关主管部门协助国务院地质矿产主管部门进行矿产资源勘查、开采的监督管理工作。""省、自治区、直辖市人民政府地质矿产主管部门主管本行政区域内矿产资源勘查、开采的监督管理工作。省、自治区、直辖市人民政府有关主管部门协助同级地质矿产主管部门进行矿产资源勘查、开采的监督管理工作。"这也构成了国有财产权行使的特殊性。

(三)国有财产的特殊保护

《物权法》第 56 条对国家财产的保护作了规定,明确"国家所有的财产受法律保护,禁止任何单位和个人侵占、哄抢、私分、截留、破坏"。这是财产权保护的一般规则。根据国有财产权由国家机关行使的特殊性,《物权法》第 57 条对负有管理国有财产职责的人员的责任也作了规定,即"履行国有财产管理、监督职责的机构及其工作人员,应当依法加强对国有财产的管理、监督,促进国有财产保值增值,防止国有财产损失;滥用职权,玩忽职守,造成国有财产损失的,应当依法承担法律责任"。"违反国有财产管理规定,在企业改制、合并分立、关联交易等过程中,低价转让、合谋私分、擅自担保或者以其他方式造成国有财产损失的,应当依法承担法律责任。"

除《物权法》外,上述关于国有财产权行使的法律也对该领域的国有财产的保护作了专门规定。例如《矿产资源法》第 39 条规定:"违反本法规定,未取得采矿许可证擅自采矿的,擅自进入国家规划矿区、对国民经济具有重要价值的矿区范围采矿的,擅自开采国家规定实行保护性开采的特定矿种的,责令停止开采、赔偿损失,没收采出的矿产品和违法所得,可以并处罚款;拒不停止开采,造成矿产资源破坏的,依照刑法有关规定对直接责任人员追究刑事责任。""单位和个人进入他人依法设立的国有矿山企业和其他矿山企业矿区范围内采矿的,依照前款规定处罚。"第 40 条规定:"超越批准的矿区范围采矿的,责令退回本矿区范围内开采、赔偿损失,没收越界开采的矿产品和违法所得,可以并处罚款;拒不退回本矿区范围内开采,造成矿产资源破坏的,吊销采矿许可证,依照刑法有关规定对直接责任人员追究刑事责任。"第 42 条规定:"买卖、出租或者以其他形式转让矿产资源的,没收违法所得,处以罚款。"第 44 条规定:"违反本法规定,采取破坏性的开采方法开采矿产资源的,处以罚款,可以吊销采矿许可证;造成矿产资源严重破坏的,依照刑法有关规定对直接责任人员追究刑事责任。"这些规定为特定国有财产的保护提供了直接的法律依据。

在国有财产保护方面,还有一个特点。依法代表国家行使国有财产权的机关,同时也是此类财产的行政管理机关。对于侵害国有财产的行为,它们可以依职权对不法行为直接进行行政处罚。例如,上述《矿产资源法》规定中的"没收违法所得""罚款""吊销许可证",均为行政处罚措施。在财产权保护方面,集体财产和私有财产的保护,财产权人均不具有采取行政处罚措施的权力,他们只能向公权力机关寻求救济。这也是国有财产权保护的特殊之处。

二、集体财产法律制度

集体所有即劳动群众集体所有,是社会主义公有制的一种形式。《物权法》第 58 条规定:"集体所有的不动产和动产包括:(一)法律规定属于集体所有的土地和森林、山岭、草原、荒地、滩涂;(二)集体所有的建筑物、生产设施、农田水利设施;(三)集体所有的教育、科学、文化、卫生、体育等设施;(四)集体所有的其他不动产和动产。"

集体财产权的主体包括两种情形:一是集体所有制企业,包括依据《乡村集体所有制企业条例》(1990 年)和《城镇集体所有制企业条例》(1991 年)设立的企业。《乡村集体所有制企业条例》第 10 条规定,乡村集体所有制企业具备法人条件的,登记后取得法人资格。因此,乡村集体所有制企业可以采取法人组织形式,也可以采取其他组织形式(合伙企业)。城镇集体所有制企业依据《城镇集体所有制企业条例》第 6 条规定,应为法人。二是农村集体经济组织,具有法人地位,属于《民法总则》第 96 条规定的"特别法人"。因此,集体财产权的行使,不同于国有财产权的行使。

《物权法》对集体所有财产权的行使作了原则性的规定。《物权法》第 59 条第 2 款规定,下列事项关于集体财产权的行使应当依照法定程序经集体成员决定:(一)土地承包方案以及将土地发包给本集体以外的单位或者个人承包;(二)个别土地承包经营权人之间承包地的调整;(三)土地补偿费等费用的使用、分配办法;(四)集体出资的企业的所有权变动等事项;(五)法律规定的其他事项。第 60 条规定:"对于集体所有的土地和森林、山岭、草原、荒地、滩涂等,依照下列规定行使所有权:(一)属于村农民集体所有的,由村集体经济组织或者村民委员会代表集体行使所有权;(二)分别属于村内两个以上农民集体所有的,由村内各该集体经济组织或者村民小组代表集体行使所有权;(三)属于乡镇农民集体所有的,由乡镇集体经济组织代表集体行使所有权。"第 61 条规定:"城镇集体所有的不动产和动产,依照法律、行政法规的规定由本集体享有占有、使用、收益和处分的权利。"为了保护集体经济组织成员的权益,《物权法》第 62 条还规定:"集体经济组织或者村民委员会、村民小组应当依照法律、行政法规以及章程、村规民约向本集体成员公布集体财产的状况。"

集体财产权的行使,除了遵守《物权法》的规定外,还应根据集体财产的不同情形遵守《村民委员会组织法》《居民委员会组织法》《乡村集体所有制企业条例》和《城镇集体所有制企业条例》的有关规定。例如,《村民委员会组织法》第 24 条规定,村享受误工补贴的人员及补贴标准、从村集体经济所得收益的使用、村公益事业的兴办和筹资筹劳方案及建设承包方案、土地承包经营方案、村集体经济项目的立项承包方案、宅基地的使用方案、征地补偿费的使用分配方案、以借贷租赁或者其他方式处分村集体财产等涉及村民利益的事项,应当经村民会议讨论决定方可办理。根据《村民委员会组织法》第 22 条规定,村民会议应当有本村 18 周岁以上村民的过半数或者本村三分之二以上的户的代表参加,村民会议所作决定应当经到会人员的过半数才能通过。

《物权法》对集体财产的保护也作了规定。该法第 63 条规定:"集体所有的财产受法律保护,禁止任何单位和个人侵占、哄抢、私分、破坏。""集体经济组织、村民委员会或者其负责人作出的决定侵害集体成员合法权益的,受侵害的集体成员可以请求人民法院予以撤销。"

三、私人财产法律制度

我国私人财产法律制度经历了一个只承认个人享有生活资料所有权到承认私有财产的变化过程。

在生产资料只能归国家所有和集体所有的情况下,公民个人只能享有生活资料的所有权,而不能享有生产资料的所有权。根据 1975 年《宪法》和 1978 年《宪法》的规定,对于当时存在的个体经营,法律虽然允许其存在,但必须在城乡基层组织的统一安排和管理下,从事法律许可范围内的、不剥削他人的个体劳动;同时,国家引导他们逐步走上社会主义集体化的道路。对于公民个人依法享有的生活资料所有权,其客体主要是合法收入(包括劳动所得和其他依法取得的财产)、储蓄(包括本息)、房屋以及其他生活资料。法律保护公民个人生活资料所有权,但是禁止公民个人生活资料用于违法活动,包括利用公民个人财产从事剥削他人劳动的行为、从事投机倒把活动、从事高利贷活动等。[①]

改革开放后,个体经济和私营经济的兴起,突破了生产资料只能归国家所有或

---

① 佟柔主编:《民法原理》,法律出版社 1983 年版,第 163 页。

者集体所有的限制,公民个人也可以拥有生产资料,可以从事经营活动,可以雇工。1980 年 8 月,为了解决当时因大批知青回城而引发的就业问题,中共中央颁布《关于转发全国劳动就业会议文件的通知》,允许劳动者从事个体工商业和服务业劳动。《通知》还指出:"这种个体经济是社会主义公有制经济的不可缺少的补充……有关部门对个体经济要积极予以支持,不得刁难、歧视。"个体经济作为社会主义公有制经济的补充,也被写进 1982 年《宪法》(第 11 条:"在法律规定范围内的城乡劳动者个体经济,是社会主义公有制经济的补充。国家保护个体经济的合法的权利和利益。")。1981 年 7 月,国务院发布《关于城镇非农业个体经济的若干政策规定》,肯定了个体经济对于社会经济发展的积极意义,明确规定"国家保护个体经营户的正当经营、合法收益和资产",并允许个体经营户"经过工商行政管理部门批准,可以请一至两个帮手;技术性较强或者有特殊技艺的,可以带两三个最多不超过五个学徒。"1983 年 1 月,中共中央一号文件《当前农村经济政策的若干问题》提出"农村个体工商户和种养业的能手,请帮手、带徒弟,可参照《国务院关于城镇非农业个体经济若干政策性规定》执行。"1987 年 1 月,中共中央政治局通过的《把农村改革引向深入》肯定了"私人企业"。这也是中央文件首次肯定私营经济。[①] 同年 10 月,中共十三大召开,提出"在公有制为主的前提下发展多种所有制经济",肯定了私营经济作为公有制经济必要和有益补充的意义。1988 年《宪法修正案》于《宪法》第 11 条增加规定:"国家允许私营经济在法律规定的范围内存在和发展。私营经济是社会主义公有制经济的补充。国家保护私营经济的合法的权利和利益……"依据宪法修正案的精神,国务院制定了《私营企业暂行条例》。《条例》第 2 条规定:"本条例所称私营企业是指企业资产属于私人所有、雇工八人以上的营利性的经济组织。"第 6 条规定,私营企业的组织形式包括独资企业、合伙企业和有限责任公司。1992 年,中共十四大提出,在所有制结构上,以公有制为主体,包括个体经济、私营经济、外资经济为补充,多种经济成分共同发展。1999 年《宪法修正案》规定"国家在社会主义初级阶段,坚持公有制为主体、多种所有制经济共同发展的基本经济制度……",个体经济、私营经济等非公有制经济的地位也从"公有制经济的补充"提升到"社会主义市场经济的重要组成部分"。2004 年《宪法修正案》进一步明确规定保护私有财产,私有财产的宪法地位得以最终确立。

根据宪法修正案的精神,《物权法》对私有财产及其保护作了规定。《物权法》第 64 条规定:"私人对其合法的收入、房屋、生活用品、生产工具、原材料等不动产和动产享有所有权。"第 65 条规定:"私人合法的储蓄、投资及其收益受法律保护。国家依照法律规定保护私人的继承权及其他合法权益。"第 66 条规定:"私人的合法财产受法律保护,禁止任何单位和个人侵占、哄抢、破坏。"

---

① 武力:《中国当代私营经济发展六十年》,《河北学刊》2009 年第 1 期。

《物权法》第五章分别规定了国家所有权、集体所有权和私人所有权,在各种所有权保护问题上,均表述"受法律保护"(第 56 条、第 63 条、第 66 条),体现了不同主体的财产权平等保护的原则,私有财产在物权法中获得了与国有财产、集体财产同等的法律地位。这是我国经济体制改革发展的结果,是个体经济、私营经济等非公有制经济发展的必然。2013 年 11 月,十八届三中全会通过的《中共中央关于全面深化改革若干重大问题的决定》指出,"公有制为主体、多种所有制经济共同发展的基本经济制度,是中国特色社会主义制度的支柱,也是社会主义市场经济体制的根基",并明确指出"公有制经济财产权不可侵犯,非公有制经济财产权同样不可侵犯"。这是对私有财产保护最充分的肯定。

第三节　物权法律制度

直至改革开放之初,我国民法只讲所有权,不讲物权。[1] 1979 年至 1982 年,立法机关组织第三次民法典起草工作,先后完成了《中华人民共和国民法(草案)》四稿,其中也只有所有权编,而无物权编。1986 年《民法通则》虽然规定了一些他物权,如土地承包经营权(第 80 条)、采矿权(第 81 条),但没有采用物权的概念,第五章"民事权利"第一节用的标题是"财产所有权和与财产所有权有关的财产权";属于担保物权制度的抵押和留置作为债的担保形式规定在第五章"民事权利"第二节"债权"(第 89 条第 2 项、第 4 项)。究其原因,理论上受前苏俄民法学的影响,认为所有权以外的其他物权是私有制的特有现象,在社会主义国家,由于社会主义公有制的建立,不存在所有权以外的物权;实践中则是我国建立土地公有制后,原来存在于私有土地上的地上权、典权、地役权等他物权不复存在。[2]

随着改革开放的深入,一方面,农村土地承包制改革和城镇国有土地使用权出让改革,改变了土地上单一所有权的权利结构,形成了新的土地权利结构,这种权利结构需要从法律上作出界定,只讲所有权不讲物权的理论不能满足这种需要,人们从传统民法的物权理论中获得了诠释新的土地关系的理论资源,土地承包关系和土地出让关系物权化成为理论和立法的最终选择。另一方面,随着商品经济的发展,市场的活跃,抵押质押等财产担保形式逐渐被用于交易活动,财产担保不同于单纯的信用担保(保证),也需要法律上作出规范。上述两个方面构成了我国恢

---

[1] 《法学研究》编辑部编著:《新中国民法学研究综述》,中国社会科学文献出版社 1990 年版,第 215~216 页。

[2] 李由义、李志敏、钱明星:《论建立我国物权体系的必要性及其意义》,《中国法学》1987 年第 1 期。

复物权制度的动力,也成为我国物权法律制度的基础。

一、土地承包经营权

在土地承包制改革之前,我国农村实行的是土地集体所有、统一经营的生产经营模式,农民作为集体组织(公社、大队、生产小队)的成员在集体组织的统一组织下从事生产劳动,除了有限的自留地外,农民并不能直接占有土地从事生产经营。[①] 1978 年以后,以安徽凤阳小岗村"大包干"为标志的农民自发兴起的土地承包[②]逐渐得到中央高层的肯定。1980 年 5 月 31 日,邓小平在谈到农村政策问题时,肯定了包产到户的做法。他说:"农村政策放宽以后,一些适宜搞包产到户的地方搞了包产到户,效果很好,变化很快。安徽肥西县绝大多数生产队搞了包产到户,增产幅度很大。'凤阳花鼓'中唱的那个凤阳县,绝大多数生产队搞了大包干,也是一年翻身,改变面貌。有的同志担心,这样搞会不会影响集体经济。我看这种担心是不必要的。"[③]从 1982 年到 1986 年,中央连续发出五个"一号文件"[④]对土地承包给予了高度评价和肯定。1983 年"中央一号文件"(《关于印发〈当前农村经济政策的若干问题〉的通知》)高度评价土地承包制是一项"伟大创造"。1984 年"中央一号文件"(《关于一九八四年农村工作的通知》)提出要"延长土地承包期",并规定"土地承包期一般应在十五年以上"。1985 年"中央一号文件"(《关于进一步活跃农村经济的十项政策》)明确表态"联产承包责任制和农户家庭经营长期不变"。1986 年"中央一号文件"(《关于一九八六年农村工作的部署》)进而提出要把家庭联产承包制作为"一项基本制度长期稳定下来,并不断充实完善"。

在农村实行土地承包的初期,调整土地承包关系的主要依据是合同,农户的权利义务关系通过合同加以约定,通过合同的履行得以实现,并通过合同的法律效力得以保障。1982 年"中央一号文件"(中共中央批转《全国农村工作会议纪要》)在

[①] 1962 年《农村人民公社工作条例修正草案》第 21 条第 2 款规定:"生产队所有的土地,不经过县级以上人民委员会的审查和批准,任何单位和个人都不得占用。"

[②] 1978 年冬,安徽凤阳小岗村 18 户农民,冒险在土地承包责任书按下鲜红手印,实行"大包干",从而掀起了中国农村改革的序幕。实际上,在小岗村实行"大包干"之前,1978 年 10 月底,安徽来安县十二里半公社前垘大队农民在县委书记王业美的支持下,已自发搞起"分田单干"。他们将上水田、下水田、不太好的田做了合理的划分、搭配,通过抓阄的办法把田分到各家各户;同时,对困难户、五保户采取了统筹管理。中国经济体制改革研究会编写组:《中国改革开放大事记(1978—2008)》,中国财政经济出版社 2008 年版,第 13 页。

[③] 邓小平:《邓小平文选》第 2 卷,人民出版社 1994 年版,第 315 页。

[④] "中央一号文件",原指中共中央每年发的第一份文件,由于 1982 年至 1986 年、2004 年至 2018 年,中共中央先后连续发出 20(5+15)个关于农村改革与发展的一号文件,对农村社会经济发展作出具体部署,因此,2004 年至 2018 年,中共中央又连续 15 年发布以"三农"(农业、农村、农民)为主题的中央一号文件,强调了"三农"问题在中国的社会主义现代化时期"重中之重"的地位。

肯定土地承包责任制的同时,要求"实行各种承包责任制的生产队,必须抓好订立合同的工作,把生产队与农户、作业组、专业人之间的经济关系和双方的权利、义务用合同形式确定下来。"1987年,中共中央书记处农村政策研究室发布《关于稳定和完善土地承包制的意见》进一步从制度层面上对土地承包制以及承包合同的订立、合同的内容、合同的效力和纠纷的解决等问题提出了具体的指导意见。1986年《民法通则》虽然在"财产所有权和与财产所有权有关的财产权"项下规定了土地承包经营权,但仍明确"承包双方的权利和义务,依照法律由承包合同规定"(第80条第2款、第81条第3款),其时尚未完成土地承包权的制度构建。

然而,随着农村土地承包制的逐渐稳定和不断完善,土地承包关系呈现出一个从债权到物权的变化过程。1993年7月2日第八届全国人大常委会第二次会议通过的《农业法》对土地承包经营权及其保护作了原则性的规定。2002年8月29日第九届全国人大常委会第二十九次会议通过了《农村土地承包法》,对土地承包合同、土地承包经营权的保护和流转等作了专门的规定,土地承包经营权的物权属性基本得到确认。2007年《物权法》将土地承包经营权作为用益物权并作出规定,完成了土地承包关系的物权制度构建。

《农村土地承包法》是调整农村土地承包关系的基本法,其关于土地承包经营权的规定构成了《物权法》有关土地承包经营权规定的基础。《农村土地承包法》共5章65条,重点是关于家庭承包的规定。根据《农村土地承包法》的规定,土地承包经营权制度的主要内容如下:

1.实行承包经营的农村土地不限于农民集体所有的土地,也包括国家所有依法由农民集体使用的耕地、林地、草地以及其他依法用于农业的土地(第2条)。土地承包期限因土地性质不同而有区别:耕地30年、草地30~50年、林地30~70年,特殊林木的林地承包期经国务院林业行政主管部门批准可以延长(第20条)。

2.土地承包的发包方为农村集体经济组织或者村民委员会。如属国家所有依法由农民集体使用的农村土地,由使用该土地的农村集体经济组织、村民委员会或者村民小组发包(第12条)。承包方为农村集体经济组织成员,他们享有依法承包由本集体经济组织发包的农村土地的权利(第5条),作为农村集体经济组织成员的妇女与男子享有平等的权利,任何组织和个人不得剥夺、侵害妇女应当享有的土地承包经营权(第6条)。在土地承包中,应当遵循以下原则:本集体经济组织成员依法平等地行使承包土地的权利;民主协商,公平合理;承包方案应当按照法律规定依法经本集体经济组织成员的村民会议三分之二以上成员或者三分之二以上村民代表的同意;承包程序合法(第18条)。

3.农村土地承包采取农村集体经济组织内部的家庭承包方式,不宜采取家庭承包方式的荒山、荒沟、荒丘、荒滩等农村土地,可以采取招标、拍卖、公开协商等方式承包(第3条)。发包方与承包方应当签订承包合同,明确双方权利义务(第21

条),自承包合同生效时取得土地承包经营权(第 22 条);由县级以上地方人民政府向承包方颁发土地承包经营权证或者林权证等证书,并登记造册,确认土地承包经营权(第 23 条)。

4.土地承包经营权受法律保护。承包期内,发包方不得收回承包地,承包方全家迁入小城镇落户的,应当按照承包方的意愿,保留其土地承包经营权或者允许其依法进行土地承包经营权流转;承包方全家迁入设区的市,转为非农业户口的,应当将承包的耕地和草地交回发包方;承包方交回承包地或者发包方依法收回承包地时,承包方对其在承包地上投入而提高土地生产能力的,有权获得相应的补偿(第 26 条)。承包期内,发包方不得调整承包地,因自然灾害严重毁损承包地等特殊情形对个别农户之间承包的耕地和草地需要适当调整的,必须经本集体经济组织成员的村民会议三分之二以上成员或者三分之二以上村民代表的同意,并报乡(镇)人民政府和县级人民政府农业等行政主管部门批准(第 27 条)。

5.承包人应得的承包收益可以依法由继承人继承,林地承包的承包人死亡的,其继承人可以在承包期内继续承包(第 31 条)。通过家庭承包取得的土地承包经营权可以依法采取转包、出租、互换、转让或者其他方式流转(第 32 条)。土地承包经营权采取互换、转让方式流转,当事人要求登记的,应当向县级以上地方人民政府申请登记;未经登记,不得对抗善意第三人(第 38 条)。

农村土地承包制改革,在不改变土地公有制的前提下,确认了集体经济组织成员对集体土地或国家所有由集体使用的土地的权利(土地承包经营权),创设了新的生产经营方式,大大激发了广大农民的生产积极性,基本解决了温饱问题,促进了农村社会经济的发展。

二、建设用地使用权

建设用地使用权,是指权利人依法对国家所有的土地享有占有、使用和收益的权利,建设用地使用权人有权利用该土地建造建筑物、构筑物及其附属设施。建设用地使用权可以在土地的地表、地上或者地下分别设立。建设用地使用权的取得方式分为有偿出让和行政划拨等方式,依据国有土地使用权出让方式(包括招投标、拍卖、协议出让)取得的建设用地使用权是出让土地使用权,依据行政划拨等非出让方式取得的建设用地使用权是划拨土地使用权。

(一)出让土地使用权

国有出让土地使用权是我国土地使用权制度改革的产物。早在 1979 年,《中外合资经营企业法》就有关于场地使用权的规定。该法第 5 条第 3 款规定:"中国合营者的投资可包括为合营企业经营期间提供的场地使用权。如果场地使用权未作为中国合营者投资的一部分,合营企业应向中国政府缴纳使用费。"这是我国法律上第一次确认国有土地可以有偿使用。但此时,国有土地有偿使用仅限于外商投资企业。除此之外,当时的法律仍禁止土地的任何形式交易。如《宪法》第 10 条第 4 款、《土地管理法》第 2 条、《民法通则》第 80 条第 3 款均规定,禁止买卖、抵押、出租以及以其他方式非法转让土地。

国有土地使用权制度改革始于 1987 年深圳经济特区进行的国有土地使用权有偿出让。1987 年 9 月,深圳经济特区率先试行国有土地使用权有偿出让,中航深圳工贸中心以 106 万元人民币购得 5300 平方米国有土地 50 年使用权,从而揭开了国有土地使用权制度改革的序幕。当年 11 月,国务院确定在深圳、上海、天津、广州、厦门、福州进行国有土地使用权制度改革试点。为了给国有土地使用权有偿出让提供法律依据,1988 年《宪法修正案》删去了第 10 条第 3 款原文关于禁止土地出租的内容,增加了"土地的使用权可以依照法律的规定转让"的规定。根据宪法修正案的规定,1988 年 12 月 29 日,第七届全国人大常委会第五次会议通过了《土地管理法》的修订,修订后的《土地管理法》第 2 条规定:"国有土地和集体所有的土地的使用权可以依法转让。土地使用权转让的具体办法,由国务院另行规定。"(第 3 款)"国家依法实行国有土地有偿使用制度,国有土地有偿使用的具体办法,由国务院另行规定。"(第 4 款)1990 年,国务院颁布了《城镇国有土地使用权出让和转让暂行条例》和《外商投资开发经营成片土地暂行管理办法》,对国有土地使用权的出让与转让做了具体的制度安排。此后 1994 年 4 月 7 日,第八届全国人大常委会第八次会议通过《城市房地产管理法》也对建设用地使用权的出让、转让和抵押作了规定。

《城镇国有土地使用权出让和转让暂行条例》《外商投资开发经营成片土地暂行管理办法》《城市房地产管理法》确立了国有出让土地使用权制度。主要内容如下:

1.国家按照所有权与使用权分离的原则实行城镇国有土地使用权出让、转让制度,实行土地使用权出让的城镇国有土地指市、县城、建制镇、工矿区范围内属于全民所有的土地(《城镇国有土地使用权出让和转让暂行条例》第 2 条)。国有土地使用权出让的最高期限因土地用途而定,居住用地 70 年,工业用地 50 年,教育、科技、文化、卫生、体育用地 50 年,商业、旅游、娱乐用地 40 年,综合或者其他用地 50 年(《城镇国有土地使用权出让和转让暂行条例》第 12 条)。

2.国有土地使用权出让的出让方为国家。"土地使用权出让是指国家以土地所有者的身份将土地使用权在一定年限内让与土地使用者,并由土地使用者向国家支付土地使用权出让金的行为。"土地使用权出让的具体实施部门为市、县人民政府土地管理部门。受让方可以是中华人民共和国境内外的公司、企业、其他组织和个人。除法律另有规定者外,中华人民共和国境内外的公司、企业、其他组织和个人均可依出让方式取得国有土地使用权,进行土地开发、利用、经营(《城镇国有土地使用权出让和转让暂行条例》第 3 条)。

3.土地使用权出让方式包括协议、招标、拍卖(《城镇国有土地使用权出让和转让暂行条例》第 13 条)。《城市房地产管理法》第 12 条第 2 款规定,商业、旅游、娱乐和豪华住宅用地,有条件的,必须采取拍卖、招标方式;没有条件,不能采取拍卖、招标方式的,可以采取双方协议的方式。土地使用权出让应当签订出让合同,明确双方的权利义务。土地使用者在支付全部土地使用权出让金后,应当依照规定办理登记,领取土地使用证,取得出让土地的使用权(《城镇国有土地使用权出让和转让暂行条例》第 16 条)。

4.土地使用权人有权也有义务按照土地使用权出让合同的规定和城市规划的要求,开发、利用、经营土地(《城镇国有土地使用权出让和转让暂行条例》第 17 条)。土地使用权人不得改变土地用途,如需改变土地用途的,应当征得出让方同意并经土地管理部门和城市规划部门批准,依照本章的有关规定重新签订土地使用权出让合同,调整土地使用权出让金,并办理登记(第 18 条)。

5.土地使用权人可以依法转让土地使用权(出售、交换、赠与),土地使用权可以出租、抵押。土地使用权转让应当具备一定的条件(《城镇国有土地使用权出让和转让暂行条例》第 19 条)。《城市房地产管理法》第 38 条规定:"以出让方式取得土地使用权的,转让房地产时,应当符合下列条件:(一)按照出让合同约定已经支付全部土地使用权出让金,并取得土地使用权证书;(二)按照出让合同约定进行投资开发,属于房屋建设工程的,完成开发投资总额的百分之二十五以上,属于成片开发土地的,形成工业用地或者其他建设用地条件。"

国有土地使用权出让改革突破了以往单纯以行政手段配置土地资源的做法,创立了以市场手段配置土地资源为主的土地有偿利用制度。这一制度改革解决了我国城市建设完全依靠国家投入的制度瓶颈问题,民间资本可以进入城市建设,使得我国城市面貌得以发生翻天覆地的变化。当然,这一制度也导致后来日益严重的土地房屋征收拆迁的社会矛盾和城市房价飙升的民生问题。

(二)划拨土地使用权

土地划拨的本意是指政府采取行政的方式将国有土地交给土地使用者使用。在土地使用权制度改革之前,国有企事业单位使用国有土地,均采取行政划拨方式。根据原国家土地管理局 1992 年发布的《划拨土地使用权管理暂行办法》第 2 条规定,划拨土地使用权,是指土地使用者通过除出让土地使用权以外的其他各种方式依法取得的国有土地使用权,因此除了行政划拨后,城镇私有房屋所使用的国有土地,也归入划拨土地使用权的范畴。1986 年《民法通则》第 80 条规定("国家所有的土地,可以依法由全民所有制单位使用,也可以依法确定由集体所有制单位使用,国家保护它的使用、收益的权利。")和 1986 年《土地管理法》第 7 条规定("国有土地可以依法确定给全民所有制单位或者集体所有制单位使用,国有土地和集体所有的土地可以依法确定给个人使用。")的国有土地使用权实则为划拨土地使用权。

1990 年《城镇国有土地使用权出让和转让暂行条例》第七章对划拨土地使用权作了原则性的规定。1992 年,国务院发布了《划拨土地使用权管理暂行办法》,对国有划拨土地使用权的取得、转让等作了专门规定。1994 年《城市房地产管理法》第二章"房地产开发用地"对土地使用权划拨作了规定。这些法律法规关于划拨土地使用权的规定构成了我国国有划拨土地使用权制度。

划拨土地使用权与出让土地使用权比较,具有以下不同:

1.划拨与出让的适用范围不同。除了原有国有企事业单位使用国有土地和私有房屋占用国有土地外,依据《城市房地产管理法》第 23 条规定,国有土地划拨只适用于:(1)国家机关用地和军事用地;(2)城市基础设施用地和公益事业用地;(3)国家重点扶持的能源、交通、水利等项目用地;(4)法律、行政法规规定的其他用地。除法律规定外使用国有土地,不适用划拨,应采取出让方式。

2.划拨与出让的性质不同。土地使用权划拨是行政行为,土地使用权出让是民事行为。划拨为无偿行为,土地使用人无需向国家支付费用。出让是有偿行为,土地使用人需依据土地使用权出让合同约定向国家支付土地出让金。由于划拨土地使用权的取得无偿,因此国家收回土地也无偿。《国有土地使用权出让和转让暂行条例》第 47 条规定:"无偿取得划拨土地使用权的土地使用者,因迁移、解散、撤销、破产或者其他原因而停止使用土地的,市、县人民政府应当无偿收回其划拨土地使用权……""对划拨土地使用权,市、县人民政府根据城市建设发展需要和城市规划的要求,可以无偿收回,并可依照本条例的规定予以出让。"但国家无偿收回划拨土地使用权时,对其地上建筑物、其他附着物,市、县人民政府应当根据实际情况给予适当补偿。

3.土地使用期限不同。出让土地使用权均有期限,因土地用途不同而有区别,其中住宅用地使用权期限为 70 年,商业用地使用权期限为 50 年。划拨土地使用权则没有期限。但是,划拨土地使用权没有期限,不等于土地使用人可以无限期地享有对土地的使用权,国家因城市建设需要随时可以无偿收回土地,土地使用权人不得以享有无期限的土地使用权为由而予以拒绝。

4.转让出租抵押的限制不同。出让土地使用权只要具备《城市房地产管理法》规定的转让条件即可转让、出租和抵押,划拨土地使用权转让、出租和抵押需经政府批准。《划拨土地使用权管理暂行办法》第 5 条规定:"未经市、县人民政府土地管理部门批准并办理土地使用权出让手续,交付土地使用权出让金的土地使用者,不得转让、出租、抵押土地使用权。"《划拨土地使用权管理暂行办法》第 6 条规定:"符合下列条件的,经市、县人民政府土地管理部门批准,其土地使用权可以转让、出租、抵押:(一)土地使用者为公司、企业、其他经济组织和个人;(二)领有国有土地使用证;(三)具有合法的地上建筑物、其他附着物产权证明;(四)依照《条例》和本办法规定签订土地使用权出让合同,向当地市、县人民政府交付土地使用权出让金或者以转让、出租、抵押所获收益抵交土地使用权出让金。"依据该条第 3 项规定,没有合法的地上建筑物的单纯划拨土地使用权不得转让、出租和抵押。划拨土地使用权经批准后,由土地管理部门与申请人经过协商后签订土地使用权出让合同(第 14 条)。土地使用权转让、出租、抵押行为的双方当事人则依照有关法律、法规和土地使用权出让合同的规定,签订土地使用权转让、租赁、抵押合同(第 16 条)。划拨土地使用权经批准转让的,土地使用人应当根据土地使用权出让合同向所在地市、县人民政府交付土地使用权出让金,到市、县人民政府土地管理部门办理土地使用权出让登记手续,划拨土地使用权转变为出让土地使用权。

三、担保物权

担保物权包括抵押权、质权和留置权。在债的担保中,担保物权属于物的担保。最高人民法院 1979 年发布的《关于贯彻执行民事政策法律的意见》和 1984 年发布的《关于贯彻执行民事政策法律若干问题的意见》均无关于债的担保的规定。1981 年《经济合同法》仅在第 15 条规定了保证,而无其他担保方式的规定。1985 年《涉外经济合同法》第 15 条规定的"担保"含义不明,未明确是何种方式的担保。1986 年《民法通则》第 89 条规定:"依照法律的规定或者按照当事人的约定,可以采用下列方式担保债务的履行:(一)保证人向债权人保证债务人履行债务,债务人不履行债务的,按照约定由保证人履行或者承担连带责任;保证人履行债务后,有权向债务人追偿。(二)债务人或者第三人可以提供一定的财产作为抵押物。债务人不履行债务的,债权人有权依照法律的规定以抵押物折价或者以变卖抵押物的价款优先得到偿还。(三)当事人一方在法律规定的范围内可以向对方给付定金。债务人履行债务后,定金应当抵作价款或者收回。给付定金的一方不履行债务的,无权要求返还定金;接受定金的一方不履行债务的,应当双倍返还定金。(四)按照合同约定一方占有对方的财产,对方不按照合同给付应付款项超过约定期限的,占有人有权留置该财产,依照法律的规定以留置财产折价或者以变卖该财产的价款优先得到偿还。"上述 4 种担保方式中,抵押和留置属于物的担保,但是该条位于《民法通则》第五章第二节"债权"下,这表明在《民法通则》里,物的担保只是债的制度,而非物权制度;而且第 89 条第 2 项未区分抵押物是不动产还是动产或权利,存在着抵押和质押不分的情形。1988 年,最高人民法院《关于贯彻执行〈中华人民共和国民法通则〉若干问题的意见》第 106 条至第 116 条对《民法通则》第 89 条的适用提出了较为具体的意见。

随着市场经济的发展,担保被广泛应用于民事活动,尤其是银行贷款普遍采用担保。然而,《民法通则》及其司法解释关于担保的规定,简单而规范性不强,难以满足担保活动的需要,健全和完善担保法律制度势在必行。1995 年 6 月 30 日第八届全国人大常委会第十四次会议通过了《担保法》。《担保法》共 7 章 96 条,规定了保证、抵押、质押、留置、定金 5 种担保方式。与《民法通则》规定的担保方式不同在于,将抵押和质押作了区分。2000 年,最高人民法院根据审判实践的情况,发布了《关于适用〈中华人民共和国担保法〉若干问题的解释》,解释多达 134 条,内容更加具体规范。

《担保法》关于抵押、质押和留置的规定为《物权法》的抵押权、质权和留置权奠定了制度基础。

(一)抵押

《担保法》第 33 条规定,抵押是指债务人或者第三人不转移财产的占有,将该财产作为债权的担保;债务人不履行债务时,债权人有权依法以该财产折价或者以拍卖、变卖该财产的价款优先受偿。可以设立抵押的财产包括:抵押人所有的房屋和其他地上定着物;抵押人所有的机器、交通运输工具和其他财产;抵押人依法有权处分的国有的土地使用权、房屋和其他地上定着物;抵押人依法有权处分的国有的机器、交通运输工具和其他财产;抵押人依法承包并经发包方同意抵押的荒山、荒沟、荒丘、荒滩等荒地的土地使用权;依法可以抵押的其他财产(第 34 条)。其中,如以依法取得的国有土地上的房屋抵押的,该房屋占用范围内的国有土地使用权同时抵押;以出让方式取得的国有土地使用权抵押的,应当将抵押时该国有土地上的房屋同时抵押;乡(镇)、村企业的土地使用权不得单独抵押,但以乡(镇)、村企业的厂房等建筑物抵押的,其占用范围内的土地使用权同时抵押(第 36 条)。土地所有权,耕地、宅基地、自留地、自留山等集体所有的土地使用权,学校、幼儿园、医院等以公益为目的的事业单位、社会团体的教育设施、医疗卫生设施和其他社会公益设施,所有权、使用权不明或者有争议的财产,依法被查封、扣押、监管的财产以及依法不得抵押的财产不得设立抵押(第 37 条)。抵押人和抵押权人(债权人)设立抵押应签订书面合同(第 38 条),并依规定向相关部门办理抵押物登记,"抵押合同"自抵押物登记之日起生效(第 41 条)。[①] 抵押担保的范围包括主债权及利息、违约金、损害赔偿金和实现抵押权的费用,抵押合同另有约定的按照约定(第 46 条)。《担保法》还规定了抵押权的实现、抵押物价款的清偿顺序、抵押权的消灭等,同时还规定了最高额抵押(第 56 条),即抵押人与抵押权人可以约定在最高债权额限度内以抵押物对一定期间内连续发生的债权作担保。《担保法》关于机器、交通

---

① 《担保法》第 41 条关于抵押合同自抵押物登记之日起生效的规定并不妥当,此所谓"生效"应指抵押权的设立,而非抵押合同的效力。2007 年《物权法》第 14 条规定:"不动产物权的设立、变更、转让和消灭,依照法律规定应当登记的,自记载于不动产登记簿时发生效力。"第 15 条规定:"当事人之间订立有关设立、变更、转让和消灭不动产物权的合同,除法律另有规定或者合同另有约定外,自合同成立时生效;未办理物权登记的,不影响合同效力。"纠正了《担保法》第 41 条的规定。

运输工具等动产可以设立抵押的规定,突破了传统民法认为抵押的客体为不动产的限制,确立了动产抵押制度。

(二)质押

质押因其客体不同分为动产质押和权利质押,前者的客体是动产,后者的客体是特定的财产权利,依据《担保法》第 75 条规定,可以设立质押的财产权利包括汇票、支票、本票、债券、存款单、仓单、提单;依法可以转让的股份、股票和商标专用权,专利权、著作权中的财产权;其他依法可以质押的权利。出质人可以是债务人也可以是第三人。质押应由出质人和质权人订立书面质押合同,动产质押合同自质物移交于质权人占有时生效(第 64 条);[①]权利质押根据权利的不同而有区别:以汇票、支票、本票、债券、存款单、仓单、提单出质的,应当在合同约定的期限内将权利凭证交付质权人,质押合同自权利凭证交付之日起生效(第 76 条);以依法可以转让的股票出质的,出质人与质权人应当订立书面合同,并向证券登记机构办理出质登记。质押合同自登记之日起生效(第 78 条第 1 款);以有限责任公司的股份出质的,适用公司法股份转让的有关规定,质押合同自股份出质记载于股东名册之日起生效(第 78 条第 3 款);以依法可以转让的商标专用权,专利权、著作权中的财产权出质的,出质人与质权人应当订立书面合同,并向其管理部门办理出质登记。质押合同自登记之日起生效(第 79 条)。除质押合同另有约定外,质押担保的范围包括主债权及利息、违约金、损害赔偿金、质物保管费用和实现质权的费用(第 67 条)。当债务人不履行债务时,质权人(债权人)有权依法从质物的价款中优先受偿。

(三)留置

留置属于法定担保,不以当事人订立合同为必要。《担保法》第 82 条规定,债权人按照合同约定占有债务人的动产,债务人不按照合同约定的期限履行债务的,债权人有权依法留置该财产,以该财产折价或者以拍卖、变卖该财产的价款优先受偿。此所谓"合同",包括保管合同、运输合同、加工承揽合同。但如果合同约定不得留置的,债务人不履行债务时,债权人不得留置占有的动产作为自己债权的担保(第 84 条)。留置担保的范围包括主债权及利息、违约金、损害赔偿金、留置物保管费用和实现留置权的费用(第 83 条)。《担保法》规定,留置的财产为可分物的,留置物的价值应当相当于债务的金额(第 85 条),而不得超额留置。《担保法》第 87 条还规定,债权人与债务人应当在合同中约定,债权人留置财产后,债务人应当在不少于 2 个月的期限内履行债务。债权人与债务人在合同中未约定的,债权人留

---

① 《担保法》第 64 条关于质押合同自质物移转占有时生效的规定,与前注《担保法》第 41 条存在的问题相同。

置债务人财产后,应当确定2个月以上的期限,通知债务人在该期限内履行债务;债务人逾期仍不履行的,债权人可以与债务人协议以留置物折价,也可以依法拍卖、变卖留置物;留置物折价或者拍卖、变卖后,其价款超过债权数额的部分归债务人所有,不足部分仍可请求债务人清偿。第88条规定了留置权消灭的特殊原因,即债务人另行提供担保并被债权人接受的,留置权归于消灭。

四、《物权法》的制定

(一)《物权法》制定过程中的争论

我国物权法的起草工作始于1993年。1993年,第八届全国人大常委会制定的立法规划和1998年第九届全国人大常委会制定的立法规划均将物权法列入"本届内审议的法律草案"。2002年,立法机关再次启动民法典起草工作,12月23日,《中华人民共和国民法(草案)》提交第九届全国人大常委会审议,其中包括物权法编(第二编),物权法编草案为当时起草中的物权法草案。此次民法草案提交审议之后,立法机关未再次进行审议,但物权法的立法工作仍在进行。2005年7月,《中华人民共和国民法总则物权法(草案)》向社会公开征求意见。2007年3月8日第十届全国人大第五次会议审议通过了《中华人民共和国物权法》。

《物权法》制定过程中,曾经引起两次较大的争论:一是关于制定物权法还是制定财产法的争论;二是关于物权法草案"违宪"问题的争论。虽然这两场争论并没有最终影响到物权立法,但是它所引起的如何对待民法和民法学问题却是值得我们注意的。

1.关于制定物权法还是财产法的争论[①]

2001年,物权法草案正在起草中。6月8日至9月7日,中国社会科学院郑成思教授在《中国社会科学院要报:信息专版》上连续发表了3篇文章:《关于制定"财产法"而不是"物权法"的建议》《关于法律用语、法律名称的建议》《再谈应当制定财产法而不制定物权法》,[②]提出了制定"财产法"而不是"物权法"的建议,并对制定物权法的思路进行了尖锐的批评。郑成思教授对制定物权法思路的批评,除了认为物权的概念不科学外,主要理由是认为民法引进"物权"的概念是"见物不见人"。他说:"'物权法'开宗明义就须界定什么是'物'。这是与我国民法学者们在他们的'民法总论'中大都认为'民法调节人与人、人与物、两个人与第三人这三种关系'有关的,而认为民法调节人与物的关系的论点,我认为并不正确。""一些作为教材的

---

① 丁丽瑛:《关于制定"物权法"还是"财产法"的争论》,载柳经纬主编:《共和国六十年法学论争实录·民商法卷》,厦门大学出版社2009年版,第449~468页。

② 这3篇文章发表于《中国社会科学院要报:信息专版》2001年第41期(2001年6月8日)、第54期(2001年7月6日)、第62期(2001年9月7日)。

论著把财产法所规范的关系(至少其中一部分关系)归纳为'人与物之间的关系',他们忘记了:只有自然科学才可能研究人与物的关系。在社会科学中,在法学中,在法学的民法项下的财产法中,当我们讲到某物归某人所有时,我们讲的实质是该人同其他一切人的一种关系。这是人与人的关系,法律要规范的正是这种关系,而决不会去规范人与物的关系。"①

　　郑成思教授的文章引起了一些民法学者的强烈反弹。梁慧星教授发表了题为《是制定"物权法"还是制定"财产法"? ——郑成思教授的建议引发的思考》的长文,对郑成思教授上述系列文章的观点给予了回应。② 王利明教授也发表《物权立法:采取物权还是财产权》,对郑成思教授的批评予以了回应。③ 由于《中国社会科学院要报》是一份专供中央高层领导阅读的内刊,梁慧星教授甚至质疑郑成思教授发表观点的动机,认为选择《中国社会科学院要报》而不是一般学术刊物发表自己的观点,是将"事关民事立法、事关民法学术的重大问题,提交国家最高领导层,寄希望于最高领导层的权威以解决问题,而有意回避学术争论"。对于郑成思教授提出的物权概念是"见物不见人"的问题,梁慧星教授指出:"我们没有找到任何一本民法教材(无论是否以《民法总论》为书名)认为民法调整人与物的关系。""关于物权的本质问题,我国大陆民法学者……始终没有接受所谓'对物关系说'。……郑成思教授硬将'对物关系说'栽到中国大陆民法学者头上并进而从与马克思主义的角度进行批判,无论如何是难以令人信服的!"

　　关于制定物权法还是制定财产法的争论,并没有消停。2005 年 7 月,《中华人民共和国物权法(草案)》公开征求意见,10 月 30 日,《环球法律评论》编辑部与汕头大学法学院联合召开了题为"英美财产法与大陆物权法比较研究——兼评《物权法(草案)》"的研讨会,主张财产法和主张物权法的两种观点再次发生强烈的碰撞。④

　　关于制定财产法还是制定物权法的争论,并非没有积极的意义。关于民法调整的对象是"对物关系"还是"对人关系"的问题,我国民法学虽然历来主张是"对人关系"而非"对物关系",但在对待大陆法系传统的民法学时却产生了误解。20 世纪 80 年代初,具有"统编教材"之称的《民法原理》的作者认为:"民事法律关系是社会关系,它所体现的是人和人之间的关系。而有些资产阶级学者常常把某些民事

---

　　① 郑成思:《关于制定"财产法"而不是"物权法"的建议》,载《中国社会科学院要报:信息专版》第 41 期,2001 年 6 月 8 日。
　　② 梁慧星:《是制定"物权法"还是制定"财产法"? ——郑成思教授的建议引发的思考》,http://www.civillaw.com.cn/Article/default.asp? id=37183,下载日期:2018 年 6 月 10 日。
　　③ 王利明:《物权立法:采纳物权还是财产权》,载《人民法院报》2001 年 8 月 27 日。
　　④ 谢增毅、冉昊:《"财产法与物权法比较——兼评物权法(草案)研讨会"综述》,载《环球法律评论》2006 年第 1 期。

法律关系说成是人和物的关系,譬如他们把所有权关系简单地归结为人对物的支配关系。其实,所有权关系本来是因物质资料的占有而发生的人与人之间的关系。在私有制社会里,在很多场合下,这种关系体现为统治阶级与被统治阶级之间的剥削与被剥削关系。可见,他们把某些民事法律关系归结为人对物的支配关系,是企图把这种剥削关系掩盖起来。"①这种阶级分析法反映了我国当时民法学所具有的强烈的意识形态。这也是在制定物权法还是制定财产法问题上,郑成思教授的批评之所以引起强烈反应的根本原因所在,郑成思教授触动了这根具有强烈意识形态观念的"神经"。因此,这场争论虽然法律科学学术层面上意义不大,反对物权法的许多见解大多谈不上学术价值,但在意识形态上则有重要意义,它使我们再次认识到采用阶级分析的方法,采用贴阶级标签的方法,对待民法和民法学问题,是不理性的,也是不科学的,因为它无益于我国民法学的进步和民法的进步。

2.关于物权法草案"违宪"问题的争论②

2005 年 7 月,《中华人民共和国物权法(草案)》向社会公开征求意见。8 月 12 日,北京大学巩献田教授在互联网上发表了致吴邦国委员长的公开信:《一部违背宪法和背离社会主义基本原则的〈物权法(草案)〉——为〈宪法〉第 12 条和 1986 年〈民法通则〉第 73 条的废除写的公开信》,指责公开征求意见的《物权法(草案)》违反了宪法的规定。巩献田的主要理由是"在《宪法》和《民法通则》明明还规定着'社会主义的公共(国家)财产神圣不可侵犯'原则的情况下……《草案》废除该条规定,既是同《民法通则》的基本精神和规定不一致的,违背立法的连续性原则的,同时也是违宪的行为。"巩献田还抨击财产权平等保护原则,他说"《草案》在形式上是平等保护全国每个公民的物权,核心和重点却是在保护极少数人的物权。……它非但没有保护作为我国公民权利平等的物质前提和经济基础的社会主义公有制的法律表现的公有物权(社会主义的公共财产、国家财产),相反,在目前我国私有化思潮影响中,公有制经济实际上已经不占主体和国有经济主导地位已经严重受损的情况下,不但不改变这种状况,为我国社会主义经济基础的巩固和发展从法律上来确认方向,提供措施,反而确认了目前这种状况,也就是确认了极少数人的既得利益和通过非法手段进一步攫取社会财富的权利。"巩献田还攻击《物权法(草案)》"背离苏俄民法典的社会主义传统和概念,迎合资本主义民法原则和概念",是"奴隶般地抄袭资产阶级民法"。巩献田教授的公开信引起了社会广泛的关注。不少人支持巩献田的观点,甚至称赞巩献田为"民族脊梁",认为"巩献田教授捍卫了社会主义基本经济制度和社会主义宪法的权威性",呼吁时代产生更多的巩献田。

---

① 佟柔主编:《民法原理》,法律出版社 1983 年版,第 27~28 页。
② 邓君:《〈物权法(草案)〉"违宪"之争》,载柳经纬主编:《共和国六十年法学论争实录:民商法卷》,厦门大学出版社 2009 年版,第 113~140 页。

对公开信对《物权法(草案)》的指责,民法学界给予了反驳。2005 年 12 月 7 日在广州召开"中国物权法疑难问题研讨会",2006 年 2 月 25 日在中国人民大学召开"物权法与中国社会主义和谐社会建设理论研讨会",对巩献田公开信进行集体反驳,强调《物权法(草案)》中的平等保护不仅是合宪的,更是符合了时代要求,体现了中国特色。一些学者也发表论文,为《物权法(草案)》和财产权平等保护原则提供理论支持。① 例如,王利明教授在《试论物权法的平等保护原则》一文中指出:"我国《宪法》和《民法通则》都已经明确规定了公有财产神圣不可侵犯的原则,但宪法也规定了合法的个人财产受法律保护。……强调保护公有财产与私有财产是并举的,绝对不能割裂二者之间的密切联系而对宪法的规定断章取义。党的十六大报告也明确指出:'必须毫不动摇地巩固和发展公有制经济。''必须毫不动摇地鼓励、支持和引导非公有制经济发展。'所以,实行平等保护是完全符合宪法和十六大报告精神的。宪法促进多种经济形式的共同发展,其中也是平等保护的要求,因为平等保护的目的就是促进这几种经济形式的共同发展。没有平等保护就难以有共同发展,失去了共同发展,平等保护也就失去了其应有的目的。"②

这场围绕着《物权法(草案)》展开的争论,如果从法学层面来看,指责《物权法(草案)》的观点实在不值一驳。宪法的核心问题是公民基本权利,《物权法(草案)》强调公民个人财产与国家财产、集体财产平等保护体现的正是宪法的精神所在,何以"违宪"? 如果说宪法的条文,法律没有照搬就是"违宪",那么违宪的又何止《物权法(草案)》? 实际上,公开信所引发的问题不在法律层面上,而是更为深层的。巩献田所指责的主要不是《物权法(草案)》如何规定,而是改革,他说"改革开放以来,特别是最近这些年来,由于受西方新自由主义经济学和'华盛顿共识'的影响,国内少数人为了走资本主义道路,为把新中国经济奠定基础和建立功勋的国有企业搞垮,污蔑国有企业'效率低''养懒汉',名义上搞好,实质上搞死国有企业,低价出售国有企业,致使国有企业大量资产流失,许多工人强行下岗,造成今天严重的经济和社会问题,为党中央和政府造成了工作上非常困难的局面和带来全局的被动。……虽然我们党规定的任务是两个'必须毫不动摇',但是,我们的不少领导干部只是一个心思毫不动摇地发展所谓民营企业(多数为私营企业),从多年前就有省部级领导号召'放心、放手、放胆'发展所谓民营经济,后来,竟然还加上所谓的政策要'放宽',即对于民营经济的'四放';可是对于公有制企业的发展,没有引起应有的重视和做有益的工作,因为他们的兴趣根本就不在这里,他们处心积虑地使国

---

① 尹田:《论物权法平等保护合法财产的法理依据》,王利明:《试论物权法的平等保护原则》,杨立新:《论"物权法草案"的鲜明中国特色》,赵万一:《冷静而理性地看待物权法中的争议》,郭明瑞:《从构建和谐社会的需求看我国物权立法的必要性》,柳经纬:《我国物权立法的继受与创新》,载《河南省政法管理干部学院学报》2006 年第 3 期。

② 王利明:《试论物权法的平等保护原则》,载《河南省政法干部管理学院学报》2006 年第 3 期。

有企业处于极为难堪地步,以至于有了所谓要为国有企业争取'国民待遇'的悲剧!形成有的群众所讲的'共产党'变成'私产党'了!"在这种情况下,他认为《物权法(草案)》所说的平等保护,"只能是对于资本的平等,不能够保护劳动的平等。这与资本主义社会又有什么区别?"说到底,公开信所反映的实质是如何看待改革和要不要改革的问题。正如江平教授所指出,公开信"以反对《物权法(草案)》中的私有财产保护作为突破口,其目的只有一个,就是据此反对改革开放。"①

(二)《物权法》的内容

《物权法》共5编19章248条。各编分别为:总则、所有权、用益物权、担保物权、占有。第一编"总则"内容包括基本原则,物权的设立、变更、转让和消灭(不动产登记、动产交付),物权的保护;第二编"所有权"包括所有权的一般规定,国家所有权和集体所有权、私人所有权,业主的建筑物区分所有权,相邻关系,共有,所有权取得的特别规定;第三编"用益物权"包括一般规定,土地承包经营权,建设用地使用权,宅基地使用权,地役权;第四编"担保物权"内容包括一般规定,抵押权(一般抵押权、最高额抵押权),质权(动产质权、权利质权),留置权;第五编"占有"。这是一部体系性的物权法。如果从法的体系性来看,《物权法》大概是我国改革开放以来制定的民事法律中最具体系性的一部法律。《物权法》的体系性具体表现在以下两个方面:

1.采用动产与不动产的分类,构建物权变动的规范体系

民法的制度除了规定权利义务的内容之外,最为重要的是规定权利如何发生、如何变更又是如何消灭的,如此才能为民事主体从事民事活动提供规范指引。一部物权法不能只规定什么是物权,物权人享有何种权利或物权有何法律效力,更重要的是规定物权如何取得、如何变更或转让又如何消灭,此即物权变动的规范。物权变动的规范必须建立在物的分类基础上。《物权法》采用了传统民法的做法,以动产与不动产的划分为基础构建物权变动的规范体系。《物权法》第2条第2款规定:"本法所称物,包括不动产和动产。"第6条进而规定:"不动产物权的设立、变更、转让和消灭,应当依照法律规定登记。动产物权的设立和转让,应当依照法律规定交付。""总则编"第二章"物权的设立、变更、转让和消灭"进而对不动产登记和动产交付及其法定例外情形作了较为详细的规定。关于不动产登记,《物权法》规定了不动产登记的效力、免于登记的财产、不动产登记机关、不动产登记的程序、不动产登记簿、不动产权属证书等内容。关于动产交付,《物权法》规定了动产交付的效力、特殊占有状态下动产物权变动的效力。对于因人民法院、仲裁委员会的法律文书或者人民政府的征收决定、继承或者受遗赠、合法建造或拆迁导致物权变动

① 邓君:《〈物权法(草案)〉"违宪"之争》,载柳经纬主编:《共和国六十年法学论争实录:民商法卷》,厦门大学出版社2009年版,第113～140页。

的,《物权法》也作了规定。以动产交付和不动产登记的物权变动规范,也贯彻于《物权法》所规定的具体物权制度中。例如,《物权法》第 139 条规定:"设立建设用地使用权的,应当向登记机构申请建设用地使用权登记。建设用地使用权自登记时设立。登记机构应当向建设用地使用权人发放建设用地使用权证书。"第 155 条规定:"已经登记的宅基地使用权转让或者消灭的,应当及时办理变更登记或者注销登记。"第 187 条规定:"以本法第一百八十条第一款第一项至第三项规定的财产或者第五项规定的正在建造的建筑物抵押的,应当办理抵押登记。抵押权自登记时设立。"第 180 条第 1 款第 1 项至第 3 项规定的财产为"建筑物和其他土地附着物""建设用地使用权""以招标、拍卖、公开协商等方式取得的荒地等土地承包经营权"均为不动产(权利)。第 212 条规定,动产质押的"质权自出质人交付质押财产时设立"。第 240 条规定,留置权人对留置财产丧失占有的,留置权消灭。这些规定,均贯彻了"不动产登记""动产交付"的原则。《物权法》关于某些物权变动的规定,如土地承包权、地役权的设立不以登记为必要,"船舶、航空器和机动车等"特殊动产物权变动中登记的对抗效力,虽然与"不动产登记"和"动产交付"的规范不一致,但是以"不动产登记"和"动产交付"为基础作为例外法定情形而规定的,所反映的是原则与例外的关系。"不动产登记""动产交付"与法律规定的特殊规则,构建了物权变动的规范体系。

2.实行物权法定原则,构建物权的权利体系

物权是对世权,具有对抗任何第三人的效力,与债权是对人权、其效力原则上限于特定债权人与债务人之间不同,物权对社会经济秩序的影响大,因此传统民法奉行物权法定原则,物权的类型及其内容只能由法律规定,当事人不得自由创设。[1]《物权法》采用了物权法定原则,第 5 条规定:"物权的种类和内容,由法律规定。"依据物权法定原则,《物权法》规定了物权的具体类型,包括所有权、用益物权、担保物权,所有权包括国家所有权、集体所有权、私人所有权、建筑物区分所有权;用益物权包括土地承包经营权、建设用地使用权、宅基地使用权、地役权;担保物权包括抵押权、质权(动产质权、权利质权)、留置权。另根据《物权法》第 122 条和第 123 条规定,海域使用权、探矿权、采矿权、取水权和使用水域、滩涂从事养殖、捕捞的权利,也属于用益物权,这些用益物权由特别法规定。这些权利的划分基础是自物权与他物权,前者为所有权,后者包括用益物权和担保物权。用益物权与担保物权的划分依据是对物支配内容的不同,用益物权是对物的使用价值的支配,担保物权是对物的价值(交换价值)的支配。所有权、用益物权、担保物权构成了我国系统的物权体系。

在上述物权体系中,将所有权划分为国家所有权、集体所有权和私人所有权延

---

① 崔建远:《物权法》,中国人民大学出版社 2014 年版,第 20 页。

续的是《民法通则》的做法,共有和相邻关系也延续自《民法通则》;土地承包经营权、建设用地使用权、抵押权、质权、留置权等以《土地承包法》《城镇国有土地使用权出让和转让暂行条例》《担保法》等法律法规的规定为基础,主要内容来自这些法律法规。《物权法》新规定的主要是建筑物区分所有权、宅基地使用权、地役权和占有制度。以下简要介绍这几项物权制度。

(1)建筑物区分所有权

《物权法》第六章规定了建筑物区分所有权。建筑物区分所有权是存在于一个单一建筑物或建筑群的部分(单元)分属于不同的权利主体而形成的所有权形态。建筑物区分所有权的法律关系复杂,既包括业主对建筑物的所有权,又包括基于建筑物管理而形成的业主的权利与义务;业主对建筑物的所有权既包括对自己单元的所有权,又包括对建筑物或建筑群中全体业主共有部分的共有权。《物权法》第70条规定:"业主对建筑物内的住宅、经营性用房等专有部分享有所有权,对专有部分以外的共有部分享有共有和共同管理的权利。"第71条规定:"业主对其建筑物专有部分享有占有、使用、收益和处分的权利。"第72条规定:"业主对建筑物专有部分以外的共有部分,享有权利,承担义务;不得以放弃权利不履行义务。"第73条规定:"建筑区划内的道路,属于业主共有,但属于城镇公共道路的除外。建筑区划内的绿地,属于业主共有,但属于城镇公共绿地或者明示属于个人的除外。建筑区划内的其他公共场所、公用设施和物业服务用房,属于业主共有。"由于建筑物区分所有权内容复杂,因此建筑物区分所有权与一般物之所有权的权利内容不同,它并非单纯的对物之占有、使用、收益和处分的权利,而是包括诸多约束性的义务。例如,《物权法》第71条规定"业主行使权利不得危及建筑物的安全,不得损害其他业主的合法权益";第72条规定,业主对共有部分"不得以放弃权利不履行义务";第77条规定:"业主不得违反法律、法规以及管理规约,将住宅改变为经营性用房。业主将住宅改变为经营性用房的,除遵守法律、法规以及管理规约外,应当经有利害关系的业主同意。"第83条规定:"业主应当遵守法律、法规以及管理规约。"这些义务均为建筑物区分所有权所特有,而一般物的所有权则无此类义务。当建筑物被分为不同的单元归不同的业主所有时,全体业主形成了一个利益共同体。为了全体业主的公共利益,《物权法》第75条规定了业主大会和业主委员会制度。业主大会由全体业主组成,业主委员会由业主大会选举产生。业主大会的职责包括制定和修改业主大会议事规则、制定和修改建筑物及其附属设施的管理规约、选举业主委员会或者更换业主委员会成员、选聘和解聘物业服务企业或者其他管理人、筹集和使用建筑物及其附属设施的维修资金、改建重建建筑物及其附属设施、有关共有和共同管理权利的其他重大事项,业主大会依据多数决原则形成决定(第76条)。《物权法》第78条规定:"业主大会或者业主委员会的决定,对业主具有约束力","业主大会或者业主委员会作出的决定侵害业主合法权益的,受侵害的业主可以请求人民法院予以撤销"。第 83 条第 2 款规定："业主大会和业主委员会,对任意弃置垃圾、排放污染物或者噪声、违反规定饲养动物、违章搭建、侵占通道、拒付物业费等损害他人合法权益的行为,有权依照法律、法规以及管理规约,要求行为人停止侵害、消除危险、排除妨害、赔偿损失。业主对侵害自己合法权益的行为,可以依法向人民法院提起诉讼。"

(2)宅基地使用权

宅基地使用权,是指农村集体经济组成员(农民)对集体土地享有的用于住宅建设的权利。早在 1963 年,最高人民法院发布的《关于贯彻执行民事政策几个问题的意见(修正稿)》就有关于宅基地使用权的规定。① 最高人民法院于 1979 年和 1984 年发布的《关于贯彻执行民事政策法律的意见》②和《关于贯彻执行民事政策法律若干问题的意见》③均对农村宅基地使用权纠纷作了规定。1986 年《土地管理法》第 38 条规定："农村居民建住宅,应当使用原有的宅基地和村内空闲地。使用耕地的,经乡级人民政府审核后,报县级人民政府批准;使用原有的宅基地、村内空闲地和其他土地的,由乡级人民政府批准。""农村居民建住宅使用土地,不得超过省、自治区、直辖市规定的标准","出卖、出租住房后再申请宅基地的,不予批准。"《物权法》专设一章规定了宅基地使用权(第十三章)。《物权法》第 152 条规定:"宅基地使用权人依法对集体所有的土地享有占有和使用的权利,有权依法利用该土地建造住宅及其附属设施。"第 153 条规定:"宅基地使用权的取得、行使和转让,适用土地管理法等法律和国家有关规定。"第 154 条:"宅基地因自然灾害等原因灭失的,宅基地使用权消灭。对失去宅基地的村民,应当重新分配宅基地。"第 155 条规定:"已经登记的宅基地使用权转让或者消灭的,应当及时办理变更登记或者注销

---

① 最高人民法院发布的《关于贯彻执行民事政策几个问题的意见(修正稿)》(1963):"社员的宅基地,包括有建筑物和没有建筑物的空白宅基地都归生产队集体所有,一律不准出租和买卖。但仍归各户长期使用,长期不变。宅基地上的附着物,如房屋、树木、厂棚、猪圈、厕所等永远归社员所有,社员有买卖或租赁房屋的权利。房屋出卖以后,宅基地的使用权即随之转移给新房主,但宅基地的所有权仍归生产队所有。社员不能借口修建房屋,随便扩大墙院,扩大宅基地,来侵占集体耕地,已经扩大侵占的必须退出。"

② 《关于贯彻执行民事政策法律的意见》(1979)规定:"处理社员宅基地的使用权等纠纷,应根据土地归国家或集体所有,一律不准出租和买卖的原则,既要保护国家和集体的利益,又要照顾历史情况和群众的实际需要。""凡是当地仍按土改时所确定的宅基地的所有权,改变为使用权的,该宅基地的使用权不变;凡是当地宅基地已经统一规划过的,按所规划后确定的社员宅基地的使用权处理;凡是经过合法手续已进行调整的,按调整的决定处理。如宅基地使用权确有必要变更的,人民法院应根据党和国家的政策法律规定,与有关部门共同研究,妥善处理。"

③ 《关于贯彻执行民事政策法律若干问题的意见》(1984)规定:"人民法院处理公民之间宅基地使用权的案件,应根据土地归国家或集体所有,一律不准出租、转让和买卖的原则,参照解放以来宅基地的演变和现实使用情况,照顾群众生活的实际需要,依法保护国家、集体和个人的权益。"

登记。"

(3)地役权

地役权,是指按照合同约定,为以提高自己的不动产的使用效益而对他人不动产进行利用的权利(《物权法》第156条)。在《物权法》颁布之前,我国法律并无关于地役权的规定,有关相邻不动产权利人的关系由《民法通则》有关相邻关系的规定进行调整。地役权与相邻关系的不同在于,前者基于不动产权利人之间的协议而设立,后者则基于法律的规定。《物权法》第十四章规定了地役权,为规范地役权的设立与行使提供了法律依据。依据《物权法》规定,设立地役权应当订立书面合同,合同一般包括当事人的姓名或者名称和住所、供役地和需役地的位置、利用目的和方法、利用期限、费用及其支付方式等条款(第157条);地役权自地役权合同生效时设立,当事人要求登记的,可以向登记机构申请地役权登记,未经登记不得对抗善意第三人(第158条);供役地权利人应当按照合同约定允许地役权人利用其土地(第159条),地役权人应当按照合同约定的利用目的和方法利用供役地,尽量减少对供役地权利人物权的限制(第160条);供役地人因地役权人违反法律规定或者合同约定滥用地役权、未按照约定支付费用经2次催告仍不支付费用而解除合同的,地役权消灭(第168条);经登记的地役权发生变更、转让或者消灭的,应当及时办理变更登记或者注销登记(第169条)。

(4)占有

在传统民法上,占有是一项独立的物权制度。所谓占有,是指对物支配并具有排除他人干涉的效力。在我国,《物权法》之前,法律并未规定占有制度,占有只是作为所有权一项权能而规定在所有权之中,如《民法通则》第71条规定:"财产所有权是指所有人依法对自己的财产享有占有、使用、收益和处分的权利。"《物权法》始将占有作为一项物权制度加以规定。《物权法》第241条规定:"基于合同关系等产生的占有,有关不动产或者动产的使用、收益、违约责任等,按照合同约定;合同没有约定或者约定不明确的,依照有关法律规定。"根据这一规定,只有合法占有才具有占有的效力,不法占有不受法律保护,不具有占有的效力。第245条规定了占有的效力,即"占有的不动产或者动产被侵占的,占有人有权请求返还原物;对妨害占有的行为,占有人有权请求排除妨害或者消除危险;因侵占或者妨害造成损害的,占有人有权请求损害赔偿"。"占有人返还原物的请求权,自侵占发生之日起一年内未行使的,该请求权消灭。"关于占有人与财产权人的关系,《物权法》第242条规定:"占有人因使用占有的不动产或者动产,致使该不动产或者动产受到损害的,恶意占有人应当承担赔偿责任。"第243条规定:"不动产或者动产被占有人占有的,权利人可以请求返还原物及其孳息,但应当支付善意占有人因维护该不动产或者动产支出的必要费用。"第244条规定:"占有的不动产或者动产毁损、灭失,该不动产或者动产的权利人请求赔偿的,占有人应当将因毁损、灭失取得的保险金、赔偿金或者补偿金等返还给权利人;权利人的损害未得到足够弥补的,恶意占有人还应当赔偿损失。"

(三)《物权法》的意义

尽管巩献田的公开信指责物权法草案"违宪",抨击财产权平等保护原则,但《物权法》仍坚持了财产权平等保护原则。《物权法》第 3 条规定:"国家在社会主义初级阶段,坚持公有制为主体、多种所有制经济共同发展的基本经济制度。""国家巩固和发展公有制经济,鼓励、支持和引导非公有制经济的发展。""国家实行社会主义市场经济,保障一切市场主体的平等法律地位和发展权利。"第 4 条规定:"国家、集体、私人的物权和其他权利人的物权受法律保护,任何单位和个人不得侵犯。"在"所有权"编中,分别规定了国有财产、集体财产和私人财产及其保护,关于财产保护均表述为"受法律保护"(第 56 条、第 63 条、第 66 条),既没有照搬《宪法》第 12 条关于"社会主义的公共财产神圣不可侵犯"的规定,也没有延续《民法通则》第 73 条第 2 款关于"国家财产神圣不可侵犯"的规定。

四、《物权法》司法解释

《物权法》颁行后,最高人民法院先后发布了《关于审理建筑物区分所有权纠纷案件具体应用法律若干问题的解释》(2009)和《关于适用〈中华人民共和国物权法〉若干问题的解释(一)》(2016),为司法实践中具体适用《物权法》的相关规定提供了指导意见,也丰富了物权法律制度。

(一)《建筑物区分所有权解释》

为正确适用《物权法》关于建筑物区分所有权的规定,统一全国法院审理建筑物区分所有权纠纷案件的思路,最高人民法院于 2009 年 5 月 25 日公布了《关于审理建筑物区分所有权纠纷案件具体应用法律若干问题的解释》(以下简称《建筑物区分所有权解释》)。该司法解释的主要内容如下:

1.建筑物区分所有中专有部分和共有部分的界定。关于专有部分,《物权法》第 70 条界定为"建筑物内的住宅、经营性用房等",但该规定较为笼统,实际情况要复杂得多。《建筑物区分所有权解释》第 2 条对此作了进一步的解释,该条规定:"建筑区划内符合下列条件的房屋,以及车位、摊位等特定空间,应当认定为物权法第六章所称的专有部分:(一)具有构造上的独立性,能够明确区分;(二)具有利用上的独立性,可以排他使用;(三)能够登记成为特定业主所有权的客体。""规划上专属于特定房屋,且建设单位销售时已经根据规划列入该特定房屋买卖合同中的露台等,应当认定为物权法第六章所称专有部分的组成部分。"该解释提出了建筑物区分所有中专有部分界定的三项构成要件,即:构造上的独立性、利用上的独立性和法律上的独立性。这就为建筑物区分所有的专有部分界定提供了更加具体的判断依据。关于共有部分,《物权法》未作规定,通常建筑物除专有部分外应为共有部分。为了具体确定共有部分,《建筑物区分所有权解释》第 3 条对此作了规定,除法律、行政法规规定的共有部分外,建筑区划内的共有部分具体包括以下几个部分:(1)建筑物的基础、承重结构、外墙、屋顶等基本结构部分,通道、楼梯、大堂等公共通行部分,消防、公共照明等附属设施、设备,避难层、设备层或者设备间等结构部分;(2)其他不属于业主专有部分,也不属于市政公用部分或者其他权利人所有的场所及设施等;(3)建筑区划内的土地,依法由业主共同享有建设用地使用权,但属于业主专有的整栋建筑物的规划占地或者城镇公共道路、绿地占地除外。

2.建筑物区分所有房屋用途的改变。所有权人对物有占有、使用、收益和处分的权利,对物作符合其本性的使用,属于所有权人的权利,法律通常不作限制。然而,在建筑物区分所有中,业主对专有部分房屋用途的改变,虽在物的本性范围,但会对其他业主的生活产生影响,因而有限制之必要。对此,《物权法》第 77 条规定:"业主不得违反法律、法规以及管理规约,将住宅改变为经营性用房。业主将住宅改变为经营性用房的,除遵守法律、法规以及管理规约外,应当经有利害关系的业主同意。"在实践中,如何界定有利害关系的业主、如何把握业主的同意,《建筑物区分所有权解释》作了进一步的规定。根据解释第 11 条规定,本栋建筑物内的其他业主属于"有利害关系的业主";建筑区划内,本栋建筑物之外的业主能够证明其房屋价值、生活质量受到或者可能受到不利影响的,属于"有利害关系的业主"。所谓"业主同意",应是有利害关系的业主均同意,解释第 10 条规定第 2 款规定,业主有权将住宅改变为经营性用房,未按照物权法第 77 条的规定经有利害关系的业主同意,有利害关系的业主请求排除妨害、消除危险、恢复原状或者赔偿损失,将住宅改变为经营性用房的业主以多数有利害关系的业主同意其行为进行抗辩的,人民法院不予支持。关于共有部分使用用途的改变,解释第 7 条规定,"改变共有部分的用途、利用共有部分从事经营性活动",属于《物权法》第 76 条第 1 款第 7 项规定的有关共有和共同管理权利的"其他重大事项",需经业主大会决定。

3.关于业主的特别权利。《物权法》第 78 条第 2 款规定:"业主大会或者业主委员会作出的决定侵害业主合法权益的,受侵害的业主可以请求人民法院予以撤销。"《建筑物区分所有权解释》第 12 条规定对此进一步规定,业主大会或者业主委员会作出的决定违反了法定程序的,业主也有权依据《物权法》第 78 条第 2 款的规定请求人民法院撤销该决定;该项撤销权自知道或者应当知道业主大会或者业主委员会作出决定之日起一年内行使。依据解释第 13 条规定,业主有权查阅或请求公开有关资料,这些资料包括:(1)建筑物及其附属设施的维修资金的筹集、使用情况;(2)管理规约、业主大会议事规则,以及业主大会或者业主委员会的决定及会议记录;(3)物业服务合同、共有部分的使用和收益情况;(4)建筑区划内规划用于停放汽车的车位、车库的处分情况;(5)其他应当向业主公开的情况和资料。

（二）《物权法解释（一）》

2016 年 2 月 22 日，最高人民法院发布了《关于适用〈中华人民共和国物权法〉若干问题的解释（一）》（以下简称《物权法解释（一）》）。《物权法解释（一）》共 22 条，内容涉不动产登记簿的效力、异议登记、预告登记、特殊动产转让中的"善意第三人"、发生物权变动效力的人民法院、仲裁委员会的法律文书的范围、按份共有人优先购买权的适用和善意取得制度。

1.不动产登记簿的效力。不动产登记簿是判定不动产权利归属及权利状态的依据（《物权法》第 16 条）。《物权法》第 14 条规定："不动产物权的设立、变更、转让和消灭，依照法律规定应当登记的，自记载于不动产登记簿时发生效力。"第 17 条规定："不动产权属证书记载的事项，应当与不动产登记簿一致；记载不一致的，除有证据证明不动产登记簿确有错误外，以不动产登记簿为准。"考虑到实践的复杂性，《物权法解释（一）》第 2 条对不动产登记簿的效力作了限制性的规定，如当事人有证据证明不动产登记簿的记载与真实权利状态不符，其为该不动产物权的真实权利人，请求法院确认其享有物权的，人民法院应予支持。

2.预告登记的效力。《物权法》第 20 条第 1 款规定："当事人签订买卖房屋或者其他不动产物权的协议，为保障将来实现物权，按照约定可以向登记机构申请预告登记。预告登记后，未经预告登记的权利人同意，处分该不动产的，不发生物权效力。"实践中，对于现实登记权利人针对不动产的何种处分，会因违反法律规定而不发生物权效力，存在模糊认识，一些案件中甚至出现不当扩大预告登记效力的倾向。为此，《物权法解释（一）》第 4 条对《物权法》第 21 条所称的不发生物权效力的"处分行为"进行了限缩性解释，即将其限于未经预告登记的权利人同意而转移不动产所有权，或者设定建设用地使用权、地役权、抵押权等其他物权，可能在法律上危及或者妨碍债权如期实现的行为。

3.发生物权变动效力的法律文书范围。《物权法》第 28 条规定："因人民法院、仲裁委员会的法律文书或者人民政府的征收决定等，导致物权设立、变更、转让或者消灭的，自法律文书或者人民政府的征收决定等生效时发生效力。"该条中的"法律文书"包括哪些类型？《物权法解释（一）》第 7 条作了界定，人民法院、仲裁委员会在分割共有不动产或者动产等案件中作出并依法生效的改变原有物权关系的判决书、裁决书、调解书，以及人民法院在执行程序中作出的拍卖成交裁定书、以物抵债裁定书，为物权法第 28 条所称导致物权设立、变更、转让或者消灭的人民法院、仲裁委员会的法律文书。因此，针对诉讼、仲裁和执行中的程序性问题或者特定事项作出的裁定、决定、命令、通知书等，以及单纯解决身份关系的法律文书，原则上不涉及物权设立、转让、变更或者消灭，不会直接引起物权变动，均不属于《物权法》第 28 条所称的法律文书。

4.按份共有人优先权的行使。《物权法》第 101 条规定："按份共有人可以转让其享有的共有的不动产或者动产份额。其他共有人在同等条件下享有优先购买的权利。"按份共有人优先权如何行使,实践中把握难度较大。《物权法解释(一)》第9条至第14条根据《物权法》第101条的立法精神和目的,对按份共有人优先购买权制度进行了细化,分别对同等条件的认定、行使期间、主体范围以及裁判保护等方面进行了规定,完善了按份共有人优先购买权行使的制度架构,使得这一制度从法律的原则规定成为走入现实的具有高度可操作性的鲜活制度。

5.善意取得制度的适用。《物权法》第106条规定了善意取得制度。《物权法解释(一)》第15条至第21条对善意取得的具体适用作了较为详细的规定,内容包括"善意"及其证明责任、"合理价格"、善意取得的适用范围。其中关于"善意"认定与举证责任,《物权法解释(一)》第15条规定:"受让人受让不动产或者动产时,不知道转让人无处分权,且无重大过失的,应当认定受让人为善意。""真实权利人主张受让人不构成善意的,应当承担举证证明责任。"第16条规定:"具有下列情形之一的,应当认定不动产受让人知道转让人无处分权:(一)登记簿上存在有效的异议登记;(二)预告登记有效期内,未经预告登记的权利人同意;(三)登记簿上已经记载司法机关或者行政机关依法裁定、决定查封或者以其他形式限制不动产权利的有关事项;(四)受让人知道登记簿上记载的权利主体错误;(五)受让人知道他人已经依法享有不动产物权。""真实权利人有证据证明不动产受让人应当知道转让人无处分权的,应当认定受让人具有重大过失。"第17条规定:"受让人受让动产时,交易的对象、场所或者时机等不符合交易习惯的,应当认定受让人具有重大过失。"

第四节　其他法律规定的物权制度

《物权法》第5条规定:"物权的种类和内容,由法律规定。"此所谓"法律"包括《物权法》和其他有关物权规定的法律。在法律适用上,依据第8条规定"其他相关法律对物权另有特别规定的,依照其规定",其他法律没有规定的,则适用《物权法》的规定。其他法律有关物权规定的有《海商法》《民用航空法》《海域使用管理法》《矿产资源法》《水法》《渔业法》等。

一、《海商法》

1992年11月7日,第七届全国人大常委会第二十八次会议审议通过了《中华人民共和国海商法》。《海商法》规定了船舶所有权、船舶抵押权、船舶优先权以及船舶留置权。根据《海商法》第3条规定,船舶是指海船和其他海上移动式装置以及船舶属具(如锚、链等船舶的必需品),用于军事的、政府公务的船舶和20总吨以下的小型船艇不属于海商法调整的船舶。船舶应进行登记,根据《船舶登记管理条例》规定,我国国家港务监督机构是船舶登记主管机关,各港的港务监督机构是具体实施船舶登记的机关。

1.船舶所有权。《海商法》第二章第一节规定了船舶所有权(第 7 条至第 10 条)。第 7 条规定:"船舶所有权,是指船舶所有人依法对其船舶享有占有、使用、收益和处分的权利。"船舶所有权采取登记对抗主义,第 9 条规定:"船舶所有权的取得、转让和消灭,应当向船舶登记机关登记;未经登记的,不得对抗第三人。"第 10 条规定:"船舶由两个以上的法人或者个人共有的,应当向船舶登记机关登记;未经登记的,不得对抗第三人。"船舶所有权人具有特殊的法律地位,一方面船舶所有人负有特殊的法定义务,如妥善装备船舶、配备船员、确保适航状态等;另一方面又享有一些法定特权,如海事赔偿责任限制。

2.船舶抵押权。《海商法》第二章第二节规定了船舶抵押权(第 11 条至第 20 条)。第 11 条规定:"船舶抵押权,是指抵押权人对于抵押人提供的作为债务担保的船舶,在抵押人不履行债务时,可以依法拍卖,从卖得的价款中优先受偿的权利。"依《海商法》规定,船舶所有人或者船舶所有人授权的人可以设定船舶抵押权;船舶抵押权的设定,应当签订书面合同(第 12 条);设定船舶抵押权,由抵押权人和抵押人共同向船舶登记机关办理抵押权登记,未经登记的不得对抗第三人(第 13 条);建造中的船舶也可以设定船舶抵押权,以建造中的船舶设立抵押权的,除了办理抵押权登记外还应当向船舶登记机关提交船舶建造合同(第 14 条);除合同另有约定外,抵押人应当对被抵押船舶进行保险,未保险的,抵押权人有权对该船舶进行保险,保险费由抵押人负担(第 15 条);船舶共有人就共有船舶设定抵押权,除了共有人另有约定外,应当取得持有三分之二以上份额的共有人的同意(第 16 条);船舶抵押权设定后,未经抵押权人同意,抵押人不得将被抵押船舶转让给他人(第 17 条);抵押权属于从权利,抵押权人将被抵押船舶所担保的债权全部或者部分转让他人的,抵押权随之转移(第 18 条);同一船舶可以重复设立抵押,同一船舶设立两个以上抵押权的,抵押权人按照抵押权登记的先后顺序从船舶拍卖所得价款中依次受偿,同日登记的抵押权,按照同一顺序受偿(第 19 条);由于船舶灭失得到的保险赔偿,抵押权人也享有优先受偿权(第 20 条)。

3.船舶优先权。船舶优先权与共同海损、海事赔偿责任限制等,为海商法所特有的法律制度。船舶优先权与船舶抵押权同为担保物权,但船舶优先权为法定担保物权,无须依据合同。《海商法》第 21 条规定:"船舶优先权,是指海事请求人依照本法第二十二条的规定,向船舶所有人、光船承租人、船舶经营人提出海事请求,对产生该海事请求的船舶具有优先受偿的权利。"《海商法》第 22 条规定了船舶优先权所担保的债权(海事请求)范围,包括:(1)船长、船员和在船上工作的其他在编人员根据劳动法律、行政法规或者劳动合同所产生的工资、其他劳动报酬、船员遣返费用和社会保险费用的给付请求;(2)在船舶营运中发生的人身伤亡的赔偿请求;(3)船舶吨税、引航费、港务费和其他港口规费的缴付请求;(4)海难救助的救助款项的给付请求;(5)船舶在营运中因侵权行为产生的财产赔偿请求。依据《海商法》第 25 条规定,船舶优先权先于船舶留置权受偿,船舶抵押权后于船舶留置权受偿,由此形成船舶优先权、船舶留置权、船舶抵押权的受清偿顺序。

4.船舶留置权。《海商法》第 25 条第 2 款规定:"船舶留置权,是指造船人、修船人在合同另一方未履行合同时,可以留置所占有的船舶,以保证造船费用或者修船费用得以偿还的权利。船舶留置权在造船人、修船人不再占有所造或者所修的船舶时消灭。"除该条规定的以船舶为客体的留置权外,《海商法》还在多处出现有关留置权的规定。如第 87 条规定了以货物为客体的留置权:"应当向承运人支付的运费、共同海损分摊、滞期费和承运人为货物垫付的必要费用以及应当向承运人支付的其他费用没有付清,又没有提供适当担保的,承运人可以在合理的限度内留置其货物。"第 141 条规定了以租金为客体的留置权:"承租人未向出租人支付租金或者合同约定的其他款项的,出租人对船上属于承租人的货物和财产以及转租船舶的收入有留置权。"第 161 条还规定了以被拖物为客体的留置权:"被拖方未按照约定支付拖航费和其他合理费用的,承拖方对被拖物有留置权。"

二、《民用航空法》

1995 年 10 月 30 日,第八届全国人大常委会第十六次会议审议通过了《中华人民共和国民用航空法》。《民用航空法》规定了航空器所有权、航空器抵押权和航空器优先权。依据《民用航空法》规定,民用航空器是指除用于执行军事、海关、警察飞行任务外的航空器(第 5 条),对民用航空器的权利,包括对民用航空器构架、发动机、螺旋桨、无线电设备和其他一切为了在民用航空器上使用的,无论安装于其上或者暂时拆离的物品的权利(第 10 条);民用航空器权利应进行登记,登记机关为国务院民用航空主管部门(第 11 条)。

1.民用航空器所有权。民用航空器所有权是指民用航空器所有人依法对其民用航空器享有的占有、使用、收益和处分的权利。《民用航空法》第 14 条第 1 款规定:"民用航空器所有权的取得、转让和消灭,应当向国务院民用航空主管部门登记;未经登记的,不得对抗第三人。"

2.民用航空器抵押权。民用航空器抵押权是指抵押权人对于抵押人提供的作为债务担保的民用航空器,在抵押人不履行债务时,可以依法拍卖、折价或变卖,从卖得的价款中获得优先受偿的权利。《民用航空法》第 16 条规定:"设定民用航空器抵押权,由抵押权人和抵押人共同向国务院民用航空主管部门办理抵押权登记;未经登记的,不得对抗第三人。"另据《物权法》第 180 条第 1 款第 5 项规定,正在建造的航空器也可以设立抵押权。建造中的航空器抵押权属于民用航空器抵押权。

3.民用航空器优先权。民用航空器优先权是指债权人依法向民用航空器所有人、承租人提出赔偿请求,对产生该赔偿请求的民用航空器具有优先受偿的权利(《民用航空法》第 18 条)。根据《民用航空法》第 19 条规定,享有优先权的债权为:(1)援救该民用航空器的报酬;(2)保管维护该民用航空器的必需费用。上述规定的债权,后发生的先受偿。民用航空器优先权优先于抵押权而受偿。《民用航空法》要求,民用航空器优先权人应当自援救或者保管维护工作终了之日起三个月内就其债权向国务院民用航空主管部门登记(第 20 条)。

《民用航空法》并规定民用航空器留置权,民用航空器留置可适用《物权法》有关留置权的规定。

三、《海域使用管理法》

2001 年 10 月 27 日,第九届全国人大常委会第二十四次会议通过了《中华人民共和国海域使用管理法》。《海域使用管理法》第 3 条规定,海域属于国家所有,国务院代表国家行使海域所有权;单位和个人可以依法取得海域使用权。海域使用权属于用益物权(《物权法》第 122 条)。

海域使用权的客体是海域。《海域使用管理法》第 2 条规定,海域是指中华人民共和国内水、领海的水面、水体、海床和底土。其中内水是指中华人民共和国领海基线向陆地一侧至海岸线的海域。海域使用包括养殖用海、拆船用海、旅游用海、娱乐用海、盐业用海、矿业用海、港口用海、修造船厂用海以及公益事业用海等。

海域使用权实行登记制度。根据《海域使用管理法》规定,海域使用人取得海域使用权需向县级以上人民政府海洋行政主管部门提出申请(第 16 条),海洋使用申请需报人民政府批准,其中填海 50 公顷以上的项目用海、围海 100 公顷以上的项目用海、不改变海域自然属性的用海 700 公顷以上的项目用海、国家重大建设项目用海、国务院规定的其他项目用海,应当报国务院批准,其他项目用海的审批权限,由国务院授权省、自治区、直辖市人民政府规定(第 18 条)。海域使用申请经依法批准后,国务院批准用海的,由国务院海洋行政主管部门登记造册,向海域使用申请人颁发海域使用权证书;地方人民政府批准用海的,由地方人民政府登记造册,向海域使用申请人颁发海域使用权证书。海域使用申请人自领取海域使用权证书之日起,取得海域使用权(第 19 条)。

海域使用权的期限因使用用途而有别。《海域使用管理法》第 25 条规定,海域使用权最高期限为:养殖用海 15 年;拆船用海 20 年;旅游、娱乐用海 25 年;盐业、矿业用海 30 年;公益事业用海 40 年;港口、修造船厂等建设工程用海 50 年。第 26 条规定,海域使用权期限届满,海域使用权人需要继续使用海域的,应当至迟于期限届满前 2 个月向原批准用海的人民政府申请续期。除根据公共利益或者国家安全需要收回海域使用权的以外,原批准用海的人民政府应当批准续期。第 29 条规定:"海域使用权期满,未申请续期或者申请续期未获批准的,海域使用权终止,海域使用权终止后,原海域使用权人应当拆除可能造成海洋环境污染或者影响其他用海项目的用海设施和构筑物。"

海域使用权人有权依据批准的用途使用海域并获得收益,其海域使用权受法律保护。依据《海域使用管理法》规定,海域使用权可以依法转让,可以依法继承(第 27 条);同时,海域使用权人有依法保护和合理使用海域的义务,海域使用权人对不妨害其依法使用海域的非排他性用海活动,不得阻挠(第 23 条);海域使用权人在使用海域期间,未经依法批准,不得从事海洋基础测绘;海域使用权人发现所使用海域的自然资源和自然条件发生重大变化时,应当及时报告海洋行政主管部门(第 24 条);海域使用权人不得擅自改变经批准的海域用途;确需改变的,应当在符合海洋功能区划的前提下,报原批准用海的人民政府批准(第 28 条)。

国家实行海域有偿使用制度。《海域使用管理法》规定,单位和个人使用海域,应当按照规定缴纳海域使用金(第 33 条);海域使用权续期的,海域使用权人应当依法缴纳续期的海域使用金(第 26 条)。

海域使用权中,填海造地的海域使用权具有特殊性。《海域使用管理法》第 32 条规定:"填海项目竣工后形成的土地,属于国家所有。""海域使用权人应当自填海项目竣工之日起三个月内,凭海域使用权证书,向县级以上人民政府土地行政主管部门提出土地登记申请,由县级以上人民政府登记造册,换发国有土地使用权证书,确认土地使用权。"

四、《矿产资源法》

1986 年 3 月 29 日,第六届全国人大常委会第十五次会议通过了《中华人民共和国矿产资源法》(1996 年、2009 年修订)。依据《矿产资源法》第 5 条规定,国家实行探矿权、采矿权有偿取得制度。探矿权,是指在依法取得的勘查许可证范围内勘查矿产资源的权利。采矿权,是指在依法取得的采矿许可证规定的范围内,开采矿产资源和获得所开采的矿产品的权利。探矿权、采矿权属于用益物权(《物权法》第 123 条),探矿权和采矿权合称矿业权。1994 年国务院发布《中华人民共和国矿产资源法实施细则》,对探矿权和采矿权的取得、转让与内容作了更加具体的规定。

(一)探矿权、采矿权的取得

《矿产资源法实施细则》第 5 条规定:"国家对矿产资源的勘查、开采实行许可证制度。勘查矿产资源,必须依法申请登记,领取勘查许可证,取得探矿权;开采矿产资源,必须依法申请登记,领取采矿许可证,取得采矿权。"第 7 条规定:"国家允许外国的公司、企业和其他经济组织以及个人依照中华人民共和国有关法律、行政法规的规定,在中华人民共和国领域及管辖的其他海域投资勘查、开采矿产资源。"因此,不仅我国的企业和个人可以依法取得探矿权和采矿权,外国的企业和个人也可以依法取得探矿权和采矿权。

根据 1998 年国务院颁布的《矿产资源勘查区块登记管理办法》(2014 年修订)规定,探矿权申请人申请探矿权时,应当向登记管理机关(地质矿产主管部门)提出申请,登记管理机关应当自收到申请之日起 40 日内,按照申请在先的原则作出准予登记或者不予登记的决定,并通知探矿权申请人。准予登记的,探矿权申请人应当自收到通知之日起 30 日内,依照规定缴纳探矿权使用费和国家出资形成的探矿权价款,办理登记手续,领取勘查许可证,成为探矿权人。勘查许可证有效期最长为 3 年;但石油、天然气勘查许可证有效期最长为 7 年。需要延长勘查工作时间的,探矿权人应当在勘查许可证有效期届满的 30 日前,到登记管理机关办理延续登记手续,每次延续时间不得超过 2 年。探矿权人逾期不办理延续登记手续的,勘查许可证自行废止。

根据 1998 年国务院颁布的《矿产资源开采登记管理办法》(2014 年修订)规定,采矿权申请人申请办理采矿许可证时,应当向登记管理机关(地质矿产主管部门)提出申请,登记管理机关应当自收到申请之日起 40 日内,作出准予登记或者不予登记的决定,并通知采矿权申请人。准予登记的,采矿权申请人应当自收到通知之日起 30 日内,依照规定缴纳采矿权使用费和国家出资勘查形成的采矿权价款,办理登记手续,领取采矿许可证,成为采矿权人。采矿许可证有效期,按照矿山建设规模确定:大型以上的,采矿许可证有效期最长为 30 年;中型的,采矿许可证有效期最长为 20 年;小型的,采矿许可证有效期最长为 10 年。采矿许可证有效期满,需要继续采矿的,采矿权人应当在采矿许可证有效期届满的 30 日前,到登记管理机关办理延续登记手续。采矿权人逾期不办理延续登记手续的,采矿许可证自行废止。

(二)探矿权、采矿权的内容

探矿权、采矿权的内容,是指探矿权人、采矿权人依法享有的权利和承担的义务。《矿产资源法实施细则》对探矿权、采矿权的内容(权利义务)作了具体的规定。

1.探矿权人的权利和义务

探矿权人享有的权利是:(1)按照勘查许可证规定的区域、期限、工作对象进行勘查;(2)在勘查作业区及相邻区域架设供电、供水、通讯管线,但是不得影响或者损害原有的供电、供水设施和通讯管线;(3)在勘查作业区及相邻区域通行;(4)根据工程需要临时使用土地;(5)优先取得勘查作业区内新发现矿种的探矿权;(6)优先取得勘查作业区内矿产资源的采矿权;(7)自行销售勘查中按照批准的工程设计施工回收的矿产品,但是国务院规定由指定单位统一收购的矿产品除外(第 16 条)。

探矿权人的义务是:(1)在规定的期限内开始施工,并在勘查许可证规定的期限内完成勘查工作;(2)向勘查登记管理机关报告开工等情况;(3)按照探矿工程设计施工,不得擅自进行采矿活动;(4)在查明主要矿种的同时,对共生、伴生矿产资源进行综合勘查、综合评价；(5)编写矿产资源勘查报告，提交有关部门审批；(6)按照国务院有关规定汇交矿产资源勘查成果档案资料；(7)遵守有关法律、法规关于劳动安全、土地复垦和环境保护的规定；(8)勘查作业完毕，及时封、填探矿作业遗留的井、硐或者采取其他措施，消除安全隐患。此外，探矿权人可以对符合国家边探边采规定要求的复杂类型矿床进行开采；但是，应当向原颁发勘查许可证的机关、矿产储量审批机构和勘查项目主管部门提交论证材料，经审核同意后，按照国务院关于采矿登记管理法规的规定，办理采矿登记(第18条)。探矿权人经批准的矿产资源勘查报告及其他有价值的勘查资料实行有偿使用，有权获得收益(第20条)。探矿权人对矿产勘查过程中临时需要使用他人土地的，可以依法取得临时土地使用权，但需对临时使用他人土地造成的财产损害依照规定给予补偿(第21条)；对没有农作物和其他附着物的荒岭、荒坡、荒地、荒漠、沙滩、河滩、湖滩、海滩上进行勘查的，可不予补偿；但勘查作业不得阻碍或者损害航运、灌溉、防洪等活动或者设施，勘查作业结束后应当采取措施，防止水土流失，保护生态环境(第22条)。

2.采矿权人的权利和义务

采矿权人享有的权利是：(1)按照采矿许可证规定的开采范围和期限从事开采活动；(2)自行销售矿产品，但是国务院规定由指定的单位统一收购的矿产品除外；(3)在矿区范围内建设采矿所需的生产和生活设施；(4)根据生产建设的需要依法取得土地使用权；(5)法律、法规规定的其他权利(第30条)。

采矿权人的义务是：(1)在批准的期限内进行矿山建设或者开采；(2)有效保护、合理开采、综合利用矿产资源；(3)依法缴纳资源税和矿产资源补偿费；(4)遵守国家有关劳动安全、水土保持、土地复垦和环境保护的法律、法规；(5)接受地质矿产主管部门和有关主管部门的监督管理，按照规定填报矿产储量表和矿产资源开发利用情况统计报告。此外，采矿权人在采矿许可证有效期满或者在有效期内，停办矿山而矿产资源尚未采完的，必须采取措施将资源保持在能够继续开采的状态。矿山企业关闭矿山，应当按照下列程序办理审批手续：(1)开采活动结束的前一年，向原批准开办矿山的主管部门提出关闭矿山申请，并提交闭坑地质报告；(2)闭坑地质报告经原批准开办矿山的主管部门审核同意后，报地质矿产主管部门会同矿产储量审批机构批准；(3)闭坑地质报告批准后，采矿权人应当编写关闭矿山报告，报请原批准开办矿山的主管部门会同同级地质矿产主管部门和有关主管部门按照有关行业规定批准。关闭矿山报告批准后，矿山企业应当完成下列工作：(1)按照国家有关规定将地质、测量、采矿资料整理归档，并汇交闭坑地质报告、关闭矿山报告及其他有关资料；(2)按照批准的关闭矿山报告，完成有关劳动安全、水土保持、土地复垦和环境保护工作，或者缴清土地复垦和环境保护的有关费用。

（三）探矿权、采矿权的转让

除《矿产资源法》第 6 条规定不得转让外，探矿权、采矿权可以转让。1998 年国务院颁布《探矿权采矿权转让管理办法》对探矿权、采矿权的转让作了规定。

探矿权转让应当具备以下条件：(1)自颁发勘查许可证之日起满 2 年，或者在勘查作业区内发现可供进一步勘查或者开采的矿产资源；(2)完成规定的最低勘查投入；(3)探矿权属无争议；(4)按照国家有关规定已经缴纳探矿权使用费、探矿权价款；(4)国务院地质矿产主管部门规定的其他条件。采矿权转让应当具备以下条件：(1)矿山企业投入采矿生产满 1 年；(2)采矿权属无争议；(3)按照国家有关规定已经缴纳采矿权使用费、采矿权价款、矿产资源补偿费和资源税；(4)国务院地质矿产主管部门规定的其他条件。国有矿山企业在申请转让采矿权前，应当征得矿山企业主管部门的同意。

探矿权人或者采矿权人在申请转让探矿权或者采矿权时，应当向审批管理机关提出申请，国有矿山企业转让采矿权时，还应当提交有关主管部门同意转让采矿权的批准文件。转让国家出资勘查所形成的探矿权、采矿权的，必须进行评估，评估工作由国务院地质矿产主管部门会同国务院国有资产管理部门认定的评估机构进行；评估结果由国务院地质矿产主管部门确认。申请转让探矿权、采矿权的，审批管理机关应当自收到转让申请之日起 40 日内，作出准予转让或者不准转让的决定，并通知转让人和受让人。准予转让的，转让人和受让人应当自收到批准转让通知之日起 60 日内，到原发证机关办理变更登记手续；受让人按照国家规定缴纳有关费用后，领取勘查许可证或者采矿许可证，成为探矿权人或者采矿权人。

五、《水法》

2002 年 8 月 29 日，第九届全国人大常委会第二十九次会议通过了《中华人民共和国水法》。《水法》第 7 条规定，除农村集体经济组织及其成员使用本集体经济组织的水塘、水库中的水外，国家对水资源依法实行取水许可制度和有偿使用制度。第 48 条规定，除家庭生活和零星散养、圈养畜禽饮用等少量取水外，直接从江河、湖泊或者地下取用水资源的单位和个人，应当按照国家取水许可制度和水资源有偿使用制度的规定，向水行政主管部门或者流域管理机构申请领取取水许可证，并缴纳水资源费，取得取水权。取水权属于用益物权（《物权法》第 123 条）。2006 年，国务院发布《取水许可和水资源费征收管理条例》，对取水权的取得、内容等作了具体的规定。

根据《取水许可和水资源费征收管理条例》规定，取水权，是指利用取水工程或者设施直接从江河、湖泊或者地下取用水资源的权利；取水工程或设施，是指闸、坝、渠道、人工河道、虹吸管、水泵、水井以及水电站等工程设施（第 2 条）。

（一）取水权的取得

《取水许可和水资源费征收管理条例》对取水权的取得程序作了规定。申请取水的单位或者个人，应当向具有审批权限的审批机关提出申请，申请利用多种水源，且各种水源的取水许可审批机关不同的，应当向其中最高一级审批机关提出申请，取水许可权限属于流域管理机构的，应当向取水口所在地的省、自治区、直辖市人民政府水行政主管部门提出申请（第 10 条）。审批机关受理取水申请后，应当对取水申请材料进行全面审查，并综合考虑取水可能对水资源的节约保护和经济社会发展带来的影响，决定是否批准取水申请（第 17 条）。如属直接利用已有的取水工程或者设施取水的，经审批机关审查合格，发给取水许可证，取得取水权。如需兴建取水工程或设施，经审批机关批准后，申请人可兴建取水工程或者设施（第 21 条）；取水申请批准后 3 年内，取水工程或者设施未开工建设，或者需由国家审批、核准的建设项目未取得国家审批、核准的，取水申请批准文件自行失效（第 22 条）；取水工程或者设施竣工后，申请人应当按照国务院水行政主管部门的规定，向取水审批机关报送取水工程或者设施试运行情况等相关材料；经验收合格的，由审批机关核发取水许可证，取得取水权（第 23 条）。取水许可证应当包括下列内容：取水单位或者个人的名称（姓名）、取水期限、取水量和取水用途、水源类型、取水退水地点及退水方式退水量（第 24 条）。取水许可证的有效期限一般为 5 年，最长不超过10 年。有效期届满，需要延续的，取水单位或者个人应当在有效期届满 45 日前向原审批机关提出申请，原审批机关应当在有效期届满前，作出是否延续的决定（第 25 条）。

（二）取水权的内容

取水权人有权按照取水许可证记载的内容取水，取水权不具有排他效力，在特定区域的水资源上可以存在数个取水权。[①] 取水权人的义务主要是缴纳水资源费。《取水许可和水资源费征收管理条例》第 28 条规定，取水单位或者个人应当缴纳水资源费；取水单位或者个人应当按照经批准的年度取水计划取水，超计划或者超定额取水的，对超计划或者超定额部分累计收取水资源费。另，依据第 41 条规定，审批机关因下列情形对取水单位或者个人的年度取水量予以限制的，取水权人有容忍的义务：（1）因自然原因，水资源不能满足本地区正常供水的；（2）取水、退水对水功能区水域使用功能、生态与环境造成严重影响的；（3）地下水严重超采或者因地下水开采引起地面沉降等地质灾害的；（4）出现需要限制取水量的其他特殊情况。发生重大旱情时，审批机关可以对取水单位或者个人的取水量予以紧急限制。第 42 条规定，取水单位或者个人应当在每年的 12 月 31 日前向审批机关报送

---

① 崔建远：《物权法》，中国人民大学出版社 2014 年版，第 393 页。

本年度的取水情况和下一年度取水计划建议;第 43 条规定,取水单位或者个人应当依照国家技术标准安装计量设施,保证计量设施正常运行,并按照规定填报取水统计报表。第 44 条规定,取水权人连续停止取水满 2 年的,由原审批机关注销取水许可证;由于不可抗力或者进行重大技术改造等原因造成停止取水满 2 年的,经原审批机关同意,可以保留取水许可证。

（二）取水权可以依法转让

《取水许可和水资源费征收管理条例》第 27 条规定,依法获得取水权的单位或者个人,通过调整产品和产业结构、改革工艺、节水等措施节约水资源的,在取水许可的有效期和取水限额内,经原审批机关批准,可以依法有偿转让其节约的水资源,并到原审批机关办理取水权变更手续。

六、《渔业法》

1986 年 1 月 20 日,第六届全国人大常委会第十四次会议通过《中华人民共和国渔业法》（2000 年、2004 年修订）,对养殖业与养殖许可证、捕捞业与捕捞许可证作了原则规定。1987 年,国务院颁布《渔业法实施细则》对养殖、捕捞许可证的申请批准作了具体的规定。《渔业法》及《渔业法实施细则》中没有明确规定养殖权和捕捞权,但《物权法》第 123 条规定"使用水域、滩涂从事养殖、捕捞的权利受法律保护",确认了养殖权和捕捞权,养殖权和捕捞权属于用益物权,合称渔业权。此外,农业部 2010 年发布的《水域滩涂养殖发证登记办法》第 2 条规定了"水域滩涂养殖权",确认了养殖权。

（一）养殖权、捕捞权的取得

《渔业法》规定国家实行养殖使用证、捕捞许可证制度（第 11 条、第 23 条）。关于养殖使用证,《渔业法实施细则》第 10 条规定,使用全民所有的水面、滩涂,从事养殖生产的全民所有制单位和集体所有制单位,应当向县级以上地方人民政府申请养殖使用证;全民所有的水面、滩涂在一县行政区域内的,由该县人民政府核发养殖使用证,跨县的,由有关县协商核发养殖使用证,必要时由上级人民政府决定核发养殖使用证。养殖使用证的申领适用农业部《水域滩涂养殖发证登记办法》的规定。关于捕捞许可证,《渔业法实施细则》第 15 条规定,从事外海、远洋捕捞业的,由经营者提出申请,经省、自治区、直辖市人民政府渔业行政主管部门审核后,报国务院渔业行政主管部门批准;近海大型拖网、围网作业的捕捞许可证,由国务院渔业行政主管部门批准发放;近海其他作业的捕捞许可证,由省、自治区、直辖市人民政府渔业行政主管部门按照国家下达的船网工具控制指标批准发放;内陆水域的捕捞许可证,由县级以上地方人民政府渔业行政主管部门批准发放。捕捞许可证的申领适用农业部 2002 年发布的《渔业捕捞许可管理规定》（2004 年、2013 年修订)的规定。从事养殖业的单位或个人取得养殖使用证的,取得养殖权。从事捕捞业的单位和个人取得捕捞许可证的,取得捕捞权。

(二)养殖权、捕捞权的内容

养殖权人有使用特定水域、滩涂从事水产养殖的权利,此项权利具有排他的效力。其义务是:水产新品种必须经全国水产原种和良种审定委员会审定,由国务院渔业行政主管部门批准后方可推广,水产苗种的进口、出口由国务院渔业行政主管部门或者省、自治区、直辖市人民政府渔业行政主管部门审批(《渔业法》第16条);水产苗种的进口、出口必须按照规定实施检疫,防止病害传入境内和传出境外;引进转基因水产苗种必须按照国务院有关规定进行安全性评价(《渔业法》第17条);从事养殖生产不得使用含有毒有害物质的饵料、饲料(第19条);从事养殖生产应当保护水域生态环境,科学确定养殖密度,合理投饵、施肥、使用药物,不得造成水域的环境污染(第19条)。

捕捞权人有在特定渔场从事捕捞作业的权利,此项权利具有排他的效力。捕捞权人的义务是:从事捕捞作业的单位和个人,必须按照捕捞许可证关于作业类型、场所、时限、渔具数量和捕捞限额的规定进行作业,并遵守国家有关保护渔业资源的规定,大中型渔船应当填写渔捞日志(《渔业法》第24条);禁止捕杀、伤害国家重点保护的水生野生动物,因科学研究、驯养繁殖、展览或者其他特殊情况,需要捕捞国家重点保护的水生野生动物的,依照《中华人民共和国野生动物保护法》的规定执行(第37条)。

(三)养殖权的转让

《渔业法》规定,捕捞许可证不得买卖、出租和以其他形式转让(第23条)。

买卖、出租或者以其他形式转让捕捞许可证的,没收违法所得,吊销捕捞许可证,可以并处1万元以下的罚款;伪造、变造、买卖捕捞许可证,构成犯罪的,依法追究刑事责任(第42条)。

《渔业法》未明文禁止养殖使用证的转让。农业部2010年的《水域滩涂养殖发证登记办法》规定了养殖权转让的登记,确认养殖权可以转让。该办法第9条规定:"依法转让国家所有水域、滩涂的养殖权的,应当持原养殖证,依照本章规定重新办理发证登记。"第13条规定:"农民集体所有或者国家所有依法由农民集体使用的水域、滩涂,以家庭承包方式用于养殖生产,在承包期内采取转包、出租、入股方式流转水域滩涂养殖权的,不需要重新办理发证登记。""采取转让、互换方式流转水域滩涂养殖权的,当事人可以要求重新办理发证登记。申请重新办理发证登记的,应当提交原养殖证和水域滩涂养殖权流转合同等相关证明材料。""因转让、互换以外的其他方式导致水域滩涂养殖权分立、合并的,应当持原养殖证及相关证明材料,向原发证登记机关重新办理发证登记。"

第五节　其他财产权

一、股权等投资性权利

股权,或称股东权利,是指股东基于其出资而对公司享有的权利。股权包括自益权和共益权,前者指股东为自己的利益而对公司享有的权利,包括利润分配请求权、新股优先认购权和公司终止时剩余财产的分配请求权,后者指股东为公司利益而参与公司事务的权利,包括参加股东会并表决的权利、对公司事务的知情权、提起股东代表诉讼的权利等。除了股权外,合伙企业的合伙人、个人独资企业的出资人等也享有出资者的权利。股权等投资性权利具有财产性,属于财产权。《民法总则》第125条规定:"民事主体依法享有股权和其他投资性权利。"

我国法律对国有企业出资者权利的规定有一个变化的过程。20世纪80年代初,国有企业改革刚开始,人们认为国有企业的资产所有权属于国家,国家授予企业管理,企业对国家授予其经营管理的财产享有经营权。1984年10月,十二届三中全会通过的《中共中央关于经济体制改革的决定》提出了所有权和经营权分离("两权分离")的国有企业改革思路。根据"两权分离"的改革思路,1988年4月13日第七届全国人大第一次会议通过的《中华人民共和国全民所有制工业企业法》第2条规定:"全民所有制工业企业是依法自主经营、自负盈亏、独立核算的社会主义商品生产和经营单位。""企业的财产属于全民所有,国家依照所有权和经营权分离的原则授予企业经营管理。企业对国家授予其经营管理的财产享有占有、使用和依法处分的权利。""企业依法取得法人资格,以国家授予其经营管理的财产承担民事责任。"1992年国务院颁布的《全民所有制工业企业转换经营机制条例》第3条第3项规定"坚持政企职责分开,保障国家对企业财产的所有权,实现企业财产保值、增值,落实企业的经营权"。依据上述规定,国有企业的财产属于国家所有,企业不享有所有权而享有经营权。《民法通则》第82条规定"全民所有制企业对国家授予它经营管理的财产依法享有经营权",也反映了这种观点。这个时期,学术界围绕着企业经营权的性质提出了许多见解,如新型物权、法人所有权、用益物权、商品所有权、部分所有权、经济所有权等,[①]这些理论见解都是以国家对国有企业的财产享有所有权为前提,为"两权分离"的国企改为思路提供理论支持。

1992年10月,中共十四大召开,提出了建设社会主义市场经济体制的改革目

---

① 《法学研究》编辑部:《新中国民法学研究综述》,中国社会科学文献出版社1990年版,第339~351页。

标。1993年11月,十四届三中全会通过了《中共中央关于建立社会主义市场经济体制若干问题的决定》,提出了建立现代企业制度的国有企业改革新思路。《决定》指出"建立现代企业制度,是发展社会化大生产和市场经济的必然要求,是我国国有企业改革的方向。"《决定》还描述了现代企业制度的基本特征,即"一是产权关系明晰,企业中的国有资产所有权属于国家,企业拥有包括国家在内的出资者投资形成的全部法人财产权,成为享有民事权利、承担民事责任的法人实体。二是企业以其全部法人财产,依法自主经营,自负盈亏,照章纳税,对出资者承担资产保值增值的责任。三是出资者按投入企业的资本额享有所有者的权益,即资产受益、重大决策和选择管理者等权利。企业破产时,出资者只以投入企业的资本额对企业债务负有限责任。四是企业按照市场需求组织生产经营,以提高劳动生产率和经济效益为目的,政府不直接干预企业的生产经营活动。企业在市场竞争中优胜劣汰,长期亏损、资不抵债的应依法破产。五是建立科学的企业领导体制和组织管理制度,调节所有者、经营者和职工之间的关系,形成激励和约束相结合的经营机制"。《决定》还提出"国有企业实行公司制,是建立现代企业制度的有益探索。规范的公司,能够有效地实现出资者所有权与企业法人财产权的分离,有利于政企分开、转换经营机制,企业摆脱对行政机关的依赖,国家解除对企业承担的无限责任;也有利于筹集资金、分散风险"。根据建立现代企业制度的改革思路,1993年12月29日,第八届全国人大常委会第五次会议通过了《中华人民共和国公司法》。《公司法》第4条:"公司股东作为出资者按投入公司的资本额享有所有者的资产受益、重大决策和选择管理者等权利。""公司享有由股东投资形成的全部法人财产权,依法享有民事权利,承担民事责任。""公司中的国有资产所有权属于国家。"依据1993年《公司法》的规定,作为出资者的国家仍对公司中的国有资产享有所有权,公司则对公司资产享有法人财产权。

1993年《公司法》第4条关于"公司中的国有资产所有权属于国家"的规定,并不能使得企业的产权关系清晰,反而更加模糊。[①] 当公司由不同的股东投资设立时,从公司的资产中划定"国有资产"不具有可操作性。2005年《公司法》修订,删去了1993年《公司法》第4条关于"公司中的国有资产所有权属于国家"的规定。修订后的《公司法》第3条规定:"公司是企业法人,有独立的法人财产,享有法人财产权。"第4条规定:"公司股东依法享有资产收益、参与重大决策和选择管理者等权利。""公司股东依法享有资产收益、参与重大决策和选择管理者等权利"也就是出资者的权利,即股权。至此,公司财产关系才得以厘清。公司的财产关系为"股权——公司法人财产权",包括国家在内的股东享有股权,股权包括"资产收益、参与重大决策和选择管理者等权利",公司对包括股东投资在内的公司资产享有法人

---

① 柳经纬:《财产权与法人财产权》,载《中国经济问题》1996年第3期。

财产权。

股权作为一种财产权,不仅表现在股东对公司享有利润分配请求权、新股优先购买权和公司终止时剩余财产的分配权,而且还体现在股权可以转让、可以设立质押、可以作为出资。[1]

除《公司法》外,《合伙企业法》(1997 年制定,2006 年修订)和《个人独资企业法》(1999 年)《证券投资基金法》(2003 年)对合伙人、个人独资企业的出资人、基金份额持有人的投资性权利作了规定。

二、知识产权

早在 1977 年,邓小平就提出要"尊重知识,尊重人才"。[2] 1978 年 3 月 18 日,邓小平在全国科学大会上系统阐述了"科学技术是生产力"这一马克思主义的基本观点。[3] 1988 年 9 月,邓小平进一步作出"科学技术是第一生产力"的论断。[4] 邓小平关于"科学技术是第一生产力"的论断,阐明了科学技术在促进社会经济发展和现代化建设中的重要作用。然而,与"科学技术是第一生产力"不相适应的是,直到改革开放之初,我国法律并没有承认科学技术的财产属性。

1950 年 8 月,中央人民政府政务院发布《保障发明权与专利权暂行条例》。《条例》将发明分为两类:一类既可授予发明权又可授予专利权;另一类只授予发明权而不授予专利权。[5] 由此形成了发明权和专利权的双轨制。1963 年 11 月,国务院发布《发明奖励条例》和《技术改进奖励条例》,取代了《保障发明权与专利权暂行条例》,形成了单一的发明奖励与技术奖励制度,对发明不再授予专利权,专利制度因此被废弃。不仅如此,《发明奖励条例》第 13 条还规定:"发明属于国家所有,任何个人或单位都不得垄断,全国各单位(包括集体所有制单位)都可利用它所必须的发明。"1978 年 12 月,国务院颁布新的《发明奖励条例》,第 9 条再次明确规定

---

① 2014 年国家工商总局《公司注册资本登记管理规定》第 6 条:"股东或者发起人可以以其持有的在中国境内设立的公司股权出资。以股权出资的,该股权应当权属清楚、权能完整、依法可以转让。具有下列情形的股权不得用作出资:(一)已被设立质权;(二)股权所在公司章程约定不得转让;(三)法律、行政法规或者国务院决定规定,股权所在公司股东转让股权应当报经批准而未经批准;(四)法律、行政法规或者国务院决定规定不得转让的其他情形。"

② 《邓小平文选(一九七五——一九八二年)》,人民出版社 1983 年版,第 37 页。

③ 《邓小平文选(一九七五——一九八二年)》,人民出版社 1983 年版,第 83~88 页。

④ 《邓小平文选》第 3 卷,人民出版社 1993 年版,第 274 页。

⑤ 《保障发明权与专利权暂行条例》第 8 条规定:"发明有下列情形之一者仅给予发明证书,不给予专利证书:(一)有关国防机密、军事技术与军事制造工业之发明;(二)关系大多数人民福利有迅速推广之必要者,如医药品及农牧业品种之发明;(三)发明者在国家工厂、矿场、科学研究所、技术局、实验室或其他研究机关工作并在本身之物范围内完成的发明;(四)发明者受国家机关、企业、社会团体委托并领取报酬完成的发明。"

"发明属于国家所有,全国各单位(包括集体所有制单位)都可利用它所必需的发明。"依此规定,发明属于国家,而不属于发明人个人;任何人都可以无偿使用他人的发明,发明人得不到经济利益。1983年,时任国家专利局局长黄坤益在关于专利法(草案)的说明中指出,"这是一种'吃大锅饭'的平均主义表现形式,不利于调动广大群众和各单位搞发明创造的积极性。"①

为了改变这种发明创造不是财产的状况,鼓励发明创造,保护发明人的权益,我国于1978年开始筹建专利制度,1984年3月12日六届全国人大常委会四次会议通过了《中华人民共和国专利法》,恢复了专利制度。

承认发明创造是财产并加以保护,是全部专利法的基础。②《专利法》的颁布,其首要意义也就在于突破了发明只能归国家所有的限制,承认发明创造是财产,可以归发明人个人所有。《专利法》共8章69条,规定了专利权制度的基本原则、授予专利的条件、专利的申请、专利申请的审查和批准、专利权的期限、终止和延长、专利实施的强制许可、专利权的保护等内容。该法将发明创造区分为职务发明创造和非职务发明创造,职务发明创造的专利申请权和专利权属于发明人所在单位,非职务发明创造的专利申请权和专利权属于发明者个人(第6条)。该法规定专利申请权和专利权可以转让(第10条);任何人未经专利权人同意,不得实施其专利,不得以生产经营为目的制造销售其专利产品(第11条);除法律另有规定外,使用他人专利应当与专利权人订立合同,支付专利使用费(第12条);未经许可实施他人专利,应承担侵权责任(第60条)。随着专利制度的建立,1993年修订的《发明奖励条例》删去了条例原第9条关于"发明属于国家所有"的规定。

在《专利法》颁布之前,1982年8月23日第五届全国人大常委会第二十四次会议审议通过了《商标法》,对商标专用权及其保护作了规定。1977年10月,国家出版事业管理局发出《关于试行新闻出版稿酬及补贴办法的通知》,部分恢复了因文革而中断的作品稿酬制度。此后,国家有关部门先后颁布了《关于书籍稿酬的暂行规定》(1980年)、《美术出版物的稿酬暂行办法》(1980年)、《关于故事片各类稿酬的规定》(1984年)、《书籍稿酬试行规定》(1984年)等文件,全面恢复了作品稿酬制度。1984年6月,文化部颁布了《图书、期刊版权保护试行条例》,对作者和出版者的权利以及表演者的权利作了规定。1990年9月7日,第七届全国人大常委会第十五次会议通过了《著作权法》。至此,全面建立了知识产权制度,专利权、商标权、著作权作为重要的财产形式,全面得到法律的认可和保护。

---

① 黄坤益:《关于〈中华人民共和国专利法(草案)〉的说明》,载《国务院公报》1984年第6期。
② 汤宗舜:《论我国专利法的六个主要原则》,载《中国法学》1984年第2期。

三、网络虚拟财产

随着互联网的发展,使得一种特别的财产形式也逐渐和人们的生活相联系,这就是网络虚拟财产。虚拟财产是随着互联网发展而产生的一种非物化的财产形式,目前针对网络虚拟财产虽无统一的定义,但从其特点可知,所谓虚拟财产,是指人们在互联网中所拥有的、合法的,并且具有一定经济价值或者其他价值的虚拟物品。这些虚拟物品是供所有者支配、为所有者服务的,而其他人在未经所有者同意的前提下,都不得对此虚拟物品进行占有。这些虚拟财产包括人们的社交账号、邮箱和一些网络游戏账号及其游戏中的装备等物品。虚拟财产中的"虚拟"并不等同于"虚无",而是指这个财产是存在于网络环境中,不是现实生活中能够看得见、摸得着的实际物品,所以,虚拟财产和其他财产一样具有基本的合法性和价值性等特点,不能被非法侵占,也不能任意被剥夺。

作为一种财产形式,虚拟财产已经得到我国法律的确认。2003 年北京市朝阳区人民法院审理的"李宏晨诉北京北极冰科技发展有限公司娱乐服务纠纷案"(网络虚拟财产纠纷)[①],对虚拟财产给予了确认。法院认为"虽然虚拟装备是无形的,且存在于特殊的网络游戏环境中,但并不影响虚拟物品作为无形财产的一种获得法律上的适当评价和救济"。2017 年《民法总则》第 127 条规定:"法律对数据、网络虚拟财产的保护有规定的,依照其规定。"该规定赋予了虚拟财产的法律地位,为虚拟财产保护提供了基本的法律依据。

第六节　物权与财产权制度之展望

一、农地"三权分置"改革

农地"三权分置"改革是一项全新的课题,是指在原有农村集体土地上所有权和承包权的权利格局基础上,再设置一项经营权,形成集体土地所有权、承包权、经营权三种权利并存的格局。"三权分置"改革关乎新类型物权的设立和民法典物权编的制定。

2013 年 11 月,中共十八届三中全会通过的《关于全面深化改革若干重大问

---

①　原告系被告经营的在线收费网络游戏的玩家。原告在该游戏里积累和购买了各种虚拟"生化武器"几十种。2003 年 2 月的一天,原告再次进入游戏时,却发现自己在服务器的虚拟装备丢失。原告经交涉无果后,向北京市朝阳区人民法院提起诉讼。朝阳区人民法院 2003 年 12 月 18 日对这起虚拟财产纠纷案作出一审判决,判令被告将原告丢失的虚拟装备予以恢复。《北京市朝阳区人民法院民事判决书》[(2003)朝民初字第 17848 号]。资料来源:北大法宝(http://www.pkulaw.cn)。

题的决定》提出:"赋予农民对承包地占有、使用、收益、流转及承包经营权抵押、担保权能,允许农民以承包经营权入股发展农业产业化经营。"2014年中央"一号文件"(《关于全面深化农村改革加快推进农业现代化的若干意见》)明确指出,"在落实农村土地集体所有权的基础上,稳定农户承包权、放活土地经营权,允许承包土地的经营权向金融机构抵押融资"。2016年10月,中共中央办公厅、国务院办公厅印发《关于完善农村土地所有权承包权经营权分置办法的意见》。这些文件为农地"三权分置"改革提供了政策依据。

"三权分置"改革涉及对现有的"集体土地所有权与承包经营权"相分离的农地利用模式的改变,这就涉及"三权分置"改革的必要性。不可否认,"两权分离"的农地改革对于解决农民温饱、维护农村稳定等方面发挥了积极的历史贡献,但随着社会经济的发展和城乡一体化的推进,"两权分离"模式已经不能适应新时代的要求,并逐步显露出其制度缺陷,主要表现在:一是"两权分离"模式存在农地资源闲置浪费的制度因素。城镇化进程的推进使得有资格取得承包经营权的农民与实际经营农业的主体逐步分离,承包权与经营权继续混为一体会带来农地资源的闲置浪费,以及法理上的困惑和政策上的混乱。[①]如何既解决进城务工农民抛荒弃耕的无奈,又能为不同阶层农民提供差异化的制度供给,是新形势的必要要求。二是"两权分离"模式不利于现代农业的发展。以家庭为基本生产单位的农业经营模式使得农地始终处于碎片化状态,农户经营的耕地面积过小直接影响劳动要素的合理配置,不利于利用现代技术的推广运用,难以满足现代农业的规模化经营需求。再者,在当前形势下开展"三权分置"改革具有可行性。首先,理论上可行。按照"三权分置"的改革方案,从物权法理上分析,其实就是在土地承包经营权的基础之上再设置一个用益物权,即土地经营权。对于如何理解在一个已有的用益物权之上新设一个用益物权的问题,可能会存在争议,但《物权法》第135条其实已经作了很有预见性的规定。该条规定:"建设用地使用权可以在土地的地表、地上或者地下设立。新设立的建设用地使用权,不得损害已设立的用益物权。"此处的"新设立的建设用地使用权",显然就是设立在已有的土地使用权之上。虽然该条针对的是建设用地使用权的规定,但对于农村土地承包经营权而言,法律逻辑是一致的。另外,物权法定原则是否会成为新设土地经营权的障碍呢?显然也不会。《物权法》第5条规定了物权法定原则,主要是指物权的种类和内容应由法律规定而不得由当事人任意创设。这里说的法律规定,并非仅指《物权法》,也可以包括其他法律,比如前文分析的我国《海商法》《矿产资源法》等,均以法律的形式规定了多种物权类型。《农村土地承包法》是我国的基本法律,由其规定新的物权种类是可行的。目前《农村

① 叶兴庆:《中国集体所有制下农用地的产权重构问题》,载《中国经济时报》2015年5月13日。

土地承包法》正处于修订阶段,以"三权分置"改革为契机,在该法中增设土地经营权这一新的用益物权,在法理上是没问题的。其次,已有的实践证明"三权分置"是有效的。孙宪忠教授近年来走访了十多个省市的"三权分置"改革试验区,采取走访田间地头、百姓人家的方式,跟踪研究农村土地权利发展状况,获取了较为翔实的一手数据。从孙宪忠教授的调研情况看,我国一些地区在 20 世纪末就已开始的"三权分置"改革试验成果是明显的,"'三权分置'体制解决了 20 世纪 90 年代'二轮承包'以来确定的土地条块小型化,以及农民家庭自耕模式限制农业规模化经营的问题,而且还方便地引入了绿色农业、科技农业,从规模效益的角度,有效地促进了农业经济发展,农民家庭或个人也获得了实惠。"①中共中央办公厅、国务院办公厅《关于完善农村土地所有权承包权经营权分置办法的意见》明确指出:"改革开放之初,在农村实行家庭联产承包责任制,将土地所有权和承包经营权分设,所有权归集体,承包经营权归农户,极大地调动了亿万农民积极性,有效解决了温饱问题,农村改革取得重大成果。现阶段深化农村土地制度改革,顺应农民保留土地承包权、流转土地经营权的意愿,将土地承包经营权分为承包权和经营权,实行所有权、承包权、经营权(以下简称"三权")分置并行,着力推进农业现代化,是继家庭联产承包责任制后农村改革又一重大制度创新。'三权分置'是农村基本经营制度的自我完善,符合生产关系适应生产力发展的客观规律,展现了农村基本经营制度的持久活力,有利于明晰土地产权关系,更好地维护农民集体、承包农户、经营主体的权益;有利于促进土地资源合理利用,构建新型农业经营体系,发展多种形式适度规模经营,提高土地产出率、劳动生产率和资源利用率,推动现代农业发展。"

民法典即将编纂完成在即,这为农地"三权分置"改革提供了制度设计的时间和空间。要真正实现"三权分置"改革的目的,应把握以下几点:

1.将土地经营权明确为用益物权。到目前为止,农地"三权分置"还只是一项政策话语,虽然自 2013 年以来,中央出台的"三权分置"改革政策文件已有 11 件之多,②

---

① 孙宪忠:《推进农地三权分置经营模式的立法研究》,载《中国社会科学》2016 年第 7 期。

② 分别是:(1)中共中央《关于全面深化改革若干重大问题的决定》(2013 年 11 月 15 日);(2)中共中央、国务院《关于全面深化农村改革 加快推进农业现代化的若干意见》(2014 年中央 1 号文件);(3)中共中央、国务院《关于加大改革创新力度 加快农业现代化建设的若干意见》(2015 年中央 1 号文件);(4)中共中央、国务院《关于落实发展新理念 加快农业现代化实现全面小康目标的若干意见》(2016 年中央 1 号文件);(5)中共中央、国务院《关于深入推进农业供给侧结构性改革加快培育农业农村发展新动能的若干意见》(2017 年中央 1 号文件);(6)中共中央办公厅、国务院办公厅《关于引导农村土地经营权有序流转发展农业适度规模经营的意见》(2014 年 11 月 20 日);(7)国务院办公厅《关于引导农村产权流转交易市场健康发展的意见》(2015 年 1 月 22 日);(8)国务院《关于开展农村承包土地的经营权和农民住房财产权抵押贷款试点的指导意见》(2015 年 8 月 10 日);(9)中共中央办公厅、国务院办公厅《深化农村改革综合性实施方案》(2015 年 11 月 2 日);(10)中共中央国务院《关于完善农村土地所有权承包权经营权分置办法的意见》(2016 年 10 月 30 日);(11)中国共产党十九大报告相关内容。

但仍缺乏法律的明确规定。要从根本上落实"三权分置"改革方案,应借民法典编纂之机,在物权编增加规定,明确土地经营权为一项新的不动产用益物权。从全国人大公布的《民法典物权编草案》来看,其第十一章规定了土地承包经营权,但该章内容与物权法之规定差不多,且没有承包权、经营权相分离的原则规定,是为不足。之所以要将土地经营权定性为不动产用益物权,是"三权分置"改革创新之所在,也符合"放活土地经营权"之政策需求:其一,有利于农村土地利用关系的稳定。土地投入是一项长期性的工作,将土地经营权界定为物权,主要考虑这一目的。同时,对基于流转取得的土地经营权而言,将之界定为物权,还可以规避《合同法》对租赁权期限的限制,有利于对权利主体的保护。其二,能够克服债权性流转固有的弊端。比较而言,债权性流转因不具有对抗效力以及无须公示等特点,不利于农业生产效率的提高,也极易导致纠纷的发生。而将土地经营权定性为用益物权,不仅能弥补上述之不足,而且相关主体就权利期限、权利终止事由等事项仍有较大的意思自治空间;其三,符合政策规定和司法实践的做法。一般而言,立法政策对权利的定性具有决定性意义。① 将此种继受土地经营权定性为用益物权,使得中央提出的"可转让、可抵押"的政策性经营权在法律上能够得以实现。同时,这种定位也符合司法机关在民事审判实践中,以判例的方式确认该种农地经营权的物权效力的做法。②

2.正确构造土地经营权的内容。土地经营权的内容构造应体现出"承继"与"续造"的特征。作为一项用益物权,土地经营权权利内容的确定,既离不开对现行法中土地承包经营权相关权利内容的合理承继,又应当有适应"放活土地经营权"政策目标的新的续造。从承继的角度上看,因土地经营权的权利基础是现行法中用益物权性质的土地承包经营权,故对其同质性部分的权利内容应予以继受,这是制度演进的内在逻辑。当然,对于现行法中的土地承包经营权具有的成员权属性,应予抛弃。从续造的角度看,"三权分置"改革的政策目标是"放活土地经营权",其创新要义在于优化土地资源配置,实现"农地农民有、农地农业用",既促使提升土地产出率,又保障务农者的劳动效益和收入水平。③ 基于原有土地承包经营权难以体现效率价值,故在新设土地经营权时,对其权利义务内容应作新的续造。

3.采取登记生效主义的权利变动模式。"三权分置"改革的重要目标,就是旨在通过权利分置来促进土地经营权的流转,提高土地利用效率。因此,在该政策导向的推动下,土地经营权的变动势必成为实践中的常态。因此,民法典物权编中"土地经营权"变动模式的立法选择较具实践意义。《物权法》第127条第1款规

---

① 梁慧星、陈华彬:《物权法》,法律出版社2010年版,第68~69页。

② 蔡立东、姜楠:《承包权与经营权分置的法构造》,载《法学研究》2015年第3期。

③ 韩长赋:《土地"三权分置"是中国农村改革的又一次重大创新》,《农村工作通讯》2016年第3期。

定:"土地承包经营权自土地承包经营权合同生效时设立",结合第 129 条规定看,基于法律行为导致的土地承包经营权的变动,属于《物权法》第 9 条规定的"但书条款"的除外情形,即采取债权意思主义的立法例,登记是物权变动的对抗要件而非成立要件。民法典物权编不宜再继续沿用债权意思主义模式来规制土地经营权的变动,而应采行债权形式主义的立法例。主要是基于如下考虑:第一,必要性。《物权法》制定时,考虑到我国农村基本上还处于熟人社会形态,加之立法对土地承包经营权流转对象的限制,故其流转一般只发生在熟人之间,因而不采取以登记作为变动要件的债权形式主义变动模式,也不会发生交易安全的问题。但随着城乡分割二元体制的逐渐瓦解,农村社会环境已发生较大变化,正由熟人社会向半熟人社会甚至是陌生人社会演变。随着农地流转规模和流转范围的迅速扩大,新型农业经营主体不断出现,因农地流转而导致的土地经营权变动大多发生在非集体经济组织成员的陌生人之间,因此,需要将登记作为物权变动要件,即采行债权形式主义的变动模式以保护土地经营权的交易安全。第二,可行性。按照 2014 年中共中央办公厅、国务院办公厅下发的《关于引导农村土地经营权有序流转发展农业适度规模经营的意见》,我国将"用 5 年左右时间基本完成土地承包经营权确权登记颁证工作,妥善解决农户承包地块面积不准、四至不清等问题",可以预见,土地经营权采取登记生效主义的变动模式在实践操作上是可行的。

4.对土地经营权的权利主体、权利内容、权利取得以及权利限制等作出明确规定。就土地经营权主体制度的设置而言,立法应去除现行法中土地承包经营权主体的身份限制,明确规定土地经营权主体包括原始土地经营权主体和继受土地经营权主体。前者为集体经济组织成员的农户,后者为家庭农场、农民合作社、农业企业以及非集体经济组织成员等各类"新型农业经营主体"。就土地经营权内容条款的设置而言,应赋予土地经营权人对土地的占有、使用、收益以及一定程度的处分权能。在规定土地经营权流转方式时,除保留《物权法》第 128 条规定的转包、互换、转让等方式外,还应增加土地经营权的入股、抵押等方式。就土地经营权取得制度的设置而言,应规定土地经营权的取得包括原始取得和继受取得,原始取得方式为土地承包合同的签订,继受取得方式为土地经营权流转合同的订立。就权利变动而言,应明确土地承包合同和土地流转合同的内容,规定土地经营权的设立以及登记生效等制度。就权利行使的限制而言,应明确原始土地经营权和继受土地经营权在流转权等方面的限制不同;在规定权利期限条款时,应结合《物权法》第 126 条及有关规定,明确土地经营权的存续期限及其续期的程序和条件等内容。

二、土地平权改革

长久以来,国有土地与集体土地"同地不同权"是土地领域最受诟病的突出问题。主要表现在:

一是集体土地所有权权能缺失。《民法通则》第 71 条规定："财产所有权是指所有人依法对自己的财产享有占有、使用、收益和处分的权利。"《民法总则》第 113 条规定："民事主体的财产权利受法律平等保护。"但农民集体土地所有权却是一种受严格限制的所有权,法律法规对其用途、流转、处置等作了严格的限制。具体体现在:第一,使用权能方面,集体土地不能直接用于商业开发(包括房地产开发);第二,收益权能方面,集体农用地如果要用于宅基地、村庄公共设施和乡镇企业之外的其他建设用途,就必须走政府征收途径转变为国有土地,再由国家出让。而在征地补偿时,农民往往只能按政府制定的标准获得补偿,缺乏议价权,这就使得本应属于集体土地所有权的收益权受到限制。第三,处分权能方面,集体土地不得买卖或以其他形式非法转让,但国家为公共利益的需要可以对集体土地进行征用。对集体土地的法律处分本属于土地所有权的一项权能,但集体土地所有权的处分权受不得直接交易和征用的限制,显得很不完整。

二是集体土地上之用益物权权能受限。主要是指农民的土地经营承包权、农村宅基地使用权不能进入市场进行自由交易,不能用于抵押贷款,无法发挥其融资功能。对于农村土地承包经营权,虽然《农村土地承包法》放开其流转方式,可以依法转包、出租、互换、转让和入股等,但其抵押融资功能始终受限。对于宅基地使用权,其流转则受到更为严格的限制。1949 年后,农民宅基地和房屋曾作为生活资料长期归农民所有。至 1962 年中共中央开始确认宅基地归集体所有,不准出租和买卖,1982 年第一次把宅基地归集体所有写进《宪法》,1993 年国务院明确"农民的住宅不得向城市居民出售",2004 年国务院又一次规定"严禁城镇居民在农村购置宅基地"。上述管理制度一直延续至今。《物权法》第 152 条虽然规定"宅基地使用权人依法对集体所有的土地享有占有和使用的权利",但并未规定转让、抵押等对宅基地使用权的处分行为,之后《物权法》第 155 条却又规定宅基地转让应当及时办理登记,这种前后矛盾、意向模糊的法律规则让人无所适从,也成为宅基地使用权流转的法律障碍。

如前分析,根据我国现行法律,农村集体无权直接参与土地市场交易,只能被动接受国家对集体土地作出的征收决定,故征收成为集体土地转为国有土地的唯一途径。地方政府通过征收集体土地,垄断土地交易市场,从中获取高额的土地收益,促成地方政府不断扩张占地的冲动,造成大量的农村土地流失,农民的土地权益受到严重侵害。市场经济条件下,无论国有土地使用权和集体土地使用权的流转都应该遵守统一的市场规则,国家土地所有权与集体土地所有权都是平等的民事权利,只有贯彻"土地平权、城乡一体"的原则,农民才能拥有完整的土地权利,才能推动我国城市化的健康发展。结合我国现状,要解决上述土地问题,首先须彻底隔离地方政府与集体土地利益的联系,实现农村集体土地与国有土地的同地同权,进而实现同权同价。

　　至于农村土地上用益物权权能问题,更多的是如何发挥其经济效益问题。农村土地承包经营权如何实现其经济功能,前文有关农地"三权分置"改革部分已有论述,在此不赘。对于宅基地使用权,目前法律和政策层面之所以严格限制其流转,通常有三个理由:一是宅基地使用权是法律赋予、无偿取得的权利,而非通过市场流转取得的商品,如允许农民有偿转让缺乏法理基础;二是宅基地被界定为农村集体所有的建设用地,农民的宅基地使用权不应包含处分权;三是宅基地使用权是农民基本生活保障和安身立命之本,农民一旦失去宅基地和住房将丧失基本生存条件,影响社会稳定。现在看来,以上三个理由均难成立。农民只有与本社区集体土地有着历史传统的身份联结,才可能作为集体成员依法取得宅基地使用权,这属于因事实行为取得的权利。宅基地使用权已被《物权法》确定为用益物权,法理上即应包含处分权能。随着城市化的发展,大批农民已长期工作和生活在城市,他们在政府和社会的支持下逐步有了抵御各种风险的能力,城乡社会保障体系也逐步建立健全,立法者为农民生存所担忧的事实正在消减和解除。宅基地和房屋是农民的基本生活资料,不是实现所有制变革的对象。现在多数农民期望享有与城市居民同等的房地产权利,能够将自己的房屋和宅基地使用权一起自由出租、买卖和抵押是完全正当的要求。因此,放开农民宅基地使用权的流转已是时候。

　　已有的平权改革实践分析。2013 年,国务院发展研究中心课题组发布了包含"三位一体改革思路、八个重点改革领域、三个关联性改革组合"的新一轮改革的基本思路和行动方案,简称为"383 方案"。"383 方案"列举的八个改革重点中,土地改革位列第三。[①]"383 方案"对土地制度改革的整体思路是"以权利平等、放开准入、公平分享为重点","建立两种所有制土地权利平等、市场统一、增值收益公平共享的土地制度,促进土地利用方式和经济发展方式转变"。按照设想,随着农村集体建设用地直接入市,相应收缩政府征地范围,逐步减少直至取消非公益性用地的划拨供应。"允许农村集体土地与国有土地平等进入非农用地市场",意思是无论集体建设用地,还是农用地,如果要用作非农用途,都不必转换为国有土地,可以在保留集体所有权的情况下按规划用途建设。在此基础上,2015 年 2 月 27 日,第十

---

　　① 具体而言,"三位一体"是指完善市场体系、转变政府职能、创新企业体制。"八个重点"是指:(1)以依法行政、公开透明、大幅度实质性减少行政审批为重点,深化政府行政管理体制改革。(2)以打破垄断、促进竞争、重塑监管为重点,加快基础产业领域改革。(3)以权利平等、放开准入、公平分享为重点,深化土地制度改革。(4)以降低金融行业准入门槛、推进利率汇率市场化为重点,推动金融体系改革。(5)以优先调整事权、带动财力重新配置为重点,启动新一轮财税体制改革。(6)以重新界定职能、国有资产资本化为重点,深化国有资产管理体制改革。(7)以改进竞争环境和激励机制为重点,促进创新和绿色发展。(8)以服务业开放为重点,深化涉外经济体制改革。"三个关联"是指放开准入,引入外部投资者,加强竞争。深化社会保障体制改革,设立"国民基础社会保障包"。深化土地制度改革,集体土地入市交易。

二届全国人大常委会第十三次会议通过《全国人民代表大会常务委员会关于授权国务院在北京市大兴区等三十三个试点县（市、区）行政区域暂时调整实施有关法律规定的决定》，开启全国 33 个农村土地改革试点，范围包括农村土地征收、集体经营性建设用地入市以及农村宅基地，业界称为"三块地"改革。从官方公开的数据来看，实施将近 2 年的三项改革试点已初有成效。如在 2015 年 8 月 19 日，浙江德清县莫干山镇集体以协议方式出让了全国第一宗农村集体经营性建设用地使用权，面积 4041 平方米，出让年限 40 年，成交总价 307 万元，基本实现集体土地与国有土地同权同责同价。[①] 如广东南海成立土地整备中心，由该中心以托管方式，对存量农村集体经营性建设用地进行整合和土地前期整理开发，统一招商、统一入市。对于涉及农村集体用地的托管年限和收益分配方式，可由整备中心与村集体具体协商，采用租金或出让金形式，也可实行入市后参与分红。而在此之前，南海区农村集体建设用地的使用、开发管理权实际上一直掌握在全区 2381 个经济社（村小组一级的经济组织）手中。从统计数据看，南海地区土地开发强度超过 50%，农村集体建设用地占总建设用地面积超过 50%，集体经营性建设用地占集体建设用地的 50%，成效明显。[②] 改革中被认为最难推进的宅基地改革，也已经在开展宅基地自愿有偿退出试点。目前云南大理等 15 个宅基地管理制度改革试点县（市、区）已退出宅基地约 7.6 万户，退出面积约 6 万亩，其他试点地区在土地征收制度改革上也开始进入操作阶段。[③]

虽然"三块地"改革取得了一定成效，但宥于现有土地法律和政策约束，改革试点工作中也反映出一些体制机制的问题，如国土部最初选定的 33 个试点地区中，征地制度改革试点有 3 个，集体建设经营性建设用地和宅基地制度改革试点均为 15 个。直到 2016 年，三项改革试点相互之间才开始打通。据经济观察报记者了解，如果三项改革试点不打通，会带来一些问题。例如，单纯的征地改革难以调动地方政府积极性。一个明显的逻辑是，征地规模缩小，建设用地供给就会减少，土地拉动型的地方经济难免受影响；这种情况下再增加补偿的话，政府又要多掏钱。这两个因素一叠加，地方政府也确实很难有积极性。[④] 此外，由于长期以来对农村土地产权制度建设重视不够，造成农村土地管理基础普遍不够扎实。各种历史遗留问题错综复杂，土地及农房产权资料缺失、权属争议、违法违规等情况大量存在，

① 高敏：《农村土改三项试点进入攻坚期 33 个试点成效逐步显现》，央广网，下载日期：2017 年 4 月 27 日。

② 陆璐：《广东南海土改试点这三年：农地入市破僵局》，凤凰网，下载日期：2018 年 6 月 18 日。

③ 《国土部已决定宅基地改革试点范围扩展到 33 个地区》，土地资源网，下载日期：2018 年 6 月 29 日。

④ 《国土部已决定宅基地改革试点范围扩展到 33 个地区》，土地资源网，下载日期：2018 年 6 月 29 日。

过去私下交易行为问题丛生、尾大不掉。这些因素明显影响到改革的全面推进。再有就是农村土地二级市场没有放开。二级市场交易管理涉及国土、房产、工商、税务等部门，由于没有统一汇总和发布信息的渠道，造成交易信息不对称，增加了政府精准调控的难度，土地违规交易和隐性交易的隐患无法消除，不利于农村土地市场的健康发展。[①] 这些都成为土地平权制度改革的制约因素。

综上分析，土地平权改革的根本原因在于我国农村和城市土地制度的二元性之间存在矛盾，农村土地被封闭在市场之外。从法理上讲，国家土地所有权与集体土地所有权是两项各自独立、相互平等的财产权，理应实现同地同权、同权同价。平权改革正是解决这一问题的有效途径。从制度层面分析，平权是重构土地管理制度的关键，它涉及产权制度安排、规划与用途管制、征地与补偿机制、土地市场结构、地价形成机制以及地方财税体制等一系列制度重构，只有这些制度的改革配套，以平权为出发点的土地制度改革方案才算得上是名副其实的顶层设计。笔者认为，要真正实现土地平权，除了将来民法典中应明确国家土地和农村集体土地在所有权权能和用益物权权能上坚持同等性之外，还要做好以下工作：

1.完善土地权属和权利登记，稳定农村土地产权体系。"有恒产者有恒心"，农民拥有长久使用土地的权属登记和证明，是其土地流转和获取收益的前提条件。农村土地流转和资本化的过程加快，为了保证农民独立完整的物权状态，维护土地交易安全，便于加强土地的管理，必须进一步完善有关不动产物权变动的登记制度。近年来，农村土地权登记工作已在全国各地展开，集体土地所有权的登记和产权证的核发已在 2012 年底在全国基本实现。下一步要全面落实农村土地上之用益物权，包括农村土地承包经营权、宅基地使用权等登记发证，稳定农民的土地权益，这有益于从法律上确立长久稳定的农村土地财产权格局，依法保护农民的土地财产权，推进土地的市场化流转，进而实现城乡土地同权同价。

2.明确土地自由流转，破除国家垄断地位。农民通过土地获得收益的方式，尤其在用途转换的过程中，让农民可以作为市场主体，运用土地获得收益，且集体土地所获收益与同等条件的国有土地相等。农地改革的方向，就是逐渐取消对集体土地的所有制歧视，确定用途和规划后，土地不问出处。除了公益用地，经营用地不再由国家征收。如此，国家不再是房地产市场的唯一地主，农村集体也可以面向市场供地，政府必须壮士断腕，割舍掉靠低征高卖得来的巨大价差利益；也只有如此，农民才能拥有更完整的土地权利，直接在统一的市场上化土地为资产，参与市场竞争。

3.打造土地交易平台，构建合理流转机制。市场经济条件下，不论是集体土地

[①] 《全国 33 个土地改革试点即将进入收官阶段》，http://house.china.cn//and/view/9354//.htm，下载日期：2018 年 7 月 2 日。

所有权抑或农民土地用益物权入市交易,均需要一个公平公开的交易平台和交易机制。这是集体土地和农民土地使用权顺利实现流转的关键。从长远看,在农村土地交易中,集体经济组织和农民个人是真正的交易主体,他们能够根据自己的意志和愿望自主参与土地使用权的交易,既可以是指标交易,也可以是实地资产交易。而政府的职责是制定和维持交易规则,提供交易秩序的维护。

三、数据与虚拟财产立法

《民法总则》第 127 条规定:"法律对数据、网络虚拟财产的保护有规定的,依照其规定。"这只是一条保护数据、虚拟财产的宣示性规定,如何保护数据、虚拟财产则须依据特别法。

(一)数据财产立法

随着互联网及其技术的快速发展,特别是云计算技术的出现,巨量级的网络社区、电子购物、物流网等得到前所未有的开发,数据收集系统不断普及,产品服务智能化不断升级,网络信息开始出现海量集聚,可以说,人类已经步入真正的大数据时代。大数据时代的到来离不开三个方面的条件:计算机硬件技术的提升、数据挖掘技术的发展成熟以及社交媒体、移动互联网的大量普及。这三个条件的成就,将计算机、互联网和网民紧密结合,形成庞大的大数据生成器。大数据主要指的是各类包含信息和潜在信息(经过技术开发处理后可以获得的信息)、具有多种数据类型和数据结构的超大规模计算机数据集合。大数据本身呈现了一种复杂的利益关系,一方面是用户对于其个人信息的保护需要,另一方面则是经营者对于个人信息数据化利用的需要,以及涉及科学研究、国家安全数据的使用边界等。所以,如何从行业发展和法律规范上处理好各种利益主体之间的关系,成为当前数据经济及数据资产化能否得到有效而合理开展的基本前提。

在行业发展方面,国务院于 2015 年 1 月发布了《关于促进云计算创新发展培育信息产业新业态的意见》,把"加强大数据开发与利用"作为"促进云计算创新发展培育信息产业新业态"的主要任务之一,强调要"充分发挥云计算、大数据在智慧城市建设中的服务支撑作用,加强推广应用,挖掘市场潜力,服务城市经济社会发展"。7 月,国务院出台了《关于积极推进"互联网+"行动的指导意见》,鼓励企业利用电子商务平台的大数据资源,提升企业精准营销能力,激发市场消费需求。同年 9 月,国务院发布的《促进大数据发展行动纲要》指出,在全球信息化快速发展的大背景下,大数据已成为国家重要的基础性战略资源,正引领新一轮科技创新。

在法律规范方面,全国人大常委会 2012 年发布《关于加强网络信息保护的决定》。该决定将个人信息视为用户的一种绝对利益,并以此来处理用户和网络经营者之间关于个人信息保护及其利用发生的利益关系。《决定》第 1 条规定:"国家保护能够识别公民个人身份和涉及公民个人隐私的电子信息。""任何组织和个人不得窃取或者以其他非法方式获取公民个人电子信息,不得出售或者非法向他人提供公民个人电子信息。"该规定赋予用户对自己的个人信息以一种类似人格权的地位,其中最重要的是具有排除他人非法获取、非法提供的权能。但该《决定》的局限性也很明显,没有明确用户是否可以对个人信息享有积极自决权能,即允许他人利用。而网络经营者在实践中为了使网络服务成为可能,并取得对用户个人信息的收集、加工和商业化利用,往往通过设置用户协议的方式,引导用户建立一种有关个人信息的授权关系。这种方式很快得到实践的广泛认同。有关政策规章文件也陆续出台,在贯彻保护用户个人信息的基本立场上,允许其利用自决,并对商业化利用之下保护的强度进行一定程度的软化和变通。例如,国家质量监督检验检疫总局、国家标准化管理委员会在 2012 年 11 月 5 日批准发布的《信息安全技术公共及商用服务信息系统个人信息保护指南》(GB /Z 28828—2012) 5.2.3 条规定,"处理个人信息前要征得个人信息主体的同意,包括默许同意或明示同意"。2013年工信部出台的《电信和互联网用户个人信息保护规定》,也加强了对用户信息的保护,但没有明确用户信息被侵犯情况下的救济途径。

2012 年最高人民法院发布的《关于审理利用信息网络侵害人身权益民事纠纷案件适用法律若干问题的规定》算是一次重大突破。该司法解释第 12 条规定,利用信息网络侵害个人隐私和个人信息,其是否构成侵权,应当看是否符合"利用网络公开个人隐私和个人信息的行为"和"造成损害"的特殊要求。如果"欠缺公开性",即构成侵权的排除规定。这一司法解释的规定在相当意义上重塑了用户个人信息保护关系,破除了个人信息人格权保护的绝对格局,赋予数据经济中的数据从业者一定的收集、加工和利用空间。2015 年 6 月江苏省南京市中级人民法院终审的"北京百度网讯科技公司与朱烨隐私权纠纷案"[〔2014〕宁民终字第 5028 号],即援引前述司法解释第 12 条规定,认定网络服务商或数据从业者对于用户浏览信息的自动抓取收集行为以及个性化推荐行为不构成隐私侵权判决,在裁判依据上,该判决还引用《信息安全技术公共及商用服务信息系统个人信息保护指南》,将用户同意扩展包括默示的规定作为裁判依据。

虽然在行业发展和法律规范方面已经有了一些规定,但关于大数据的法律属性问题,实践中仍存在较大争议。第十二届全国人大常委会第二十一次会议初次审议通过的《民法总则(草案)》,曾将计算机信息数据纳入到知识产权客体的范畴之内。该草案第 108 条规定:"民事主体依法享有知识产权,知识产权是指权利人依法就下列客体所享有的权利:……(八)数据信息。"但最后通过的《民法总则》将这一规定删除了,其他条文中也未明确体现数据信息的客体地位。由此可见,对于是否应将数据定位为民法中财产权的客体,当前立法上还是存在争议。我们认为,大数据具有独立的经济价值,应属于民法上财产权之一种。虽然大数据是依赖于载体而存在,依赖于代码、计算机系统等诸多工具才能发挥作用,但是这并不能否定大数据独立的经济价值。大数据是信息的载体与内容的统一,是计算机系统处理、存储的对象,人们正是通过对大数据的分析和应用来得到有价值的信息。现在各行各业包括零售、医疗卫生、保险、交通、金融服务等,都在完成所谓的数据经济化,即利用各类数据平台开发利用数据,使得生产、经营和管理越来越高度智能化,带来极大的成本降低和效率提升。可以说,大数据信息已经成为新经济的智能引擎。大数据挖掘技术的应用更加体现了大数据作为一种新型资源的价值,通过对大数据的开发利用、检索、组合、分析等,能够获得具有价值和使用价值的信息。从大数据的交易实践来看,虽然大数据需要和平台、代码、服务协议等协同交易,但是大数据无疑是交易的核心,其他因素都是为了体现大数据的价值而进行的辅助配套内容。实践中大数据能够作为交易的标的本身就体现出了大数据的经济价值。因此,可以说,大数据具有民法上的财产属性,属于信息财产权的客体。

也正是因为数据本身的财产性,我国也已将其纳入合法的市场交易平台,最为典型的就是我国中关村大数据交易产业联盟成立、中关村数海大数据交易平台上线和贵阳大数据交易所挂牌营业。中关村大数据交易产业联盟成立于2014年2月,是在中关村管委会指导下,由工信部电信研究院、中关村互联网金融协会等60余家单位机构参与组建的国内首个面向数据交易的产业组织。联盟以推动数据资源开放、流通、应用为宗旨,努力构建中关村乃至全国大数据流通、开发、应用的完整产业链。中关村数海大数据交易平台由北京数海科技有限公司建立,于2014年4月20日正式上线运行,为客户提供大数据交易服务。中关村数海大数据交易平台交易的对象为原始的或经处理后的数字化信息。2015年2月,工信部将贵阳正式列为全国唯一的大数据产业发展试点示范区,同年4月14日,全国首个大数据交易所——贵阳大数据交易所正式挂牌运营并完成首批大数据交易。贵阳大数据交易所建立的目的是通过大数据交易所把大数据转换成真正意义上的资产,让大数据资产在全球范围内流通,并产生价值。[①] 贵州省2016年出台了《贵州省大数据发展应用促进条例》。该《条例》第18条规定:"培育数据交易市场,规范交易行为。数据资源交易应当遵循自愿、公平和诚实信用原则,遵守法律法规,尊重社会公德,不得损害国家利益、社会公共利益和他人合法权益。""数据交易应当依法订立合同,明确数据质量、交易价格、提交方式、数据用途等内容。推行数据交易合同示范文本。"第25条规定:"数据共享开放,应当维护国家安全和社会公共安全,保守国家秘密、商业秘密,保护个人隐私,保护数据权益人的合法权益。任何单位和个人不得利用数据共享开放从事违法犯罪活动。"此外,该《条例》第34条至第37

① 李春莲:《数据消费时代来临 贵阳大数据交易所挂牌》,载《证券日报》2015年4月16日第4版。

条还规定了违反条例应承担的法律责任。

因此,接下来要考虑的就是要借民法典编纂之机,为数据财产立法,在以立法促进经济社会发展的同时,实现保证公民个人信息安全,企业信息财富安全,促进科技发展和保护国家安全、公共安全的目的。数据财产立法的重点是:(一)明确数据财产的定义和范畴,这是构建数据财产制度的基本前提。在立法允许的范围之内,尽可能以列举的方式明确数据财产的定义和范畴。(二)明确数据财产的权利保护内容和例外。主要包括用户基于个人信息的人格权和财产权、数据经营者基于数据的经营权和资产权、公共管理职能单位对政务数据的管理使用权[1],以及科学研究主体对研究数据的管理使用权[2]等,以实现用户、数据经营者、政务活动和科技发展、国家安全之间的平衡。(三)明确数据财产受侵犯的救济途径。

(二)虚拟财产立法

虚拟财产,是指人们在互联网中所拥有的、合法的,并且具有一定经济价值或者其他价值的虚拟物品。这些虚拟物品是供所有者支配、为所有者服务的,而其他人在未经所有者同意的前提下,都不得对此虚拟物品进行占有。首先,虚拟财产和其他财产一样具有基本的合法性和价值性等特点,不能被非法侵占,也不能任意被剥夺。其次,虚拟财产基于自身的特性,具有网络虚拟性,也就是说虚拟财产存在网络虚拟世界中。根据虚拟性这一特点,又能据此推出虚拟财产具有网络依附性,只能依附于网络而存在,只有在特定的网络背景下,才能展现其作用。最后,虚拟财产在时间上还具有期限性,其存在和价值受网络运营和服务期限等的限制。

虚拟财产权不能界定为单一的权利属性,它有时表现为物权,有时表现为债权,也可能表现为知识产权。虚拟财产也是所有者的一种所有物,存在于人身之外的,并且能够像其他物品一样满足人们的特定需求。即使不是具体的物品,但在性质上也和其他物品一样有自己独立的所有者和独特的作用。据此看来,虚拟财产也可以被当作法律上的物,被当作物权法中的物,也可以根据物权法得到相应的保护。比如,网络游戏中,游戏所有者的游戏装备就是在游戏过程中,由玩家通过不断地进行游戏所获得的。玩家获得的游戏装备是通过玩家的努力所得来,归玩家所有,所以这些装备就应该和玩家在实际生活中的其他财产一样得到法律的保护。同时,虚拟财产是用户在上网的过程中,向运营商申请的一种在网络世界里,为用户提供特定服务的一种凭证,故虚拟财产实际上是用户和运营商之间达成的一种契约关系,可以理解为一种债权。此外,虚拟财产的所有者,他在得到该虚拟财产

---

① 如福建省于 2016 年颁布《福建省政务数据管理办法》,明确政务数据属于国家所有,并按照遵循统筹管理、充分利用、鼓励开发、安全可控的原则进行利用。

② 如国务院办公厅于 2018 年发布《关于印发科学数据管理办法的通知》,明确科学数据的范围、使用原则等。

的过程中,也花费了较多的脑力,所以,虚拟财产可以被看成一项智力成果,应得到和知识产权一样的认识和保护。

虚拟财产是新生事物,一直缺乏法律的明确规定和保护。2017年颁布的《民法总则》首次从法律层面对虚拟财产作了规定。该法第127条规定:"法律对数据、网络虚拟财产的保护有规定的,依照其规定。"该条款的增加,符合当前时代发展对于网络虚拟财产的保护需求,提供了高位阶的网络虚拟财产保护民事法律依据,为后续涉网络虚拟财产的立法预留制度空间。但《民法总则》对虚拟财产的规定也存在如下不足:(1)规定较为原则,缺乏专门的保护规范。《民法总则》的该条规定较为原则,并且是引导性规范,本身缺乏操作性。(2)缺乏相应的赔偿细则。当前民事法律规范中,并没有对虚拟财产被侵犯后的赔偿细则有较为明确的规定。在这一背景下,就可能会导致大部分虚拟财产在被非法侵占的时候,可能并没有与之对应的法律条文来促进争议解决。(3)法律尚未明确虚拟财产的管辖权。网络本身就是一个没有明确界限的存在,虚拟财产是依附于网络而存在的,所以,虚拟财产的管辖权归属问题也就比较难以得到界定,就会导致虚拟财产的保护问题在法律上处于游离状态。

虚拟财产保护立法的重点是:(1)明确网络虚拟财产的定义和范畴。目前尚无明确的法律规范界定网络虚拟财产,由此导致司法审判中认定某一网络信息是否属于虚拟财产存在障碍。同时,对于网络虚拟财产包含哪些内容,也存在认识上的分歧。因此,在立法允许的范围之内,以列举的方式明确网络虚拟财产的定义和范畴,是构建这一制度的基本前提。(2)明确网络虚拟财产权利属性。当前,网络虚拟财产的权利属性观点包括知识产权说、物权说、债权说等。如前分析,在未来进一步的立法中,应明确虚拟财产的综合属性,进而完善其法律保护体系。(3)明确网络虚拟财产的权利保护内容及边界。《民法总则》虽确定了民事主体对网络虚拟财产享有权利,但对权利保护的内容未明确规定。此外,由于大部分虚拟财产的权利保护涉及第三方网络平台,在该情况下,法院裁判结果是否需要考虑第三方的实际情况,抑或在多大程度上考虑第三方的意见,还需要从立法层面进行统一规定,以明确网络虚拟财产权利保护的边界,并规范网络关系当事人的权利义务。

四、典权立法问题

典权,是指典权人支付典价而对出典人的典物(不动产)有占有、使用和收益的权利。典期届满,出典人有权赎回典物;如逾期未赎,则视为绝卖,典权人取得典物的所有权。典权属于用益物权,但又有担保性质。

典权是一项颇具我国特色的财产制度,民国时期编纂的民法典规定了典权。1949年后,房屋典当作为一个历史遗留问题,我国法院的态度是予以承认和保护。1979年,最高人民法院发布的《关于贯彻执行民事政策法律的意见》第3条规定:

"劳动人民的房屋典当关系,应予承认。典期届满,准予回赎。土改中已经解决的不再变动。典当契约载明过期不赎作为绝卖的,按契约规定处理。典当契约未载明期限或过期不赎作为绝卖的,在处理回赎问题时,应照顾双方的实际需要,如果承典人确无房住,而出典人又不缺房的,可将此房屋全部或者部分卖给承典人。典价折算可协商解决,如发生纠纷,原则上应按国家规定的实物价格计算,但也要考虑到双方的经济条件,回赎目的等实际情况。"1984 年,最高人民法院《关于贯彻执行民事政策法律若干问题的意见》继续规定:"对法律、政策允许范围内的房屋典当关系,应予承认。但土改中已解决的房屋典当关系,不再变动。""典期届满逾期十年或典契未载明期限经过三十年未赎的,原则上应视为绝卖。"资料显示,直到1993 年最高人民法院关于房屋典当纠纷案件的批复均承认和保护典权。①

因此,在物权法制定问题上,学者多有主张规定典权。2002 年 12 月 23 日提交全国人大常委会审议的《中华人民共和国民法(草案)》第二编"物权法"规定了典权(第十七章)。2005 年 7 月,《中华人民共和国物权法(草案)》公开征求意见,其间没有典权。对此,全国人大法律委员会的解释是:"我国传统的典权,目的除融资外,主要是为保留祖产祖业。现在,如果保留典权,主要目的是为融资。在现实生活中,如果需要资金,可以通过不动产抵押、出租、约定买回等方式解决,规定典权没有多大意义。因此,建议不再恢复原草案关于典权的规定。"②因此,2007 年《物权法》未规定典权。2014 年十八届四中全会提出编纂民法典的立法任务后,2018年 3 月 15 日全国人大常委会法工委提出的《中华人民共和国民法典分编(草案)》(征求意见稿)之物权编(草案)未规定典权。然而,学界不少学者主张民法典之物权编应该定典权。③

从现实情况来看,典权的功能确实主要是融资。不动产权利人之所以将不动产出典,主要原因是由于资金融通的需要。从利用不动产进行融资来看,与典权相近的制度是抵押权。然而,是否抵押权已能满足利用不动产进行融资而无须规定典权呢?这里涉及两个问题:一是在法律上是否一项制度足以满足特定功能而就无须另一项具有相

---

① 《最高人民法院关于吴连胜等诉烟台市房地产管理局房屋典当回赎一案如何处理的复函》(1993 年 2 月 16 日);《最高人民法院关于戴文林、戴文治诉高学孔房屋典当纠纷案如何处理的复函》(1993 年 2 月 17 日);《最高人民法院关于张建英与赵德芬、周涤安房屋典当纠纷一案的请示报告的复函》(1993 年 12 月 5 日)。资料来源:北大法宝(http://www.pkulaw.cn/)。

② 《全国人大法律委员会关于〈中华人民共和国物权法(草案)〉修改情况的汇报》,http://www.npc.gov.cn/npc/xinwen/lfgz/flca/2005—10/28/content_342510.htm,下载日期:2018 年 7 月 15 日。法律委员会所说的"原草案"当指 2002 年 12 月 23 日提交审议的《中华人民共和国民法(草案)》。

③ 崔建远:《民法分则物权编立法研究》,载《中国法学》2017 年第 2 期;王利明:《我国民法典物权编的修改与完善》,载《清华法学》2018 年第 2 期;房绍坤:《民法典物权编用益物权的立法建议》,载《清华法学》2018 年第 2 期。

同功能的制度;二是典权的融资功能与抵押的融资功能是否完全等同。

关于第一个问题,法律上的理由似乎不够充分。例如,买卖的目的是为了物质交易,然而这并不排除先租后买交易方式的存在;又如赠与为施惠行为,但也不排除当事人采取买卖的方式,以极低的价格将物卖于受惠人,同样达到施惠的目的。就如全国人大法律委员会在上述说明中所指出的,利用不动产融资可以采取抵押、出租、买回的方式,这三种方式均具有利用不动产融资的功能,但法律上并不影响它们同时存在。因此,如以抵押等已具备利用不动产融资的功能而否定典权,理由是不充分的。从民法制度设置来看,许多制度具有相同的功能,这就是民法上的制度竞合问题,其典型是责任竞合。法律上之所以对具有相同功能的多种制度均作出规定,目的无非是给当事人从事民事活动多一种交易方式的选择,这对引导当事人从事民事活动有积极的意义。

关于第二个问题,则缺乏细致的比较分析。抵押不移转物的占有,抵押权人只是在法律上对抵押物有支配权和排他权,但不能事实上占有和支配抵押物,当债务人不能偿还债务且又无法就抵押权实现达成协议时,抵押权人只能通过司法途径拍卖或变卖抵押物从其所得价款优先得到偿还,从而实现抵押权。典权则不同,在典权关系中,典物移转占有,典权人不仅在法律上可以支配典物而且在事实上占有和支配典物并使用收益,当出典人到期未赎(所谓赎回,也就是归还当时所借资金,如同抵押关系中债务人偿还债务),典物视为绝卖,归典权人所有,典权人只要请求法院确认绝卖即可以实现典权。在实践层面,典权对债权人之便宜要比抵押强。这也就是说,如果从融资功能来看,抵押不如典权。因此,认为抵押等制度可以满足典权的融资功能,显然缺乏对典权和抵押不同融资功能应有的认识。

基于以上分析,我们认为民法典物权编规定典权还是必要的。作为一项我国传统的民法制度,典权可以为当事人利用不动产融资提供多一种方式,一种比抵押更富有实效的方式。

关于典权制度的安排,我国民国时期的民法典(即台湾地区现行"民法典")将其安排在抵押、质押和留置之前,似有归于担保物权之嫌,但民国时期的民法典物权编并无用益物权和担保物权之明确划分,从第910条关于典权的定义(称典权者,谓支付典价,占有他人之不动产,而为使用及收益之权)来看,强调的是使用收益,应属用益物权。2002年的《中华人民共和国民法(草案)》第二编"物权法"规定了典权(第十七章),安排在"用益物权"里。由此,笔者认为,民法典物权编如保留《物权法》"用益物权"和"担保物权"划分的体例,典权应安排在"用益物权"。关于典权的内容,2002年民法草案第二编"物权法"第十七章"典权"共计15条(第193条至第207条),规定了典权的概念、典权合同、典权登记、典权期限、典权人管理典物的义务与责任、典物出租与转典、典物的回赎。这些条文基本可以满足立法的需要。民法典物权编应当恢复2002年民法草案物权编关于典权的规定。

第五章

合同与债权制度

第一节 概 述

合同是平等主体的自然人、法人、其他组织(非法人组织)之间设立、变更、终止民事权利义务关系的协议(《合同法》第 2 条)。[①] 在我国债权制度中,合同是债权债务关系发生的原因之一。除了合同外,《民法总则》第 118 条第 2 款确认了侵权行为、无因管理、不当得利同为债权债务的发生根据。

中华人民共和国成立之初,合同与债权制度同整个法制建设一样,着眼于"破旧立新",即在废除旧有制度的基础上,根据新的社会经济条件的要求,创设社会主义的合同与债权制度。1950 年 9 月 27 日,政务院财政经济委员会颁布了第一个

---

① 广义的合同概念不仅包括债权合同,还可包括物权合同及其他合同。本节主要讨论债权合同。韩世远:《合同法总论》,法律出版社 2018 年版,第 2 页。

合同法规《机关、国营企业、合作社签订合同契约暂行办法》（以下简称《暂行办法》）。[①] 该法规充分反映了我国合同立法的新思路：其一，调整社会主义公有制内部经济的流转关系（《暂行办法》第 1 条和第 2 条）；其二，限制当事人的合同自由（《暂行办法》第 5 条）；其三，建立合同行政管理制度（《暂行办法》第 9 条和第 10 条）。沿着《暂行办法》所体现的立法思路，行政机关制定了一系列合同法规，完善了合同主体制度、订立制度、履行制度以及行政管理制度，确立了计划原则作为合同法的基本原则。然而，由于法律上的虚无主义，中华人民共和国成立后 30 年，我国始终未能完成民法典的编纂，反而逐步废弃了债的概念、制度及原则，[②]仅仅通过众多行政法规拼凑起了与传统合同制度截然不同的计划型的合同价值规范体系。

十一届三中全会以后，随着市场机制的引入与发展，行政调控经济的方式逐渐弱化，商品经济得以复苏和发展，我国合同和债权制度获得新的生命力。1981 年 12 月 13 日，第五届全国人大第四次会议通过了《经济合同法》，彻底结束了合同行政法规一统天下的局面，商品交换领域有了真正意义上的"有法可依"。早在制定《经济合同法》时，立法者已意识到经济合同法在调整对外经济贸易关系方面存在不足。1985 年 3 月 21 日，第六届全国人大第十次会议通过了《涉外经济合同法》，全面规范涉外经济合同法律关系。我国由此形成了内外有别的合同法律制度。1987 年 1 月 1 日施行的《民法通则》是我国合同和债权制度发展的重要界碑。该法第五章"民事权利"第二节"债权"，计 10 个条文，不仅规定了债权的基本制度，而且还规定合同（第 85 条）、不当得利（第 92 条）和无因管理（第 93 条）三种具体类型的债。债权概念、制度和原则得以恢复和发展。为了统一国内技术商品交换领域的合同立法，1987 年 6 月 23 日，第六届全国人大常委会第二十一次会议通过了《技术合同法》，我国合同法律制度开始进入三法并存的时期。但是，三法的内容、体例和基本精神并不协调，特别是《经济合同法》仍保留了许多计划经济所残留的痕迹。

随着改革开放的不断深入，尤其是社会主义市场经济体制的确立，我国合同与债权制度不得不开始新一轮的变革。1993 年 9 月 2 日，《经济合同法》率先完成了修订工作。新《经济合同法》淡化了计划原则，减少了行政干预，使我国三部合同法在立法价值取向上基本达成一致。然而，三法并存的格局导致市场交易规则不统

---

① 中华人民共和国成立之初，契约与合同并用。自该法规正式采用"合同"概念之后，颁行的有关法规不再采用"契约"来规范我国公有制经济内部的流转关系。贺卫方：《契约与合同的辨析》，载《法学研究》1992 年第 2 期。

② 20 世纪 60 年代初，我国第二次民法典草案将侵权行为、无因管理和不当得利都排除在法典之外，有关债的内容仅存合同。柳经纬：《当代中国民事立法问题》，厦门大学出版社 2005 年版，第 191 页。

一,无法满足市场经济发展统一大市场的要求。我国合同法亟待统一化和现代化,并尽可能增加可操作性。[①] 1999 年 3 月 15 日,第九届全国人大第二次会议通过了《合同法》,结束了合同法律制度"三足鼎立"之局面,实现了交易规则的统一和完善。除了合同法之外,《著作权法》《铁路法》《海商法》《保险法》《拍卖法》《信托法》《电子签名法》和《旅游法》等单行法也有关于合同的规定,这些相关规定构成了合同法的特别法。为了更好地适用合同法,最高人民法院先后发布了《合同法解释》(一、二)以及有关买卖合同、租赁合同、融资租赁合同、建设工程合同、技术合同等相关司法解释。2017 年 3 月 15 日通过的《民法总则》第六章"民事法律行为"关于合同方面的规则相对于《民法通则》《合同法》和相关司法解释相比有不少的改动。《民法总则》有关合同的规定、合同法的特别法和最高人民法院的司法解释进一步丰富和完善了我国合同法律制度。

当我国合同制度经历深刻变革之时,其他债权制度也发生了变化,尤其是侵权责任制度。2010 年施行的《侵权责任法》既在立法体例上开创了侵权责任独立成法的先河,又在立法内容上充分借鉴两大法系侵权法的先进理念,从而构建了较为完善的侵权责任制度。

改革开放 40 年来,我国的合同法和债法经历了从无到有的变化,合同制度实现了从"落实国家计划的工具"到"市场主体追求个体利益的工具"的转换,更为重要的是,合同自由原则逐步得到法律的承认。1978 年 4 月,《中共中央关于加快工业发展若干问题的决定(草案)》指出,企业必须签订经济合同,合同一经签订,必须严格执行;破坏合同,就是破坏社会主义经济计划(第 10 条)。根据这一决定的精神,国务院各部门制定的合同行政法规将合同视为履行国家计划并使其具体化的工具。改革开放后,1981 年 2 月,国家经委颁布了《工矿产品合同试行条例》,其中规定,企业在党和国家的政策和法律规定的范围内,可以根据"市场需要"签订合同(第 2 条),标志着企业拥有了一定的缔约自由。《经济合同法》第一次从法律的高度确认了计划指导下当事人自由订立合同的原则(《经济合同法》第 5 条、第 11 条和第 17 条),我国合同制度价值取向从完全否定合同自由到肯定合同自由迈出了重要的一步。此后,在涉外商品交换领域进一步尊重当事人意思自治,明确了当事人的缔约自由(《涉外经济合同法》第 3 条),确定合同内容的自由(《涉外经济合同法》第 12 条)和变更或解除合同的自由(《涉外经济合同法》第 28 条、第 29 条第 4 项和第 31 条第 3 项)。《民法通则》确立了中国当代民法的基本原则,其中特别规定了民事活动应遵循自愿的原则(第 4 条)。自愿原则是对当事人意志自由本质的尊重。这为合同立法进一步承认合同自由原则奠定了基础。《技术合同法》采纳了《民法通则》所规定的合同概念,摒弃了"经济合同"概念,肯定了合同自愿原则(《技

---

① 梁慧星:《统一合同法:成功与不足》,载《中国法学》1999 年第 3 期。

术合同法》第 4 条、第 11 条、第 12 条、第 13 条、第 15 条、第 17 条和第 23 条）。统一合同法从立法指导思想到法律基本原则和具体的制度设计，都体现了民法的精髓——"自由""平等""意思自治"。《合同法》第 4 条明确规定："当事人依法享有自愿订立合同的权利，任何单位和个人不得非法干预。"《民法总则》第 5 条在《民法通则》第 4 条的基础上规定："民事主体从事民事活动，应当遵循自愿原则，按照自己的意思设立、变更、终止民事法律关系。"该条实质上也承认了意思自治原则。至此，我国合同法律制度建立起较为完备的以尊重当事人意志自由为取向的自由型价值规范体系。

不可否认的是，我国现行法对待债权制度中每种债的关系有轻有重，有关合同和侵权责任的规范相对充实，而关于无因管理之债、不当得利之债和其他法定之债的规范相对简单。另一方面，即使是较为完备的合同法还是侵权责任法，仍有诸多制度及规范存在缺陷。[①] 正在进行的民法典分则编的编纂，是完善现行法的最为重要的契机，我们期待着未来立法者能建构起更加符合中国社会发展需要的合同和债权制度。

第二节　经济合同法律制度

一、《经济合同法》的制定

改革初期，我国合同行政法规仍然将合同视为履行国家计划并使其具体化的一种工具。1979 年 5 月 22 日，国家计划委员会、国家经济委员会、国家建设委员会、财政部、第一机械工业部、中国人民银行颁布了《关于国家计划调整后机电产品订货合同处理办法的通知》。《通知》第 6 条规定："作好已订设备合同的调整和撤销，是保证调整后的一九七九年国家计划执行的一项重要工作，各有关单位要按以上有关规定认真办理，力争使国家计划调整带来的经济损失减到最低程度。"由此可知，合同不过是执行国家计划的工具而已。1979 年 8 月 8 日，国家经委、工商行政管理总局、中国人民银行联合发布《关于管理经济合同若干问题的联合通知》主要规定了各个行业主管部门的合同管理权限。同时，《通知》第 6 条规定："在合同执行中，如发生纠纷，签约双方应主动进行协商，尽量求得合理解决。协商不成，任何一方均可按照合同管理分工，向对方所在地的县（市）和大中城市的区级经委（或相应机关）、工商行政管理局申请仲裁。"部分排除法院管辖权，这更为充分地反映了合同不过是实现计划管理的一种方式。

---

① 崔建远：《中国债法的现状与未来》，载《法律科学》2013 年第 1 期。

随着经济体制改革的开始,商品经济得到一定发展,我国合同立法开始出现了新的发展态势。首先,计划原则一统天下的局面被打破。1979 年 12 月 21 日,国家物资总局颁布了《关于修订物资协作管理办法的通知》,赋予企业一定的物资协作权,允许企业就准许自销的产品及多余积压物资,自由签订协作合同。1980 年 11 月 11 日,国家计委等联合发布《关于继续认真贯彻执行机电产品按合同组织生产的通知》,敦促生产企业在完成国家指令性任务的前提下,根据社会需要积极地与用户商谈,直接承接社会各方面的任务,以争取签订更多的订货合同。1981 年 2 月,国家经委颁布了《工矿产品合同试行条例》,其中规定,企业在党和国家的政策和法律规定的范围内,可以根据"市场需要"签订合同(第 2 条)。产品数量、按国家和上级主管部门批准的计划确定,没有国家和上级主管部门批准计划的,"由供需双方协商签订"(第 7 条)。其次,分散的立法形式趋向统一。1980 年 5 月 15 日,国家工商行政管理总局颁布了《关于工商、农商企业经济合同基本条款的试行规定》,明确指出其适用工商、农商之间的产销关系和不同商业部门之间的商品交换关系(参见第 2 条)。1981 年的《工矿产品合同试行条例》则指出其适用于工商、农商以外的经济联系①。可见,这两个法规规定了社会主义经济组织之间各种重要的合同形式,调整经济生活中最基本的经济流转关系,标志着我国合同立法向着统一迈出了重要一步。

早在 1978 年 9 月 9 日,在国务院务虚会议上,李先念副总理就表示:"我们将逐步制定和完善各种经济法律,包括人民公社法、工厂法、合同法、种子法、森林法、草原法、环境保护法等。"率先指出了合同法的制定问题。之后,全国人大常委会委员长叶剑英和副委员长彭真分别于五届全国人大二次会议与三次会议上继续强调要抓紧拟定合同法。1980 年 10 月,在全国人大法制委员会主持下,成立了经济合同法起草小组,并组织 15 个调查组分赴 16 个省、直辖市、自治区进行为期一个多月的调查。1981 年初,在总结我国合同立法和推行合同制的经验,并参考外国立法经验的基础之上,起草小组先后草拟了《经济合同法大纲》及《经济合同法》(试拟稿)。1981 年 9 月 29 日,在试拟稿的基础上,参考各省、直辖市、自治区和国务院各部委及部分专家学者的修改意见,完成了《经济合同法草案(送审稿)》。1981 年 12 月 13 日,全国五届人大四次会议通过了《中华人民共和国经济合同法》(以下简称《经济合同法》),包括总则、经济合同的订立和履行、经济合同的变更和解除、违反经济合同的责任、经济合同纠纷的调解和仲裁、经济合同的管理及附则,共 7 章 57 条,自 1982 年 7 月 1 日起施行。

---

① 《工矿产品合同试行条例》第 3 条规定:"本条例适用于各个国民经济部门、地区、企业、事业单位签订的工矿产品供货合同(不包括工商、工贸合同)、运输合同、生产供用电合同、工艺性加工与配套协作合同和来料加工、经销、代购、代销、代加工以及调剂、协作等经济合同。"

由于《经济合同法》只对具体合同做了原则性的规定,国务院按照《经济合同法》第 56 条的规定,先后颁布和批准了一系列有关经济合同的法规。1983 年 8 月 8 日,国务院首先颁布了《建设工程勘察设计合同条例》和《建筑安装工程承包合同条例》。1983 年 9 月 1 日,国务院颁布了《财产保险合同条例》。1984 年 1 月 23 日,国务院颁布了《工矿产品购销合同条例》和《农副产品购销合同条例》。1984 年 12 月 20 日,国务院颁布了《加工承揽合同条例》。1986 年 10 月 8 日,国务院批准了《水路货物运输实施细则》。1986 年 11 月 8 日,国务院批准了《铁路货物运输合同实施细则》《公路货物运输合同实施细则》和《航空货物运输合同实施细则》。这些法规基本延续了经济合同法的思路,在其设置的框架下将相关具体合同的规定加以细化。此外,针对《经济合同法》在实施中急需明确的问题,1984 年 9 月 17 日,最高人民法院颁布了《关于贯彻执行经济合同法若干问题的意见》,对无效合同、违约责任、实际履行等问题做了相关解释。1987 年 7 月 21 日,最高人民法院发出了《关于审理经济合同纠纷案件中具体适用〈经济合同法〉的若干问题的解答》进一步对给付定金、违约金的适用等问题做了解释。《经济合同法》与其配套的合同行政法规以及司法解释构成了我国自 1949 年以来第一套合同法体系,标志着改革开放以来我国合同立法的全面恢复。

二、《经济合同法》的内容

与改革开放初期的合同行政法规相比,经济合同法一定程度上反映了商品经济发展的内在要求。

其一,《经济合同法》明确了经济合同概念。《经济合同法》颁布之前,合同行政法规中虽频繁使用"经济合同"一词,但长期并未予以界定,造成概念不明,以致法律适用混乱。[①]《经济合同法》第一次从法律的高度给"经济合同"下了定义。其第 2 条规定:"经济合同是法人之间为实现一定经济目的,明确相互权利义务关系的协议。"第 54 条规定:"个体经营户、农村社员同法人之间签订经济合同,应参照本法执行。"由此可知,经济合同具有如下两个特征:第一,它是双方当事人之间的一种协议;第二,当事人的一方必须是法人(双方当事人均为法人或一方为法人一方为个体经营户或农村社员)。因此,经济合同本质上与西方国家的商事合同相类似,其调整的核心是商品交换关系。

其二,《经济合同法》扩展了适用范围。《经济合同法》第 2 条明确规定经济合同是法人之间的协议。但是,从整体条文来看,除对具体合同的规定外,其他一切条文对一切自然人、法人之间的合同都适用,绝不仅仅限于法人之间的合同。正因如此,第 54 条又补充规定个体经营户和农村社员同法人之间的合同可参照此法执

---

① 王家福等:《合同法》,中国社会科学出版社 1986 年版,第 150~151 页。

行。毫无疑问,经济合同法的适用范围实际上已突破了社会主义公有制内部经济流转关系。之后,《经济合同法》的配套法规进一步将其适用范围扩展到私人领域。例如,《工矿产品购销合同条例》不仅适用于法人之间工矿产品购销合同关系,而且适用于个体经营户和农村社员、重点户、专业户同法人之间签订的工矿产品购销合同(第 2 条);又如,《农副产品购销合同条例》规定除农村社队和国家规定的农副产品收购单位外,国营农场、其他合作经济组织以及一切企业、事业单位、个体经营户、农村社员、重点户、专业户均可作为农副产品购销合同的主体(第 2 条);再如,《水路货物运输实施细则》第 2 条规定:"持有营业执照的个体(联户)船民与企业、农村经济组织、国家机关、事业单位、社会团体等法人之间,以及水路运输企业与个体经营户、个人之间签订的水路货物运输合同,应参照本细则执行。"将适用范围拓展到个人之间的水路货物运输合同。因此,一切自然人与法人、自然人与自然人之间的合同,也都可以参照经济合同法执行。其实,经济合同法调整的是国内一切合同所产生的权利义务关系。

其三,《经济合同法》确认了计划指导下当事人自由订立合同的原则。1979 年 7 月 13 日,国务院颁布的《关于扩大国营工业企业经营管理自主权的若干规定》,允许企业在完成国家计划的前提下拥有一定的自销权。同年 12 月 21 日,国家物资总局颁布《关于修订物资协作管理办法的通知》,赋予企业一定的物资协作权,允许企业就准许自销的产品及多余积压物资,自由签订合同。1981 年 3 月 6 日,国家经委颁布的《工矿产品合同试行条例》规定,企业在法律和政策规定范围内,可以根据市场需要签订合同(第 2 条、第 7 条)。立法机关将这些规定加以整理,使之规范化和条文化,最后经过立法程序规定在经济合同法之中,作为我国合同法的一项基本原则原则。按照这一原则,当事人在国家计划指导下,享有自由签订合同的权利。具体而言:第一,属于国家指导性计划产品和项目的经济往来,由当事人双方参照国家下达的指标,结合本单位的实际情况协商签订合同(《经济合同法》第 5 条和第 11 条、《工矿产品购销合同条例》第 5 条);第二,对于国家不实行计划管理的产品和项目,由合同双方自由协商签订合同(《经济合同法》第 17 条、《工矿产品购销合同条例》第 5 条第 3 款、《农副产品购销合同》第 6 条第 2 款)。此外,有一些合同形式不属于国家计划调整范围,如加工承揽合同、财产租赁合同、财产保险合同等则完全由当事人自由协商签订。

其四,《经济合同法》确立了合同基本制度。首先,《经济合同法》第一次从法律的高度确认了一些基本制度,统一了原分见于合同行政法规的相关规定。总则部分,规定了合同形式的书面原则(第 3 条),合同全面履行原则(第 6 条)和合同无效制度(第 7 条);第二章确立了合同成立制度(第 9 条至第 12 条),合同担保制度(第 14 条至第 15 条);第三章规定了合同的变更和解除制度(第 27 条至第 31 条);第四章确立了违约责任制度(第 32 条至第 37 条);其次,《经济合同法》增设了原有合同行政法规所未规定的制度。《经济合同法》第35条将属于补偿性的罚款、罚金统一改称为违约金,正式确立了违约金制度;最后,《经济合同法》废除了原有合同行政法规所规定的制度。《经济合同法》第35条规定,违约情况下是否实际履行,取决于当事人的意志。当事人根据自己的需要及市场供求情况,有权要求实际履行,也有权拒绝实际履行而解除合同,并要求损害赔偿。之后,最高人民法院颁布的《关于贯彻执行经济合同法若干问题的意见》,其中就实际履行问题,明确指出:"支付违约金或赔偿金是违约一方承担经济责任的主要方式……"可见,经济合同法废除了旧有的实际履行原则,转而承认金钱赔偿为违约责任的主要方式。

其五,《经济合同法》规定了具体合同。《经济合同法》第8条确认了购销(包括供应、采购、预购、购销结合及协作、调剂等)、建设工程承包、加工承揽、货物运输、供用电、仓储保管、财产租赁、借款、财产保险、科技协作(包括科研、试制、成果推广、技术转让、技术咨询服务等)10种合同形式,并在有关章节分别规定了它们的订立、履行及违约责任等制度,为经济往来中常见的合同形式提供了规范。之后,《经济合同法》的配套合同行政法规进一步对建设工程勘察设计合同、建筑安装工程承包合同、财产保险合同、工矿产品购销合同、农副产品购销合同、加工承揽合同、水路货物运输合同、铁路货物运输合同、公路货物运输合同、航空货物运输合同做了规定。一方面,这些具体合同的规定将合同基本制度具体化。例如,《建设工程勘察设计合同条例》第7条第2款规定:"勘察任务的定金为勘察费的30%,设计任务的定金为估算设计费的20%。"对给付定金数额问题做了具体的规定。《工矿产品购销合同条例》第35条第5项和第36条第3项和第4项,《农副产品购销合同条例》第18条第3项和第5项,具体规定了违约金的计算标准;另一方面,这些具体合同的规定在合同基本制度之外,依据自身的特点,设置了一些制度。例如,《经济合同法》第23条规定:"如果出租方将财产所有权转移给第三方时,租赁合同对财产新的所有方继续有效。"这在理论上称为"买卖不破租赁",是租赁合同立法中的一种新的趋势,目的主要在加强承租人的地位,以保护承租人的权利;再如,《工矿产品购销合同条例》建立了物的瑕疵担保责任制度,对检验标的物的品质瑕疵的方式、时间等都有详备的规定(《工矿产品购销合同条例》第三章)。

三、《经济合同法》的意义

《经济合同法》是我国第一部按照宪法规定的程序和要求,制定、颁布和施行的经济合同法律,它以法律的形式,完整地、系统地规定了工商企业、农村社份、国家机关、事业单位、社会团体等法人之间,订立、履行经济合同必须遵循的各项规范,划分了在订立、履行经济合同中合法与非法的界限,明确了违反合同的责任,同时,也规定了在解决合同纠纷过程中,合同当事人以及行政、司法机关应该遵循的规则,规定了对经济合同进行管理的各项要求。虽然《经济合同法》带有商品经济的新气息,但它体现的依然是计划经济体制的合同观念,仍然以计划为根本价值取向,堪称计划型的合同价值——规范体系的典范。

《经济合同法》确立了计划原则。苏联民法理论认为,依据社会主义计划经济的本质特征和要求,当事人在订立和执行合同中,必须服从和维护国家计划,保证国家计划的实现。因此,计划原则是社会主义国家合同法的基本原则。[①] 我国原有合同行政法规继受了这一观点,确立了计划原则为合同制度的基本原则。经济合同法首次从法律的高度正式确认了这一原则,并建立起一整套与计划原则相适应的制度。第一,它要求订立合同必须符合国家计划的要求(《经济合同法》第 4条);第二,对于合同形式,除即时清洁者外,应当采取书面形式(《经济合同法》第 3条);第三,凡国家下达指令性计划的产品和项目,必须严格按照计划指标签订合同,合同内容必须与该计划相符(《经济合同法》第 11 条、《工矿产品购销合同条例》第 5 条、《农副产品购销合同条例》第 6 条);第四,合同订立以后,"国家计划被修改或取消"是合同变更或解除的原因,当事人协商变更或解除合同不得"影响国家计划的执行"(《经济合同法》第 27 条),如果确因情况变更或者解除合同,除双方当事人协商外,还应报下达该计划的主观部门批准(《经济合同法》第 29 条、《工矿产品购销合同条例》第 8 条、《农副产品购销合同条例》第 9 条);第五,将计划置于法令和国家政策的同等地位,宣布"违反法令和国家政策、计划的合同"无效(《经济合同法》第 7 条)。此外,经济合同法规定,如果属于故意冲击和破坏国家计划,当事人还将受到法律制裁。这些都体现了计划原则的要求。

《经济合同法》第 8 条确认了 10 种合同形式,其中购销合同、建设工程承包合同、加工承揽合同、货物运输合同、供用电合同、仓储保管合同和科技协作合同,必须按国家和上级主管部门批准的计划签订,没有国家和主管部门批准计划的情况下,才能由双方当事人协商签订(参见《经济合同法》第 17 条至第 26 条)。可见,经济合同法确认的有名合同大多数是计划合同。

《经济合同法》还肯定了合同行政管理制度。合同行政管理制度,是国家规定的行政管理机关依据法律的授权范围与要求,对有关合同订立、履行、变更、解除及违约责任的承担,进行监督检查,对利用合同的违法活动进行制止与查处的活动。[②] 我国原有合同行政法规就建立了合同行政管理制度,《经济合同法》在总结过往的经验基础上,较全面地设置了合同行政管理制度。首先,《经济合同法》第 51 条规定:"各级业务主管部门和工商行政管理部门应对有关的经济合同进行监督检查,建立必要的管理制度。各级业务主管部门还应把企业经济合同的履行情

---

① 斯·恩·布拉都西主编:《苏维埃民法》,中国人民大学民法教研室译,中国人民大学出版社 1954 年版,第 318 页。

② 王家福等:《合同法》,中国社会科学出版社 1986 年版,第 503 页。

况,作为一项经济指标进行考核。"确立了合同行政管理制度的一般原则;其次,《经济合同法》第 7 条第 3 款规定了无效经济合同的确认权归合同管理机关和人民法院;最后,《经济合同法》第 48 条规定了经济合同发生纠纷时当事人可向合同管理机关申请调解或仲裁。之后,经济合同法的配套法规进一步补充了有关合同行政管理的规定。1982 年 5 月 4 日,国务院批转的《国家经委、国家工商管理局、国务院经济法规研究中心关于对执行经济合同法若干问题的意见的请示的通知》明确了合同管理的机关和合同管理机关的职责。1985 年 7 月 25 日,国家工商行政管理局发布了《关于确认和处理无效经济合同的暂行规定》专门就无效经济合同的确认依据、无效经济合同的处理和无效合同确认的程序做了详细规定。1985 年 8 月 13 日,国家工商行政管理局发布了《关于经济合同鉴证的暂行规定》建立了经济合同鉴证制度。

四、《经济合同法》的修订

1992 年 10 月,中共十四大确立了建立社会主义市场经济体制的目标后,《经济合同法》直接反映计划体制要求的内容就显得不合时宜了。为了适应市场经济的需要,1993 年 9 月 2 日,第八届人大常委会第三次会议通过了《关于修改经济合同法的决定》。根据该决定,共修改(包括删去)的条文有 36 条,其中修改的条文有 26 条,删去的条文有 10 条,修改后的《经济合同法》共 7 章 47 条。经济合同法修订的主要原因是我国正式确立了社会主义市场经济体制,而原《经济合同法》以计划为根本价值取向,体现计划经济体制的合同观念,因此,此次修订的核心就是要转变原法的价值取向,使其适应社会主义市场经济的要求。

首先,变更了立法目的。原《经济合同法》第 1 条规定:"为了保护经济合同当事人的权益,维护社会经济秩序,提高经济效益,保证国家计划的执行,促进社会主义现代化建设的发展,特制定本法。"鉴于党的十四大和第八届人大第一次会议都已经把改革目标确定为建立社会主义市场经济体制,而《经济合同法》是规范市场经济微观行为的重要法律,所以将原法立法目的由"保证国家计划的执行"修改为"保障社会主义市场经济的健康发展"(第 1 条)。

其次,扩大了适用范围。原《经济合同法》第 2 条规定:"经济合同是法人之间为实现一定经济目的,明确权利义务关系的协议。"这次修订改变了原先给经济合同下定义的方式,淡化了经济合同的概念,将经济合同的主体扩大到法人、其他经济组织、个体工商户和农村承包经营户,并强调经济合同的主体是"平等民事主体",这样就将不是平等民事主体之间订立的合同排除在外,诸如企业承包经营合同、农业承包经营合同、企业租赁承包经营合同等。但仍不包括自然人之间的合同(第 2 条)。

最后,淡化了计划原则。此次修订,针对原《经济合同法》条文中有关计划的规定作了删除或者修改。主要有：删去了原第 1 条中关于"保证国家计划的执行"；删去了原第 4 条中关于订立合同"必须符合国家计划"的要求；删去了原第 7 条中关于"违反国家计划"构成经济合同无效的规定；将第 11 条修正为"国家根据需要向企业下达指令性计划的，有关企业之间应当依照有关法律、行政法规规定的企业的权利和义务签订合同"；删去了原第 17 条第 1 项中关于购销合同的产品数量"按国家和上级主管部门批准的计划签订"等。减少了行政干预。《经济合同法》第 51 条规定："县级以上各级人民政府工商行政管理部门和其他有关主管部门，依据法律、行政法规规定的职责，负责对经济合同的监督。"淡化了对经济合同履行的行政管理（参见原《经济合同法》第 51 条）。同时，将原《经济合同法》第 7 条第 3 款"无效经济合同的确认权，归合同管理机关和人民法院"，修改为"经济合同的无效，由人民法院或者仲裁机构确认"。废除了行政机关确认合同无效制度。

《经济合同法》的修订只是合同立法的权宜之计，目的在于因应市场经济体制改革的需要。1999 年，随着《合同法》的颁布、《经济合同》的废止，经济合法法律制度正式退出我国民法。

第三节　涉外经济合同法律制度

一、《涉外经济合同法》的制定

《经济合同法》只适用于法人之间订立的经济合同，个体经营户、农村社员与法人订立的经济合同参照适用《经济合同法》的规定，涉外合同则不适用《经济合同法》。但是随着我国对外开放的发展，采取法律形式调整涉外合同关系刻不容缓。早在制订经济合同法时，立法机关已意识到制定涉外合同法的必要。《经济合同法》第 55 条规定："涉外经济贸易合同条例参照本法的原则和国际惯例另行制定。"

1985 年 1 月 10 日，对外经济贸易部等有关部门起草了《涉外经济合同法（草案）》。提请第六届全国人大常委会九次会议进行审议。之后，全国人大法律委员会召开会议，结合各省、直辖市、自治区和国务院各部委及部分全国人大常委会委员的意见，审议了该草案，并提出了修改意见。修改意见的中心就是强调结合国际上的习惯做法，以利于吸引外资。草案根据修改意见做了新的调整。1985 年 3 月21 日，第六届全国人大常委会第十次会议审议通过了《涉外经济合同法》，自 1985年 7 月 1 日起施行。

《涉外经济合同法》，共 7 章 43 条，包括总则、涉外经济合同的订立、涉外经济合同的履行和违反合同的责任、涉外合同的转让、涉外合同的变更、解除和终止、争议的解决及附则。1987 年 10 月 19 日，最高人民法院发出了《关于适用涉外经济合同法若干问题的解答》。该司法解释就《涉外经济合同法》的适用范围、合同的法律适用、无效涉外经济合同的确认以及违约责任等重要问题做了进一步的规定。鉴于《联合国货物买卖公约》将于 1988 年 1 月 1 日起对我国生效,1987 年 12 月 10日,最高人民法院转发了对外经贸部《关于执行联合国国际货物销售合同公约应注意的几个问题》的通知。《涉外经济合同法》与其配套法规以及司法解释形成了我国自 1949 年以来第一套调整涉外合同关系的法律。

二、《涉外经济合同法》的内容

由于我国对外贸易往来的经济关系,受国家计划的影响要小些,因此,与经济合同法相比,涉外经济合同法除了法律名称上保留了"经济合同"概念,更多地反映了商品经济的内在要求。可以说,涉外经济合同法的颁行,标志着我国形成了内外有别的合同法律制度。

首先,将适用范围扩展到自然人。《涉外经济合同法》第 2 条规定:"本法的适用范围是中华人民共和国企业或者其他经济组织同外国的企业和其他经济组织或者个人之间订立的经济合同(以下简称合同)。但是,国际运输合同除外。"之后,《最高人民法院关于适用〈涉外经济合同法〉若干问题的解答》第 1 条进一步肯定了自然人也可成为合同主体。

其次,充分肯定了当事人意思自治的理念。在涉外经济合同法领域,由于其调整范围的特殊性,受国家计划影响较小,较充分地尊重当事人的意思:第一,《涉外经济合同法》第 3 条规定:"订立合同,应当依据平等互利、协商一致的原则。"明确了当事人有决定是否缔约的自由;第二,《涉外经济合同法》第 12 条规定:"合同一般应当具备以下条款……"未对合同条款做强制性规定,赋予当事人决定合同内容的自由;第三,经当事人协商同意后,可以变更、解除或者终止合同(参见第 28 条、第 29 条第 4 项、第 31 条第 3 项);第四,当事人取得另一方的同意,可将合同权利和义务全部或部分地转让给第三人(参见第 26 条);第五,当事人可以在合同中约定违约金(第 20 条)。此外,在违约救济方法上,采取以损害赔偿为主,实际履行为辅的方式(参见 18 条、第 19 条、第 20 条),也表现了法律对当事人意思的尊重。

最后,开始继受英美法和国际条约。涉外经济合同法摆脱了苏联合同法理论和模式的影响,借鉴了西方市场经济发达国家的合同法和国际条约。首先,它在结构设计上参考了英美法系合同法,只设总则没有分则;其次,它在内容上参考了英美法系合同法和《联合国货物销售合同公约》,增加了一些新的合同基本制度:第一,《涉外经济合同法》第 17 条规定:"当事人一方有另一方不能履行合同的确切证据时,可以暂时中止履行合同,但是应当立即通知另一方;当另一方对履行合同提供了充分的保证时,应当履行合同。当事人一方没有另一方不能履行合同的确切证据,中止履行合同的,应当负违反合同的责任。"首次设置了不安抗辩权制度;第二,对于违约归责原则,《涉外经济合同法》第 18 条规定"当事人一方不履行合同或者履行合同义务不符合约定条件,即违反合同……",确认了严格责任;第三,《涉外经济合同法》第 29 条规定"有下列情形之一的,当事人一方有权通知另一方解除合同:一、另一方违反合同,以致严重影响订立合同所期望的经济利益……",对根本违约条件做了弹性规定;第四,《涉外经济合同法》第 31 条规定"有下列情形之一的,合同即告终止……",设置了合同终止制度。

三、《涉外经济合同法》的意义

改革开放后,我国的对外经济贸易关系有了很大的发展,对外签订的经济贸易合同的数量日益增多,合同的种类也大大增加,这些合同所涉及的法律关系比较复杂,交易的金额也往往比较大,如果处理不当,会给国家和企业带来重大的损失。[①]《经济合同法》只能适用国内的经济合同,不能适用于涉外经济合同。《涉外经济合同法》是我国第一部比较完整、系统的涉外经济合同法,根据《经济合同法》的基本原则以及有关的国际惯例制定。《涉外经济合同法》在总结了我国 30 多年来处理涉外经济事务经验,尤其是在总结了改革开放后实行对外开放政策的新情况、新经验的基础上,比较研究了其他国家和国际惯例的有关规定,体现了我国一贯坚持的国家主权、平等互利、等价有偿等处理国际经济关系的基本原则,包括坚持国家主权与参照国际惯例相结合的原则、重合同守信用原则、兼顾中外双方当事人利益原则和实际损失补偿原则等。该法使涉外经济合同的订立和履行有法可依,对促进我国对外经济贸易关系的进一步发展,保障涉外经济合同当事人的合法权益起到重大的作用。

1999 年《合同法》颁行,《涉外经济合同法》同时废止,我国合同法内外有别的现象得以纠正,经济合同法律制度作为意向曾经在我国对外开放中发挥重要作用的法律制度正是退出民法。

第四节　技术合同法律制度

一、《技术合同法》的制定

技术合同是当事人"就技术开发、技术转让、技术咨询和技术服务所订立的确立民事权利与义务关系的合同"(《技术合同法》第 2 条)。在《经济合同法》中,已有关于技术合同的原则性规定,第 26 条规定了科技协作合同的签订,第 47 条规定了

---

① 冯大同:《涉外经济合同法的基本原则和主要内容》,载《中国法学》1986 年第 3 期。

违反科技协作合同的责任。① 但是,由于当时科技体制改革尚未提出,技术成果的商品属性未得到确认,专利制度还未建立起来,以行政手段无偿推广科技成果的做法仍占主导地位,合同法在调整科技活动以及科技成果转让使用的作用较为有限。

1984 年 3 月 12 日,全国人大常务委员会通过了《中华人民共和国专利法》,建立了专利制度。专利制度建立的意义在于突破了发明只能归国家所有的限制,② 承认发明创造具有财产属性和商品属性,可由归发明者个人所有。③ 1985 年 1 月,国务院发布了《关于技术转让的暂行规定》,明确规定技术也是商品,国家决定广泛开放技术市场,繁荣技术贸易,以促进生产发展。1985 年 3 月,中共中央作出了《关于科学技术体制改革的决定》,提出"对技术开发工作和近期可望取得实用价值的应用研究工作,逐步推行技术合同制"。同时,《决定》还要求:"促进技术成果的商品化,开拓技术市场,以适应社会主义商品经济的发展。"随着科学技术体制改革的深入发展,我国急需制定一部技术合同法,以维护技术市场的秩序。1987 年 6 月 23 日,第六届全国人大常委会第二十一次会议通过了《技术合同法》,自 1987 年 10 月 1 日起施行。《技术合同法》共 7 章 55 条,包括总则、技术合同的订立、履行、变更、解除、纠纷的解决以及技术开发、技术转让、技术咨询、技术服务等具体合同。为了保障《技术合同法》的正确实施,国家科委先后发布了《技术合同管理暂行规定》和《中华人民共和国技术合同法实施条例》。它们对技术合同的认定、登记、仲裁、无效确认及其管理机关等问题作了规定,以利于《技术合同法》在实施中更具可操作性。《技术合同法》与其配套法规的颁布,意味着我国于有计划商品经济时期并存三个民事特别法,分别适用于不同领域的合同关系,形成了所谓"三足鼎立"的格局。

二、《技术合同法》的内容

与前两部合同法相比,技术合同法承接了《民法通则》树立的合同观念,主要反

---

① 《经济合同法》第 26 条:"科技协作合同(包括科研、试制、成果推广、技术转让、技术咨询服务等)根据上级主管部门或有关部门的计划签订;没有计划的,由当事人双方协商签订。科技协作合同中,应明确规定科技协作的项目、技术经济要求、进度、协作方式、经费和物资概算、报酬、违约责任等条款。"第 47 条:"违反科技协作合同的责任""一、受托方或技术转让方的责任:受托方或技术转让方不履行合同,应根据具体情况,部分或全部退还委托方或技术受让方所拨付的委托费或转让费;拖延进度,应偿付因此所造成的额外费用。""二、委托方或技术受让方的责任:委托方或技术受让方不履行合同,所拨付的委托费或转让费不得追回,并偿付受托方或技术转让方善后处理所支出的各项费用。"

② 1963 年国务院发布的《发明奖励条例》第 23 条规定:"发明属于国家所有,任何个人或单位都不得垄断,全国各单位(包括集体所有制单位)都可利用它所必需的发明。"1978 年国务院修订发布新的《发明奖励条例》,第 9 条仍规定"发明属于国家所有"。

③ 汤宗舜:《论我国专利法的六个主要原则》,载《中国法学》1984 年第 2 期。

映了商品经济的本质特征和要求。

　　首先,将适用范围扩展到私人领域。《技术合同法》第 2 条规定:"本法适用于法人之间、法人和公民之间、公民之间就技术开发、技术转让、技术咨询和技术服务所订立的确立民事权利与义务关系的合同。"由此可知,技术合同法不仅调整法人之间合同关系,而且调整法人和自然人之间,自然人之间的合同关系。它明确了其适用范围不再仅限于社会主义内部公有制经济流转关系,而是涵盖了所有技术商品交换关系。

　　其次,充分肯定了合同自愿原则。《技术合同法》第 4 条规定:"订立技术合同,应当遵循自愿平等……的原则。"这是订立合同应当遵守自愿原则的法律表现形式。从整体条文来看,技术合同法不仅确认了订立合同应当遵守自愿原则,而且在具体制度中较充分地肯定了自愿原则。第一,合同的条款由当事人约定(第 15条);第二,合同中价款或者报酬及其支付方式由当事人约定(第 12 条);第三,当事人可以委托代理人订立技术合同(第 13 条);第三,除了经有关机关批准的合同,当事人享有变更和解除合同的自由(第 23 条);第四,当事人有决定是否采取担保方式的自由(第 11 条);第五,当事人可以在合同中约定,一方违反合同时,向另一方支付一定数额的违约金;也可以约定因违反合同而产生的损失赔偿额的计算方法(第 17 条第 3 款);第六,发生技术合同争议的,当事人可以通过协商解决(第 51条)。

　　再次,确立了诚实信用原则。《技术合同法》第 4 条规定:"订立技术合同,应当遵守……诚实信用原则。"这是订立合同应当遵守诚信原则的法律表现形式。《民法通则》虽规定了诚实信用,但法律如何将这一原则具体化,通则本身没有解决。《技术合同法》不但规定了诚信原则,而且对其具体化作出了尝试。首先,《技术合同法》第 39 条第 3 项规定了非专利技术合同的转让方的主要义务是承担合同约定的保密义务;其次,《技术合同法》第 40 条第 3 项规定转让方违反合同约定的保密义务的,应当支付违约金或者赔偿损失;最后,《技术合同法》第 41 条第 3 项规定受让方违反合同约定的保密义务的,应当支付违约金或者赔偿损失。可见,上述规定依诚信原则的要求,扩张了当事人的保密义务,该义务不仅适用于合同履行过程中,也适用于合同的权利义务终止后。

　　最后,规定了新的合同形式。《技术合同法》第三章规定了技术开发合同(包括委托开发合同和合作开发合同),第四章规定了技术转让合同,主要针对专利权转让、专利权转让、专利实施许可、非专利技术的转让所订立的合同(第 34 条),第五章规定了技术咨询合同和技术服务合同(不包括建设工程的勘察、设计、施工、安装合同和加工承揽合同),扩大了有名合同的范围。

三、《技术合同法》的意义

《技术合同法》是一部具有"中国特色"的法律。在此之前,世界各国的法律体系中还没有制定综合性技术合同法的先例。基于我国经济体制、科技体制改革的现实,我国立法者选择制定一部单行法调整各种技术合同关系的法律。改革开放以前,我国的科学体制基本上照搬了苏联高度集中的模式。在这种模式下,研究机构由国家统包统管,研究成果由社会无偿使用,科研、设计和生产互不关联,技术无法成为商品,更无技术合同法律制度生存的土壤。随着改革的深入展开,不同类型的技术合同日益增多,需要法律规范各种技术合同关系。然而,改革之初制定的《经济合同法》仅仅规定了科技协作合同,无法满足现实的需要。《技术合同法》的制定,实现了对内容独特、形式多样的技术合同关系的综合性调整,使我国的合同法制建设形成三轨制的新模式。该法规范和指导了技术合同的订立和履行,规定了当事人有关技术开发、技术转让、技术咨询和技术服务应采用的法律形式,对巩固和发展经济体制改革的成果,加速科学技术进步,促进技术市场形成统一的交易规则具有重大意义。①

1999年《合同法》颁行,《技术合同法》同时废止,技术合同被并入《合同法》,为其一章(《合同法》第十八章),独立的技术合同法律制度退出民法。

第五节　统一合同法律制度

一、统一合同法的制定

十一届三中全会以后,我国先后制定的《经济合同法》《涉外经济合同法》和《技术合同法》对保护合同当事人的合法权益,维护社会经济秩序,促进国内经济、技术和对外经济贸易的发展,保障社会主义建设事业的顺利进行,发挥了重要作用。但是,1992年十四大确立了建立社会主义市场经济体制的改革目标后,1993年十四届三中全会通过的《中共中央关于建立社会主义市场经济体制若干问题的决定》提出了"进一步完善民商法律"要求,合同法三法并存的现象已经不能适用时代发展的需要,制定统一的合同法势在必行。

首先,改革开放的深化,经济合同概念已经丧失意义。我国已由单一公有制的计划经济转变为多种所有制形式并存的市场经济,除国有企业外,有合资企业、外

---

① 周大伟:《〈中华人民共和国合同法〉制定中的种种悬念》,载《中国政法大学学报》2009年第3期。

资企业、私人企业、合伙企业、个体工商户及个体农户,私人领域越来越广。同样,政府管理模式也越来越一般化,实行指令性计划管理的商品不超过十种,[1]数万种商品百分之九十九点九以上,都完全由当事人自由签订合同,不受国家计划管制。因此,经济合同概念在立法上已经失去意义。

其次,合同纠纷激增,急需统一的合同法规范。以 1994 年到 1998 年 5 年为例,全国各级人民法院受理一审民事、经济纠纷案件 2000 多万件,合同纠纷案件占 57.92%,占财产权益案件的 84.75%。[2]合同纠纷在民事案件中所占比例如此之大,其主要原因有三:第一,随着市场经济的发展,经济往来活动增多,随之所产生的纠纷也增加,因此造成案件的激增;第二,人民的法律意识增强,特别是合同意识,以及因合同而产生纠纷至法院进行诉讼的意识增强;第三,在市场经济下,合同的主体扩大,原来合同法规范的范围只限于法人及其他经济组织,而实际生活中自然人早已成为合同主体。于此背景下,有关自然人的合同纠纷只能依循《民法通则》定夺,其间窘境可想而知。

再次,重要法律体系与制度的欠缺。我国立法思想历来强调"立法宜粗不宜细"的指导原则,造成合同法的分散凌乱及重要法律制度欠缺。尽管《民法通则》相当于民法体系总则的地位,但由于其于有计划商品经济的时代背景下所制定,体现较多计划经济的内涵,因此《民法通则》有关合同的规定,并无法作为合同法总则适用。经济生活中许多重要的合同类型缺乏法律规范,[3]已存的规定又往往因为过分简略而影响其适用,不仅造成当事人与订立及履行合同时难以适用,法院于处理合同纠纷时亦发生困难。至于缺乏重要制度方面,如缺乏关于合同的要约承诺规则、合同履行的抗辩权的规定、法定解除权的规定、情势变更原则的规定等。

最后,发展现代化的市场经济,希冀实现合同法的现代化。第二次世界大战结束之后,发达国家的合同法,透过立法及判例学说创立了许多新的原则和制度。我国欲发展现代化的市场经济,希冀与国际市场接轨,就不仅要清除现行法中不符合现代化市场经济本质的规则及制度,而且希望广泛吸收发达国家立法经验及判例学说的成果,实现合同法的现代化,进而为加入 WTO 做准备。

因此,为了满足现实社会的需求,亟待制定一部形式统一、内容完善的合同法。《经济合同法》修订后不久,全国人大法工委召开了一个专家研讨会。与会专家一致认为,起草统一合同法的条件已经具备。1993 年 10 月,全国人大将统一合同法的制定提上立法日程,委托专家学者设计统一合同法一个立法方案。1994 年通过

---

① 梁慧星:《合同法的成功与不足(上)》,载《中外法学》1999 年第 6 期。

② 潘燕、庄会宁:《合同法:走向统一和完善》,载《瞭望》1999 年第 9 期。

③ 修正后的《经济合同法》仅规定了购销、建设工程承包、加工承揽、货物运输、供用电、仓储保管、财产租赁、借款、财产保险 9 种合同,而《技术合同法》中规定了技术开发、技术转让、技术咨询和技术服务 4 种合同,共 13 种合同种类规范。

立法方案并委托 12 个单位的学者起草。1995 年 1 月,由学者起草的《中华人民共和国合同法(试拟稿)》产生,共计 34 章 528 条,内容非常丰富,是我国规模最大的法律草案。① 1995 年 7 月 13 日,全国人大法工委民法室在前草案讨论的参考意见的基础上,起草了"合同法试拟稿",共 41 章 511 条。之后,又于 1996 年 6 月 7 日完成了第三稿试拟稿。1997 年 5 月 20 日,法工委办公室将第四稿合同法草案(征求意见稿)广泛征求各地各部门意见。1998 年 9 月 5 日、9 月 7 日《法制日报》《人民日报》分别刊登了合同法草案第五稿全文。从 1993 年设计立法草案开始历经 6 年之起草修改,第五稿草案终于在 1999 年 3 月 15 日第九届全国人民代表大会第二次全体会议上获得通过。《合同法》分为总则、分则和附则三部分,共 23 章,428 条,包括总则 8 章:一般规定、合同的订立、合同的效力、合同的履行、合同的变更和转让、合同的权利义务终止、违约责任、其他规定;分则 15 章:买卖合同、供用电、水、气、热力合同、赠与合同、借款合同、租赁合同、融资租赁合同、承揽合同、建设工程合同、运输合同、技术合同、保管合同、仓储合同、委托合同、行纪合同、居间合同;附则 1 条。

二、统一合同法的内容

与原有的三部合同法不同,统一合同法充分反映了社会主义市场经济体制的要求。它不仅体现了商品经济的合同观念,而且以自由为根本价值取向构建整个合同法律制度。新合同法的颁行,标志着我国建立起了市场经济体制的自由型的合同价值——规范体系。

(一)统一了合同法律制度

《合同法》第 2 条第 1 款规定:"本法所称合同是平等主体的自然人、法人、其他组织之间设立、变更、终止民事权利义务的协议。"显然,新合同法彻底地摒弃了经济合同概念,承袭了《民法通则》提出的合同概念,认定合同为一种协议,是当事人意思表示一致的产物。较之于《民法通则》的合同概念,《合同法》又有了新的发展:一是明确了自然人能够成为合同主体;二是引入了要约承诺制度(参见第 13 条、第 34 条),增强了当事人合意中对立性意思表示色彩。

《合同法》是我国第一部调整所有财产流转关系的法律,表现在三个方面:第

① 《合同法建议草案》总则分一般规定、合同的成立、合同的效力、合同的履行、合同权利义务的转让、合同的解除与终止、合同的消灭、违约责任、合同的解释 9 章,164 条;分则分别规定买卖、赠与、租赁、融资租赁、土地使用权出让与转让、企业经营、借贷、借用、承揽、运送、储蓄、结算、出版、演出、委托、居间、行纪、保管、合伙、雇用、保证、技术开发与技术服务、技术商标转让与使用许可、保险等 24 种合同,计 24 章,371 条;附则 1 章 3 条,分别规定涉外合同的法律适用、过渡条款和施行及废止条款。

一,《合同法》第 428 条规定:本法施行的同时,原有的《经济合同法》《涉外经济合同法》和《技术合同法》同时废止,从而结束了我国合同法"三足鼎立"的局面,实现了财产关系领域合同法的统一;第二,《合同法》第 123 条规定:"其他法律对合同另有规定的,依照其规定。"其法理为特别法相较于普通法,特别法应优先适用原则,第一次在法律上确定了合同法与其他法律(如《商标法》《专利法》《著作权法》等)有关合同规定的关系,即新合同法为普通法,其他法律为特别法,使得新合同法和其他法律有关合同的规定构成一个整体;第三,《合同法》第 124 条规定:"本法分则或者其他法律没有明文规定的合同,适用本法总则的规定,并可参照本法分则或者其他法律最相类似的规定。"第一次在我国合同立法上解决了无名合同的法律适用问题,将无名合同纳入新合同法的范围,使得新合同法可以适用于所有的合同,而成为名副其实的"统一"合同法。

(二)健全了合同基本法律制度

首先,《合同法》总则以原有合同法为基础,吸收了近 10 年来有关合同的行之有效的法律、法规和司法解释的规定,糅和了大陆法系和英美法系的优点,借鉴了先进国家的立法例,对合同的基本制度作了比较具体的规定,克服了原有合同法互不协调、重复规定、相互抵触的缺陷,为市场行为提供了统一具体的规范。第二章构筑了合同订立制度(第 9 条至第 43 条),新增了要约与承诺制度(第 13 条至第 34 条)、关于格式条款的规定(第 39 条至第 41 条),关于缔约过失责任的规定(第 42 条);第三章就合同的成立和生效(第 44 条)、附条件和附期限的合同的效力(第 45 条、第 46 条)、效力待定的合同(第 47 条至第 51 条)、合同无效的事由(第 52 条)、免责条款无效的事由(第 53 条)、可变更或者撤销的合同(第 54 条)、合同无效或被撤销的法律后果(第 55 条至第 59 条)作了比较具体的规定;第四章设置了合同履行制度(第 40 条至 56 条),不仅对诚实信用原则在合同履行中的运用作了具体化的规定(第 40 条第 2 款),而且新增了关于合同涉及第三人履行(第 64 条、第 65 条)、双务合同履行(第 66 条至第 69 条)、代位权和撤销权的规定(第 73 条至第 75 条);第五章关于合同的变更和转让制度,包括合同内容的变更(第 77 条、第 78 条)和合同主体的变更(第 79 条至第 90 条);第六章用了 16 个条文较全面规定了清偿、合同解除、债务抵销、提存、债务免除及混同等有关合同终止的制度(第 91 条至第 106 条);第八章构建了违约责任制度,新增了预期违约制度(第 108 条)、金钱债务和非金钱债务的实际履行责任(第 109、第 110 条)、定金与违约金的选择(第 116 条)、违约责任与侵权责任竞合(第 122 条)。其次,《合同法》对基本制度的规定呈现精致化的特点。例如,它总共用了 22 个条文来规范要约与承诺的相关概念,其中有许多定义性规范,这种立法方式,对于明确法律概念的帮助甚大。相较于其他国家和地区相关规定,这些定义性规范都更见细致。再如,《合同法》第 44 条吸收了学说研究成果,采取了成立和生效分立的立法模式。这无疑也是法律精致化的重要表现。

其次，《合同法》分则确认了 15 种合同形式，完善了我国有名合同制度。第一，合同法将有名合同的表现形式从行政规章提升为合同基本法。《合同法》颁布之前，除了《经济合同法》和《技术合同法》有关于有名合同的简单规定，有名合同在立法上多以条例、实施细则、司法解释等形式表现，《合同法》设分则对有名合同进行规范，提升了它的效力层次，增强了它的权威性；第二，合同法根据三部合同法实施以来在经济贸易和司法实践中出现的新情况、新问题，在过往立法中业已存在的合同基础上，进一步确认了互易、融资租赁、委托、行纪、居间合同，使这些合同由无名合同上升为有名合同，从而增加了有名合同的数量，扩大了有名合同的范围；第三，合同法实现了对典型合同的统一规范与调整。前文已述，在有计划商品经济体制下，有名合同实际上被划分为两部分，分别受不同法律的调整。《合同法》的出台则废除了这种立法模式，买卖、保管、仓储、承揽等各有名合同受到合同法分则的统一规范；第四，各有名合同中增加了许多新的制度。以买卖合同为例。它增加了简易交付（第 140 条）、风险负担（第 142 条至第 149 条）、买受人价款拒付权（第 152 条）、分期付款买卖（第 167 条）、样品买卖（第 168 条至第 169 条）、试用买卖（第 170 条至第 171 条）和互易合同（第 165 条）。

（三）充分彰显了合同自由的观念，贯彻诚实信用原则

合同自由是合同的内在要求，也是市场经济的重要法则。市场经济的前提为尊重市场主体所享有的自由，当事人所享有的自由越充分，市场主体的自主性就越强，交易就越活跃，市场也将随之发展，社会财富也将随之增长。因此，自由是市场经济交易关系发展的基础及必备条件，而以规范交易关系为主要内容的合同法当然应以倡导了市场经济的灵魂——自由精神为己任。[1] 原有的合同法仅规定订立合同应当遵守自愿原则，未明确承认合同自由原则。按照《合同法》起草时的立法方案，就其立法指导部分第 2 项获得共识，即"充分体现当事人意思自治，在不违反法律和公序良俗的前提下，保障当事人享有充分的合同自由，不受行政机关及其他组织的干预。非基于重大的正当事由，不得对当事人的合同自由予以限制。"[2]依此指导思想，《合同法》对于合同自由给予充分肯定。第一，《合同法》第 3 条规定："合同当事人的地位平等，一方不得将自己的意志强加给另一方。"第 4 条规定："当事人依法享有自愿订立合同的权利，任何单位和个人不得非法干预。"明确了当事人真正地缔约自由和选择合同相对人的自由。第二，《合同法》第 12 条规定："合同的内容由当事人约定，一般包括以下条款……"第一次在我国的法律上宣布当事人

① 柳经纬：《1999：中国大陆合同法之制定与台湾民法债编修订之比较》，载《厦门大学法律评论》（第 1 辑），厦门大学出版社 2001 年版，第 238 页。

② 张广兴：《中华人民共和国合同法的起草》，载《法学研究》1995 年第 5 期。

有约定合同内容的自由;第三,对于合同形式,不再强调应以书面形式为原则,允许当事人选择合同的形式,对于法律规定或当事人约定应当采取书面形式的,当事人未采取书面形式的,合同也并非当然无效(第 10 条、第 36 条);第四,《合同法》在我国法律上第一次规定了合同的解释,明确解释合同的目的"是确定该条款的真实意思"(第 125 条),体现了法律对当事人意思的充分尊重;第五,《合同法》第 77 条第 1 款规定:"当事人协商一致,可以变更合同。"第 93 条第 1 款规定:"当事人协商一致,可以解除合同。"赋予当事人变更和解除合同的自由。此外,《合同法》改变民法通则和经济合同法的做法,将一般情况下的欺诈、胁迫和乘人之危所订立的合同界定为可变更可撤销合同(第 54 条第 2 款),而不是规定合同无效,关于转让合同,不再设"不得牟取利益"的限制(第 89 条),在违约救济上,给当事人以更多的选择权(第 110 条、第 115 条),这都充分地体现了合同自由的精神。

诚实信用原则是相对于合同自由原则的防范性原则,诚实信用原则的确立是法律对道德原则的吸收,若合同自由原则为近代私法走向进步的重要标志,则随着现代私法由个人本位走向个人本位与社会本位相结合的转变,合同自由原则与诚实信用原则的结合和搭配,则成为合同法现代化的重要标志。[①]《合同法》第 6 条规定:"当事人行使权利、履行义务应当遵守诚实信用原则。"这是有关诚实信用原则的一般规定。过往《民法通则》和《技术合同法》都规定了诚实信用原则,但法律如何将这一原则具体化没有得到很好的解决。新合同法不仅在一般规定中确立了诚实信用原则,而且以诚实信用原则为核心概念,建立衍生了一整套的义务体系及适用规则。第一,《合同法》第 42 条和第 43 条规定了缔约过失责任;第二,《合同法》第 60 条规定了合同履行时的附随义务;第三,合同的权利义务终止后,当事人应当遵循诚信原则负有后合同义务(第 92 条);第四,合同解释制度中确认了诚信原则为解释方法之一(第 125 条)。对合同自由进行限制的目的,并非否定或取消合同自由,而是为了消除这一原则的缺陷,使其更能适应社会生活的需要,将诚信原则引入《合同法》,可以根据各种具体情况灵活阐释"自由"具体形式,使个人自由与他人自由、社会福利协调一致。因此,诚实信用原则对合同自由的限制,不仅消除了自由的绝对性,避免一方自由的滥用对他方自由的践踏,使自由与平等结合起来,进而使合同自由从注重形式的平等自由转向注重实质上的平等自由。

三、统一合同法的意义

《合同法》的通过,"该法取代了原先涵盖合同关系的一系列立法……这一结果不仅促进了合同关系的依法设定,更好地适应了中国近年来的经济发展的需要,而

---

① 江平、程合红、申卫星:《论新合同法中的合同自由原则与诚实信用原则》,载《政法论坛》1999 年第 1 期。

且为大多数交易,无论是个人的还是法人间的,国内的还是涉外的,重新提供了一种统一、共同的法律制度。"①《合同法》不论是从立法形式还是立法内容来看,都堪称为适应社会主义市场经济需要的、较为完善的法律。尤其是《合同法》第一次确认了合同自由原则,并以此为基点构建起整个合同法律制度,从而,我国合同法律制度实现了从计划型的合同价值规范体系向自由型的合同价值规范体系的转变。至此,我国合同立法基本完成了建立和健全社会主义合同法律制度的历史性任务。

更为重要的是,统一合同法为制定一部面向新世纪的现代民法典奠定了基础。第一,合同法启发了私法观念。合同法的颁行对我国带来最大的冲击当属关于平等主体的规范,尽管在此之前《民法通则》对自然人的地位做了肯定,但由于《民法通则》的局限性,连带影响人民对于私法的理解。新合同法摒弃了"经济合同"的观念,将合同主体从法人扩展到自然人,这就意味着,作为民事主体,每个人都有可能受该法规范,这种重视个体权利的思想,其所引发的思潮变动不会仅限于合同法领域;第二,统一合同法规定了一部分相当于债法总则的内容。从某种角度来看,合同法总则的地位类似于民法典化国家和地区债编总论其中一部分的地位,在此基础上再增订无因管理、不当得利等制度就可成为日后民法典的债编;第三,统一合同法的制定积累了有益的立法经验。统一合同法的制定,最具特色的当属其制定过程,先拟定立法指导思想,交学者起草个别章节,再由学者整理,提交社会广泛讨论,就提交社会讨论这一做法,其实就隐含教育大众法治思想,为一进步的做法,为将来科学立法、开门立法提供了有益经验。

第六节　合同法相关司法解释

一、合同法解释(一)

《合同法》颁布施行不久,最高人民法院即着手起草第一部合同法司法解释。1999 年 12 月 1 日最高人民法院审判委员会第 1090 次会议通过了《关于适用(中华人民共和国合同法)若干问题的解释(一)》(以下简称《合同法解释(一)》),并于1999 年 12 月 29 日公布施行。《合同法解释(一)》分为 7 部分,共计 30 条,主要规定了合同法的适用范围、诉讼时效、合同效力、合同债权的 2 种保全措施即代位权和撤销权、合同转让中的第三人以及请求权竞合等问题。

---

① 　[意]简曼拉·阿雅尼:《民法法典化框架下的中国统一合同法》,陈红彦译,载《私法研究》第 1 卷,中国政法大学出版社 2002 年版,第 521～522 页。

(一)明确了《合同法》的适用范围

《合同法》施行之后,首先面临的一个重要问题就是其与旧合同法律、法规之间的关系,即新合同法的适用范围和溯及力问题。合同关系是市场经济社会的最基本的法律关系,现代合同法的基本精神或价值目标之一就是鼓励交易、减少交易成本、保障交易安全、增进社会财富。鉴于此,鼓励交易当然地成为合同法解释所应坚持的一项重要原则,但"法不溯及既往"又是一项重要法律原则,为在具有某种冲突的"鼓励交易"和"法不溯及既往"两个原则之间达到一定的平衡,《合同法解释(一)》规定了 3 个衔接点,以完成新旧合同法之间的衔接。这 3 个衔接点分别是:合同的成立、合同的履行期以及合同的效力。一是以合同的成立为衔接点。《合同法解释(一)》规定,对于合同法实施之前订立的合同,如当时没有相应的法律规定的,可以适用《合同法》的有关规定。二是以合同履行期限为衔接点。《合同法解释(一)》规定,对于《合同法》实施之前成立的某些履行期限比较长的合同(如建设工程合同、技术开发合同等),或者长期继续性合同(例如租赁合同、供用电、水、气、热力合同等),其履行期间跨越《合同法》实施之日,以及附条件或附期限的合同,其所附的条件或期限在《合同法》实施之后才成就的,应当适用《合同法》第四章的有关规定。三是以合同的效力确定作为衔接点。《合同法解释(一)》坚决贯彻"鼓励交易、增加财富"的原则,规定在合同适用当时的法律属于无效而适用《合同法》为有效的时候,则应适用《合同法》,并且特别强调,人民法院确认合同无效的依据,只能是全国人大及其常委会制定的法律和国务院制定的行政法规,不能以地方性法规、行政规章作为依据。

(二)明确了合同效力的有关问题

1.关于批准、登记等对合同效力的影响。《合同法解释(一)》第 9 条规定:"依照合同法第四十四条第二款的规定,法律、行政法规规定合同应当办理批准、手续,或者办理批准登记等手续才生效的,在一审法庭辩论终结前当事人仍未办理批准手续的,或者仍未办理批准、登记等手续的,人民法院应当认定该合同未生效;法律、行政法规规定合同应当办理登记手续,但未规定登记、登记后生效,当事人未办理登记手续不影响合同的效力,合同标的物所有权及其他物权不能转移。"具体而言:首先,明确批准、登记等不是合同的成立要件,而属于效力评价的领域。其次,批准、登记等不是合同的有效要件。合同是否有效,取决于国家的价值判断,体现了国家对意思自治的一种合理干预,其判断的根据只能是法律、行政法规对合同无效的明确规定。同时,《合同法解释(一)》规定,只要在一审法庭辩论终结之前补办完批准、登记手续的,人民法院就应当承认其合同已经生效。该规定与最高人民法院以前有关司法解释的精神相一致。

2.关于法人经营范围对合同效力的影响。《合同法》实施之前,人民法院大多将法人超越章程规定的经营范围所签订的合同认定为无效,这也是当时学界的主流观点。针对我国实际生活中存在的"超越经营范围"问题的特殊性,即大多数企业的章程或营业执照所规定的经营范围非常笼统、简单的实际情况,《合同法解释(一)》作出了比较切合实际的规定:"当事人超越经营范围订立的合同,人民法院不能因此认定合同无效。但是违反国家限制经营、特许经营以及法律、行政法规禁止经营规定的除外。"其中,关于超越经营范围的除外规定即国家限制、特许和禁止经营三种情况,主要是指工矿产品中的煤炭、天然气、成品油、军用车辆和原油等,以及农用产品中的粮食和棉花等。与《合同法》实施之前审判实践中的做法比较而言,《合同法解释(一)》的上述规定堪称巨大的进步。

(三)明确了债权人代位权问题

《合同法解释(一)》第11条、第12条、第13条规定了债权人代位权的构成要件:其一,债权人与债务人之间必须存在合法、有效且确定的债权债务关系。所谓"确定",是指该债权是经过人民法院或仲裁机构裁判后而确认的债权,而不是在诉讼或仲裁过程中的债权;或者债务人对该债权没有异议;其二,债务人须延迟履行其到期债务且怠于行使其到期债权。《合同法解释(一)》第13条规定,"怠于行使其到期债权",是指债务人不履行其对债权人的到期债务,又不以诉讼方式或者仲裁方式向其债务人主张其享有的具有金钱给付内容的到期债权;其二,债务人的行为须对债权人的到期债权造成损害。《合同法解释(一)》第13条规定,"对债权人造成损害",是指债务人的上述怠于履行到期债务和行使到期债权的行为,致使债权人的到期债权未能实现。可见,对债权人造成损害,是仅指对债权人的到期债权造成损害,导致该债权不能实现。其具体的判断标准一般应以债务人有无偿还资力为标准;其四,债务人的债权不是专属于债务人自身的债权。《合同法解释(一)》第11条第4项规定:"债务人的债权不是专属于债务人自身的债权。"第12条进一步规定:"合同法第七十三条第一款规定的专属于债务人自身的债权,是指基于扶养关系、抚养关系、赡养关系、继承关系产生的给付请求权和劳动报酬、退休金、养老金、抚恤金、安置费、人寿保险、人身伤害赔偿请求权等权利。"这些规定是对《合同法》第73条第1款的重申和具体化,是对债权人代位权客体或标的要件的规定。它意味着作为代位权客体的权利,不但仅限于债务人对次债务人所享有的债权,而且必须是非专属于债务人自身的债权。

(四)明确了债权人撤销权问题

《合同法解释(一)》对债权人撤销权的构成要件作了明确规定:第一,债权人对债务人必须存在有效的债权,且该债权一般应为以财产给付为目的的债权。这是债权人行使撤销权的前提和基础;第二,债务人实施了一定的处分财产的行为。《合同法》第74条将可以撤销的债务人处分财产的行为限定在如下范围:债务人放弃债权、债务人无偿或以明显不合理的低价转让财产的行为;第三,债务人的行为必须有害于债权。所谓有害于债权,是指因债务人的行为导致其清偿资力的减少,以至于无法满足债权的要求,给债权的实现造成了损害,这是债权人撤销权构成的一个重要判定标准;第四,债务人与第三人进行有偿民事法律行为时,必须都具有恶意。《合同法》第74条规定了无偿行为和有偿行为两种情形。对于无偿行为,诸如债务人放弃债权或无偿转让财产的,不以主观恶意为必要。对于有偿行为,诸如债务人以明显不合理的低价转让财产,则要求债务人与第三人都具有恶意。

二、合同法解释二

2008 年以来的国际金融危机对我国经济社会发展带来了巨大的挑战和压力,经济运行中出现的问题和合同履行困难也转化为各类案件进入司法领域,合同纠纷呈现数量多、增速快、类型多、法律关系复杂、处理难度大等特点。针对审判工作面临的经济形势,及时应对金融危机、保障经济平稳发展,最高人民法院经多方调研论证、广泛征求意见后,颁布了《关于适用〈中华人民共和国合同法〉若干问题的解释(二)》(以下简称《合同法解释(二)》),对合同审判实践十多年来经验和问题进行了集中梳理和提炼。《合同法解释(二)》共30条,涉及合同的订立、效力、履行、权利义务终止、违约责任等五大问题,自2009年5月13日起施行。

(一)完善了缔约过失责任制度

《合同法解释(二)》第8条规定,合同成立后负有办理批准或者登记手续的一方当事人,故意不去或者拖延办理批准或者登记手续,致使合同不能生效,给另一方合同当事人造成损失的,按照缔约过失的规定进行处理。同时,《合同法解释(二)》根据诚实信用原则、公平原则,考虑到对那些故意不去或拖延办理手续的一方当事人强制执行比较困难,在相对人具备自己办理有关手续的条件的情况下,规定人民法院可根据案件具体情况和相对人的请求,判决支持相对人自己办理有关手续,可以说是对缔约过失责任的创新。

(二)严格适用合同无效的条件

继《合同法解释(一)》对认定合同无效的"法律、行政法规"范围作了限缩性的解释后,《合同法解释(二)》第14条进一步明确:"合同法第五十二条第(五)项规定的'强制性规定',是指效力性强制性规定。"同时进一步明确了不因"一物多卖"而否定合同效力的观点,于第15条规定:"出卖人就同一标的物订立多重买卖合同,合同均不具有合同法第五十二条规定的无效情形,买受人因不能按照合同约定取得标的物所有权,请求追究出卖人违约责任的,人民法院应予支持。"《合同法解释(二)》更加严格认定合同无效的条件,在效力问题上采取从宽认定原则,最大程度上尊重当事人的意思自治,积极促成合同有效,支持合同履行,促进市场交易。

(三)承认默示合同

《合同法》第 10 条第 1 款规定："当事人订立合同，有书面形式、口头形式和其他形式。"对于其中的"其他形式的合同"应如何理解，缺乏明确的法律规定。《合同法解释(二)》第 2 条明确规定，当事人未订立合同，但从双方行为能够推定有订立合同意愿的，可以认定为《合同法》第 10 条第 1 款规定的"其他形式"订立的合同。该条解释最大的实际意义在于尽可能地促成合同成立、鼓励交易，在司法层面正式承认默示合同。

(四)明确债的清偿抵充顺序

《合同法解释(二)》参考《担保法》《破产法》等法律的精神，于第 20 条、第 21 条规定：第一，债权人与债务人对清偿的债务或者清偿抵充顺序有约定的，按照约定抵充；第二，应当优先抵充已到期的债务；第三，几项债务均到期的，优先抵充对债权人缺乏担保或者担保数额最少的债务；第四，担保数额相同的，优先抵充债务负担较重的债务；第五，负担相同的，按照债务到期的先后顺序抵充；第六，到期时间相同的，按比例抵充。上述规定为人民法院审理此类案件提供了依据。

(五)首次提出情势变更原则

1998 年公开征意见的《合同法(草案)》第 77 条规定了情势变更原则，之后通过的《合同法》没有规定情势变更原则。基于合同实践的需要，《合同法解释(二)》确认了情势变更原则。《合同法解释(二)》第 26 条规定："合同成立以后客观情况发生了当事人在订立合同时无法预见的、非不可抗力造成的不属于商业风险的重大变化，继续履行合同对于一方当事人明显不公平或者不能实现合同目的，当事人请求人民法院变更或者解除合同的，人民法院应当根据公平原则，并结合案件的实际情况确定是否变更或者解除。"为了正确适用《合同法解释(二)》第 26 条，2009年最高人民法院发布了《关于正确适用〈中华人民共和国合同法〉若干问题的解释(二)服务党和国家的工作大局的通知》，要求"各级人民法院务必正确理解、慎重适用。如果根据案件的特殊情况，确需在个案中适用的，应当由高级人民法院审核。必要时应报请最高人民法院审核"。

三、城镇房屋租赁合同解释

在我国经济高速发展和住房制度改革日益深化的推动下，房屋租赁经营方式日益普遍，房屋租赁业迅猛发展，涌现出许多新情况、新问题，并形成诉讼进入司法领域。近年来，人民法院受理的房屋租赁合同纠纷案件日益增多。由于《民法通则》《合同法》等法律规范比较原则，人民法院在审理房屋租赁合同纠纷案件中面临很多具体适用法律的难点问题。为统一法律适用，指导各级人民法院及时公正审理房屋租赁合同纠纷案件，促进房屋租赁市场的健康发展，最高人民法院于 2006

年 9 月着手《关于审理城镇房屋租赁合同纠纷案件具体应用法律若干问题的解释》（以下简称《租赁合同解释》）的起草和调研工作。在反复研究讨论的基础上，经最高人民法院审判委员会第 1469 次会议研究通过，并于 2009 年 9 月 1 日公布施行。

（一）明确了适用范围为城镇房屋租赁合同纠纷案件

为解决审判实践中的突出问题，《租赁合同解释》确定该解释的适用范围为城镇房屋租赁合同纠纷案件，同时亦明确："乡、村庄规划区内的房屋租赁合同纠纷案件，可以参照本解释处理。但法律另有规定的，适用其规定。"此外，对于承租人依照国家福利政策承租的公有住房、廉租住房、经济适用房，具有社会福利性和保障性，其租赁关系不属于完全的民事法律行为，故此类合同纠纷不适用该解释。

（二）明确租赁合同无效的范围

《租赁合同解释》在准确判断相关法律、行政法规的强制性规定是否为效力性强制性规定基础上，确定了认定合同效力的原则：一是严格限定无效合同的范围。该解释仅将违法建筑物租赁合同、转租期限超过承租人剩余租赁期限的合同、未经出租人同意的转租合同认定为无效。二是对欠缺生效条件合同效力的处理上，采取了补救性的措施，即当事人只要在一审法庭辩论终结前，取得了法律、行政法规规定的条件，不存在《合同法》第 52 条规定的无效情形，就认定合同有效，尽量维持合同效力的基础上，促进社会资源的有效利用，保障房屋租赁市场的健康发展。

（三）明确装饰装修的处理原则

《租赁合同解释》确立了处理此类纠纷的规则：承租人擅自进行装饰装修，构成侵权，承担侵权责任；承租人经同意装饰装修，区分情况适用不同的处理原则：一是对附合和未形成附合的装修装修物分别适用不同的处理规则。未形成附合的装饰装修物，承租人作为所有权人享有处分权；已形成附合的装饰装修物区分合同无效、合同有效解除、合同履行期限届满情形，适用不同的处理规则。二是出租人是否对承租人的装饰装修进行补偿，如何补偿，要区分不同情况。合同无效时，出租人同意利用的装饰装修，基于不当得利对承租人进行补偿；不同意利用的，装饰装修的现值损失作为无效合同的损失，由双方按照过错承担；合同解除，由导致合同解除的违约方承担装饰装修残值损失。在双方均无过错情形下，由双方依照公平原则分担装饰装修残值损失；需要注意的是，合同解除时，如果出租人同意利用承租人装饰装修的，仍需基于不当得利对承租人予以补偿；合同履行期间届满，出租人取得附合装饰装修物无须补偿。

（四）明确承租人优先购买权为债权

《物权法》并未将优先购买权规定为物权，该权利因此不具有"对世性"。最高人民法院废止了《〈民法通则〉适用意见》第 118 条规定，就是基于该条规定与《物权法》规定相冲突。《租赁合同解释》遵循法律规定精神，将承租人优先购买权定性还原为债权,规定承租人不能以出租人侵害其优先购买权为由,请求确认出租人与第三人签订的房屋买卖合同无效。该项规定并不妨碍出租人与第三人恶意串通签订买卖合同损害承租人优先购买权时,承租人依照《民法通则》第 58 条第 1 款第(4)项规定和《合同法》第 52 条第(2)项规定,主张认定出租人与第三人签订的买卖合同无效。

(五)明确抵押权人行使抵押权与承租人优先购买权的处理

《租赁合同解释》依照抵押权与承租人优先购买权立法目的不同,规定出租人与抵押权人协议折价、变卖租赁房屋偿还债务,或者拍卖房屋时,依法保护承租人的优先购买权。出租人以其他方式出卖房屋时,应当采取同样的规则保护承租人的优先购买权。但也应考虑两方面的问题:一是承租人应当具有让出租人信赖的履约能力,二是依照权利义务对等原则,承租人的优先购买权亦应当在合理期限内主张。

(六)明确承租人不能主张优先购买权的情形

《租赁合同解释》第 24 条规定了承租人优先购买权行使的 4 种例外情形:一是房屋共有人行使优先购买权;二是出租人将房屋出卖给近亲属;三是出租人履行告知义务后,承租人在 15 日内未明确表示愿意购买;四是购买房屋的第三人出于善意并已办理登记手续。

四、买卖合同解释

为适应买卖合同关系的复杂性、多样性以及市场交易日新月异的变化,依法保护当事人的合法权益,最高人民法院于 2000 年 3 月正式立项,在深入调研和充分论证并广泛征求各方意见后,2012 年 3 月 31 日最高人民法院审判委员会第 1545 次会议讨论通过了该司法解释。《买卖合同解释》包括 8 个部分,总计 46 条,主要对买卖合同的成立及效力、标的物交付和所有权转移、标的物毁损灭失的风险负担、标的物的检验、违约责任、所有权保留、特种买卖等方面如何具体适用法律作出明确的规定。

(一)明确买卖合同的效力认定

《买卖合同解释》继续遵循《合同法解释(一)》和《合同法解释(二)》的原则和立场,针对在市场交易活动中存在各类预约合同,明确承认其独立契约效力;对于实务中常见的出卖人在缔约和履约时没有所有权或处分权的买卖合同的效力问题,坚持"无权处分不影响合同效力"的原则,于第 3 条规定:"当事人一方以出卖人在缔约时对标的物没有所有权或者处分权为由主张合同无效的,人民法院不予支持。""出卖人因未取得所有权或者处分权致使标的物所有权不能转移,买受人要求出卖人承担违约责任或者要求解除合同并主张损害赔偿的,人民法院应予支持。"

明确肯定此类合同的法律效力,明晰交易主体之间的法律关系,强化社会信用,维持交易秩序。

(二)维护诚实信用原则

《买卖合同解释》在对双方当事人平等保护的前提下,注重规制和制裁违背诚信之行为,以实现双方权益平衡,维护公平交易秩序。第一,在动产一物数卖情形中,各买受人均要求实际履行合同的,《买卖合同解释》基于诚实信用原则,否定出卖人的自主选择权;第二,在货物买卖中,出卖人在缔约时已经知道风险事实却故意隐瞒风险事实的,规定该风险由出卖人负担;第三,对标的物检验期间或者质量保证期约定过短导致买受人难以在检验期间内完成全面检验的情形,明确规定人民法院应当认定该期间为买受人对外观瑕疵提出异议的期间,并根据本解释规定确定买受人对隐蔽瑕疵提出异议的合理期间,以此彰显对处于弱势地位的买受人利益的保护;第四,对标的物异议期间经过后的出卖人自愿承担违约责任后又翻悔的,明确规定出卖人自愿承担违约责任后,不得以期间经过为由翻悔,意在体现和维护诚实信用原则;第五,对出卖人明知标的物有瑕疵而故意不告知买受人时的瑕疵担保责任减免特约的效力认定问题,《买卖合同解释》规定在出卖人明知标的物有瑕疵而故意或者因重大过失而不告知买受人时,属于隐瞒事实真相的欺诈行为,有悖诚实信用原则,因此对于这种特约的效力,应不予支持。

(三)明确电子信息产品的交付方式

《买卖合同解释》对无实物载体的电子信息产品的交付作了明确规定:首先,如果买卖双方对交付问题有约定的,遵照其约定;没有约定或者约定不明的,当事人可以协议补充;不能达成补充协议的,按照合同有关条款或者交易习惯确定。如果按照上述规则仍不能确定的,买受人收到约定的电子信息产品或者权利凭证即为交付。

(四)明确标的物毁损灭失的责任承担

《买卖合同解释》通过 4 个条文对合同法的相关规定进行解释和补充:其一,明确了送交买卖中"标的物需要运输的"情况下承运人的身份;其二,补充了特定地点货交承运人的风险负担规则;其三,对货物买卖中出卖人隐瞒风险发生事实的风险负担作出补充规定;其四,对大宗货物买卖中出卖人批量托运货物以履行数份合同或托运超量货物去履行其中一份合同情况下的风险负担进行了明确。

(五)明确可得利益损失的认定

《买卖合同解释》根据合同法的规定、民法原理以及审判实践经验,对可得利益损失的认定作出了具有可操作性的解释和规定。具体而言,买卖合同违约后可得利益损失计算通常运用 4 个规则,即合同法第 113 条规定的可预见规则、第 119 条规定的减损规则、与有过失规则以及损益相抵规则,《买卖合同解释》通过 3 个条文作了明确规定。特别是《解释》第30条关于"与有过失规则"和第31条关于"损益相抵规则"的规定,填补了合同法在相关规则方面的空白和漏洞。

(六)所有权保留制度

《合同法》第134条虽然对所有权保留制度作出规定,但过于原则和简略,《买卖合同司法解释》的一个主要任务就是要细化所有权保留制度,进一步提高实务操作性。为此,《买卖合同司法解释》在第34条至第37条,通过4个条文、8款规定对该制度作出了颇具操作性的具体解释。第一,关于所有权保留制度的适用范围问题。该解释明确所有权保留制度不应适用于不动产;第二,关于出卖人权利的保护机制及其限制问题。《买卖合同司法解释》明确出卖人的取回权并非绝对,应受相应限制:其一,应受善意取得制度的限制;其二,应受买受人已支付价款数额的限制(达到总价款的百分之七十五以上);第三,关于买受人的回赎权问题。《买卖合同解释》规定,买受人对出卖人完全转移标的物所有权具有一定的期待,这种利益关系及期待应予保护。出卖人取回标的物后,买受人可以在特定期间通过消除相应的取回事由而请求回赎标的物,此时出卖人不得拒绝,而应将标的物返还给买受人。

五、融资租赁合同解释

随着融资租赁业在我国持续高速发展,融资租赁业务总量和纠纷数量也呈高速增长态势。2009年底,根据全国人大财经委和全国人大常委会法工委的建议,最高人民法院启动了融资租赁合同司法解释的起草工作。在广泛征集各地法院及融资租赁行业对融资租赁合同争议法律问题意见的基础上,2013年3月,最高人民法院通过官网公布了司法解释稿,向社会公开征求意见,并于2013年经11月25日最高人民法院审判委员会第1597次会议讨论通过。《融资租赁合同解释》共5部分26条,主要针对融资租赁经营实践和审判实务中反映突出、争议较多的法律问题作出了规定,重点解决了融资租赁合同的认定及效力、合同的履行及租赁物的公示、合同的解除、违约责任以及诉讼当事人、诉讼时效等问题。

(一)明确融资租赁合同的性质和效力认定

《融资租赁合同解释》第1条明确规定:"人民法院应当根据合同法第237条的规定,结合标的物的性质、价值、租金的构成以及当事人的合同权利和义务,对是否构成融资租赁法律关系作出认定。对名为融资租赁合同,但实际不构成融资租赁法律关系的情形,人民法院按其实际构成的法律关系处理。"可见,该解释严格坚持融资租赁交易所具有的融资与融物相结合的特征,不认可仅有资金空转的"融资租赁合同",以促进金融与实业的结合,规范和引导融资租赁业务及行业的健康发展。

(二)明确融资租赁合同与买卖合同的衔接问题

《融资租赁合同解释》从不同角度对此问题作出了规定。如该解释第 5 条第 1 款有关承租人拒绝受领租赁物的规定,出卖人违反合同约定的向承租人交付标的物义务,承租人因租赁物严重不符合约定或出卖人未在约定的交付期间或者合理期间内交付租赁物,经承租人或者出租人催告,在催告期满后仍未交付的,承租人享有拒绝受领租赁物的权利。对于买卖合同与融资租赁合同的牵连关系问题,《融资租赁司法解释》从 3 个方面做了积极的探索:一是规定因买卖合同导致融资租赁合同目的无法实现的,可解除融资租赁合同;二是就合同解除后的损失赔偿问题作了进一步明确;三是就承租人向出卖人索赔的问题予以了进一步明确。

(三)明确承租人对外流转租赁物的处理原则

《融资租赁合同解释》规定,对有明确登记机关的飞机、轮船、企业厂房等租赁物,因租赁物的所有权以登记为公示方式,故承租人占有使用租赁物,并不影响租赁物所有权在法律上的归属。但对大量没有所有权登记机关的机械设备及其他无所有权登记机关的动产而言,占有为所有权的主要公示方式,在承租人对外转让租赁物时,受让人可以根据善意取得制度取得租赁物的所有权,但对出租人而言,其租金债权的物权保障消失殆尽。在立法未就租赁物的登记机关作出明确规定的前提下,实践中,出租人不得不采取各种各样的措施来保护其对租赁物的所有权。同时,该解释第 9 条对出租人的物权保护问题给予了积极的回应。根据该条规定,承租人或者租赁物的实际使用人未经出租人同意转让租赁物或者在租赁物上设立其他物权,第三人依据物权法第 106 条的规定取得租赁物的所有权或者其他物权,出租人主张第三人物权权利不成立的,人民法院不予支持。

(四)明确了承租人违约时出租人的救济途径

《融资租赁合同解释》第 21 条第 1 款规定,出租人同时提出上述两项诉请的,人民法院应告知其作出选择。第 2 款进一步明确:"出租人诉请全部租金未予清偿后,出租人再行起诉请求解除融资租赁合同、收回租赁物的,人民法院应予受理。"此外,《融资租赁司法解释》第 23 条明确规定,出租人可以在收回租赁物的同时,要求承租人赔偿损失。

第七节 其他法律关于合同的规定

一、概 况

《合同法》是一部关于合同的统一法律,是形式意义上的合同法。它当然并非合同法的全部,除此之外,还有其他法律、法规以及最高人民法院的司法解释等,一起构成实证意义上的合同法。[1] 在我国现行法律体系中,《民法通则》和《民法总则》均有关于合同的规定。此外,除了《合同法》规定的合同类型外,还有很多法律也规定了具体的合同类型。对此,《合同法》第123条专门规定:"其他法律对合同另有规定的,依照其规定。"该条规定的含义有二:一是合同法总则的规定对所有合同都有适用,包括合同法没有列名规定的无名合同以及其他法律规定的合同;二是对于合同法分则中有关合同的规定,如果其他法律对有关合同另有规定的,依照该法律的规定。除合同法之外的法律规定的合同类型还有很多,本节仅选取部分有代表意义的法律关于合同的规定进行说明。

二、《民法通则》有关合同的规定

《民法通则》的许多规定成为合同法的主要渊源和基本规则:一是关于民事法律行为的规定(第四章);二是关于债权的规定(第五章第二节);三是关于民事责任的规定(第六章)。1988年4月2日,最高人民法院下发了《关于贯彻执行〈民法通则〉若干问题的意见(试行)》,对《民法通则》的某些条款作出解释,并对《民法通则》贯彻执行中遇到的问题提出了意见。《意见》分8个部分,计200条。其中第四部分"民事权利"就债权问题做了专门的解释。主要针对合同的担保方式、租赁合同、借贷合同、借款合同、借用合同、赠与合同作出相关规定。

《民法通则》从民事基本法的角度承认了意思自治原则,界定了合同概念,是我国合同立法价值取向转变的重要界碑。

首先,《民法通则》确立了意思自治原则。《民法通则》第4条规定:"民事活动应遵循自愿……的原则。"这是自愿原则的法律表现形式。自愿原则是对当事人的意志自由本质的尊重。就合同法领域来说,当事人在国家法律允许的范围内,自愿参加合同法律关系,并决定合同的形式和内容,任何单位和个人不得非法干预。主要表现在:其一,对于合同形式,不再强调合同必须采取书面形式,除法律有特别规定外,当事人可以采取书面形式、口头形式或者其他形式(第56条);其二,当事人有约定一定合同内容的自由。当合同质量、期限、地点或价款等内容约定不够明确具体时,可以依照合同的有关条款确定;如果按照合同有关条款也不能确定的,可由当事人通过协商达成协议,按双方补充规定的合同条款履行;如果当事人通过协商仍不能达成一致意见的,按法律规定的办法履行(参见第88条)。

其次,《民法通则》明确了合同概念。《民法通则》第85条规定:"合同是当事人之间设立、变更、终止民事关系的协议。"显然,《民法通则》摈弃了经济合同概念,树立了与其有别的民事合同观念。大陆法系及英美法系两大法系,对合同的概念理

---

[1]　韩世远:《合同法总论》,法律出版社2018年版,第15页。

解有异。大陆法系采用合意说或协议说,认为合同是当事人旨在发生债的关系的意思表示一致(合意)的行为。英美法系则采允诺说,认为合同的本质不在合意,而在于允诺,合同的宗旨在于保障允诺的实现,于一方违反允诺时,另一方应当予以补救。《民法通则》第 85 条中的"协议"一词,应解释为合意,即当事人的意思表示一致。① 可见,《民法通则》所确认的合同概念,与大陆法系的合同概念趋同,反映了我国合同制度向传统合同制度的回归的趋势。

最后,《民法通则》还从民事基本法的角度确认了一些合同基本制度。第四章"民事法律行为和代理",主要规定了合同成立制度(第 55 条)、合同形式原则(第 56 条)、合同无效制度(第 58 条)、可变更或可撤销合同(第 59 条);第五章"民事权利"的第二节"债权",主要规定了合同全面履行原则(第 88 条)和合同转让制度(第 91 条);第六章"民事责任",规定了违约责任制度(第 111 条至第 116 条)。此外,《民法通则》吸收了国外债法上的新理论,增加了一些新的合同制度,如增加了有关缔约过失责任的规定(第 61 条),增加了有关合同担保的规定(第 89 条),增加了有关表见代理的规定(第 66 条),在违约归责原则问题上"采取了过错推定的立法技术"(第 106 条第 1 款、第 111 条)等。

三、《民法总则》有关合同的规定

《民法总则》不仅细化了意思自治原则(第 5 条),突出强调人对自己权利行使的自我决定权(第 130 条),② 而且第六章"民事法律行为"部分与《民法通则》和《合同法》的规定相比有不少的改动。

其一,新增了关于无民事行为能力人实施的民事法律行为的效力规定。《合同法》第 52 条规定了数种无效合同的类型,但没有规定无行为能力人订立的合同的效力,实为法律漏洞。《民法总则》第 144 条明确规定:"无行为能力人实施的民事法律行为无效。"这意味着无民事行为能力人缔结的合同无效。

其二,新增了虚假表示行为与隐藏行为的效力规定。我国《民法通则》第 58 条和《合同法》第 52 条均将"以合法形式掩盖非法目的"作为认定民事法律行为无效的理由。"以合法形式掩盖非法目的"这一表述并不严谨,留给法官很大的自由裁量权,容易引发争议。《民法总则》第 146 条规定:"行为人与相对人以虚假的意思表示实施的民事法律行为无效。以虚假的意思表示隐藏的民事法律行为的效力,依照有关法律规定处理。"由此,"虚假的意思表示"不仅涵盖"以合法形式掩盖非法目的",而且包容性更强,包括了其他通谋虚假表示的情形。此外,该条还对隐藏

---

① 梁慧星:《民法》,四川人民出版社 1989 年版,第 244～245 页。
② 杨立新:《从民法通则到民法总则:中国当代民法的历史性跨越》,载《中国社会科学》2018 年第 2 期。

行为的效力进行了规定,即表面的虚假行为无效,并不必然导致被隐藏的行为无效,后者的效力"依照有关法律规定处理"。假如被隐藏的行为符合有效要件,则被隐藏的行为有效。例如,名为买卖实为赠与的合同,只要赠与合同符合有效要件,则该赠与合同有效。反之,被隐藏的行为违法,则被隐藏的行为无效。譬如名为买卖实为走私标的物,被隐藏的走私合同是无效的。[①]

其三,新增了第三人欺诈与胁迫民事法律行为的效力规定。《民法通则》和《合同法》均无有关第三人欺诈与第三人胁迫情形合同效力的规定。《民法总则》第149条规定了:"第三人实施欺诈行为,使一方在违背真实意思的情况下实施的民事法律行为,对方知道或者应当知道该欺诈行为的,受欺诈方有权请求人民法院或者仲裁机构予以撤销。"由此可知,因第三人欺诈签订的合同为可撤销的合同。《民法总则》第150条又规定:"一方或者第三人以胁迫手段,使对方在违背真实意思的情况下实施的民事法律行为,受胁迫方有权请求人民法院或者仲裁机构予以撤销。"这就表示,在第三人胁迫的情形下,无论合同相对人是否知情,受胁迫人均可主张撤销合同。

其四,修正了显失公平民事法律行为的规定。《民法通则》第59条仅原则性地规定显失公平的民事法律行为是可变更或可撤销的法律行为。《合同法》第54条则将显失公平和乘人之危并列为可变更或者可撤销合同的事由。但是,《民法总则》第151条并未沿用这种立法模式,而是将乘人之危列为导致显失公平的一种手段,与其他情形并列,其所导致的后果是"致使民事法律行为成立时显失公平的,受损害方有权请求人民法院或者仲裁机构予以撤销"。

其五,修正了法律行为的撤销制度。首先,《民法总则》取消了合同的"变更权"。《合同法》第54条规定了因重大误解订立的合同,在订立合同时显失公平的,一方以欺诈、胁迫的手段或者乘人之危订立的合同是可变更或可撤销合同。然而,《民法总则》第147条、第148条、第149条和第150条明确规定了重大误解、受欺诈、受胁迫和显失公平的民事法律行为是"可撤销的民事法律行为",而非"可变更或可撤销的民事法律行为"。显然,《民法总则》为了更符合私法自治的要求,取消了"变更权"。其次,修改并精细化了撤销权的行使。就撤销权的除斥期间,《合同法》第55条仅规定,有撤销权的当事人应"自知道或者应当知道撤销事由之日起一年内"行使撤销权。而《民法总则》第152条规定,"有下列情形之一的,撤销权消灭:(一)当事人自知道或者应当知道撤销事由之日起一年内、重大误解的当事人自知道或者应当知道撤销事由之日起三个月内没有行使撤销权;(二)当事人受胁迫,自胁迫行为终止之日起一年内没有行使撤销权;(三)当事人知道撤销事由后明确

① 石佳友:《我国〈法总则〉的颁行与民法典合同编的编订——从民事法律行为制度看我国〈合同法〉相关规则的完善》,载《政治与法律》2017年第7期。

表示或者以自己的行为表明放弃撤销权。当事人自民事法律行为发生之日起五年内没有行使撤销权的,撤销权消灭。"由此空间,就撤销权的除斥期间,《民法总则》规定得甚为详细:其一,当事人应"自知道或者应当知道撤销事由之日起一年内"行使撤销权。其二,重大误解的当事人应"自知道或者应当知道撤销事由之日起三个月内"行使撤销权。其三,受胁迫的当事人应"自胁迫行为终止之日起一年内行使撤销权"。《民法总则》还规定了权利的最长保护期限:"当事人自民事法律行为发生之日起五年内没有行使撤销权的,撤销权消灭。"

其六,调整了合同无效的判断标准。《民法总则》第 153 条第 1 款规定:"违反法律、行政法规的强制性规定的民事法律行为无效,但是该强制性规定不导致该民事法律行为无效的除外。"立法者明显没有采用 2009 年《关于适用〈中华人民共和国合同法〉若干问题的解释(二)》第 14 条的"效力性强制性规范"的表述。今后是否沿用司法实践中关于"效力性强制性规范"和"管理性强制规范"的区分标准,仍待学界和实务界继续讨论。《民法总则》第 153 条第 2 款规定:"违背公序良俗的民事法律行为无效",正式将违背公序良俗原则列为合同无效的事由之一。

其七,调整了恶意串通法律行为制度。《合同法》第 52 条第 2 项规定:"恶意串通,损害国家、集体或者第三人利益的"合同无效。《民法总则》第 154 条则规定:"行为人与相对人恶意串通,损害他人合法权益的民事法律行为无效。"之所以由此变化,应是考虑到行为人与相对人恶意串通,"损害国家、集体"利益的情形,可直接适用《民法总则》第 143 条"不违背公序良俗"以及第 153 条第 2 款"违背公序良俗的民事法律行为无效"之规定。

四、建设用地使用权出让合同

建设用地使用权出让合同,是指市、县人民政府土地管理部门作为出让方将国有土地使用权在一定年限内让与受让方,受让方支付土地使用权出让金的协议(《最高人民法院关于审理涉及国有土地使用权合同纠纷案件适用法律问题的解释》第 1 条)。目前有多部法律、行政法规对建设用地使用权出让合同作出规定。因此,建设用地使用权出让合同的性质存在争议,民法学者普遍认为此种合同仍属于民事合同。其一,从我国现行立法的规定来看,建设用地使用权出让合同性质上为民事合同。平等、自愿、有偿是民法确定的民事活动、民事合同的基本原则,当事人之间的平等地位是我国法律明确强调的民事关系的基本特征。而《城镇国有土地使用权出让和转让暂行条例》第 11 条规定,建设用地使用权出让合同应当按照平等、自愿、有偿的原则,由市、县人民政府土地管理部门与土地使用者签订。第 14 条接着规定,土地使用者逾期未全部支付出让金的,出让方有权解除合同,并可请求违约赔偿。尤其是 2003 年 6 月 11 日国土资源部公布的《协议出让国有土地使用权规定》第 2 条、第 4 条更是体现了当事人的平等地位;其二,现行法律赋予行政机关的相关权限并没有改变出让合同的民事性质。从我国现行法律的规定来看,土地用途、期限、符合条件下收回土地使用权等内容实际上是建设用地使权出让合同内容的一部分,是双方通过合同达成的合意,合同任何一方都有权对对方履行合同的情况提出异议并追究对方的违约责任。此种权利性质上是合同债权的一部分,而非行政权力。当然,土地管理部门作为国家公权力的行使者,依据法律的授权而享有行政管理职权。这些权力并不是只能对建设用地的受让人方可行使,只要在相关行政区域内享有土地所有权或使用权的人,都应当接受国家的监管,都可能在符合法律规定条件的情况下,其土地被征收、征用或者因违反法律规定而受到行政处罚。其三,将建设用地使用权出让合同定位为行政合同,不利于我国市场经济的发展。行政机关在性质合同中具有充分的主导地位,享有大量的行政特权,甚至有权单方决定合同订立与否以及合同的主要内容。如果将建设用地使用权出让合同确定为行政合同,则无疑加剧了土地使用权人的弱势地位。相反,将建设用地使用权出让合同确定为民事合同,使出让合同与土地行政监管行为相区分,更能适应市场经济发展的要求。

《城镇国有土地使用权出让和转让暂行条例》第 8 条规定:"土地使用权出让,是指国家以土地所有者的身份将土地使用权在一定年限内让与土地使用者,并由土地使用者向国家支付土地使用权出让金的行为。"《城市房地产管理法》第 7 条也规定:"土地使用权出让,是指国家将国有土地使用权在一定年限内出让给土地使用者,由土地使用者向国家支付土地使用权出让金的行为。"这里规定的土地使用权,实际上就是国有建设用地使用权。因此,国有建设用地使用权的出让,就是国家作为国有土地所有权人,在其土地上设定建设用地使用权这一用益物权,并将之移转给建设用地使用权人,而建设用地使用权人则为此支付土地使用权出让金的行为。在建设用地使用权出让关系中,国家是建设用地使用权的出让人和建设用地使用权出让金的收取人;向国家支付出让金以取得建设用地使用权的人是建设用地使用权受让人,在其完成相关登记之后,成为建设用地使用权人。《城镇国有土地使用权出让和转让暂行条例》第 8 条规定:"土地使用权出让应当签订出让合同。"《城市房地产管理法》第 14 条也强调,"土地使用权出让,应当签订书面出让合同。土地使用权出让合同由市、县人民政府土地管理部门与土地使用者签订。"可见,建设用地使用权的设定行为,实际上就是由依法获得授权的地方政府土地管理部门作为国家的代理人,与土地使用人之间的合同行为。

关于建设用地使用权出让合同的内容和出让方式。《物权法》第 138 条规定:"建设用地使用权出让合同一般包括下列条款:(一)当事人的名称和住所;(二)土地界址、面积等;(三)建筑物、构筑物及其附属设施占用的空间;(四)土地用途;(五)使用期限;(六)出让金等费用及其支付方式;(七)解决争议的方法。"根据《城镇国有土地使用权出让和转让暂行条例》第 12 条规定,土地使用权出让最高年限按下列用途确定:居住用地 70 年、工业用地 50 年、教育、科技、文化、卫生、体育用地 50 年、商业、旅游、娱乐用地 40 年、综合或者其他用地 50 年。第 13 条规定了土地使用权出让的方式包括 3 种,即协议出让、招标出让和拍卖出让。

五、农村土地承包合同

农村土地承包合同是指农村土地的发包方与承包方就土地承包事项签订的书面承包合同(《农村土地承包法》第 21 条)。依照《物权法》《农村土地承包法》的规定,签订承包合同是设立农村土地承包经营权的主要形式,而承包合同又分为两类:一是家庭承包,一是其他方式承包。从承包主体和承包范围上看,集体经济组织成员可以参与所有由本集体经济组织发包的土地,且承包的土地在范围上没有限制。按照《农村土地承包法》第 15 条的规定,对于不宜采取家庭承包的农村土地如荒山、荒丘、荒沟、荒滩以及数量较少的菜地、养殖水面等,可以采取招标、拍卖、公开协商等方式确定承包人。也就是说,只有不适宜以家庭承包的方式承包的"四荒地"及其他数量较少的菜地、养殖水面等,才可以由本集体经济组织以外的人承包。根据《农村土地承包法》第 47 条的规定,集体经济组织的成员对这类土地依然可以参与承包,且享有优先承包权。同时,按照承包土地种类的不同,农村土地承包合同可以区分为耕地承包、草地承包和林地承包。这种分类的意义在于,不同种类的土地,法定的承包期限长短不一。按照《农村土地承包法》第 20 条的规定,耕地的承包期限为 30 年,草地的承包期限为 30～50 年,林地的承包期限为 30～70年;特殊林木的林地承包期,经国务院林业行政主管部门批准可以延长。

关于农村土地承包合同的性质,《农村土地承包法》第 22 条规定:"承包合同自成立之日起生效。承包方自承包合同生效时取得土地承包经营权。"据此,学界有观点认为,农村土地承包合同应为"物权合同"。这是不恰当的。首先,我国民法并不承认物权合同的概念。其次,农村土地承包合同实际上完全具备债权合同的法律特征,应为债权合同之一种。如《最高人民法院关于审理涉及农村土地承包纠纷案件适用法律问题的解释》第 5 条规定,承包合同中有关收回、调整承包地的约定违反农村土地承包法第 26 条、第 27 条、第 30 条、第 35 条规定的,应当认定该约定无效;第 12 条规定,发包方强迫承包方将土地承包经营权流转给第三人,承包方请求确认其与第三人签订的流转合同无效的,应予支持;第 17 条规定,当事人对转包、出租地流转期限没有约定或者约定不明的,参照合同法第 232 条规定处理。这些规定都是从债权合同的角度进行规范的。再如《农村土地承包法》第 56 条规定:"当事人一方不履行合同义务或者履行义务不符合约定的,应当依照《中华人民共和国合同法》的规定承担违约责任。"更是体现了债权合同的特征。

发包人权利和义务。根据《农村土地承包法》第 13 条之规定,发包人享有下列权利:发包本集体所有的或者国家所有依法由本集体使用的农村土地;监督承包方依照承包合同约定的用途合理利用和保护土地；制止承包方损害承包地和农业资源的行为；法律、行政法规规定的其他权利。根据《农村土地承包法》第 14 条的规定，发包方应承担下列义务：维护承包方的土地承包经营权，不得非法变更、解除承包合同；尊重承包方的生产经营自主权，不得干涉承包方依法进行正常的生产经营活动；依照承包合同约定为承包方提供生产、技术、信息等服务；执行县、乡（镇）土地利用总体规划，组织本集体经济组织内的农业基础设施建设；法律、行政法规规定的其他义务。

承包人的权利和义务。根据《农村土地承包法》第 16 条之规定，承包人享有下列权利：依法享有承包地使用、收益和土地承包经营权流转的权利，有权自主组织生产经营和处置产品；承包地被依法征收、征用、占用的，有权依法获得相应的补偿；法律、行政法规规定的其他权利。根据《农村土地承包法》第 17 条之规定，承包方应承担下列义务：维持土地的农业用途，不得用于非农建设；依法保护和合理利用土地，不得给土地造成永久性损害；法律、行政法规规定的其他义务。

六、保险合同

保险合同是指投保人与保险人约定保险权利义务关系的协议（《保险法》第 10 条）。保险合同所约定的权利义务关系的实质内容在于，投保人依约定向保险人支付费用，而保险人对于合同约定的可能发生的事故发生后造成的损失承担赔偿责任，或者当指定的人死亡、伤残、疾病或者生存到合同约定的年龄、期限时承担给付责任。依据不同的标准，保险合同可以分为以下几类：依据保险标的的不同性质，可将保险合同分为财产保险合同和人身保险合同。前者是以财产及其有关利益为保险标的的保险合同，后者是以人的寿命和身体为保险标的的保险合同；依照保险的实施形式，可以将保险合同分为自愿订立的保险合同和强制订立的保险合同；依据投保人对于同一保险标的、同一保险利益、同一保险事故订立保险合同的数量，可以将保险合同区分为单保险和重复保险；依据承担责任次序的不同，可以将保险合同分为原保险合同与再保险合同。

依据我国《保险法》的规定，投保人的主要权利为：其一，订立保险合同的自主权（第 11 条）；其二，保险合同的解除权（第 15 条）；其三，经协商同意，变更保险合同的权利（第 20 条）。投保人的主要义务为：第一，如实告知关于被保险人或者保险标的的情形的义务（第 16 条）；第二，通知义务，投保人在知道保险事故发生后，及时通知保险人的义务（第 21 条）；第三，协助义务（第 22 条）。保险事故发生后，依照保险合同请求保险人赔偿或者给付保险金时，投保人应当向保险人提供其所能提供的与确认保险事故的性质、原因、损失程度等有关的证明和资料；第四，按时交纳保费的义务（第 14 条）。

保险人的主要权利为：其一，订立保险合同的自主权（第 11 条）。除法律、行政法规规定必须保险的以外,保险公司和其他单位不得强制他人订立保险合同;其二,对不属于保险责任的,有拒绝赔付的权利(第 24 条);其三,保险合同的解除权。发生被保险人或者受益人骗保的情况下,保险人有权解除保险合同,并不退还保险费(第 27 条)。保险人的主要义务为:第一,保险合同成立后,按照约定的时间承担保险责任(第 14 条);第二,不得解除保险合同(第 15 条)。除《保险法》另有规定或者保险合同另有约定外,保险合同成立后,保险人不得解除保险合同;第三,给付保险金的义务(第 23 条)。保险人收到被保险人或者受益人的赔偿或者给付赔偿金的请求后,应当及时作出核定,并将该核定结果通知被保险人或者受益人;对属于保险责任的,在与被保险人或者受益人达成有关赔偿或者给付保险金额的协议后十日内,履行赔偿或者给付保险金义务;第四,保密义务(第 32 条)。保险人或者再保险接受人对在办理保险业务中知道的投保人、被保险人、受益人或者再保险分出人的业务和财产情况及个人隐私,负有保密的义务。

七、信托合同

信托合同是指受托人以自己的名义管理由委托人提供的财产,并将由此所得利益交付给受益人的合同(《信托法》第 2 条)。这种合同的履行产生的以由委托人提供财产、由受托人以自己的名义管理该项财产并由受益人享受由这一管理所得利益为内容的财产关系即为信托,故信托合同是由委托人出于设立信托之目的与受托人签订的合同。从信托合同的概念上说,信托合同的订立是依托于信托制度的,其内容与当事人权利义务的安排是以信托制度为依据的。在信托合同这种法律关系中,须有合法的信托目的、信托财产、确定的受益人。从《信托法》的规定分析,信托合同应具备以下要件:一是信托合同须有合法的信托目的;二是信托合同须以信托财产为基础;三是须有特定的受益人。《信托法》第 8 条第 3 款规定:"采取信托合同形式设立信托的,信托合同签订时,信托成立。"可见,《信托法》将信托合同界定为诺成合同,同时也意味着我国信托法赋予信托财产转移条款以法律约束力以及所产生的强制执行力,这对与信托设立有关的合同秩序的稳定起到极大的促进作用。信托合同可以根据不同标准进行分类:一是据信托利益是否归属于委托人本身,可分为自益信托合同与他益信托合同;二是根据信托财产初始性质和状态,可将信托合同分为资金信托合同、动产与不动产信托合同、权利信托合同和资金与非资金相兼的信托合同。

信托的基本当事人包括委托人、受托人、受益人。根据《信托法》的规定,委托人的主要权利为:第一,知情权;第二,监督权以及衍生出来的相应权利。委托人的主要义务为:根据信托文件而产生的给付义务,包括基于信托文件转移或处分财产权的义务、给付信托报酬的义务,以及赔偿受托人因信托终止所受损害的义务。

受托人的主要权利为:其一,除了信托文件对受托人的行为作出的限制以及法定限制以外,受托人就所有事项都享有广泛的裁量权。其二,获得信托报酬的权利。受托人的主要义务为:保管信托财产、对信托财产进行建设性使用和公平行事。

受益人的主要权利为:受益权、知情权、确保受托人适当管理的监督权以及衍生出来的一系列权利。受益人的主要义务为:若信托文件约定了受益人有支付信托报酬的义务的,则意味着受益人在接受信托利益的同时接受该条款和相关义务的约束。

八、海商合同

根据《海商法》的规定,海商合同是指民商事主体之间订立的涉及海上运输服务或船舶关系,并且主要由海商法调整的商事合同。关于海商合同的效力问题,《海商法》第176条规定:"有下列情形之一,经一方当事人起诉或者双方当事人协议仲裁的,受理争议的法院或者仲裁机构可以判决或者裁决变更救助合同:(一)合同在不正当的或者危险情况的影响下订立,合同条款显失公平的;(二)根据合同支付的救助款项明显过高或者过低于实际提供的救助服务的。"据此,对于海商合同的效力应当理解为:第一,合同当事人必须全面、及时、准确地履行其合同项下的义务,以便对方当事人合同项下的权利能得以实现;第二,合同当事人如果未能依约履行其义务,则须承担违约责任(除非法律或合同有相反约定);第三,在无合同约定、海商习惯或法定事由的情形下,一方当事人不得擅自变更、转让或解除合同。此外,海商合同的效力还应包括对于第三人的约束力,这有三层含义:一是一项有效的海商合同有约束任意第三人的效力;二是一项有效的海商合同得为特定第三人设定义务;三是为了海商合同利益的保全,债权人还可在法定情况下对第三人主张权利。

九、合伙合同

《民法通则》和《合伙企业法》是合伙合同的主要法律依据。[①] 合伙分为个人合伙和企业合伙。《民法通则》第31条规定:"两个以上的公民按照协议,各自提供资金、实物、技术等,合伙经营、共同劳动的称为个人合伙。"《合伙企业法》第2条规定:"本法所称合伙企业,是指自然人、法人和其他组织依照本法在中国境内设立的普通合伙企业和有限合伙企业。普通合伙企业由普通合伙人组成,合伙人对合伙企业债务承担无限连带责任。本法对普通合伙人承担责任的形式有特别规定的,从其规定。有限合伙企业由普通合伙人和有限合伙人组成,普通合伙人对合伙企

---

① 《民法总则》没有关于合伙的规定,可能立法者考虑到目前情况下,《民法总则》并没有取代《民法通则》和《合伙企业法》,且合伙主要涉及合同关系,《合同法》已足以调整合伙关系。

业债务承担无限连带责任,有限合伙人以其认缴的出资额为限对合伙企业债务承担责任。"可见,合伙合同是合伙人之间订立的有关共同出资、合伙经营、共享受益、共担风险的协议。

根据法律规定,合伙人的权利主要包括共有财产权、合伙经营权和利润请求权。共有财产权,合伙财产归合伙人共有;合伙企业存续期间,合伙财产属于合伙企业的财产,属于全体合伙人的共同财产。《合伙企业法》规定,合伙企业财产由全体合伙人共同管理和使用,在合伙企业进行清算前,合伙人不得请求分割合伙企业的财产,但法律另有规定的除外。共同经营是合伙企业的重要特点,合伙经营权是合伙人最重要的权利。主要包括:合伙事务的决定权、合伙事务执行权、监督检查权和查阅账簿权。合伙人的主要义务为:其一,出资义务。合伙人应以自己的合法财产及财产权利出资,并应严格遵守约定的出资方式、数额和期限;其二,承担合伙事务的义务。设立合伙业务执行人的,业务执行人应认真履行职责,按照约定向其他合伙人报告有关情况并接受监督检查。一般合伙人查阅账簿,对合伙事务进行监督、检查,共同决定合伙重大事务,这些都是履行承担合伙事务义务的形式。

十、旅游合同

《旅游法》是旅游合同的主要法律依据。《旅游法》第 57 条规定,旅游合同是指旅行社与旅游者约定旅游活动过程中旅行社和旅游者之间权利义务关系的协议。《旅游法》第五章对"旅游服务合同"作了专门规定。从《旅游法》的规定来看,旅游合同具有 3 个法律特征:一是旅行社提供旅游服务的整体性;二是合同一方主体的特定性,即旅游合同的一方当事人固定为旅行社;三是旅游合同的团体性。除上述三种较为特殊的特征外,旅游合同还具有双务、不要式、有偿性、继续性、格式化、诺成等不显著特征。从性质上看,旅游合同兼具买卖、委托、代理、行纪、居间、承揽等典型合同的特征。值得一提的是,2010 年 11 月 1 日最高人民法院公布了《关于审理旅游纠纷案件适用法律若干问题的规定》(以下简称《旅游纠纷司法解释》)。《旅游纠纷司法解释》主要着眼于解决在旅游过程中,旅游者权益受到损害时旅游经营者的责任认定等问题。当然,基于旅游纠纷的特殊性,《旅游纠纷司法解释》规定的损害赔偿既涉及合同法领域,也涉及侵权法领域。同时,由于旅游者并未脱离消费者的范畴,所以《消费者权益保护法》也是该司法解释的重要法律依据。

根据《旅游法》及其司法解释的规定,旅游经营者的主要权利为:根据旅游者的身体健康状况及相关条件决定是否接纳旅游者报名参团;核实旅游者提供的相关信息资料;按照合同约定向旅游者收取旅游费用;旅游团队遇紧急情况时,可以采取紧急避险措施并要求旅游者配合。旅游经营者的主要义务为:按照合同约定的内容和标准为旅游者提供服务;如实告知具体行程安排和有关具体事项;按照合同约定,为旅游团队安排符合《导游人员管理条例》规定的持证导游人员;对可能危及旅游者人身、财产安全的事项和需注意的问题,向旅游者作出真实的说明和明确的警示,并采取合理必要措施防止危害发生,旅游者人身、财产权益受到损害时,应当采取合理必要的保护和救助措施,避免旅游者人身、财产权益损失扩大;按照相关法律法规和规章的规定投保旅行社责任保险;向旅游者提供合法的旅游费用发票等。

旅游者的主要权利为:要求旅行经营者按照合同约定兑现旅游行程服务;拒绝未经事先协商一致的转团、拼团行为和合同约定以外的购物及另行付费项目安排;在支付旅游费用时要求旅行社开具发票;在合法权益受到损害时向旅游、工商等部门投诉或者要求旅行社协助索赔;《消费者权益保护法》和有关法律法规赋予消费者的其他权利。旅游者的主要义务为:如实填写旅游报名表、游客安全保障卡等各项内容,并对所填的内容承担责任;按照合同约定支付旅游费用;按照合同约定随团完成旅游行程,配合导游人员的统一管理;遵守国家和地方的法律法规和有关规定,不在旅游行程中从事违法活动;遵守公共秩序和社会公德,尊重当地的民族风俗习惯等。

十一、担保合同

担保合同是指为促使债务人履行债务,保障债权人的债权得以实现,而在债权人(担保权人)和债务人之间,或在债权人、债务人和第三人(即担保人)之间协商形成的,当债务人不履行或无法履行债务时,以一定方式保证债权人债权得以实现的协议。担保合同旨在明确担保权人和担保人之间的权利、义务关系,保障债权人的债权得以实现。根据《物权法》《担保法》的规定,担保合同包括保证合同、抵押合同和质押合同三种类型。担保合同具有从属性,这是其主要特征。《物权法》第172条规定,担保合同是主债权债务合同的从合同。主债权债务合同无效,担保合同无效,但法律另有规定的除外。《担保法》第5条第1款亦规定:"担保合同是主合同的从合同。"担保合同的从属性主要表现在以下四个方面:一是成立上的从属性,即担保合同的成立应以相应的合同关系的发生和存在为前提,而且担保合同所担保的债务范围不得超过主合同债权的范围。二是处分上的从属性,即担保合同应随主合同债权的移转而移转。三是消灭上的从属性,即主合同关系消灭,为其所设定的担保合同关系也随之消灭。四是效力上的从属性,担保合同的效力依主合同而定,主合同无效,担保合同自然也无效。

关于担保合同的法定形式要求。担保合同依法应当采取书面形式,如《物权法》第172条规定:"设立担保物权,应当依照本法和其他法律的规定订立担保合同。担保合同是主债权债务合同的从合同。主债权债务合同无效,担保合同无效,但法律另有规定的除外。"第185条规定:"设立抵押权,当事人应当采取书面形式订立抵押合同。"第210条规定:"设立质权,当事人应当采取书面形式订立质权合同。"《担保法》第 13 条规定:"保证人与债权人应当以书面形式订立保证合同。"

关于担保合同的效力问题。保证合同自签订之日起生效,《担保法》《合同法》的规定是一致的。但对于抵押合同和质押合同则不然。《担保法》第 41 条规定:"当事人以本法第四十二条规定的财产抵押的,应当办理抵押物登记,抵押合同自登记之日起生效。"第 64 条规定:"质押合同自质物移交于质权人占有时生效。"可见,抵押合同与质押合同的法律效力均受到抵押权是否登记和质物是否实际交付的影响,但《物权法》颁布后发生了较大的变化。《物权法》根据物权与债权相区分的原则,在第 15 条明确规定:"当事人之间订立有关设立、变更、转让和消灭不动产物权的合同,除法律另有规定或者合同另有约定外,自合同成立时生效;未办理物权登记的,不影响合同效力。"该规定宣告抵押合同和质押合同应回归《合同法》的规定,此类合同自成立之日起生效。

十二、期货合同

期货合同是指期货交易场所统一制定的、规定在将来某一特定的时间和地点交割一定数量标的物的标准化合同。期货合同包括商品期货合同和金融期货合同及其他期货合同(《期货交易管理条例》第 2 条第 3 款,此处将《期货交易管理条例》规定的"期货合约"改为"期货合同",似更体现民事合同性质)。期货交易应当在依照依法设立的期货交易所、国务院批准的或者国务院期货监督管理机构批准的其他期货交易场所进行(《期货交易管理条例》第 4 条)。为正确审理期货纠纷案件,最高人民法院于 2003 年颁布了《关于审理期货纠纷案件若干问题的规定》(法释〔2003〕10 号)。《期货交易管理条例》和《期货纠纷司法解释》是目前期货交易和纠纷处理的主要依据。

期货合同的当事人是期货公司和客户。期货公司是依照《公司法》和《期货交易管理条例》规定设立的经营期货业务的金融机构(《期货交易管理条例》第 15 条),其与客户之间形成委托关系。《期货交易管理条例》第 18 条规定:"期货公司从事经纪业务,接受客户委托,以自己的名义为客户进行期货交易,交易结果由客户承担。"第 25 条规定:"期货公司接受客户委托为其进行期货交易,应当事先向客户出示风险说明书,经客户签字确认后,与客户签订书面合同。期货公司不得未经客户委托或者不按照客户委托内容,擅自进行期货交易。"《期货纠纷司法解释》第 8 条规定:"期货公司的从业人员在本公司经营范围内从事期货交易行为产生的民事责任,由其所在的期货公司承担。"第 9 条规定:"期货公司授权非本公司人员以本公司的名义从事期货交易行为的,期货公司应当承担由此产生的民事责任;非期货公司人员以期货公司名义从事期货交易行为,具备合同法第四十九条所规定的表见代理条件的,期货公司应当承担由此产生的民事责任。"第 12 条规定:"期货公司设立的取得营业执照和经营许可证的分公司、营业部等分支机构超出经营范围开展经营活动所产生的民事责任,该分支机构不能承担的,由期货公司承担。"

期货交易执行保证金制度。《期货交易管理条例》第 28 条规定:"期货交易应当严格执行保证金制度。期货交易所向会员、期货公司向客户收取的保证金,不得低于国务院期货监督管理机构、期货交易所规定的标准,并应当与自有资金分开,专户存放。"第 34 条规定:"期货交易所会员的保证金不足时,应当及时追加保证金或者自行平仓。会员未在期货交易所规定的时间内追加保证金或者自行平仓的,期货交易所应当将该会员的合约强行平仓,强行平仓的有关费用和发生的损失由该会员承担。"《期货纠纷司法解释》第 31 条规定:"期货交易所在期货公司没有保证金或者保证金不足的情况下,允许期货公司开仓交易或者继续持仓,应当认定为透支交易。期货公司在客户没有保证金或者保证金不足的情况下,允许客户开仓交易或者继续持仓,应当认定为透支交易。"第 32 条规定:"期货公司的交易保证金不足,期货交易所未按规定通知期货公司追加保证金的,由于行情向持仓不利的方向变化导致期货公司透支发生的扩大损失,期货交易所应当承担主要赔偿责任,赔偿额不超过损失的百分之六十。客户的交易保证金不足,期货公司未按约定通知客户追加保证金的,由于行情向持仓不利的方向变化导致客户透支发生的扩大损失,期货公司应当承担主要赔偿责任,赔偿额不超过损失的百分之八十。"

关于民事责任方面,期货交易可能产生违约责任和侵权责任。违约责任方面,《期货交易管理条例》第 36 条规定:"会员在期货交易中违约的,期货交易所先以该会员的保证金承担违约责任;保证金不足的,期货交易所应当以风险准备金和自有资金代为承担违约责任,并由此取得对该会员的相应追偿权。客户在期货交易中违约的,期货公司先以该客户的保证金承担违约责任;保证金不足的,期货公司应当以风险准备金和自有资金代为承担违约责任,并由此取得对该客户的相应追偿权。"《期货纠纷司法解释》第 48 条规定:"期货公司未按照每日无负债结算制度的要求,履行相应的金钱给付义务,期货交易所亦未代期货公司履行,造成交易对方损失的,期货交易所应当承担赔偿责任。期货交易所代期货公司履行义务或者承担赔偿责任后,有权向不履行义务的一方追偿。"第 49 条规定:"期货交易所未代期货公司履行期货合约,期货公司应当根据客户请求向期货交易所主张权利。期货公司拒绝代客户向期货交易所主张权利的,客户可直接起诉期货交易所,期货公司可作为第三人参加诉讼。"第 50 条规定:"因期货交易所的过错导致信息发布、交易指令处理错误,造成期货公司或者客户直接经济损失的,期货交易所应当承担赔偿责任,但其能够证明系不可抗力的除外。"侵权责任方面,《期货纠纷司法解释》第 52 条规定:"期货交易所、期货公司故意提供虚假信息误导客户下单的,由此造成客户的经济损失由期货交易所、期货公司承担。"第 53 条规定:"期货公司私下对冲、与客户对赌等不将客户指令入市交易的行为,应当认定为无效,期货公司应当赔偿由此给客户造成的经济损失;期货公司与客户均有过错的,应当根据过错大小,分别承担相应的赔偿责任。"第 54 条规定:"期货公司擅自以客户的名义进行交易,客户对交易结果不予追认的,所造成的损失由期货公司承担。"第 55 条规定:"期货公司挪用客户保证金,或者违反有关规定划转客户保证金造成客户损失的,应当承担赔偿责任。"

十三、证券交易合同

证券交易活动包括两种情形:一种是证券公开发行,即证券发行人为公司募集资金通过承销商公开向投资者销售证券的行为(《证券法》第 13、14、15、16 条);一种是投资者彼此之间就已发行的证券进行买卖交易(《证券法》第 37、38 条)。在证券交易活动中,合同关系构成交易活动当事人的基础性法律关系,表现在证券发行和证券买卖活动的各个方面。在证券发行阶段主要包括:证券承销合同、证券认购合同、证券保荐合同;在证券交易阶段主要是围绕投资人、证券公司及证券咨询机构等当事人产生证券投资咨询合同、证券资信评级服务合同、证券理财合同、证券经纪合同、证券交易合同等。[①]

证券法兼具公法与私法的性质,但就其基本定位而言,具有民商法的基本属性。但由于证券交易合同的高度技术性、程序化、信息化、虚拟化及第三人介入等因素,使得证券交易合同不同于一般的民事合同,表现在:一是证券交易合同主体的相对性弱化。证券本身具有虚拟性,券商营业场所具有虚拟性特点,通过计算机软硬件构筑一个网络交易的平台,形成一个开放的、自动化的虚拟营业部。鉴于证券交易活动具有上述虚拟性的特点,使得证券交易合同主体的相对性被弱化,即交易合同主体难以在证券交易行为中获得确定。《证券法》第 120 条规定,证券市场上只要是按照合法交易规则成交的结果,任何人不得再变更。二是证券交易合同内容的相对性被突破。证券发行认购合同从表面上看是发行人要向投资人销售证券获得价款并保证其销售的证券经过客观真实完整的信息披露且不含有虚假陈述的内容,投资人通过向发行人认缴足额购券款获得合格证券。上述合同看似只是发行人和投资人双方当事人间合同权利义务的约定,其实不然,除了发行人、投资人外,证券承销商、保荐机构等中介机构根据《证券法》的相关规定,必须参与到证券发行认购行为中,并对发行人所发售证券的真实性、准确性和完整性承担担保性质的作用。为此,最高人民法院先后颁布《关于受理证券市场因虚假陈述引发的民事侵权纠纷案件有关问题的通知》及《关于审理证券市场因虚假陈述引发的民事赔偿案件的若干规定》,专门针对虚假陈述这一问题作出了具体明确的规定。

证券交易的主体依法有特殊限制。如《证券法》第 43 条规定:"证券交易所、证券公司和证券登记结算机构的从业人员、证券监督管理机构的工作人员以及法律、

---

① 最高人民法院民事审判第二庭编:《民商事审判指导》第 44 辑,人民法院出版社 2006 年版。

行政法规禁止参与股票交易的其他人员,在任期或者法定限期内,不得直接或者以化名、借他人名义持有、买卖股票,也不得收受他人赠送的股票。任何人在成为前款所列人员时,其原已持有的股票,必须依法转让。"第47条规定:"上市公司董事、监事、高级管理人员、持有上市公司股份百分之五以上的股东,将其持有的该公司的股票在买入后六个月内卖出,或者在卖出后六个月内又买入,由此所得收益归该公司所有,公司董事会应当收回其所得收益。但是,证券公司因包销购入售后剩余股票而持有百分之五以上股份的,卖出该股票不受六个月时间限制。公司董事会不按照前款规定执行的,股东有权要求董事会在三十日内执行。公司董事会未在上述期限内执行的,股东有权为了公司的利益以自己的名义直接向人民法院提起诉讼。"

证券交易的场所和方式依法有特别规定,不能像民事合同般自由约定。如《证券法》第38条规定:"依法发行的股票、公司债券及其他证券,法律对其转让期限有限制性规定的,在限定的期限内不得买卖。"第39条规定:"依法公开发行的股票、公司债券及其他证券,应当在依法设立的证券交易所上市交易或者在国务院批准的其他证券交易场所转让。"第40条规定:"证券在证券交易所上市交易,应当采用公开的集中交易方式或者国务院证券监督管理机构批准的其他方式。"第41条规定:"证券交易当事人买卖的证券可以采用纸面形式或者国务院证券监督管理机构规定的其他形式。"

第八节　债权制度

一、概　况

依传统民法,债的发生根据包括合同、无因管理、不当得利和侵权行为,完整的债的体系包括合同之债、无因管理之债、不当得利之债和侵权行为之债。《民法总则》用5个条文规制债权,其中第118条规定民事主体依法享有债权(第1款)和债的发生原因与标的(第2款),第119条规定了合同之债,第120条规定了侵权之债,第121条规定了无因管理之债,第122条规定了不当得利之债。在上述5个条文中,第118条是关于债权的一般条款,第119至122条等4个条文为具体债的发生原因。

与《民法通则》相比,《民法总则》关于债权制度的规定有了历史性的进步。《民法通则》第五章第二节"债权"规定了债的概念(第84条)、合同(第85条)、不当得利(第92条)和无因管理(第93条),但没有规定侵权行为,侵权行为被安排在第六章"民事责任"中,从而形成了侵权责任与债权分离的状态。《民法总则》没有延续

《民法通则》的成例,第 115 条重新将侵权行为纳入债的发生根据,维护了传统民法债的体系。

二、侵权责任

(一)《民法通则》关于侵权责任的规定

1986 年《民法通则》颁行之前,司法实践中处理侵权纠纷的依据主要是最高人民法院的司法解释。1979 年,最高人民法院发布的《关于贯彻执行民事政策法律的意见》对损害赔偿纠纷案件的处理提出了原则性的意见,即"赔偿纠纷,一般应由当事人所在单位或有关部门处理。需要法院处理时,人民法院应本着有利安定团结的精神,根据党和国家的政策法律,分清是非责任。对有错误的要进行严肃的批评教育,责令其检查,赔礼道歉。造成经济损失的,应负责赔偿。如需要治疗,要酌情让伤害者负担医疗费,其数额,一般以当地治疗所需医疗费为标准,凭单据给付。确实需要转院治疗的,应有医疗单位的证明。因养伤误工的损失,应与有关单位研究解决。无论医疗费和养伤误工补贴,都不能超过赔偿范围。对损坏财物的,应根据责任的大小,损坏的程度,酌情赔偿一部或全部。对未成年子女因损害造成他人经济上的损失,其父母应负责赔偿"。1984 年,最高人民法院发布的《关于贯彻执行民事政策法律若干问题的意见》规定"人民法院审理损害赔偿案件,要依法保护国家、集体和个人的财产权益。在分清是非责任的基础上,对造成损害的,应追究侵权行为人的民事赔偿责任。在处理时,应本着有利团结的精神,根据实际情况,合情合理地予以处理。"《意见》并设 10 个条文,具体规定了过错责任、共同侵权责任、动物致人损害责任、有毒物品致人损害责任以及财产损害、人身损害的赔偿等问题。

在这个时期,一些法律也规定了侵权责任。如 1982 年《商标法》第 39 条规定:"有本法第三十八条所列侵犯注册商标专用权行为之一的,被侵权人可以向侵权人所在地的县级以上工商行政管理部门要求处理。有关工商行政管理部门有权责令侵权人立即停止侵权行为,赔偿被侵权人的损失,赔偿额为侵权人在侵权期间因侵权所获得的利润或者被侵权人在被侵权期间因被侵权所受到的损失……"1984 年《专利法》第 60 条规定:"对未经专利权人许可,实施其专利的侵权行为,专利权人或者利害关系人可以请求专利管理机关进行处理,也可以直接向人民法院起诉。专利管理机关处理的时候,有权责令侵权人停止侵权行为,并赔偿损失;当事人不服的,可以在收到通知之日起三个月内向人民法院起诉;期满不起诉又不履行的,专利管理机关可以请求人民法院强制执行。"1982 年《海洋环境保护法》第 42 条规定"因海洋环境污染受到损害的单位和个人,有权要求造成污染损害的一方赔偿损失"。

1986 年《民法通则》第六章"民事责任"较为系统地规定了侵权责任制度。

1988 年,最高人民法院《关于贯彻执行〈中华人民共和国民法通则〉若干问题的意见(试行)》有关财产所有权、知识产权、人身权和民事责任的部分,结合司法实践对具体适用《民法通则》关于财产权、知识产权和人身权保护和侵权责任的规定,作了进一步的规定。《民法通则》所规定的侵权责任制度主要内容包括:

(1)归责原则。《民法通则》第 106 条规定"公民、法人由于过错侵害国家的、集体的财产,侵害他人财产、人身的应当承担民事责任。没有过错,但法律规定应当承担民事责任的,应当承担民事责任"。依据这一规定,侵权责任的承担以过错责任为原则,以无过错责任为例外。《民法通则》还规定了"公平责任",即"当事人对造成损害都没有过错的,可以根据实际情况,由当事人分担民事责任"(第 132 条)。

(2)免责事由。《民法通则》规定,除法律另有规定外,因不可抗力造成损害的,不承担责任(第 107 条)。因正当防卫造成损害的,不承担责任,但正当防卫超过必要的限度,造成不应有的损害的,应当承担适当的民事责任(第 128 条)。因紧急避险造成损害的,由引起险情发生的人承担民事责任;如果危险是由自然原因引起的,紧急避险人不承担民事责任或者承担适当的民事责任;因紧急避险采取措施不当或者超过必要的限度,造成不应有的损害的,紧急避险人应当承担适当的民事责任(第 129 条)。如果受害人对于损害的发生也有过错的,可以减轻侵害人的民事责任(第 131 条)。

(3)共同侵权责任。《民法通则》第 130 条规定:"二人以上共同侵权造成他人损害的,应当承担连带责任。"最高人民法院《关于贯彻执行〈中华人民共和国民法通则〉若干问题的意见(试行)》第 148 条还规定:"教唆、帮助他人实施侵权行为的人,为共同侵权人,应当承担连带民事责任。"

(4)侵权责任承担。《民法通则》对侵害具体民事权利的民事责任作了具体规定,包括侵害财产权的赔偿责任(第 117 条)、侵害知识产权的民事责任(第 118 条)、人身伤害的民事责任(第 119 条)、侵害人格权的非财产责任和精神损害赔偿责任(第 120 条)。第 134 条则规定了具体承担责任的方式,其中适用于侵权责任的有:停止侵害、排除妨碍、消除危险、返还财产、恢复原状、赔偿损失、消除影响、恢复名誉、赔礼道歉。

(5)特种侵权责任。《民法通则》规定的特种侵权责任包括:国家机关及其工作人员致人损害的责任(第 121 条)、产品责任(第 122 条)、高度危险业务致人损害责任(第 123 条)、污染环境致人损害责任(第 124 条)、公共场所道路施工致人损害责任(第 125 条)、饲养动物致人损害责任(第 126 条)、无行为能力人、限制行为能力人致人损害责任(第 133 条)。

(二)《侵权责任法》

1.《侵权责任法》的制定

《民法通则》颁布之后,有关侵权责任的规定越来越多。一是许多法律规定了特定领域的侵权责任。例如,1989 年《环境保护法》第 41 条规定了污染环境的赔偿责任。1993 年《消费者权益保护法》第 11 条规定,消费者因购买、使用商品或者接受服务受到人身、财产损害的,享有依法获得赔偿的权利;第 43 条规定,经营者违反法律规定,侵害消费者的人格尊严或者侵犯消费者人身自由的,应当停止侵害、恢复名誉、消除影响、赔礼道歉,并赔偿损失。1993 年《产品责任质量法》第四章"损害赔偿"的主要内容是关于产品侵权责任的规定,如第 29 条规定,因产品存在缺陷造成人身、缺陷产品以外的其他财产损害的,生产者应当承担赔偿责任;第 30 条规定,由于销售者的过错使产品存在缺陷,造成人身、他人财产损害的,销售者应当承担赔偿责任。2003 年《道路交通安全法》第 76 条规定了交通事故造成人身伤亡、财产损失的赔偿责任。在 2009 年《侵权责任法》颁布之前,40 多部法律规定了特定领域的侵权责任。二是最高人民法院陆续发布了多部关于侵权责任司法解释,主要有:1993 年《关于审理名誉权案件若干问题的解答》、2001 年《关于确定民事侵权精神损害赔偿责任若干问题的解释》、2003 年《关于审理人身损害赔偿案件适用法律若干问题的解释》和 2009 年《关于审理侵犯专利权纠纷案件应用法律若干问题的解释》。有关侵权责任的法律规定和司法解释,丰富了我国侵权责任制度。但是,众多关于侵权责任的法律规定和司法解释也造成了侵权法规范的杂乱,甚至存在相互冲突的情况,因此制定一部完备的具有完整体系和内容的侵权法已是时代所需。①

2009 年 12 月 26 日,第十一届全国人大常委会第十二次会议审议通过了《中华人民共和国侵权责任法》。《侵权责任法》的颁行标志着我国侵权责任法规范完成了体系化的目标,并为民法典的编纂奠定了基础。

2.《侵权责任法》的内容

《侵权责任法》共 12 章 92 条。

第一章至第四章分别为"一般规定""责任构成和责任方式""不承担责任和减轻责任的情形"以及"关于责任主体的特殊规定",所规定的是侵权责任的基本制度。第一章"一般规定"分别规定了侵权责任法的功能(第 1 条)、侵权责任法的保护范围(第 2 条)、侵权责任法律后果即责任承担请求权(第 3 条)3 个覆盖不同归责事由的侵权责任法中核心共性问题。第 4 条则确立了侵权责任独立性和优先性;第 5 条规定了侵权责任法实质规范的法律渊源等级,即只有"其他法律"对侵权责任另有规定的,方可依照其规定。但由于法律往往会在其权限内授权给行政法规,因此,实质侵权责任法并不限于法律。第二章"责任构成和责任方式"反映了我国侵权责任法同样遵循侵权责任法的基本体系要求。在"责任构成"部分第 6 条第 1 款首先确立了"过错责任"的一般条款,而该条第 2 款确立了过错推定作为一种特

---

① 王利明:《侵权责任法的中国特色》,载《法学家》2010 年第 2 期。

殊的过错责任,凸显了过错推定的特殊性和重要意义,在实际功能上扮演了过错责任与无过错的危险责任的过渡地带。第 7 条确立了"无过错责任",在语言表述上突破了《民法通则》第 106 条第 3 款的表述,将"没有过错"改变为"不论行为人有无过错",但究竟何为"不论有无过错"也要承担侵权责任的归责事由却完全不详,该任务只有到了第 34 条(替代责任)、第 69 条(高度危险责任)乃至第 24 条(公平责任)等相关规定方可得以理解。第 8 条至第 12 条规定了数人侵权的复杂问题,其中涉及复杂因果联系的判断规则。第 15 条至第 25 条规定了各种有关"责任方式"的规则。第三章"不承担责任和减轻责任的情形"规定了"免除责任和减轻责任事由",包括第 26 条"过失相抵"、第 27 条"受害人故意"、第 28 条"第三人原因"、第 29 条"不可抗力"、第 30 条"正当防卫"和第 31 条"紧急避险"。第四章是"关于责任主体的特殊规定",这一章是《侵权责任法》比较令人费解的章节。这一部分内容是否适合放在总则里面,不无疑问。如有关无民事行为能力人、限制民事行为人能力人实施的侵权责任问题,的确属于"特殊责任主体",但其本质应当更多为一种特殊侵权行为。而第 34 条所规定的"用人单位责任"根本就不属于"特殊主体责任",而是现代分工社会下的一种基本责任形态即替代责任,将此种责任降低为特殊主体责任,降低了我国侵权责任法的"现代性"。同理,网络侵权责任(第 36 条)也是一种发生在网络上的现代特殊侵权责任形态,网络用户覆盖所有民事主体,不属于特殊责任主体。第 37 条所规定的"违反社会交往安全保障义务"更是现代风险社会中"事故法"的重要组成部分,体现为第 6 条"过错责任"一般条款下的重要内容,其责任主体并不限于宾馆、商场等企业主体或者组织者,只要在社会交往中为他人引致风险,即可使用此种过失责任,尤其是不作为责任。

第五章至第十一章分别规定了几种重要的特殊侵权责任,依次为产品责任(第五章)、机动车交通事故责任(第六章)、医疗损害责任(第七章)、环境污染责任(第八章)、高度危险责任(第九章)、饲养动物损害责任(第十章)以及物件损害责任(第十一章)。其中,机动车交通事故责任、医疗损害责任,《民法通则》未作规定,属于《侵权责任法》新增规定;产品责任、环境污染责任、高度危险责任、食养动物损害责任、物件损害责任,《民法通则》已有原则性规定,《侵权责任法》则作了较为详细的规定。

3.《侵权责任法》的意义

第一,在大陆法系的传统中,侵权责任属于债,在民法典的体系里,隶属于债编,并未单独成编,更无单独立法。我国《侵权责任法》的颁行,打破了大陆法系的传统,不仅侵权责任单独立法,也为未来民法典单独设立侵权责任编奠定了基础。

第二,《侵权责任法》体现了优先保护民事权益的立法观念。《侵权责任法》第 1 条明确其立法宗旨,即"保护民事主体的合法权益,明确侵权责任、预防并制裁侵权行为,促进社会和谐稳定",充分体现了保障民事合法权益的基石价值,坚持以人为本,尊重和维护个体的正当需求和权利,保护每一位参与社会活动的民事主体的合法权益。同时,《侵权责任法》第 4 条第 2 款进一步规定:"因同一行为应当承担侵权责任、行政责任、刑事责任,侵权人的财产不足以支付的,先承担侵权责任。"该规定更是体现了《侵权责任法》注重民权保护的观念。

第三,《侵权责任法》统一了侵权责任的归责原则。《侵权责任法》明确了 3 种归责原则。该法第 6 条第 1 款规定"行为人因过错侵害他人民事权益,应当承担民事责任",即过错责任原则;第 6 条第 2 款规定"根据法律规定推定行为人有过错,行为人不能证明自己没过错的,应承担侵权责任",即过错推定原则;第 7 条规定"行为人损害他人民事权益,无论行为人有无过错,法律规定应当承担侵权责任的,依照其规定",即无过错责任原则。这 3 种归责原则对明确侵权责任法律义务的承担,保障合法权益具有重要作用,是保护民事主体权益的核心条款。综合运用这三种归责原则,整个民事权益的保障才能建立在稳固的基础之上,民事合法权益才得以全面的保护。

第四,《侵权责任法》明确了责任承担的方式。《侵权责任法》明确了 4 种责任承担方式,给被侵权人指明追究责任承担人的途径和标准。一是连带责任。如该法第 8 条规定:"二人以上共同实施侵权行为,造成他人损害的,应当承担连带责任。"第 9 条规定:"教唆、帮助他人实施侵权行为的,应当与行为人承担连带责任。"二是替代责任。如第 34 条规定:"用人单位的工作人员因执行工作任务造成他人损害的,由用人单位承担侵权责任。"第 35 条规定:"个人之间形成劳务关系,提供劳务一方因劳务造成他人损害的,由接受劳务一方承担侵权责任。"三是补充责任。如第 37 条第 2 款规定:"因第三人的行为造成他人损害的,由第三人承担侵权责任;管理人或者组织者未尽到安全保障义务的,承担相应的补充责任。"第 40 条规定:"无民事行为能力人或者限制民事行为能力人在幼儿园、学校或者其他教育机构学习、生活期间,受到幼儿园、学校或者其他教育机构以外的人员人身损害的,由侵权人承担侵权责任;幼儿园、学校或者其他教育机构未尽到管理职责的,承担相应的补充责任。"四是补偿责任。如第 23 条规定:"因防止、制止他人民事权益被侵害而使自己受到损害的,由侵权人承担责任。侵权人逃逸或者无力承担责任,被侵权人请求补偿的,受益人应当给予适当补偿。"该责任并非赔偿责任,而是基于公平原则由受益人给予救助人的补偿。

4.《侵权责任法》司法解释

《侵权责任法》颁行后,最高人民法院又陆续发布了多部司法解释:《关于审理道路交通事故损害赔偿案件适用法律若干问题的解释》(2012 年)、《关于审理利用信息网络侵害人身权益民事纠纷案件适用法律若干问题的规定》(2014 年)、《关于审理环境侵权责任纠纷案件适用法律若干问题的解释》(2015 年)、《关于审理侵犯专利权纠纷案件应用法律若干问题的解释(二)》(2016 年)、《关于审理海洋自然资源与生态环境损害赔偿纠纷案件若干问题的规定》(2017 年)。这些司法解释为司法实践中具体适用《侵权责任法》提供了指导意见,也丰富了侵权责任制度的内容。

二、不当得利和无因管理

(一)不当得利

《民法通则》第 92 条规定:"没有合法根据,取得不当利益,造成他人损失的,应当将取得的不当利益返还受损失的人。"《民法总则》对不当得利的概念做了一点修改,第 122 条规定:"不当得利是指因他人没有法律根据,取得不当利益,受损失的人有权请求其返还不当利益。"《最高人民法院关于贯彻执行〈中华人民共和国民法通则〉若干问题的意见(试行)》第 131 条规定:"返还的不当利益,应当包括原物和原物所生的孳息。利用不当得利所取得的其他利益,扣除劳务管理费用后,应当予以收缴。"

(二)无因管理

《民法通则》第 93 条规定:"没有法定的或者约定的义务,为避免他人利益受损失进行管理或者服务的,有权要求受益人偿付由此而支付的必要费用。"《民法总则》的规定基本相同,第 121 条规定:"无因管理是指没有法定的或者约定的义务,为避免他人利益受损失而进行管理的人,有权请求受益人偿还由此支出的必要费用。"该条界定了无因管理的内涵,并确认无因管理之债的地位,并没有对无因管理的规则作出细化的规定。① 目前仅有《最高人民法院关于贯彻执行〈中华人民共和国民法通则〉若干问题的意见(试行)》第 132 条对"必要费用"进行了规定:"民法通则第九十三条规定的管理人或者服务人可以要求受益人偿付的必要费用,包括在管理或者服务活动中直接支出的费用,以及在该活动中受到的实际损失。"此外,《民法总则》第 184 条规定:"因自愿实施紧急救助行为造成受助人损害的,救助人不承担民事责任。"此条因涉及善意救助者的民事责任,故称之为"好人条款"。该条规定的精神与无因管理一致,可考虑将之纳入无因管理范畴。

三、其他法定之债

依传统民法理论,债的基本类型被归结于 4 种,即合同之债、侵权行为之债、无因管理之债和不当得利之债。在大陆法系国家或地区,不仅民法典之债编只规定这 4 种类型之债,而且债法理论研究也大多只限于这 4 种基本债的类型。那么在这 4 种类型的债之外,是否存在着其他债的类型? 显然是有的。柳经纬教授在考察债的现象中发现,社会生活中的债形形色色,并非所有的债均可归类于合同、侵

---

① 王利明:《准合同与债法总则的设立》,载《法学家》2018 年第 1 期。

权、不当得利和无因管理等 4 种类型;而且,这些不可归类于上述 4 种类型的债,不只是个别现象,还是一个庞大的群体,可称之为非典型之债。它们虽然极为分散,大多依附或隐匿在其他法律制度中,不易被人们所认知,但却是一个不可忽视的群体,它们在债的大家族中理应有自己的地位。柳经纬教授将之称为"非典型之债"。① 《民法总则》第 118 条第一次从基本法的角度明确债的产生依据有 5 种,该条规定:"民事主体依法享有债权。债权是因合同、侵权行为、无因管理、不当得利以及法律的其他规定,权利人请求特定义务人为或者不为一定行为的权利。"此中"法律的其他规定"所产生的债权可称之为"其他法定之债"。从分布的情况来看,民法、商法和公法三大领域均有规定。

首先,《民法总则》第 182 条规定:"因紧急避险造成损害的,由引起险情发生的人承担民事责任。危险由自然原因引起的,紧急避险人不承担民事责任,可以给予适当补偿。""紧急避险采取措施不当或者超过必要的限度,造成不应有的损害的,紧急避险人应当承担适当的民事责任。"第 183 条规定:"因防止、制止他人民事权益被侵害而使自己受到损害的,由侵权人承担责任。侵权人逃逸或者无力承担责任,被侵权人请求补偿的,受益人应当给予适当补偿。"

《物权法》存在诸多其他法定之债,包括:因拾得遗失物而产生的拾得人对物主所负的妥善保管义务和享有的保管费用请求权;添附中失去权利一方对取得权利一方享有的求偿权;相邻关系中的补偿;共有关系中的共有人的优先购买权、因共有财产管理而发生的费用分担关系、共有财产分割时的作价补偿关系和瑕疵担保责任;地上权期限届满后土地所有人收回土地时对建筑物所有人的补偿关系。

《侵权责任法》有 3 个条文涉及其他法定之债,第 23 条规定:"因防止、制止他人民事权益被侵害而使自己受到损害的,由侵权人承担责任。侵权人逃逸或者无力承担责任,被侵权人请求补偿的,受益人应当给予适当补偿。" 第 31 条规定:"因紧急避险造成损害的,由引起险情发生的人承担责任。如果危险是由自然原因引起的,紧急避险人不承担责任或者给予适当补偿。"第 87 条规定:"从建筑物中抛掷物品或者从建筑物上坠落的物品造成他人损害,难以确定具体侵权人的,除能够证明自己不是侵权人的外,由可能加害的建筑物使用人给予补偿。"

此外,《婚姻法》和《继承法》也存在某些其他法定之债。例如,亲属间的扶养请求权。依我国《婚姻法》规定,亲属间的扶养请求权包括:配偶之间的扶养请求权(第 20 条);父母子女之间的抚养、赡养请求权(第 21 条);祖父母(外祖父母)与孙子女(外孙子女)之间的抚养、赡养请求权(第 28 条);兄弟姐妹之间的扶养请求权(第 29 条)。上述亲属间的扶养义务,具有债的属性,但该义务依法律规定而发生,而非依合同而发生,不能归属于合同之债,当然也不属于侵权等典型之债,应属于

---

① 柳经纬:《非典型之债初探》,载《中国政法大学学报》2008 年第 4 期。

其他法定之债。此外,我国《婚姻法》规定的夫妻离婚时的补偿和经济帮助请求权(第 40 条、第 42 条),离婚损害赔偿请求权(第 46 条);《继承法》第 14 条规定的遗产酌给请求权、第 16 条规定的受遗赠人请求继承人或遗产管理人给付受遗赠财产的权利等,也不能归入合同等典型之债,而应属于其他法定之债。

其次,商事法上的债,大多属于典型之债,但也有不能归类为典型之债的。例如,《公司法》上股东对公司所负的出资义务和股东对公司享有的分红请求权;《票据法》上持票人对票据债务人享有的付款请求权和追索权;《海商法》上的共同海损的分摊关系等,按照合同或其他典型之债的构成要件来分析,都很难纳入典型之债的范畴,理论上应归类于其他法定之债。

再次,公法性质的非典型之债。主要类型有税收债务、规费之债和征收征用补偿关系。这些债因具有公法性质,无法归入典型之债,应属于其他法定之债。

第九节 合同与债权制度之展望

一、民法典编纂与债法总则之设立

在我国民法典编纂的过程中,针对是否设立债法总则,一直存在争议。民法学者大都主张应设立债法总则,将各种债的规范加以抽象和提升,形成能够适用于所有具体债的一般性规范。从法典编纂的技术角度看,设立债法总则是必要的。首先,债法总则是一般性的规定,具有抽象性的特征,符合从抽象到具体的逻辑。在我国民法典中,要保证各项制度的体系规范化,大总则下有小总则,就不能舍弃债法总则,即民法总则之下有债法总则,在债法总则之下设立合同法总则和侵权法总则。如果不设立债法总则,那么债法下各项具体的制度就无法形成一个统一体,而债法也就没有独立成编的可能,这样也就会影响到未来我国民法典内在体系的构建。其次,设立债法总则是大陆法系国家的通例。从大陆法系国家民法典编纂的做法来看,对债法结构的设计在根本上还是依据传统的债的发生根据理论,这一点一直没有动摇。我国民法一直深受西方大陆法系国家法律传统的影响,而大陆法系国家中大多都是通过设立债法总则来表明债法存在的重要性。从债法角度来说,债法体系经过这么多年的完善已经发展成为民法制度中重要的组成部分,这种体系及立法技术都已经为民众所理解熟知。在我国目前已经成熟的民法体系下,任何改变、创新都需要立足于我国的民法基础。

然而,2002 年立法机关提出的《民法典草案》(第一次审议稿)在第三编和第八编中分别规定了"合同法"和"侵权责任法",并没有规定单独的"债法总则"。这代表了立法机关的主张。从立法机关目前的立法计划来看,似乎仍然采取 2002 年民法典草案的体例,没有设立债法总则编。但债法总则所规定的规则又是不可或缺的,在此情况下,在民法典合同编总则部分规定债法总则的规则,从而使合同编总则发挥债法总则的功能,不失为一个可行的替代方案。1999 年《合同法》总则部分实际上已经规定了债法总则的部分规则,未来可在此基础上进一步完善。具体而言:

其一,保留和修正合同法总则中的债法总则规则,包括合同履行制度(《合同法》第 60 条至第 76 条)、债的保全制度(《合同法》第 73 条、第 74 条、第 75 条)、债权让与和债务承担制度(《合同法》第 79 条至第 90 条)、合同权利义务的终止(《合同法》第 91 条至第 106 条)。其中关于合同履行制度,有必要作出一定修正。现行合同法主要是围绕合同履行而设置相关规则,而涉及债的履行规则,如多数人之债、选择之债、种类之债等债的履行规则,应当将之纳入合同履行中,从而使合同履行制度在实质上发挥债法总则的功能。同时,鉴于《合同法司法解释(二)》第 20 条、第 21 条对清偿抵充规则作了规定,并规定了当事人没有约定时的抵偿顺序,可将这些规定纳入未来民法典合同编总则当中。此外,目前合同法缺乏代物清偿的规定,不符合司法实践发展之要求,将来民法典合同编总则应就此作出规定。[①]

其二,新设"准合同"章节,规定各种法定之债。《民法总则》在"民事权利"一章规定了 5 种债的发生原因,体现在第 118 条"民事主体依法享有债权""债权是因合同、侵权行为、无因管理、不当得利以及法律的其他规定,权利人请求特定义务人为或者不为一定行为的权利"。但《民法总则》仅在第 121 条和第 122 条规定了不当得利和无因管理,且规定的内容较为粗略,难以满足司法实践的需要。在民法典分则不单独设置债法总则的情况下,有必要在合同编中单独规定"准合同"一节,进而在《民法总则》规定的基础上,详细规定无因管理和不当得利制度。

其三,规定债的关系上之义务群。当事人基于债的履行,可能相互之间负担各种义务,这些义务不仅适用于合同之债,也同样适用于其他债之关系。为使合同编能够发挥债法总则的功能,在规定合同义务时,基于诚信原则,应当具体规定主给付义务、从给付义务、附随义务等,从而形成一个完整的、动态的债之义务群,以更好地发挥合同法所应体现的债法总则的功能。

二、民法典编纂与典型合同类型之扩增

按传统合同法理论,合同可分为有名合同与无名合同。由法律作出规定并明确其类型、内容的合同,理论上称为有名合同或典型合同,现行《合同法》第 9 章至第 23 章规定了 15 种有名合同,如买卖、承揽、租赁、借款等;此外还有《保险法》《信托法》《旅游法》等单行法规定的典型合同类型。反之,法律未作规定的合同,称为

---

① 王利明:《民法分则合同编立法研究》,载《中国法学》2017 年第 2 期。

无名合同或非典型合同。非典型合同在社会生活中大量存在，其数量已远远超过有名合同本身。以最高人民法院《民事案由规定》（2011年版）为例，即使不包括证券法、票据法、海商法等特别法领域的各类合同纠纷，其他民事合同纠纷类型高达60多种（包括知识产权合同纠纷）。《合同法》规定的典型合同类型与《民事案由规定》所列举的合同纠纷类型之间在数量上存在如此反差，足以引起重视。民法典编纂在即，如何做好合同法体系性的整合工作就是其中的一项重要内容。就合同类型而言，如何克服《合同法》及其他单行法有关合同类型规定之不足，在民法典中统筹整合典型合同类型，是不可忽视的一个问题。

民法遵循私法自治和契约自由。有观点认为，是否构成有名合同并不影响合同的效力，当事人缔结了法律规定以外的合同类型，除违反法律强制性规定外，亦可依当事人之意思发生法律效果，故法典是否规定具体的合同类型，并不重要。这一观点没有认识到典型合同所具有的基准功能、调整功能和评价功能。如果按照这一理论的话，合同法只要规定总则部分就可以了，当事人缔结的所有合同类型都可以根据总则的内容进行调整和评价，显然是不可行的。[①] 归纳而言，以法典或者法律的形式规定典型合同具有如下功能和意义：一是典型合同具有设定依据框架的功能和分析基准功能。虽说典型合同的类型来源于社会交往和交易实践，但因为有了法典上的典型合同，围绕合同而展开活动的各当事人，就可以依据典型合同框定的范畴展开各项活动。例如，对于合同当事人而言，每次缔约无须从白纸状态开始，并得以根据法典所提供的框架区分重要部分与非重要部分，只需就重要部分予以协商确定即可；而对于处理合同纠纷的法官而言，在解释合同时，既有的合同类型也提供了重要的分析工具。也就是说，无论是对参与交易的当事人还是对解决合同纠纷的法官来说，因典型合同的存在而大大减轻信息处理的负担。二是典型合同具有内容调整功能和合同内容形成功能。典型合同是将合同事实转换成法律构成的重要依据框架，使得权利义务等法律构成更为清晰。不仅如此，针对典型合同规定的任意性规范也可以作为当事人合意的补充，成为解决合同问题的基准。三是典型合同具有创造辅助功能和合同内容合理性的评价标准功能。典型合同并非是抑制当事人合同自由的僵化的框架，而是对当事人的契约自由提供支持的重要工具，是当事人之间事先设计权利义务的重要工具。特别是在欠缺实质合同自由的场景，或者是消费者合同领域，以及格式条款规制领域，与典型合同任意性规范的乖离程度经常会成为合同内容是否合理的评价标准之一，典型合同也因此具有维护交易秩序和社会秩序的功能，是促进合同实质自由的重要工具。

当然，典型合同并非越多越好。典型合同具有基准分析的功能，如果法典中的典型合同太多，不仅法典显得过于繁杂，也会丧失典型合同应有的功能。对于如何

---

① 周江洪：《典型合同与合同法分则的完善》，载《交大法学》2017年第1期。

评判哪些合同类型入法典的问题,至少需要考虑几个方面的因素:一是通过成文法予以调整还是通过判例、行业协会等予以调整,如旅游合同、信用卡合同、医疗服务合同等,通过提炼已有的行业规则进行调整似乎更符合现实需要;二是应当由民法典规定还是由特别法规定,如保险、票据、海商类合同,因其商事特征明显,通过特别法加以规定更为妥当;三是应当由民法典合同编规定还是其他编规定,如保证合同、定金合同、物权设定合同、离婚协议等。值得欣慰的是,全国人大公布的《民法典合同编草案》中,在原有《合同法》分则的基础上,增加了保证合同、商业特许经营合同、物业服务合同、合伙合同,同时删除原来的居间合同,新增行纪合同和中介合同,应该说一定程度上满足了典型合同入法典的时代需求,但仍有两类合同可以考虑纳入民法典:

一是雇佣合同。一般而言,有偿劳务合同有 3 个基本类型,即雇佣、承揽与委托,其他劳务提供类合同,或基本上是上述三者的特殊形态,或兼收并蓄其中若干合同的类型特征。1995 年、1997 年公布的合同法试拟稿与征求意见稿曾将雇佣合同规定为一种典型合同,但 1998 年的合同法草案因雇佣合同的内容已被正着手制定的劳动合同法所规范而将其删除。自 2008 年 1 月 1 日起施行的《劳动合同法》事实上对其适用范围作了严格限制,根据《劳动合同法》第 2 条与《劳动合同法实施条例》第 3 条的规定,只有用人单位与劳动者之间发生的劳务与报酬的关系,才适用《劳动合同法》,将非用人单位与劳动者之间的劳务关系排除在《劳动合同法》之外。如此一来,社会生活中大量存在的自然人之间发生的劳务与报酬的法律关系,沦为无名合同,无法满足现实生活的迫切需要。特别是随着人民群众生活的日益富足,为满足人们的各种消费需求,服务领域内的社会分工越来越精细化,劳务形态更为丰富,典型劳务类合同的意义已今非昔比,民法典合同编应顺应时势需求,将雇佣合同增加为一种典型合同,突出其应有地位。[①]

二是快递服务合同。电子商务业的迅猛发展使服务领域内快递业快速发展,并使其成为推动流通方式转型、促进消费升级的现代化先导性产业,对电子商务的发展发挥了重要支撑作用。为促进快递业的健康发展,国务院专门发布了《关于促进快递业发展的若干意见》。从民法角度看,快递行为是快递企业向消费者提供快速服务、消费者支付费用的合同。快递合同是快速服务的基本形式,是快递业发展的基础。从合同类型特性上看,快递是集运输、承揽、保管等合同类型于一体的合同形态。快递企业多以格式条款的形式与消费者订立合同,如何保护消费者权益是快递纠纷的突出问题。《邮政法》从组织法(快递业务经营者)与管理法(如快递业务经营许可制度)的角度对"快递业务"作了专章规定(第六章),《电子商务法(草案)》也从管理法的角度对快递物流服务提供者作了一些规定,但关于快递合同的

---

① 朱广新:《民法典之典型合同类型扩增的体系性思考》,载《交大法学》2017 年第 1 期。

具体问题,仍缺乏明确规定。建议民法典合同编将快递服务规定为一种典型合同,以满足电子商务时代的现实需求。

三、民法典编纂与民事责任体系之重构

民事责任,指违反私法上的义务,侵害他人之权利或法益,而应承担私法关系上之不利益。[①] 自罗马法以来,民事责任分属契约责任和侵权责任两大不同体系,前者以违反当事人约定义务为基础,后者则以违反法律上一般注意义务为前提。我国现行民事责任体系基本上继受于大陆法系,契约责任以约定义务为基础,侵权责任则以法定义务为基础,两者的构成要件、归责原则和法律效果均不同。这种"两分法"民事责任体系奉"契约自由"和"过错责任"为基本原则,契约责任重在保护契约目的,针对的是契约当事人之间契约履行利益的损害赔偿问题;侵权责任重在保护当事人的人身和财产完整性,但强调以当事人主观过错为前提,解决的是当事人固有利益的损害赔偿问题。二者泾渭分明,各司其职。但随着社会经济的不断发展,传统"两分法"民事责任体系已逐渐不能适应民事责任的多样性要求,有重新建构之必要。

(一)"两分法"民事责任体系面临的困境

20世纪以来,交易关系日趋多元和复杂,民事主体在交易中所负的义务和应承担的责任也呈现多样化的态势,"两分法"民事责任体系已无法维持固有的和谐与宁静,契约准备期间和契约履行阶段当事人履行利益之外的人身和财产损害问题开始显现。最早发现并提出这两个法学问题的是德国法学家鲁道夫·冯·耶林和德国律师赫尔曼·史韬布。耶林的缔约上过失理论提出了缔约阶段无过失相对人的信赖利益保护问题,史韬布的积极侵害契约理论则发现了契约履行阶段不单单只有相对人履行利益的保护问题,还有相对人固有利益的保护问题。这两个重要的"法学上之发现",实际上恰是法学家意识到两分法民事责任体系在保护当事人完整权益方面存在漏洞。[②] 此后,为了给予当事人的权益提供充分的保护,百年来,大陆法系国家的法官在判例中陆续确定了先契约附随义务、契约附随义务和后契约义务等新义务群。我国民事立法继受于大陆法系,亦顺应这一发展趋势,借鉴了德国法上的判例和学说,引入了有别于传统民事义务的先契约义务、契约附随义务、后契约义务和安全保障义务,丰富和发展了民法上的义务群。

---

① 曾世雄:《损害赔偿法原理》,中国政法大学出版社2001年版,第3页。

② 一般而言,履行利益是指契约有效成立,但因不履行契约义务而发生的损失;信赖利益是指契约无效或可得撤销,相对人信赖其为有效,不能撤销,因无效或撤销的结果而蒙受的损失;固有利益是指相对人现有的人身和财产遭到破坏而产生的损失。这里的完整权益包括履行利益、信赖利益和固有利益,有时还包括精神损害。

虽然这些新类型民事义务是从不同领域发展出来的,但其目的均在于给予当事人的权益更为周全的保护,且至少在以下几个方面具有共性:第一,均是法官依据诚实信用原则在具体判例中创设的。第二,权利义务主体间始终存在一种特别结合关系。第三,均属于积极的作为义务。第四,违反上述义务均造成相对人固有利益的损害。可以看出,这些新类型的民事义务与传统民事义务存在较大区别,从而造成传统"两分法"民事责任体系在理论和实践上面临困境。

首先,理论上的困境。民事责任是民事主体违反民事义务的法律后果。从义务性质角度分析,违反新类型民事义务所产生的民事责任具有特殊性,无法在传统民事责任体系中得到正确的定位。从主体关系上看,基于其特别结合关系区别于侵权责任,而与契约责任类似,但其正当化基础(义务性质)又不是基于契约关系的私法自治;从违反的义务来看,与侵权责任类似,均为对法定义务的违反,但在主体关系上又区别于侵权行为法关于社会一般人之间的规范关系;从损害范围上看,由于违反上述新类型民事义务可能同时导致相对人履行利益的损失、信赖利益的损失、固有利益的损失,纯粹经济损失,甚或精神上的损害。因此,在此点上又完全区别于传统契约责任与侵权责任。

其次,实践中的困境。主要指的是受害人的损失无法得到完全赔偿。如缔约上过失责任一般只赔偿受害人信赖利益的损失,且以不超过履行利益为限。受害人对于其人身及财产利益的损失,只能依据侵权责任主张赔偿。但根据目前民法上的请求权竞合理论及司法实践中的"一事不再理"原则,受害人要么主张缔约上过失责任,要么主张侵权责任,其于缔约过程中受到的全部损失无法获得全额赔偿。在加害给付情况下,除了造成受害人固有利益的损害外,还可能造成履行利益及其他利益的损害。然而,结合我国《合同法》的规定来看,加害给付情形下,受害人在损害赔偿问题上受"可预见原则"和责任竞合下"择一诉求"原则的限制,无法就其全部损失获得赔偿。当事人违反后契约义务所产生的责任,学界将之纳入契约责任范畴,①从而导致后契约责任在损害赔偿范围上受到契约责任赔偿范围的限制,受害人固有利益的损失无法得到赔偿。

总体上,上述新类型民事责任虽然在内容上与传统契约责任和侵权责任具有交叉,甚至在某些方面具有相似性,但本质上又不同于传统的契约责任和侵权责任,无法在"契约—侵权"两分法民事责任体系中找到自己的确切位置。这是两大法系面临的共同问题。王泽鉴先生通过对不完全给付和附随义务的研究,亦肯定,对这些义务的违反所产生的民事责任"介于侵权责任和契约责任之间,涉及民事责任制度的变革与发展,如何调整现行民法的概念和体系,实有赖于判例学说的协

---

① 崔建远:《合同法》,法律出版社 2000 年版,第 75 页。

力,达成共识,期能在法之发现过程上更向前迈进一步。"①如何调整我国现行民事责任体系,寻求这些新类型民事责任的发展空间,给予受害人更周全的法律救济,是我国民法所面临的一大现实问题。

(二)两大法系的修正思路考察

1.法国法——以扩张侵权责任为主的修正思路。为了克服传统两分法民事责任体系面临的困境,法官借助抽象的"善良家父"的注意义务为过错判断依据,不断扩大过错侵权责任的适用范围,使得契约准备阶段,契约履行阶段和契约终了后,因一方当事人的不当行为导致相对人遭受人身或财产损害,包括纯粹经济上的损失,受害人均可主张侵权行为法上的损害赔偿责任。②

2.德国法——以扩张契约责任为主的修正思路。由于德国法上侵权责任的条件限制,《德国民法典》后,判例和学说主要通过诚实信用原则,在不断扩大契约义务群的基础上全面扩张契约责任,以保护契约当事人的完整权益。这些义务群是借由缔约上过失(culpa in contrahendo)、积极侵害债权(positive Forderungsverletzung)、契约终了后过失(culpa post contractum finitum)和附保护第三人作用契约(Vertrag mit Schutzwirkung für Dritte)四个制度而渐次展开。至 2002 年 1 月 1 日起施行的《债法现代化法》,则基本上肯定了百年来判例和学说的发展,明确承认了与给付义务不同之保护义务(Schutzpflichten)。③

3.英美法系国家的修正思路。现代英美契约法和侵权行为法均源于侵害令状制度,英美法"契约—侵权"两分法民事责任体系是建立在契约法与侵权行为法彼此分离独立的基础之上。关于契约发展过程中期待利益之外的人身和财产损害赔偿问题,英美两国主要采取扩张过失侵权责任的解决方式。19 世纪 80 年代以来,英美两国法官主要依靠默示条款(implied terms)和允诺禁反言(promissory estoppel)2 个制度,将契约责任的保护范围扩及固有利益和信赖利益。所谓默示条款,指的是契约本身虽未规定,但在发生纠纷时由法院确认的、契约应当包括的条款。④ 默示条款本质上是一种司法上对契约条款进行限制的制度,但在实际运用的过程中突破了原本契约责任只保护期待利益之限制,而将之扩及固有利益的赔偿。⑤ 所谓允诺禁反言,美国《第二次合同法重述》将之表述为"允诺如果是在允诺

① 王泽鉴:《法律思维与民法实例》,中国政法大学出版社 2001 年版,第 285 页。

② Francesco Parisi, *Liability for Negligence and Judicial Discretion*, University of California at Berkeley,1992,p.350.

③ Stephan Lanrenz & Thomas Riehm, *Lehrbuch zum neuen Schuldrecht*, C.H.Beck, 2002, p.95.

④ Paul Richards. *Law of Contract*, 5th Edition, Law Press,2003,p.114.

⑤ [英]A.G.盖斯特:《英国合同法和案例》,张文镇等译,中国大百科全书出版社 1998 年版,第130~131 页。

人通过合理的推想可以预见到能够引起受允诺人或第三人的行为或负担、并确实引起了此种行为或负担的情况下作出的话,如果只有通过允诺的履行才能避免不公正,则该允诺必须得到履行。对(受诺人)因(允诺人)违背诺言而给予的救济应限制在正当范围之内"。[①] 这样,就把允诺禁反言作为契约的强制履行或给予损害赔偿的基本原则,而信赖也成为契约得到有效履行或使当事人获得赔偿的充足理由,从而将契约责任延及信赖利益范畴。

(三)民事责任体系重构思路

如何在民事责任体系中对以新类型民事义务为基础的民事责任进行定位,我国学界和立法部门展开了有益的探索,亦形成了不同的修正思路。有主张扩大契约责任的思路,有主张扩大侵权责任的思路,也有遵循传统两分法民事责任体系的修正思路。[②] 从我国立法上看,从 1999 年《合同法》、2009 年《侵权责任法》,到 2017 年的《民法总则》,基本上构筑了我国民法典仍坚持"两分法"的民事责任模式,将缔约过失责任、加害给付责任和后契约责任归入契约责任范畴,而将安全保障义务纳入侵权责任领域。这种坚持"契约—侵权"两分法的民事责任体系,无疑仍将面临理论与实践上的困境。

如前分析,契约法和侵权行为法上所扩张的四种义务类型在主体关系、义务性质和损害范围等方面具有一致性,那么违反这四种义务所产生的民事责任是否也共通性? 如果这四种民事责任具有法律体系上的共同性,既然不论将其置于契约责任还是侵权责任领域均无法圆满解决两分法民事责任体系的理论和实践困境,那么能否考虑将这四种民事责任统一起来,建立起一有别于传统契约责任和侵权责任的责任体系,以弥补"两分法"之不足? 德国"统一保护义务关系"则为我们提供了这一思考范式。

"统一保护义务关系"学说源于德国学者卡尔·拉伦茨提出的"无原给付义务的法定债之关系"学说。顾名思义,该学说认为即使不存在契约之给付关系,当事人自契约准备阶段之事实上接触磋商(Geschääftlicher Kontakt)或经由持续的交易联系(Fortlaufende Geschäftsverbindung),即可形成"无原给付义务的法定债之关系",包括保护义务和忠实义务,以保护相对方人身和财产利益不受损害。[③] 该学说赋予特定当事人之间保护相对方固有利益的义务,是为突破,但该学说以契约无效或不存在为前提,一旦契约有效成立时,即认为保护义务之法律基础当即转变

---

① 何宝玉:《英国合同法》,中国政法大学出版社 1999 年版,第 161～162 页。

② 邱雪梅:《试论民法中的保护义务——"两分法"民事责任体系之反思》,载《环球法律评论》2007 年第 5 期。

③ Karl Larenz, *Lehrbuch des schuldrechts(Band I):Allgemeiner Teil*, C.H.Beck Verlag, 1961,pp. 101～106.

为契约关系,而不再具有法定性质。德国学者克劳斯·威廉·卡纳里斯对此质疑,他认为,拉伦茨提出的缔约前的保护义务系以基于信赖而产生之法定债之关系为基础,而至契约缔结后的保护义务则转变为以契约关系为基础的看法不甚妥当。这种转变实在无法确切理解,为何契约缔结之一瞬间,同一当事人间之同一内容的义务,其存在基础即已发生彻底改变。[①] 因此,卡纳里斯通过对缔约上过失的研究,提出当缔约当事人一方将法益置于他方影响可能性之下时,他方即负有防止其受损害之保护义务。此项保护义务并非以当事人所意欲订立之将来契约为其法律基础,而系基于契约磋商之特别法律关系所生,与给付义务无关,得以独立存在,且不受嗣后契约无效之影响,甚至于契约履行完毕之后或附保护第三人作用之场合,亦有同样之适用。这样,卡纳里斯将其考察的所有保护性义务,包括缔约前、缔约后,以及当事人与特定之第三人之间之保护义务,皆纳入统一的保护关系(Schutzverhältnis),而与给付关系(Leistungsverhältnis)相区别。此项保护关系自交易接触时开始,历经契约磋商、契约缔结、契约履行阶段而逐渐增强。其产生系独立于当事人之意思,故而具有"法定"性质(gesetzliche natur);其成立之正当性(Rechtfertigung)在于信赖思想(Vertrauensgedanken),而实定法之基础则为旧《德国民法典》第242条关于诚实信用原则之规定。此项保护关系与给付关系共同构成一个债之关系,但二者应予严格区分,其发生、存续、消灭皆各自独立,互不干涉。[②] 至此,卡纳里斯以信赖理论扩大了契约关系,将其在保护义务关系上实现了统一,并以此为基础,主张将契约发展过程中的保护义务予以统一处理,建立一介于契约责任和侵权责任之间的第三责任领域(Die Haftung für Schutzpflichtverletzungen als dritte Spur zwichen Delikts-und-Vertragshaftung)。[③] 这样既从理论上解决了缔约上过失、积极侵害债权、后契约责任和附保护第三人作用契约之理论基础问题,实践中也解决了受害人的损害赔偿问题。

就我国来讲,之所以我国契约法上发展起来的违反先契约义务、契约附随义务和后契约义务的民事责任,均无法有效解决特别结合关系下受害人的损害赔偿,尤其是固有利益的损害赔偿问题,原因在于始终将这些新类型民事责任纳入传统民事责任体系内考察,不可避免地会受到契约责任与侵权责任的种种限制,导致理论和实践上的困难。如果遵循"统一保护义务关系"理论的思路,以特别结合关系下的信赖为基础,将先契约义务、契约附随义务和后契约义务统一起来,脱离传统契

---

① Claus-Wilhelm Canaris, Ansprüche wegen "positiver Vertragsverletzung" und "Schutzwirkung für Dritte" bei nichtigen Verträgen, *Jeuriszeitung*, Vol.3, No.2, 1965, p.475.

② Claus-Wilhelm Canaris, Ansprüche wegen "positiver Vertragsverletzung" und "Schutzwirkung für Dritte" bei nichtigen Verträgen, *Jeuriszeitung*, Vol.3, No.2, 1965, p.478.

③ Claus-Wilhelm Canaris, Ansprüche wegen "positiver Vertragsverletzung" und "Schutzwirkung für Dritte" bei nichtigen Verträgen, *Jeuriszeitung*, Vol.3, No.2, 1965, p.103.

约责任的束缚,建立起不同于传统契约责任的独立类型的民事责任,则完全有足够的空间进行制度上的设计,以解决理论及实践中所遇到的种种困难。至于前文我们所分析的侵权行为法上的安全保障义务,由于我国法上的安全保障义务主体不似德国法上的一般安全注意义务那般宽泛,而是严格限定于特定的经营场所的经营者和消费者,社会活动的组织者和活动参与者之间,而且他们之间大多存在一定的契约关系或类似契约关系。这使得安全保障义务与先契约义务、契约附随义务和后契约义务既有了同质性。共同的法律特征即在于其产生基础并非私法自治下当事人的契约约定,也不是侵权行为法规范的法定要求,而是民事主体之间基于特别结合关系,而产生的一方当事人对他方人身和财产应负的保护性义务。根据此种义务的性质,不妨将之称为民法上的"保护义务"。以"统一保护义务关系"理论为基础,结合我国的安全保障义务,实现契约法上和侵权行为法上新类型民事义务的统一,进而确立一种新类型的民事责任,不妨称之为保护责任。

保护责任的提出,重新梳理了传统契约责任和侵权责任的调整领域,净化了各自的法律空间,并将二者所无法顾及的范围整理出来,重新开辟了一片不同于传统契约责任和侵权责任的领域,以保护义务为基础,赋予处于特别结合关系的当事人之间,基于身份上的信赖关系而负有的保护相对方人身和财产等固有利益的民事义务。当事人违反该义务,产生保护责任。这就使得处于特别结合关系的社会成员共处于一个相互紧密联系的社会关系之中,每个人对他人都负有积极保护的义务,以防止他人遭受不当损害。相应地,别人对他同样也负有类似的保护义务,因为他同样也信赖别人在同等情形下会采取同等的措施来保护自己。这就像一个大家都共同遵守的游戏规则,一定范围内的人处于由游戏规则所编制的共同体里面,并在规则的指引下,每个人既保持了合理的活动自由,又能够以一颗善良的心去对待他人,维护人际关系的稳定和整体社会的和谐,充分实现了社会安全与行为自由的平衡。现代社会分工越来越精细,交易关系日趋复杂,人与人之间的交往更为密切。这种特别结合关系导致利益损害事件在一定程度上逐渐增多。由于传统民事责任体系在责任类别上的不足,契约责任和侵权责任无法涵盖现实社会生活中的所有损害赔偿之需求。而保护责任的提出,至少在法律层面上弥补了这一不足之处。同时,保护责任的法律要求也体现了一定程度上民法对社会道德的诉求,体现了有别于个体正义和全体正义的共同体正义。对于弘扬积极向上的社会风尚,维护社会稳定,促进经济发展不无意义。

这样,突破传统两分法民事责任体系的局限,构筑"契约—侵权—保护"的三分法民事责任体系。这种解决思路可能不是最理想的,但至少在体系上将缔约上过失责任、加害给付责任、后契约责任和违反安全保障义务的责任分别从现行契约法和侵权行为法上剥离出来,解决了这些新类型民事责任与传统民事责任体系在理论上不相融的难题,使得民事责任体系形成了"三分天下"的局面:契约责任专注于调整以约定义务为基础的当事人之间的权利义务关系,侵权责任解决的是一般社会成员之间违反不得损害他人合法权益的义务的损害赔偿问题,而保护责任调整的是处于特别结合关系的当事人之间,违反基于身份上的信赖关系而应积极保护对方人身和财产等固有利益的民事义务的法律后果。3种不同的民事责任对民事责任领域进行了重新梳理,明确了各自的职责,理论上更显清晰,实践中也更为周全地保护受害人的合法权益,更为有效地发挥定分止争的作用。

第六章

婚姻家庭与继承制度

第一节　概　　述

一、婚姻家庭制度

婚姻家庭制度是调整婚姻家庭关系的法律规范的总称,包括婚姻家庭关系的发生、终止和效力,配偶之间、父母子女和其他近亲属之间的权利义务,涉及收养、监护制度等。

中华人民共和国成立后,在摧毁封建经济基础,废除"伪法统"的同时,我国开始对封建婚姻家庭制度进行变革,1950 年 5 月 1 日颁布了我国第一部《婚姻法》(以下称 1950 年《婚姻法》)。1950 年《婚姻法》共分 8 章 27 条,内容包括婚姻法的原则、结婚制度、离婚制度、夫妻间的权利义务、父母子女间的关系、离婚制度、离婚后子女的抚养和教育、离婚后的财产和生活等;并且确立了男女婚姻自由、一夫一妻制、男女权利平等、保护妇女和子女权益四项原则。1950 年《婚姻法》的着眼点在于废旧立新,以法律的形式摧毁旧的封建婚姻家庭制度,构建新民主主义的婚姻家庭制度(其后又成长为社会主义婚姻家庭制度)。但是,受"左"倾错误思想的影响,从 1957 年开始,出现了"反右斗争扩大化""四清运动",继而全国又掀起了"文化大革命"。十年浩劫期间,婚姻家庭法制遭到严重的破坏,婚姻家庭领域也出现了种种有法不依、执法不严、违法不究的现象,1950 年《婚姻法》所确认的基本原则和内容得不到贯彻,20 世纪 50 年代所取得的婚姻家庭改革成就遭到了毁灭性的破坏。为了将被破坏的婚姻家庭制度重新纳入健康法制的轨道,亟须重新制定婚姻家庭法。

十一届三中全会以后,法制得到恢复,婚姻家庭立法受到了重视。1978 年 11 月全国妇联会同最高人民法院等单位成立了婚姻法修改小组,在 1950 年《婚姻法》的基础上,根据 30 年的实践经验和新情况、新问题,重新起草了婚姻法。1980 年 9 月 2 日,新的《中华人民共和国婚姻法》(以下简称 1980 年《婚姻法》)经第五届全国人民代表大会第三次会议通过,于 1981 年 1 月 1 日生效。1980 年《婚姻法》共 5 章 37 条,在结构上则与 1950 年《婚姻法》基本保持一致,在内容上,1980 年《婚姻法》重申了婚姻自由、一夫一妻、男女平等、保护妇女儿童权益等原则。1980 年《婚姻法》产生于"文革"十年动乱结束后,它的首要任务是拨乱反正。因此,1980 年《婚姻法》基本上沿袭了 1950 年《婚姻法》的框架,是对 1950 年《婚姻法》的继续和发展,继承了 1950 年《婚姻法》的一些原则和制度,同时也根据现实情况作了补充和修改;这适应了我国当时从改革旧的婚姻家庭制度到恢复与发展婚姻家庭关系、保障婚姻家庭建设的时代要求。在此期间,最高人民法院先后颁布了《关于贯彻执行民事政策法律的意见》(1979 年)、《关于贯彻执行民事政策法律若干问题的意见》(1984 年),对婚姻家庭制度中的重要问题如离婚标准、事实婚姻、离婚等提出了指导意见;民政部于 1980 年颁布了《婚姻登记办法》,规范婚姻登记行为。

随着改革开放的推进和市场经济的发展,我国逐步确立了社会主义市场经济体制。在这一过程中,我国经济、政治、文化和法治观念等发生了巨大变化,我国的婚姻家庭关系也因此发生了深刻变迁,婚姻家庭制度逐步健全和完善。1986 年通过的《中华人民共和国民法通则》在第二章公民(自然人)中设专节,对监护制度作了原则性规定,包括监护人范围、监护职责和监护责任;最高人民法院 1990 年颁布《关于贯彻执行〈中华人民共和国民法通则〉若干问题的意见(修改稿)》,对监护设立程序、监护的变更等作了规定,明确了监护人的具体职责;由此初步建立了我国监护制度。1991 年 12 月 29 日全国人大常委会通过并颁布了《收养法》,内容包括立法的宗旨和原则、收养的实质要件和形式要件、收养的效力、收养关系解除的条件、程序和后果、法律责任等;建立了我国收养制度。此后,1992 年 3 月 26 日最高人民法院发布《关于学习、宣传、贯彻执行〈中华人民共和国收养法〉的通知》,明确了《收养法》的法律适用问题;1992 年 6 月 19 日民政部发布《关于认真贯彻〈中华

人民共和国收养法〉的通知》,强调收养登记工作重要性和实施;1993 年 12 月 29
日司法部发布《关于办理收养法实施前建立的事实收养关系公证的通知》,明确规
定事实收养公证;1993 年 2 月 13 日司法部《关于为赴日人员生父母办理同意送养
公证应符合收养法规定的复函》,明确送养声明书公证事宜;1996 年 4 月 1 日民政
部《关于收养法律规定适用范围的复函》又明确了有关解除收养关系的规定及其适
用范围。1998 年 11 月 4 日,全国人大常委会通过了关于修改《中华人民共和国收
养法》的决定,修改后的《收养法》优化收养原则的表述,兼顾各方当事人利益,放宽
收养条件,扩大收养途径,完善了收养程序的规定。为了正确贯彻执行 1998 年新
修订的《收养法》和有关法规、规章,司法部于 2000 年 3 月 3 日发布《关于贯彻执行
〈中华人民共和国收养法〉若干问题的意见》,就办理收养公证及其他相关公证的有
关问题予以明确。

在此期间,最高人民法院先后于 1989 年颁布了《关于人民法院审理未办结婚
登记而以夫妻名义同居生活案件的若干意见》,对事实婚姻和非婚同居的相关问题
予以解释;1989 年《关于人民法院审理离婚案件如何认定夫妻感情确已破裂的若
干意见》,将"感情确已破裂"具体分为可依法判决离婚的 14 种情形;1993 年颁布
了《关于人民法院审理离婚案件处理财产分割问题的若干具体意见》和《关于人民
法院审理离婚案件处理子女抚养问题的若干具体意见》,分别规定了离婚后的财产
分割和未成年人的监护等问题。民政部先后颁布了 1986 年《婚姻登记办法》、1994
年《婚姻登记管理条例》和 2003 年《婚姻登记条例》,逐步完善了我国婚姻登记制
度。此外,1991 年《未成年人保护法》(2006 年、2012 年修正),规定了未成年人的
家庭保护,强调父母责任;1992 年《妇女权益保障法》(2005 年修正),对妇女所应享
有的政治权利、文化教育权益、劳动权益、财产权益、人身权利、婚姻家庭权益以及
侵害妇女合法权益的法律责任作了明确规定;1994 年《母婴保健法》(2017 年修
正),专门规制母亲和婴儿的医疗保健问题;1996 年《老年人权益保障法》(2009 年、
2012 年、2015 年修正),对老年人的合法权益进行专门保护。2015 年 12 月 27 日,
第十二届全国人大常委会第十八次会议通过了《中华人民共和国反家庭暴力法》,
内容包括家庭暴力的预防、家庭暴力处置、人身安全保护令和法律责任等内容。作
为中国第一部反家暴法,这对预防和制止家庭暴力,保护家庭成员的合法权益,维
护平等、和睦、文明的家庭关系,促进家庭和谐、社会稳定具有重要意义。这些法律
法规的纷纷出台,使我国婚姻家庭制度体系更加趋于完备。

进入 21 世纪,离婚率上升、"包二奶"、非婚生子女增多、家庭暴力等问题逐渐
凸显,婚姻家庭秩序受到冲击,完善婚姻家庭制度成为重要课题。我国对《婚姻法》
进行修正,2001 年 4 月 28 日,第九届全国人大常委会第二十一次会议通过了《关
于修改〈中华人民共和国婚姻法〉的决定》,并颁布了修订后的婚姻法(以下简称
2001 年《婚姻法》),2001 年《婚姻法》从基本原则到具体制度做了大幅度的修改。

2001 年《婚姻法》的修订是完善我国婚姻家庭法制的重大步骤,2001 年《婚姻法》修订立足于制度建设,填补了法律空白,增设了必要的法律制度,完善了现有的法律制度,使得我国婚姻家庭立法体系更加完善。随后最高人民法院又先后于 2001 年、2003 年和 2011 年颁布了 3 个婚姻法的司法解释,对家庭暴力的界定、彩礼、夫妻共同债务界定、离婚房产分割、夫妻共同财产、个人财产归属等问题进行解释,及时补充婚姻立法的不足。2017 年 2 月 28 日最高人民法院针对争议颇多的《婚姻法司法解释二》第 24 条颁布了《补充规定》,明确规定恶意串通债务和非法债务不属于夫妻共同债务;2018 年 1 月 8 日最高人民法院又颁布《关于审理涉及夫妻债务纠纷案件适用法律有关问题的解释》,进一步明确夫妻共同债务的范围。2014 年 10 月,十八届四中全会通过了《中共中央关于全面推进依法治国若干重大问题的决定》,作出"编纂民法典"的决定。婚姻家庭制度作为民法的基本组成部分,也成为民法典的独立分编。在民法典编纂背景下,2017 年 3 月 15 日通过的《中华人民共和国民法总则》第二章第二节"监护"第 26 条至第 39 条对监护予以规定,内容包括监护人的范围和确定、遗嘱监护、成年意定监护、监护职责、监护事务的执行、监护的撤销和监护关系终止等内容。在民法典编纂背景下,监护制度作为民法典总则编和婚姻家庭编的重要内容,被提升到民法典立法的高度。

综观我国婚姻家庭制度发展历程,我国的婚姻家庭制度经历了 1950 年的破旧立新,到 1980 年的拨乱反正,再到 2001 年的制度完备,婚姻家庭制度更具科学性和体系性。从 1978 年到 2018 年,伴随着我国改革开放进程的加快与婚姻家庭观念与制度的革新,我国婚姻家庭制度已经走过了 40 年的岁月。40 年来,我国婚姻家庭制度从社会主义初级阶段计划经济背景下的制度,逐步发展成为适应我国市场经济和现代化的婚姻家庭制度。40 年来,婚姻家庭制度的立法理念从强调管制发展为尊重私权,注重保护自然人的自由和自治权利,注重保障弱势一方和未成年子女的利益,强化法律救济和社会救助,经历了从形式平等到实质平等的转变;完成了从简单粗糙到制度化、体系化的转变。[①] 40 年来,我国婚姻家庭制度从受苏联民法调整对象影响、独立于民法典单行立法,到逐步回归到民法、融入民法典,成为民法典的组成部分,作为民法典的独立一编。自改革开放以来我国婚姻家庭制度的修改和制定揭示了婚姻家庭的立法理念和法律制度的变迁,呈现了改革开放 40 年来婚姻家庭制度的革新之路。

二、继承制度

继承制度是指自然人死后按照法律的规定将死者遗留的财产转移给他人所有

[①]　巫昌祯、夏吟兰:《改革开放三十年中国婚姻立法之嬗变》,载《中华女子学院学报》2009 年第 1 期。

的法律制度。中华人民共和国成立之初,我国就有了关于继承的法律规定。1950年《婚姻法》第 12 条和第 14 条确立了夫妻以及父母子女间有相互继承的权利。随后最高人民法院也多次拟定贯彻执行继承政策法律的意见作为各级人民法院处理继承案件的依据,1953 年 1 月 6 日外交部《关于外侨遗产继承问题处理原则》和 1954 年 9 月 28 日外交部、最高人民法院颁布的《外人在华遗产继承问题处理原则》的指示对我国的涉外继承问题作出了明确规定。1956 年 9 月 20 日司法部《关于有关遗嘱、继承问题的综合批复》中对代位继承、遗嘱继承作了规定。1963 年 8 月 28 日最高人民法院《关于贯彻执行民事政策几个问题的意见(修正稿)》比较具体地规定了继承的第一、第二顺序继承人,遗嘱继承、无人继承财产的归属等具体继承问题。

改革开放以来,公民个人财产的增加使继承问题越来越得到人们的重视。1979 年 2 月 2 日最高人民法院《关于贯彻执行民事政策法律的意见》进一步修改和补充完善了继承的具体规则,包括代位继承的范围、同一顺序继承人的遗产分配规则等,着重强调对未成年人、无劳动能力或生活有困难继承人的继承权保护。1984 年 8 月 30 日最高人民法院《关于贯彻执行民事政策法律若干问题的意见》进一步完善细化了代位继承、遗产处理等规定,并明确了"过继"子女与"过继"父母的继承权问题,丧偶儿媳、女婿的继承权问题。这些司法解释在审判实践中发挥了重要作用,也基本形成了我国的财产继承制度的雏形。

随着经济发展,人们的劳动收入显著增加,继承纠纷也越来越复杂,而前述的继承相关司法解释内容不够完整,过于粗略,已经无法满足人们日益增长的财富继承需求;社会变迁对财产继承的需求与继承法律制度的供给出现了落差,亟须制定一部专门的继承法规以调整财产继承关系。1985 年 4 月 10 日通过了我国第一部《继承法》,共 5 章,37 条,内容包括继承开始、遗产范围、法定继承、遗嘱继承、遗赠以及遗产的处理等;1985 年 9 月,最高人民法院又颁布了《关于贯彻执行〈继承法〉若干问题的意见》,对继承时间、遗产范围、继承权取得和灭失、继承顺序、法定继承、遗嘱继承以及遗赠等作了详细的规定,正式建立了我国财产继承法律制度。在民法典编纂背景下,继承制度作为民法的基本组成部分,成为民法典的独立分编。

纵观我国继承制度的发展历程,我国继承制度经历了 1950 年《婚姻法》的原则性规定,到最高人民法院丰富的继承相关司法解释铺垫,再到 1985 年制定了单行的《继承法》,形成了较为系统、完整的继承制度。在这个过程中,我国继承制度既要遵循财产法规则,保护自然人财产所有权和处分财产的自由权,也必须要考虑亲属身份的特殊属性,考虑亲情、伦理和传统习俗;既要发挥继承制度的财产传承功能,也要兼顾亲属间的相互扶助、相互支撑的养老育幼功能。在民法典编纂背景下,我国继承制度的未来修订将继续面对从尊重被继承人个人意思自治到兼顾社会公德和伦理道德,从计划经济时期的继承制度向市场经济的继承制度转变和发展的需求;以期最终实现继承制度的意思自治、权利保障与利益协调,维护家庭成员和睦相处,实现家庭的稳定和社会的和谐。

第二节 婚姻家庭制度

一、《婚姻法》的初次修订

(一)修订背景

1978 年改革开放以来,我国发生了重大社会变迁,开始从传统型社会向现代型社会转变,从计划经济向市场经济转变,开始了工业化、城市化的现代化进程。在改革开放的背景下,我国的经济、社会、文化发生了重大变化,民事立法得以恢复,我国开始重新修订婚姻法。1978 年 11 月全国妇联会同最高人民法院等单位成立了婚姻法修改小组,在 1950 年《婚姻法》基础上,根据 40 年的实践经验和新情况、新问题,重新起草了婚姻法。1980 年 9 月 2 日,第五届全国人民代表大会第三次会议通过《婚姻法》,于 1981 年 1 月 1 日生效。1980 年《婚姻法》修订是婚姻家庭领域拨乱反正的需要,是巩固和发展社会主义婚姻家庭制度的需要,是保护自然人婚姻家庭权益、促进社会主义现代化建设的需要。[①]

1.婚姻家庭领域立法"拨乱反正"的客观要求

经过 1950 年《婚姻法》的贯彻执行和建国初期婚姻家庭制度的改革,我们彻底废除了旧的、封建主义的婚姻家庭制度,建立了新的民主主义的婚姻家庭制度(其后又成长为社会主义婚姻家庭制度)。十年浩劫期间,婚姻家庭法制遭到严重的破坏,婚姻家庭领域也出现了种种有法不依、执法不严、违法不究的现象,中华人民共和国成立后建立的婚姻家庭制度遭到一定破坏,一些被废除的封建婚姻陋习如包办婚姻等死灰复燃,为了将被破坏的婚姻家庭制度重新纳入健康法制的轨道,亟须重新制定婚姻家庭法。[②]"文革"结束后,1978 年全国开展了检验真理标准的讨论,打破了"文革"期间盛行的左倾思想的束缚,在全国重新确立了马克思主义的正确路线。同年 12 月,党的十一届三中全会作出了工作重点由阶级斗争转移到社会主义建设的战略决策,提出实行改革开放。同时,它还着重指出了健全社会主义民主和加强社会主义法制的迫切任务,提出"有法可依、有法必依、执法必严,违法必究"的 16 字方针,要求"从现在起,应当把立法工作摆到全国人民代表大会及其常务委

---

① 杨大文《婚姻家庭立法的回顾与思考》,载《群言》2001 年第 2 期,第 16~17 页。
② 杨大文《婚姻家庭立法的回顾与思考》,载《群言》2001 年第 2 期,第 16~17 页。

员会的重要议程上来"。^① 法制的作用得到重新认识,在这种情况下,婚姻家庭立法受到了应有的重视。在 1978 年 9 月召开的中国妇女第四次全国代表大会上,婚姻家庭领域的情况和问题是代表们议论最多的热点。在会前和会后,时任全国妇联主席的康克清同志曾两度向中央报送了建议修改婚姻法、制定新婚姻法的请示报告。后经中央批准同意,成立了以康克清为组长,由相关部门负责人参加的修改婚姻法领导小组。^②

2.改革开放初期社会转型的必然要求

1978 年中国共产党十一届三中全会确定了改革开放的总方针,1979 年 6 月的《政府工作报告》提出逐步建立起计划调节与市场调节相结合的体制。从 1978 年开始,我国社会围绕着"改革"在各个方面都开始发生转向,"从自给半自给的产品经济社会向社会主义市场经济社会转化,从农业社会向工业社会转化,从乡村社会向城镇社会转化,从封闭半封闭社会向开放社会转化,从同质单一型社会向异质多样性社会转化,从伦理社会向法理社会转化"。^③ 20 世纪 80 年代,随着改革开放的有力推进,中国社会开始进入转型时期,社会生产力和人们的思想观念都得到了较大程度的解放。第一,我国经济体制改革带来的多样化生产经营方式和农村大量剩余劳动力的外移改变了家庭的收入水平与收入格局,妇女获得充分就业,家庭成员的收入得到不同程度的提高,收入和生活资源的分配明显出现了性别倾斜和代际倾斜,男性和女性的收入趋于平等,家长不再是家庭经济主导,代际关系更加平等、家庭成员的独立性更强。第二,1978 年改革开放以来政府行政权力开始下放,对经济领域的干预开始限缩;在政治结构方面,由过去计划体制下全面控制企业活动和个人行为开始转变为依法进行宏观调控。在社会转型时期,我国政府职能与法律功能在婚姻家庭中的作用发生了微妙的转变,国家对个人生活干预日益减少;改革开放使人们开始摆脱意识形态的压抑,开始注重个体自由。婚姻家庭制度不仅是一种基本的社会制度,更是关涉到每个人个人选择的自主性的问题,婚姻家庭制度的利益指向从国家向个人转变。个人的独立自主性相应的在增强,个人对于婚姻的自主程度也在增加。第三,改革开放后,人们逐渐放弃了对私权神圣和私法自治的批判态度,转而确立了私权神圣和私法自治理念,在物权、合同等领域确立了私法自治理念。^④ 在婚姻家庭法中伴随着意思自治观念的渗透,权利观念也在婚姻家庭关系中得到张扬,配偶权、婚姻权利在理论上被广泛探讨,而且在立法上

① 《中国共产党第十一届中央委员会第三次全体会议公报》,载中共中央文献研究室编:《三中全会以来重要文献选编(上)》,人民出版社 1982 年版,第 10 页。
② 杨大文:《两部婚姻法 三个里程碑》,载《中国人大》2011 年 4 月 10 日,第 28 页。
③ 孙立平、王汉生、王思斌、林彬、杨善华:《改革以来中国社会结构的变迁》,载《中国社会科学》1994 年第 2 期,第 47 页。
④ 柳经纬:《当代中国私法进程》,中国法制出版社 2013 年版,第 9～10 页。

更多地确认和保障夫妻权利。显然,改革开放以来,我国的经济、政治和社会生活包括婚姻家庭生活发生了巨大的变化,1950年婚姻家庭制度中的某些规定已经滞后;人们对财产、权利、个人自主性确认和保护需求的增强要求制订一部与改革开放初期社会转型相适应的婚姻家庭法。

(二)修订内容

1980年《婚姻法》分为5章,共37条。与1950年《婚姻法》相较,1980年《婚姻法》在篇章结构上,更加简约,篇章结构编排也更合理,包括"总则""附则""结婚""家庭关系""离婚"共5章。1980年《婚姻法》在条文数量上明显多于1950年《婚姻法》,在结构上则与1950年《婚姻法》基本保持一致,只是将1950年《婚姻法》中夫妻间的权利义务和父母子女间的关系两章合为家庭关系一章,将离婚及离婚后子女的抚养和教育,离婚后的财产和生活统一列入离婚一章,使《婚姻法》的结构设计更为合理。1980年《婚姻法》主要在以下方面作出修改:

1.在基本原则上增补了实行计划生育和保护老人合法权益两项基本原则

实行计划生育原则主要是基于我国当时提出计划生育的基本国策和宪法规定这一背景而增加。20世纪60年代,我国进入1949年后的第二次生育高峰,到了70年代,我国政府开始认识并决定在全国城乡大力推行计划生育,并将人口发展计划纳入人们经济社会发展规划。1978年3月5日通过的《宪法》第53条第3款明确规定,"国家提倡和推行计划生育"。① 基于此,1980年《婚姻法》在"总则"中将"实行计划生育"(第2条)作为婚姻法一项重要原则,在该原则指导下,在规定结婚年龄之后,规定了"晚婚晚育应予鼓励"(第5条),在家庭关系中,规定了"夫妻双方都有实行计划生育的义务"(第12条)。

保护妇女、儿童和老人权益早在第一次国内革命时期开始出现在各种历史文献中,1922年7月中国共产党第二次全国代表大会《关于"国际帝国主义与中国和中国共产党"的决议案》提出,"制定保护妇孺的法律";在第二次国内革命时期,1930年11月8日《中共中央关于劳动妇女斗争的纲领》提出了"婚姻的自由和母性婴儿的保护"这一政纲;抗日战争时期的施政纲领中明确规定保护妇女儿童和老人权益的原则,如1941年9月《晋察冀鲁豫边区政府施政纲领》规定"保护产妇,保育儿童……";中华人民共和国成立后,1950年《婚姻法》规定实行保护妇女和子女合法利益的新民主主义婚姻制度。② 1980年《婚姻法》沿袭了上述一直贯彻的原则,增补了保护老人合法权益,在第2条第2款重申"保护妇女、儿童和老人的合法权益"。

---

① 张希坡:《中国婚姻立法史》,人民出版社2004年版,第284页。

② 张希坡:《中国婚姻立法史》,人民出版社2004年版,第275~282页。

2.完善了结婚制度的相关规定

（1）提高了法定婚龄。1980 年《婚姻法》将结婚年龄从男 20 岁、女 18 岁修改为"结婚年龄，男不得早于二十二周岁，女不得早于二十周岁"（第 5 条）。这一修改一方面是基于我国当时年轻男女结婚意愿推迟和提倡晚婚晚育政策所致；另一方面也体现了我国市场经济转型对劳动生产力的需求，进而影响结婚年龄的发展规律，现代化和社会化大生产希望家庭中的子女推迟结婚年龄，能够更多地参与社会生产。

（2）废除了中表婚，扩大了禁婚亲范围。根据优生学原理和遗传学规律，近亲结婚不利于后代的健康，人类通过长期的生活实践发现了近亲结婚存在着诸多弊端。例如近亲繁殖会影响后代素质，三代旁系血亲结婚增加子代的不育风险，父母近亲结婚增加隐性致病基因的概率与基因变异；因此世界各国都在法律中明文禁止近亲通婚。统计表明，一些隐性遗传病如先天性聋哑的发病率，表兄妹婚配是随机婚配的 7.8 倍；先天性鱼鳞病的发病率，表兄妹婚配是随机婚配的 63.5 倍[①]。1980 年《婚姻法》将 1950 年《婚姻法》第 5 条第 2 项"其他五代内的旁系血亲间禁止结婚的问题，从习惯"修改为"直系血亲和三代以内的旁系血亲"禁止结婚（第 6 条第 1 项）。这一修改实际上也是明令废除"中表婚"，即禁止姑舅或两姨之子女互相结婚，是对我国婚姻习惯的一项重大改革。

（3）对禁止结婚疾病的修改，删除了"有生理缺陷不能发生性行为者"（1950 年《婚姻法》第 5 条第 2 项）和"患花柳病或精神失常未经治愈"（1950 年《婚姻法》第 5 条第 3 项），只规定"患麻风病未经治愈或患其他在医学上认为不应当结婚的疾病"（1980 年《婚姻法》第 6 条第 2 项）。一方面，一般而言有生理缺陷不能发生性行为者，以不准结婚为宜，但是由于现实情况比较复杂，如一方或双方有性生理缺陷且互不隐瞒，愿意结婚后互相照顾，这样对本人和社会均无危害，不宜禁止结婚[②]。另一方面，随着医学技术的发展，有些疾病可以治愈，没有规定的必要，因此 1980 年《婚姻法》减少了列举的禁止结婚的疾病种类。

3.在婚姻家庭人身关系规定上，扩大了家庭关系的调整范围

（1）将继父母子女关系纳入父母子女关系。1950 年《婚姻法》第 16 条对继父母子女关系作出规定："夫对于其妻所抚养与前夫所生的子女或妻对于其夫所抚养与前妻所生的子女，不得虐待或歧视。"这一规定仅是从继父母对继子女在消极义务上作出规定，对于抚养、教育、赡养等积极义务和继承等权利方面并未涉及。1962 年 9 月 13 日《最高人民法院关于几个继承问题的批复》中规定，"如某在另人以及后妻生前称为继父母，并尽了抚养义务，应视为养父母与养子女关系，可以继

---

① 王廷桢等主编：《优生优育学》，人民军医出版社 1989 年版，第 166～167 页。
② 张希坡：《中国婚姻立法史》，人民出版社 2004 年版，第 308 页。

承其遗产",这一批复明确将继父母子女关系视为养父母子女关系加以调整。1980年《婚姻法》将"夫与其妻所抚养与前夫所生的子女以及妻与其夫所抚养与前妻所生的子女关系"统一称为"继父母子女关系",并且明确规定"继父或继母和受其抚养教育的继子女间的权利和义务,适用本法对父母子女关系的有关规定"(第21条),将继父母子女关系纳入父母子女关系。

(2)增加了兄弟姐妹和祖孙之间的权利义务规定。祖孙之间和兄弟姐妹之间是家庭成员中除父母子女关系之外关系最近的血亲关系,在特定条件下,应承认他们相互之间在婚姻家庭领域的权利义务关系。1950年《婚姻法》的内容主要针对夫妻关系和父母子女关系,对祖孙之间和兄弟姐妹之间的权利义务未有涉及。1980年《婚姻法》第22条规定"有负担能力的祖父母、外祖父母,对于父母已经死亡的未成年的孙子女、外孙子女,有抚养的义务。有负担能力的孙子女、外孙子女,对子女已经死亡的祖父母、外祖父母,有赡养的义务"。第23条还规定,"有负担能力的兄、姐,对于父母已经死亡或父母无力抚养的未成年的弟、妹,有抚养的义务"。这两条规定将一定条件下的祖孙关系、兄弟姐妹关系纳入了婚姻法的调整范围,这一修改一方面是对计划生育实施前的多子女家庭关系的确认,另一方面体现了我国尊老爱幼的传统道德,是对传统的婚姻家庭伦理道德的尊重。

4.在夫妻财产制上,明确了夫妻财产制的形式与性质,采法定制与约定制相结合的形式

改革开放以后,随着社会变迁,我国婚姻家庭的财产关系经历了夫妻财产独立于家庭财产的发展过程。我国1950年《婚姻法》沿袭了"家庭财产"的概念,并承认了家庭财产的共享性。在1950年《婚姻法》中,仅在第10条对夫妻财产问题作出简要规定,规定了夫妻双方对于家庭财产有平等的所有权与处理权,对夫妻财产制的形态、夫妻个人特有财产等未有涉及。这主要是由于当时妇女经济尚未完全独立,家庭成员个人收入有限,基本生活消费支出后剩余财产少,较少存在个人财产的情形;且家庭财产主要用于生活消费,比较注重家庭成员对家庭财产的管理和支配权。改革开放后,夫妻作为一个独立的生活共同体独立于原生大家庭;夫妻财产概念也应运而生。在农村,家庭联产承包责任制使大多数成年农民脱离大家庭成为独立的户主,包干到户,夫妻成为一个独立的经济共同体。在城市,生产方式的改变使家庭成员绝大多数人的收入有了不同程度的提高,住房状况改善,城市的居住模式呈现夫妻新居的模式,夫妻作为一个独立的生活共同体独立于原生大家庭。因应这一变化,1980年《婚姻法》作出适当调整,不再使用"家庭财产"概念,明确了夫妻财产制的形式与性质,即我国的夫妻财产制是法定制与约定制的结合,第13条明确将婚后所得共同制规定为法定财产制,夫妻共同财产的范围限定为"夫妻在婚姻关系存续期间所得财产",并规定"夫妻对共同所有的财产,有平等的处理权";与此同时,还明确允许夫妻就财产关系自行约定,并赋予其优先于夫妻共同财产制

的效力,承认和尊重夫妻财产的相对独立性。

5.在离婚制度上,确立了"夫妻感情破裂"这一法定离婚标准

1950 年《婚姻法》第 17 条规定:"男女一方坚决要求离婚的,经区人民政府和司法机关调解无效时,亦准予离婚。"这一规定没有列举离婚的具体条件,这符合建国初废除封建婚姻家庭制度、解放妇女的任务这一历史背景。建国初期,根据北京、上海、天津、哈尔滨 4 个城市及原华北解放区 71 个县和原陕甘宁边区一部分地区人民法院的材料统计,离婚案件占整个婚姻案件的比重较大,在城市离婚案件占婚姻案件总数的 46.44％～84.32％,在农村离婚案件占婚姻案件总数 54.1％～90％以上;离婚的主要原因是由于旧社会包办强迫和男尊女卑的婚姻制度产生的夫妻感情不和的结果。[①] 为了便于离婚案件的司法实践,1953 年 3 月《中央人民政府法制委员会有关婚姻问题的解答》规定"不能维持夫妻关系的",或者"确实不能继续同居的",可以批准离婚。1963 年 8 月 28 日《最高人民法院关于贯彻执行民事政策几个问题的意见》指出在处理离婚案件中,应从婚姻基础、婚后感情和离婚原因来查清夫妻关系是否还可以维持,"对于那些感情还没有完全破裂,离婚理由不当,经过教育有和好可能的,不要判决离婚","对于那些夫妻感情已完全破裂,确实不可能和好的,法院应积极做好坚持不离一方的思想工作,判决离婚"。1979 年 2 月 2 日《最高人民法院关于贯彻执行民事政策法律的意见》再一次重申和特别强调"夫妻关系确已破裂,无法恢复和好的",应准予离婚。上述关于"夫妻感情破裂"或"夫妻关系确已破裂"的一系列规定为 1980 年《婚姻法》离婚标准的修改奠定了法律基础。

改革开放以来,婚姻家庭生活更少受到国家和单位干预,人口的流动性、人们自主性增强等也影响了人们的婚姻观念和婚姻家庭的稳定性,出现了离婚高发期,我国婚姻家庭立法亟须完善离婚的程序性规定,促使婚姻解体的经济成本最小化。1980 年《婚姻法》第 25 条第 2 款规定,"人民法院审理离婚案件,应当进行调解;如感情确已破裂,调解无效,应准予离婚",从而正式确立了"感情破裂"作为法定离婚标准,为司法实践提供了明确的裁判依据。

(三)修订评价

1980 年《婚姻法》是对 1950 年《婚姻法》的继续和发展,继承了 1950 年《婚姻法》的一些原则和制度,同时也根据现实情况作了补充和修改,有助于健全法制,巩固和发展社会主义的婚姻家庭制度。[②] 1980 年《婚姻法》是拨乱反正,恢复婚姻自由原则,有助于促进和谐婚姻家庭关系的恢复与发展,调整婚姻家庭关系,维护婚姻家庭各方的合法权益。1980 年《婚姻法》是我国刚刚进入改革开放时代制定的,

---

① 张希坡:《中国婚姻立法史》,人民出版社 2004 年版,第 335～336 页。
② 巫昌祯:《我与婚姻法》,法律出版社 2001 年版,第 8～9 页。

它标志着婚姻家庭关系政治化年代的结束和商品经济对传统家庭婚姻模式的扬弃,具有进步性和时代意义。

然而,1980年《婚姻法》制定于改革开放之初,囿于当时的时代背景,以及立法技术的不完善和婚姻家庭法学研究的薄弱,存在立法上的不足:

1.在立法理念上存在一定滞后性

改革开放以来我国的经济、社会、文化发生了重大变化,也引起婚姻家庭制度的相应变革,我国倾向于制定趋向于市场经济和现代化的婚姻家庭制度,建立平等、自主的婚姻家庭制度,尊重自然人的财产自主权,保障婚姻家庭中弱势成员的权益和加强夫妻财产权益保护。但是1980年《婚姻法》制定于改革开放之初,婚姻家庭中的平等观念仍然停留在形式平等的层面。1978年改革开放以来,妇女社会地位获得大大提升,男女平等观念增强,但是在婚姻家庭中,妻子在收入、婚姻住所和家务分工上总体处于弱势一方,一旦婚姻关系解除,处于弱势一方的妻子往往面临失去住所、生活困难以及妻子在婚姻期间因家务劳动失去了自我增值的机会难以再就业或更好就业等利益无从保护的情形。我国对夫妻平等的立法始终伴随男女平等这一立法原则、注重夫妻权利平等,停留在保障女性一方在婚姻家庭生活中能够平等地享有和行使与男性同等的权利这一倡导性意义的立法,没有注意到婚姻家庭关系中夫妻平等地履行义务才能保障平等地行使权利,缺乏平等实施家务劳动等相关规定,缺乏实际上保障妻子参加社会娱乐活动的规定等。

2.立法制度上的缺失和不足

从法律名称来看,存在表述的名实不符,1980年《婚姻法》的名称与其调整对象不符,我国婚姻法的调整对象包括婚姻关系和家庭关系,法律的名称应为婚姻家庭法,但1980年《婚姻法》仍然沿用1950年《婚姻法》的名称,造成名实不符。从立法内容来看,缺乏系统性和立法空白,如缺乏亲属关系通则的规定,未设立婚姻无效制度,法律责任制度缺失等。[①] 而且很多的内容较为保守,仅作原则性规定,比如关于离婚的法定事由,仅规定"夫妻感情确已破裂"这一条件(第25条),缺乏具体的判定标准;关于夫妻约定财产制,仅有"双方另有约定除外"(第13条)的宽泛规定,缺失约定形式、效力等重要内容,这些原则性规定过于宽泛,缺乏可操作性,最终成为"僵尸条款",难以在实践中切实发挥作用。

二、《婚姻法》的再修订

(一)修订背景

随着改革开放的推进和市场经济的发展,我国的经济结构、政治文化、婚姻家

---

① 陈苇:《中国婚姻家庭法立法研究》,群众出版社2010年版,第9页。

庭观念、法治观念等等发生了巨大变化。随着人们个人主体意识增强和个人财产增多,离婚率上升、"包二奶"、闪婚闪离、非婚生子女、家庭暴力等问题逐渐凸显,婚姻家庭秩序受到冲击,完善婚姻家庭制度成为重要课题。

1.改革开放以来婚姻家庭关系出现的新问题要求重新修订《婚姻法》

1980 年《婚姻法》实施近 20 年来,我国社会现实发生了重大的变化,一方面带来了婚姻家庭的新风貌:人们价值观的改变带来了婚恋观的更新,有爱情的自由婚姻已成了主流,民主和睦的美好家庭不断涌现。但是另一方面婚姻家庭关系也出现了新问题:在夫妻人身关系方面,一是婚恋问题上有放任、轻率的倾向,一些地方重婚、纳妾、非婚同居、婚外恋等现象增多、家庭暴力呈上升趋势等。二是离婚率逐年上升,随着我国的离婚率逐年攀升,有些离婚妇女的合法权益得不到保障、离异家庭子女的抚养、教育得不到妥善解决。在夫妻财产关系方面,现实生活中,随着夫妻财产种类的日益增多、财产的数量增大,夫妻之间离婚时的财产纠纷也日益增多。并且,有的夫妻串通损害债权人利益的现象也时有发生,危害社会的交易安全。1980 年《婚姻法》是在 1950 年颁布的《婚姻法》的基础上修订的,随着经济、社会的发展,面对婚姻家庭关系方面出现的一些新问题,1980 年《婚姻法》难以给予适用,为了进一步完善我国社会主义婚姻家庭制度,有必要总结婚姻法的实施经验,针对存在的问题,对婚姻法作出修改补充。[①]

2.市场经济向纵深发展要求重新修订《婚姻法》

1978 年中国共产党十一届三中全会确定了改革开放的总方针,1979 年 6 月的《政府工作报告》提出逐步建立起计划调节与市场调节相结合的体制,经历了 1984 年"公有制基础上的有计划的商品经济"和 1987 年"计划与市场内在统一的有计划的商品经济"的发展历程,1992 年中国共产党第十四次全国代表大会明确提出建立社会主义市场经济体制。1993 年全国人大将《中华人民共和国宪法》(以下简称《宪法》)第 15 条"国家在社会主义公有制基础上实行计划经济"修改为"国家实行社会主义市场经济"。市场经济的发展以及随之发生的城乡经济结构变迁必然对人们的婚姻家庭观念和行为发生深刻影响,对婚姻关系的缔结与维持、婚姻观念、家庭结构与规模、家庭功能与家庭关系等产生影响,引起婚姻家庭制度的相应变革。

我国城市经济体制改革带来的多样化生产经营方式和农村大量剩余劳动力的外移改变了家庭的收入水平与收入格局,妇女获得充分就业,家庭成员的收入得到不同程度的提高,收入和生活资源的分配明显出现了性别倾斜和代际倾斜,男性和女性的收入趋于平等,家长不再是家庭经济主导,代际关系更加平等、家庭成员的

[①] 王胜明、孙礼海主编:《〈中华人民共和国婚姻法〉修改立法资料选》,法律出版社 2001 年版,第 4 页。

独立性更强。以夫妻财产关系为例,夫妻倾向于作出符合个人意思和个人贡献的选择,希望自己在家庭中的付出能够得到确认,并依据个人贡献来确定家庭财产归属,但是 1980 年《婚姻法》对婚姻家庭关系中个人财产权利处于漠视状态,导致了现实生活中由于个人财产归属不明晰而夫债妻偿或妻债夫还、个人义务与夫妻义务相混淆、夫妻间的侵权问题无法赔偿等不正常现象。

3.多元文化价值观的冲击要求重新修订《婚姻法》

改革开放后,我国逐步向现代市场经济发展,现代化取向要求逐渐以市场经济取代自然经济和计划经济,以民主取代专制,要求在价值观念上肯定个体的独立自主性和追求个人利益的合理性。[①] 中国传统价值观念在向现代转型,人们逐步确立起自己的主体意识、消费意识、市场意识、幸福意识、法律意识等。[②] 多元的文化价值观冲击了人们的婚姻观念,在婚姻家庭领域,个人的自我选择、自我设计的权利得到全面提升,自由选择的空间越来越广阔。[③] 经济上的独立和意识上的自我肯定,影响了人们的择偶观念、生育观念、离异观念和性观念。人们择偶自主性更强;不少年轻人开始组建丁克家庭;出现了闪婚、闪离现象,离婚率上升;对于性保持更加开放的态度,非婚同居情形增多。政治上倡导的男女平等主义思想使得夫妻之间的关系从传统的主从型逐渐走向平衡,夫妻权利趋于平等。人们的幸福意识增强,在婚姻家庭中更注重幸福感,注重感情因素,以感情为主要的择偶标准,2010 年全国妇联中国婚姻家庭研究会和百合网联合推出《2010 年全国婚恋调查报告》,在对择偶标准的调查中,65.6%的女性和 70.7%的男性选择"感情投入"为自己更看重的择偶标准,在所有备选择偶标准中列居第一位。[④] 然而,人们的市场意识观念增强也导致人际关系由重人情转向重利益,这也不免渗透到婚姻家庭关系之中,人们的个人财产观念、法律观念也更强,倾向于寻求婚姻家庭制度的法律保护。

随着我国婚姻家庭关系领域新问题的不断出现,1994 年和 1995 年,一些全国人大代表和全国政协委员正式提出关于修改婚姻法的提案和议案。1996 年 6 月民政部着手修改婚姻法的工作,同年 11 月,组成由民政部及国家有关部委参加的修改婚姻法起草小组。从 1996 年起到 1999 年初,几易其稿,形成了一个共有 11

---

① 戴茂堂、江畅:《哲学与文化新知书苑:传统价值观念与当代中国》,湖北人民出版社 2001 年版,第 367～368 页,第 562～563 页。

② 戴茂堂、江畅:《哲学与文化新知书苑:传统价值观念与当代中国》,湖北人民出版社 2001 年版,第 209 页。

③ 李友梅等:《社会的生产:1978 年以来的中国社会变迁》,上海人民出版社 2008 年版,第 42页。

④ 《2010 年全国婚恋调查报告》,新浪网,http://eladies.sina.com.cn/qg/2010/1216/17411039318.shtml,下载日期:2015 年 3 月 16 日。

章 140 条左右的试拟稿,从 1999 年起,全国人大工作委员会对试拟稿进行审议,2000 年 8 月形成了婚姻法修正案的第一稿,同年 10 月提交第九届全国人大常委会第十八次会议进行审议。[①]

(二)修订内容

2001 年 4 月 28 日第九届人大第二十一次常委会通过了《婚姻法》的修改决定。与 1980 年《婚姻法》相较,在篇章结构上,增加"救助措施与法律责任"一章,形成了权利、义务、责任的完整法律规则体系。救助措施与法律责任的设定是对传统婚姻家庭家长专制的彻底否定,家庭成员一方的行为若损害了另一方的利益,应承担相应的个人责任,这是民法意思自治和责任自负基本精神的体现,有助于家庭成员的个体独立意识的培育和平等的家庭地位的形成,在《婚姻法》中形成了权利—义务—责任较为完整的婚姻家庭制度规范体系。2001 年《婚姻法》修正案的修改内容主要表现在:

1.在基本原则上,增加了基本原则的配套性规范,在总则部分增加维护婚姻家庭关系的内容

2001 年《婚姻法》规定"禁止有配偶者与他人同居"(第 3 条),"夫妻应当互相忠实"(第 4 条),"家庭成员间应当敬老爱幼,互相帮助,维护平等、和睦、文明的婚姻家庭关系"(第 4 条);这些规定与"禁止重婚"一起共同构成一夫一妻制原则的重要内容。家庭是社会的细胞,婚姻家庭的稳定是社会稳定和谐的基础。改革开放以来,有些地方"包二奶"、养情人等现象呈增多趋势,已严重破坏我国一夫一妻制原则,导致家庭破裂,影响社会安定。婚姻家庭关系既是重要的法律关系,也是重要的伦理关系,在现实生活中,违反一夫一妻制原则的情形较为复杂,有的属于违反道德的行为,如通奸,有的属于违法犯罪行为,如重婚,表现形式各异,社会危害性程度不同,这需要法律与道德共同结合发挥作用以维护一夫一妻制原则。[②] 因此,2001 年《婚姻法》在"总则"部分以宣示性的方式倡导夫妻应当重视,倡导和睦文明的婚姻家庭关系,与此同时也通过具体的法律制度设计来规范违反一夫一妻制原则的行为,如规定重婚或有配偶者与他人同居的是离婚的法定列举情形之一(第 32 条),规定对重婚者追究刑事责任(第 45 条),规定重婚或有配偶者与他人同居情形下无过错方的损害赔偿请求权(第 46 条)。

2.规定"禁止家庭暴力"

家庭暴力是指行为人以殴打、捆绑、残害、强行限制人身自由或者其他手段,给其家庭成员的身体、精神等方面造成一定伤害后果的行为。家庭暴力问题是当今世界各国都存在的一个严重的社会问题,在我国,家庭暴力导致离婚和人身损害的

---

① 张希坡:《中国婚姻立法史》,人民出版社 2004 年版,第 245～246 页。

② 陈苇:《中国婚姻家庭法立法研究》,群众出版社 2010 年版,第 49～50 页。

案件逐年增多,家庭暴力成为离婚的主要原因之一,据一项社会调查结果显示,进入 20 世纪 90 年代以来,家庭暴力发生率比 20 世纪 80 年代上升了 25.4%;我国2.6 亿个家庭中,每年约有 10 万个家庭因存在家庭暴力而解体。[①] 家庭暴力严重侵犯家庭成员中处于弱势的妇女、儿童和老人的合法权益,危害婚姻家庭稳定和社会和谐。1991 年 7 月,《中国妇女》杂志发表题为《家庭暴力白皮书》的文章,家庭暴力作为一种社会问题在中国首次被提出。1995 年 8 月 7 日,国务院发布《中国妇女发展纲要》(1995—2000 年),这是中国政府第一部关于妇女发展的专门规划,第一次明确使用了"家庭暴力"概念。1999 年,长沙市公安局制定下发《关于贯彻执行〈长沙市预防和制止家庭暴力的若干规定〉的意见》,这是全国第一个公安机关出台的关于处理家庭暴力的文件。2000 年 3 月 31 日,湖南省人大常委会审议通过《关于预防和制止家庭暴力的决议》,这是全国第一部反对家庭暴力的地方性法规,"家庭暴力"概念首次出现在中国的法律体系中。2000 年 4 月的全国民意调查显示,有 96.1% 的人认为修改后的婚姻法对家庭暴力应加以制裁。到 2001 年《婚姻法》修改前,全国已有了 3 省 11 市出台了制止家庭暴力的决议、规定或联合文件。[②] 2001 年修正的《婚姻法》在总则部分明确禁止家庭暴力,并规定对家庭暴力受害人的救助措施和加害人的法律责任(第 44 条和第 45 条)[③],在离婚制度中增补规定,实施家庭暴力的,一方要求离婚,调解无效的,应准予离婚(第 32 条),在新增的离婚损害赔偿制度规定因一方实施家庭暴力导致离婚的,无过错方有权请求损害赔偿(第 46 条)。这是第一次在国家立法中对家庭暴力问题作出明确规定,通过总则宣示性规定与分则具体法律制度设计相结合的规定尽可能全面的制止家庭暴力,保护弱势家庭成员的合法权益,维护婚姻家庭关系的健康和稳定。[④]

3.在结婚制度上,增设了无效婚姻制度和可撤销婚姻制度,填补了立法空白

过去我国对违法婚姻一般认定为无效按离婚处理,如 1953 年中央人民政府内

① 徐苏林:《家庭暴力:不容回避的社会问题》,载《青少年犯罪问题》1999 年第 3 期,第 52 页。

② 王胜明、孙礼海主编:《〈中华人民共和国婚姻法〉修改立法资料选》,法律出版社 2001 年版,第 124 页。

③ 2001 年《婚姻法》第 43 条:实施家庭暴力或虐待家庭成员,受害人有权提出请求,居民委员会、村民委员会以及所在单位应当予以劝阻、调解。对正在实施的家庭暴力,受害人有权提出请求,居民委员会、村民委员会应当予以劝阻;公安机关应当予以制止。实施家庭暴力或虐待家庭成员,受害人提出请求的,公安机关应当依照治安管理处罚的法律规定予以行政处罚。第 45 条:对重婚的,对实施家庭暴力或虐待、遗弃家庭成员构成犯罪的,依法追究刑事责任。受害人可以依照刑事诉讼法的有关规定,向人民法院自诉;公安机关应当依法侦查,人民检察院应当依法提起公诉。

④ 2015 年 12 月 27 日,第十二届全国人大常委会第十八次会议表决通过了《中华人民共和国反家庭暴力法》,于 2016 年 3 月 1 日施行,内容包括家庭暴力的预防、家庭暴力处置、人身安全保护令和法律责任等内容。作为中国第一部反家暴法,这对预防和制止家庭暴力,保护家庭成员的合法权益,维护平等、和睦、文明的家庭关系,促进家庭和谐、社会稳定具有重要意义。

务部《关于麻疯病患者婚姻问题的处理意见的复函》,1956 年最高人民法院《关于未登记的婚姻关系在法律上的效力问题的复函》,1957 年 2 月 21 日最高人民法院《关于离婚案件在上诉期间当事人一方与第三者结婚应如何处理等问题的批复》以及 1987 年最高人民法院《关于在离婚诉讼中发现双方隐瞒近亲关系骗取结婚登记,且生活多年又生有子女,应按婚姻法第 25 条处理的批复》中对患有不能结婚疾病、未达法定婚龄、重婚以及有禁止结婚亲属关系的婚姻均按离婚处理。1981 年《婚姻法》第 4 条、第 5 条和第 6 条规定,结婚必备要件有 3 个:必须男女双方完全自愿、双方达到法定婚龄、双方均无配偶;结婚的禁止条件有 2 个:双方无禁止结婚的近亲属关系、双方无禁止结婚的疾病。对于违背上述结婚要件的结婚效力如何,1980 年《婚姻法》对此没有规定。仅在 1994 年民政部颁布的《婚姻登记管理条例》中规定,未到法定结婚年龄的公民以夫妻名义同居的,或者符合结婚条件的当事人未经结婚登记以夫妻名义同居的,其婚姻关系无效,不受法律保护(第 24 条)。这一规定成为我国无效婚姻制度的立法雏形。

随着我国民法理论的发展,婚姻家庭法学界普遍认为结婚行为属于民事法律行为,相应地应设计民事法律行为生效要件欠缺时的法律制度。根据结婚的法定要件是否涉及社会公共利益,区分为公益要件和私益要件,一般来说,欠缺结婚公益要件的男女两性结合,社会危害性较大,比如违反一夫一妻制的情形;仅欠缺结婚私益要件的男女两性结合,社会危害性较小,比如欠缺结婚自愿的情形。区别结婚公益要件和私益要件的不同情形,设立婚姻无效或可撤销制度。2001 年《婚姻法》修订时,婚姻无效制度的设计提上了议程,其中一个重要的争论点是立法模式上应采取单一的无效婚姻制度还是采取无效婚姻与可撤销婚姻两种制度并行的双轨制。[①] 由于单一的无效婚姻制度重在否认违反婚姻的效力,以制裁违法行为,双轨制既着重否认违法婚姻的效力,又同时注意保护当事人及其子女的合法权益,因此 2001 年《婚姻法》采用双轨制,规定了婚姻无效制度和婚姻可撤销制度。[②] 2001 年《婚姻法》规定了无效婚姻的四种情形(第 10 条),可撤销的法定原因(第 11 条)以及婚姻无效或被撤销的法律后果(第 12 条)。

3.完善了夫妻财产制的规定

改革开放以来,我国个人收入呈现不断稳定增长的趋势,进入 20 世纪 90 年代后,我国的个人收入的增长速度进一步加快。从 1978 年到 2001 年城镇居民家庭人均可支配收入迅速增长,从 1978 年的 343.4 元,到 1991 年的 1700.6 元,再到 2001 年的 6859.6 元;农村居民家庭人均可支配收入从 1978 年的 133.6 元,到 1991

---

① 薛宁兰:《共同关切的话题——婚姻法修改中的热点、难点问题研讨会综述》,载《妇女研究论丛》2001 年第 1 期,第 59～60 页。

② 陈苇:《中国婚姻家庭法立法研究》,群众出版社 2010 年版,第 53 页。

年的 708.6 元,再到 2001 年的 2366.4 元。财产形式的多样化丰富了家庭财产构成,增强了对个人财产在婚姻家庭关系中的确认和保护需求。而 1980 年《婚姻法》所确定的夫妻财产制因过于原则而缺乏操作性,因应上述变化,2001 年修正的《婚姻法》明确区分和列举了共同财产和个人财产,引入了夫妻个人财产的概念,进一步完善了约定财产制的约定方式、选择范围。具体包括以下修改:

(1)明确了夫妻共同财产的范围。最高人民法院于 1993 年 11 月 3 日发布了《关于人民法院审理离婚案件处理财产分割问题的若干具体意见》(以下简称《离婚财产分割意见》),第 2 条用列举的方式明确界定了夫妻共同财产的范围,强调共同财产必须在婚姻关系存续期间所得,包括:一方或双方在婚姻关系存续期间劳动所得的和购置的财产;继承或受赠的财产;由知识产权取得的经济利益;从事承包、租赁等生产、经营活动的收益;取得的债权以及其他合法所得。以上均视为夫妻共同财产。在 2001 年《婚姻法》制定过程中,这一规定却遭到学者们的强烈反对。学者们认为,1980 年《婚姻法》对夫妻共同财产范围的界定过宽,把一方无偿取得的财产包括继承、受赠的财产统统纳入共同财产,"违背了原财产所有权人的意志"[1],"违反了市场经济提倡的按劳分配、尊重和保护个人财产所有权的精神,不利于夫妻关系的健康发展"。[2] 1980 年《婚姻法》将婚姻关系存续期间所得财产一概确定为夫妻共同财产的规定"反映了比较严重的简单化、理想化的平均主义思想,与市场经济注重个人权利的价值观点和生活方式产生矛盾"[3]。鉴于此,2001 年《婚姻法》第 17 条重新界定了夫妻共同财产的范围,规定夫妻在婚姻关系存续期间所得的工资、奖金,生产、经营的收益,知识产权的收益,继承或赠与所得的财产,归夫妻共同所有;同时第 17 条第 4 项将"遗嘱或赠与合同中确定只归夫或妻一方的财产"列为个人特有财产;这一制度设计既符合我国传统的婚姻家庭关系中同居共财的传统观念,有助于维持婚姻关系的稳定,又体现了尊重和保护个人财产所有权和意思自治的精神。

(2)增设个人特有财产制,列举了个人特有财产的范围。1993 年《离婚财产分割意见》第 3 条和第 6 条对夫妻个人财产转化为夫妻共同财产的情形作了规定:① 在婚姻关系存续期间,复员、转业军人所得的复员费、转业费,结婚时间 10 年以上的,应按夫妻共同财产处理。这一转化规定对于在婚姻关系存续期间曾对军人服役给予支持和帮助的军人配偶而言是一个重要的保障和弥补措施,反映了我国婚

① 巫昌祯、夏吟兰:《离婚新探》,载《中国法学》1989 年第 2 期,第 52 页;王胜明、孙礼海主编:《〈中华人民共和国婚姻法〉修改立法资料选》,法律出版社 2001 年版,第 232~233 页。
② 马忆南:《共同财产制更能反映夫妻关系的本质和特征》,载李银河、马忆南主编:《婚姻法修改论争》,光明日报出版社 1999 年版,第 321 页。
③ 马忆南:《共同财产制更能反映夫妻关系的本质和特征》,载李银河、马忆南主编:《婚姻法修改论争》,光明日报出版社 1999 年版,第 320 页。

姻家庭立法在保护军婚的前提下，兼顾妇女权益保护的基本原则。②一方婚前个人所有的财产，婚后由双方共同使用、经营、管理的，房屋和其他价值较大的生产资料经过 8 年，贵重的生活资料经过 4 年，可视为夫妻共同财产。在 2001 年《婚姻法》修订过程中，这种夫妻个人财产转化为夫妻共同财产的规定受到较大争议，许多专家学者认为这种财产的转化规定不符合民法有关所有权取得的原理，侵害了夫妻一方的个人财产所有权，很可能助长婚姻一方"借婚敛财"、不劳而获的现象发生。① 2001 年新修订的《婚姻法》在兼顾不同利益主体要求的前提下，遵循照顾弱者、尊重财产所有人的意愿和防止不劳而获的原则，不再规定"转化来的夫妻共同财产"，专门规定了个人特有财产的范围：一方婚前财产；一方因身体受到伤害获得的医疗费、残疾人生活补助费等费用；遗嘱或赠与合同中确定只归夫或妻一方的财产；一方专用的生活用品等规定为个人特有财产（第 18 条）。个人特有财产制的设立既保护了夫妻双方的合法权益，调动双方劳动的积极性，避免利用婚姻巧取财产，又保持了个人生活的连续性和完整性，有助于维护婚姻一方的个人财产所有权。

（3）完善约定财产制，确立了约定财产制的具体操作程序。我国 1950 年《婚姻法》没有明文规定夫妻约定财产制，改革开放以来，因应保障婚姻当事人意思自治、公民的财产自主权的需要，1980 年的《婚姻法》第 13 条对夫妻财产约定作出规定，并且规定夫妻约定财产制的效力要优先于夫妻法定财产制的效力。但是法律对于约定的方式、约定的程序、约定的效力等未有作出规定，缺乏可操作性。1993 年《离婚财产分割意见》第 1 条承认了夫妻财产约定可以采用书面形式或口头约定形式，但对约定的时间和范围、条件和程序、效力等问题仍然没有明文规定。这显然与市场经济条件下夫妻对约定财产关系便捷和个人财产保护的强烈要求不相适应。尤其是随着经济体制改革的深入，家庭由生活型向生产生活型转变，夫妻与第三人之间因生产、经营、消费而进行的交易不断增多。而夫妻和家庭内部有关财产的处理直接决定了交易是否成功、第三人利益能否实现。我国提出建立社会主义市场经济体制的目标后，将保护交易安全作为立法的重要目标，反映到婚姻家庭立法中就产生了对第三人合法权益进行保护的立法要求。2001 年《婚姻法》适应了上述需求，在第 19 条第 3 款规定，"夫妻对婚姻关系存续期间所得的财产约定归各自所有的，夫或妻一方对外所负的债务，第三人知道该约定的，以夫或妻一方所有的财产清偿"。这一规定弥补了 1980 年《婚姻法》的不足，确立了约定财产制的具体操作程序，包括约定财产制的内容、形式和效力，为婚姻当事人的财产约定提供了法律依据。同时这一规定也使夫妻双方不能利用财产约定的方式来规避其应承担的债务，从而达到保障交易安全，维护市场秩序，保护善意第三人合法权益的

---

① 陈苇:《中国婚姻家庭法立法研究》，群众出版社 2010 年版，第 57 页。

目的。

5.完善离婚事由,构建了较为完整的离婚救济制度

(1)在离婚事由的规定上,将法定离婚事由具体化。1980 年《婚姻法》对判决离婚的法定条件采用概括性的规定,带来了可操作性差和裁判不一的问题。1984年 8 月 30 日最高人民法院《关于贯彻执行民事政策法律若干问题的意见》中对实践中可能出现的离婚的具体情形包括如因第三者介入导致的离婚,因包办、强迫和以索取财物为目的的婚姻、因生女孩或女方采取节育措施等而提出离婚的请求的裁判作了明确规定。1989 年 11 月 21 日最高人民法院在 1984 年《关于贯彻执行民事政策法律若干问题的意见》的基础上,制定了《关于人民法院审理离婚案件如何认定夫妻感情确已破裂的若干意见》,将"感情确已破裂"具体分为可依法判决离婚的 14 种情形,包括患有影响婚姻关系的疾病,婚前了解不够,包办、买卖、欺骗婚姻,重婚,有恶习,分居 3 年,下落不明满 2 年,被判刑或虐待等,以增强司法实践的可操作性。进入 21 世纪,我国的离婚率又出现高峰值状态,市场经济发展对效率的要求必然希望作为生产力的婚姻当事人能够尽快结束不愉快的离婚纠纷,恢复到生产当中。2001 年《婚姻法》修订时结合最高人民法院颁布的几个司法解释,采用概括和列举相结合的方式增补了具体的离婚事由。2001 年《婚姻法》第 32 条规定了重婚或有配偶者与他人同居的,实施家庭暴力或虐待、遗弃家庭成员的,有赌博、吸毒等恶习屡教不改的,因感情不和分居满 2 年等 5 类情形,可确认为夫妻感情破裂。新修订的《婚姻法》对离婚法定事由具体化的规定增加了司法实践的可操作性,有利于保障当事人的离婚自由,同时也适应了我国市场经济发展的要求。

(2)增设了家务劳动补偿制度。1978 年改革开放以来,妇女社会地位获得大大提升,男女平等观念增强,夫妻家务劳动分工出现了新的变化。两性家务劳动时间差距逐渐缩短,但是这种缩短并没有从本质上改变家务分工主要由妻子承担的模式,妻子一方的负担依然大大重于丈夫。在婚姻家庭中,妻子在收入、婚姻住所和家务分工上总体处于弱势一方,一旦婚姻关系解除,处于弱势一方的妻子往往面临失去住所、生活困难以及妻子在婚姻期间因家务劳动失去了自我增值的机会难以再就业或更好就业等利益无从保护的情形。为了保护婚姻中弱势一方的利益,2001 年《婚姻法》增设了家务劳动补偿制度,第 40 条规定"夫妻书面约定婚姻关系存续期间所得的财产归各自所有,一方因抚育子女、照料老人、协助另一方工作等付出较多义务的,离婚时有权向另一方请求补偿,另一方应当予以补偿"。该条规定将男女平等、夫妻平等向婚姻家庭关系中强势一方与弱势一方的平等转变,实现婚姻家庭关系中的实质平等。

(3)增设了离婚损害赔偿制度。离婚损害赔偿制度是指离婚时,无过错方有权要求过错方给予其一定物质补偿的制度。随着离婚率的上升,由于配偶一方的过错(重婚、姘居、通奸、遗弃、虐待等)导致家庭破裂的离婚案件占相当比例,给不少

离婚无过错方当事人造成身心的损害。全国妇联调查表明,90％以上的人主张采取措施对此加以遏制,并令有过错方承担相应的法律责任。① 针对因一方过错导致的离婚,1993 年《离婚财产分割意见》首次将"照顾无过错方"作为离婚时夫妻财产分割的一项基本原则。在该原则指导下,司法裁判中往往通过对无过错方多分一些夫妻财产的方式对无过错方进行补偿。2001 年《婚姻法》修订时离婚损害赔偿制度被首次提出,引起了人们的广泛关注。由于离婚损害赔偿制度具有填补无过错方的损害,抚慰受害方,制裁、预防违法行为的三方面功能,充分体现了婚姻法对弱者和无过错者的扶助和保护。2001 年《婚姻法》第 46 条专门设置了离婚损害赔偿制度,规定对因一方重婚、有配偶与他人同居、实施家庭暴力、虐待、遗弃家庭成员导致离婚的,无过错方有权请求损害赔偿。这一制度的设立弥补了我国离婚救济制度的一大空白,有助于保障离婚当事人的合法权益,维护社会稳定。

(三)修订评价

2001 年《婚姻法》的修订是完善我国婚姻家庭法制的重大步骤。首先,2001 年《婚姻法》修订立足于制度建设,填补了法律空白,增设了必要的法律制度,完善了现有的法律制度,使得我国婚姻家庭立法体系更加完善。其次,此次修订回应了改革开放以来经济、政治和社会变迁,针对社会上反映强烈的主要问题作出修改和补充,吸收行之有效的有关行政法规和司法解释,注重可操作性。最后,此次修订注重保护婚姻当事人人格利益、夫妻个人财产的需要,平衡婚姻家庭关系中强势一方与弱势一方的利益、婚姻当事人与交易第三人利益等,有助于推进新世纪和谐婚姻家庭关系的构建。

但是此次修订也存在需要进一步完善的空间:

1.在立法技术上过于原则和宽泛,配套制度规定不足。以夫妻财产制度为例,社会经济的发展带来了人们收入增加,人们权利意识的增强,这对婚姻法中的夫妻财产制提出了新的问题。除了对夫妻财产制的基本形态进行完善外,还需要相应的配套制度设计以弥补和助益夫妻财产制更好地发挥作用,比如增设日常家事代理权。日常家事代理权制度克服了夫妻双方在个人时间、精力上的局限性,扩张了夫妻双方的意思自治,满足了夫妻双方处理日趋多样化、复杂化的家庭事务和社会事务的需求。日常家事代理权有助于维护财产交易安全、保障与婚姻当事人交易的第三人利益。夫妻财产关系日益复杂,个人财富迅速增长,财产形式日益多样化,夫妻对财产的占有、管理、使用和处分的方式也多样化,包括投资、债权债务等,夫妻财产的静态安全与交易动态安全的冲突被凸显,"在婚姻家庭制度中明确设定日常家事代理权的内容,并使其与物权公示制度、善意取得制度、表见代理制度等

---

① 王胜明、孙礼海主编:《〈中华人民共和国婚姻法〉修改立法资料选》,法律出版社 2001 年版,第 238 页。

一起能共同构筑一条维护市场交易安全的完整链条"。①

2.在立法理念上对国际婚姻家庭法发展趋势回应不足。改革开放以来跨国婚姻增加,我国婚姻家庭法也受到国际化影响,我国与国际化接轨存在差距,以儿童最大利益原则为例,1989 年《儿童权利公约》都规定涉及儿童的所有行为均应以"儿童的最大利益"为首要考虑,我国虽然在 1992 年批准加入了《儿童权利公约》,但是截至 2001 年《婚姻法》修订仍然未明确确立儿童最大利益原则,仍然停留在保护儿童权益这一基本原则的规定之中。由于这一原则的缺失,导致后续的婚姻家庭制度如收养关系、监护权、教育权和探望权行使等等制度设计中也无法从儿童最大利益原则出发去最大化地保护未成年子女的利益。

3.婚姻家庭制度体系化不足。截至 2001 年《婚姻法》修订,可以说一个以宪法为依据,以婚姻法为主干,辅之以相关的法律、法规和司法解释等的具有中国特色的社会主义婚姻家庭法规范体系已经形成,它是中国特色社会主义法律体系的重要组成部分。② 但是从民法典编纂的体系视野,这一系列婚姻家庭规范体系散落在大量不同层次的法律规范之中,包括如《中华人民共和国收养法》这一普通法律层面的规范,也包括 1989 年 11 月 21 日最高人民法院《关于人民法院审理未办结婚登记而以夫妻名义同居生活案件的若干意见》、1993 年最高人民法院《离婚财产分割意见》等大量司法解释层面的规范之中,严格说,截至 2001 年,形成的只是一个松散的婚姻家庭制度体系,婚姻家庭制度的体系化立法应该从庞大的最高院解释意见中抽出具有价值的原则性规定纳入民法典,将收养法等普通法律规范纳入民法典,形成协调、完整的体系化婚姻家庭制度。

三、婚姻法司法解释

2001 年《婚姻法》修订后,针对社会反映强烈的主要问题,最高人民法院制定了多个婚姻法的司法解释,以增强婚姻家庭制度的可操作性。

(一)《婚姻法司法解释一》

在 2001 年《婚姻法》修正案实施后 8 个月,基于对《婚姻法》中的一些程序性和亟须解决的问题,最高人民法院颁布了《最高人民法院关于适用〈中华人民共和国婚姻法〉若干问题的解释(一)》(以下简称《婚姻法司法解释一》)。该司法解释旨在解决《婚姻法》在具体适用过程中由于概念和原则比较抽象给法官带来的困扰,解释和厘清法律术语,为法官裁判提供明确规则。该司法解释内容涉及家庭暴力的概念界定、无效婚姻和可撤销婚姻、事实婚姻、夫妻财产关系、父母子女关系和离婚救济等。第一,对家庭暴力问题、同居关系、可撤销和无效婚姻等人身关系作了概

---

① 史浩明:《论夫妻日常家事代理权》,载《政治与法律》2005 年第 3 期,第 49～50 页。

② 杨大文:《两部婚姻法 三个里程碑》,载《中国人大》2011 年第 7 期。

念澄清,《婚姻法司法解释一》用 10 个条文对申请宣告婚姻无效的主体和请求撤销婚姻的主体、审理案件的程序及法律效力予以司法解释,以确保婚姻效力制度的依法适用。第二,着重强调家庭财产关系和离婚案件财产分割的处理,特别规定"个人财产不因婚姻关系的存续而转变为家庭财产",从而强调对个人利益的保护。第三,2001 年婚姻法第 46 条明确规定了离婚损害赔偿的法定事由,并将离婚损害赔偿请求权的主体界定为无过错方。为确保该制度的实施,最高人民法院在《最高人民法院关于适用〈中华人民共和国婚姻法〉若干问题的解释(一)》中进行了补充解释,从而使离婚损害赔偿制度更为细化。此外,《婚姻法司法解释一》再次强调了对事实婚姻的态度。

事实婚姻是指无配偶的男女,未进行结婚登记,即以夫妻关系同居生活,群众也认为是夫妻的一种婚姻。1950 年《婚姻法》虽然规定登记婚,但是受传统仪式婚的影响,举行结婚仪式未办理结婚登记且以夫妻名义生活的非婚同居关系大量存在,最高人民法院 1979 年 2 月 2 日《关于贯彻执行民事政策法律的意见》首次对事实婚姻做了概念性解释,提出"不登记是不合法的,要进行批评教育",但对起诉时双方已满婚龄的事实婚姻纠纷,仍规定按一般的离婚案件处理。1984 年 8 月 30 日最高人民法院《关于贯彻执行民事政策法律若干问题的意见》中进一步明确指出"没有配偶的男女,未按婚姻法规定办理结婚登记手续,即以夫妻名义同居生活,是违法的。"从建国初期至 1989 年尽管非婚同居是违法的,但是对于符合结婚实质条件以夫妻名义非婚同居的情形,依然承认其具有婚姻效力予以婚姻法规制。① 对此,1989 年 11 月 21 日最高人民法院颁布《关于人民法院审理未办结婚登记而以夫妻名义同居生活案件的若干意见》予以专门规制,把以夫妻名义的非婚同居区分事实婚姻和非法同居;要求在 1986 年 3 月 15 日以后,只对同居时符合结婚实质要件的婚姻才予以承认效力,由此实际上缩小了事实婚姻的外延,缩小了法律承认效力的范围。② 1994 年颁布《婚姻登记管理条例》强调和规范了婚姻登记机关对当事

---

① 如最高人民法院 1956 年 11 月 14 日《关于未登记的婚姻关系在法律上的效力问题的复函》以及 1957 年 3 月 6 日《关于男女双方已达婚龄未进行登记而结婚的一方提出离婚时应如何处理问题的批复》中提出,无论在 1953 年贯彻婚姻法运动以前或以后,未进行登记而结婚的男女,如果他们事实上已经结婚,而问题只是缺登记手续,当一方提出离婚时,仍应认为双方有事实上的婚姻关系,与婚姻法第 6 条的规定并不发生抵触,其婚姻关系应予承认,并作为离婚案件处理。

② 1989 年《关于人民法院审理未办结婚登记而以夫妻名义同居生活案件的若干意见》第 1 条第 1 项规定:"1986 年 3 月 15 日婚姻登记办法施行前,未办结婚登记手续即以夫妻名义同居生活,群众也认为是夫妻关系的,一方向人民法院起诉'离婚',如起诉时双方均符合结婚的法定条件,可认定为事实婚姻关系;如起诉时一方或者双方不符合结婚的法定条件,应认定为非法同居关系";其第 2 项又规定:"1986 年 3 月 15 日婚姻登记办法施行后,未办结婚登记手续即以夫妻名义同居生活,群众也认为是夫妻关系的,一方向人民法院起诉'离婚',如同居时双方均符合结婚的法定条件,可认定为事实婚姻关系;如同居时一方或者双方不符合结婚的法定条件,应认定为非法同居关系。"

人婚姻登记行为的行政管理,按照该条例,自 1994 年 2 月 1 日起未办理结婚登记
而以夫妻名义同居生活的,不论是否符合结婚实质条件,以非法同居处理。① 由
此,正式确立了对事实婚姻的不承认主义,对未经登记而以夫妻名义同居的一律按
非法同居处理。2001 年《婚姻法》修订时,理论界对事实婚姻的效力再次发生激烈
争论,各方对于承认主义、不承认主义和限制承认主义意见始终难以统一,最后立
法机关采用回避的态度,在 2001 年《婚姻法》修正案第 8 条规定"未办理结婚登记,
应当补办结婚登记",通过重申办理结婚登记的必要性,以补办结婚登记的办法解
决事实婚姻问题。② 但是,鉴于非婚同居现象依然大量存在,2001 年《最高人民法
院关于适用〈中华人民共和国婚姻法〉若干问题的解释(一)》第 5 条重新作出修正
性规定:"未按婚姻法第八条规定办理结婚登记而以夫妻名义共同生活的男女,起
诉到人民法院要求离婚的,应当区别对待:一、1994 年 2 月 1 日民政部《婚姻登记
管理条例》公布实施以前,男女双方已经符合结婚实质要件的,按事实婚姻处理;
二、1994 年 2 月 1 日民政部《婚姻登记管理条例》公布实施以后,男女双方符合结
婚实质要件的,人民法院应当告知其在案件受理前补办结婚登记;未补办结婚登记
的,按解除同居关系处理。"在该规定下,对以夫妻名义非婚共同生活的非婚同居关
系的婚姻效力认定,条件更加宽松,可以通过补办结婚登记转化为婚姻。与此同
时,不补办结婚登记的非婚同居关系不再被认定为非法同居关系。法律对非婚同
居不再持一贯否定的态度。而且在后续的 2003 年《婚姻法司法解释二》改变以往
总是将非婚同居与以夫妻名义相联系的法律规制方式,除对"有配偶者与他人同
居"予以明文禁止外,对于其他形式的非婚同居采取不鼓励、不禁止的法律规制态
度(第 1 条)。

(二)《婚姻法司法解释二》

2001 年《婚姻法》修正案实施 2 年后,基于审判实践中亟待解决的无效婚姻、
离婚财产分割、夫妻债权债务等问题,2003 年 12 月,最高人民法院公布了《最高人
民法院关于适用〈中华人民共和国婚姻法〉若干问题的解释(二)》(以下称《婚姻法
司法解释二》),旨在回应市场经济发展中婚姻家庭法律制度所面临的新问题。《婚
姻法司法解释二》共 29 个法律条文,其中 20 个条文是规定的夫妻财产关系问题。
显然,《婚姻法司法解释二》实质上主要是为了解决司法实践中夫妻财产纠纷而制
定,同时对离婚损害赔偿、无效婚姻和同居关系作出相关解释,具体包括彩礼、离婚

① 1994 年 2 月 1 日,民政部在新的《婚姻登记管理条例》第 21 条规定"未到法定结婚年龄的公
民以夫妻名义同居的,或者符合结婚条件的当事人未经结婚登记以夫妻名义同居的,其婚姻关系无
效,不受法律保护。"
② 何丽新:《关于事实婚姻的讨论》,载柳经纬主编:《共和国六十年法学论争实录:民商法卷》,
厦门大学出版社 2009 年版,第 420 页。

房产分割、夫妻共同财产和个人财产归属的规定、知识产权收益归属、一方专用价值较大生活用品归属等、夫妻共同债务和个人债务的责任划分等。①《婚姻法司法解释二》明确规定按照市场经济的原则来处理离婚时的家庭财产分割,其中规定在家庭财产分割过程中,如果夫妻双方都主张对家庭共有财产的财产权,那么就按照市场竞价原则,在夫妻之间进行相互竞价,由出价较高的一方获得。这种方式完全按照市场经济的原则来分割家庭财产,将家庭看作一个经济单位,而不是社会单位,完全没有考虑夫妻双方在家庭共有财产形成过程中的贡献、离婚后抚养子女的情况以及对弱势一方的保护。与此同时,《婚姻法司法解释二》还规定了夫妻双方在市场经济条件下的财产分割规则,如股份公司、合伙企业、独资企业的财产在夫妻双方之间分割的规则。

(三)《婚姻法司法解释三》

2001 年《婚姻法》修正案实施后的十多年,随着国家经济社会进一步发展,市场交易日益繁荣,财产类型愈加多样化,个人主体意识进一步增强,保护夫妻双方的财产权益和第三人的交易安全成为婚姻法必须面临的重大问题。主要表现在:第一,在全球经济危机的背景下,"房地产经济"成为中国经济面临的难题,这使得婚姻家庭中的房产归属以及离婚诉讼中的房产分割成为关注的焦点,直接影响到婚姻家庭关系。一方面,中国的传统婚姻习俗是男方提供房子,女方提供嫁妆,但目前这些传统的婚房习俗渐渐为婚前双方贷款买房、父母赠与房产等新的婚房习俗所取代,由此引发了父母赠与的房产归属的争议;另一方面,在离婚诉讼中,房产作为夫妻共有财产在分割的过程中面临特别的困难,房产分割成为离婚诉讼的焦点和难题。第二,《物权法》颁布后,《婚姻法》与《物权法》的规定的协调衔接问题成为普遍争议的问题,而《婚姻法司法解释三》的制定也正是按照《物权法》的原则和规定来明确家庭房产的处分与分割规则,比如,《婚姻法司法解释三》第 10 条规定夫妻就房屋权属不能达成协议的,人民法院可以判决该不动产归产权登记一方,这突出了《物权法》房屋产权归属以房屋产权登记为准的原则。

2011 年最高人民法院颁布了《婚姻法司法解释三》,共 18 条,主要包括申请婚姻无效的限制、亲子关系、婚内子女抚养费、无民事行为能力配偶的监护、生育权和婚姻财产关系问题;其中关于婚姻财产关系问题的解释有 13 条。主要内容包括:(1)首次明确夫妻一方个人财产婚后产生的孳息和自然增值属于个人财产的一部分,不属于共同财产。夫妻一方财产在婚后的收益主要包括孳息、投资经营收益及自然增值等。2001 年《婚姻法》规定了婚姻关系存续期间所得的生产、经营收益及知识产权收益归夫妻共同所有,《婚姻法司法解释二》也明确规定一方以个人财产

① 马忆南、周征:《〈婚姻法〉司法解释二的解读与评论》,载《法律适用》2004 年第 10 期,第10~13 页。

投资所得的收益为夫妻共同财产,但对孳息和自然增值的产权归属未明确规定;《婚姻法司法解释三》第 5 条明确规定:"夫妻一方个人财产在婚后产生的收益,除孳息和自然增值外,应认定为夫妻共同财产。"(2)明确婚后一方父母出资为子女购买不动产且产权登记在自己子女名下的应认定为夫妻一方的个人财产。《婚姻法司法解释三》第 7 条规定"婚后由一方父母出资为子女购买的不动产,产权登记在出资人子女名下的,可按照婚姻法第十八条第(三)项的规定,视为只对自己子女一方的赠与,该不动产应认定为夫妻一方的个人财产。由双方父母出资购买的不动产,产权登记在一方子女名下的,该不动产可认定为双方按照各自父母的出资份额按份共有,但当事人另有约定的除外。"该条规定将产权登记主体与明确表示赠与的一方联系起来,兼顾了中国国情与社会常理,有助于纠纷的解决,以均衡保护婚姻双方及其父母的权益。(3)首次明确离婚案件中一方婚前贷款购买的不动产应归产权登记方所有。中国传统的观念往往要求男方提供婚房,然而由于房屋价格过高,现实中的情况大多数是一方(往往是男方)在婚前购买房屋,婚后由双方共同还贷。这必然导致离婚诉讼中按揭房屋的分割问题成为争议焦点。《婚姻法司法解释三》第 10 条明确规定,婚前一方购买的房屋应按照产权登记证明来确定房屋的产权归属,婚后双方对按揭房屋的增值,考虑配偶另一方参与共同还贷的实际情况,由产权登记一方对另一方进行补偿。《婚姻法司法解释三》的颁布是社会经济结构变迁在婚姻家庭领域的集中体现,婚姻择偶标准由建国时期的政治因素转变为改革开放以后的经济因素,房产成为婚姻家庭的重要财产,《婚姻法司法解释三》的规定有助于解决纷繁复杂的房车纠纷,也将在一定程度上改变人们以房产为中心的婚姻行为。[①]

(四)关于夫妻共同债务认定的两个补充司法解释

1.2017 年 2 月 28 日的《补充规定》

《婚姻法司法解释二》第 24 条规定"债权人就婚姻关系存续期间夫妻一方以个人名义所负债务主张权利的,应当按夫妻共同债务处理。但夫妻一方能够证明债权人与债务人明确约定为个人债务,或者能够证明属于婚姻法第十九条第三款规定情形的除外。"自该条颁布后,它的法律适用问题持续受到关注,认为该条规定与婚姻法精神相悖,过分保护债权人利益,损害了未举债配偶一方利益。最高人民法院也陆续接到一些反映,认为该条规定剥夺了不知情配偶一方合法权益,让高利贷、赌博、非法集资、非法经营、吸毒等违法犯罪行为形成的所谓债务以夫妻共同债务名义,判由不知情配偶承担,甚至夫妻一方利用该条规定勾结第三方,坑害夫妻另一方等,有损社会道德,与婚姻法精神相悖,造成不良社会影响。司法审判中未

[①] 社会科学文献出版社:《中国法治发展报告 No.10(2012)》,http://guoqing.china.com.cn/2012—12/20/content_27470466.htm,下载日期:2018 年 3 月 8 日。

严格依法处理案件,出现的判令夫妻一方承担虚假债务或非法债务,需要人民法院进一步改进司法作风,提高司法能力和水平。鉴于此,2017 年 2 月 28 日最高人民法院审判委员会第 1710 次会议讨论通过《最高人民法院关于适用〈中华人民共和国婚姻法〉若干问题的解释(二)的补充规定》,对该司法解释第 24 条增加规定了第 2 款和第 3 款,即夫妻一方与第三人串通,虚构债务,第三人主张权利的,人民法院不予支持。夫妻一方在从事赌博、吸毒等违法犯罪活动中所负债务,第三人主张权利的,人民法院不予支持。

《补充规定》是针对夫妻共同债务认定确立的裁判规则,这是针对当前婚姻家庭领域新情况、新问题的最新回应,有值得肯定之处。第一,明确规定排除将虚假债务、非法债务认定为夫妻共同债务,以保护未举债配偶一方利益,表明了最高人民法院对虚假债务、非法债务否定性评价的明确立场。第二,减轻了非举债夫妻一方的举证责任。《补充规定》明确提出当事人本人、证人应当到庭并出具保证书,通过对其进行庭审调查、询问,从程序上进一步核实和保证债务的真实性;并且规定法庭可以根据当事人申请依职权进行调查取证,强调法庭的主动作为,这有利于缓解非举债夫妻一方的举证困难。第三,明确提出生存权高于债权的保护理念。最高人民法院强调,执行中依法保护夫妻共同债务另一方的基本生存权益,要保留其必要的生活费用、生活必需品,特别是强调要保护基本居住权,这一点对于家事案件的处理具有重要意义,有助于保护家庭中未成年儿童和妇女等弱势一方的权益。

但是,《补充规定》并没有改变《婚姻法司法解释二》第 24 条依身份推定标准来判断夫妻共同债务的裁判原则,即"一方借款,双方来还"的一般裁判原则,只是排除了虚假债务和非法债务这两种本来就不受法律保护的债务,这没有从根本上解决《婚姻法司法解释二》第 24 条的社会争议点,因此,能够实际发挥作用的效力有限。另外,《补充规定》在实施过程中将对法庭提出更高的要求,要求法庭全面审查证据和主动作为,但是婚姻家庭事务往往具有较强伦理道德性和私密性,在实际中调取证据比较困难,这可能会增加《补充规定》的操作困难。

2.2018 年 1 月 8 日《最高人民法院关于审理涉及夫妻债务纠纷案件适用法律有关问题的解释》

2001 年修改婚姻法时,我国已经建立社会主义市场经济。在当时的社会背景下出现一个社会现象,就是夫妻双方联手坑债权人,通过离婚恶意转移财产给另一方,借以逃避债务。夫妻为日常生活或进行其他民事活动的需要对外形成债之关系在所难免,但一旦形成债务欲为清偿,就得先明确该债务是否属于夫妻共同债务,因债务性质不同意味着用于清偿的责任财产不同。从其立法背景而言,《婚姻法司法解释(二)》第 24 条的主观规范目的是保障债权人利益,而该条文的实际效果却走向了另一面,夫妻中的非举债方因此负担巨额债务,或配偶一方与"债权人"串通损害非举债方的利益。为此在我国形成了一个特殊的群体,叫做"《婚姻法》司法解释(二)第二十四条"受害者联盟,简称"24 条受害者联盟"。在"第二十四条婚规"之下,夫妻单方对外借的债务,都可能被认为是夫妻共同债务。"24 条受害者"中 87.1％为女性,经常在夫妻离婚后,债权人将女方和前夫一起告上了法院,要求女方共同偿还前夫在离婚前的债务。

鉴于上述,2018 年 1 月 8 日最高人民法院审判委员会第 1731 次会议通过并公布《最高人民法院关于审理涉及夫妻债务纠纷案件适用法律有关问题的解释》。最新《解释》中,夫妻共同债务的成立有三种情况,一是夫妻双方通过签字或事后追认所表示的合意;二是"家庭日常生活需要",这类债务有一种排除情形,即夫妻双方婚姻关系存续期间所得财产归各自所有,且债权人知道该约定;三是对于超出家庭日常生活需要的债务,需要由债权人举证该债务用于夫妻共同生活、共同生产经营或者基于夫妻双方共同意思表示,方得认定为共同债务,这显然侧重于保护非举债配偶一方。从共同债务的形成角度,明确和强调了夫妻双方共同签字或者夫妻一方事后追认以及其他如电话、短信、微信、邮件这些形式所体现的共同意思表示所负的债务,应认定为夫妻共同债务的基本原则。这种制度安排,一方面,可以从债务形成源头上尽可能杜绝夫妻一方"被负债"现象发生;另一方面,也可以有效避免债权人因事后无法举证证明债务属于夫妻共同债务而遭受不必要的损失,对于保障交易安全和夫妻一方合法权益,都具有积极意义。

四、婚姻登记制度

在婚姻登记制度上,伴随着政治结构改革的不断深入,我国的婚姻登记制度不断完善。1955 年 6 月 1 日施行的《婚姻登记办法》以法律的形式首次完整地确立了我国的婚姻登记制度,改革开放后,民政部先后颁布了 1980 年、1986 年《婚姻登记办法》、1994 年《婚姻登记管理条例》和 2003 年《婚姻登记条例》,逐步完善了以婚姻登记为中心的婚姻管理制度,保障婚姻当事人婚姻缔结和解除的程序自由。

改革开放以来,随着政治结构的变迁,政治日益民主化和法律化,政治生活的民主性和开放度得到提高。在国家和个人的利益关系上,"个人的利益需求日益得到关注,并日渐成为社会利益格局博弈的主体"。① 在国家对个人事务管理的范围上,国家对于个人的管理范围正在缩小,个人的自主性明显增强。但是在婚姻登记制度上,为了规范婚姻行为,保证我国婚姻法的实施,1980 年,民政部重新制定《婚姻登记办法》,为加强结婚登记的管理,开始要求"登记结婚的男女双方,须持本人户口证明和所在生产大队或工作单位出具的关于本人出生年月、民族和婚姻状况的证明(第 1 条)",这一修改潜在地对实现真正的婚姻自由设置了障碍,男女双方的结婚常常因无法取得有关证明而不能进行登记,享有的婚姻自由因此受到他人

---

① 孙立平:《利益关系形成于社会结构变迁》,载《社会》2008 年第 3 期,第 8 页。

的干涉。1986 年民政部又发布了《婚姻登记办法》,明确规制婚姻登记行为,规定对因他人干涉不能获得所需证明的,只要符合结婚条件的便予以登记(第 5 条),以消除婚姻登记中可能存在的干涉婚姻自由行为。

随着经济体制改革的进一步深化,1988 年的中央政府改革明确了转变政府职能,1992 年中共十四大提出建立社会主义市场经济体制,要求建立适应社会主义市场经济发展需要的政府组织机构,我国开始实施行政管理体制和国家机构改革,减少行政管理的高度集中性和全面强制性。响应政府机构改革的号召,1994 年颁布了《婚姻登记管理条例》,只是该条例更多的是从国家机构改革的角度强调和规范了婚姻登记机关的行政管理职能;直到 2003 年《婚姻登记条例》,将条例名称中的"管理"二字删除,以个人签字声明取代婚姻状况证明,逐步淡化了婚姻登记的行政管理色彩,更加体现我国婚姻法尊重当事人的个人意思自治。① 继 1992 年中共十四大提出政府应从指令性、计划性管理逐渐转换到为市场服务上来,我国不断推进政府职能转变,改变计划经济下的全能型政府模式。2007 年中共十七大首次提出建设服务型政府,2013 年中共十八届三中全会明确将加快推进政府职能转变。这一系列改革促进我国婚姻登记部门由管理职能向服务职能转变,2012 年 7 月 24 日,民政部宣布已建立省级婚姻登记工作网络平台和数据中心,实现了在线婚姻登记和婚姻登记信息全国联网审查,以更有利于婚姻当事人婚姻自由的实现。②

第三节　继承制度

一、《继承法》的制定

1950 年《婚姻法》第 12 条规定了夫妻间的继承权利,第 14 条规定了父母子女之间的继承权利;随后最高人民法院也多次拟定贯彻执行继承政策法律的意见作为各级人民法院处理继承案件的依据,1953 年 1 月 6 日外交部《关于外侨遗产继承问题处理原则》和 1954 年 9 月 28 日外交部、最高人民法院颁发的《外人在华遗产继承问题处理原则的指示》对我国的涉外继承问题作出了明确规定。1956 年 9 月 20 日司法部《关于有关遗嘱、继承问题的综合批复》中对代位继承、遗嘱继承作了规定。1963 年 8 月 28 日最高人民法院《关于贯彻执行民事政策几个问题的意

---

① 巫昌祯、夏吟兰:《改革开放三十年中国婚姻立法之嬗变》,载《中华女子学院学报》2009 年第 1 期。

② 《民政部召开婚姻登记信息全国联网新闻发布会》,http://www.mca.gov.cn/article/zwgk/mzyw/201207/20120700336547.shtml,下载日期:2015 年 12 月 13 日。

见(修正稿)》比较具体地规定了继承的第一、第二顺序继承人,遗嘱继承、无人继承财产的归属等具体继承问题。1979 年 2 月 2 日最高人民法院《关于贯彻执行民事政策法律的意见》进一步修改和补充完善了继承的相关具体规则,包括代位继承的范围,同一顺序继承人的遗产分配规则等,着重强调对未成年人、无劳动能力或生活有困难的继承人的继承权保护。1984 年 8 月 30 日最高人民法院《关于贯彻执行民事政策法律的意见》进一步完善细化了代位继承、遗产处理等规定,并明确了"过继"子女与"过继"父母的继承权问题、丧偶儿媳、女婿的继承权问题。这些司法解释在审判实践中发挥了重要作用,也基本形成了我国的财产继承制度的雏形。

改革开放以来,随着经济发展,人们的劳动收入显著增加,生活水平明显提高。1980 年农村居民家庭年人均纯收入为 133.6 元,城市居民家庭年人均可支配收入为 343.4 元;1985 年农村居民家庭年人均纯收入为 397.6 元,城市居民家庭年人均可支配收入为 739.1 元。可以预估随着中国经济的快速发展,人们的就业途径扩展,家庭经济收入将逐渐增多;个人财富的增长也促使人们将财产传承给后代的观念和需求越来越强。随着家庭消费水平的不断提高,消费构成由过去的"吃、穿、用"逐步转向"用、穿、吃",并且家庭消费支出中家庭耐用消费品占据很大一部分,大宗家庭耐用消费品成为家庭财产的重大构成,人们希望在死后这些重要生活资料能够得到确认,并希望按照自己意愿将这些财产转归自己希望继承的人所有。

1982 年修订《宪法》第 13 条第 2 款规定:"国家依照法律规定保护自然人的私有财产的继承权",承认了私人享有合法财产权,初步确立了私有财产的合法性和法律保护。个人财产所有权是继承权的基础和前提,继承权是个人所有权的延伸,《宪法》对私人合法财产权的确认为继承权提供了宪法保障。然而,1980 年《婚姻法》第 18 条只是继续沿袭了 1950 年《婚姻法》规定夫妻之间、父母子女之间相互继承的权利,而且 20 世纪 60、70 年代制定的司法解释就其性质来说是在计划经济时期制定的,内容不够完整,过于粗略,已经无法满足人们日益增长的财富继承需求;社会变迁对财产继承的需求与继承法律制度的供给出现了落差,亟须制定一部专门的继承法规以调整财产继承关系。

1979 年,新成立的全国人大常委会法制委员会组织起草民法典,至 1982 年 5 月先后完成了《中华人民共和国民法(草案)》4 稿,其中均设财产继承编,分别为1980 年 8 月 15 日的《中华人民共和国民法(草案)》(征求意见稿)第六编"财产继承"、1981 年 4 月 10 日的《中华人民共和国民法(草案)》(征求意见二稿)第六编"财产继承"、1981 年 7 月 31 日的《中华人民共和国民法(草案)》(第三稿)第六编"亲属、继承"和 1982 年 5 月 1 日的《中华人民共和国民法(草案)》(第四稿)第六编"财产继承权"。之后,由于民事立法思路的转变,立法机关放弃了制定统一民法典的思路,而采取了制定民事单行法的思路,继承法也采取了单行法的思路。1984 年 9 月,法制工作委员会会同最高人民法院在《中华人民共和国民法(草案)》(第四稿)第六编"财产继承权"的基础上,起草了《中华人民共和国继承法(草案)》,印发各省、自治区、直辖市人大常委会,全国政协和中央有关部门、单位以及政法院系、研究机构专家征求意见。1985 年 1 月和 2 月,继承法草案先后提请第六届全国人大常委会第九次、第十次会议。1985 年 4 月 10 日,六届全国人大三次会议审议通过了《中华人民共和国继承法》。

二、《继承法》的内容

《继承法》包括"总则""法定继承""遗嘱继承和遗赠""遗产的处理"和"附则"5章,共计 37 条。"总则"部分是关于继承权的一些基本规定,包括:继承开始、遗产范围、行使继承权的代理、丧失继承权和继承权的诉讼时效等内容;"法定继承"部分包括法定继承人、继承顺序、代位继承、应继份、酌给份等内容;"遗嘱继承和遗赠"部分包括遗嘱继承和遗赠的概念、遗嘱方式、遗嘱内容、遗嘱的撤销、遗嘱的执行人等内容;"遗产的处理"是关于遗产如何处理内容的规定,规定了遗产转移的程序,包括继承开始后的通知、遗产的保管、继承的表示、遗产分割、清偿债务等内容;"附则"部分包括民族自治地方的特别规定,涉外继承和继承法生效的时间等内容。

1. 规定了继承权男女平等原则

《继承法》第 9 条规定继承权男女平等,这是我国社会主义继承制度的重要特征,也是继承法的一项基本原则。我国的宪法和婚姻法都确立了男女平等的原则,但是在继承问题上还存在着男女不平等的现象,因此,在制定《继承法》时明确地规定"继承权男女平等"。继承权男女平等,是指同一亲等的继承人不论男女,都享有平等的继承权,任何人不得干涉。儿子与女儿、父亲与母亲、兄弟与姐妹、祖父与祖母、外祖父与外祖母的继承权都是平等的;夫妻一方死亡后,应先将共同所有的财产的一半分出为生存配偶所有,其余的为被继承人平等继承。在法定继承中,在同一法定继承顺序中的男女享有平等的继承份额;在遗嘱继承中,遗嘱继承人不因性别不同而权利不同;在确定代位继承时,男女享有平等的代位继承地位。

2. 以概括加列举方式明确了遗产的范围

《继承法》第 3 条规定:"遗产是自然人死亡时遗留的个人合法财产,包括:(一)自然人的收入;(二)自然人的房屋、储蓄和生活用品;(三)自然人的林木、牲畜和家禽;(四)自然人的文物、图书资料;(五)法律允许自然人所有的生产资料;(六)自然人的著作权、专利权中的财产权利;(七)自然人的其他合法财产。"根据第 3 条的规定,遗产是自然人死亡时遗留的个人合法财产,范围有 7 种。该条以概括加列举的方式依据个人财产构成和重要程度依次罗列遗产的范围,自然人收入和生活资料位于遗产的前列;与此同时,改革开放初期,随着农村土地承包责任制的推行和个体经济户的发展,农村各种专业户、城乡个体劳动者所有的生产资料包括拖拉机、机器、汽车等等,将这些生产资料列入个人遗产的范围,在一定程度上符合当时的经济要求和人们的经济现状。

3.规定了法定继承人的范围和顺序

《继承法》第10条规定了法定继承的顺序,这是法定继承制度的核心内容。依照第10条的规定,法定继承人包括配偶、子女、父母、兄弟姐妹、祖父母、外祖父母这5种。第10条依照继承人和被继承人之间的血缘、姻亲关系的远近及依赖程度,将上述5种法定继承人划分为2种继承顺序,第一顺序是配偶、子女和父母,第二顺序是祖父母、外祖父母。当被继承人有第一顺序继承人存在时,先由第一顺序继承人继承,只有在无第一顺序继承人或者第一顺序继承人全部放弃或丧失继承权时,第二顺序继承人才能继承;同一顺序继承人之间的继承权是平等的。

此外,《继承法》第12条规定了丧偶儿媳和丧偶女婿的继承权。因此,在适用法定继承方式时,法定继承人范围除了配偶、子女、父母、兄弟姐妹、祖父母、外祖父母,还包括对公婆或岳父母尽了主要赡养义务的丧偶儿媳与丧偶女婿,且丧偶儿媳和丧偶女婿可作为第一顺序继承人加入法定继承,这主要是根据继承人与被继承人之间的赡养关系。儿媳与公、婆,女婿与岳父母之间是没有血缘关系的,两者虽然属于姻亲关系,但是如果丧偶儿媳和丧偶女婿"尽主要赡养义务",比如对被继承人生活提供了主要经济来源,或在劳务等方面给予了主要扶助等,依据权利义务相一致的原则,应赋予他们平等的继承权。

4.关于"必留份"的规定

必留份,是指保障继承人生活需要所必不可少的份额。《继承法》规定了两种"必留份"情形。第一种是"双缺人"的"必留份",第19条规定:"遗嘱应当对缺乏劳动能力又没有生活来源的继承人保留必要的遗产份额。"抚养未成年人和丧失劳动能力的子女、赡养父母是我国公民的法定义务。对尚无劳动能力的未成年人和因年迈、疾病、伤残而丧失劳动能力的其他法定继承人,在其缺乏劳动能力又无生活来源的情况下,遗嘱人设立遗嘱时应当保留他们必要的继承份额。第二种是胎儿的"必留份",第28条规定:"遗产分割时,应当保留胎儿的继承份额。胎儿出生时是死体的,保留的份额按法定继承办理。"从保护被继承人死亡时未出生的子女利益的目的出发,不论是法定继承还是遗嘱继承,在遗产分配时应该为胎儿保留应继承的份额。为胎儿保留的继承份额,一般由其母亲代为保管,其数额应等同于各继承人所取得的遗产份额的平均数。如果继承人明知被继承人留有胎儿,但在分割遗产时却未为胎儿保留继承份额,则应从继承人所继承的遗产中扣回。遗嘱如果违反必留份的规定,没有保留缺乏劳动能力又没有生活来源的继承人必要的遗产份额,那么这部分遗嘱内容是无效的。

三、《继承法》的评价

《继承法》对调整我国继承法律关系,维护家庭和谐和社会稳定,促进经济发展具有重要作用。第一，《继承法》以国家法律的形式，保障了自然人死亡时遗留的个人合法财产可以通过法定继承、遗嘱继承、遗赠或者按遗赠扶养协议等留给自己希望继承的人；明确自然人的继承权，消除了人们生前对自己财产死后处分的担忧，促进家庭成员之间的和睦团结互助和社会安定，也有利于调动积极因素，促使人们努力增加生产，促进社会主义经济的发展。第二，《继承法》规定"必留份"制度以及男女平等继承权等制度，这些制度体现了对老人、未成年人、妇女等弱势人员继承权保护的宗旨，强调对老人的赡养，对未成年人的充分保护，在遗产继承中对他们应予以特殊照顾，从保护老人和未成年人利益的规定中可以看出我国《继承法》努力贯彻养老育幼原则，贯彻建立新型的社会主义的人与人之间和谐关系的精神。[①]

但是，囿于当时的立法技术和经济现状，《继承法》也存在不足。

1.虽然 1984 年《政府工作报告》中已经提出"公有制基础上的有计划的商品经济"，但是社会经济形态整体仍然处于计划经济时期，1985 年《继承法》不可避免地体现着计划经济的特征。[②] 比如《继承法》第 31 条第 2 款规定"公民可以与集体所有制组织签订遗赠扶养协议。按照协议，集体所有制组织承担该公民生养死葬的义务，享有受遗赠的权利。"这一条在前款规定公民与个人签订遗赠扶养协议后，引导性地规定公民与集体所有制组织签订遗赠扶养协议，反映了计划经济下公民与单位的隶属关系，以及集体所有制单位对员工的社会服务功能。然而，随着我国经济发展，1992 年中国共产党第十四次全国代表大会明确提出建立社会主义市场经济体制，1993 年全国人大将《中华人民共和国宪法》（以下简称《宪法》）第 15 条"国家在社会主义公有制基础上实行计划经济"修改为"国家实行社会主义市场经济"。以计划经济为背景制定的《继承法》显然与我国当下市场经济形态不相符，比如，在市场经济背景下，2007 年颁布的《物权法》规定"物权平等保护"，法律对于私有财产的确认和保护力度更大，也必然要求继承法加大对个人合法财产的保护和个人意思自治的尊重。

2.1985 年《继承法》主要是以苏联继承制度为参照，其中 18 个条文是借鉴自《苏俄民法典》。[③]《苏俄民法典》是一部计划经济的民法典，坚持民法公法观，否定社会主义民法的私法属性。[④] 我国 1985 年《继承法》也必然带有这样的因子，这些与我国快速发展的市场经济和民法私法观愈来愈不合。1992 年中共十四大确立市场经济体制的目标后，法学界对公私法理论的态度发生了重大变化，人们纷纷从构建市场经济体制法律体系的角度，撕开了贴在公私法理论上的"资产阶级"标签，

---

① 杨振山：《我国继承法诞生的条件及其特点》，载《政法论坛》1985 年第 3 期。

② 杨立新：《民法分则继承编立法研究》，载《中国法学》2017 年第 2 期。

③ 杨立新：《民法分则继承编立法研究》，载《中国法学》2017 年第 2 期。

④ 柳经纬：《当代中国民法学的理论转型》，中国法制出版社 2010 年版，第 34 页。

重新审视公私法理论,努力探寻民法的私法属性。[①]建立在民法公法观基础上的 1985 年《继承法》显然与我国的市场经济和民法私法观不符,新的形势必然要求制定一部贯彻私权神圣、主体平等、意思自治的自治理念,建立在民法私法观基础上的《继承法》。

3.《继承法》规定的继承规则过于简略和宽泛。1985 年,我国改革开放刚起步,民法理论研究也处于起步阶段,对于私法自治、财产权利的研究也较为薄弱,继承制度涉及身份权和财产权,研究更是处于滞后的状态;继承制度理论研究的缺乏导致民事立法的宽泛和简略。[②] 而且,改革开放初期我国仍处于商品经济初级阶段,人们的财产状况简单,财产形式和构成单一,继承关系较为简单,因此,继承规则较为简单和宽泛,导致继承法在继承制度设计上的粗略,比如缺乏遗产管理人制度,缺乏必留份制度,遗产清算规定简单等。

四、继承法司法解释

1985 年 4 月《继承法》通过后,为了正确贯彻执行继承法,根据继承法的有关规定和审判实践经验,对审理继承案件中具体适用继承法的一些问题,1985 年 9 月最高人民法院又颁布了《关于贯彻执行〈中华人民共和国继承法〉若干问题的意见》(以下简称《继承法意见》),对继承时间、遗产范围、继承权取得和灭失、继承顺序、法定继承、遗嘱继承以及遗赠等作了详细的规定。

1.关于被继承人死亡时间

《继承法意见》第 1 条和第 2 条对继承人死亡作出解释,包括两部分内容:一是对被宣告死亡的被继承人的继承开始时间的解释,《继承法意见》第 1 条第 2 款规定:"失踪人被宣告死亡的,以法院判决中确定的失踪人的死亡日期,为继承开始的时间"。二是对相互有继承关系的几个人在同一事件中死亡,不能确定死亡先后时间情形下的被继承人死亡时间的确定。依据《继承法意见》第 2 条的规定,相互有继承关系的几个人在同一事件中死亡,如不能确定死亡先后时间的,推定没有继承人的人先死亡。死亡人各自都有继承人的,如几个死亡人辈分不同,推定长辈先死亡;几个死亡人辈分相同,推定同时死亡,彼此不发生继承,由他们各自的继承人分别继承。

2.关于遗产范围

《继承法》第 3 条以概括加列举的方式罗列了 7 种财产属于自然人的遗产。

---

① 柳经纬:《关于民法私法属性问题的讨论》,载柳经纬主编:《共和国六十年法学论争实录·民商法卷》,厦门大学出版社 2009 年版,第 22~28 页。

② 何丽新等:《民法典草案继承法编修改建议稿》,载《厦门大学法律评论》第 7 辑,厦门大学出版社 2004 年版,第 252 页。

《继承法意见》第 3 条进一步解释了"其他合法财产"的范围："自然人可继承的其他合法财产包括有价证券和履行标的为财物的债权等",从而更加全面地保护个人的财产继承权。与此同时,在我国,随着经济体制改革的开展,城乡出现了几种形式的个人承包,承包的范围不仅有土地、荒山、鱼塘、果园等的经营管理权,而且还有小企业的经营管理权。考虑到有的如对小企业的承包,纯属由本人承包企业的经营管理,子女不能继承承包;有的如承包荒山植树,收益周期长,承包期限长,承包人死后应允许子女继续承包。《继承法意见》第 4 条对个人承包所得收益的继承问题作出进一步规定,依据该条规定,承包人死亡时尚未取得承包收益的,可把死者生前对承包所投入的资金和所付出的劳动及其增值和孳息,由发包单位或者接续承包合同的人合理折价、补偿,其价额作为遗产。

3.关于丧失继承权

丧失继承权,是指被继承人因对被继承人或者其他继承人犯有某种罪行或者其他违法行为,而被依法取消其继承被继承人遗产的资格。《继承法》第 7 条列举了丧失继承权的 4 种情形,《继承法意见》第 9 条至第 14 条对丧失继承权作了详细解释。《继承法意见》第 9 条明确了丧失继承权纠纷的可诉性,鉴于继承权丧失是关乎继承人的一项重要权利,该条作出明确解释有助于保护继承当事人的合法权益,也有助于继承法律关系的正确处理。第 10 条第 1 款和第 13 条明确规定继承人虐待被继承人情节严重的司法认定因素和不丧失继承权情形,第 10 条第 2 款和第 11 条明确虐待被继承人情节严重的,不论是否追究刑事责任,均可确认其丧失继承权;继承人故意杀害被继承人的,不论是既遂还是未遂,均应确认其丧失继承权。第 12 条和第 14 条关于继承人伪造、篡改或者销毁遗嘱丧失继承权情节认定。

4.关于法定继承人范围和顺序

《继承法》第 10 条和第 12 条规定了法定继承人的范围和顺序,《继承法意见》第 19 条至第 23 条对此作出详细解释。作为继承人的子女包括婚生子女、非婚生子女、养子女和有抚养关系的继子女,明确继父或继母和受其抚养教育的继子女间的权利和义务,与父母子女间的权利和义务等同;有扶养关系的继子女可作为其继父母遗产的第一顺序的法定继承人;规定养兄弟姐妹和有扶养关系的继兄弟姐妹,法律赋予他们等同于亲兄弟姐妹关系的法律地位,彼此间发生等同于亲兄弟姐妹间的权利义务关系,彼此都作为第二顺序的法定继承人;被收养人对养父母尽了赡养义务,同时又对生父母扶养较多的,可以分得生父母的适当的遗产;继兄弟姐妹之间的继承权,因继兄弟姐妹之间的扶养关系而发生。上述规定体现了法定继承人的确定不仅注重继承人与被继承人之间既存的婚姻关系和血缘关系,也注重继承人与被继承人之间抚育、扶养和赡养关系,保护婚姻家庭中家庭成员平等的财产继承权。

5.关于代位继承

代位继承是指被继承人的子女先于被继承人死亡时,由被继承人子女的晚辈直系血亲代替先死亡的长辈直系血亲继承被继承人遗产的一项法定继承制度。《继承法意见》第 26 条和第 29 条对代位继承的代位继承人范围予以明确,包括被继承人的养子女、已形成扶养关系的继子女,被继承人亲生子女的养子女,被继承人养子女的养子女,与被继承人已形成扶养关系的继子女的养子女,尽了主要赡养义务的丧偶儿媳、丧偶女婿的子女。《继承法意见》第 25 条明确指出被继承人的孙子女、外孙子女、曾孙子女、外曾孙子女的代位继承不受辈数的限制;第 27 条明确规定代位继承人缺乏劳动能力又没有生活来源,或者对被继承人尽过主要赡养义务的,分配遗产时,可以多分;第 28 条明确继承人丧失继承权的,其晚辈直系血亲不得代位继承,但是如该代位继承人缺乏劳动能力又没有生活来源,或对被继承人尽赡养义务较多的,可适当分给遗产。

6.关于遗嘱效力

《继承法意见》第 35 条至第 42 条对遗嘱的效力相关规定作出详细解释。第一,形式欠缺的遗嘱效力,明确规定继承法实施前订立的,形式上稍有欠缺的遗嘱,如内容合法,又有充分证据证明确为遗嘱人真实意思表示的,可以认定遗嘱有效。第二,遗嘱无效的情形,明确规定以下情形遗嘱无效:(1)遗嘱人以遗嘱处分了属于国家、集体或他人所有的财产,遗嘱的这部分,应认定无效。(2)无行为能力人所立的遗嘱,即使其本人后来有了行为能力,仍属无效遗嘱。第三,遗嘱的撤销和部分撤销,第 39 条明确规定遗嘱人生前的行为与遗嘱的意思表示相反,而使遗嘱处分的财产在继承开始前灭失,部分灭失或所有权转移、部分转移的,遗嘱视为被撤销或部分被撤销。第四,数份内容抵触遗嘱的效力认定,明确规定遗嘱人以不同形式立有数份内容相抵触的遗嘱,其中有公证遗嘱的,以最后所立公证遗嘱为准;没有公证遗嘱的,以最后所立的遗嘱为准。

7.关于放弃继承权

放弃继承,是指继承人不接受遗产的意思表示。《继承法意见》第 46 条至第 52 条对放弃继承权的形式、放弃继承权的时间和放弃继承权的效力等问题作出详细解释。(1)放弃继承权的形式。放弃继承权必须有明确的意思表示,即必须以明示的方式来表示,依据《继承法意见》第 47 条规定,放弃继承权的意思表示原则上必须是书面形式,但是,用口头方式表示放弃继承,本人承认,或有其他充分证据证明的,也应当认定其有效。(2)放弃继承权的时间。依照《继承法》第 25 条规定,继承人放弃继承的,应当在继承开始后、遗产处理前作出放弃继承的表示。《继承法意见》第 49 条和第 50 条进一步明确遗产分割后表示放弃的不再是继承权,而是所有权;遗产处理后,继承人对放弃继承翻悔的,不予承认。(3)放弃继承权的效力。《继承法意见》第 46 条规定继承人因放弃继承权,致其不能履行法定义务的,放弃继承权的行为无效。而且放弃继承的效力,追溯到继承开始的时间。

继承法司法解释对继承纠纷中被继承人死亡的时间、遗产范围、遗嘱效力等重大复杂问题作出详细规定,这些都是人民法院正确、及时审理继承案件的重要法律依据,这对于公平公正解决继承纠纷,依法保护自然人私有财产的继承权具有重大意义。

第四节　监护制度

一、《民法通则》关于监护制度的规定

（一）《民法通则》监护规定的立法背景

在我国,传统的小农经济社会决定了中国传统家庭结构是几代人同住的主干家庭或者联合家庭。我国的传统社会是一个以家为本位的伦理社会,扩大家庭、亲属网络、邻里乡里存在着守望相助的传统,对于未成年人、精神障碍患者、老年人等处于社会弱势地位的人,在亲生父母或成年子女的照顾缺失时,他们往往自愿承担对未成年人或老年人照顾的义务,这自然地构建了一个牢靠的基层社会抚育和照顾网络。[①] 改革开放以来,经济体制的转型促使我国传统的家庭规模和家庭结构发生变化。现代化生产的发展、严格的生育控制政策、人口老龄化程度加深、人口迁移流动增多、城市化水平提高以及住房状况改善等因素引起我国的家庭结构和家庭规模也随之发生变迁,主要呈现"家庭规模小型化、家庭结构核心化和家庭模式多样化"的特征。[②] 在家庭结构小型化和核心化的趋势下,传统大家庭瓦解,人口流动频繁淡化了邻里乡里的稳定关系,夫妇式核心家庭成为主流家庭模式,儿童的抚育主要由未成年人的父母承担,老年人的赡养主要由成年子女承担,扩大家庭、亲属网络、邻里乡里的互助抚育网络变得松散,在儿童抚育和老年人照顾方面的互助功能也逐渐减弱。在未成年人的父母抚育和老年人照顾缺失的情形下,亟须明确监护主体制度,强化监护职责和监护责任等监护制度。

（二）《民法通则》关于监护制度规定的内容

1986 年通过的《民法通则》将监护制度作为民事主体制度的一部分,规定在"公民（自然人）"一章,内容包括监护人及其资格和选任、监护事务、不履行监护的

---

① 费孝通:《乡土中国生育制度》,北京大学出版社 1998 年版,第 124 页。
② 王跃生:《中国城乡家庭结构变动分析——基于 2010 年人口普查数据》,载《中国社会科学》2013 年第 12 期,第 61 页。

法律责任、监护的变更与终止等监护规定,由此构建了我国监护制度的基本框架。《民法通则》将监护置于第二章"公民(自然人)"第二节"监护",第 16 条至第 19 条,共 4 条。具体包括以下内容:

1.监护人的确定和监护类型的规定。《民法通则》第 16 条规定了未成年人的监护人范围和监护人的确定方式。《民法通则》第 17 条规定了精神病人的监护人范围和监护人的确定方式。第 16 条和第 17 条也间接确立了监护的类型包括法定监护和指定监护两种。《民法通则》规定在没有自然人担任监护人的情形下,可以由受监护的未成年人和精神病人所在单位或者住所地的居民委员会、村民委员会或者民政部门担任监护人(第 16 条第 4 款、第 17 条第 3 款),这一规定回应了家庭结构和家庭功能变迁对监护制度提出的新要求。此外,《民法通则意见》第 14 条、第 15 条、第 16 条规定了从积极方面考虑监护人的身体健康状况、经济条件以及与被监护人在生活上的联系状况等因素作为监护人的主体资格要件。

2.对监护人职责的规定。《民法通则》第 18 条分 3 款分别规定了监护人的职责、权利和责任承担。《民法通则》第 18 条第 1 款仅对监护事务做了概括性规定,后在《民法通则意见》第 10 条明确了监护人具体监护职责,包括保护被监护人的身体健康,照顾被监护人的生活,管理和保护被监护人的财产,代理被监护人进行民事活动,对被监护人进行管理和教育,在被监护人合法权益受到侵害或者与人发生争议时,代理其进行诉讼。《民法通则》第 18 条的规定为监护人履行监护职责提供了法律依据。

3.关于监护关系的变动规定。《民法通则》第 19 条第 1 款规定利害关系人申请法院宣告精神病人为无民事行为能力人或限制民事行为能力人,实际上是对监护开始程序的规定;第 19 条第 2 款规定了人民法院对限制民事行为能力人或者完全民事行为能力人的宣告,实际上是监护关系终止的规定。另外《民法通则意见》规定不得自行变更监护人,要求变更监护关系的,按照特别程序审理;是对监护关系变更的规定(第 18 条)。

(三)《民法通则》关于监护制度规定的评价

《民法通则》的监护规定从监护作为民事行为能力补足功能作出规定,构建了完善的民事主体制度,监护规定有助于保护未成年人和精神病人的合法权益、他人利益以及社会交易安全。但是囿于当时的立法技术和社会政治经济发展水平,《民法通则》的监护规定存在一些不足。

1. 在立法体系上,结构体系不完整,结构体系上的制度缺失严重。对于监护的规定,囿于当时立法技术,作为民事基本法的《民法通则》规定极为简单,大量的具体规定分散于其他单行法中。从国外立法例来看,监护制度的结构体系应当包括以下制度:监护的开始、监护的主体、监护的类型、监护内容、监护监督、监护变动、监护的国家公权力介入措施。我国现行立法缺失监护开始的要件和事由的规定、监护主体资格限制性规定、监护类型不完整、监护职责规定过于笼统、缺乏监护监督、缺乏监护变动的要件和程序的规定、缺乏明确的监护关系终止的规定,国家监护介入不足等问题。比如《民法通则》第 18 条和《民法通则意见》第 10 条出现了"人身"和"财产"的字眼,对被监护人身体健康、生活,被监护人的财产的保护等作出概括规定。但是这种表述并没有达到将监护人的监护职责区分为人身和财产两方面来加以规制的立法技术要求。《民法通则》第 18 条第 3 款中规定了监护人的责任承担,规定了责任承担的具体方式包括赔偿损失和撤销监护人的资格,但未明确损害赔偿责任的具体情形;规定了撤销监护人的资格这一强制措施,但是对于撤销监护人资格的具体情形规定和监护人资格恢复的规定尚有欠缺。《民法通则》第 19 条第 2 款间接规定精神病人监护关系的终止,但是没有规定终止和恢复的具体情形。未来监护立法需要完善监护类型,增设遗嘱监护制度和意定监护制度,明确意定监护与法定监护关系;增设国家监护,健全国家监护制度;增设监护监督制度,明确规定专门的监护监督机关和监护监督机关的职责等内容;系统地规定监护的变更、终止的法定情形;以构建完善的监护制度体系。

2.未成年人监护观念受到传统家庭监护观念影响。在社会转型初期,国家和个人仍然认为子女抚育是私人领域和家庭自治的范畴,政府的家庭治理观念尚未形成,依然强调儿童属于家庭中父母监护的范畴,却没有注意到社会的转型已经造成家庭在未成年人照顾方面的功能失调。从个体而言,在未成年子女的抚育和教育问题上,民众普遍存在抚养观念重,监护意识弱。抚养观念隐含着一种亲权,认为对未成年人的抚育属于家庭伦理道德范畴,认为父母对未成年人享有的是权利和权力,而不是法律上的义务和责任。监护则首先强调父母和其他监护人对未成年人的人身和财产事务的义务和责任。社会变迁导致依靠传统的抚育观念和抚育模式已经无法满足未成年人的抚育需求,只有强化监护观念,设计完善体系化的监护制度规范,才能切实有效地保护未成年人的人身和财产权益。从国家而言,传统的国家管理、社会管理思维是将政府视为全能政府;但是,在家庭治理中,却刚好相反,政府极为谨慎,是典型的"有限政府",不轻易介入干预家庭。国家对儿童抚育的干预介入局限在"弥补不足"的最低限度,缺乏主动提供和构建儿童抚育福利体系的观念。近些年,国家关注点局限于留守儿童、流浪儿童等传统的困境儿童,没有足够重视整个未成年子女监护中存在的问题以及未成年非婚生子女监护、单亲家庭子女监护等新形势下产生的困境儿童。我国婚姻法规定抚养未成年子女是父母的义务和责任。但是伴随着改革开放的步伐,家庭成员关系呈现出松散和个体化特点,出现了未成年人监护缺失的家庭危机。事实上现代未成年人的监护已经突破了家庭的范围,越来越多的家庭外的监护主体参与到未成年人监护事务当中来,传统的家庭监护观念也受到冲击。

二、《民法总则》关于监护制度的规定

2017 年 3 月 15 日通过的《中华人民共和国民法总则》(以下简称《民法总则》)第二章第二节"监护"第 26 条至第 39 条,共 14 条对监护予以规定。

(一)《民法总则》关于监护规定的立法背景

在民法典编纂背景下,监护制度是民法典总则编和婚姻家庭编的重要内容,监护立法被提升到民法典立法的高度。改革开放以来社会政治、经济和文化等社会结构的变迁,婚姻家庭解体加剧,家庭结构、家庭功能和社会阶层结构的变化等影响了监护立法。民法典意义下的监护立法理应对社会变迁作出回应和调适,以使监护立法在内容上臻于完满。

1.婚姻解体加剧对未成年人监护提出了新挑战

改革开放以来,不断凸现的个体价值、物质生活的富裕、社会道德舆论对离婚谴责的弱化、对离婚设置的法律障碍减弱、妇女地位的提高、家庭功能的改变等等都导致我国离婚率急剧上升。[①] 民政部和国家统计局的婚姻统计显示,2015 年粗离婚率约为 2.8‰,我国还呈现离婚人口趋向年轻化的态势,青壮年占多数。第五次人口普查数据显示,按照年龄分布,其中 30～39 岁之间的离婚人口总计约占 38.15%。离婚率的持续上升、中青年离婚居多数对未成年人监护产生了重大影响。由于离婚率的上升,单亲家庭增多,削弱了家庭对未成年子女的教育和监护,不仅使未成年子女失去了双系抚养的机会,单亲家庭往往满足未成年子女物质与情感需要的能力也大大降低,影响了未成年人身体和心理的健康成长。此外,改革开放以来现代婚姻确认方式与传统婚姻确认方式发生冲突,年轻人性观念更加开放等因素导致非婚同居现象逐渐增多。2008 年五城市调查[②]显示同居家庭占家庭类型的 0.8%,非婚同居家庭作为一种新的家庭形式出现,带来非婚生子女的监护问题。在未来家庭中,由于婚姻家庭解体的加剧,非婚同居的增多,婚姻与家庭之间的联系变得复杂与松弛,子女与亲生父母的亲子关系更为复杂,单系抚育未成年人将增加,非婚生子女增多,未成年人的监护方式与模式也必将更为多样化。

2.社会阶层结构变化对监护立法的影响

社会阶层是指在社会演进视野下,因经济、政治、文化等社会资源的占有和支

---

① 马云驰:《〈婚姻法〉的变迁与社会价值观念的演变》,载《当代法学》2003 年第 8 期,第 29 页。

② 马春华等:《转型期中国城市家庭变迁——基于五城市的调查》,社会科学文献出版社 2013 年版,第 140 页。

配不同而对不同社会群体作出区分。①改革开放后,政治和经济体制改革调整和重构了我国社会经济结构和社会利益关系结构,这也影响了我国社会阶层结构。在计划经济体制下形成的身份制划分在社会生活中不再能体现利益分配的作用,社会成员地位的获得途径更加多样化、地位改变更加自由化,社会阶层的划分逐渐从以权力为核心转向以市场为核心。旧的社会阶级阶层结构逐步解体,对基层婚姻家庭服务机关组织产生冲击,比如大量外资企业、民营企业和私营企业形成的阶层导致单位制解体,法律规定原先承担监护的单位缺失必将影响我国监护制度立法。社会阶层结构变迁对监护的影响主要体现在监护人主体地位的变化。

依据《民法通则》第 16 条和第 17 条的规定,对担任监护人有争议的或者没有亲属或朋友担任监护人的,由未成年人的父、母或者精神病人所在单位,未成年人或者精神病人住所地的居民委员会、村民委员会在近亲属中指定监护人,或者担任监护人。1986 年《民法通则》通过时,我国正处于改革开放的初期,当时社会主义经济的发展目标是在公有制基础上的有计划的商品经济,显然,《民法通则》中的很多规定会带有计划经济体制的影子。单位制还没有完全解体,依然被赋予承担社会化职能的重任,居民委员会和村民委员会在当时作为城市和农村的基层组织依然对人们的婚姻家庭生活承担一定的管理职责。因此,当时未成年人的父、母或者精神病人所在单位,居民委员会和村民委员会成了指定监护的机构和监护主体是当时经济社会背景使然。改革开放后,伴随着我国经济的发展和改革的深化,人民公社和单位的功能发生变迁,它们的社会职能逐渐解体。在我国经济体制改革过程中,国家鼓励多种所有制和经营方式并存,提出大力发展非公有制企业,激发了大批的中外合资企业、中外合作企业、外商独资企业以及私营企业等非公有制企业的产生,在市场经济指挥棒的指导下,这些非公有制企业设立的宗旨即在于赢利,不具有也不愿意承担各种社会职能,其中包括对民事行为能力欠缺的企业员工及其未成年子女的监护职责。随着我国的社会保障制度的发展,原本属于社会的职能逐步被社会化,开始从单位中剥离出来,原有的单位制逐步瓦解,个人对单位的依赖性降低。而且伴随着经济结构的调整,很多人下岗,失去了"单位"这一依靠;越来越多的农村生育劳动力进入城市务工,成为单位的临时工或者合同工,单位往往也不愿意承担民事行为能力欠缺的员工及其未成年子女的监护职能。在这样的社会背景下,我国立法仍然将未成年人的父母或者精神病人所在单位规定为监护人或者作为监护指定机构显然是不科学的,缺乏合理性,也缺乏操作性,最终将影

---

① 林毅、张亮杰:《新中国阶级阶层社会结构演变》,世界知识出版社 2011 年版,第 2 页。随着改革开放的实施,我国提倡从"以阶级斗争为纲"转变为"以经济建设为中心",在我国实际生活中出现了许多社会群体,用阶级的概念很难加以概括。因此,改革开放后,阶层概念比以往的阶级概念具有更多的现实意义,用阶层范畴来淡化阶级概念更加必要、及时和符合社会实际。

响未成年人的健康成长和精神病人的照顾。

3.老龄化加剧和国际监护立法趋势对监护立法提出了新的要求

国家统计局发布的最新老年人口统计数据显示,2017 年末,我国 60 周岁及以上人口 24090 万人,占总人口的 17.3%,其中 65 周岁及以上人口 15831 万人,占总人口的 11.4%。在人口快速老龄化、高龄化的背景下,我国失能老人快速增长,在我国,老年人照顾需求与照顾供给存在严重落差。在城市,由于实行计划生育政策,我国家庭结构日益小型化、核心化,老人家庭长期照护的人力资源不断萎缩,家庭结构与功能的转变使其长期照护功能弱化。在农村,子女离开家庭外出工作学习,造成大量空巢老人和留守老人。除了"五保"老人之外,农村老年人的照料主要依赖家庭照料,公共福利性资源缺失严重。就整个社会而言,在人口快速老龄化、高龄化的背景下,我国失能老人快速增长,给失能老人长期照护体系带来了沉重的压力和巨大挑战。社区方面,由于长期照护机构和设施建设缓慢,社会机构服务床位严重不足、照护专业人员数量较少、服务水平低下,并且侧重于硬件建设而忽略发展服务,社区的长期照护服务功能发挥并不显著;提供的长期照护服务无法满足需求日益增长的失能老人的长期照护需求;人们对老年人监护意识观念的忽略。长期以来,我国实行的都是家庭养老的传统,人们只有赡养的观念,却没有监护的观念,人们的监护意识普遍淡薄。老年人自身没有监护意识,老年人在需要照料的时候,往往是要求自己的配偶、子女或者其他家庭成员履行赡养义务,而没有监护观念。在对老年人的调查中,老年人首先且仅仅是希望得到近亲属的照料,至于其他因监护产生的权利和法律后果并不知晓,也不关心。对于我国缺乏老年人监护法律传统的现实,需要在老年人监护立法中予以强化。

从我国现行立法来看,老年人监护主要规定在《民法通则》和《中华人民共和国老年人权益保障法》(以下简称《老年人权益保障法》)中。但是《民法通则》第 17 条关于无民事行为能力人和限制民事行为能力人的监护规定只包括了对老年人中精神病人(痴呆症老年人)的监护,没有考虑到其他如年老体衰等老年人的监护需求。《老年人权益保障法》考虑到老年人的意愿,在第 26 条规定了老年人监护,以及协商确定老年人的监护人,但这部法律仅仅是从社会法的角度进行立法,缺乏民事立法的立场和意义。显然,我国现行关于老年人监护的立法存在不足,存在被监护人范围过窄、监护体系不完整、监护制度内容不健全等问题。随着我国人口老龄化,家庭养老功能弱化,国家对老年人的养老保障体系又尚未健全,因此,我国民事立法寄希望于设置老年人监护制度以保障失能老人的权益。

随着老龄人口的增多,各国立法更加关注老年人利益保护,也更重视老年人在监护事务上的自我决定权。如德国《民法典》第 1901 条第 3 款明确规定在了结重要事务前,照管人和被照管人需进行商讨;日本制定了专门的《任意监护法》。我国以往的监护立法仅在《民法通则意见》和《老年人权益保障法》中对尊重被监护人意愿有所规定。然而,随着未成年人的心智越来越成熟,老龄化社会下老年人监护需求的增加,作为被监护人,他们越来越希望在监护事务中体现其自身意志。我国监护立法亟须修改,以回应上述变化和需求。在我国民法典编纂的成年人监护立法中,老年人监护必然是一个不可回避的问题。

(二)《民法总则》关于监护制度规定的内容

2017 年 3 月 15 日通过的《民法总则》的监护规定,内容包括:父母对未成年子女的义务和成年子女对父母的义务(第 26 条),监护人的范围和确定(第 27 条、第 28 条、第 30 条、第 31 条),遗嘱监护(第 29 条),机构监护(第 32 条),成年意定监护(第 33 条),监护职责(第 34 条),监护事务的执行(第 35 条),监护的撤销(第 36 条、第 37 条),监护资格的恢复(第 38 条)和监护关系终止(第 39 条)。与《民法通则》和以往的其他相关监护规定比较,《民法总则》对监护的规定具有一定的进步性:

1.监护立法理念上的突破

(1)《民法总则》确立了尊重被监护人意愿的原则。随着未成年人的心智越来越成熟,老龄化社会下老年人监护需求的增加,作为被监护人,他们越来越希望在监护事务中体现其自身意志。尤其是在成年人监护中,在选任成年人的监护人时应考虑到成年被监护人的意愿。《民法总则》恰当地回应了上述需求,弥补了以往监护立法中的不足。具体表现为:①强调协议监护人确定的自愿。《民法总则》第 30 条规定了协议确定监护人的方式,并强调"尊重被监护人的真实意愿"。②在指定监护中,指定监护人应考虑被监护人意愿。《民法总则》第 31 条第 2 款明确规定"居民委员会、村民委员会、民政部门或者人民法院应当尊重被监护人的真实意愿"。③规定了成年意定监护制度。《民法总则》第 33 条规定了成年意定监护,回应了老龄化社会的监护需求。④监护事务执行中对被监护人意愿的尊重。《民法总则》第 35 条第 2 款和第 3 款强调未成年人和成年人的监护人在履行监护职责时应尊重被监护人的真实意愿,并强调对未成年人的意愿尊重应基于被监护人的年龄和智力状况,对成年人的监护应当"最大限度地"尊重被监护人的意愿,考虑和区分了对不同类型被监护人的意愿的需求差异和特殊情形。现代成年人监护的目的不仅是防止成年人对他人的潜在危险,更多的是使不再具有照顾自身能力的成年人能够得到合适照顾的前提下,尊重每一个欠缺意思能力的成年人的自由意志,保障其在最大限度范围内遵从被监护成年人的意志。上述规定回应了我国的社会发展的新需求,也符合国际立法趋势,体现了时代进步性。

(2)《民法总则》确立了最有利于被监护人的原则。最有利于被监护人的原则一方面可以避免被监护人利用被监护人的无能力而随意侵害成年被监护人的合法权益;另一方面也避免被监护人作出不利于自身的决定。《民法总则》也看到了确立最有利于被监护人原则的必要性和重要性,作出了相应规定,具体表现为:①在指定监护规定中,指定监护人应遵守最有利于被监护人的原则。《民法总则》第31条第2款规定:"按照最有利于被监护人的原则在依法具有监护资格的人中指定监护人",第36条规定在监护人资格被撤销后,重新指定监护人时应按照最有利于被监护人的原则。②在监护事务执行的规定中,《民法总则》第35条第1款明确规定"监护人应当按照最有利于被监护人的原则履行监护职责。"最有利于被监护人原则要求所有的监护措施的标准只能是被监护人的最大利益,监护人必须以符合被监护人最大利益的方式处理被监护人的事务,特别关注被监护人的愿望和对生活的想法,注重被监护人的自主决定因素。

2.扩充了成年被监护人对象

《民法总则》第28条将被监护人从精神病人修改为"无民事行为能力或者限制民事行为能力人的成年人",删除了原先《民法通则》"精神病人"这一称谓,扩充了成年被监护人对象。《民法总则》中被监护对象的扩充回应了监护需求扩大和老龄化加剧的现实。一般而言,因心理疾患或者身体上、精神上或心灵上的障碍而完全或部分不能处理自身事务的成年人均应受到监护。我国《民法通则》只规定了精神障碍的成年人受监护的情形,随着我国老龄化的趋势,我国《老年人权益保障法》作出了相应调整,规定了失能老人受监护的情形,我国现行立法只对精神障碍和因年龄而致失能的情形作出规定,对于身体障碍者、心理障碍者等情形未有涉及,这并不能满足其他需要监护的成年人的监护需求。我国《民法总则》第28条的规定回应了这一需求,具有进步性和现实意义。

3.完善了监护类型

国内学界将监护区分为未成年人监护和成年人监护,未成年人监护有法定监护、指定监护和遗嘱监护;成年人监护包括法定监护和意定监护,法定监护又包括监护、保佐和辅助3种类型。我国《民法通则》第16条和第17条规定了法定监护和指定监护2种监护类型,我国《老年人权益保障法》补充规定了协商确定监护人。以往的立法仅规定了未成年人的法定监护和指定监护,以及成年人的法定监护;缺少未成年人遗嘱监护和成年人意定监护的规定。

为了保障未成年人的合法权益,保障因心理疾患或者身体上、精神上或心灵上的障碍而完全或部分不能处理自身事务的成年人,在成年人尚具有完全的意思能力时,有权利依照自己的意思选任受托人并订立委托监护合同,在成年人不能处理自己事务时,法律应为其规定法定监护人;在没有监护人或者监护人有争议时,可以由职权机关指定监护人,设置比较完善的监护类型。《民法总则》弥补了我国监护类型的缺失,完善了监护类型。《民法总则》第27条规定了未成年人的法定监护,第28条规定了成年人的法定监护,第29条规定了遗嘱监护,第31条规定了临时监护,第32条规定了机构监护,第33条规定了成年人的意定监护,从而在监护类型上构建了包括法定监护和意定监护、私力监护和公力监护的相对完善的监护体系。

(三)《民法总则》关于监护制度规定的评价

与《民法通则》和以往的其他相关监护规定比较,《民法总则》对监护的规定具有较大进步性,在监护立法理念上取得较大突破。《民法总则》确立了尊重被监护人意愿的原则和最有利于被监护人的原则,扩充了被监护对象,完善了监护类型。《民法总则》弥补了以往监护立法中的不足,回应了我国的社会发展的新需求,也符合国际立法趋势,体现了时代进步性。

《民法总则》监护规定虽然在立法理念和规范设计上有许多进步,但是,也存在不足。

1.《民法总则》监护规定在一定程度上偏离补充自然人民事行为能力这一立法本意。[①] 传统民法理论认为监护制度是对自然人民事行为能力的补充,现代监护制度同时着重保护被监护人权益的功能。将监护置于总则的一个主要理由是监护对自然人民事行为能力的补充,因此,总则将监护内容规定在自然人的权利能力与行为能力之后,并且总则中监护的规定从民事行为能力的判定、变更和限制的角度去设计。如《日本民法典》总则编的监护规定位于第二章"人"第二节"行为能力",第 7 条至第 20 条是监护、保佐和辅助开始的相关规定,在其前一条(第 6 条)是关于"未成年人营业的许可",规定的是未成年人的行为能力,其后一条(第 21 条)是"限制行为能力人的诈术";《日本民法典》第 7 条至第 20 条是监护、保佐和辅助开始和撤销,需要经保佐人同意的行为等;对需要监护的无民事行为能力人和限制民事行为能力人设置何种类型和层级监护的规定,以及设置监护后对被监护人的行为能力的效力的规定。相较之下,我国《民法总则》监护规定在体例安排上存在着不足,总则编应从补充自然人民事行为能力的角度去设计监护制度,但是我国《民法总则》中的监护规定成了独立于民事行为能力的监护通则性规定,更多的是从保护被监护人利益的角度去进行规定,如第 26 条从亲属法角度规定父母子女之间的义务,还规定了法定监护、指定监护、遗嘱监护、意定监护、临时监护、机构监护等监护类型,规定了监护职责、监护事务的执行、监护的撤销、监护资格的恢复和监护关系的终止。对自然人民事行为能力的补充这一功能在制度规定中没有体现出来,总则编中的监护立法,从全面保护被监护人利益出发,演变成了一个监护通则性规定;易言之,我国《民法总则》的监护立法始于行为能力补充,却止于保护被监护人利益,与最初的出发点相悖。

2.成年人法定监护的类型与成年人监护的理念不匹配。《民法总则》沿袭了《民法通则》通过宣告需要监护的成年人为无行为能力人或限制行为能力人,来设

---

① 高丰美:《〈民法总则〉监护规定的进步、不足与完善——兼谈"婚姻家庭编"监护立法》,载《上海政法学院学报(法治论丛)》2017 年第 3 期。

立监护的规定,这不仅会过度地剥夺或限制被监护成年人的行为能力,而且必将导致被监护人行为能力的层级类型与成年人法定监护层级类型的设置不相适应的情形。我国《民法总则》虽然确立了尊重被监护人意愿的原则,但是在制度设计上,在成年人法定监护的类型设计中采用的是完全监护,没有区分成年人不同的精神、智力、身体状况设置不同层级的法定监护类型。现代成年人法定监护正由全面监护向有限监护转向,比如日本监护立法将成年人法定监护区分为监护、保佐和辅助,台湾地区民法典也为成年人法定监护设置了辅助制度;《韩国民法典》明确采用了有限监护,设置了成年人法定监护、保佐和辅助。有限监护是"仅在本人实际需要的限度内设立的保护或援助措施"。① 依据有限监护的理念,成年人法定监护的措施应依据被监护人的不同能力状态设置不同层级的保护措施,辅助适用对象是轻度意思能力不足的人;保佐的适用对象是意思能力显著不充分的人;监护的适用对象是不具有意思能力的人;适用对象由轻到重。人民法院应根据成年人的意思能力状态和实际需要确定监护的任务和类型。这是一种有限监护的理念,也是尊重被监护人意愿和最有利于被监护人原则的应有内容。我国要制定的是一部 21 世纪的民法典,《民法总则》虽然在成年人监护的立法理念上有所更新,但是在具体制度设计上却没有体现出来,亟须在后续立法中予以补足完善。

3.某些监护制度缺失,监护制度体系不完整。从尊重传统民法的知识体系出发,就监护主体来说,可供抽象的是监护人选任的基本原则、监护人的积极资格和消极资格、监护人拒任和辞任、监护监督人资格;就监护客体来说,规定监护类型,包括未成年人法定监护和遗嘱监护、成年法定监护(监护、辅助和保佐)、成年意定监护、临时监护、国家监护;就监护内容来说,规定监护事务执行的共同原则,而具体的监护事务规定在婚姻家庭编中。对于其他内容,包括监护的产生(开始要件)、变更和终止属于监护关系的动态因素,以及由此产生的不同的权利义务内容,不适宜放在总则之中,而且监护的变动、监护事务和监护职责、监护监督等内容,由于照护权、未成年人监护和成年人监护存在较大差异,不适宜在总则中规定,应规定在婚姻家庭编之中。但是《民法典婚姻家庭编的建议稿(草案)》中并没有规定监护制度,那就必然要求民法典总则中的监护制度应当是一个完整的监护制度体系。考察我国《民法总则》的监护规定,内容包括了监护主体、客体和内容等静态因素,也包括监护的设立、变更、撤销、恢复和终止等动态因素,可以说《民法总则》构建了一个监护通则性规定。我国民法总则中的监护制度至少需要补充以下规定:(1)明确监护人消极资格,明确列举不得担任监护人的情形。(2)明确监护人指定需要考察的因素。(3)明确监护人指定的程序。(4)细化人身性监护事务。(5)明确和细化被监护人财产管理规则和财产处分的限制规则。(6)明确和细化监护人的权利和

---

① 李霞:《成年监护制度的现代转向》,载《中国法学》2015 年第 2 期。

义务。(7)明确监护监督机关及其职责。一般而言,对于《民法总则》中需要具体细化的监护规定可以采用法律解释,通过法律解释可以对如何运用监护规定作出具有法律约束力的阐释和说明,但是对于监护制度体系构建本身所需要的内容,尤其是缺位的监护制度比较庞大的情形下,并不适合通过法律解释予以解决。我国旨在制定一部 21 世纪的民法典,这必须是一部在体例结构上科学和内容上完整的民法典。因此,在当下民法典制定之际,尽量考虑到监护制度设计的所有情况,避免监护规定的法律漏洞和不完整,构建完整全面、体系化的监护制度体系。

第五节　收养制度

收养是指根据法定的条件和程序领养他人子女为自己子女,使原本没有父母子女关系的当事人之间产生法律拟制的父母子女关系的民事法律行为。[①] 收养关系是亲属关系的重要内容,是自然血亲关系的必要补充,也是保障未成年人健康成长的重要手段。

一、《收养法》的制定

1950 年《婚姻法》第 13 条规定了养父母子女关系,但没有关于收养制度的其他规定。1951 年 5 月 17 日《最高人民法院关于收养诸问题的复函》中规定"收养契约虽为养父母与养子女间的关系,但幼年子女的生父母亦可与收养的父母成立契约,将子女交其收养",并且强调处理收养案件"应依据婚姻法照顾子女利益的原则,所以应否准许取消收养契约,应从子女利益上来考虑。"1979 年《最高人民法院关于贯彻执行民事政策法律若干问题的意见》对收养所需具备的条件和所应履行的程序作出规定"收养子女,必须经过生父母或监护人和养父母的同意,子女有识别能力的,须取得子女同意,再经有关部门办理收养手续,进行户籍登记。"并且对收养的解除作出规定"养父母或生父母中途反悔,要求解除收养关系的,人民法院应进行调解。调解不成时,可根据子女与养父母、生父母的实际关系,子女的意见,以归谁抚养对子女有利而判决。"这些规定特别注重从子女利益考虑处理收养关系,值得肯定,是改革开放以前调整收养关系的主要法律依据。

改革开放后,1980 年《婚姻法》第 20 条对收养所产生的法律后果予以明确规定,规定养父母和养子女间的权利和义务适用父母子女关系的有关规定;养子女和生父母间的权利义务因收养关系的成立而消除。从此正式确立了收养制度,1984 年《最高人民法院关于贯彻执行民事政策法律若干问题的意见》进一步强调了收养

---

①　蒋月、何丽新:《婚姻家庭与继承法》,厦门大学出版社 2002 年版,第 298 页。

的要件必须"经生父母、养父母同意,有识别能力的被收养人也同意,办理了合法手续的收养关系"(第 27 条),对事实收养问题的处理予以明确和承认,"亲友、群众公认,或有关组织证明确以养父母与养子女关系长期共同生活的,虽未办理合法手续,也应按收养关系对待。"(第 28 条)并对与收养解除有关的问题作出进一步规定,包括收养解除的情形、养子女成年后的收养解除和收养解除的法律后果等。这之后全国掀起了收养的小高潮。据统计,从 1981 年至 1990 年的 10 年间,仅到公证处办理收养公证的全国就有 184691 件,涉外、涉港澳台 13630 件①,没有办理公证的事实收养就更多了。上述立法和最高人民法院颁布的司法解释为我国当时的收养实践提供了法律依据,也是我国收养法制定的法律基础。但是,另一方面收养制度不健全的局面使社会上出现了许多搞假弃婴达到多生子女以及以收养名义买卖儿童的犯罪行为,严重破坏了我国的计划生育政策和未成年人的保护原则,总体而言,这一阶段我国对收养关系主要通过《婚姻法》个别条款、最高人民法院出台的司法解释以及实践中最高人民法院对个案的批复进行调整,尚无统一的收养立法,所以"迫切需要制定一部适合我国国情的收养法律"。②1991 年 12 月 29 日全国人大常委会第 23 次会议通过并颁布了《收养法》。

《收养法》共 6 章,33 条,内容包括立法的宗旨和原则、收养关系的成立、收养的效力、收养关系的解除、法律责任等。主要内容如下:

1.确立了收养法的原则。《收养法》第 1 条和第 2 条的规定,收养法的原则主要包括:(1)有利于被收养的未成年人的抚养、成长原则。保障未成年人的健康成长是实行收养制度的首要目的,为了保证被收养的未成年人的健康成长,《收养法》中许多规定体现了有利于未成年人的抚养和成长的原则,比如规定了严格的收养人的条件,特别强调收养人应当具有抚养教育被收养人的能力(第 6 条);严禁借收养名义买卖儿童(第 19 条)。(2)平等自愿原则。收养关系属于民事法律关系的范畴,收养关系也必须遵循平等自愿原则。平等自愿原则体现在我国收养法中,如收养人收养与送养人送养,须双方自愿,收养年满 10 周岁以上未成年人的,应当征求被收养人的同意(第 11 条);收养人与送养人可以协议解除收养关系,如果养子女年满 10 周岁以上的,应当征得本人同意(第 25 条)。(3)不违背社会公德原则。收养行为不仅关系着收养关系当事人的切身利益,也直接涉及社会公共利益,因此,有必要从维护社会公德的立场出发,对收养子女的行为予以相应的制约。不得违背社会公德的原则在我国《收养法》具体制度中得到体现,如无配偶的男性收养女

---

① 蔡诚:《关于〈中华人民共和国收养法(草案)〉的说明》,载最高人民法院民事审判庭编:《婚姻与收养法规选编》,人民法院出版社 1994 年版,第 94 页。

② 蔡诚:《关于〈中华人民共和国收养法(草案)〉的说明》,载最高人民法院民事审判庭编:《婚姻与收养法规选编》,人民法院出版社 1994 年版,第 94 页。

性的,收养人与被收养人年龄应相差 40 周岁以上(第 9 条);因养子女成年后虐待、遗弃养父母而解除收养关系的,养父母可以要求养子女补偿期间支出的生活费和教育费(第 29 条)。(4)不违背计划生育的法律、法规原则。我国《收养法》特别规定,收养人一般应为无子女者,送养人不得以送养子女为理由违反计划生育的规定再生育子女(第 18 条)。上述 4 项原则贯穿于我国收养法的始终,是我国社会主义收养制度的本质特征在法律上的集中体现,是收养立法和司法的指导思想,对保护被收养的未成年人的健康成长具有重要意义。

2.规定了收养的条件。《收养法》规定了收养的实质性要件,包括:(1)被收养人的条件,《收养法》第 4 条规定在年龄上必须是不满 14 周岁的丧失父母的孤儿、查找不到生父母的弃婴和儿童和生父母有特殊困难无力抚养的子女。这里的"孤儿"是指父母双亡的不满 14 周岁的未成年人,"弃婴和儿童"是指被父母或者其他监护人丢弃而脱离家庭或者监护人的不满 14 周岁的未成年人。以不满 14 周岁的未成年人作为收养的对象,是为了有利于在收养人和被收养人之间建立和培养亲子感情,从而促使收养关系的稳定和发展。(2)送养人的条件,《收养法》第 5 条规定孤儿的监护人、社会福利机构和有特殊困难无力抚养子女的生父母才具有送养人资格。当被收养人的父母死亡后,由孤儿的监护人作为送养人。社会福利机构是指各级人民政府的民政部门所兴办的慈善机构。因父母死亡,其他亲属又无力抚养的孤儿或者查找不到生父母的弃婴儿童,依照《中华人民共和国未成年人保护法》第 43 条的规定,由社会福利机构收容抚养。当收养人在符合条件的情况下,自愿收养由社会福利机构抚养的孩子时,社会福利机构即可成为送养人。父母对子女有抚养教育的义务,这种义务在通常情况下是不能免除的,但如果父母确实有特殊困难(如重疾、高残、丧失劳动能力又无经济来源等情况)无力承担抚养义务,法律允许生父母将自己的子女送养他人。(3)收养人的条件,《收养法》第 6 条规定收养人必须同时具备无子女、有抚养教育被收养人的能力和年满 35 周岁 3 项条件。收养的目的是在收养人与被收养人之间形成父母子女关系,因此,收养人与被收养人之间应有合理的年龄差距。另外,有配偶者收养子女,必须夫妻双方共同抚养。法律作出这样规定的目的是为了保证被抚养人能在一个和睦、温暖的家庭环境中健康成长,以免因夫妻单方收养而造成另一方不接纳孩子,进而影响到夫妻感情的和睦,影响到养子女的身心健康。

3.规定了收养的法律效力。《收养法》第三章专章规定了收养的效力,明确了收养的效力是完全收养,收养成立之日,即形成了养父母与养子女间的权利义务关系,养子女与养父母的近亲属间的权利义务关系,适用法律关于子女与父母关系的规定;同时规定养子女与生父母及其他近亲属间的权利义务关系,因收养关系的成立而消除(第 22 条)。明确了违反《中华人民共和国通则》第 55 条和《收养法》规定的收养行为无效,无效的效力是自始无效(第 24 条)。收养法律效力的确定是收养制度的应有内容,有助于建立稳定的收养关系,保护收养人和被收养人的合法权益。

4.规定了收养程序。《收养法》第 15 条和第 22 条根据收养对象的不同,规定了 3 种不同的收养程序:(1)收养登记,即收养查找不到生父母的弃婴和儿童以及社会福利机构,抚养的孤儿的,应当向民政部门登记。这一规定旨在强化对查找不到生父母的弃婴、儿童和孤儿收养的管理和监督,以保护被收养的合法权益。(2)书面协议,即收养生父母困难无力抚养的子女,应由收养人、送养人订立书面协议。这一规定基于平等自愿原则,强调收养人和送养人属于民事法律行为,通过订立协议强调尊重收养人和送养人的意思自愿。(3)书面协议与登记兼公证,即在涉外收养的情形下,收养人应当与送养人订立书面协议,亲自向民政部门登记,并到指定的公证处办理收养公证。这一规定旨在加强对涉外收养的监督管理,确保涉外收养的真实性和严肃性,保护被收养儿童的合法权益。

《收养法》的颁行弥补了我国在收养方面的法律空白,结束了我国收养行为长期无法可依的状况,是我国第一部系统调整收养关系的专门立法,共计 33 个条文,对收养关系的成立、效力、解除和法律责任等进行了较为全面的规定,对于完善我国婚姻家庭制度体系具有重要意义。《收养法》的颁布对调整收养关系,促进婚姻家庭的和睦稳定,维护收养关系各方当事人的合法权益,巩固和发展家庭关系,起着重要的作用。但囿于当时的立法技术和社会经济的飞速发展,1991 年《收养法》也存在一些不足:

1.没有明确无效收养行为的范围及其法律后果。1991 年《收养法》仅规定了无效收养行为的情形和概括规定了无效收养行为的效力,而无效收养行为的范围和法律后果处于立法空白。身份立法注重身份关系的稳定性,一旦在当事人之间形成了身份关系,除非有重大理由,基于特定人申请或者法院依职权外,不得宣告该身份行为无效。因此需要对申请人的范围加以限制,以维持收养关系的稳定和长久。双方的收养关系被宣告无效后,在双方都没有过错的情况下(如不符合《收养法》规定的过继子问题),收养行为自始无效,双方应当恢复到收养未成立的状态,然而,养父母与养子女之间的付出是不均衡的,如果只是恢复原状,那么收养人付出的抚养照顾将无法得到补偿。因此,为了平衡双方当事人之间的权益,基于公平公正,对无效收养期间权利义务显失公平的,应当由成年养子女,或收养无效后应为未成年养子女的法定代理人对养父母给予适当补偿,但是因为养父母有明显过错而导致收养无效的除外。

2.收养程序规定上的不足。收养行为是一个改变当事人身份关系的民事法律行为,对当事人尤其是对未成年养子女的生活有巨大影响,关系到未成年养子女能否健康成长,完善的程序对于保护被收养人和收养人权益具有重要意义。其一,收养程序的多元性不利于被收养人权益保护。《收养法》规定依据不同的收养对象采取不同的收养程序增加了收养程序的操作难度,由于收养程序不统一,在实践中当事人之间协议成立收养关系,随意性比较大,容易造成收养关系不稳定,不利于收养程序的办理,最终不利于保护被收养人的合法权益。其二,欠缺收养人监督机制。我国尚没有规定监护监督制度,无法通过监护制度中的监护监督实现对收养人的监督。收养关系成立之后,收养人对被收养人是否切实履行了抚育职责,被收养人在收养家庭中是否健康成长,欠缺法律的规范和监督,影响到对被收养人权益的维护。应考虑在收养制度中设立对收养人的跟踪调查机制,明确监督主体,以保障被收养未成年子女的健康成长。

二、《收养法》的修订

1998 年 11 月 4 日,全国人大常委会通过了关于修改《中华人民共和国收养法》的决定,修改后的《收养法》共计 34 条,自 1999 年 4 月 1 日起施行。

在《收养法》颁布的 6 年中,我国经济发展和社会生活水平大幅提高,伴随改革开放和市场经济的快速发展,人们的婚育观发生了转变,更多的年轻人愿意领养儿童。我国城乡居民的经济收入不断提高、生活条件不断改善、教育水平不断提升,越来越多的人有能力在已有子女的情况下再收养子女或收养多名子女,以为社会上大量存在的孤儿、弃儿和儿童提供一个温馨健康的家庭成长环境。随着对外开放的扩大,涉外收养也不断增多。但是 1991 年《收养法》严格的收养条件和复杂的收养程序给收养带来了一些困难,司法部和民政部也陆续发布了一系列的解释来应对收养程序上的问题,1992 年 3 月 26 日最高人民法院发布《关于学习、宣传、贯彻执行〈中华人民共和国收养法〉的通知》,明确了《收养法》的法律适用问题;1992年 6 月 19 日民政部发布《关于认真贯彻〈中华人民共和国收养法〉的通知》,强调收养登记工作的重要性和实施;1993 年 12 月 29 日司法部发布《关于办理收养法实施前建立的事实收养关系公证的通知》,明确规定"对于收养法实施前已建立的事实收养关系,当事人可以申办事实收养公证";1993 年 2 月 13 日司法部《关于为赴日人员生父母办理同意送养公证应符合收养法规定的复函》,明确"公证处为赴日本人员的生父母办理同意送养声明书公证时,应符合《收养法》关于收养关系当事人条件的规定";1996 年 4 月 1 日民政部《关于收养法律规定适用范围的复函》又明确了有关解除收养关系的规定及其适用范围。上述解释虽然能缓解收养程序上的适用困难,但是比较零散,随着收养的增多,亟须重新修订收养法,完善收养制度,尤其是收养程序,以满足收养人的收养需求和保护被收养人的合法权益。

与 1991 年《收养法》相比,1998 年《收养法》的修订主要包括以下内容:

1.优化收养原则的表述,兼顾各方当事人利益。《收养法》第 2 条增加"保障被收养人和收养人的合法权益"这一条款,承认收养人和被收养人双方的法律关系平等受到法律保护,改变以往片面注重被收养人利益的立法目的,兼顾了收养人和被收养人双方的合法权益保护。收养关系涉及收养人和被收养人双方的利益,保障被收养人和收养人合法权益的原则应体现在我国《收养法》的具体规定中,如被收养人一般应为不满 14 周岁的处于特殊生活状态下的未成年人;收养人应具备抚养教育被收养人的能力;生父母送养子女,须双方共同送养等。

2.放宽收养条件,扩大收养途径。一是在收养人年龄规定方面,降低收养人的年龄下限。《收养法》规定收养人必须年满 35 周岁,这在世界各国规定的收养人年龄中是比较高的。按照我国《婚姻法》规定的婚龄,未生育子女的夫妻要在婚后 10 多年才有可能收养子女,这不符合人们一般的养育心理,也是造成事实收养大量存在的重要原因之一。据北京市 1997 年对公民事实收养情况的调查,收养人夫妻双方或者一方不满 35 周岁的,占收养总数的 62%。据上海市对 1982 年到 1994 年公民事实收养情况的调查,收养人夫妻双方或者一方不满 35 周岁的,占收养总数的 56%。1998 年《收养法》第 6 条第 4 项将收养人年龄的下限由原来的 35 周岁降低到 30 周岁,既可满足年龄差较大的夫妇尽早收养子女的愿望,以满足未生育子女的夫妻的收养需求,减少事实收养的发生,又可保障养子女在养父母精力充沛的时期得到最佳的抚育和照料。二是在收养子女数量规定方面,放宽了收养孤儿、残疾儿童和社会福利机构抚养的查找不到生父母的弃婴和儿童的条件。1991 年《收养法》规定收养人应当无子女,除收养孤儿或者残疾儿童外,只能收养 1 名子女(第 8 条),这一规定从收养的实际情况考虑,并且有利于减轻社会福利机构的压力。因此,《收养法》第 8 条第 2 款规定收养这些孩子“可以不受收养人无子女和收养一名的限制”,这一规定有助于弃婴、弃儿的健康成长,满足想要收养弃婴者的需求。

3.完善了收养程序的规定。1992 年《收养法》在收养程序上根据收养对象不同分别适用收养登记、书面协议和书面协议与登记兼公证 3 种不同形式。为了进一步规范收养关系成立的程序,国务院有关部门和专家学者反复研究,一致认为:收养是一种重要的民事法律行为,成立收养关系将导致收养人、被收养人的人身关系和财产关系的变化。在法律上,收养属于婚姻家庭范畴,《婚姻法》已经规定对结婚、离婚实行统一登记制度,收养法对关系收养双方人身、财产关系变化的收养这一重要民事法律行为,也以实行统一的登记制度更合理。为此,1998 年修订后的《收养法》统一了收养程序,规定无论是中国自然人间的收养,还是外国人收养中国人的子女,实行统一的登记制度,收养关系从登记之日起生效。上述修改使收养程序实现了由“三元化”向“一元化”的转变,便于收养当事人办理收养程序。①

此外,为了正确贯彻执行 1998 年新修订的《收养法》和有关法规、规章,司法部于 2000 年 3 月 3 日发布《关于贯彻执行〈中华人民共和国收养法〉若干问题的意见》,就办理收养公证及其他相关公证的有关问题予以明确。内容包括:(1)明确公

---

① 王歌雅:《关于我国收养立法的反思与重构》,载《北方论丛》2000 年第 6 期。

证机构涉及收养的业务范围,包括"收养公证、解除收养关系公证,以及其他相关公证,如收养协议、亲属关系、解除收养关系协议、声明书、委托书等公证"(第1条)。(2)明确办理收养或解除收养关系公证的审查内容和程序,指出应重点审查"当事人的身份、行为能力和意思表示是否真实,收养登记证或解除收养关系证明是否系有权机关签发"(第3条),规定对收养查找不到父母的弃婴和儿童的,如当事人申请办理弃婴或弃儿来源情况公证,"应提交办理登记的收养登记机关出具的公告查找情况证明"(第5条)。(3)简化了外国人收养公证的程序,第4条和第5条规定对外国人收养公证,司法部不再下发《指定管辖通知》、不再审查外国收养人向中国收养组织提交的申请文件、不再上报《外国人收养公证登记表》等。

我国现行《收养法》有助于稳定收养秩序,维护当事人的合法权益,促进家庭和谐和社会稳定;收养制度的确立和完善为拟制血亲关系的调整提供了较完备的法律依据,同时使未成年人的保护突破了血缘关系的限制,增加了对未成年人保护的途径。但是随着社会经济的发展,《收养法》也出现不适应社会变迁的问题。

1.现代收养立法的养老育幼功能发挥不足。随着社会生活内容的不断发展和变化,人们的道德观念在发生变化,现实中虐待、遗弃老人的案件不断发生,老年人合法权益的保障措施显得相对无力。现代收养立法旨在养老育幼,在我国老龄化现象日趋严重的现实背景下,收养立法不仅肩负着育幼的功能,而且还承担着养老的功能。[①] 而我国现行收养立法更多的定位为保护未成年被收养人的权益,在于发挥育幼功能,忽略了收养立法的养老功能,尤其是我国老龄化的加剧,鳏寡孤独老人希望通过收养成年子女的获得赡养的需求无法得到满足。在未来收养法修改中,应考虑增加保护老人合法权益的内容,并将其提到原则的高度。[②] 同时,有必要考虑增设成年人不完全收养制度。我国现行收养在性质上属于完全收养,养子女与生父母及其他近亲属间的权利义务关系因收养关系的成立而消除。现实生活中,如"失独"老年人的收养、无子女老年人收养等,如果也适用完全收养,不利于解决"失独"老年人赡养等社会问题。不完全收养成立后,生父母与养子女之间的权利义务关系不完全解除,不完全收养具有不完全解除的特点,有利于实现某些特殊收养类型的目的。

2.对国际收养立法趋势回应不足。我国现行《收养法》与《儿童权利公约》存在不相融合之处。其一,关于被收养人的出身信息知悉权。我国《收养法》第22条规定"收养人、送养人要求保守收养秘密的,其他人应当尊重其意愿,不得泄露"。事实上,国际社会也经历了从早期收养信息的"绝对保密"到现代的"限制公开"的趋势,联合国《儿童权利公约》第7条第1款规定:"儿童出生后应立即登记,并有自出

---

① 吴国平:《收养立法完善的思考》,载《福建政法管理干部学院学报》2007年第4期。

② 白银燕:《完善我国收养法的几点思考》,载《社会科学家》1998年增刊。

生起获得姓名的权利,有获得国籍的权利,以及尽可能知道谁是其父母并受其父母照料的权利。"我国早在 1992 年已经加入了《儿童权利公约》,我国被收养人成年后有知悉自身出身信息与亲生父母的知情权,建议未来的收养立法中增加"被收养人成年后,对本人被收养的事实有知情权"这一条款规定。其二,关于被收养人的范围。我国现行《收养法》第 4 条将 14 周岁至 18 周岁间的未成年人排除在被收养人的范围之外。除特殊收养外,其他一般收养中被收养人须是不满 14 周岁的未成年人,该规定与《儿童权利公约》的规定相悖。《儿童权利公约》第 1 条规定:"儿童系指 18 岁以下的任何人,除非对其适用之法律规定成年年龄低于 18 岁",以及《儿童权利公约》第 20 条规定,暂时或永久脱离家庭没有一个可供其成长的家庭环境的儿童,有权得到国家的特别保护和协助,这种保护和协助包括收养。因此当 14 周岁到 18 周岁的未成年人不能得到来自生父母的照顾时,根据《儿童权利公约》的规定我国应当允许这些儿童被收养。而且就目前情况看,14 周岁到 18 周岁的未成年人绝大多数处在中学或者职业教育阶段,身体和精神正在发育,没有足够的能力自力更生。我国未来收养立法有必要将被收养人范围放宽至 18 周岁,以保障未成年人受到照顾,健康成长。

第六节　婚姻家庭与继承制度之展望

一、婚姻家庭制度之展望

(一)民法典编纂与婚姻家庭制度

在传统民法中,婚姻家庭关系既有身份关系的内容,又有财产关系的内容,本质上属于民事关系,因此属于民法的组成部分。德国《民法典》将婚姻家庭中的身份关系与财产关系合并,设亲属编加以规定。日本民法典、我国民国时期的民法典采取德国的体例,也设亲属编规定婚姻家庭法的内容。1949 年后,我国第一部严格意义的民事法律是《婚姻法》。受苏联民法学的影响,根据苏联的民法调整对象理论来界定婚姻法的法律地位,秉承了苏俄民事立法的传统,将婚姻法独立于民法之外,显示出其独立法部门的一面。1980 年和 2001 年先后两次通过新修改的婚姻法,延续了婚姻法单独立法的传统。1986 年《民法通则》第 2 条明确规定:"我国民法调整作为平等主体的公民之间、法人之间、公民和法人之间的财产关系和人身关系"。2017 年 3 月 15 日颁布的《民法总则》继续沿袭了民法调整对象的规定,第 2 条规定"民法调整平等主体的自然人、法人和非法人组织之间的人身关系和财产关系"。从民法调整对象理论来看,婚姻家庭法的调整对象是婚姻家庭关系,既有婚姻关系,又有家庭关系;既有婚姻家庭方面的人身关系,又有婚姻家庭方面的财产关系。婚姻家庭法中的人身关系和财产关系,正是发生在作为平等主体的公民之间,符合民法规范的范围。《民法总则》所列举的民事权利中包括婚姻自由等权利,夫妻财产离不开民法的财产制度如共有制度,夫妻相互间的权利义务、父母子女相互间的权利义务,在很大程度上尤其是在诉讼上表现为请求权,与民法的债权制度具有原理的相通性,这些均反映了民法对婚姻家庭关系的直接调整。① 因此,在我国现行立法体例上,婚姻家庭法属于民法不可分割的有机组成部分,属于民法体系的一个部分,独立成一编纳入民法典。同时也应看到,婚姻家庭法同其他民法规范相比较,仍有其自身的固有特点,所以在民法中又具有相对独立的性质。② 我国民法典编纂采用"提取公因式"立法技术设立总则编,这一立法技术也在分编中运用,形成民法总则—分则的立法路径,我国民法典的婚姻家庭编首先应增设一个通则性规定,在通则中明确界定婚姻家庭编的基本原则,对亲属、血亲、姻亲等进行界定等一般性问题,在婚姻家庭法通则之后分设结婚、亲子关系制度、夫妻财产制度和离婚制度等独立小节,收养制度作为独立一节置于婚姻家庭编。在民法典编纂背景下,未来婚姻家庭编需要在以下方面进行完善:

1.明确儿童最大利益原则

我国《民法总则》在监护制度中确立了"最有利于被监护人原则",为婚姻家庭编的监护立法提供了立法的依据和准则。1959 年《儿童权利宣言》和 1989 年《儿童权利公约》都规定涉及儿童的所有行为均应以"儿童的最大利益"为首要考虑,我国作为《儿童权利公约》缔约国,对于一部 21 世纪的民法典,有必要在婚姻家庭编中明确儿童最大利益原则。

从一般或总体意义上表述"最大利益",所谓最大利益,就是儿童能够"获得各种机会与便利,使其能在健康而正常的状态和自由与尊严的条件下,得到身体、心智、道德、精神和社会等方面的发展"。③ 我国婚姻家庭编中儿童最大利益原则的规定具体表现在以下方面:(1)在婚姻家庭编通则中明确规定儿童最大利益原则,鉴于我国《民法总则》已经采用"最有利于被监护人"这一表述,在现行婚姻法中"保护儿童合法权益"后面增加一条"婚姻家庭行为应遵循最有利于未成年子女原则"。(2)在父母子女关系的权利义务规定上,明确规定"父母双方平等承担和享有对未成年子女抚养、教育和保护的义务和权利",体现由"父母本位"向"子女本位"转变的现代价值需求,强调父母对未成年子女的义务优先;我国新颁布的《民法总则》第26 条也是强调父母对未成年子女的义务优先,这也体现了与《民法总则》规定的协调性。(3)在亲子关系确认上凸显儿童最大利益原则。亲子关系的确认事关未成

① 柳经纬:《社会转型时期的民法回归》,载《社会科学》2006 年第 10 期。
② 杨大文主编:《婚姻家庭法》,中国人民大学出版社 2012 年第 5 版,第 48 页。
③ 王雪梅:《儿童权利保护的"最大利益原则"研究》(上),载《环球法律评论》2002 年冬季号。

年子女的重大利益,引入最有利于未成年子女原则有利于避免生母基于个人因素拒绝亲子关系确认从而损害未成年子女利益。(4)在父母探望权的规定上,父母行使探望权的方式、时间由当事人协议;协议不成时,由人民法院按照最有利于未成年子女的原则判决。

2.设立非常财产制

非常法定财产制是法定通常财产制的重要补充,二者相辅相成。近年来发生的在外从事生产经营性活动的夫妻一方非法转移、隐匿、变卖夫妻共同财产的案件增多,严重损害另一方利益。设立非常法定财产制的目的在于解决夫妻财产平等管理权之冲突,遏制夫妻中经济地位较强一方对较弱一方财产利益的损害;协调夫妻财产共有权保护与债权人债权保护的关系;"适应了中国市场经济条件下夫妻财产关系日趋复杂和保护民事交易安全的需要"。[1]

我国婚姻法对非常法定财产制没有作出规定。但在《婚姻法司法解释三》规定了夫妻婚内财产分割制度,规定婚姻关系存续期间,比如一方有严重损害夫妻共同财产利益的行为或者不同意对负有法定扶养义务人支付医疗费用的情形下,另一方可以请求分割共同财产。这一规定在目的上与法定非常财产制一致,旨在保护婚姻家庭中弱势一方的财产权益。但是这一规定存在制度设计缺陷,在实际中适用有限。因为依据该条规定,在依上述特定情形分割夫妻财产后,夫妻关系如果继续维系,在情形消失后,财产仍然适用共同财产制,只起到一次救济的意义,并未从根本上保护弱势一方婚姻当事人的利益。而婚内分割财产的最终目的应是保障弱势一方婚姻当事人暂时或永久的财产利益,我们在进行制度设计时,应体现这一价值,为婚姻当事人提供选择空间。鉴于此,我们可以借鉴法国、德国等国的立法经验,增设非常法定财产制,完善婚内财产分割制度。其一,明确财产分割的效力是终止夫妻共同财产制,以更加彻底全面地保护弱势一方利益;其二,一旦启动法定非常财产制,无须申请,将自动适用分别财产制。其三,明确实行法定非常财产制的最终效果是,夫妻各自占有、管理、使用和处分分割后的夫妻财产,从而更切实有效保护婚姻当事人中弱势一方的财产权益。

3.增设日常家事代理权

日常家事代理权,"也被称为家事代理权,是指配偶一方在与第三人就家庭日常事务为一定法律行为时,享有代理对方行使权利的权利。配偶双方对其行为承担连带责任"。[2] 日常家事代理权制度克服了夫妻双方在个人时间、精力上的局限性,扩张了夫妻双方的意思自治,满足了夫妻双方处理日趋多样化、复杂化的家庭事务和社会事务的需求。我国《婚姻法》没有明确规定夫妻的日常家事代理权,我

---

[1] 薛宁兰:《法定夫妻财产制立法模式与类型选择》,载《法学杂志》2005 年第 2 期。

[2] 杨立新:《家事法》,法律出版社 2013 年版,第 231 页。

国《婚姻法司法解释一》第 17 条规定了夫妻对共同财产的平等处理权。有学者认为这相当于家事代理权的规定,也有学者对此持否定态度,认为共同财产的平等处理权是共同财产的具体内容,不包含家事代理权。[①] 从性质上分析,该条是对 2001 年《婚姻法》第 17 条的解释,属于夫妻共同财产的内容;但是从文义上分析,该条实质上暗含家事代理权的内容,"因日常生活需要而处理夫妻共同财产的,任何一方均有权决定"的表述表明夫妻一方有权代理另一方基于日常生活需要去处分属于另一方的财产,且对另一方具有拘束力;该规定赋予了该决定对外拘束力。可以说,这一条对家事代理权作出了原则性解释,但是缺乏系统构建,还需在立法中明确日常家事代理权的设立、范围、行使限制以及终止等内容。如可以将日常生活需要根据不同的层次,界定为以下方面:一是维持家庭生活正常运转的基本生活需要;二是维持家庭成员精神健康的精神生活需要;三是维持家庭建设和发展的家庭管理需要。[②]

4. 完善离婚经济补偿制度

2001 年《婚姻法》第 40 条增设了离婚经济补偿制度。在分别财产制下,如果一方因为抚养教育子女、照料老人或者协助另一方工作等履行较多义务的,离婚时有权向另一方请求经济补偿。这一规定肯定了家务劳动的社会经济价值,旨在平衡夫妻双方在婚姻期间所得的经济利益。但是,据重庆市南岸区的一项调查显示,2006 年该院受理的 732 件离婚案件中,实行分别财产制的有 2 件,占被调查案件总数的 0.27%;2007 年该院受理 610 件离婚案件中,没有实行分别财产制的;3 年中没有 1 件要求家务劳动补偿。[③] 这凸显了我国的离婚经济补偿制度只限于实行分别财产制的情形所带来的操作难题。

在我国无论在共同财产制下还是分别财产制下,从事家务劳动的夫妻一方(大部分为女性)都将花费大量的时间和精力,而不从事家务劳动的另一方往往因此受益,这些时间和精力本来可以令从事家务劳动的一方用于自我增值等,家务劳动剥夺了其潜在的升值机会。所以,离婚经济补偿对其加以弥补也是理所当然;家务劳动补偿与夫妻财产制的形态没有必然联系。[④] 我国立法将离婚经济补偿限于分别财产制当中,导致离婚经济补偿适用范围过窄,从而使该制度不能实现其本身的价值目标,在离婚时没有共同财产或者可以分割的共同财产过少的情况下,不能体现承认已婚妇女家务劳动的价值,这对于长期和较多从事家务劳动的一方是极其不公平的。立法不应当考虑夫妻财产制类型,无论实行分别财产制,还是夫妻共同财产制,"只要一方对婚姻家庭作出了

---

① 杨立新:《家事法》,法律出版社 2013 年版,第 232 页。

② 王歌雅:《家事代理权的属性与规制》,载《学术交流》2009 年第 9 期。

③ 宋豫:《试论我国离婚经济补偿制度的存废》,载《现代法学》2008 年第 9 期。

④ 陈苇、何文骏:《我国离婚救济制度司法实践之实证调查研究》,载《河北法学》2014 年第 7 期。

特别贡献,一方超出法定义务的付出,而另一方因此付出而获得了利益,离婚时,无论有无现存财产,他方都应当给予经济补偿"。[①]

(二)社会变迁与婚姻家庭制度展望

1.人类辅助生殖技术对婚姻家庭制度的影响

人类辅助生殖,是指运用医学技术和方法对人的卵子、精子、受精卵或胚胎进行人工操作,以达到受孕的目的,它包括人工授精和体外受精—胚胎移植技术,以及各种衍生技术。[②] 人类辅助生殖技术对于解决不孕不育问题具有重要意义,有利于不孕不育患者生育权的实现。面对这种情形,我国立法和司法也予以了回应。1991 年 7 月 8 日最高人民法院在《关于夫妻关系存续期间以人工授精所生子女的法律地位的复函》中指出在夫妻关系存续期间,双方一致同意进行人类授精,所生子女应视为夫妻双方的婚生子女;凡未达成一致意思表示的人工授精,所生子女为非婚生子女,与其生母之夫不发生法律上的权利义务关系。2001 年,卫生部发布的《人类辅助生殖技术管理办法》《人类精子库管理办法》等,对人类辅助生殖技术的应用进行了规范,这些规范从行政管理的层面规定了人类辅助生殖的运用和人类精子库的管理。

但是,近些年,利用人生辅助生殖技术衍生的代孕技术(surrogacy)却对婚姻家庭带来了新的问题。代孕是在通过"体外受精-胚胎移植技术"获得成活的受精卵的基础上,为克服卵子提供者不愿或者不能怀孕,由受托女性代为完成怀胎和分娩的人类辅助生殖技术的衍生技术。[③] 2014 年无锡市中级人民法院审结的"沈新南、邵玉妹诉刘金法、胡幸仙胚胎继承纠纷案"后续代孕生子引发的死后人工辅助生殖问题,2016 年上海闵行区的"代孕龙凤胎案"均反映人类辅助生殖技术带来的婚姻家庭新问题的挑战。人类辅助生殖技术对婚姻家庭伦理与制度将继续产生影响。1991 年最高人民法院的复函和卫生部《人类辅助生殖技术管理办法》《人类精子库管理办法》等规调整人类辅助生殖技术的规范属于行政规范层面、立法层级较低,对于规范利用人类辅助生殖技术所生子女的亲子关系等新问题存在立法空白。

(1)代孕的合法化问题

对于代孕是否予以合法化存在较大争议,赞同方认为代孕是不孕症夫妻患者、单身人士、男同性婚姻配偶等实现其生育权的唯一途径,认为完全禁止代孕有违人

---

① 李洪祥:《论离婚经济补偿制度的重构》,载《当代法学》2005 年第 6 期。

② 卫生部 2001 年 2 月 20 日发布的《人类辅助生殖技术管理办法》第 24 条。

③ 何悦,俞凤雷:《我国代孕生殖立法研究——以英国代孕生殖立法为视角》,载《法学杂志》2017 年第 5 期。

道主义、不利于计划生育政策的实施，有害于不孕不育患者夫妇生育权的实现。①反对代孕合法化的学者认为代孕将危害家庭关系、违反公序良俗原则，代孕很可能引起女性子宫的商品化，尤其是"基因型"代孕②所生子女与代理孕母存在生物学联系，却又必须分离由委托人抚养，这严重违背传统的家庭伦理。我国《人类辅助生殖技术管理办法》第3条规定禁止医疗机构和医务人员实施任何形式的代孕技术。③虽然有学者提出这一规定仅仅是针对医疗机构和医务人员，并没有禁止个人实施代孕，但是从第3条第1款规定"人类辅助生殖技术的应用应当在医疗机构中进行，以医疗为目的，并符合国家计划生育政策、伦理原则和有关法律规定"来看，目前官方的态度是禁止任何机构和个人在我国境内实施代孕手术的。

禁止代孕可以避免伦理危机，但是全面禁止一切形式的代孕忽视了患有不孕不育疾患夫妻的需求和生育权的实现，反而容易导致大量非法商业性代孕，导致伦理混乱，损害公共秩序和善良风俗。④根据2013年中国人口协会、国家计生委联名发布的最新《中国不孕不育现状调研报告》显示，中国的不孕不育率从20年前的2.5%～3%攀升到12.5%～15%左右，患者人数超过4000万，随着自然环境的进一步恶化、社会压力增加，未来5年我国不孕不育发病率预计会提升至18%，不孕不育患者将超过7700万，2013年至2020年间不孕不育患者数年复合增速约为10%。⑤另外，我国人类辅助生殖技术已经相当成熟，1986年，程序化冷冻技术首次冻存人类成熟卵母细胞获得成功；2003年4月，广东省成立了人类精子库，并于同年7月率先开展自存精子服务；2004年，在北京大学第一医院诞生了我国最早的2例程序化冷冻卵母细胞试管婴儿；目前，玻璃化冷冻技术也应用于人类卵母细胞的冷存，2005年12月在山东大学附属山东省立医院诞生了我国首例玻璃化冷冻卵母细胞试管婴儿；我国人工辅助生殖技术已经达到国际水平。⑥

因此，目前法学界多数学者主张不应全面禁止代孕，仅仅禁止解决不了问题，

---

① 何悦、俞风雷：《我国代孕生殖立法研究——以英国代孕生殖立法为视角》，载《法学杂志》2017年第5期；杨遂全，钟凯：《从特殊群体生育权看代孕部分合法化》，载《社会科学研究》2012年第3期。

② 代孕可分为"妊娠型"和"基因型"，前者的代理孕母只提供子宫，后者的代理孕母既提供子宫又提供卵子。

③ 卫生部《人类辅助生殖技术管理办法》第3条规定：人类辅助生殖技术的应用应当在医疗机构中进行，以医疗为目的，并符合国家计划生育政策、伦理原则和有关法律规定。禁止以任何形式买卖配子、合子、胚胎。医疗机构和医务人员不得实施任何形式的代孕技术。

④ 杨立新：《适当放开代孕禁止与满足合法代孕正当要求》，载《法律适用》2016年第7期。

⑤ 《2016年中国辅助生殖市场规模及发展状况分析》，http://www.chyxx.com/industry/201608/436287.html，下载日期：2018年6月10日。

⑥ 《2016年中国辅助生殖市场规模及发展状况分析》，http://www.chyxx.com/industry/201608/436287.html，下载日期：2018年6月10日。

可以有限开放代孕。① 有限开放代孕的"有限性"主要体现为:第一,代孕委托人身份限定为患有不孕不育疾患的夫妻。依据我国《婚姻法》《人口与计划生育法》的规定,我国代孕技术的适用对象仅限于子宫缺陷或身体不适宜怀孕的已婚女性。第二,代孕类型限定为妊娠型代孕。在妊娠性代孕中,代孕母亲与所生孩子之间不存在血缘和基因关系,只是单纯的子宫孕育过程;在基因型代孕中,代孕母亲与所生子女存在基因和血缘关系,实质为和普通生育一样,存在将代孕母亲与代孕子女予以隔离亲子关系的伦理风险。②第三,代孕技术应用须置于完善的政府监管体系之中,建立由国家卫计委主管、县级以上政府的卫生行政部门日常监管的完善的代孕监管体系。

(2)代孕所生孩子的亲子关系认定

代孕所生孩子的亲子关系认定是代孕争议最基础和最核心的问题。传统"自然生殖"以血缘和出生确定亲子关系,而代孕技术打破了传统的亲子关系认定方式,使出生子女可能拥有基因母亲(供卵母亲)、分娩母亲和抚养母亲多个亲子关系,使得代孕所生孩子的亲子关系认定更加复杂。在确定代孕子女的身份上,主要有血缘说、分娩说、意思说和儿童最大利益说。血缘说认为血缘关系是认定父母子女关系的基本依据,代孕所生孩子属于与其有血缘关系的父母;分娩说依据的是传统民法"谁分娩,谁是母亲"的基本原则,认为谁分娩了孩子谁就是该孩子法律上的母亲;意思说认为代孕行为是一种合同行为,应该尊重当事人的意愿,代孕所生孩子属于委托方;儿童最大利益说认为以儿童最大利益、谁更有利于孩子的健康成长来确定代孕生孩子的亲子关系。上述4种学说各有其特点和不足,血缘说注重传统的血缘关系,分娩说注重长期孕育孩子的情感因素,按照血缘说,意味着提供精子和卵子的一方将是代孕所生孩子的父亲或母亲,按照分娩说意味着代孕母亲是代孕所生孩子的法律上母亲,按照血缘说和分娩说,事实上是完全禁止代孕的;而采意思说意味着承认代孕协议的合法化;采儿童最大利益说看似从保护儿童利益出发,但是将亲子关系的认定交由法院,而儿童最大利益本身是一个复杂不确定概念,无疑增加了代孕所生孩子亲子关系的复杂性。

囿于我国对代孕合法性问题的态度,我国现行立法对代孕所生孩子的亲子关系认定几乎处于立法空白。严格意义上,我国仅对人工授精和体外受精—胚胎移植技术所生孩子的亲子关系认定进行了直接和间接规定。1991年7月8日最高

---

① 杨立新:《适当放开代孕禁止与满足合法代孕正当要求》,载《法律适用》2016年第7期;王贵松:《中国代孕规制的模式选择》,载《法制与社会发展》2009年第4期;时永才、庄绪龙:《有限开放代孕的法理思考与基本路径》,载《法律适用》2016年第7期;何悦、俞风雷:《我国代孕生殖立法研究——以英国代孕生殖立法为视角》,载《法学杂志》2017年第5期。

② 时永才、庄绪龙:《有限开放代孕的法理思考与基本路径》,载《法律适用》2016年第7期。

人民法院在《关于夫妻关系存续期间以人工授精所生子女的法律地位的复函》并非对代孕所生孩子亲子关系的规定,这是对人类辅助生殖技术中人工授精和体外受精—胚胎移植技术所生孩子的亲子关系认定的直接规定。我国《人类辅助生殖技术管理办法》和《人类精子库管理办法》允许供精者为不孕不育患者捐献精子,供精者与受孕妇女所生孩子不具有法律上的亲子关系,结合 1991 年最高人民法院《关于夫妻关系存续期间以人工授精所生子女的法律地位的复函》,人工授精所生孩子只是与接受精子一方的夫妻形成法律上的亲子关系,这是对人工授精所生孩子亲子关系认定的间接性规定。供精者在提供精子时,明确知晓自己不会与人工授精所生孩子形成法律上亲子关系,这实质上是一种默示意思表示,可以说,这是间接承认了人类辅助生殖技术所生孩子的意思说。

2016 年上海闵行区的"代孕龙凤胎案"集中了代孕所生孩子的亲子关系认定中的问题,这个案件中的双胞胎同时存在基因母亲、分娩母亲和抚养母亲,虽然案件现在涉及的是抚养母亲与双胞胎祖父母的监护权资格纠纷,最后二审法院认定抚养母亲与这对双胞胎存在继父母子女关系,将监护资格裁判给了抚养母亲,这一判决以对《婚姻法》继父母子女关系的扩张解释的方式解决案件中涉及的代孕亲子关系,这样的亲子关系认定路径仅是个案。这个案件也反映出我国地下商业代孕市场所折射的代孕所生孩子的亲子关系认定的问题似乎不是以司法裁判予以个案回应可以解决的。考虑到我国潜在的地下商业代孕的现状和未来有限开放代孕的可能性,未来我国立法对代孕所生孩子的亲子关系认定有必要予以回应。在立法有限承认代孕的情形下,以意思说为基础,结合儿童最大利益原则最终确定代孕所生孩子的亲子关系。在立法不承认代孕的情形下,宜采用传统的分娩说确定代孕所生孩子的亲子关系。在代孕所生孩子的亲子关系认定上,儿童最大利益原则始终是最根本的原则。

(3)死后人工辅助生殖问题

死后人工辅助生殖是指在人工辅助生殖技术条件下,孩子的出生晚于其配子的提供者,包括提供精子的男性和提供卵子的女性,包括孩子在死者死后孕育出生和孩子在死者生前孕育死后出生的情形。[①] 孩子在死者生前孕育死后出生的情形更多涉及胎儿利益保护问题,现行的立法保护态度比较明确。理论界争议较大的是孩子在死者死后孕育出生这一种情形下的死后人工辅助生殖问题。2005 年我国台湾地区连续发生两起死后取精的案件:一件是陆军上尉孙吉祥意外死亡后,其未婚妻李幸育要求取精替其生子;另一件是保险员杨凯伟以遗嘱表示死后取精之意愿。在我国大陆,继 2014 年无锡市中级人民法院审结的"沈新南、邵玉妹诉刘金法、胡幸仙胚胎继承纠纷案"后,2017 年 12 月 9 日沈新南、邵玉妹、刘金法、胡幸仙

---

① 汪丽青:《论美国关于死后人工生殖的法律规制》,载《政法论丛》2014 年第 5 期。

四位老人通过中介机构把胚胎送到老挝,通过一位老挝籍代孕妈妈成功生育一名男婴。[①] 死后人工辅助生殖已经作为现实案例出现,探讨死后人工辅助生殖问题的未来法律规制是一个不可回避的问题。

未来是否开放死后人工辅助生殖问题主要是涉及个人自主权与子女之利益冲突问题,存在肯定说和否定说。肯定说认为从尊重死者之个人自主权(人格发展自由权或者生育自主权)出发,个人有权利要求孕育后代,国家没有充分理由禁止。否定说认为此种个人自主权行使的结果会侵害人工生殖之子女的受抚养及继承权益,基于儿童最大利益原则,不宜开放死后人工辅助生殖。[②] 死后人工辅助生殖不是单纯地为了解决不孕不育的问题,而是希望通过人工辅助生殖技术,达到死者个人留后的愿望。从死者留后之心愿,生存配偶生育权,未亡人情感,以及生命的延续目的,不少学者认为未来人工辅助生殖立法可以有条件地开放。[③] 如果未来考虑开放人工辅助生殖,至少应从以下方面设置严格的开放条件:第一,主张实行死后人工生殖未亡人身份限制,人工辅助生殖仅限于夫妻之间关系。第二,死者生前以明示或默示的方式表示施行死后人工辅助生殖的意愿。第三,死后人工辅助生殖的施行不得违反儿童最大利益原则。

2.未来家庭的形态与“家庭法”

家庭有它的历史、现状,也必然有其未来。就大多数人而言,家庭是实现持久两性关系的主要场所,未来两性关系的本质将是什么? 家庭将何去何从?

受工业化影响,人们的社会文化价值观首先受到冲击。首先,对性的认识的革命改变了过去理想家庭与性关系的共同价值观,非婚生育增加、离婚率上升、结婚和再婚率下降,婚姻体制相应削弱,单身、同居或同性恋现象增加。社会向个人主义方向发展,家庭不再存在超越于个体之上的权力。其次,家庭功能的不断社会化,一方面使人们减轻了在家庭中承担责任的压力,男女双方趋向于需求一种不完全维系于家庭生活的个人身份;另一方面削弱了家庭的团结,人们认为家庭的解体对其他成员的生活影响甚微,如孩子的抚养教育由社会机构代替。三是现代科技对人类生殖的挑战。生育长期以来只是一对男女相互同意并作出决定而进行的私人化活动,现在可以通过“制造”手段进行,如捐献精液、代理母亲,这使生育的当事

---

① 《最温情判决“无锡胚胎案”续:4位失独老人海外代孕终于产下一名男孩》,http://www.re-langba.com/148/117126.html,下载日期:2018 年 6 月 12 日。

② 侯英冷:《论开放死后人工生殖之适宜性》,载《现代身份法之基础理论——戴东雄教授七秩华诞祝寿论文集》,元照出版公司 2007 年 8 月版,第 140 页。

③ 侯英冷:《论开放死后人工生殖之适宜性》,载《现代身份法之基础理论——戴东雄教授七秩华诞祝寿论文集》,元照出版公司 2007 年版;戴瑀如:《死后人工生殖之禁制与开——以德国及台湾地区的裁判为中心》,载《华东政法大学学报》2015 年第 5 期;汪丽青:《论美国关于死后人工生殖的法律规制》,载《政法论丛》2014 年第 5 期。

人可以相互隔离,家庭生育功能弱化。这些技术的发展和它们对延长人的预期寿命、避孕和医疗辅助生育的贡献必然破坏家庭秩序。另外,全球化的影响,人口流动使与地域密切联系的家庭失去主导地位,一些替代性两性模式应运而生。

诚然,工业化对人们的家庭观念、家庭结构、家庭功能和家庭关系等产生了冲击,家庭形态也不是静止的,现在的一夫一妻家庭也不是家庭发展的终点,只是一个发展中的阶段。但是对于家庭的未来,家庭在可预见的未来将继续存在。人类辅助生殖无法取代人类自身的生育功能,家庭仍然是社会的基本单位。阿尔温·托夫勒指出在未来社会,新的生产方式将把人们带回家庭工业时代,在以电子、信息科学为基础的时代,已不再需要人们在工厂、办公室里工作,家庭将重新成为工作单位。因此,未来社会将回到以先进的电子科学为基础的家庭工业时代;从而重新突出家庭作为社会中心的作用。[①] 只是,我们也应注意到未来的家庭,男女双方的爱情是家庭质量的重要保证。家庭的首要功能是满足家庭成员各种需要,并提供相互帮助和情感支持。因此,婚姻不具有家庭基础的意义,婚姻与家庭之间的有机联系变得松弛。未来社会是一个高度自由的多元化社会,家庭将呈现多元化的样态,如独身户、无子女的夫妻家庭、已婚和未婚的单亲家庭、未婚同居家庭、合伙家庭、同性恋家庭等。[②]

婚姻家庭形态的未来变化将需要新的一套社会规范体系与之匹配。从社会生活的多元化发展来看,旧有的家庭概念已经表现出了其狭隘性。我国未来的家庭不是单一的概念,必将对非婚同居家庭、单身家庭、同性恋家庭作出回应。但是受我国传统道德观念的影响,将非婚同居家庭、单身家庭、同性恋家庭纳入家庭制度之中不可能是一步到位或者同步进行的。依据我国目前情形,非婚同居越来越显现出来,并且为人们所接受,因此,这将会是我国未来婚姻家庭形态重大变革的突破口。单身家庭由于其本身很少与外界发生基于新组建家庭的身份而产生的人身关系和财产关系,因此,对于单身家庭的规制往往容易被忽视,但事实上单身家庭依然有需要保护的婚姻家庭利益,比如单身女性的生育权、单身家庭的商品房购买资格问题都将逐步引起社会的关注,但是关于单身家庭的立法,将会是在经济发达的地区局部性的尝试,再到全面的放开。对于同性恋的家庭,在欧美大多数国家承认同性恋结合是一件较为普遍的事情,但是在我国由于受道德传统的影响,要将同性恋婚姻合法化,这将会是一个长期的过程。

3.对非婚同居关系的法律规制

非婚同居一般是指没有婚姻关系的男女双方建立稳定的共同生活体。我国的非婚同居现象主要产生于客观因素和主观意愿两种情形。就客观因素而言,在农

---

① 阿尔温·托夫勒:《第三次浪潮》,生活·读书·新知三联书店 1983 年版,第 238 页。

② 邓伟志:《家庭社会学导论》,上海大学出版社 2006 年版,第 275~286 页。

村、偏远地区和少数民族地区的一定地域范围内对现代的婚姻确认方式仍然不认可，以当地习俗订立婚约、以结婚仪式替代结婚登记的方式缔结婚姻，这在客观上导致了非婚同居的大量存在。就主观意愿而言，婚姻作为国家基于家庭功能实现的一种"制度性的安排"，当婚姻与家庭功能关系疏离时，婚姻变成人们进行社会生活的方式之一，而不一定是必然的方式。① 尤其是男性进入经济成熟期步伐减缓、女性经济上的独立性增强、离婚率上升等等，同居为减少婚姻的不稳定性提供了一种有效机制，为减少对彼此承担的义务或为寻找理想的结婚对象提供了一种高度理性的选择，这些必将使同居变得比婚姻更有吸引力，城市地区大量年轻人在主观上倾向于选择非婚同居。② 中国调查网对白领同居问题的网上调查显示 57.3% 的白领曾经同居。一项全国成年人口"性"随机抽样调查显示，2000 年试婚或同居的人占所有未婚者的 6.9%，2006 年上升为 23.1%，且每年平均增加 22.3%。③ 非婚同居涉及同居者的人身关系和财产关系，以及非婚同居关系中非婚生未成年子女的利益保护，如何有效规制非婚同居关系，这对于保障当事人和未成年子女合法权益、维持社会稳定具有必要性和重要意义。随着社会不断变迁，我国婚姻家庭编应作出相应的制度回应。

目前我国婚姻家庭制度对非婚同居关系的规制主要是以 1994 年 2 月 1 日作为认定非婚同居婚姻效力的依据；并以补办结婚登记的形式作为补充。这一规制模式实际上是存在不足的，我国婚姻家庭制度对非婚同居的回应还是有限的。首先，我国以时间来区分非婚同居的婚姻效力缺乏科学性。2000 年 4 月，全国妇联就修改婚姻法对全国的调查显示，已婚未办理登记的占成年人总数 4.2%，在农村比例为 6.9%。（未含港澳台地区数据）④ 依据上述调研数据，1994 年以后依然存在大量以夫妻名义共同生活的情形，这一时间规制并没有达到全面规范登记婚与消除事实婚姻的目的。其次，补办结婚登记在实际中缺乏操作性。在实践中，起诉离婚的非婚同居当事人双方被要求先补办结婚登记再解除婚姻关系对于处于有利地位的一方一般不会同意补办登记，致使该制度无法发挥其预期作用。⑤ 再次，我国实践中存在大量非婚同居关系的立法滞后乃至真空状态。我国目前缺乏专门调整非婚同居关系的婚姻法律规定，司法实践中的裁判依据主要是 1989 年的《关于人民法院审理未办结婚登记而以夫妻名义同居生活案件的若干意见》，但该意见主要适用于未办理结婚登记以夫妻名义同居生活的案件，对于其他不以夫妻名义的非

---

① 王金玲主编：《女性社会学》，高等教育出版社 2005 年版，第 115 页。
② ［英］安东尼·吉登斯：《社会学》（第 4 版），赵旭东等译，北京大学出版社 2003 年版，第 145～160 页。
③ 潘绥铭主编：《中国性革命成功的实证》，万有出版社 2008 年版，第 48 页。
④ 郑小川、于晶：《亲属法：原理·规则·案例》，清华大学出版社 2006 年版，第 12 页。
⑤ 何丽新：《论事实婚姻与非婚同居的二元化规制》，载《比较法研究》2009 年第 2 期。

婚同居关系在适用上不免具有局限性。

目前各国对非婚同居的法律规制模式可以概括为三种:其一是作为婚姻的规制方式,将符合特定条件的非婚同居认定为事实婚姻、普通法婚姻或者推定婚姻,直接适用婚姻效力的法律规定。如《德国民法典》第 1310 条第 3 款的规定。其二是作为事实状态的规制方式,非婚同居仅作为一种事实状态,当事人双方不基于非婚同居产生权利和承担义务,如埃塞俄比亚民法典即采这一方式。其三是作为独立制度的规制方式,通过确定当事人在非婚同居关系期间的权利义务设定行为模式,如家庭伴侣制度,以及美国的一些州认可同居合同,法院用合同法而不是家庭法来调整同居关系。[①]

如前所述,我国的非婚同居现象主要产生于客观因素和主观意愿两种情形。我国的非婚同居的存在有我国特定的社会变迁所致。因此,我们不宜盲目照搬国外模式,应结合我国实践进行调适。首先,对非婚同居关系作出明确规定,应明确同居关系的设立、同居关系期间的人身关系和财产关系处理、解除同居关系的方式和效力等,为当事人提供婚姻法律保障。非婚同居关系的解除将影响双方当事人乃至子女的利益,影响社会稳定,法律对非婚同居作出规定旨在引导当事人更好地处理非婚同居关系。其次,区分同居关系类型进行婚姻法规制。判断非婚同居能否被认定为婚姻,是看其是否具备婚姻的实质要件,区分一般的同居与事实婚姻的标准应该是同居时间的长短,即长期共同生活,如德国规定为 10 年或 5 年;而不应当是法律强制设定的某一时间点。对于当事人具有结婚意愿,符合结婚实质条件,且经过一定年限的,可以作为事实婚姻予以保护。不符合婚姻的实质条件,但具有一定稳定性的非婚同居,将非婚同居作为事实状态予以规制,"法律主要是针对非婚同居关系终止或受到他人侵扰等情形设定解决方案,对当事人予以必要救济"。[②] 再次,加强非婚同居关系的其他方面的法律调适。如通过未成年人保护法加强对非婚生子女的保护,通过反家庭暴力法加强对非婚同居关系当事人的人身保护等。

4.婚姻家庭制度的本土化与国际化

经济全球化、劳动力资源的跨国化等必然会对人与人之间的关系产生影响,其中也包括对婚姻家庭关系的影响,冲击家庭甚至改变家庭的含义。[③] 国际上其他国家有诸多关于家庭法国际化影响的探讨,如欧盟国家集中于关于家庭法的欧洲一体化问题,美国研究集中于大量的外来移民带来的家庭法国际化影响问题等。

---

① 但淑华:《论我国非婚同居规制方式的立法选择——从比较法视角》,载《中华女子学院学报》2009 年第 2 期。

② 但淑华:《我国非婚同居的二元法律制研究》,法律出版社 2012 年版,第 22 页。

③ Barbara Strark,When Globalization Hit Home:International Family Law Comes of Age,39 Vand.J.Transnat'I L.2006,P.1551.

　　法的国际化是指法律在国际范围内的交流和传播,从而使法律具有世界性的特征的过程和现象。① 在我国,改革开放以来跨国婚姻增加,我国婚姻家庭法也受到国际化影响,1979 年涉外及港澳台结婚数仅为 8460 对;自 20 世纪 80 年代以来,经济体制改革特别是市场经济体制的逐步确立,社会开放程度的不断提高,择偶的范围相应扩大,跨国婚姻发展速度快,1982 年上升为 14193 对,1990 年为 23762 对,1997 年已达 50733 对。通婚圈扩大到世界,涉及 53 个国家和地区,导致"联合国"式的家庭增多。② 跨国婚姻带来的后果之一就是涉外离婚案件的出现和不断增多,冲突法被大量运用。为适应这一形势,1992 年我国批准加入了《儿童权利公约》,以加强在儿童权利保护的实体规范上的国际协作。2010 年 10 月 28 日我国通过了《涉外民事关系法律适用法》,专设第 3 章对"结婚、夫妻关系、父母子女关系、离婚、收养、扶养、监护"等问题的法律适用作了规定。这一法律新增了有关夫妻人身和财产关系、父母子女人身和财产关系、协议离婚的法律选择规则;比较充分体现了有利原则(如有利于婚姻成立、保护弱者);采用意思自治原则(如关于夫妻财产制和协议离婚) 等,体现了国际化趋势。③

　　与此同时,在法律发展的国际化过程中,各个国家或者地区都会期望保留下本国法律的若干内容,保存着本国法律的特色,即本土化特色;婚姻家庭法尤其如此,具有较强的伦理性和民族特性。因此,在法律国际化趋势下,我们既不能抵制对外国法律的吸收、借鉴和移植的问题,也不能盲目学习照搬外国法律。④ 以儿童权利保护(儿童抚养纠纷) 为例,就前一点,我国与国际化接轨差距甚远,我国虽然批准加入了《儿童权利公约》,但是我国至今未明确确立儿童最大利益原则,我国对婚姻家庭中的未成年人保护立法也不完善,现行的法律中关于父母对未成年子女的抚养义务规定分散在《婚姻法》等部门法的各个章节中,并没有独立成章,缺乏体系性。为此,未来我国应尽早加入海牙国际私法一系列公约如海牙国际私法会议制定的《关于未成年扶养义务法律适用公约》《海牙承认离婚与法律分居公约》和《海牙关于父母责任和保护儿童措施的管辖权、法律适用、承认、执行和合作公约》,使我国相关立法与国际统一法律相衔接,同时更好地获得跨国离婚的法律预期和诉求,及时有效地保护儿童的权益。从法律角度上看,这将促进我国相关立法与国际统一法律相衔接,我国未来某些婚姻家庭制度应与相关国际条约接轨,完善婚姻家庭法律规定。就后一点,我们

---

　　①　曹全来:《国际化与本土化——中国近代法律体系的形成》,北京大学出版社 2005 年版,第 156 页。

　　②　邓伟志:《家庭社会学导论》,上海大学出版社 2006 年版,第 54 页。

　　③　郭玉军:《涉外民事关系法律适用法中的婚姻家庭法律选择规则》,载《政法论坛》2011 年第 3 期。

　　④　何勤华:《法的国际化与本土化:以中国近代移植外国法实践为中心的思考》,载《中国法学》2011 年第 4 期。

也必须结合我国实践,保留优良的民族特色,同时也进行改进,让其与本国的法律相融合,为本国民众认同与遵守,真正将法的精神浸透到社会生活之中。在全球化趋势下,国家协作并不会自然发生,需要有意识地促成。如果交通、交流、婚姻的跨国趋势继续,婚姻家庭制度的国际化也必然向纵深发展。[①]

二、继承制度之展望

(一)民法典编纂与继承制度

继承制度在性质上属于以亲属关系为基础的财产制度,是财产关系和亲属关系相结合的制度。萨维尼法律关系理论将继承分别从契约和物法中抽离出来,使物法成为纯粹的物权法;又将权利主体、引起法律关系变动的法律行为抽象出来作为债法、物权、婚姻家庭继承法的共同规则置于总则编,同时在各分编中设定具体规则。[②] 1900 年德国《民法典》吸收了法律关系理论,以法律关系为核心,建立了现代民法的制度体系。德国《民法典》分为 5 编:总则、债权法、物权法、家庭法、继承法。其中第五编是继承法,主要内容有:继承顺序、继承人的法律地位、遗嘱、继承契约、保留份、丧失继承资格、抛弃继承的契约、继承证书及继承财产的买卖等。以德国《民法典》为代表的民法体系被称为潘德克吞式民法体系,各国以德国《民法典》为依据纷纷制定本国的民法典,将继承制度作为独立的一编置于民法典之中。

我国 1985 年《继承法》颁布时,由于民事立法计划调整为由"批发"转"零售"的立法步骤,无法从民法典编纂的体系角度制定《继承法》,欠缺体系性的考虑。2014年 10 月,十八届四中全会通过了《中共中央关于全面推进依法治国若干重大问题的决定》,作出"编纂民法典"的决定。继承制度作为民法的基本组成部分,也成为民法典的分编之一。

在民法典编纂背景下,继承制度修订必须考虑与《民法总则》的协调,注重与婚姻家庭编、物权编等其他分编的协调,立法体例与制度设计也须避免与民法其他规则产生冲突。[③] 比如与《民法总则》的关系协调,我国《民法总则》第 124 条规定,自然人依法享有继承权。自然人合法的私有财产,可以依法继承。这是对继承编的抽象概括性的规定,《民法总则》第 16 条关于胎儿民事权利能力的规定也为胎儿特留份制度提供了法律依据;《民法总则》规定了诉讼时效制度,而继承权的诉讼时效期间没有特殊性,所以修订后的继承法不需要再规定诉讼时效。[④] 还有与婚姻家

① Adair Dyer, *The Internationalization of Family Law*, 30 *U.C.Davis L.Rev.*1996—1997, pp. 643～645.
② 朱虎:《法律关系与私法体系——以萨维尼为中心的研究》,法律出版社 2012 年版,第 133 页。
③ 杨立新:《我国继承法修订入典的障碍和期待》,载《河南财经政法大学学报》2016 年第 5 期。
④ 郭明瑞:《论继承法修订应考虑的因素》,载《四川大学学报》(哲学社会科学版)2018 年第 1 期。

庭编的协调,婚姻家庭编对近亲属的界定是继承人范围的依据之一,而现行《继承法》第 10 条第 3 款、第 4 款、第 5 款关于近亲属的解释性规定则不再需要保留。

(二)社会变迁与继承制度展望

1.家庭结构的变化与特留份制度的增设

中国传统的小农经济社会决定了中国传统家庭结构是几代人同住的主干家庭或者联合家庭。改革开放以来,经济体制的转型促使我国传统的家庭规模和家庭结构发生变化。现代化生产的发展、严格的生育控制政策、人口老龄化程度加深、人口迁移流动增多、城市化水平提高以及住房状况改善等因素引起我国的家庭结构和家庭规模也随之发生变迁,主要呈现"家庭规模小型化、家庭结构核心化和家庭模式多样化"的特征。① 依据第五次人口普查数据,2010 年平均每个家庭户的人口为 3.10 人,比 2000 年人口普查的 3.44 人减少 0.34 人,户均人数总体呈现下降趋势,家庭户规模继续缩小。② 基于家庭结构的变化,为了保障自然人死亡后的财产能够为其亲属继承,修订继承法时应对此予以回应。

特留份是指法律规定的遗嘱人不得以遗嘱处分的由特定法定继承人继承的遗产份额。1985 年《继承法》不存在严格意义上的特留份制度,《继承法》第 19 条和第 28 条只是针对"缺乏劳动能力又没有生活来源的继承人"和胎儿的"必留份"制度。法律规定特定法定继承人的特留份权一方面主要是基于遗产的来源和构成,作为遗产的个人财产的取得离不开国家社会提供的机会条件、家庭成员提供的条件与帮助以及个人的努力;因此自然人死亡后的遗产应考虑上述三方面因素,除了缴纳遗产税部分外,个人努力取得的财产部分可以由被继承人以遗嘱的方式自由处分,但是考虑到家庭成员的帮助和贡献,将遗产的一部分以特留份形式留归家庭成员。另外,家庭成员有相互扶养的义务,自然人死亡后,应留下财产的一部分于其负有抚养义务的家庭成员,法律应规定特留份制度,以限制被继承人的自由处分权。③ 改革开放以来,我国家庭结构呈现家庭规模小型化、家庭结构核心化的特点,而且这一趋势在未来一段时间将继续存在,对于作为遗产的自然人个人财产作出贡献和努力的家庭成员一般也局限于配偶、子女和父母;而且负有扶养义务的家庭成员也呈现小型化和核心化,共同生活的家庭成员也一般局限于配偶、子女和父母,因此,享有特留份权利的继承人应仅限于配偶、子女和父母,不宜扩大。

2.社会经济的发展与遗产范围的扩大

① 王跃生:《中国城乡家庭结构变动分析——基于 2010 年人口普查数据》,载《中国社会科学》2013 年第 12 期。

② 《第六次全国人口普查主要数据发布》,http://www.stats.gov.cn/ztjc/zdtjgz/zgrkpc/dlcrkpc/dcrkpcyw/201104/t20110428_69407.htm,下载日期:2015 年 1 月 8 日。

③ 郭明瑞:《论继承法修订应考虑的因素》,载《四川大学学报(哲学社会科学版)》2018 年第 1 期。

改革开放 40 年来，我国的社会经济情况发生了巨大变化。自然人个人拥有财产的数量大大增加，主要财产不仅仅是生活资料，还包括大量的生产资料；经济的发展和人们物质生活的日益丰富导致财产形态的多样化，对无人身专属性的采矿权等用益物权，股权，网络虚拟财产权等常见财产形态的继承问题成为继承法的新问题。[①] 改革开放初期制定的《继承法》已经不能适应变化了的社会经济情况，这客观上要求扩大遗产范围，修订继承法也必然需要对此予以回应。

我国现行《继承法》以概括加列举方式明确了遗产的范围，列举了 6 种财产类型作为遗产，在最后一项以"自然人的其他合法财产"这一兜底规定的形式以体现立法的弹性。目前，自然人的财产构成除了货币、生活用品、生产资料等有形的财产类型以外，很大一部分财产构成来自股权、知识产权收益等无形财产，因此在列举遗产类型时应将这些典型财产类型予以明确。我国《民法总则》第 127 条明确规定了对网络虚拟财产的保护，网络虚拟财产是一种特殊的新型财产类型，也是当代一种常见的财产类型，它包含了经济价值，是网络用户用自己的劳动、时间创造的财富，作为遗产具有继承法上的正当性。[②] 因此，对于网络虚拟财产也应以明确列举的形式予以规定，以保护自然人的个人财产能够在其死亡后留给其继承人，这也是当代民法私权神圣的要求。

3.人口老龄化与继承法修订

在人口快速老龄化、高龄化的背景下，我国失能老人快速增长，社会保障制度又不能完全满足老龄人群的照顾需求，修订继承法必须考虑到我国人口老龄化的现实，彰显继承制度的扶养功能。首先，在继承制度的基本原则和立法价值上，将"养老育幼"原则作为继承制度的基本原则和价值导向，彰显和坚持继承制度的扶养功能。其次，加强尽了主要赡养义务的丧偶儿媳、女婿的权利保障，除了赋予尽了主要赡养义务的丧偶儿媳、女婿法定继承权，还规定其享有特留份继承权，以鼓励丧偶儿媳、女婿对公婆进行赡养。[③] 最后，完善遗赠抚养协议制度。遗赠扶养协议是扶养人与被继承人之间订立的关于一方负担扶养等义务和另一方负有将遗产遗赠给抚养人的协议。修订继承法时应明确遗赠扶养协议的性质、基本内容，完善遗赠扶养协议的无效、撤销、解除等具体规则。[④]

---

① 王雷：《我国继承法修改中应着力协调的三种关系》，载《苏州大学学报（法学版）》2014 年第 4 期。

② 马一德：《网络虚拟财产继承问题探析》，载《法商研究》2013 年第 5 期。

③ 孙毅：《继承法修正中的理论变革与制度创新——对继承法修正草案建议稿的展开》，载《北方法学》2012 年第 5 期。

④ 王利明：《继承法修改的若干问题》，载《社会科学战线》2013 年第 7 期。

附

录

改革开放 40 年民法制度变迁大事记

1978 年

12 月 13 日　邓小平同志在中央工作会议上作了题为《解放思想，实事求是，团结一致向前看》的总结讲话，邓小平指出："……现在的问题是法律很不完备，很多法律还没有制定出来。应该集中力量制定刑法、民法、诉讼法和其他各种必要的法律，……做到有法可依，有法必依，执法必严，违法必究。"

12 月 18 日至 22 日　中国共产党第十一届中央委员会第三次全体会议在北京举行。会议通过了《中国共产党第十一届中央委员会第三次全体会议公报》，提出：为了保障人民民主，必须加强社会主义法制，使民主制度化、法律化，使这种制度和法律具有稳定性、连续性和极大的权威，做到有法可依、有法必依、执法必严、违法必究。从现在起，应当把立法工作摆到全国人民代表大会及其常务委员会的重要议程上来。

12 月　安徽省凤阳县小岗村 18 位农民冒着极大的风险，立下生死状，在土地承包责任书上按下了红手印，拉开了中国农村改革的序幕。联产土地承包制的实行,不仅逐渐改变了中国农村经济落后的面貌,而且使得广大的农民开始得以个体的身份与农村集体组织分享集体土地上的权利。

1979 年

2 月 2 日　最高人民法院发布《关于贯彻执行民事政策法律的意见》,于 1996 年 12 月 31 日废止。该意见对婚姻家庭、收养、继承、房产、宅基地、债务、赔偿等领域的问题作出具体规范,在民事立法严重缺失的情况下为调整民事关系、指导法院的民事审判提供了依据。

7 月 1 日　第五届全国人民代表大会第二次会议通过并公布《中华人民共和国中外合资经营企业法》,自 1979 年 7 月 8 日起施行。该法共 15 条,对合营企业的设立、出资比例、出资方式、组织形式、经营管理、利润汇出、合同期限等作出规定。中外合资经营企业法明确规定为了扩大国际经济合作和技术交流,规范中外合资经营企业、依法保护外国投资者在合营企业的投资、应分得的利润和其他合法权益。这是首部明确保护私有财产的法律。

8 月　中国社会科学院法学研究所在北京召开"民法与经济法学术问题座谈会",引发了法学界历史 7 年之久的关于民法和经济法调整对象的争论。经济法学界力主"纵横关系说",主张经济法调整的对象包括纵向的经济关系和横向的经济关系,民法学界主张民法调整商品经济关系或平等主体关系。1986 年《中华人民共和国民法通则》第 2 条规定:"中华人民共和国民法调整平等主体的公民之间、法人之间、公民和法人之间的财产关系和人身关系"。从立法上基本划清了民法与经济法、行政法的界限,确定了民法在调整经济关系中的基本法地位,结束了关于民法经济法调整对象的论争。

11 月　全国人大常委会法制委员会组建民法起草中心小组,开始第三次民法典编纂工作,至 1982 年先后草拟了《中华人民共和国民法(草案)》四稿。由于当时对民法典的立法条件是否成熟存在异议,对是先制定各个单行法还是一次性制定民法典有不同的意见,立法机关最终决定,放弃制定一部民法典的思路,转而采取先行制定单行法的思路。1982 年 5 月,民法起草小组解散,第三次民法典编纂工作宣告结束。

1980 年

9 月 10 日　第五届全国人大第三次会议通过并公布《中华人民共和国婚姻法》自 1981 年 1 月 1 日起施行,1950 年 5 月 1 日颁行的《中华人民共和国婚姻法》自本法施行之日起废止。1980 年《婚姻法》共 5 章、37 条,包括:总则、结婚、家庭关系、离婚、附则。较之 1950 年《婚姻法》,在构建婚姻家庭制度方面,有着明显的发展:增加了保护老人权益的内容,确立了"实行计划生育"的原则,提高了法定婚龄,增加了三代以内旁系血亲禁止通婚的规定,确立了"感情破裂"的离婚标准。

10 月 23 日 国务院批准《婚姻登记办法》,1980 年 11 月 11 日民政部发布,自发布之日起施行。

1981 年

12 月 13 日 第五届全国人大第四次会议通过并公布《中华人民共和国经济合同法》,自 1982 年 7 月 1 日起施行。该法共 7 章、57 条,包括:总则、经济合同的订立和履行、经济合同的变更和解除、违反经济合同的责任、经济合同的纠纷的调解和仲裁、经济合同的管理、附则。《经济合同法》规定经济合同是当事人之间的协议,强调经济合同的订立必须贯彻协商一致的原则,当事人一方不得把自己的意志强加给对方,合同订立也不受他人的非法干预,但它同时强调经济合同的订立必须符合国家计划的要求,强调计划对合同的约束力,是一部在计划经济体制的地位尚未受到根本动摇的条件下制定的法律,贯彻着计划原则。

1982 年

8 月 23 日 第五届全国人大常委会第二十四次会议通过并公布《中华人民共和国商标法》,自 1983 年 3 月 1 日起施行,1963 年 4 月 10 日国务院公布的《商标管理条例》同时废止。该法共 8 章、43 条,包括:总则、商标注册的申请、商标注册的审查和核准、注册商标的续展、转让和使用许可、注册商标争议的裁定、商标使用的管理、注册商标专用权的保护、附则。

12 月 4 日 第五届全国人大第五次会议通过并公布施行《中华人民共和国宪法》,确立了个体经济是"社会主义公有制经济的补充"的地位,重新确立了法律面前人人平等的原则,增加"保护公民私有财产继承权"的规定,确认个体经济、外商投资企业的宪法地位以及保护个体经济和外商投资利益。

1983 年

3 月 10 日 国务院发布《中华人民共和国商标法实施细则》,共 34 条。自此,我国商标管理工作开始走上进一步法制化、规范化和专业化的道路。

4 月 1 日 国务院颁布并施行《国营工业企业暂行条例》,该条例于 2001 年 10 月 6 日废止。该条例共 10 章、84 条,包括:总则,企业的开办和关闭,企业的权限和责任,职工的权利和责任,企业的组织领导,企业与主管单位的关系,企业与其他企业事业单位的关系,企业与地方人民政府的关系,奖励与惩罚,附则。该条例规定企业实行党委领导的厂长(经理)负责制,规定了企业在保证完成国家计划任务的前提下享有的自主权,在一定程度上推动了我国有关企业的商事主体立法。

9 月 20 日　国务院颁布并施行《中外合资经营企业法实施条例》,该条例共 118 条,对合营企业的设立登记、组织形式、注册资本与出资方式、董事会与经营管理机构、引进技术、场地使用权及其费用、计划、购买与销售、税务、外汇管理、财务与会计、职工、工会、合营期限、解散与清算、争议解决等问题作出了具体规定。该实施条例明确了合营企业的组织形式和法人地位,确立了合同和章程在合营企业中的基础地位,具有重要意义。

1984 年

3 月 12 日　第六届全国人大常委会第四次会议通过并公布《中华人民共和国专利法》,自 1985 年 4 月 1 日起施行。该法共 8 章、69 条,包括:总则、授予专利的条件、专利的申请、专利申请的审查和批准、专利权的期限、终止和无效、专利实施的强制许可、专利权的保护、附则。专利法的颁行实现了知识财产化和私权化的历史性跨越。

8 月 30 日　最高人民法院发布《关于贯彻执行民事政策法律若干问题的意见》,该意见旨在正确、合法、及时地处理民事案件,保护国家、集体和公民的合法权益,对涉及婚姻家庭、收养、继承、房产、宅基地、债务、损害赔偿等领域作出具体规范。在立法缺位的情形下,通过该意见对私权予以确认和保护,以弥补立法之不足。

9 月 17 日　最高人民法院发布《关于贯彻执行〈经济合同法〉若干问题的意见》,于 2000 年 7 月 13 日废止。该意见涉及无效经济合同的确认和处理,违反经济合同责任、诉讼时效、经济合同案件的犯罪等问题。该意见明确提出了审查经济合同是否有效的 4 项标准:"主体是否具有法人资格""内容是否合法""当事人的意思表示是否真实""合同是否履行了法定的审批手续"。

10 月 20 日　中国共产党第十二届中央委员会第三次全体会议通过《中共中央关于经济体制改革问题的决定》,提出非公有制经济是社会主义经济"必要的有益的补充","发展社会主义商品经济",实行"有计划的商品经济"。指出:经济体制的改革和国民经济的发展,使越来越多的经济关系和经济活动准则需要用法律形式固定下来。决议还指出:国有企业改革的目标是要使企业成为相对独立的经济实体,成为自主经营、自负盈亏的社会主义商品生产和经营者,具有自我改造和自我发展能力,具有一定权利义务的法人。在全民所有制企业改革问题上,提出了

"两权分离"的改革思路和"法人化"的改革目标。

1985 年

1 月 19 日　国务院批准、中国专利局发布《中华人民共和国专利法实施细则》,自 1985 年 4 月 1 日起施行。该实施细则共 10 章、96 条,包括:总则、专利的申请、专利申请的审查和批准、专利权的无效宣告、专利实施的强制许可、对职务发明创造的发明人或者设计人的奖励、专利管理机关、专利登记和专利公报、费用、附则。

3 月 21 日　第六届全国人大常委会第十次会议通过并公布《中华人民共和国涉外经济合同法》,自 1985 年 7 月 1 日起施行。该法共 7 章、43 条,包括:总则,合同的订立,合同的履行和违反合同的责任,合同的转让,合同的变更、解除和终止,争议的解决,附则。该法明确规定:合同依达成协议而成立;违约金由当事人约定;经相对人同意可以转让合同;允许当事人协商变更合同;当事人可以协议选择处理合同争议所适用的法律等,较为充分地体现了合同自由的私法理念。

4 月 10 日　第六届全国人大三次会议通过并公布《中华人民共和国继承法》,自 1985 年 10 月 1 日起施行。该法共 5 章、37 条,包括:总则、法定继承、遗嘱继承和遗赠、遗产的处理、附则。该法为保护公民私有财产的继承权提供法律依据。

9 月 11 日　最高人民法院发布《关于贯彻执行〈中华人民共和国继承法〉若干问题的意见》。该意见共 64 条,对总则、法定继承、遗嘱继承、遗产的处理、附则作出具体规定,有助于各级人民法院在审理继承案件时正确贯彻执行继承法。

12 月 31 日　国务院批准《婚姻登记办法》,民政部 1986 年 3 月 15 日发布,自发布之日起施行。1980 年 11 月 11 日发布的《婚姻登记办法》同时废止。该办法共 15 条,对婚姻登记机关、结婚登记、离婚登记等问题作出规定。

1986 年

4 月 12 日　第六届全国人大第四次会议通过并公布《中华人民共和国民法通则》,自 1987 年 1 月 1 日起施行。民法通则共 9 章、156 条,包括:基本原则、公民(自然人)、法人、民事法律行为和代理、民事权利、民事责任、诉讼时效、涉外民事关系的法律适用和附则。民法通则第 2 条关于民法调整对象的规定从立法上基本划清了民法与经济法、行政法的界限,确定了民法在调整经济关系中的基本法地位,为私法体系的构建奠定了坚实的基础。《民法通则》全面确立了私权(民事权利)保障的理念和构建了一个较为完整的私权(民事权利)体系。《民法通则》的颁行,标志着民事立法开始走向体系化,标志着一个以《民法通则》为核心、包括民事单行法的民事法律体系粗具雏形。它是当代中国私法进程中的一个里程碑。

同日,第六届全国人大第四次会议通过并公布《中华人民共和国外资企业法》,自公布之日起施行。该法共 24 条,对外资企业的设立、期限、组织、经营、管理等作出规定。《外资企业法》明确宣布不对外资企业实行国有化。

6 月 25 日　第六届全国人大常委会第十六次会议通过并公布《中华人民共和国土地管理法》,自 1987 年 1 月 1 日起施行。1982 年 2 月 13 日国务院发布的《村镇建房用地管理条例》和 1982 年 5 月 14 日国务院公布的《国家建设征用土地条例》同时废止。该法共 7 章、57 条,包括:总则、土地的所有权和使用权、土地的利用和保护、国家建设用地、乡(镇)村建设用地、法律责任附则。

12 月 2 日　第六届全国人大常委会第十八次会议通过并公布《中华人民共和国企业破产法(试行)》,自全民所有制工业企业法实施满三个月之日起试行。《企业破产法(试行)》共 6 章、43 条,包括:总则、破产申请的提出和受理、债权人会议、和解和整顿、破产宣告和破产清算、附则。

1987 年

6 月 23 日　第六届全国人大常委会第二十一次会议通过并公布《中华人民共和国技术合同法》,自 1987 年 11 月 1 日起施行。该法共 7 章、55 条,包括:总则,技术合同的订立、履行、变更和解除,技术合同争议的仲裁和诉讼,附则。

7 月 21 日　最高人民法院颁布《最高人民法院关于在审理经济合同纠纷案件中具体适用〈经济合同法〉的若干问题的解答》,于 2000 年 7 月 13 日废止。该司法解释对经济合同签订、连环购销合同的效力、给付定金、违约金等作出具体规定,有助于法官在审理具体经济合同纠纷案件中对法律的理解与适用。

9 月　深圳经济特区率先试行土地使用有偿出让,中航深圳工贸中心以 106 万元人民币取得 5300 平方米国有土地 50 年使用权,从而揭开了国有土地使用制度改革的序幕。当年 11 月,国务院确定在深圳、上海、天津、广州、厦门、福州进行国有土地使用制度改革试点。土地使用有偿出让彻底打破了以往单纯以行政手段配置土地资源的做法,创立了以市场手段配置土地资源为主的土地利用制度,同时也创立了一项独立于国家土地所有权的国有土地使用权,形成了国有土地上所有权和使用权并存的全新的土地权利结构。这一改革也使得国家以外的其他主体尤其是一般公民前所未有地能够与国家分享国有土地的权利。

10 月 19 日　最高人民法院发布《关于适用〈涉外经济合同法〉若干问题的解答》,于 2000 年 7 月 13 日废止。该司法解释对涉外经济合同法的适用范围、涉外经济合同争议、涉外经济合同无效、涉外经济合同的撤销以及涉外经济合同的违约责任等问题作出具体规定。

10月25日至11月1日　中国共产党第十三次全国代表大会在北京举行,在《中国共产党第十三次全国代表大会报告》中第一次出现"私营经济"的概念,报告指出:"私营经济一定程度的发展,有利于促进生产,活跃市场,扩大就业,更好地满足人民多方面的生活需求,是公有制经济必要的和有益的补充。"报告进而提出"必须尽快制订有关私营经济的政策和法律,保护它们的合法利益,加强对它们的引导、监督和管理。"这对私营企业立法及其发展具有重要意义。

1988 年

1月3日　国务院批准修订《中华人民共和国商标法实施细则》,国家工商行政管理总局颁布,自1988年1月13日起实施。1983年3月10日颁发的《中华人民共和国商标法实施细则》同时废止。该实施细则共49条,对商标注册的申请,商标注册的审查,注册商标的变更、转让、续展、争议裁定,商标使用的管理、注册商标专用权的保护等问题作出更加具体可操作的规定。

1月26日　最高人民法院发布《关于贯彻执行〈中华人民共和国民法通则〉若干问题的意见(试行)》。该意见共200条,对民事权利能力和民事行为能力,监护,宣告失踪和宣告死亡,个体工商户、农村承包经营户和个人合伙,法人,民事法律行为和代理,民事法律行为和代理,关于财产所有权和与财产所有权有关的财产权问题,债权,知识产权,人身权,民事责任,诉讼时效,涉外民事关系的法律适用等问题作出具体规定。

4月12日　七届全国人大一次会议通过并公布施行《中华人民共和国宪法修正案》,删去原文关于禁止土地出租的内容,增加了"土地的使用权可以依照法律的规定转让"的规定。

4月13日　七届全国人大一次会议通过《中华人民共和国全民所有制工业企业法》,自1988年8月1日起施行。该法共8章、69条,包括:总则、企业的设立、变更和终止、企业的权利和义务、厂长、职工和职工代表大会、企业和政府的关系、法律责任、附则。该法规定:企业的财产属于全民所有,国家依照所有权和经营权分离的原则授予企业经营管理。国家授予企业经营管理的财产受法律保护,不受侵犯;并明确了企业享有的经营权具体内容。

同日,七届全国人大一次会议通过并公布《中华人民共和国中外合作经营企业法》,自公布之日起施行。该法共28条,对合作企业的设立、出资、组织、经营管理、收益和亏损承担、先行回收投资、终止等作出规定。

6月25日　国务院制定《中华人民共和国私营企业暂行条例》,自1988年7月1日起施行。该法共8章、48条,包括:总则、私营企业的种类、私营企业的开办和关闭、私营企业的权利和义务、私营企业的劳动管理、私营企业的财务和税、监督和处罚,附则。

12 月 29 日　第七届全国人大会常委会第五次会议通过《全国人民代表大会常务委员会关于修改〈中华人民共和国土地管理法〉的决定》,《中华人民共和国土地管理法》根据本决定作相应的修正,重新公布,自公布之日起施行。该决定共 5 条,是根据 1988 年《宪法修正案》作出相应修改,增加规定"国有土地和集体所有的土地的使用权可以依法转让""国家依法实行国有土地有偿使用制度"等内容。

1989 年

1 月 16 日　国家工商行政管理局发布《中华人民共和国私营企业暂行条例施行办法》,自 1989 年 2 月 1 日起施行。该施行办法共 39 条,对私营企业的开办和关闭、私营企业的权利和义务、私营企业的财务和税收、处罚等问题作出具体规定。

2 月 15 日　国务院批准《中华人民共和国技术合同法实施条例》,国家科委于 1989 年 3 月 15 日发布,自发布之日起施行。该实施条例共 9 章、134 条,包括:总则,技术合同的订立、履行、变更和解除,技术开发合同,技术转让合同,技术咨询合同,技术服务合同,技术合同争议的仲裁和诉讼,技术合同的管理,附则。

11 月 21 日　最高人民法院发布《关于人民法院审理离婚案件如何认定感情确已破裂的若干具体意见》,该意见共 14 条,规定确立夫妻感情确已破裂的认定标准应从婚姻基础、婚后感情、离婚原因、夫妻关系的现状和有无和好的可能等方面综合分析。

同日,最高人民法院发布《关于人民法院审理未办结婚登记而以夫妻名义同居生活案件的具体意见》,该意见共 15 条,为人民法院审理未办结婚登记而以夫妻名义同居生活的案件提供了依据。

1990 年

4 月 4 日　第七届全国人大第三次会议通过并公布《全国人民代表大会关于修改〈中华人民共和国中外合资经营企业法〉的决定》,该决定共 7 条,对不实行国有化和征收、审批程序、合营企业董事长、税收优惠待遇、外汇及汇出、合营期限、企业终止等问题作出新的规定。《中华人民共和国中外合资经营企业法》根据本决定作相应的修正,重新公布,自公布之日起施行。

5 月 19 日　国务院发布《中华人民共和国城镇国有土地使用权出让和转让暂行条例》,自发布之日起施行。该条例共 8 章、54 条,包括:总则、土地使用权出让、土地使用权转让、土地使用权出租、土地使用权抵押、土地使用权终止、划拨土地使用权、附则。该暂行条例对国有土地使用权的出让与转让做了具体的制度安排。

6月3日　国务院发布《中华人民共和国乡村集体所有制企业条例》,自1990年7月1日起施行。该条例共8章、45条,包括:总则、企业的设立、变更和终止、企业的所有者和经营者、企业的权利和义务、企业的管理、企业与政府有关部门的关系、奖励与处罚、附则。

9月7日　第七届全国人大常委会第十五次会议通过并公布《中华人民共和国著作权法》,自1991年6月1日起施行。该法共6章、56条,包括:总则,著作权(包括"著作权人及其权利""著作权归属""权利的保护期""权利的限制"四节),著作权许可使用合同,出版、表演、录音录像、播放(包括"图书、报刊的出版""表演""录音录像""广播电台、电视台播放"四节),法律责任,附则。

10月28日　国务院批准《中华人民共和国外资企业法实施细则》,对外经济贸易部于1990年12月12日发布,自发布之日起施行。该实施细则共13章、88条,包括:总则,设立程序,组织形式与注册资本,出资方式与期限,用地及其费用,购买与销售,税务,外汇管理,财务与会计,职工,工会,期限、终止与清算,附则。

1991 年

5月24日　国务院批准《中华人民共和国著作权法实施条例》,国家版权局1991年5月30日发布,自1991年6月1日起施行。该实施条例共7章、56条,包括:一般规定、著作权行政管理部门、著作权的归属与行使、著作权许可使用合同、与著作权有关权益的行使与限制、罚则、附则。

9月9日　国务院发布《中华人民共和国城镇集体所有制企业条例》,自1992年1月1日起施行。该条例共9章、70条,包括:总则,集体企业的设立、变更和终止,集体企业的权利和义务,职工和职工(代表)大会,厂长(经理),财产管理和收益分配,集体企业和政府的关系,法律责任,附则。

11月7日　最高人民法院颁布《最高人民法院关于贯彻执行〈中华人民共和国企业破产法(试行)〉若干问题的意见》,该意见共76条,对管辖、破产申请、破产案件的受理、债权人会议、和解和整顿、破产宣告、破产清算等问题作出具体规定。

12月29日　第七届全国人大常委会第二十三次会议通过并公布《中华人民共和国收养法》,自1992年4月1日起施行。该法共6章、33条,包括:总则、收养关系的成立、收养的效力、收养关系的解除、法律责任、附则。《收养法》明确规定收养应当有利于被收养的未成年人的抚养、成长,遵循平等自愿的原则,并不得违背社会公德。

1992 年

7 月 23 日　国务院颁布《全民所有制工业企业转换经营机制条例》,自发布之日起施行。该条例共 7 章、54 条,包括:总则、企业经营权、企业自负盈亏的责任、企业的变更和终止、企业和政府的关系、法律责任、附则。该条例对企业经营权又作了更进一步的具体规定。

9 月 4 日　第七届全国人大常委会第二十七次会议通过并公布《中华人民共和国全国人民代表大会常务委员会关于修改〈中华人民共和国专利法〉的决定》,该决定共 19 条,主要对授予专利权的条件,专利的申请,专利的审查和批准,专利权的期限、终止和无效等作出修改。《中华人民共和国专利法》根据本决定作相应的修正,重新公布,自 1993 年 1 月 1 日起施行。

10 月 12 日至 18 日　中国共产党第十四次全国代表大会在北京举行。江泽民作了题为《加快改革开放和现代化建设步伐,夺取有中国特色的社会主义事业的更大胜利》的报告,确定了中国经济体制改革的目标是建立社会主义市场经济体制。

11 月 7 日　第七届全国人大常委会第二十八次会议通过并公布《中华人民共和国海商法》,自 1993 年 1 月 1 日起施行。该法共 15 章、278 条,包括:总则、船舶、船员、海上货物运输合同、海上旅客运输合同、船舶租用合同、海上拖航合同、船舶碰撞、海难救助、共同海损、海事赔偿责任限制、海上保险合同、时效、涉外关系的法律适用和附则。

12 月 12 日　国务院批准修订《中华人民共和国专利法实施细则》,中国专利局于 1992 年 12 月 21 日发布,自 1993 年 1 月 1 日起施行,2010 年 2 月 1 日废止。该实施细则共 10 章、96 条,包括:总则、专利的申请、专利申请的审查和批准、专利权的无效宣告、专利实施的强制许可、对职务发明创造的发明人或者设计人的奖励、专利管理机关、专利登记和专利公报、费用、附则。

12 月 29 日　最高人民法院发布《关于审理专利纠纷案件若干问题的解答》,该司法解释对专利权属纠纷案件的受理问题,发明专利申请日至公布日期间的专利保护问题,专利侵权诉讼审判程序问题,专利侵权的损害赔偿问题,专利管理机关与人民法院工作协调问题等 8 个问题作出解答。

1993 年

1 月 6 日至 10 日　最高人民法院在上海召开了全国经济审判工作座谈会。5月 6 日,最高人民法院发布《全国经济审判工作座谈会纪要》,提出民商事审判工作

"要解放思想,转变观念","进一步增强合同观念",当事人意思自治成了贯穿于民商事审判工作的基本理念。明确指出:法院审理合同纠纷案件时,要"尊重当事人的意思表示",只要合同的内容"不违反法律的规定,不损害国家利益和社会公共利益",即应认定合同有效;法院不应以合同"一般地超范围经营、违反经营方式等"而认定合同无效。这在审判观念上,是一个重大的飞跃,充分体现了契约自由的理念。

2 月 22 日　第七届全国人大常委会第三十次会议通过并公布《全国人民代表大会常务委员会关于修改〈中华人民共和国商标法〉的决定》,自 1993 年 7 月 1 日起施行。该决定共 9 条,对商标注册的申请、注册商标的使用许可、商标使用的管理、注册商标专用权的保护等问题作出修改。

7 月 15 日　国务院批准修订《中华人民共和国商标法实施细则》,国家工商行政管理局发布,自发布之日起施行。新修订的《商标法实施细则》共 7 章、50 条,包括:总则,商标注册的申请,商标注册的审查,注册商标的变更、转让、续展、争议裁定,商标使用的管理,注册商标专用权的保护,附则。

8 月 7 日　最高人民法院发布《关于审理名誉权案件若干问题的解答》。该司法解释对名誉权纠纷起诉、名誉权民事诉讼与行政处罚的关系、名誉权民事诉讼与刑事责任追究的关系、名誉权案件管辖、死者名誉侵权问题、新闻作品和其他作品名誉侵权问题、名誉权责任认定、名誉权的责任承担形式、不执行名誉侵权生效判决等 11 个问题作出解答。

9 月 2 日　第八届全国人大常委会第三次会议通过并公布《全国人民代表大会常务委员会关于修改〈中华人民共和国经济合同法〉的决定》,该决定共 36 条,《中华人民共和国经济合同法》根据本决定作相应的修正,重新公布,自公布之日起施行。新修改的《经济合同法》主要是删去了原有反映计划经济的内容,恢复了合同制度的本色;删除了有关国家计划对合同约束的内容,向着确认契约自由迈进了一大步。

11 月 3 日　最高人民法院发布《关于人民法院审理离婚案件处理子女抚养问题的若干具体意见》,该意见共 21 条,对离婚案件中子女的直接抚养人、抚养费的给付、直接抚养人的变更等问题作出具体规定。

同日,最高人民法院发布《关于人民法院审理离婚案件处理财产分割问题的若干具体意见》,该意见共 22 条,对离婚案件中夫妻财产分割的原则,个人财产,夫妻共同财产,家庭共同财产等问题作出具体规定。

11 月 11 日至 14 日　中共十四届三中全会在北京举行,通过了《中共中央关于建立社会主义市场经济体制若干问题的决定》,提出了建立现代企业制度的企业改革目标和确立法人财产权的改革思路;提出要"学会运用法律手段管理经济",提出要"加强经济立法,进一步完善民商法律"。

12 月 29 日　第八届全国人大常委会五次会议通过并公布《中华人民共和国公司法》,自 1994 年 7 月 1 日起施行。该法共 11 章、230 条,包括:总则,有限责任公司的设立和组织机构,股份有限公司的设立和组织机构,股份有限公司的股份发行和转让,公司债券,公司财务、会计,公司合并、分立,公司破产、解散和清算,外国公司的分支机构,法律责任,附则。1993 年《公司法》的颁行反映了市场经济体制确立后国企改革建立现代企业制度(即公司制)的要求;构建了完整的公司法律制度,使得法人制度得以具象化。《公司法》的颁行标志着关于企业的立法发生了从所有制标准向企业组织形式标准的根本转变。

1994 年

2 月 1 日　国务院批准、民政部发布《婚姻登记管理条例》,1985 年 12 月 31 日国务院批准、民政部发布的《婚姻登记办法》同时废止。该条例共 6 章、34 条,包括:总则、婚姻登记管理机关、婚姻登记、婚姻登记档案和婚姻关系证明、监督管理、附则。

7 月 5 日　第八届全国人大常委会第八次会议通过《中华人民共和国城市房地产管理法》,自 1995 年 1 月 1 日起施行。该法共 7 章、72 条,包括:总则、房地产开发用地、房地产开发、房地产交易、房地产权属登记管理、法律责任和附则。

1995 年

4 月 23 日　国务院批准修订《中华人民共和国商标法实施细则》,国家工商行政管理局 1995 年 5 月 12 日公布施行。该实施细则共 7 章、50 条。

5 月 10 日　第八届全国人大常委会第十三次会议通过并公布《中华人民共和国票据法》,自 1996 年 1 月 1 日起施行。该法共 7 章、111 条,包括:总则、汇票、本票、支票、涉外票据的法律适用、法律责任和附则。

6 月 30 日　第八届全国人大常委会第十四次会议通过并公布《中华人民共和国担保法》,自 1995 年 10 月 1 日起施行。该法共 7 章、96 条,包括:总则、保证、抵押、质押、留置、定金和附则。1995 年《担保法》突破了《民法通则》抵押与质押不分的规定,对抵押、质押和留置作了系统详细的规定,担保物权制度基本形成。

同日,第八届全国人大常委会第十四次会议通过并公布《中华人民共和国保险法》,自 1995 年 10 月 1 日起施行。该法共 8 章、152 条,包括:总则、保险合同、保险公司、保险经营规则、保险业的监督管理、保险代理人和保险经纪人、法律责任和附则。

9 月 4 日　国务院于 8 月 7 日批准《中外合作经营企业法实施细则》,对外贸易经济合作部发布,自发布之日起施行。该实施细则共 10 章、58 条,包括:总则,合作企业的设立,组织形式与注册资本,投资、合作条件,组织机构,购买物资和销售产品,分配收益与回收投资,期限和解散,关于不具有法人资格的合作企业的特别规定,附则。

12 月 27 日　最高人民法院颁布《关于审理房地产管理法施行前房地产开发经营案件若干问题的解答》,共 47 条,对房地产开发经营者的资格问题、国有土地使用权的出让问题、国有土地使用权的转让问题、国有土地使用权的抵押问题、以国有土地使用权投资合作建房问题、商品房的预售问题、预售商品房的转让问题、预售商品房的价格问题、违反合同的责任、无效合同的处理问题十大问题作出解答。

1996 年

12 月 17 日　国家工商行政管理局发布《〈中华人民共和国私营企业暂行条例施行办法〉修改意见》,该修改意见是配套《中华人民共和国公司登记管理条例》而作相应的修改,修改后暂行条例共 38 条。

1997 年

2 月 23 日　第八届全国人大常委会第二十四次会议通过并公布《中华人民共和国合伙企业法》,自 1997 年 8 月 1 日起施行。该法共 9 章、78 条,包括:总则,合伙企业的设立,合伙企业财产,合伙企业的事务执行,合伙企业与第三人关系,入伙、退伙,合伙企业解散、清算,法律责任,附则。

9 月 12 日至 18 日　中国共产党第十五次全国代表大会在北京召开。江泽民作了题为《高举邓小平理论伟大旗帜,把建设有中国特色社会主义事业全面推向二十一世纪》的报告。报告提出将非公有制经济纳入社会主义"基本经济制度",明确非公有制经济是"社会主义市场经济的重要组成部分"。提出"依法治国""建立社会主义法治国家",确立了到 2010 年形成中国特色社会主义法律体系的目标。

1998 年

7 月 14 日　最高人民法院审判委员会通过《最高人民法院关于审理名誉权案件若干问题的解释》,于 1998 年 8 月 31 日公布,自 1998 年 9 月 15 日起施行。该司法解释对名誉侵权案件诉讼管辖,新闻报道名誉侵权,检举、控告引起的名誉权纠纷,医疗卫生单位公开病情引起的名誉权纠纷,名誉权赔偿的范围和数额确定等

11 个问题作出解答。

8 月 29 日 第九届全国人大常委会第四次会议通过《关于修改〈中华人民共和国土地管理法〉的决定》,自 1999 年 1 月 1 日起施行。修订后的土地管理法共 8 章、86 条,包括:总则、土地的所有权和使用权、土地利用总体规划、耕地保护、建设用地、监督检查、法律责任、附则。该法是适应了我国土地管理的新形势而作出的修改,明确规定"土地使用权可以依法转让"。

11 月 4 日 第九届全国人大常委会第五次会议通过并公布《全国人民代表大会常务委员会关于修改〈中华人民共和国收养法〉的决定》,自 1999 年 4 月 1 日起施行。该决定共 11 条,对收养登记、收养人的条件、外国人收养、解除收养关系等问题作出修改。

12 月 3 日 国家工商行政管理局发布《中华人民共和国私营企业暂行条例施行办法(第二次修正)》,此次修改是对国家工商行政管理局已颁布的《中华人民共和国私营企业暂行条例施行办法》中超越《行政处罚法》规定处罚权限的内容集中进行了修改,主要是对第 31 条作相应的修改。

12 月 29 日 第九届全国人大常委会第六次会议通过并公布《中华人民共和国证券法》,自 1999 年 7 月 1 日起施行。该法共 12 章、214 条,包括:总则、证券发行、证券交易、上市公司收购、证券交易所、证券公司、证券登记结算机构、证券交易服务机构、证券业协会、证券监督管理机构、法律责任和附则。

1999 年

3 月 15 日 第九届全国人大第二次会议通过并公布施行《中华人民共和国宪法修正案》。明确了私营经济是社会主义经济的必要补充的地位。明确规定在法律规定范围内的个体经济、私营经济等非公有制经济,是社会主义市场经济的重要组成部分。国家保护个体经济、私营经济的合法权利和利益。

同日,第九届全国人大第二次会议通过并公布《中华人民共和国合同法》,自 1999 年 10 月 1 日起施行,《中华人民共和国经济合同法》《中华人民共和国涉外经济合同法》《中华人民共和国技术合同法》同时废止。该法共 23 章、428 条,包括:总则,包括一般规定,合同的订立,合同的效力,合同的履行,合同的变更和转让,合同的权利义务终止,违约责任,其他规定 8 章;分则,包括买卖合同,供用电、水、气、热力合同,赠与合同,借款合同,租赁合同,融资租赁合同,承揽合同,建设工程合同,运输合同,技术合同,保管合同,仓储合同,委托合同,行纪合同,居间合同 15 章;附则。《合同法》的制定结束了"三法鼎立"的局面,成为中国私法进程的又一个里程碑。

4 月 30 日 中华人民共和国国家工商行政管理局颁布施行《中华人民共和国

商标法实施细则》。与 1995 年的《中华人民共和国商标法实施细则》相比,该实施细则仅对注册商标的续展作出修改。

5 月 12 日　国务院批准《外国人在中华人民共和国收养子女登记办法》,民政部 1999 年 5 月 25 日发布,自发布之日起施行。1993 年 11 月 3 日国务院批准,1993 年 11 月 10 日司法部、民政部发布的《外国人在中华人民共和国收养子女实施办法》同时废止。该办法共 15 条,对外国人收养的申请、民政部门的审查、收养协议订立、收养登记、收养公证等作出具体规定。

同日,国务院批准《中国公民收养子女登记办法》,民政部于 1999 年 5 月 25 日发布,自发布之日起施行。

8 月 30 日　第九届全国人大常委会第十一次会议通过并公布《中华人民共和国个人独资企业法》,自 2000 年 1 月 1 日起施行。该法共 6 章、48 条,包括:总则、个人独资企业的设立、个人独资企业的投资人及事务管理、个人独资企业的解散和清算、法律责任、附则。

12 月 1 日　最高人民法院审判委员会通过并公布《关于适用〈中华人民共和国合同法〉若干问题的解释(一)》,于 1999 年 12 月 19 日公布,自 1999 年 12 月 29 日起施行。该司法解释共 30 条,对法律适用范围、诉讼时效、合同效力、代位权、撤销权、合同转让中的第三人、请求权竞合等问题作出具体规定。

12 月 25 日　第九届全国人大常委会第十三次会议通过并公布《全国人民代表大会常务委员会关于修改〈中华人民共和国公司法〉的决定》,该决定共 2 条,对国有独资公司的监事会,属于高新技术的股份有限公司的出资比例、证券发行上市作出修改,自公布之日起施行。

2000 年

2 月 24 日　最高人民法院审判委员会通过《最高人民法院关于审理票据纠纷案件若干问题的规定》,于 2000 年 11 月 14 日公布,自 2000 年 11 月 21 日起施行。该司法解释共 76 条。

3 月 9 日　李鹏委员长在第九届全国人民代表大会第三次会议上作《全国人民代表大会常务委员会工作报告(2000)》,提出"在民事主体制度、物权制度、债权制度、知识产权制度、婚姻家庭制度等单项法律基本齐备的基础上,力争在本届人大任期内编纂一部比较完整的民法典"。2001 年 3 月 9 日,李鹏委员长在第九届全国人民代表大会第四次会议上作《全国人民代表大会常务委员会工作报告(2001)》,再次提出"在民法商法方面,要完成婚姻法的修改,制定物权法,力争在各项民事法律基本齐备的基础上,着手民法典的编纂工作"。2002 年 3 月 9 日,李鹏委员长在第九届全国人民代表大会第五次会议上作《全国人民代表大会常务委员会工作报告(2002)》,进而提出"在民法商法方面,要加快物权法的起草和民法典的编纂工作"。

8月25日　第九届全国人大常委会第十七次会议通过并公布《全国人民代表大会常务委员会关于修改〈中华人民共和国专利法〉的决定》,该决定共34条,《中华人民共和国专利法》根据本决定作相应的修改,重新公布,自2001年7月1日起施行。该决定主要是考虑到我国将加入世界贸易组织而修改了专利法,加大了专利保护的力度,简化了专利审批程序,按 TRIPS 协议进一步调整完善了我国专利法的有关规定。

9月29日　最高人民法院审判委员会通过《最高人民法院关于适用〈中华人民共和国担保法〉若干问题的解释》,于2000年12月8日公布,自2000年12月13日起施行。该司法解释共134条,对人民法院审理担保纠纷案件适用法律关于总则、保证、抵押、质押、留置、定金等问题作出具体规定。

10月31日　第九届全国人大常委会第十八次会议通过并公布《全国人民代表大会常务委员会关于修改〈中华人民共和国外资企业法〉的决定》,决定共4条,赋予了外资企业更多的经营管理自主权。《中华人民共和国外资企业法》根据本决定作相应的修改,重新公布,自公布之日起施行。

同日,第九届全国人大常委会第十八次会议通过并公布《全国人民代表大会常务委员会关于修改〈中华人民共和国中外合作经营企业法〉的决定》,该决定共2条,《中华人民共和国中外合作经营企业法》根据本决定作相应的修改,重新公布,自公布之日起施行。新修改的中外合资经营企业法在第19条增加"公平、合理的原则",删除第20条。

11月22日　最高人民法院审判委员会通过《最高人民法院关于审理涉及计算机网络著作权纠纷案件适用法律若干问题的解释》,于2000年12月19日公布,自2000年12月21日起施行。该司法解释共10条,对网络著作权侵权纠纷案件管辖、法律适用范围、网络著作权侵权责任主体、网络著作权侵权赔偿等问题作出具体规定。

2001 年

2月26日　最高人民法院审判委员会通过《最高人民法院关于确定民事侵权精神损害赔偿责任若干问题的解释》,于2001年3月8日公布,自2001年3月10日起施行。该司法解释共12条,对精神损害赔偿的范围,死者近亲属精神损害赔偿请求权,精神损害抚慰金方式、精神损害赔偿数额确定等问题作出具体规定。

3月15日　第九届全国人大会第四次会议通过并公布《全国人民代表大会关于修改〈中华人民共和国中外合资经营企业法〉的决定》,该决定共8条,对合营企业的法律适用、职工权益保护、合营企业保险、经营管理、争议解决等作出新的规定。《中华人民共和国中外合资经营企业法》根据本决定作相应的修改,重新公布,自公布之日起施行。

4 月 12 日　国务院颁布《国务院关于修改〈中华人民共和国外资企业法实施细则〉的决定》,该决定共 16 条,《中华人民共和国外资企业法实施细则》根据本决定作相应的修改,重新公布,自公布之日起施行。新修改的实施细则共 13 章、84 条。

4 月 28 日　第九届全国人大常委会第二十一次会议通过并公布《全国人民代表大会常务委员会关于修改〈中华人民共和国婚姻法〉的决定》,该决定共 33 条,《中华人民共和国婚姻法》根据本决定作相应修改并对条款顺序作相应调整,重新公布,自公布之日起施行。修正后的《婚姻法》共 6 章、51 条,包括:总则、结婚、家庭关系、离婚、救助措施与法律责任、附则。与 1980 年《婚姻法》相比,2001 年《婚姻法》在内容上有较大的突破。

同日,第九届全国人大常委会第二十一次会议通过《全国人民代表大会常务委员会关于进一步开展法制宣传教育的决议》,决定从 2001 年到 2005 年在全体公民中继续实施法制宣传教育的第四个五年规划,即"四五"普法。

6 月 15 日　国务院公布《中华人民共和国专利法实施细则》,自 2001 年 7 月 1 日起施行。1992 年 12 月 12 日国务院批准修订、1992 年 12 月 21 日中国专利局发布的《中华人民共和国专利法实施细则》同时废止。该实施细则共 11 章、122 条,包括:总则、专利的申请、专利申请的审查和批准、专利申请的复审与专利权的无效宣告、专利实施的强制许可、对职务发明创造的发明人或者设计人的奖励和报酬、专利权的保护、专利登记和专利公报、费用、关于国际申请的特别规定、附则。

6 月 19 日　最高人民法院审判委员会通过《最高人民法院关于审理专利纠纷案件适用法律问题的若干规定》,于 2001 年 6 月 22 日公布,自 2001 年 7 月 1 日起施行。该司法解释共 26 条 ,对专利纠纷案件范围、专利纠纷案件管辖、专利纠纷案件审判程序、专利权保全、专利法的法律适用、专利侵权赔偿数额确定等问题作出具体规定。

7 月 22 日　国务院公布《国务院关于修改〈中华人民共和国中外合资经营企业法实施条例〉的决定》,自公布之日起施行。修订后的中外合资经营企业法实施条例共 105 条,对合营企业的设立与登记、组织形式与注册资本、出资方式、董事会与经营管理机构、引进技术、场地使用权及其费用、购买与销售、税务、外汇管理、财务与会计、职工、合营期限、解散与清算、争议解决等问题作出了具体规定。该条例给予了合营企业更多的自主经营管理权。

10 月 27 日　第九届全国人大常委会第二十四次会议通过《全国人民代表大会常务委员会关于修改〈中华人民共和国著作权法〉的决定》,该决定共 53 条,《中华人民共和国著作权法》根据本决定作相应的修正,重新公布,自公布之日起施行。此次著作权法修改是为了适应中国即将加入 WTO 的需要。

同日,第九届全国人大常委会第二十四次会议通过并公布《全国人民代表大会常务委员会关于修改〈中华人民共和国商标法〉的决定》,该决定共 47 条,对商标法作出部分修改,引入自然人申请注册商标、驰名商标保护和反向假冒等新内容。《中华人民共和国商标法》根据本决定作相应的修改,重新公布,自 2001 年 12 月 1 日起施行。

12 月 11 日 中国正式加入世界贸易组织(WTO),成为其第 143 个成员。"入世"对中国的法制建设产生重大的影响。"入世"1 周年内,在法律法规方面,中央政府已对 2300 多个法律法规和文件进行了清理,废除了 850 个"内部文件"。

12 月 24 日 最高人民法院审判委员会通过《最高人民法院关于适用〈中华人民共和国婚姻法〉若干问题的解释(一)》,于 2001 年 12 月 25 日公布,自 2001 年 12 月 27 日起施行。该司法解释共 34 条,对家庭暴力、有配偶者与他人同居、婚姻无效、撤销婚姻、夫妻共同财产、夫妻债务、探望权、离婚损害赔偿等问题作出具体规定。

2002 年

7 月 18 日 最高人民法院审判委员会通过《最高人民法院关于审理企业破产案件若干问题的规定》,于 2002 年 7 月 30 日公布,自 2002 年 9 月 1 日起施行。该司法解释共 106 条,对企业破产案件管辖、破产申请与受理、债权申报、破产和解与破产企业整顿、破产宣告、债权人会议、清算组、破产债权、破产财产、破产费用、破产财产的分配、破产终结等问题作出具体规定。

8 月 2 日 国务院公布《中华人民共和国著作权法实施条例》,自 2002 年 9 月 15 日起施行。1991 年 5 月 24 日国务院批准、1991 年 5 月 30 日国家版权局发布的《中华人民共和国著作权法实施条例》同时废止。该实施条例共 38 条,对作品的含义,职务作品,合作作品,著作权的继承,作品的发表,著作权许可使用合同,图书、报刊的出版,表演等问题作出具体规定。

8 月 3 日 国务院颁布《中华人民共和国商标法实施条例》,自 2002 年 9 月 15 日起施行。1983 年 3 月 10 日国务院发布、1988 年 1 月 3 日国务院批准第一次修订、1993 年 7 月 15 日国务院批准第二次修订的《中华人民共和国商标法实施细则》和 1995 年 4 月 23 日《国务院关于办理商标注册附送证件问题的批复》同时废止。该实施条例共 59 条,包括:总则,商标注册的申请,商标注册申请的审查,注册商标的变更、转让、续展,商标评审,商标使用的管理,注册商标专用权保护,附则。

8 月 29 日 第九届全国人大会常委会第二十九次会议通过并公布《中华人民

共和国农村土地承包法》,自 2003 年 3 月 1 日起施行。该法共 5 章、65 条,包括:总则、家庭承包、其他方式的承包、争议的解决和法律责任和附则。《农村土地承包法》对土地承包权的取得、流转和保护作了较为完整的规定,完成了土地承包权制度化任务。

10 月 12 日 最高人民法院审判委员会通过并公布《最高人民法院关于审理著作权民事纠纷案件适用法律若干问题的解释》,自 2002 年 10 月 15 日起施行。该司法解释共 32 条,对著作权民事纠纷案件范围、著作权纠纷案件管辖、著作权纠纷的证据、著作权归属、著作权侵权等问题作出具体规定。

同日,最高人民法院审判委员会通过并公布《最高人民法院关于审理商标民事纠纷案件适用法律若干问题的解释》,共 24 条,对注册商标专用权的保护相关问题作出具体规定,自 2002 年 10 月 16 日起施行。

10 月 28 日 第九届全国人大会常委会第三十次会议通过并公布《全国人民代表大会常务委员会关于修改〈中华人民共和国保险法〉的决定》,该决定共 38 条,自 2003 年 1 月 1 日起施行。

12 月 23 日 第九届全国人大常委会第三十一次会议首次审议《中华人民共和国民法(草案)》。民法(草案)共 9 编、101 章、1209 条,分别为:总则、物权法、合同法、人格权法、婚姻法、收养法、继承法、侵权责任法、涉外民事关系的法律适用法。

12 月 26 日 最高人民法院审判委员会通过《最高人民法院关于审理证券市场因虚假陈述引发的民事赔偿案件的若干规定》,于 2003 年 1 月 9 日公布,自 2003 年 2 月 1 日起施行。该司法解释共 31 条,对受理与管辖、诉讼方式、虚假陈述的认定、归责与免责事由、共同侵权责任、损失认定等问题作出具体规定。对正确审理证券市场因虚假陈述引发的民事赔偿案件,规范证券市场民事行为,保护投资人合法权益具有重要作用。

12 月 28 日 国务院公布《国务院关于修改〈中华人民共和国专利法实施细则〉的决定》,仅对关于国际申请的特别规定作出部分修改,自 2003 年 2 月 1 日起施行。

2003 年

5 月 16 日 最高人民法院审判委员会通过《最高人民法院关于审理期货纠纷案件若干问题的规定》,于 2003 年 6 月 18 日公布,自 2003 年 7 月 1 日起施行。该司法解释共 63 条,对期货纠纷的管辖、承担责任的主体、无效合同的责任、交易行为责任、透支交易责任、强行平仓责任、实物交割责任、保证合约履行责任、侵权行为责任、举证责任、保全和执行等问题作出具体规定。

7月30日　国务院通过《婚姻登记条例》,于2003年8月8日公布,自2003年10月1日起施行。1994年1月12日国务院批准、1994年2月1日民政部发布的《婚姻登记管理条例》同时废止。该条例共6章、22条,包括:总则、结婚登记、离婚登记、罚则、附则。与1994《婚姻登记管理条例》相比,2003年《婚姻登记条例》明显不同的是:删去了"管理"两字,淡化了婚姻登记的行政管理色彩,强化了其民事登记的本色。

10月11日至14日　中国共产党第十六届中央委员会第三次全体会议在北京举行。全会认为产权是所有制的核心和主要内容,应建立归属清晰、权责明确、保护严格、流转顺畅的现代产权制度。会议审议通过了《中共中央关于完善社会主义市场经济体制若干问题的决定》,提出要支持农民按照自愿、民主的原则,发展多种形式的农村专业合作组织。

12月4日　最高人民法院审判委员会通过《最高人民法院关于审理人身损害赔偿案件适用法律若干问题的解释》,于2003年12月26日公布,自2004年5月1日起施行。该司法解释共36条,对人身侵权责任主体、人身侵权责任构成和责任方式、人身损害侵权类型、人身损害赔偿数额和标准等问题作出具体规定。

12月23日　最高人民法院审判委员会通过《最高人民法院关于修改〈审理涉及计算机网络著作权纠纷案件适用法律若干问题的解释〉的决定》,于2004年1月2日公布,自2004年1月7日起施行。该决定共6条,配套2001年《中华人民共和国著作权法》而对网络著作权作出相应修改。

12月26日　最高人民法院发布《〈中华人民共和国婚姻法〉若干问题的解释(二)》,自2004年4月1日起施行。该司法解释共29条,对无效婚姻的宣告、判决、申请,夫妻共同财产的界定,夫妻个人债务,夫妻共同债务等问题作出具体规定。

2004 年

3月14日　第十届全国人大二次会议通过并公布颁行《中华人民共和国宪法修正案》,明确宣布"公民的合法的私有财产不受侵犯""国家依照法律规定保护公民的私有财产权和继承权"。私有财产的宪法地位逐步得以确立,私有财产的法律地位逐步提升。

9月29日　最高人民法院审判委员会通过《最高人民法院关于审理建设工程施工合同纠纷案件适用法律问题的解释》,2004年10月25日公布,自2005年1月1日起施行。该司法解释共28条,对建设工程施工合同无效,解除建设工程施工合同,建设工程质量,责任承担,建设工程施工合同管辖、当事人等问题作出具体规定。

11 月 23 日　最高人民法院审判委员会通过《最高人民法院关于审理涉及国有土地使用权合同纠纷案件适用法律问题的解释》,于 2005 年 6 月 18 日公布,自 2005 年 8 月 1 日起施行。该司法解释共 28 条,对土地使用权出让合同纠纷、土地使用权转让合同纠纷、合作开发房地产合同纠纷等适用法律的问题作出具体规定。

2005 年

3 月 29 日　最高人民法院审判委员会通过《最高人民法院关于审理涉及农村土地承包纠纷案件适用法律问题的解释》,于 2005 年 7 月 29 日公布,自 2005 年 9 月 1 日起施行。该司法解释共 27 条,对受理与诉讼主体、家庭承包纠纷案件的处理、其他方式承包纠纷的处理、土地征收补偿费用分配及土地承包经营权继承纠纷的处理等问题作出具体规定。

7 月 10 日　全国人大常委会办公厅公布了《物权法(草案)》,向社会公开征求意见。8 月 12 日,北京大学法学院巩献田在互联网上发表了一封致全国人大吴邦国委员长的公开信:“一部违背宪法和背离社会主义基本原则的《物权法(草案)》——为《宪法》第 12 条和 1986 年《民法通则》第 73 条的废除写的公开信”,指责物权法草案“违宪”的大讨论。通过这场讨论以及随后 2007 年颁行的《物权法》坚持了平等保护原则,公私财产平等保护的观念更加深入人心。《物权法》关于财产平等保护的私法精神,因 2005 年物权法草案公开征求意见引发的“物权法草案违宪之争”更加得到突显。

10 月 27 日　第十届全国人大常委会第十八次会议通过并公布重新修订的《中华人民共和国公司法》,自 2006 年 1 月 1 日起施行。新修订的《公司法》共 13 章、219 条,包括:总则,有限责任公司的设立和组织机构,有限责任公司的股权转让,股份有限公司的设立和组织机构,股份有限公司的股份发行和转让,公司董事、监事、高级管理人员的资格和义务,公司债券,公司财务、会计,公司合并、分立、增资、减资,公司解散和清算,外国公司的分支机构,法律责任,附则。新修订的《公司法》删去了原有反映国有企业改革的条文,进一步强化了公司治理机制,彰显了企业自治精神。

同日,第十届全国人大常委会第十八次会议通过并公布重新修订的《中华人民共和国证券法》,自 2006 年 1 月 1 日起施行。修改后《证券法》的法共 12 章、240 条,包括:总则,证券发行,证券交易,上市公司的收购,证券交易所,证券公司,证券登记结算机构,证券服务机构,证券业协会,证券监督管理机构,法律责任,附则。进一步完善了证券交易制度,加强了投资者权益保护,强化了规范措施,促进了发展空间,对资本市场发展具有重大意义。

2006 年

3 月 27 日　最高人民法院审判委员会通过《最高人民法院关于适用〈中华人民共和国公司法〉若干问题的规定（一）》，于 2006 年 4 月 28 日公布，自 2006 年 5 月 9 日起施行。该司法解释共 6 条，对公司法的法律适用范围等问题作出具体规定。

4 月 29 日　第十届全国人大常委会第二十一次会议通过《全国人民代表大会常务委员会关于加强法制宣传教育的决议》，决定从 2006 年到 2010 年在全体公民中组织实施法制宣传教育第五个五年规划，即"五五"普法。

8 月 27 日　第十届全国人大常委会第二十三次会议通过并公布《中华人民共和国企业破产法》，自 2007 年 6 月 1 日起施行，《中华人民共和国企业破产法（试行）》同时废止。该法共 12 章、136 条，包括：总则、申请和受理、管理人、债务人财产、破产费用和共益债务、债权申报、债权人会议、重整、和解、破产清算、法律责任、附则。

同日，第十届全国人大常委会第二十三次会议通过并公布重新修订的《中华人民共和国合伙企业法》，自 2007 年 6 月 1 日起施行。修订后的《合伙企业法》共 6 章、109 条。

10 月 31 日　第十届全国人大常委会第二十四次会议通过并公布《中华人民共和国农民专业合作社法》，自 2007 年 7 月 1 日起施行。该法共 9 章、56 条，包括：总则，设立和登记，成员，组织机构，财务管理，合并、分立、解散和清算，扶持政策，法律责任，附则。

11 月 20 日　最高人民法院审判委员会通过《最高人民法院关于修改〈最高人民法院关于审理涉及计算机网络著作权纠纷案件适用法律若干问题的解释〉的决定（二）》，于 2006 年 11 月 22 日公布，自 2006 年 12 月 8 日起施行。该决定是根据《中华人民共和国著作权法》第 58 条及《信息网络传播权保护条例》的规定删除了关于转载、摘编已在报刊上刊登或者网络上传播的作品的相关规定。

2007 年

3 月 9 日　最高人民法院颁布《最高人民法院关于司法解释工作的规定》，2007 年 4 月 1 日起施行。1997 年 7 月 1 日发布的《最高人民法院关于司法解释工作的若干规定》同时废止。该规定共 31 条，对司法解释权，司法解释的对象，司法解释的形式，司法解释的效力，司法解释的立项，起草与报送，讨论，发布、施行与备案，编纂、修改、废止作出具体规定。

3月16日 十届全国人大五次会议通过并公布《中华人民共和国物权法》,自2007年10月1日起施行。该法共5编、19章、247条,包括:总则(基本原则,物权的设立、变更、转让和消灭,物权的保护),所有权(一般规定、国家所有权和集体所有权、私人所有权、业主的建筑物区分所有权、相邻关系、共有、所有权取得的特别规定),用益物权(一般规定、土地承包经营权、建设用地使用权、宅基地使用权、地役权),担保物权(一般规定、抵押权、质权、留置权),占有和附则。《物权法》建立了系统的物权体系和较为完备的各项物权制度,为调整财产关系奠定了基础;确立了财产平等保护亦即私权保护的私法原则,彰显了财产平等保护的私法精神。

2008 年

4月28日 最高人民法院审判委员会通过《最高人民法院关于审理船舶碰撞纠纷案件若干问题的规定》,于2008年5月19日公布,自2008年5月23日起施行。该司法解释共11条,对船舶碰撞侵权纠纷的法律适用、船舶碰撞的责任承担、船舶碰撞纠纷证据等问题作出具体规定。

5月5日 最高人民法院审判委员会通过《最高人民法院关于适用〈中华人民共和国公司法〉若干问题的规定(二)》,于2008年5月12日公布,自2008年5月19日起施行。该司法解释共24条,对法院审理公司解散和清算案件中的公司清算的程序及实体问题作了详细规定,大大丰富了公司清算制度。

12月27日 第十一届全国人大常委会第六次会议通过并公布《全国人民代表大会常务委员会关于修改〈中华人民共和国专利法〉的决定》,该决定共36条,更注重全面地保护国内外专利权人的利益,同时也兼顾了公众利益的平衡。

2009 年

2月9日 最高人民法院审判委员会通过《最高人民法院关于适用〈中华人民共和国合同法〉若干问题的解释(二)》,于2009年4月24日公布,自2009年5月13日起施行。该司法解释共30条,对合同的订立、合同的效力、合同的履行、合同的权利义务终止、违约责任等问题作出具体规定。

2月16日 最高人民法院审判委员会通过《最高人民法院关于审理无正本提单交付货物案件适用法律若干问题的规定》,于2009年2月26日公布,自2009年3月5日起施行。该司法解释共15条,对正本提单持有人的请求权,承运人的责任承担等问题作出具体规定。

2月28日 第十一届全国人大常委会第七次会议通过并公布重新修订的《中华人民共和国保险法》,自2009年10月1日起施行。

3 月 23 日　最高人民法院审判委员会通过《最高人民法院关于审理建筑物区分所有权纠纷案件具体应用法律若干问题的解释》，于 2009 年 5 月 14 日公布，自 2009 年 10 月 1 日起施行。该司法解释共 19 条，对专有部分的认定、共有部分的认定、业主的权利和义务、专有部分面积和建筑物总面积的认定等问题作出具体规定。

4 月 20 日　最高人民法院审判委员会通过《最高人民法院关于审理物业服务纠纷案件具体应用法律若干问题的解释》，于 2009 年 5 月 15 日公布，自 2009 年 10 月 1 日起施行。该司法解释共 13 条，对业主委员会、业主的权利、物业服务企业的违约责任、业主的违约责任承担、物业服务合同的解除等问题作出具体规定。

6 月 22 日　最高人民法院审判委员会通过《最高人民法院关于审理城镇房屋租赁合同纠纷案件具体应用法律若干问题的解释》，于 2009 年 7 月 30 日公布，自 2009 年 9 月 1 日起施行。该司法解释共 25 条，对房屋租赁合同的适用范围、房屋租赁合同无效、房屋出租人的权利和义务、房屋承租人的权利和义务等问题作出具体规定。

9 月 14 日　最高人民法院审判委员会通过《最高人民法院关于适用〈中华人民共和国保险法〉若干问题的解释（一）》，2009 年 9 月 21 日公布，自 2009 年 10 月 1 日起施行。该司法解释共 6 条，主要对保险法的法律适用问题作出明确规定。

11 月 13 日　四川省成都市金牛区城管执法局对被认定为违章建筑的成都市金牛区天回乡金华村村民唐福珍所建房屋进行强拆。唐福珍以死相争，未能阻止政府组织的破拆队伍，最后自焚于楼顶天台，11 月 29 日晚，唐福珍因伤势过重，经抢救无效死亡。"唐福珍事件"是众多城市化进程中发生的暴力拆迁事件的典型，引起社会广泛的关注和对 2001 年《城市房屋拆迁管理条例》的强烈不满，直接促成了新的《国有土地上房屋征收与补偿条例》的颁行。

12 月 21 日　最高人民法院审判委员会通过《最高人民法院关于审理侵犯专利权纠纷案件应用法律若干问题的解释》，于 2009 年 12 月 28 日公布，自 2010 年 1 月 1 日起施行。该司法解释共 20 条，对专利权的保护范围、外观设计产品、专利侵权赔偿等问题作出具体规定，这对正确审理侵犯专利权纠纷案件具有重要作用。

12 月 26 日　第十一届全国人大常委会第十二次会议通过了《中华人民共和国侵权责任法》，自 2010 年 7 月 1 日起施行。该法共 12 章、92 条，包括：一般规定、责任构成和责任方式、不承担责任和减轻责任的情形、关于责任主体的特殊规定、产品责任、机动车交通事故责任、医疗损害责任、环境污染责任、高度危险责任、饲养动物损害责任、物件损害责任、附则。

12 月 30 日　国务院通过并公布《国务院关于修改〈中华人民共和国专利法实施细则〉的决定》，改决定共 51 条，《中华人民共和国专利法实施细则》根据本决定作相应的修改，重新公布，自 2010 年 2 月 1 日起施行。此次是为了保证修改后的

《专利法》的顺利实施而进行相应修改,对完善我国专利制度具有重要意义。

2010 年

2 月 26 日　第十一届全国人大常委会第十三次会议通过并公布《全国人民代表大会常务委员会关于修改〈中华人民共和国著作权法〉的决定》,该决定共 2 条,对国家的监督管理、著作权的质押作出规定。《中华人民共和国著作权法》根据本决定作修改并对条款顺序作调整后,重新公布,自 2010 年 4 月 1 日起施行。

9 月 13 日　最高人民法院审判委员会通过《最高人民法院关于审理旅游纠纷案件适用法律若干问题的规定》,于 2010 年 10 月 26 日公布,自 2010 年 11 月 1 日起施行。该司法解释共 26 条,对旅游合同的订立,旅游经营者、旅游辅助服务者的义务,旅游合同的效力,旅游侵权纠纷,旅游者的权利和义务等问题作出具体规定。

12 月 6 日　最高人民法院审判委员会通过《最高人民法院关于适用〈中华人民共和国公司法〉若干问题的规定(三)》,于 2011 年 1 月 27 日公布,自 2011 年 2 月 16 日施行。该司法解释共 29 条,对公司设立、出资、股权确认等纠纷案件适用法律问题作出具体规定。

12 月 27 日　最高人民法院审判委员会通过《最高人民法院关于审理期货纠纷案件若干问题的规定(二)》,2010 年 12 月 31 日公布,自 2011 年 1 月 17 日起施行。该司法解释共 10 条,对期货案件管辖、举证责任、保全与执行等法律适用问题作出具体规定。

2011 年

1 月 19 日　国务院通过《国有土地上房屋征收与补偿条例》,2011 年 1 月 21 日公布,自公布之日起施行,2001 年 6 月 13 日国务院公布的《城市房屋拆迁管理条例》同时废止。该条例共 5 章、35 条,包括:总则、征收决定、补偿、法律责任、附则。该条例明确规定房屋征收与补偿应当遵循决策民主、程序正当、结果公开的原则;禁止任何单位和个人采取暴力、威胁或者违反规定中断供水、供热、供气、供电和道路通行等非法方式迫使被征收人搬迁。该条例在保障被拆迁人的权益方面有着明显的进步。

1 月 24 日　全国人大常委会在人民大会堂举行"形成中国特色社会主义法律体系座谈会",吴邦国委员长宣布,一个以宪法为统帅,以宪法相关法、民法商法等多个法律部门的法律为主干,由法律、行政法规、地方性法规等多个层次的法律规范构成的中国特色社会主义法律体系已经形成。

7 月 4 日　最高人民法院审判委员会通过《最高人民法院关于适用〈中华人民

共和国婚姻法〉若干问题的解释(三)》,于 2011 年 8 月 9 日公布,自 2011 年 8 月 13 日起施行。该司法解释共 19 条,对亲子关系、夫妻共同财产界定、分割、处分,离婚损害赔偿等问题作出具体规定。

8 月 29 日　最高人民法院审判委员会通过《最高人民法院关于适用〈中华人民共和国企业破产法〉若干问题的规定(一)》,于 2011 年 9 月 9 日公布,自 2011 年 9 月 26 日起施行。该司法解释共 9 条,对破产原因的界定、破产申请的程序等问题作出具体规定。

2012 年

3 月 31 日　最高人民法院审判委员会通过《关于审理买卖合同纠纷案件适用法律问题的解释》。该司法解释包括 8 个部分,总计 46 条,主要对买卖合同的成立及效力、标的物交付和所有权转移、标的物毁损灭失的风险负担、标的物的检验、违约责任、所有权保留、特种买卖等方面如何具体适用法律作出明确的规定。

11 月 8 日　中国共产党第十八次全国代表大会在北京召开。会议明确指出我国经济体制改革成败的核心问题是"处理好政府和市场的关系,提高宏观调控水平,不失时机地推进政府职能转变";提出"全面推进法治建设"的战略目标。

2013 年

5 月 6 日　最高人民法院审判委员会通过《最高人民法院关于适用〈中华人民共和国保险法〉若干问题的解释(二)》,自 2013 年 6 月 8 日起施行。该司法解释就保险法中关于保险合同一般规定部分有关法律适用问题解释,包括人身保险和财产保险中保险利益、保险业务员代签名之情形、投保人实告知义务的范围、保险人提示和说明义务的履行标准、保险合同的内容的认定、保险人核保期间的计算、保险代位求偿权的行使等等。该解释有助于加强保险消费者保护的理念,规范保险市场,推动保险市场健康有序发展。

10 月 25 日　第十二届全国人民代表大会常务委员会第五次会议通过《全国人民代表大会常务委员会关于修改〈中华人民共和国消费者权益保护法〉的决定》,自 2014 年 3 月 15 日起施行。修订后的《消费者权益保护法》包括总则、消费者的权利、经营者的义务、国家对消费者合法权益的保护、消费者组织、争议的解决、法律责任、附则 8 章 63 条。该次修法旨在完善消费者权益保护制度,如强化经营者义务、规范网络购物等新的消费方式、建立消费公益诉讼制度等。

11 月 9 日　中国共产党第十八届中央委员会第三次全体会议在北京召开。会议通过《中共中央关于全面深化改革若干重大问题的决定》提出要"完善产权保护制度",并明确"公有制经济财产权不可侵犯,非公有制经济财产权同样不可侵犯。"《决定》提出"赋予农民对承包地占有、使用、收益、流转及承包经营权抵押、担保权能,允许农民以承包经营权入股发展农业产业化经营","三权分置"改革初见端倪。

11月25日　最高人民法院审判委员会通过《关于审理融资租赁合同纠纷案件适用法律问题的解释》。该司法解释稿共5部分,26条,主要针对融资租赁经营实践和审判实务中反映突出、争议较多的法律问题作出了规定,包括融资租赁合同的认定及效力、合同的履行及租赁物的公示、合同的解除、违约责任以及诉讼当事人、诉讼时效等问题。

12月28日　第十二届全国人民代表大会常务委员会第六次会议通过《关于修改〈中华人民共和国公司法〉的决定》,自2014年3月1日起施行。此次修订进一步完善公司设立制度,放宽注册资本的登记条件,简化登记事项和登记文件,降低公司设立的门槛,取消对公司注册资本最低限额的限制、取消对公司注册资本实缴的限制、取消对公司货币出资的比例限制以及取消公司登记提交验资证明的要求,规定公司营业执照不再记载"实收资本"事项。这有助于鼓励个人创业,刺激个体经济的发展,为完善和加快发展市场经济提供了制度上的保障。

2014 年

1月19日　中共中央、国务院印发了《关于全面深化农村改革加快推进农业现代化的若干意见》,简称2014年中央"一号文件",文件明确指出,"在落实农村土地集体所有权的基础上,稳定农户承包权、放活土地经营权,允许承包土地的经营权向金融机构抵押融资"。农地"三权分置"(土地所有权、承包权、经营权分置)改革被正式明确。

8月31日　第十二届全国人民代表大会常务委员会第十次会议通过《关于修改〈中华人民共和国保险法〉的决定》

10月20—23日　中国共产党第十八届中央委员会第四次全体会议在北京召开。会议通过《中共中央关于全面推进依法治国若干重大问题的决定》,指出"社会主义市场经济本质上是法治经济。使市场在资源配置中起决定性作用和更好发挥政府作用,必须以保护产权、维护契约、统一市场、平等交换、公平竞争、有效监管为基本导向,完善社会主义市场经济法律制度。"《决定》提出"编纂民法典"。

11月20日　中共中央办公厅、国务院办公厅下发了《关于引导农村土地经营权有序流转发展农业适度规模经营的意见》,《意见》提出要求稳定完善农村土地承包关系、健全土地承包经营权登记制度、推进土地承包经营权确权登记颁证工作、规范引导农村土地经营权有序流转、加快培育新型农业经营主体、建立健全农业社会化服务体系,以引导农村土地经营权有序流转,促进农业适度规模经营健康发展。

2015 年

4 月 24 日　第十二届全国人民代表大会常务委员会第十四次会议审议通过了对《中华人民共和国拍卖法》作出修订的决定。

6 月 1 日　十二届全国人大常委会调整立法规划,民法典编纂被增列入《十二届全国人大常委会立法规划》。

9 月 21 日　最高人民法院审判委员会第 1661 次会议通过并公布《最高人民法院关于适用〈中华人民共和国保险法〉若干问题的解释(三)》,自 2015 年 12 月 1 日起施行。该解释就保险法中关于保险合同章人身保险部分有关法律适用问题进行解释,包括保险合同的订立、保险合同效力认定、保险合同解除、保险理赔等,共 26 条。

12 月 10 日　最高人民法院审判委员会第 1670 次会议通过《关于适用〈中华人民共和国物权法〉若干问题的解释(一)》,自 2016 年 3 月 1 日起施行。该解释共 22 条,对于《物权法》有关条款的适用进行了细化,针对司法实践中存在的重点、难点问题,作了明确规定。主要包括 6 个方面的内容:不动产登记与物权确认或基础关系争议;预告登记的效力;特殊动产转让中的"善意第三人";发生物权变动效力的人民法院、仲裁委员会的法律文书的范围;按份共有人优先购买权的司法保护和善意取得制度的适用。

2016 年

1 月 13 日　国务院第 119 次常务会议通过《修改〈社会团体登记管理条例〉的决定》,自 2016 年 2 月 6 日起施行。《社会团体登记管理条例》进一步降低准入门槛,支持鼓励城乡社区服务类社会团体发展;进一步明确了直接登记的范围,规定行业协会商会类、科技类、公益慈善类、城乡社区服务类社会团体可直接登记;并且增设了"组织机构"章节,建立健全社会团体法人的内部治理机制,充分尊重社会团体法人的意思自治。

3 月 16 日　第十二届全国人民代表大会第四次会议通过《中华人民共和国慈善法》,自 2016 年 9 月 1 日起施行。该法分总则、慈善组织、慈善募捐、慈善捐赠、慈善信托、慈善财产、慈善服务、信息公开、促进措施、监督管理、法律责任、附则 12 章,共 112 条。该法第 8 条规定,"本法所称慈善组织,是指依法成立、符合本法规定,以面向社会开展慈善活动为宗旨的非营利性组织。慈善组织可以采取基金会、社会团体、社会服务机构等组织形式",进一步确立了非营利法人的互助性目的以及多种形式。

6月27日　《中华人民共和国民法总则(草案)》提交第十二届全国人大常委会第二十二次会议审议。并明确了民法典编纂"两步走"的工作思路:第一步,编纂民法典总则编(即中华人民共和国民法总则),经全国人大常委会审议后,争取提请2017年3月召开的第十二届全国人大第五次会议审议通过;第二步,编纂民法典各分编,拟于2018年上半年整体提请全国人大常委会审议,经全国人大常委会分阶段审议后,争取于2020年3月将民法典各分编一并提请全国人民代表大会会议审议通过,从而形成统一的民法典。

8月21日　中共中央办公厅、国务院办公厅印发《关于改革社会组织管理制度促进社会组织健康有序发展的意见》,该《意见》提出"以社会团体、基金会和社会服务机构为主体组成的社会组织,是我国社会主义现代化建设的重要力量";肯定了社会服务机构的称谓;将本就从事社会公共事务服务的组织命名为社会服务机构,则更加贴切且更能体现该类组织的社会服务性质。

9月3日　第十二届全国人民代表大会常务委员会第二十三次会议《关于修改〈中外合资经营企业法〉、〈中外合作经营企业法〉和〈外资企业法〉的决定》。修改后的《中外合资经营企业法》共17条,《中外合作经营企业法》共28条,修改后的《外资企业法》共25条,均增加了企业备案管理的相关规定。

10月30日　《中华人民共和国民法总则(草案二次审议稿)》提交第十二届全国人大常委会第二十四次会议审议。

10月31日　中共中央办公厅、国务院办公厅印发《关于完善农村土地所有权承包权经营权分置办法的意见》,就完善农村土地所有权、承包权、经营权分置办法提出意见,指出始终坚持农村土地集体所有权的根本地位,严格保护农户承包权,加快放活土地经营权,逐步完善"三权"关系,是"三权分置"改革落地实施的重要一环。

12月19日　《中华人民共和国民法总则(草案三次审议稿)》提交第十二届全国人大常委会第二十五次会议审议。

2017 年

2月28日　最高人民法院审判委员会讨论通过《最高人民法院关于适用〈中华人民共和国婚姻法〉若干问题的解释(二)的补充规定》,对该司法解释第24条增加规定了第2款和第3款,即夫妻一方与第三人串通,虚构债务,第三人主张权利的,人民法院不予支持。夫妻一方在从事赌博、吸毒等违法犯罪活动中所负债务,第三人主张权利的,人民法院不予支持。

3月15日　第十二届全国人大第五次会议通过《中华人民共和国民法总则》，自 2017 年 10 月 1 日起正式施行。《民法总则》的颁布意味着完成了民法典编纂的"第一步"。《民法总则》分 11 章，包括基本规定、自然人、法人、非法人组织、民事权利、民事法律行为、代理、民事责任、诉讼时效、期间的计算、附则，共 206 条。

12月27日　第十二届全国人民代表大会常务委员会第三十一次会议修订《中华人民共和国农民专业合作社法》，自 2018 年 7 月 1 日起施行。此次修订就调整范围、成员资格和构成、土地经营权作价出资、联合社、成员内部信用合作等方面作出了修订。

2018 年

1月8日　最高人民法院审判委员会通过并公布《最高人民法院关于审理涉及夫妻债务纠纷案件适用法律有关问题的解释》，该解释共 4 条，明确夫妻共同债务的成立有三种情况，一是夫妻双方通过签字或事后追认所表示的合意；二是"家庭日常生活需要"，这类债务有一种排除情形，即夫妻双方婚姻关系存续期间所得财产归各自所有，且债权人知道该约定；三是对于超出家庭日常生活需要的债务，需要由债权人举证该债务用于夫妻共同生活、共同生产经营或者基于夫妻双方共同意思表示，方得认定为共同债务。

3月15日　全国人大常委会法制工作委员会提出《中华人民共和国民法典各分编（草案）》（征求意见稿），分别为《物权编（草案）》《合同编（草案）》《人格权编（草案）》《婚姻家庭编（草案）》《继承编（草案）》和《侵权责任编（草案）》，开始征求意见。

后 记

改革开放 40 年,我国社会所发生的变化可谓"翻天覆地"。从否定私有财产到肯定私有财产,从否定市场经济到肯定市场经济,在这"翻天覆地"的变革中最具显示度,也最让人民有获得感。这一最具显示度和最具获得感的变革直接反映在法律上,是民法的制度变革和观念变迁。从 1986 年《民法通则》第 73 条规定"国家财产神圣不可侵犯"到 2017 年《民法总则》第 113 条规定"财产权利受法律平等保护",从 1981 年《经济合同法》第 4 条规定当事人订立经济合同"必须符合国家政策和计划要求"到 1999 年《合同法》第 4 条规定"当事人依法享有自愿订立合同的权利",集中体现了民法的制度变革和观念变迁。在我国这样一个缺乏民法传统的国家,又是一个长期受到计划经济体制困扰的国家,民法的制度变革和观念变迁值得我们好好总结,更值得我们好好珍重并加以弘扬。

参与本书写作的作者来自中国政法大学、西北政法大学、广州大学、广东省高级人民法院等单位。作者分工如下:

柳经纬:中国政法大学教授、博士生导师。甘肃政法学院特聘教授,福州大学讲座教授,中国商法学会常务理事,北京市物权法研究会副会长,第二届中国标准化专家委员会委员。著有《我国民事立法的回顾与展望》(合著)、《当代中国民事立法问题》、《当代中国债权立法问题研究》、《中国民法学的理论转型》、《共和国六十年法学论证实录·民商法卷》(主编)、《当代中国私法进程》、《中国民法典争鸣系列·柳经纬卷》等。撰写本书第一章,负责全书统稿。

于飞:中国政法大学民商经济法学院副院长、教授、博士生导师,法学博士。德国洪堡基金会"总理奖学金"获得者、德国波恩大学访问学者,美国哥伦比亚大学访问学者,中国民法学研究会理事,北京市法学会不动产法研究会副会长。著有《权利与利益区分保护的侵权法体系之研究》《公序良俗原则研究》《公序良俗原则与诚实信用原则的区分》《民法总则法源条款的缺失与补充》《民法基本原则:理论反思与法典表达》等。撰写本书第二章。

亓琳:神州优车集团总法律顾问,中国政法大学法学博士。中国行为法学研究会培训中心专家智库委员、客座教授。著有《团体人格研究》(博士学位论文)、《香港公司法改革评述》、《比较法视野下的非法人组织主体地位问题》。撰写本书第三章。

金锦城:广东省高级人民法院高级法官。著有《我国民事立法的回顾与展望》、《民事侵权法实证分析》(合著)、《改革开放以来我国民事立法研究》(合著)、《适用物权法重大疑难问题研究》(合著)。撰写本书第四章。

邱雪梅:广州大学法学院副教授,法学博士。比利时布鲁塞尔自由大学访问学者。著有《民事责任体系之重构》、《先合同责任研究》、《试论民法中的保护义务》、《我国民事立法的回顾与展望》(合著)。撰写本书第五章。

高丰美:西北政法大学民商法学院讲师,法学博士,德国波恩大学联合培养学习,陕西省婚姻家庭法学研究会副秘书长。著有《农村留守女童受教育权与受监护权保障》《老年监护的立法模式、原则与程序研究》《〈民法总则〉未成年人监护立法之区分》《〈民法总则〉监护规定的进步、不足与完善——兼谈"婚姻家庭编"的监护立法》等。撰写本书第六章、附录。

柳经纬

2019 年 7 月 3 日